6995

**EL RUMOR DE HAITÍ EN CUBA:
TEMOR, RAZA Y REBELDÍA, 1789-1844**

COLECCIÓN
TIERRA NUEVA E CIELO NUEVO

NÚMERO 50

Comité Editorial

Dr. Jesús Mª. García Añoveros
Dra. Consuelo Naranjo Orovio
Dra. Mónica Quijada Mauriño

EL RUMOR DE HAITÍ EN CUBA:
TEMOR, RAZA Y REBELDÍA, 1789-1844

Mª DOLORES GONZÁLEZ-RIPOLL,
CONSUELO NARANJO,
ADA FERRER, GLORIA GARCÍA Y JOSEF OPATRNÝ

CONSEJO SUPERIOR DE INVESTIGACIONES CIENTÍFICAS
Madrid, 2004

Queda rigurosamente prohibida, sin la autorización escrita de los titulares del *Copyright,* bajo las sanciones establecidas en las leyes, la reproducción total o parcial de esta obra por cualquier medio o procedimiento, comprendidos la reprografía y el tratamiento informático, y su distribución.

Este libro es resultado del proyecto de investigación BHA2003-02687 (MCYT), titulado *"La sociedad rural en Cuba: diversificación económica y formas de identidad"* dirigido desde el Instituto de Historia del CSIC por Consuelo Naranjo Orovio.

© CSIC
© Mª Dolores Gónzalez-Ripoll, Consuelo Naranjo, Ada Ferrer, Gloria García y Josef Opatrný

NIPO: 653-04-085-0
ISBN: 84-00-08298-2
Depósito legal: M-TO-400-2005

Impreso en España. *Printed in Spain*

ÍNDICE

DESDE CUBA, ANTES Y DESPUÉS DE HAITÍ: PRAGMATISMO Y DILACIÓN EN EL PENSAMIENTO DE FRANCISCO ARANGO SOBRE LA ESCLAVITUD............
Mª Dolores González-Ripoll Navarro

LA AMENAZA HAITIANA, UN MIEDO INTERESADO: PODER Y FOMENTO DE LA POBLACIÓN BLANCA EN CUBA..
Consuelo Naranjo Orovio

CUBA EN LA SOMBRA DE HAITÍ: NOTICIAS, SOCIEDAD Y ESCLAVITUD......
Ada Ferrer

LA RESISTENCIA: LA LUCHA DE LOS NEGROS CONTRA EL SISTEMA ESCLAVISTA, 1790-1845...
Gloria García Rodríguez

EL ESTADO-NACIÓN O LA "CUBANIDAD": LOS DILEMAS DE LOS PORTAVOCES DE LOS CRIOLLOS CUBANOS DE LA ÉPOCA ANTES DE LA ESCALERA...............
Josef Opatrný

BIBLIOGRAFÍA CITADA..

ÍNDICE ....

ABREVIATURAS UTILIZADAS

AGI: Archivo General de Indias (Sevilla)
AGS: Archivo General de Simancas (Simancas, Valladolid)
AHN: Archivo Histórico Nacional (Madrid)
AHMSC: Archivo Histórico Municipal de Santiago de Cuba (Santiago de Cuba)
AHPNM: Archivo Histórico de Protocolos Notariales (Madrid)
AMN: Archivo Museo Naval (Madrid)
ANC: Archivo Nacional de Cuba (La Habana)
BNJM: Biblioteca Nacional "José Martí" (La Habana)
SHM: Servicio Histórico Militar (Madrid)

Desde Cuba, antes y después de Haití: pragmatismo y dilación en el pensamiento de Francisco Arango sobre la esclavitud[*]

Mª Dolores González-Ripoll
Instituto de Historia, CSIC

> Las vueltas que da la vida. La ruina de nuestra industria ha sido la causa del crecimiento de la de ellos. Dice que La Habana está ahora rodeada de ingenios. Nada, que ahora les llegó su turno.
>
> Antonio Benítez Rojo, «Luna llena en Le Cap» (2000)[1]
>
> ni la Naturaleza nos ha dejado rivales, ni la política puede tener temores si toma las debidas precauciones
>
> Francisco Arango, «Comisión diplomática al Guarico» (1803)

Una efeméride constituye un "acontecimiento notable que se recuerda en cualquier aniversario del mismo"[2] y, en ocasiones, se conmemora dando, así, lugar a que ciertos hechos de alcance colectivo pasen a integrar las vidas del hombre y la mujer ordinarios del mismo modo que algunas -por selectas- historias individuales trasciendan al acervo

---
[*] Este trabajo se enmarca dentro del Proyecto BHA2003-02687 del MCYT.
[1] Cuento incluido en la primera edición en español de *Paso de los vientos*, Barcelona, Editorial Casiopea, 2000. Junto a la novela *El Mar de las Lentejas*, Barcelona, Editorial Casiopea, 1998 y el ensayo *La isla que se repite: El Caribe y la perspectiva posmoderna*, Hanover, N.H., Ediciones del Norte, 1989 constituyen una fascinante trilogía de géneros narrativos sobre el Caribe.
[2] *Diccionario de la Lengua Española*, 2 ts., Madrid, Real Academia Española, 1992, t. I, p. 791.

común de una sociedad específica convirtiéndose en acontecimiento. Que un aniversario sea recordado de manera oficial por instituciones académicas o instancias gubernamentales de uno o más países y en determinados momentos de su historia depende de la coyuntura política y, sobre todo, de la "conveniencia" o pacto sobre la pertinencia de aludir a un hecho del pasado que por su utilidad, provecho y ajuste "conviene" recordar -en su doble acepción de "traer a la memoria" y "semejar una cosa a otra"- para la construcción de un "conveniente" futuro. La contribución de los ritos y de los espacios conmemorativos o recordatorios de hechos y personas (los "lugares de la memoria" que acuñara Pierre Nora[3]) transmutados en acontecimiento en lo concerniente a la formación de la conciencia histórica es, pues, vital como factor construido por y para la elaboración de identidades colectivas y comunidades imaginadas en el sentido descrito por Benedict Anderson o Eric .J. Hobsbawm[4]. Más allá del mundo de las ideas y, en palabras de Carlos Serrano, se trataría de recordar que "los procesos históricos requieren ser vistos no sólo en sus supuestas determinaciones materiales abstractas, sino también en la materialidad de sus discursos simbólicos"[5].

En lo que concierne al mundo americano, pasados ya los fastos del V Centenario de la llegada de Colón a las actuales Antillas en 1992, los ecos del fin del imperio español en América y Oceanía en 1998 y atisbando en el horizonte los próximos bicentenarios de las independencias de España de los territorios continentales que conformaran virreinatos y capitanías (2011-2021), apenas sí ha tenido repercusión mediática y cultural la efemérides el 1 de enero de 2004 de los doscientos años de la creación de Haití, la primera república independiente surgida en tierras de colonización de raigambre latina y nacida, por añadidura, de una revolución de esclavos en 1791, hecho éste que alcanzó más resonancia al fundirse su recuerdo con las celebraciones del bicentenario de la revolución francesa en 1989[6].

Para acrecentar el olvido, los primeros meses de 2004 arrancaron en Haití con una situación de inestabilidad propia del que es uno de los

---

[3] Pierre Nora, "Entre Mémoire et Histoire. La problématique des lieux", *Les Lieux de mémoire, 1. La République*, París, Gallimard, 1984, pp. XIV-XLII.
[4] Benedict Anderson, *Comunidades imaginadas: reflexiones sobre el origen y la difusión del nacionalismo*, México, Fondo de Cultura Económica, 1993; Eric J. Hobsbawm y Terence Ranger (eds) *La invención de la tradición*, Barcelona, Crítica s.l, 2002.
[5] Carlos Serrano, *El nacimiento de Carmen. Símbolos, mitos y nación*, Madrid, Grupo Santillana de Ediciones S. A.,1999, p. 11.
[6] Un ejemplo es *Images de la Révolution aux Antilles*, Catalogue de l'exposition organisée

países más pobres de América, con el 40% de su producción interior destinada al ejército, una esperanza de vida de apenas 50 años que ha aumentado en sólo diez desde el siglo XVIII, un 70% de desempleo y menos de un dólar al día de ingreso medio por persona. En tan difíciles circunstancias y al inicio de los actos conmemorativos en el Palacio Nacional, el presidente Jean-Bertrand Aristide prometía en su "Declaración del Bicentenario" mejorar los servicios sociales a la población, reducir la mortalidad infantil, la malnutrición y la epidemia de sida y aumentar la escolarización del país que, en palabras suyas, un día "salió de la noche de la esclavitud (y) surgió el sol de la libertad". Mientras, en varios puntos de la capital miles de opositores, vigilados por centenares de policías, marchaban hacia el Campo de Marte para realizar una ofrenda floral ante el monumento del "padre de la Patria" Jean-Jacques Dessalines y exigir la renuncia del presidente. Más tarde, en Gonaives, principal ciudad costera de la región de Artibonita donde se proclamó la Independencia en 1804 y a la que se trasladó el presidente Aristide desde Port-au-Prince para proseguir con los actos oficiales, los medios de prensa locales reflejaban el clima de tensión que se respiraba, así como las manifestaciones y reuniones en torno al, también permanentemente vigilado, monumento dedicado a la Independencia y ubicado en la Plaza de Armas. La revuelta de militares y ciudadanos opositores al presidente llevó a la intervención de Estados Unidos -árbitro, parte interesada y avalista de Aristide- y Francia –en calidad de ex-metrópoli- que acordaron el abandono del poder y la salida inmediata del país de quien fuera sacerdote católico, seguidor de la doctrina de la teología de la liberación y esperanza de los más desfavorecidos[7]. Atrás quedaban los intentos de celebrar algo más que 200 años de pobreza, la efemérides del nacimiento de la república negra y libre surgida del Saint Domingue francés esclavo y colonial con la esperanza de que se le prestara atención, de resaltar lo positivo de lo ocurrido dos siglos atrás y la intención de inaugurar una

---

dans le cadre de la commémoration du bicentenaire de la Révolution, Basse-Terre, Société d'Histoire de la Guadaloupe, 1989.

[7] El 29 de febrero el presidente Aristide abandonó Haití camino de la República Centroafricana en lo que ha sido una nueva salida al exilio: en 1991, a sólo ocho meses de llegar a la presidencia un golpe de estado le llevó a Caracas y Estados Unidos, país que le ayudó a recuperar el poder en 1994 (hasta 1996); tras unos años en segundo plano fue investido presidente en 2001. Sobre la figura de Jean-Bertrand Aristide véase Jean-Bertrand Aristide, *Aristide: an autobiography*, New York, Orbis Book, 1993; en colaboración con Christophe Wargny, Jean-Bertrand Aristide, *Tout homme est un homme*, Madrid, IEPALA, 1994; Orlando Sella, *El catecismo político de Jean Bertrand Aristide*, San José de Costa Rica,

nueva etapa, la de una bella nación negra, para lo que se había apelado a los miles de haitianos emigrados allá donde se encontraran, principalmente Nueva York, Montreal, México, Chicago o Miami[8].

Además de la propia Haití, otros países venían preparando actividades en relación con los doscientos años del advenimiento de la república en 1804; Cuba formó muy pronto una comisión al efecto y en el otoño de 2003 uno de sus integrantes, el presidente de la Casa de las Américas Roberto Fernández Retamar, pronunciaba una conferencia en la que destacaba las similitudes de la revolución cubana de 1959 con el proceso revolucionario del Saint Domingue francés iniciado en agosto de 1791 que llevaría a la proclamación de la república haitiana trece años después. Dejando a un lado los valores socialistas de la república de Haití estimados a dos siglos vista por el autor, Fernández Retamar señalaba varios elementos comunes a ambos procesos: algunos tan simbólicos como la fecha de inicio de los ensayos de dichas sociedades un primero de enero y otros de mayor alcance político concretados en los anhelos de libertad, igualdad, espíritu anticolonial y precocidad de los modelos[9]. Simultáneamente inmersos por entonces los cubanos en la conmemoración de la muerte del líder de la revolución haitiana Toussaint-Louverture (1743?-1803)[10], los representantes del gobierno denunciaban la situación de Haití en reuniones internacionales, revelando la injusticia del orden económico global imperante, apoyando la lucha de los haitianos por mejorar sus circunstancias de vida, estableciendo la analogía con Haití en lo que a reivindicaciones de indepen-

---

EDIL, 1984.

[8] Además de la tradicional emigración haitiana a la vecina República Dominicana, Miami se está configurando como lugar de preferencia para una población que constituye ya la segunda comunidad inmigrante tras la cubana. Dado que la concesión de asilo político a los ciudadanos de Haití se practica a cuentagotas, desde varias instancias -como la Haitian American Grassroots Coalition- los haitianos llevan tiempo demandando un trato semejante al que contempla la Ley de Ajuste Cubano que ampara a los recién llegados de la mayor de las Antillas a tierra de Estados Unidos. Véase Michael H. Posner, *The Haitians in Miami: current immigration practices in the United States,* s.l., Posner, 1978; Suzy Castor, *Migraciones y relaciones internacionales: El caso haitiano-dominicano*, México, Universidad Nacional Autónoma de México, 1983; Mary Jane Camejo, *Haitians in the Dominican Republic*, New York, Americas Watch, National Coalition for Haitian Refugees, 1992; Anthony V. Catanese, *Haitians: migration and diaspora,* Boulder, Colo., Westwiew Press, 1999.

[9] Conferencia dentro de las actividades de la Comisión Nacional para honrar el bicentenario de la independencia de Haití, Casa de las Américas, La Habana, 26 de septiembre de 2003.

[10] El recordatorio a la muerte de Toussaint-Louverture organizado por la Casa de las Américas, la Embajada de Haití en Cuba y la Oficina del Historiador de la ciudad se inició con la inauguración de un busto dedicado a la figura del líder haitiano en el Parque de la

dencia y lucha antiimperialista se refería y destacando la aportación de brigadistas cubanos en el campo de la salud, la educación, la agricultura, las obras públicas e incluso la tecnología azucarera al necesitado país vecino[11].

No obstante algunas forzadas y anacrónicas semejanzas entre Haití y Cuba, no es menos cierto que ambos países comparten toda su geografía y buena parte de su historia: desde un enclave físico común, el Caribe, mar de encuentro y enlace entre dos continentes que otorga a las islas que lo salpican una singular precocidad en la original asimilación de diferentes hechos y novedades, un pasado colonial como territorios europeos ultramarinos que los convirtió en lugar de recepción masiva de esclavos africanos y hasta un largo presente de regímenes dictatoriales, masivo empobrecimiento de su población y objeto de intereses geoestratégicos por parte, sobre todo, de Estados Unidos[12]. Dos son a mi juicio las principales diferencias entre Haití y Cuba, ambas en relación con la ejecución de sus respectivos procesos históricos y con la elaboración, grado de asimilación interna y proyección de los mismos: por un lado la preco-

---

Fraternidad y prosiguió con una exposición y varias conferencias. En relación con el proceso histórico del Caribe a fines del siglo XVIII, asimismo Cuba conmemora en 2004 el primer centenario del nacimiento de Alejo Carpentier, una de las figuras cimeras de la literatura y la música de las Antillas y que mejor plasmó las consecuencias de la revolución francesa en estas latitudes, especialmente en las obras *El reino de este mundo* (1949) y *El siglo de las luces* (1962). Con tal motivo se programan actividades variadas (publicaciones, charlas, conferencias, exposiciones, etc.) entre las que destaca el Congreso Internacional *"El siglo de Alejo Carpentier"*, Casa de las Américas, La Habana, noviembre de 2004.

[11] Intervención de Felipe Pérez Roque, Ministro de Relaciones Exteriores de Cuba en la III Reunión extraordinaria del Consejo de Ministros de la Asociación de Estados del Caribe, Panamá, 12 de febrero de 2004.

[12] El afán tutelar norteamericano sobre las Antillas en los años finales del siglo XIX e inicios del XX fue patente, entre otros sucesos, mediante su intervención en la guerra de independencia cubana contra las fuerzas españolas (1895-1898) y en el influjo ejercido en la instauración de la república de Cuba en 1902 a través de la Enmienda Platt; respecto a Haití, en 1915 Estados Unidos invadió militarmente el país y lo mantuvo bajo su "protección" hasta 1934. Para el estudio de ambos procesos véanse: Philip S. Foner, *La guerra hispano-cubano-americana y el nacimiento del imperialismo norteamericano: 1895-1902,* Madrid, Akal, D.L., 1975; Juan Pérez de la Riva et al., *La República Neocolonial*, 2 vols., La Habana, Ed. Ciencias Sociales, 1979; Instituto de Historia de Cuba, *La Neocolonia. Organización y crisis desde 1899 hasta 1940*, La Habana, Editora Política, 1998; Oruno D. Lara, *De l'oubli à l'histoire: espace et identité caraïbes Guadeloupe, Guyane, Haïti, Martinique,* Paris, Maisonneuve Larose, 1998; Walther L. Bernecker, "La inclusión de un estado caribeño en la doctrina de la 'western hemisphere': el caso de Haití", Walther L. Bernecker (ed.), *1898: su significado para Centroamérica y el Caribe. ¿Cesura, cambio, continuidad?,* Frankfurt am Maim, Madrid, Vervuert, Iberoamérica, 1998, pp. 247-268 y François Blancpain, *Haïti et les Etats-Unis 1915-1934: histoire d'une occupation,* Paris, L'Harmattan, 1999.

cidad de la revolución de los esclavos negros en Haití, su calidad de vencedores de una potencia colonial europea (la Francia napoleónica) pero la total ausencia de sectores mediadores (blancos metropolitanos y mulatos criollos) que hicieran comprensible y facilitaran la digestión de una realidad tan novedosa y "anormal", en el sentido de lo ajeno a las normas y al estado de las cosas, tenido por natural, que supone toda revolución[13]. Así, frente al Haití negro de procedencia esclava y de creencias religiosas poco ortodoxas provenientes del sustrato espiritual africano que cristalizó en la práctica del vudú, emergió en la isla vecina de Cuba un discurso criollo fundamentado en el habitante blanco católico, defensor de la cultura europea heredada en su versión americana como paradigma de la colectividad social deseada, factor de enorme trascendencia en la creación de un imaginario excluyente a lo largo del siglo XIX[14]. De este modo, el paisaje blanco sobre negro y negro sobre blanco que esbozan respectivamente las sociedades cubana y haitiana fue acentuado por los movimientos de población: la creciente inmigración a Cuba proveniente de distintos puntos de Europa a lo largo de la primera mitad del siglo XX y la fuerza de la corriente centrífuga hacia República Dominicana de los haitianos cada vez más empobrecidos y abandonados a su suerte que conllevaron el doble proceso de exaltación de la mayor de las Antillas hispanas como tierra de promisión e independencia y la progresiva "invisi-

---

[13] "La Revolución hace salir a la superficie una historia oculta, articula la voz balbuceante de quienes no tenían derecho a la palabra sobre su propia vida, obligándolos a aprender deprisa, bajo la presión de los acontecimientos (...) La Revolución se propone, en efecto, invertir el orden establecido, acaba con la primacía de lo que parece indiscutible y verdadero en favor de lo posible y del "todavía no", de dar cuerpo a las promesas de felicidad", Remo Bodei, *Una geometría de las pasiones miedo, esperanza y felicidad. Filosofía y uso político,* Barcelona, Muchnik Editores SA, 1995, pp. 488-489.

[14] Sobre la decisiva cuestión racial en Cuba, tanto en lo que afectó a nivel discursivo como de práctica política en la forja de la nacionalidad cubana y su expresión en los siglos XIX y XX, son imprescindibles los trabajos de Consuelo Naranjo Orovio, entre otros: "Trabajo libre e inmigración española en Cuba, 1880-1930", *Revista de Indias,* núms. 195-196, vol. 52, 1992, pp. 749-794; junto a Armando García González, *Racismo e inmigración en Cuba en el siglo XIX,* Madrid-Aranjuez, Ediciones Doce Calles-FIM, 1996; "Immigration, "Race" and Nation in Cuba in the Second Half of the 19th Century", *Ibero-Amerikanisches Archiv,* 24, 3-4, 1998, pp. 303-326; con Carlos Serrano (eds.), *Imágenes e imaginarios nacionales en el ultramar español,* Madrid, Consejo Superior de Investigaciones Científicas-Casa de Velázquez, 1999; "Creando imágenes, fabricando historia: Cuba en los inicios del siglo XX", *Historia Mexicana,* 53, 2003, pp. 511-540; "La historia se forja en el campo: nación y cultura cubana en el siglo XX", Waldo Ansaldi (coord.), *Calidoscopio latinoamericano: imágenes históricas para un debate vigente,* Buenos Aires, Ariel, 2004, pp. 367-393. Asimismo, véase Josef Opatrný, *Antecedentes históricos de la formación de la nación Cubana,* Praga, Universidad Carolina, 1986.

bilización" de Haití, cuya realidad era preferible ignorar o integrar en la dialéctica de civilización y barbarie tan imbricada en los discursos sobre la construcción de las identidades americanas[15].

Más allá de la alusión a semejanzas y desigualdades de los procesos históricos de Haití y Cuba emerge entre ambas costas una dinámica de continua y nunca interrumpida relación, de vínculos con sus respectivas metrópolis y, sobre todo, según para qué protagonistas y conforme a qué discursos y parámetros temporales. Ciertamente ambos lugares configuraron, junto a otras tierras de latitudes tropicales, el destino americano de centenares de miles de africanos privados de todo derecho individual y colectivo que comenzaron a ser obligados a adentrarse en el Atlántico a fines del siglo XV, fenómeno éste de la trata de esclavos que alcanzó elevadas proporciones desde los años finales del siglo XVIII hasta la década de los sesenta de la siguiente centuria[16]. Los acontecimientos ligados a la economía comercial que se instala en las posesiones antillanas del ultramar europeo, al cultivo de productos para la exporta-

---

[15] El tránsito hacia la invisibilidad de Haití desde el siglo XVIII hasta nuestros días se ha manifestado en distintos ámbitos, tanto académicos como políticos, económicos, administrativos (invisibilidad de los haitianos en condición ilegal en otros países, etc.) aunque se le ha dedicado mayor atención a las manifestaciones culturales gracias al interés suscitado por el origen, evolución y práctica del vudú así como por la creciente valoración en los mercados internacionales de la pintura naif que cultivan muchos de sus artistas. Desde el periodismo, la literatura y la historia el concepto de la invisibilidad de Haití es un elemento recurrente no sólo como explicación de un fenómeno que, finalmente, acontece fuera de sí, siendo responsabilidad de otros, sino como factor de orden endógeno, devenido en elemento identitario individual y colectivo. Héctor Parra Márquez, *Haití, símbolo de unidad y de desinterés en América* (discurso pronunciado en la sesión solemne celebrada el 9 de enero de 1954, por la Academia Nacional de la Historia, en homenaje a la Republica de Haití con motivo del sesquicentenario de la independencia de dicha nación), Caracas, Impr. Nacional, 1954; Robert Lawless, *Haiti's bad press: origins, development, and consequences*, Rochester, Schenkman Books, 1992 y Laënnec Hurbon, *El bárbaro imaginario*, México, Fondo de Cultura Económica, 1993.

[16] Para un recuento general, David Eltis, Stephen D. Behrendt, David Richardson, Herbert S. Klein (eds.), *The Transatlantic Slave Trade: 1562-1867: A Database*, Cambridge University Press, 1999. En un trabajo estadístico anterior ya clásico, Phillip Curtin, *The Atlantic Slave Trade: A Census*, Madison, Milwaukee, Lonson, the University of Wisconsin, 1969 señalaba un volumen de 8 a 11 millones el total de esclavos africanos llevados a Europa, islas del Atlántico y América entre 1440 y 1860, mientras recientemente Herbert Klein, "The Atlantic Slave Trade: Recent Research & Findings", Horst Pietschmann (ed.), *Atlantic History: History of the Atlantic System, 1580-1830,* Göttingen, Vandenhoeck and Ruprecht, 2002, pp. 301-320 eleva el número a un total de entre 10 a12 millones de personas. Para el caso cubano la cifra media barajada es de 700.000 esclavos introducidos entre 1774 y 1865, aunque para distintos autores las cantidades oscilarían entre los 527.828 de Hubert H. S. Aimes, *The History of Slavery in Cuba (1511-1868)*, New York, Octagnon Books, 1967; 687.500 ofrecidos por Phillip Curtin en la obra arriba citada y los 841.200 que alcanzaría para Juan Pérez

ción a los centros del Viejo Continente -fundamentalmente algodón, café, tabaco y azúcar- y la repercusión de las coyunturas políticas -en especial el habitual estado de guerra entre las potencias europeas y su consiguiente efecto en las Antillas constituidas en teatro de operaciones e intercambio de territorios- provocó toda serie de reacciones entre sus habitantes, como el éxodo de franceses al producirse la revolución de 1791 y su marcha a la cercana costa de Cuba[17]. Así, existieron fenómenos no sólo de relación sino de reacción, contaminación, inyección, turbación, peregrinación, repercusión, consternación y alteración, síntesis de muchas de las consecuencias de los sucesos acaecidos entre la isla dentro de otra isla que era el Guarico o, según las distintas denominaciones que recibió, Saint Domingue, parte francesa de Santo Domingo, Santo Domingo francés y, finalmente, Haití, con respecto a Cuba, decidida ésta a tomar el relevo azucarero y esclavista del vecino inmerso desde 1791 en lo que resultaría a la postre, su inevitable tránsito hacia la invisibilidad.

El arco temporal de este trabajo abarca desde 1789, inicio de la revolución en Francia de trascendentales consecuencias para las tierras del Caribe, hasta 1844, año del fin de la ocupación haitiana de la "Partie de l'Est" -el Santo Domingo español- en poder de la república negra desde 1822[18] y momento en que se produjo en Cuba la represión de los negros y mulatos implicados en la "conspiración de la escalera", así bautizada por el tipo de tortura infringida a los acusados quienes eran atados a una esca-

---

de la Riva, *El monto de la inmigración forzada en el siglo XIX*, La Habana, Editorial de Ciencias Sociales, 1979, en el período de 1780 a 1873 (cuadros estadísticos en Bernard Lavallé, Consuelo Naranjo y Antonio Santamaría, *La América Española (1763-1898). Economía,* Madrid, Ed. Síntesis, 2002 pp. 175-176). Véase también, Verene A. Shepherd and Hilary McD. Beckles (eds.), *Caribbean Slavery in the Atlantic World,* Princeton, Markus Wiener, 2000.

[17] William R. Lux, "French Colonization in Cuba, 1791-1809", *The Americas*, vol. 29, July 1972, pp. 57-61; Gabriel Debien, "Les colons de Saint Domingue réfugiés a Cuba (1793-1815)", *Revista de Indias,* núm. 54, XIII, 1953, pp. 559-605 y Alain Yacou, "La présence française dans la partie occidentale de l'île de Cuba au lendemain de la Révolution de Saint Domingue», *Revue Française d'Histoire d'Outre-Mer,* 84, 1987, pp. 149-188.

[18] Emilio Rodríguez Demorizi, (introd.), *Invasiones haitianas de 1801, 1805 y 1822,* 2 vols., Ciudad Trujillo, Ed. del Caribe, 1955. El autor, adalid del hispanismo dominicano transmutado en dominicanidad a través del odio y el menosprecio hacia los haitianos, señalaba la "imposible fusión de ambos pueblos" por su distinto origen español y africano, siendo –en su opinión– la dominicanidad un matiz de la hispanidad mientras que en el haitiano el recuerdo del ancestro africano le conducía "a ser una divertida caricatura del francés", p. 61. Para Rodríguez Demorizi pues, 1844 no supuso para la República Dominicana "una separación ni independencia" sino una "expulsión" del invasor", p. 24. Para una visión más compleja de la discursiva dominicana en torno a Haití: Raymundo González, Michiel Baud, Pedro S. Miguel y Roberto Cassá (eds.), *Política, identidad y pensamiento social en la República Dominicana. Siglos XIX*

lera y molidos a latigazos[19]. De este modo, interesan sobremanera los acontecimientos sucedidos en las Antillas merced a la divulgación de los hechos acaecidos en Francia y sus proclamas de libertad, igualdad y fraternidad que fueron acogidas de diferente forma y a distinto ritmo por los diversos sectores sociales a una y otra orilla del Atlántico[20] y, sobre todo, importan las repercusiones del miedo que generó la revolución de Haití en la isla de Cuba[21], el uso de ese temor a la población de color y sus posibles reacciones contra el statu quo colonial y esclavista plasmado en los discursos, dictámenes y medidas tomadas por las autoridades españolas hacia, por una parte, el propio sector esclavo y libre de color y, por otra, hacia el grupo criollo, conformador de programas reformistas de distinto alcance ideológico-político todavía muy en ciernes.

Uno de los representantes más moderados del sector criollo, por más cercano al poder metropolitano en la isla y en Madrid, fue Francisco Arango y Parreño, hombre de talento y hábil negociador que se erigió, si no en el único artífice del gran ciclo de prosperidad de los productores de azúcar cubano desde fines del siglo XVIII, sí en el responsable de los medios que allanaron el camino, fundamentalmente la entrada masiva de esclavos africanos a partir de 1789[22]. El pensamiento sobre la esclavitud de Arango se fue perfilando, a corto plazo, carente de prejuicios y sin aflicción alguna cuando se produjo la revolución del vecino Saint

---

y XX, Madrid-Aranjuez, Ed. Doce Calles-Academia de Ciencias de Dominicana, 1999.

[19] Rita Llanes Miqueli, *Víctimas del año del cuero*, La Habana, Editorial de Ciencias Sociales, 1984. Alain Yacou, "La insurgencia negra en la isla de Cuba en la primera mitad del siglo XIX", *Revista de Indias*, vol. LIII, núm. 197, pp. 23-51.

[20] David P. Geggus (coord.), *The Impact of the Haitian Revolution in the Atlantic World,* Columbia, University of South Carolina Press, 2001; C.L.R James, *Los jacobinos negros: Toussaint L'Ouverture y la Revolución de Haití,* Madrid-México, Turner-Fondo de Cultura Económica, 2003 (1ª ed. en 1938) ; David B. Gaspar y David P. Geggus (eds.), *A Turbulent Time. The French Revolution and the Greater Caribbean,* Bloomington, Indiana University Press,1997 P. E. Bryan, *The Haitian Revolution and its Effects,* Kingston, Heinemann Educational Books, 1984; Alfred Hunt, *Haiti's Influence on Antebellum America: Slumbering Volcano in the Caribbean,* Baton Rouge, Lousiana University Press, 1988; José Luciano Franco, *Revoluciones y conflictos internacionales en el Caribe, 1789-1854,* La Habana, Academia de Ciencias de Cuba, 1954.

[21] Ada Ferrer insiste en la necesidad de no dar por sobreentendido ese lugar común que es el "miedo a Haití" sino que propone el análisis del funcionamiento, causas y mecanismos de la creación de la imagen fija del fenómeno y su uso múltiple en la sociedad cubana: "La societé esclavagiste cubaine et la revolution haïtienne", *Annales,* vol. 58, 2003, pp. 333-356, y "Noticias de Haití en Cuba", *Revista de India*s, vol. LXIII, núm. 229, 2003, pp. 675-693.

[22] Francisco J. Ponte Domínguez, "Francisco Arango y Parreño artífice del progreso colonial en Cuba", *Revista Cubana,* vol. XXIV, La Habana, 1949, pp. 284-328; del mismo autor, *Arango Parreño. El estadista colonial,* La Habana, Editorial Trópico, 1937; Anastasio Carrillo y Arango, *Elogio histórico del Excmo. Sr. D. Francisco de Arango y Parreño,* Madrid,

Domingue, suceso transformado precisamente en acicate de sus planteamientos; a más largo plazo, el pragmatismo de Arango, su capacidad para captar los nuevos vientos que soplaban en la política y la economía internacionales pero también su profundo conocimiento de la clase hacendada a la que pertenecía, del todo dependiente de la mano de obra esclava, le llevó a modificar su visión adecuándola, por una parte, a las medidas preconizadas por Gran Bretaña para la extinción de la trata y manifestando su "preocupación del color" siendo que la negritud constituía una lacra social por encima de la condición de esclavo; al mismo tiempo y a fin de evitar "traspasar jamás los límites que nos señalan la experiencia y el bueno juicio", según señalaba Arango, rechazaba la posibilidad de una manumisión generalizada, de una Cuba sin esclavos[23] que otros, como los presbíteros Varela y Espada ya venían preconizando[24].

Imprenta de Manuel Galiano, 1862; Antonio Bachiller y Morales, "Don Francisco Arango y Parreño y sus censores", *Revista de Cuba*, 14, La Habana, 1883, pp. 385-391; Francisco Arango y Parreño, *De la factoría a la colonia*, La Habana, 1936; William W. Pierson jr., "Francisco de Arango y Parreño", HAHR, 16, 4, 1936, pp. 451-478 Raúl Maestri, *Arango y Parreño, el estadista sin estado*, La Habana, 1937; J. Travieso, "El pensamiento económico de Arango y Parreño", *Economía y Desarrollo*, La Habana, 4, 1970, pp. 130-150; Renate Simpson, "Francisco Arango y Parreño, sus esfuerzos en pro de la educación científica y técnica en Cuba", *Revista de la Biblioteca Nacional José Martí*, 3, La Habana, 1976, pp. 13-51. Anne Perotin, "Los planes económicos de los grandes hacendados habaneros. Antecedentes para una conferencia de Arango y Parreño (1769-1839), *Revista de la Biblioteca Nacional José Martí*, 68, 2, La Habana, 1977, pp. 5-50; Mª Dolores González-Ripoll Navarro, "Vínculos y redes entre Madrid y La Habana: Francisco Arango y Parreño (1765-1837), ideólogo y mediador", *Revista de Indias*, vol. LXI, núm. 222, 2001, pp. 291-305; Dale W. Tomich, "The Wealth of Empire: Francisco Arango y Parreño, Political Economy and Slavery in Cuba", *Comparative Studies in Society and History,* 45, 1, 2003, pp. 4-28; Gloria García (introd.), "Tradición y modernidad en Arango y Parreño", *Obras de Francisco Arango y Parreño,* 3 vols., Biblioteca de Clásicos Cubanos, Casa de Altos Estudios Don Fernando Ortiz - Universidad de La Habana, Fundación Mapfre Tavera, 2004 (en prensa).

[23] El primer documento público de Francisco Arango fue el "Primer papel sobre el comercio de negros", del 6 de febrero de 1789, en el que abogaba por la libertad de importar a Cuba "los brazos precisos" para -remediando el contrabando existente- fomentar "las verdaderas riquezas que ofrece la superficie de su feraz territorio"; 43 años después, en el último texto que dedicó a la cuestión de la esclavitud "Representación al Rey sobre la extinción del tráfico de negros y medios de mejorar la suerte de los esclavos coloniales", febrero de 1832, Arango defendía la abolición de la trata, la necesidad de fomentar la población blanca y mejorar la suerte de los esclavos de los ingenios pero aparcaba la idea de una manumisión generalizada en la razón de que "es muy peligroso abrir nuevas puertas [y] son imaginarias todas las que se nos recomiendan". Ambos documentos en *Obras de Don Francisco de Arango y Parreño,* 2 tomos, La Habana, Dirección de Cultura del Ministerio de Educación, 1952, t. I, pp. 79-84 y t. II, pp. 529-536, respectivamente.

[24] El obispo Juan José Díaz de Espada y Landa, de gran influencia en la juventud criolla de la época, mantuvo tesis poco acordes con las de Francisco Arango por su pensamiento anties-

Saint-Domingue, la isla dentro de la isla

En el intento de dar mayor visibilidad al proceso haitiano, por menos conocido y cercano a los habituales objetos de investigación de los americanistas, es necesario aludir a la situación previa a la revolución de los esclavos en lo que atañe a la estructura y conformación social y cultural de la rica colonia francesa de Santo Domingo que, según señalaba James E. McClellan, se instaló al filo de la navaja en lo relativo a la población con la esclavitud como parámetro principal y por la complejidad social que suponía la distinción de un eje racial de blancura y negritud y otro referente al estatus de libertad o sometimiento que no siempre se correspondían[25]. Así, aunque atendiendo al color de la piel, la clasificación de orden político era de blancos libres, gentes de color libre o "affranchis" (compuesto por 1/3 de negros y 2/3 de mulatos) y, por último, esclavos; sin embargo, operativamente la raza pesó más que el estatuto de libertad o esclavitud y, en la práctica, las divisiones obedecieron más a una clasificación por castas en la que se situaban blancos libres, mulatos libres y negros, fueran éstos libres o esclavos. A la altura de 1789 los esclavos de Saint Domingue, que habían aumentado considerablemente desde los años setenta, supondrían una población de 600.000 personas, una cantidad que bien podría elevarse a 700.000 ya que no se contabilizaban niños ni mayores de 45 años e incluso hay quien piensa que podría alcanzarse la muy abultada cifra de dos millones[26]. Una minoría de

---

clavista y su pretensión de una Cuba económicamente más diversificada. Se mantuvo al frente de la diócesis habanera desde 1802 hasta su muerte en 1832. Véase, Eduardo Torres-Cuevas (introd.), *Obispo Espada. Ilustración, reforma y antiesclavismo*, La Habana, Ed. Ciencias Sociales, 1990, para quién Espada representó una corriente "alternativa" opuesta a la oligarquía esclavista y con énfasis en las capas medias y bajas de la sociedad donde se fraguaba "una verdadera cultura nacional". El padre Félix Varela (1788-1853), colaborador del obispo Espada en el Seminario de San Carlos y San Ambrosio de La Habana, al frente de la cátedra de Constitución en 1821, fue un decidido antiesclavista e independentista lo que le costó el exilio. Ver *Félix Varela: ética y anticipación del pensamiento de la emancipación cubana*, La Habana, Imagen Contemporánea, 1999; Eduardo Torres-Cuevas, Jorge Ibarra, Mercedes García (comps.), *Obras de Felix Varela*, La Habana, Instituto de Historia de Cuba, Editora Política, 1991. Las obras completas de Espada y Varela, junto a las de otras figuras esenciales del pensamiento cubano en el CD-Rom: *Orígenes del pensamiento cubano I*, Biblioteca Digital de Clásicos Cubanos, Madrid-La Habana, Fundación Mapfre Tavera-Casa de Altos Estudios Fernando Ortiz, 2002.

[25] James E. McClellan, *Colonialism and Science. Saint Domingue in the Old Regime*, Baltimore and London, The John Hopkins University Press, 1992, p. 47.

[26] Jean Fouchard, "La trata de negros y el poblamiento de Santo Domingo", *La Trata negrera del siglo XV al XIX. Documentos de trabajo e informe de la Reunión de expertos organizada por la Unesco en Puerto Príncipe, Haití, del 31 de enero al 4 de febrero de 1978*, París,

los esclavos eran destinados a las residencias de los propietarios como servidores domésticos mientras la gran mayoría pasaba a las plantaciones rurales o "habitations" donde se cultivaba azúcar, algodón, café o añil, haciendas que en la antesala de la revolución serían unas 7.800 con una media de 200 esclavos por cada unidad productiva[27]. La diferencia con las cifras de población en Cuba son significativas y aunque para 1792 cundió la alarma en la isla española al constatarse en el censo de Luis de Las Casas que, por primera vez, la gente de color –que no los esclavos exclusivamente como en Saint Domingue- excedía en número a los blancos[28], el temor a la capacidad y poder de los negros constatados en la revolución de Saint Domingue no impidió, desde entonces, la importación masiva de esclavos al puerto de La Habana.

En Saint Domingue, frente al 89% de población esclava existía un porcentaje minoritario de blancos y mulatos, un 6 y 5% respectivamente, con un relativo y lento incremento de los primeros mientras la gente libre de color, los citados affranchis, aumentaron de manera progresiva lo que provocó una mayor tensión entre ambos grupos; la situación se veía agravada porque la gente de color podía tener propiedades, lo que incluía esclavos y, adecuándose a las prácticas de los blancos, los más enriquecidos enviaban a sus hijos a estudiar a Francia, lo que de todos modos no les impedía ser víctimas de discriminación racial y social por lo que pugnaron por ampliar sus derechos sin pretender alterar el régimen esclavista en el que se sustentaba la colonia. Los affranchis constituían, como señaló el martiniqués radicado en Saint Domingue, Moreau de Saint Mery -una de las figuras que más dio a conocer la realidad de la colonia a través de sus obras[29]- el único grupo no compuesto en su mayoría por gentes provenientes de Europa o África instaladas en la colonia de forma voluntaria u obligada, sino por personas nacidas en ella.

Unesco, 1981, pp. 316-323. El propio autor señala que esta elevada cantidad provendría de fuentes aproximadas, informaciones fragmentarias de autores clásicos y estadísticas periodísticas.

[27] James E. McClellan, *Colonialism and Science...*, *Opus cit.*, p. 52.

[28] Sobre el gobierno de Luis de Las Casas véase Mª Dolores González-Ripoll Navarro, *Cuba, la isla de los ensayos. Cultura y sociedad (1790-1815)*, Madrid, CSIC, 1999. Respecto a los datos sobre la población de la isla de Cuba, su desglose racial y espacial, así como un completo análisis de la cuestión social y sus repercusiones sobre la política colonizadora consúltese el capítulo "La amenaza haitiana, un miedo interesado: poder y fomento de la población blanca" en Cuba a cargo de Consuelo Naranjo Orovio.

[29] Médéric-Luis-Elie Moreau de Saint-Mery (1750-1819) fue autor de, entre otros trabajos, *Description physique, civile, politique et historique de la partie française de Saint Domingue*, 2 vols., Philadelphie, 1797-1798, *Description topographique et politique de la partie espagnole de l'isle Saint-Domingue*, Philadelphie, 1796 ; *Loix et constitutions des colonies françai-*

Por su parte, la población blanca de Saint Domingue, unos 40.000 en 1789, se distinguía según el poder económico disfrutado y que situaba en lo más alto de la pirámide a los llamados "grands blancs", sector integrado por los hacendados y comerciantes más ricos, los altos cargos de la administración colonial, del ejército y la judicatura, seguido por los denominados "petits blancs", grupo formado por el resto de los hombres y mujeres de piel blanca que eran desde pequeños propietarios y capataces de plantaciones a soldados y sirvientes. De especial relevancia es el dato que señala que aproximadamente el 75% de la población blanca de Saint Domingue había nacido en Francia y que por cada mujer perteneciente a este grupo había cinco hombres, un hecho que tuvo sus consecuencias en el evidente aumento del contacto sexual interracial y, por tanto, del ya aludido incremento de la gente libre de color nacida en la colonia. Para Gabriel Debien la distinción fundamental dentro del sector blanco no era tanto el nivel de riqueza como la condición de colono o propietario, ya que los primeros como plantadores y explotadores de sus propias tierras residían en Saint Domingue mientras los segundos, dueños de más extensas plantaciones permanecían en Francia[30]. Los colonos residentes -a quienes Debien atribuye un cierto espíritu de autonomía civil y política que se vio frustrada por los violentos acontecimientos de 1791- achacaban a los propietarios todos los males de la colonia, desde la creciente influencia de los mulatos libres hasta el cimarronaje, pasando por la inestabilidad de la sociedad local, la mala gestión de las plantaciones, la ausencia de un espíritu público, la asfixia del monopolio ejercido por armadores y comerciantes franceses sobre la producción y el comercio de las colonias además de no compartir la visión sobre la administración colonial[31]. Pero los colonos también estaban divididos y no sólo por la

---

ses de l'Amerique sous le vent, de 1550 a 1785, Paris, 6 vols., 1784-1790.

[30] Dolores Hernández Guerrero, *La revolución haitiana y el fin de un sueño colonial (1791-1803)*, México, UNAM, 1997, señala que hacia 1788 se hallaban residiendo en Francia más de 350 grandes propietarios quienes, desde el club político Massiac, abogaban por la toma de medidas en la colonia respecto a la mayor autonomía fiscal y administrativa, reorganización de la justicia, apertura de puertos a la trata extranjera y libertad de comercio en caso de crisis, p. 44. Para un ejemplo de las relaciones comerciales entre Francia y Saint Domingue y la posición de los colonos relacionados con las compañías tanto en la colonia como en la metrópoli, véase Françoise Thésée, *Négociants bordelais et colons de Saint-Domingue. Liasons d'habitations. La maison Henry Romberg, Bapst et Cie, 1783-1793*, Paris, Université de Paris, Lettres et Sciences Humaines, 1972.

[31] Entre la copiosa bibliografía de este autor, pionero y gran estudioso de la historia de las Antillas francesas, véanse: Gabriel Debien, *L'Esprit d'Independence chez les colons de Saint Domingue au XVIII siècle*, Notes d'Histoire coloniale, XIII, 1947 y *Les colons de Saint Domingue et la revolution: Essai sur le Club Massiac (Aóut 1789-Aóut 1792)*, Paris, Librairie

propia configuración del territorio que los situaba en el más poblado norte de Saint Domingue donde existían más plantaciones y un modo de vida más aristocrático que en el Sur y el Oeste –la gran zona del algodón– donde habitaba más población mulata y una significativa cantidad de colonos blancos pobres[32]- formando parte todos de un mosaico humano en el que la única constante eran las llegadas y partidas incesantes, razón por la que el mismo Debien escribió que "la fusión, eso que hace a las naciones, se produjo todo el tiempo pero no llegó a realizarse"[33].

En contraste con el irrefrenable crecimiento de la población criolla en Cuba y el ascenso social de los miembros de sus principales familias como integrantes de la elite, revestidos de honores y privilegios militares y civiles y en connivencia con las autoridades representantes de la Corona[34], en Saint Domingue, pocas familias presentes a fines del siglo XVIII se encontraban en la colonia francesa en 1763. A través de los registros parroquiales pueden verificarse incesantes idas y venidas de una sociedad móvil y permanentemente mirando a París, centro de lujos y placeres nunca hallados en el enclave caribeño. Como señalaba en 1792 un informante a la comisión encargada de reorganizar la colonia:

> Es imposible disimularlo: Saint Domingue no es una patria. La razón es tan simple como natural: no es tierra más que para la emigración, la ambición sola los conduce, es el único objetivo, así puede decirse con razón que Saint Domingue ocupa solamen-

---

Armand Colin, 1953.
[32] Torcuato S. Di Tella, *La rebelión de esclavos de Haití*, Buenos Aires, Ediciones del Ides, 1984, p. 28.
[33] Citado por François Girod, *La vie cotidiene de la societé creole (Saint Domingue au 18º siècle)*, Paris, Hachette, 1972, p. 42. Respecto a la forja de la identidad en los espacios coloniales como precondición de las revoluciones de independencia y el proceso de transformación de los valores dados por específicos de un grupo que lo lidera, ver Nicholas Canny y Anthony Padgen (eds.), *Colonial Identity in the Atlantic World, 1500-1800*, Princeton. Princeton University Press, 1987.
[34] Manuel Moreno Fraginals, *El Ingenio: complejo económico social cubano del azúcar*, 3 vols., Habana, Instituto Cubano del Libro, 1978; Allan J. Kuethe, *Cuba, 1753-1815: Crown, Military and Society*, Knoxville, University of Tennessee Press, 1986; del mismo autor, "The development of the Cuban Military as a sociopolitical Elite, 1763-83", *Hispanic American Historical Review*, 61, 1981, pp. 695-704; Mª Dolores González-Ripoll Navarro, Cuba..., *Opus cit.*; Sherry Johnson, *The Social Transformation of Eighteenth-Century Cuba*, Gainesville, University Press of Florida, 2001. Esta autora incide en la importancia del fuero militar (1771) como medio de privilegiar a un amplio sector de la población blanca y de color integrante del ejército regular como de las milicias que conllevó una implícita lealtad a la Corona. El cambio de importantes consecuencias para el futuro de la isla se producirá con el intento del gobierno de Las Casas de acabar con el fuero y obligar a la población libre a trabajar en las obras públicas.

te la cabeza del hombre mientras que su corazón permanece ligado a Francia"[35].

Un viajero español que publicó en Madrid en 1787 unas *Memorias de la colonia francesa de Santo Domingo con algunas reflexiones relativas a la isla de Cuba*[36], abundaba en este aspecto que en nada beneficiaba al conveniente desarrollo de la colonia francesa. En su opinión, el deseo de los propietarios de regresar cuanto antes a Europa después de un tiempo de obligada residencia en Saint Domingue a fin de gestionar sus haciendas, así como la indiferencia generalizada si no aversión al servicio militar, podían explicarse por la falta de estímulo para afrontarlo. Las milicias habían sido suprimidas en 1763 y cinco años después se intentaba su restablecimiento debido a su utilidad para controlar una situación de evidente minoría del número de blancos respecto al de los individuos de color y "lo indispensable que era conservar siempre armados a los primeros para contener a los segundos y reprimir oportunamente sus movimientos"[37]. Aunque sin una alusión expresa, se planteaba, por tanto, la necesidad de establecer en el territorio francés el sistema de compensación aplicado en Cuba a la población criolla, especialmente el citado sistema de milicias que disciplinaba la sociedad y convertía a la población referida en los máximos valedores del "statu quo" colonial. Para el autor "si el Príncipe le ofrece en la misma colonia distinciones honoríficas, premios considerables y ascensos brillantes ¿qué motivos tendría el propietario para ir a buscar a regiones remotas por en medio de las furias del océano una felicidad que poseería en el seno de su patria, en el centro de su familia y de las pingües haciendas recibidas de sus mayores? ¿Será acaso la ambición estímulo suficiente para hacerle emprender el viaje a Europa?"[38]. De particular importancia era la reco-

---

[35] Gabriel Debien, *L'Esprit d'Independance...*, Opus cit., p. 10 En su estudio sobre la compañía de comercio marítimo Henry Romberg con sede en Burdeos y sucursal en Saint-Marc (Saint Domingue), Françoise Thésée, *Négociants bordelais...*, Opus cit., señalaba que algunas familias tenían dos residencias ya que el marido se ocupaba de los asuntos coloniales en la isla mientras la esposa y los hijos permanecían en Francia.
[36] Ignacio Gala (ed.lit.), *Memorias de la colonia francesa de Santo Domingo, con algunas reflexiones relativas a la isla de Cuba, por un viajero español*, Madrid oficina de Hilario Santos Alonso, 1787. No conocemos la identidad del autor y de la obra reseñada tenemos la información recogida en la documentación que atestigua la concesión del permiso para su publicación el 18 de diciembre de 1786. AHN, Consejos, Legajo 5552, exp. 16.
[37] *Ibidem*, pp. 68-69
[38] *Ibidem*, p. 83

mendación de aminorar la violencia que regía en Saint Domingue con el ejercicio caprichoso, altanero y puramente militar del gobierno para con la población. En nuestra opinión, la obra editada por Ignacio Gala resulta doblemente interesante tanto por su testimonio directo y su juicio personal y cualificado (aunque desconozcamos todavía la verdadera índole del viaje y la formación y competencia profesional del autor) como por nuestra certeza de que el cubano Francisco Arango debió haber leído el libro e incluso llevarlo en su equipaje en la breve estancia que realizara en la todavía colonia de Saint Domingue en la primavera de 1803, un texto que le resultó imprescindible para contrastarlo con la realidad que entonces se ofrecía a sus ojos[39].

Volviendo al Saint Domingue del que el viajero fue testigo y cuya carencia de lujos, comodidades y distracciones provocaba en algunos un sentimiento de hartazgo que este autor también reflejó, sin embargo hay que señalar que para otros franceses del Viejo Continente, "passer aux isles" como se denominaba al hecho de viajar a los enclaves ultramarinos, se convirtió en un lugar común de búsqueda de mayor libertad, sinónimo de escape y de posibilidad de una vuelta a empezar para muchas gentes en apuros y aventureros de cualquier origen, convirtiéndose Saint Domingue más en frontera cultural que en frontera natural[40].

De este modo, en las décadas anteriores al proceso de revolución e independencia que trastocó muchas realidades hubo quienes se empeñaron en que Saint Domingue no fuera un desierto cultural aunque su manifestación no fuera más que la expresión de la fuerza de los productores y comerciantes de azúcar y del resto de frutos extraídos de su suelo. Así, en 1724 se instalaba la primera imprenta y la primera librería del Rey se estableció en Le Cap en 1763 y en 1765 en Port-au-Prince iniciándose la publicación del primer periódico con el nombre de *La*

---

[39] La obra editada por Ignacio Gala se encuentra en el listado de la biblioteca de Francisco Arango. BNJM, Colecc. Pérez Beato, 743. Creemos que debió comprarla en Madrid ya que en la fecha de la publicación, un joven Francisco Arango culminaba sus estudios de derecho en la Academia de Jurisprudencia de Santa Bárbara de esta ciudad. Ver al respecto Antonio Risco, *La Real Academia de Santa Bárbara de Madrid (1730-1808). Naissance et formation d'une elite dans l'Espagne du XVIIIème siècle*, 2 vols., Toulousse, Univ. de Toulousse-Le Mirail, 1979.

[40] James E. McClellan, *Colonialism and Science...*, *Opus cit.*, p. 57. En su opinión, los elementos integrales del proceso colonizador francés en el enclave occidental de La Española fueron la ciencia y la medicina y no el movimiento ilustrado en su vertiente social, intelectual, económica o política, de clara irrelevancia en el Saint Domingue colonial. Estos factores contribuyeron al claro objetivo de expandir la producción y el comercio y como enlace institucional entre la metrópoli y la colonia.

Gazette de Saint Domingue cuyo nº 1 data del miércoles 1 de febrero de 1764; eran ocho cuartillas de información que cubría noticias sobre Francia, innovaciones agrícolas y comerciales, precios de mercancías y anuncios de ventas y alquiler de bienes. La novedad de esta publicación provocó gran estupor en los círculos gubernamentales franceses y fue necesario garantizar su vigilancia y censura para que continuara viendo la luz aunque con el más tranquilizador título de *Avis divers et Petites Affiches americaines*[41], convirtiéndose en la publicación por excelencia de la colonia. También hay que mencionar *La Gazette du Jour* fundada en Le Cap el 1 de noviembre de 1790, una publicación de efímera existencia al desaparecer en agosto de 1791 y que también variaría su nombre a *Moniteur colonial;* entre sus contenidos destacaba una sección dedicada al cimarronaje dónde se ofrecían reveladores detalles del comportamiento de los esclavos en los momentos que precedieron al gran levantamiento de ese mismo mes de agosto de 1791[42]. Otras de las publicaciones que aparecían en las dos principales ciudades de la colonia eran sendos almanaques con información muy útil sobre el territorio. Como señaló François Girod en su friso de la vida cotidiana de la sociedad de la colonia francesa, la lectura de periódicos y su comentario era una de las atracciones de los llamados wauxhalls, una suerte de clubes de clara influencia inglesa que existieron en varias poblaciones de Saint Domingue como Le Cap, Port-au-Prince, Saint Marc, Jeremie y los Cayos. Prohibida la entrada a las mujeres como era perceptible, estos locales abrían todos los días para sus socios quiénes se dedicaban a leer, conversar, jugar a las cartas e incluso podían consumir bebidas y alimentos, actividades todas que realizaban con la convicción de estar contribuyendo a elevar el nivel del ocio en la colonia[43]. Al mismo tiempo de su apertura, en 1765, se instaló la primera librería de Saint Domingue en Le Cap, siendo la única hasta diez años después en que otra fue establecida con la particularidad de añadir a su función comercial la de constituir una biblioteca de préstamo o gabinete literario. A la altura de 1788 ya eran cinco los gabinetes literarios que ofrecían a los habitantes de Le Cap Français la posibilidad de leer una gran variedad de textos que abarcaban la historia religiosa y civil, la historia moderna, el teatro, literatura francesa, ciencia, jurisprudencia y medicina. Además de los wauxhalls y los gabinetes, otros lugares de reunión, de exposición y debate de ideas

---

[41] François Girod, *La vie cotidiene... ...*, *Opus cit.*, p. 103.
[42] *Ibidem*, p. 104.
[43] *Idem*.

novedosas -aunque suscitaron muchos recelos por su secretismo en el Saint Domingue previo a la revolución de 1791- fueron las logias masónicas, la primera de ellas fundada en Le Cap en 1740, a la que siguieron algunas más en esta misma ciudad y ya en 1789 en Port-au-Prince. Entre sus numerosos seguidores se encontraba Moreau de Saint Méry involucrado, además, en otra de las instituciones más emblemáticas de la colonia de Saint Domingue que fue el llamado Cercle de Philadelphes, establecimiento que para algunos no fue otra cosa que, precisamente, una asociación masónica más dedicada a promover el patriotismo y el libre comercio. Sin embargo, el Círculo de Philadelphes -que tomó el nombre a inspiración de la American Philosophical Society- surgió a iniciativa de varias figuras relacionadas con la medicina y la botánica de la colonia (Charles Arthaud, Alexandre Dubourg y Jean Cosme d'Argenville) en un proyecto elaborado en 1784[44]. Como han señalado Miguel Ángel Puig-Samper y Mercedes Valero en su libro sobre el Jardín Botánico de La Habana, el interés del Círculo de Saint Domingue por la agricultura colonial, la esclavitud y la economía rural y su carácter de correspondiente de las academias provinciales francesas le daba cierta similitud con las Sociedades Económicas hispánicas y en especial con la fundada en La Habana justo en el momento en que el Círculo de la colonia francesa estaba llamado a desaparecer tras la revolución de los esclavos. Ambas asociaciones compartían objetivos y llevaron a cabo acciones que podrían identificarlas, tales como la creación de una biblioteca pública, un laboratorio químico-físico, un gabinete de historia natural y un jardín botánico, además de actividades literarias, estudios de medicina colonial, manufacturas y agricultura, en general, temas estrechamente relacionados con el sistema de plantación esclavista[45].

Si la Sociedad Patriótica de la Habana publicó, desde su creación, unas *Memorias* que mostraban las preocupaciones del grupo criollo hacendado y comerciante que la componía y proponían los remedios para el fomento de la agricultura, la educación y el avance tecnológico[46], en

---

[44] Información ofrecida por el propio Charles Arthaud en su "Histoire du Cercle des Philadelphes du Cap Français" de 1788 citado por James McClellan, *Colonialism..., Opus cit.*, p. 240.
[45] Miguel Ángel Puig-Samper y Mercedes Valero, *Historia del Jardín Botánico de La Habana*, Madrid-Aranjuez, Ed. Doce Calles, 2000, pp.34-35. Respecto a las Sociedades Económicas de la isla de Cuba, ver: Izaskun Álvarez Cuartero, *Memorias de la Ilustración: las Sociedades de Amigos del País en Cuba (1783-1832)*, Madrid, Real Sociedad Bascongada de Amigos del País Delegación en Corte, 2000.
[46] La primera denominación que recibió este organismo en 1793 fue el de "Sociedad Patriótica de la Habana"; en 1795 se añadió el epíteto de "Real" para, en 1817, pasar a titularse Real

Saint-Domingue, el Círculo elaboró un informe titulado *Questions relatives a l'Agriculture de Saint Domingue* que fue publicado en 1787 y constaba de tres partes, la primera dedicaba medio centenar de artículos a la agricultura de la colonia (caña, café, añil y algodón principalmente), la segunda parte se centraba en la esclavitud, cuestión explicada en no más de siete artículos, mientras que el tercero y último de los apartados, con casi el doble de artículos que el anterior, tenía a los animales como protagonistas. Para James McClellan, esta publicación supuso el momento de mayor compromiso institucional en relación con la esclavitud a pesar de no ser éste el tema central de la misma. Las razones que arguye se refieren al origen social de los integrantes del Círculo promotor del informe: aproximadamente un tercio compuesto por médicos, seguidos de propietarios de haciendas, militares, abogados, agentes del gobierno y otros hombres ligados a la educación, la iglesia y el comercio -amén de autoridades de otras islas e incluso socios extranjeros como Benjamín Franklin o el virrey Gálvez de México-[47], hombres que definían y conformaban las estructuras de una sociedad fundamentada en la esclavitud, de modo que la atención a la ciencia, la medicina y el conocimiento útil revertía en su mejora con la única perspectiva de la rentabilidad de la mano de obra. Si alguno incurría en comparar la situación de los esclavos con los campesinos europeos eran fácil que salieran ganando los primeros porque, como explicaba un noble, "la palabra libertad es ilusoria porque sin una fortuna independiente y teniendo que trabajar para vivir, eres esclavo de los que te emplean"[48].

En 1789 el Círculo pasó a denominarse Real Sociedad de Ciencias y Artes abandonando un nombre demasiado modesto y también, en cierto modo, demasiado masónico para una sociedad incorporada a la Corona que funcionaba como una academia oficial de medicina. De hecho el interés por la medicina es patente ya que Saint Domingue fue uno de los primeros lugares del Nuevo Mundo en publicar un periódico

---

Sociedad Económica de La Habana y sufrir algún cambio de nombre más en su larga vigencia hasta 1959. Respecto a las *Memorias de la Sociedad Patriótica de La Habana* se publicaron las correspondientes a los años 1793, 1794 y 1795, datando la siguiente de 1817 que incluía anotaciones y acuerdos de las juntas de 1810 y sucesivas. Izaskun Álvarez Cuartero, *Memorias...*, *Opus cit.*, pp. 409-415 señala los volúmenes existentes en la Biblioteca Nacional José Martí (La Habana) y puede consultarse un índice por materias y autores (hasta 1896) en Fernando Ortiz, *Recopilación para la historia de la Sociedad Económica habanera*, 5 vols., La Habana, Molina, 1938 (especialmente los volúmenes 3º y 5º).
[47] Miguel Ángel Puig-Samper y Mercedes Valero, *Historia del jardín...*, *Opus cit.*, p. 34
[48] Opinión expresada por el marqués de Puget, citada por Jamer McClellan, *Colonialism and Science...*, *Opus cit.*, p. 241

de carácter médico *(Journal de Medecine, Chirurgie, Pharmacie,* que salió en abril de 1790) en el que se trataban las enfermedades de los animales, de los blancos, de los recién llegados y las dolencias particulares de los negros. Fue también en Saint Domingue dónde primero existió una publicación de estas características conteniendo informes veterinarios; no en vano, una relación bibliográfica médica de las Antillas francesas publicada en 1994 recogía casi cien libros y artículos, cuarenta almanaques y medio centenar de periódicos que contenían información médica de Saint Domingue entre los años 1765 y 1805[49]. Ligado al avance de los estudios médicos estaba la preocupación por la aclimatación de los esclavos, la comida, la vivienda, los africanos más fáciles de disciplinar, las enfermedades y la mortalidad, teniendo en cuenta que para poner fin al estado de sometimiento en que vivían, los esclavos –fuertemente cohesionados alrededor de las prácticas del vudú- se defendían con el suicidio, el aborto y el asesinato mediante la aplicación de venenos[50]. El temor a tales sustancias cundió entre la minoritaria población blanca de modo que su estudio y limitación tuvieron consecuencias en la legislación, la experimentación médica y la investigación científica de la colonia. Algunas de las principales figuras del ámbito intelectual y científico que intervinieron en muchas de las decisiones tomadas en relación con la supervivencia interesada de la población esclava, se vieron afectadas al producirse la revolución de agosto de 1791. En el seno del Cercle des Philadelphes, ya con su nuevo nombre de Real Sociedad de Ciencias y Artes, se extendieron rumores respecto a que algunos de sus integrantes favorecían la emancipación de los esclavos, entre ellos uno de sus fundadores, el botánico real Charles Arthaud, autor del proyecto en 1784 y el ya citado Moreau de Saint-Méry; por lo que, a iniciativa de un sector de los grandes blancos, se procedió a su expulsión previa denuncia de su condición de traidores.

---

[49] Francisco Guerra, *Bibliographie medicale des Antilles Françaises*, Alcalá de Henares, Universidad de Alcalá de Henares, 1994.
[50] Pierre Pluchon, *Vadou: sorciers empoisonneurs de Saint Domingue à Haïti,* París, Editions Karthala, 1987; David P. Geggus, "Haitian Voodoo in the Eighteenth Century: Language, Culture and Resistance", *Jahrbuch für Geschichte von Staat, Wirtschaft und Gesellschaft LateinAmerikas,* 28, 1991, pp. 21-51.

Visibilidad criolla de Saint Domingue y Cuba: Moreau de Saint-Mery y Arango y Parreño

En el complejo proceso de la caída de Saint Domingue y el advenimiento de Haití entre 1791 y 1804 concurrieron múltiples circunstancias mediatizadas por la actuación y reacción ante el flujo de lo acontecido en Francia, en el resto de Europa, en Saint Domingue mismo, desde la toma de la Bastilla (1789) a la coronación de Napoleón (1804); además, se vieron envueltos diferentes grupos, aliados y antagonistas varios como el gobierno francés, sus burócratas y su ejército, la elite colonial, los petits blancs, la gente libre de color y los esclavos además de las fuerzas británicas y el poder de España. En este enmarañado cuadro, las posturas políticas de las potencias pueden resultar incluso contradictorias ya que Gran Bretaña, aunque paladín del abolicionismo, apoyó la causa de los colonos de Saint Domingue o lo que era lo mismo, al sistema esclavista que éstos representaban y España, por su parte, anteponiendo a todo la rivalidad que sentía hacia la Francia revolucionaria, colaboró con los esclavos insurrectos a los que proveyó de instrucción militar y dotó de armas y víveres[51]. Resulta así evidente que la cuestión de la trata y la utilización de la mano de obra esclava en los territorios ultramarinos no constituyeron el centro de las preocupaciones o reticencias de los gobiernos metropolitanos de modo que, en el caso de Cuba, los distintos elementos puestos en juego a lo largo de este proceso, darían oxígeno a muchas de las reivindicaciones de los hacendados azucareros, deseosos de mirarse en el espejo de Saint Domingue y ver allanado el camino de la entrada de esclavos y de un medio más asequible para la adquisición de los útiles necesarios para la producción del dulce.

---

[51] Para una breve síntesis del proceso, ver Josefina Castro, *Crisis del sistema de dominación colonial en Haití*, La Habana, Ed. Ciencias Sociales, 1994. Otros análisis y puntos de vista: Johanna von Grafenstein Gareis, *Nueva España en el Circuncaribe, 1779-1808. Revolución, competencia imperial y vínculos intercontinentales*, México, UNAM, 1997; David P. Geggus, *Slavery, War and Revolution. The British Occupation of Saint Domingue 1793-1798*, Oxford, Clarendon Press, 1982; Arturo Morales Carrión, "La revolución haitiana y el movimiento antiesclavista en Puerto Rico", *Boletín de la Academia Puertorriqueña de la Historia*, vol. VIII, núm. 30, 1983, pp. 139-156; Michel L. Martin y Alain Yacou (dirs.), *Mourir pour les Antilles: indépendance nègre ou esclavage, 1802-1804*, Paris, Editions Caribéennes, 1991; M.E. Cordero, *La Revolución haitiana y Santo Domingo*, Santo Domingo, Universidad de Santo Domingo, 1989 y los ya citados David P. Geggus (coord.), *The Impact of the Haitian Revolution...*, Opus cit.; C.L.R. James, *Los jacobinos negros...*, Opus cit.; David B. Gaspar y David P. Geggus (eds.), *A Turbulent Time...*, Opus cit.; P. E. Bryan, *The Haitian Revolution...*, Opus cit.; Alfred Hunt, *Haiti's Influence...*, Opus cit.; José Luciano Franco, *Revoluciones y conflictos...*, Opus cit.

En esta etapa de transición de dos territorios coloniales europeos de finales del siglo XVIII y principios del XIX, emergen las figuras de los ya mencionados Médéric-Luis-Élie Moreau de Saint-Méry (1750-1819) y Francisco Arango (1765-1837) quienes ejemplifican la visión colonial dentro de la colonia del criollo perteneciente a la elite blanca y devenido en hombre útil para su respectiva metrópoli[52]. Si los antepasados de ambos habían llegado al Caribe como funcionarios y ellos ya nacieron en las tierras antillanas, Moreau en Fort Royal (Martinica) y Arango en La Habana[53], los dos participaron del privilegio de viajar a Europa para formarse en derecho -la profesión con mayor proyección social desde fines del siglo XVIII y a lo largo del XIX- y regresaron al trópico a poner en práctica lo aprendido. En París, Moreau formó parte de la guardia real y tras ser admitido como abogado del parlamento francés en 1773 e ingresar en la masonería, volvió al Caribe con la decisión de cambiar su residencia a Cap Français en Saint Domingue donde creyó podría encontrar más posibilidades de promoción y enriquecimiento[54]. Nombrado en 1780 miembro del Consejo Superior de la colonia radicado en Le Cap, se ocupó de recopilar documentación sobre las leyes, la geografía y la historia de las colonias francesas en los archivos judiciales y notariales, resultando en la publicación en la capital francesa de la jurisprudencia de las Antillas[55] que le granjeó el respeto y la estima de la sociedad de Saint Domingue. Visitó el Santo Domingo español en 1783, fruto de cuya estancia fue su obra sobre la parte oriental de la isla que resultó un friso bastante favorable de la sociedad dominicana. Moreau señalaba que los prejuicios de color "casi no existen", aunque reconocía

---

[52] Moreau sería el ejemplo de colonial exitoso para Torcuato di Tella, *La rebelión..., Opus cit.* Sobre la faceta de mediador de Francisco Arango véase Mª Dolores González-Ripoll, "Vínculos y redes de poder...", *Opus cit.*

[53] Moreau de Saint-Méry, hijo de Bertrand Médéric y Marie Rose Moreau de Saint-Méry, era descendiente de emigrantes de Poitou (Francia) asentados en el Nuevo Mundo en el siglo XVII que ocuparon altos cargos de la judicatura de la colonia. Por su parte, Francisco Arango formaba parte de la tercera generación familiar nacida en América; en 1680, Pedro de Arango y Monroy fue enviado a Cuba como capitán y contador mayor de cuentas y con su matrimonio con la habanera Josefa de Losa y Aparicio, arrancó la prolífica familia de los Arango, entre cuyos integrantes habría quienes pertenecieron a la iglesia, la milicia colonial, el cabildo de la ciudad y ejercieron la abogacía y la enseñanza.

[54] Algunas de las notas biográficas proceden de la introducción, a cargo del Lic. C. Armando Rodríguez, de Médéric-Luis-Elie Moreau de Saint-Mery, *Description topographique et politique de la partie espagnole de l'isle Saint-Domingue,* Philadelphie, 1796 (Santo Domingo, Editora de Santo Domingo, 1976), pp. V-IX. En inglés existieron las ediciones de Filadelfia (1796) y Londres (1798).

[55] Médéric-Luis-Elie Moreau de Saint-Mery, *Loix et constitutions..., Opus cit.*

la limitación de los libertos, el evidente componente negro incluso entre los colonos españoles y cómo la condición de vida de los esclavos era, a su juicio, incomparablemente más benigna que la que se daba en Saint Domingue ya que, escribió, "son alimentados, en general, como sus amos y tratados con una dulzura desconocida en los otros pueblos que poseen colonias".... Para el martiniqués, la razón de esta mejor situación estribaba en la menor cantidad de esclavos y su mayor dispersión por el territorio que hacía innecesaria una férrea disciplina para someterlos y, por tanto, aminoraba los deseos de huida y rebelión[56].

Un año más tarde, Moreau se hallaba de nuevo en la capital francesa donde colaboró en la fundación del Museo de París, del que fue nombrado presidente en 1787, fecha en que el gobierno militar de Saint Domingue disolvió el Consejo de Le Cap sospechando ciertas ideas de tinte autonomista en su seno y lo trasladó a Port-au-Prince limitando, a la postre, la acción de Moreau que no pudo continuar en su cargo. Decidió entonces elaborar una historia enciclopédica de Saint Domingue que finalmente publicaría ya como emigrado en Filadelfia[57] ya que las circunstancias políticas del momento y la implicación del propio Moreau en los acontecimientos relacionados con la revolución francesa le llevó en 1790 como diputado a la Asamblea Constituyente por Martinica, su isla natal, ocupándose de su especialidad y objeto principal de interés: los asuntos coloniales. Cuando todavía permanecía en Saint Domingue y ante la acusación de mostrarse a favor de la supresión de la esclavitud –lo que, desde luego no entraba en su programa–, tuvo que esconderse en Le Cap para salvarse de las iras de los colonos y dio a la luz una "Memoria justificativa" a fin de aclarar sus posiciones en las que ni siquiera se mostraba partidario de la abolición de la trata[58]. Esta postura fue confirmada por la actividad que Moreau de Saint–Méry desplegó en Francia en el llamado Club Massiac, una sociedad política fundada en 1789 compuesta por colonos franceses de Saint Domingue (350 en 1788) residentes en París que se oponían a la influencia de la agrupación Amis des Noirs (Amigos de los negros) creada un año antes con la máxima de acabar con

---

[56] Médéric Moreau de Saint-Méry, *Description topographique et politique de la partie espagnole..., Opus cit.,* pp. 93-94. Con referencia a la misma época es la obra del presbítero Antonio Sánchez Valverde, *Idea del valor de la Isla Española,* Madrid, 1785.
[57] Médéric-Luis-Elie Moreau de Saint-Méry, *Description physique..., Opus cit.*
[58] En este folleto publicado en París el 14 de enero de 1790, Moreau se dirige a los amigos de la paz contra "los pretendidos amigos de los negros" aunque deploraba los excesos cometidos por los blancos. Torcuato di Tella, *La rebelión..., Opus cit.,* p. 51

la trata de esclavos[59]. A través de un Comité Colonial que Moreau ayudó a establecer, el Club Massiac se enfrentó a cualquier concesión hacia los mulatos y centró sus debates en las repercusiones económicas de la modificación del sistema imperante por lo que logró que tanto los colonos como los hombres de negocios metropolitanos, negreros y armadores -aunque enfrentados por el deseo de mayor autonomía de los primeros y de mantenimiento del monopolio comercial los segundos-, hicieran causa común para defender el colonialismo que a ambos beneficiaba. Moreau no volvió jamás a las Antillas porque tras ser encarcelado por orden de Robespierre, logró escapar con su familia a Estados Unidos estableciéndose en Filadelfia donde, al frente de una pequeña imprenta-librería convertida en punto de encuentro de los franceses emigrados, se dedicó a publicar trabajos ajenos y también los textos que no había podido elaborar en los convulsos tiempos revolucionarios, dando lugar a una abundante bibliografía que abarca desde su obra más conocida sobre Saint Domingue, un atlas de la colonia, un diario sobre su viaje a Estados Unidos, etc, además de su recopilación de manuscritos y documentos oficiales relativos a la ciencia en la colonia y al Cercle des Philadelphes que se hallan hoy día en archivos franceses[60]. Los éxitos comerciales y editoriales de Moreau en Estados Unidos le granjearon la amistad de numerosos intelectuales pertenecientes a la prestigiosa American Philosophical Society de la que fue nombrado miembro residente en 1795. De nuevo Moreau debió replantearse su vida porque ante el creciente ambiente de sospecha hacia los franceses generado por la administración del presidente Adams, regresó a Francia en 1798 donde se

---

[59] Sociedad fundada por Jacques-Pierre Brissot (1754-1793) con el objetivo de abolir la trata de esclavos e inferir un mejor trato a los ya existentes en las colonias, según el cuál: "Los enemigos de los negros [el club Massiac entre los principales] se complacen en difundir rumores totalmente falsos sobre esta Sociedad y que interesa disipar. Insinúan que el objetivo de la Sociedad es destruir inmediatamente la esclavitud, lo que arruinaría nuestras colonias. No es ésta, en absoluto, la intención de los Amigos de los Negros. Piden la abolición de la trata de negros, porque de ella resultará infaliblemente que los plantadores, no pudiendo esperar ya más negros de África, tratarán mejor a los suyos. No sólo la Sociedad de los Amigos de los Negros no solicita ahora la abolición de la esclavitud, sino que le apenaría que fuese propuesta. Los negros aún no están maduros para la libertad; es necesario prepararlos. Tal es la doctrina de esta Sociedad", *Le Patriote française*, núm. 24, 24 de agosto de 1789. Cfr. en Marcel Merle y Roberto Mesa (selecc.), *El anticolonialismo europeo. Desde Las Casas a Marx*, Madrid, Alianza Editorial, 1972, p.210.

[60] Médéric-Luis-Elie Moreau de Saint-Méry, *Voyage aux Etats Unis de l'Amerique 1793-98*, (introd. de Stewart L. Mims, New Haven, Yale University Press, 1913); *De la danse*, Parme, Imprimé par Bodoni, 1801. La colección Moreau de Saint-Méry está en los Archivos nacionales de Francia y la llamada Biblioteca de Moreau de Saint-Méry se encuentra en el Ministerio de Asuntos Exteriores –sección del Ministere de la France d'Outre mer-. Entre las

multiplicaron las muestras de admiración hacia su figura, recibió el cargo de historiógrafo del Ministerio de Marina y fue elegido miembro de varias sociedades científicas. En 1800 alcanzó el puesto de consejero de estado y fue destinado a colaborar con el duque de Parma, a cuya muerte en 1802, debió administrar los ducados de Parma, Piacenza y Guastalla hasta 1806 en que Napoleón le recriminara su ineficacia en la reducción de un motín militar. Desde entonces y hasta su muerte en 1819, Moreau vivió retirado y sobrevivió con una exigua pensión y gracias a la caridad de la emperatriz Josefina, de quien era paisano y pariente lejano.

La figura de Moreau de Saint-Méry tiene relevancia no tanto por su dimensión intelectual sino en su calidad de difusor de una coyuntura histórica singular como fue la situación de la colonia de Saint Domingue previa a la rebelión de los esclavos y la visión moderada de quien, aún en contra de presupuestos del Antiguo Régimen y de escalar posiciones dentro de sus estructuras, defendió los derechos de su clase. Moreau fue a lo largo de su vida más una presencia del pasado con una visión retrospectiva de lo ya extinto como legado de futuro, que alguien inmerso en el presente. Como él, Francisco Arango también es representativo de un pensamiento reformista moderado que, en su caso, pretendía -y que consiguió en algunos ámbitos- cambiar prácticas del sistema colonial español imperante pero que, sin embargo, no afectaran a su cuerpo doctrinal y, a diferencia de Moreau, Francisco Arango fue figura fundamental del despertar azucarero cubano, principal portavoz de la clase hacendada y con gran influencia en los foros metropolitanos gracias a una extensa red de amigos y familiares instalados en Madrid[61]. Además. Arango vivió la mayor parte de su vida en la ciudad donde había nacido, La Habana y fue protagonista y testigo de los cambios producidos por su gestión a favor de una mayor liberalización del comercio de ultramar, la libre introducción de esclavos, el fomento de la educación y el avance tecnológico junto a una muy activa defensa de la existencia de instituciones en las que la elite criolla dejara oir su voz. Es, por tanto, indudable la mayor influencia de Arango entre sus contemporáneos y la de su legado -mejor o peor visto por los historiadores- para el devenir de Cuba[62] siendo el habanero, a su vez, heredero de sus vecinos, los criollos de la elite de las

---

obras que salieron de su imprenta: A.E. van Braam Houckgeest's, *Voyage de l'Ambassade de la Compagnie des Indies Orientales Hollandaises vers l'Empereur de la Chine en 1794-1795* publicado en 1797, así como el periódico *Courrier de la France et des Colonies*.

[61] Mª Dolores González-Ripoll, "Vínculos y redes...", *Opus cit*.

[62] La especialización azucarera del siglo XVIII significó también la ruptura con una tendencia económica de crecimiento y diversificación en la centuria anterior, de modo que "las

Antillas francesas que Moreau representaba y cuyo discurso tomó Arango prestado a fin de llevar a Cuba al primer puesto como centro productor de caña de azúcar para el mercado mundial en sustitución de Saint Domingue y es que, en definitiva, sin el declive de la colonia francesa no se hubiera dado el florecimiento de la española.

Sobre el origen de Francisco Arango, de antepasados asturianos afincados en Navarra y Andalucía, ya fue mencionada la llegada a Cuba del capitán Pedro de Arango y Monroy para desempeñar un cargo oficial y su matrimonio con una habanera. La acumulación patrimonial de la familia se inició con la estancia de labranza que ambos al morir legaron a sus herederos y continuó con, entre otros aportes que la hacen evidente, la suma de 12.000 pesos y bienes mobiliarios y alhajas que Miguel Ciriaco, nieto de los anteriores y padre de Francisco Arango, contaba para su boda en 1751[63]. Sin embargo, no toda la riqueza que los Arango podían exhibir la constituían bienes materiales; el valor de la herencia de carácter inmaterial en alusión a la inversiones realizadas en las zonas menos tangibles del prestigio y las relaciones sociales -como señaló Giovanni Levi- tenían por objeto controlar, en lo posible, el porvenir de un grupo y garantizar resultados satisfactorios y constantes en forma de protecciones, favores políticos, lealtades, honores, etc..[64]. Así, en 1818, con ocasión de la concesión a Francisco Arango de la orden de Carlos III, se le eximía de presentar documentos sobre la rama materna por constar ya en los archivos de la orden los de uno de sus tíos que recibiera el mismo honor en 1794[65] en los que se acreditaban su legitimidad y limpieza de sangre. Otro elemento a destacar en la familia Arango –no menos común entre los componentes de la elite habanera de fines del

---

libertades comerciales y la coyuntura internacional permitieron, junto a la benemérita gestión de una serie de gobernantes ilustrados, dar el salto azucarero de fines del siglo XVIII, el gran salto...hacia el subdesarrollo", Alejandro de la Fuente, "¿Decadencia o crecimiento? Población y economía en Cuba, 1530-1700", *Arbor,* monográfico Consuelo Naranjo Orovio y Miguel Ángel Puig-Samper (comps.), *Las raíces históricas del pueblo cubano (I),* núm. 547-548, tomo CXXXIX, 1991, pp. 11-35, p. 30.

[63] Parte de la información sobre los primeros años de vida y formación de Francisco Arango está entresacada del artículo de mi autoría "Vínculos y redes...", *Opus cit,* pp. 298-305. - Miguel Ciriaco Arango y Meireles, padre de Francisco Arango, fue regidor y alférez real de la ciudad, se casó con Juliana Parreño y testó en 1799 ante Cayetano Pontón. Guillermo Lohmann Villena, *Los americanos en las órdenes nobiliarias,* 2 tomos, Madrid, CSIC, 1993, tomo I, pp. 270-271.

[64] Giovanni Levi, *La herencia inmaterial. La historia de un exorcista piamontés del siglo XVII,* Madrid, Ed. Nerea, 1990, p. 82. Sherry Johnson, *The Social Transformation..., Opus cit.,* p. 71 titula uno de los capítulos sobre la sociedad cubana del siglo XVIII –en especial alrededor del valor del fuero militar- "Honor is Life".

siglo XVIII- era la tendencia a la separación espacial de sus miembros, convirtiéndose en un conjunto de parientes y aliados cooperantes que, sin embargo, no actuaban aisladamente sino en pos de la cohesión y supervivencia colectiva. Por ello, Francisco Arango mantuvo a lo largo de su vida una estrecha relación con sus primos hermanos, los Arango y Núñez del Castillo[66], uno de los cuáles residió permanentemente en Madrid lo que posibilitó un amplio círculo de sociabilidad en la corte y facilitó muchas diligencias- entre ellas y no la menos importante, el matrimonio de Francisco Arango con Rita Quesada, cuñada de su pariente Andrés Arango, en una ceremonia celebrada en Madrid en 1816[67]. Sin embargo, de su propio círculo, Francisco Arango fue el único que, en dos ocasiones, pasó a residir en la península (1787-1794 y 1814-1817) mientras desde el cabildo habanero su hermano Ciriaco impulsaba la acreditación del linaje y Mariano, desde su puesto de inquisidor, lo dotaba de su dimensión espiritual[68]. A lo largo de la vida de Francisco Arango (1765-1837) -transcurrida entre la época de una Habana devuelta a España tras once meses de ocupación británica[69] y cuya muerte coincidió con la expulsión de los representantes de Cuba, Puerto Rico y Filipinas de las Cortes españolas- personas, intereses, afectos y rencores, algunos heredados, otros de propio cuño, marcarán su camino. Entre las figuras cuya gestión y/o trato directo o indirecto más influirían a Arango se encuentran Alejandro O'Reilly, Francisco Saavedra y su amigo Joaquín Beltrán

---

[65] AHN, Estado, Carlos III, Expediente núm. 1742.

[66] Semblanzas de los Arango y Núñez del Castillo (José, Anastasio, Andrés y Rafael) en Jacobo de la Pezuela, *Diccionario geográfico, estadístico, histórico de la Isla de Cuba*, 4 vols., Impr. del Establecimiento de Mellado, 1863-1866, vol. II, pp. 36-40 (editado en CD-Rom por Alejandro García y Luis Miguel García Mora (comps.), *Textos clásicos de la historia de Cuba*, Colecc. Clásicos Tavera, *Iberoamérica en la historia*, serie I, vol. 9, Madrid, 1999) y, a excepción del primero, también en Alberto Gil Novales et al., *Diccionario biográfico del Trienio Liberal*, Madrid, El Museo Universal, 1991, pp. 42-44.

[67] Andrés Arango y Núñez del Castillo (La Habana, 1773-Madrid, 1865) fue coronel de artillería, oficial del Ministerio de Indias, comisario regio de agricultura en 1857 y senador del reino en 1859. Se había casado con Dolores Quesada y Vial, nacida en Chile pero también ligada con los Arango a través de la estirpe de los Quesada, siendo uno de ellos el marqués de Moncayo, Vicente Quesada y Arango, militar habanero afincado en España y primo de Andrés Arango que fue gobernador de Madrid y Capitán General de Castilla la Nueva en 1835. Como otros cubanos residentes en España, Andrés Arango fue portavoz del sector moderado de un criollismo económicamente muy poderoso, ver sobre su figura y actividades: Mª Dolores González-Ripoll, "Entre la adhesión y el exilio: trayectoria de dos cubanos en una España segmentada", José A. Piqueras (comp.), *Las Antillas en la era de las luces y la revolución (1790-1837)*, Madrid, siglo XXI eds., 2005 (en prensa).

[68] AHN, Inquisición, Legajo 1327 (18).

[69] Celia María Parcero Torre, *La pérdida de La Habana y las Reformas Borbónicas en Cuba, 1760-1773*, Madrid, Consejo de Castilla y León, 1998.

de Santa Cruz, conde de Jaruco. El primero por ser enviado a Cuba como ayudante del gobernador conde de Ricla en 1763 y organizar las milicias de esta isla primero y las de Puerto Rico después y por su condición de personaje clave en la red de amistad e interés de muchas de las personas vinculadas a Francisco Arango. O'Reilly[70] formalizó un nuevo espacio de poder con la cesión de las jefaturas de las milicias a miembros de las principales familias de La Habana y el establecimiento de una compañía de cadetes nobles para jóvenes a fin de comprometer a los vecinos en la defensa de la Isla. En 1775, en el transcurso de la campaña de Argel, el ya titulado conde de O'Reilly coincidió con dos hombres que jugarían un papel decisivo para los negocios públicos -y privados- de Francisco Arango: el primero, Luis de Las Casas y Aragorri, gobernador de Cuba en los inicios de la etapa del boom azucarero (1790-1796) y con quien el conde emparentaría por su matrimonio con Rosa de Las Casas. Los O'Reilly-Las Casas asegurarían su porvenir en Cuba en la siguiente generación al casar al madrileño Pedro Pablo O'Reilly, amigo y colaborador de Francisco Arango, con una Calvo de la Puerta, proveniente de una de las familias más ilustres de la isla. El segundo fue Francisco Saavedra y Sangronis quien recordaba precisamente en sus diarios el viaje con el conde y Luis de Las Casas hacia una batalla cuyo fracaso supuso el fin de su amistad con O'Reilly[71] y el inicio de su acercamiento a los Gálvez tras pasar por la secretaría universal de Indias donde trabajó en el Reglamento y aranceles para el libre comercio de la península con América a las órdenes del todopoderoso José de Gálvez. En 1782, de nuevo en guerra contra Gran Bretaña, fue nombrado Saavedra Comisario regio con la misión de aunar los proyectos de la Secretaría de Indias con las ideas de la Junta de generales establecida en La Habana, proveer de fondos la expedición de Pensacola, socorrer Guatemala y conquistar Jamaica junto a los franceses, lo que realizó en colaboración con las auto-

---

[70] Alejandro de O'Reilly, "Descripción de la Isla de Cuba", Habana, 1 de abril de 1764. Biblioteca del Palacio Real de Madrid, Mss. 2819. Bibiano Torres Ramírez, "Alejandro O'Reilly en Cuba", *Anuario de Estudios Americanos*, 24, 1935, pp. 1357-1388 y *Alejandro o'Reilly en las Indias,* Sevilla, Escuela de Estudios Hispanoamericanos, 1969.

[71] "Yo seguía en la secretaría de O'Reilly pero repugnante. Él lo conoció porque yo no lo podía disimular (...) Yo le guardé, no obstante, los fueros de bienhechor; jamás proferí una palabra contra él, lejos de hostilizarle en cierta ocasión que pude hacerlo contribuí a su bien en materia muy esencial; nunca he dejado de aplaudir las muchas prendas que tuvo laudables y aún después de su muerte siempre me ha sido grata su memoria", Francisco Morales Padrón, (ed.), *Los decenios (Autobiografía de un sevillano de la Ilustración). Francisco Saavedra,* Sevilla, Ayuntamiento de Sevilla, 1995, pp. 97 y 102.

ridades españolas y los vecinos ilustres de la capital cubana[72]. Fue entonces cuando el joven Francisco Arango debió conocer a Saavedra, en las tertulias familiares, a través de la opinión de sus mayores que lo frecuentaron o entre la multitud de militares acuartelados por necesidad en el convento de Santo Domingo, lugar precisamente, donde Arango comenzó sus estudios universitarios. Saavedra pudo influir en su formación al señalar la conveniencia de que los hijos de la elite criolla viajaran a España a fin de vincularlos a la política metropolitana, lo que efectivamente hizo Francisco Arango en 1787 al ingresar en la Academia de jurisprudencia de Santa Bárbara de Madrid, bajo la dirección de Miguel Gálvez[73] después de pasar seis meses resolviendo ante la Audiencia de Santo Domingo un contencioso legal que enfrentaba a su padre con Manuel Recio de Morales[74].

Tras obtener el título de abogado en la primavera de 1789[75], el arranque de su proyección pública en relación a Cuba con la presentación de memorias reivindicativas sobre la producción de la isla y el comercio de esclavos, logró receptividad en los medios oficiales gracias a que pudo contar en ellos con un firme aliado, una persona que defendió las ideas

---

[72] James A. Lewis, "Las Damas de La Habana, el Precursor y Francisco de Saavedra: A Note on Spanish Participation in the Battle of Yorktown", *The Americas*, 37, 1980, pp. 90-98. En julio de 1781 Saavedra viajó a Cap Français para entrevistarse con el conde de Grasse jefe de las fuerzas francesas contra los británicos y en favor de las colonias inglesas pero que no había conseguido recaudar dinero en Saint Domingue para proseguir la campaña.

[73] Arango realizó dos disertaciones: "Las causas justas de la guerra" y "El poder legislativo", Antonio Risco, *La Real Academia de Santa Bárbara...*, Opus cit., t.II, núms. 1130 y 1154.

[74] Dos figuras fueron importantes para Arango en Santo Domingo: el licenciado Manuel Coimbra, Abogado de las Reales Audiencias de México y Santo Domingo, a cuyos estudio en La Habana y a la pasantía que abrió después en Santo Domingo, acudió Arango, AHN, Consejos, Legajo 12148, núm. 30 y a quién en 1794, Arango propondría como asesor del Real Consulado de Agricultura y Comercio. El segundo, el Regente de la Audiencia de Santo Domingo Francisco Javier de Gamboa que, en carta al marqués de Jústiz sobre el joven habanero señaló sus "numerosas cualidades" y la "lástima de confinarlo en La Habana, por lo que debe V. interesarse con su padre, a fin de que lo mande a España a cursar sus estudios, para que después de formado, sea un digno Ministro del Rey, Corona de su familia y gloria de La Habana", Francisco J. Ponte Domínguez, *Arango Parreño. El estadista colonial*, La Habana, Ed. Trópico, 1937, p. 21. La prohibición en 1784 de que los nativos de Cuba recibieran el título de abogados en la Universidad de La Habana, terminó de decidir al padre de Arango en su envío a Madrid una vez logrado el grado de bachiller el 26 de abril de 1786.

[75] La materia del examen a que fue sometido el 4 de junio de 1789 fue el pleito de D. Francisco Thomas Sanz, Director de las Reales Minas de Río Tinto con el Reverendo Arzobispo de Sevilla. Después de aprobarlo y abonar los derechos pertinentes (2.250 maravedís de vellón de la media annata), recibió el título de Abogado de los Reales Consejos. Leandro Borbon, Madrid, 8 de junio de 1789. Ésta y otras certificaciones anteriores de Arango también en AHN, Consejos, Legajo 12148, núm. 30.

de Arango y que fue precisamente Francisco Saavedra[76]. Con el regreso de Arango a Cuba en 1794, Saavedra continuó ocupándose de negocios relacionados con la isla y fue elegido representante de la Sociedad Patriótica de La Habana ante la sociedad matritense.

El tercer punto de apoyo de Arango fue, al menos por un tiempo, el también habanero conde de Jaruco, quien al trasladarse a Europa en 1789 y pasar a residir en los sitios de la corte, pudo frecuentar personas influyentes del gobierno a quienes insistir en sus pretensiones y ver recompensados sus desvelos con el nombramiento de brigadier y subinspector general de las tropas de la isla de Cuba, la obtención de un segundo título nobiliario (condado de Mopox) y el privilegio exclusivo de importar harina a Cuba desde Estados Unidos a cambio de aguardiente, ron y melazas[77], concesiones que levantaron muchos recelos del propio Arango y sus más estrechos colaboradores como Antonio del Valle Hernández. Por otra parte, desde un principio Arango y Jaruco habían mantenido puntos de vista diferentes sobre las metas productivas de la isla, el primero como partidario de aumentar los campos de caña azucarera y el segundo defensor de la diversificación de cultivos que se daba desde mediados de siglo, aunque se mostraban de acuerdo en un punto: la imperiosa necesidad de liberalizar la trata de esclavos[78].

DE ÁTOMO A COLOSO: PRIMEROS LOGROS DE ARANGO

Antes de la ocupación británica de La Habana (1762) y del nacimiento de Francisco Arango (1765) ya Cuba había experimentado el desarrollo de la plantación azucarera a un nivel comparable al que fun-

---

[76] Informe de Saavedra a Diego Gardoqui en el que se valida el proyecto presentado por Francisco Arango para formar una Junta de Agricultura y realizar un viaje al extranjero. Madrid, 23 de septiembre de 1793. Facultad de Teología de Granada, Fondo Saavedra, caja 51.
[77] Joaquín Santa Cruz y Cárdenas reunió los títulos de III conde de Jaruco y I de Mopox que le fue concedido en 1796 al inicio de la expedición que comandó a Guantánamo gracias a la protección de Godoy y Carlos IV. Sobre su figura y acciones ver Mª Dolores González-Ripoll, "Familia y poder en las dos orillas: los Beltrán de Santa Cruz, de Canarias a La Habana (1492-1900)", *Cambios y revoluciones en el Caribe hispano de los siglos XIX y XX*, Universidad Carolina de Praga, Editorial Karolinum, 2004, pp.137-150; Mª Dolores Higueras (ed.), Cuba Ilustrada. *La Real Comisión de Guantánamo 1796-1802*, 2 vols., Madrid-Barcelona, Ed. Lundwerg, 1991; "Cartas del Conde de Jaruco D. Joaquín de Santa Cruz y Cárdenas a D. Francisco Arango y Parreño", Conde de Vallellano, *Nobiliario Cubano. Las grandes familias isleñas*, t. II, apéndice G, Madrid, F. Beltrán, s.a.; Miguel Ángel Puig-Samper y Mercedes Valero, *Historia del Jardín...*, *Opus cit.*, p. 2 y Leví Marrero, *Cuba: economía y sociedad*, Madrid, Ed. Playor, 1986, t. 12, pp. 52-72 y T. 13, pp. 250-262.
[78] Sherry Johnson, *The Social Transformation...*, *Opus cit.*, p. 167.

cionaba con éxito en las tierras vecinas de Saint Domingue y Jamaica, un proceso que se inició con los cambios en la estructura agraria de la capital y sus alrededores con la demolición de latifundios ganaderos y la reapertura de un nuevo proceso de mercedación del suelo entre 1628 y 1680. Los beneficiarios de esta repartición de la tierra vinieron a sustituir al tradicional grupo de poder del cabildo habanero (los Rojas, Madrid, Sotolongo, etc.) y fueron funcionarios y comerciantes llegados a la isla a instancias de la Corona en las décadas centrales del siglo XVII (los Pedroso, Calvo de la Puerta, Chacón, Santa Cruz, etc., y, por supuesto, los Arango) quienes llegaron a conformar una nueva generación de hateros "más competitiva y eficiente que la anterior aristocracia de la tierra" y el primer ejemplo de la movilidad social de los grupos dominantes de Cuba reproducida a fines del siglo XVIII y aún durante el XIX[79]. Ya desde 1720 se experimentó un aumento de los ingenios azucareros en la región de La Habana con una inversión media inicial de entre 20.000 a 30.000 pesos fuertes: de 43 unidades en 1740 se pasó a 106 en 1764 y a 227 ingenios en 1792[80] merced a varios factores: el primero de tipo agrario ya que el latifundio ganadero se convirtió en tierra de cultivo gracias a una nuevo proceso de mercedación de tierras en 1729, el segundo atendía a la cuantiosa mano de obra imprescindible para el trabajo en los cañaverales, toda vez que Cuba no contaba ya con una población indígena que aprovechar, y se permitió la introducción de esclavos a través de los asientos firmados con portugueses, franceses e ingleses desde fines del seiscientos y durante la primera mitad del setecientos; el tercer factor fue de carácter institucional al crearse en 1740 la Real Compañía de Comercio de La Habana que estimuló las perspectivas comerciales de la isla. Para la década de 1750, ya los ingenios y la pequeña y mediana propiedad dominaban el paisaje habanero, al tiempo que el campesinado era despojado de las tierras más fértiles y las plantaciones se situaban paula-

---

[79] Arturo Sorhegui,"Elite, oligarquía y aristocracia en La Habana entre los siglos XVI y XVII", Bernd Shröter y Christian Büschges (eds.), *Beneméritos, aristócratas y empresarios. Identidades y estructuras sociales de las capas altas urbanas en América Hispana*, Madrid-Frankfurt am Main; Iberoamericana-Vervuert, 1999, pp. 201-213, p. 202. Del mismo autor, "El surgimiento de una aristocracia colonial en el occidente de Cuba durante el siglo XVI", *Santiago*, 37, 1980, pp. 147-209 y con Alejandro de la Fuente, el capítulo "La Organización de la Sociedad Criolla", Mª Carmen Barcia, Gloria García y Eduardo Torres-Cuevas, *Historia de Cuba I. La Colonia*, La Habana, Instituto de Historia de Cuba, Editora Política, 1994, pp.107- 179.
[80] Mercedes García Rodríguez, "Ingenios habaneros del siglo XVIII", *Arbor*, monográfico Consuelo Naranjo Orovio y Miguel Ángel Puig-Samper (comps.), *Las raíces históricas del pueblo cubano (I)*, núms. 547-548, tomo CXXXIX, 1991, pp. 113-138, p.114.

tinamente más lejos de la capital[81]. La evidente dependencia del exterior que exigía la construcción y el debido abastecimiento del ingenio encareció su inversión, sobre todo en lo referente a su puesta en funcionamiento y adquisición de mano de obra que mantuvo un precio muy elevado durante la primera mitad del siglo XVIII pero que fue disminuyendo a partir de 1762 por las mayores facilidades para introducir esclavos que pasaron de costar 350-450 pesos a 200-250 por "pieza" y en los ochenta no sobrepasaron los 190 pesos[82]. De menor entidad fue el gasto relacionado con la técnica del trapiche y la elaboración del producto ya que hasta fines del siglo XVIII hubo pocos cambios (máquina de vapor, elementos de hierro, etc.) demostrándose durante mucho tiempo la efectividad de la tracción animal.

Para hacer frente a las necesidades del ingenio, los propietarios recurrieron a diversas formas de crédito, tanto de particulares (comerciantes devenidos en refaccionistas de ingenios lo que les reportó inmensas ganancias) como de instituciones (Real Factoría de Tabaco, Real Hacienda o la misma Compañía de Comercio habanera) aunque sólo algunos, los más solventes por su doble condición de hacendados y comerciantes pudieron disponer en principio de grandes sumas[83]. Entre los Arango encontramos ambos casos: si en 1754, Manuel Enrique Arango obtuvo de Cipriano de La Luz un crédito de 3.000 pesos para hacer frente a los gastos de su ingenio San Juan Nepomuceno e hipotecó la zafra del año siguiente para asegurar el pago[84], Ciriaco Arango engrosaba el grupo de los criollos adinerados que pudieron solventar los suyos por su cuenta, gracias también a paliativos posteriores como las transferencias de dinero a préstamo provenientes del embargo y la venta de las propiedades de los jesuitas tras su decreto de expulsión en 1767[85]. De este modo, en 1773 el teniente regidor y alguacil mayor de La Habana Miguel

---

[81] Manuel Hernández González, "Frente a la expansión de la sacarocracia: el campesinado guajiro en la región de La Habana en el tránsito de los siglos XVIII al XIX", Josef Opatrný (ed.), *Cambios y revoluciones en el Caribe hispano de los siglos XIX y XX*, Praga, Editorial Karolinum, 2004, pp. 65-75.
[82] Mercedes García Rodríguez, "Ingenios, finanzas y créditos en Cuba: 1700-1792", *Debates Americanos,* núm. 9, 2000, pp. 27-43, p. 29.
[83] *Ibidem*, p. 41. Sobre la aparición de las primeras entidades bancarias en Cuba ya en los años cincuenta del siglo XIX, ver Inés Roldán de Montaud, *La Banca de emisión en Cuba (1856-1898)*, Madrid, Estudios de Historia Económica, núm. 44, Banco de España, 2004.
[84] Mercedes García Rodríguez, "Ingenios, finanzas...", *Opus cit.,* p. 41.
[85] ¿Podría responder este nombre de pila más que a Ciriaco Arango, nacido en la década de 1750 y uno de los hermanos mayores de Francisco, a Miguel Ciriaco Arango, padre de ambos y propietario del ingenio El Retiro en esos años?.

Ciriaco Arango, padre de Francisco, recibió de la Junta de Temporalidades –administradora de los bienes de la Compañía de Jesús- la cantidad de 20.000 pesos en efectivo para su ingenio Nuestra Señora de Regla alias Retiro del partido del actual Wajay[86].

Así pues, Francisco Arango, nació y creció en el seno de una de las familias prominentes de La Habana detentadoras de cargos de la administración municipal y propietarias de ingenios azucareros por lo que, desde siempre, le resultaría habitual el contacto con los esclavos domésticos que atendían la casa familiar de la ciudad y los más desafortunados, la gran mayoría, destinados a las duras tareas del ingenio. En el plano local, las nuevas actividades económicas realizadas en la isla aunque restringidas por la legislación colonial, la toma de conciencia sobre las circunstancias particulares del territorio y su confluencia porterior con las reformas implementadas desde la España de Carlos III demandaron de hacendados y comerciantes, autoridades peninsulares y otros habitantes de Cuba con cierto poder de actuación un cambio de perspectiva sobre la realidad de la Isla. Surgió, así, entre los sectores criollos pertenecientes a las capas altas urbanas con gran interés en ampliar los vínculos con otros mercados, un pensamiento del que Francisco Arango participaría y que fue adelantado por dos de sus miembros en La Habana y Santiago respectivamente, José Martín Félix de Arrate y Nicolás José de Ribera[87]. En las obras de ambos destacaba la idea de fomentar la isla mejorando su agricultura y aumentando la población a fin de emular a la mayor brevedad posible a las ricas islas vecinas de Saint Domingue y Jamaica. Como ha señalado Gloria García, era evidente el interés de clase que revela el pragmatismo de Arrate y Ribera para quiénes la solución más inmediata era la introducción de esclavos de África a fin de poblar el territorio y acrecentar la explotación de sus recursos sin reparar

---

[86] Mercedes García Rodríguez, *Misticismo y capitales. La Compañía de Jesús en la economía habanera del siglo XVIII*, La Habana, Editorial de Ciencias Sociales, 2000, p.178. En 1712, la tasación del ingenio El Retiro ofreció los siguientes valores: un total de 18.038 pesos repartidos en tierras, cañaverales, platanales, 14 esclavos, casas de vivienda, purga, de molienda y caldera, cobres menudos, animales, ermita, hornos, alambique y otros elementos sin especificar. En Mercedes García Rodríguez, "Ingenios habaneros...", *Opus cit.*, pp. 129 y 134. Señalaba Manuel Moreno Fraginals, *El Ingenio..., Opus cit.*, t. I, p. 82 (nota 60) que la primera mención por él conocida del uso de piezas de hierro en los trapiches se halla, precisamente, en el inventario del ingenio El Retiro, en 1766.

[87] José Martín Félix de Arrate, *Llave del Nuevo Mundo. Antemural de las Indias Occidentales. La Habana descripta: noticias de su fundación, aumentos y estados (1761)*, La Habana, Comisión Nacional Cubana de la UNESCO, 1964 y Nicolás José de Ribera, *Descripción de la Isla de Cuba y algunas consideraciones sobre su población y comercios (1767)*, La Habana, Ministerio de Cultura de Cuba, 1973.

en otras consideraciones[88]. Pero más allá de los límites de su isla, las influencias de Arango abarcan desde las ideas neomercantilistas de italianos y españoles (Genovesi, Filangeri, Jovellanos) y las de corte fisiocrático propugnadas por los franceses (Quesnay) a los postulados anticolonialistas metódicos de Adam Smith que en su obra sobre el análisis de las causas de la riqueza de algunos países -que Arango pudo conocer antes de su tradución española en 1794- propugnaba la supresión de los privilegios de las compañías comerciales y del régimen de monopolio[89]. Asimismo, durante su larga estancia en Madrid desde 1787 pudo acercarse más a los escritos de otros españoles como Campomanes, Ustáriz, Campillo, etc. y familiarizarse con los franceses (Voltaire, Montesquieu, Raynal, ...) cuyas obras –aunque prohibidas para la mayoría- llegaba a las bibliotecas de los letrados[90].

La primera salida fuera de la isla de Cuba que hizo Francisco Arango fue en 1786 a Santo Domingo donde se hallaba la Real Audiencia, la institución con máximas competencias de la administración de justicia en el ámbito del Caribe español[91] y dónde trató con el clérigo Agustín Ignacio Emparán y Orbe, alcalde del crimen y oidor en ella desde 1779 a 1787. Emparán había concluido en 1784 el que sería el tercer Código Negro español, ordenado por la Corona un año antes y cuyos objetivos no distaban mucho de los realizados con anterioridad (Santo Domingo, 1768 y Luisiana 1769) a imitación de los códigos negros franceses: la sujeción de los esclavos y la represión del cimarronaje[92]. Sin embargo, este tercer y último código –que se distingue con la denominación de código "carolino"[93] y al que siguieron una instrucción (1789) y

---

[88] Gloria García, "Tradición y modernidad ...", Opus cit., p. 15.
[89] Adam Smith, *Investigación de la naturaleza y causas de la riqueza de las naciones*, (Trad. de José Alonso Ortiz, 4 tomos, Valladolid, 1794, la 1ª edición, en inglés 1776). Sobre la influencia de Smith en Arango: Medardo Vitier, *Las ideas y la filosofía en Cuba*, La Habana, Editorial de Ciencias Sociales, 1970, p. 325.
[90] Manuel Isidro Méndez Rodríguez, *Relaciones de Francisco Arango y Parreño con Gaspar Melchor de Jovellanos y con Alejandro Ramírez*, La Habana, Imp. El Siglo XX, 1943.
[91] Sin embargo, por la dificultad de las comunicaciones con Santo Domingo, el cabildo habanero se arrogó la facultad de actuar como tribunal de justicia en primera instancia para los casos civiles cuya causa no excediera los 30.000 maravedíes. José Luciano Franco, *Apuntes para una historia de la legislación y administración colonial de Cuba 1511-1800*, La Habana, Editorial de Ciencias Sociales, 1985, pp. 68-69.
[92] Francisco J. Ponte Domínguez, *Arango..., Opus cit.*, p. 21, señala "el oidor de la Audiencia don Agustín Emparán, le concedió a Francisco Arango la gracia de mostrarle el "Código Negro" de que era autor, a pesar de estar pendiente de aprobación soberana". Un pormenorizado análisis de los Códigos Negros españoles en Manuel Lucena Salmoral, *Los Códigos Negros de la América española*, Universidad de Alcalá, Ediciones UNESCO, 1996.
[93] Javier Malagón Barceló, *Código Negro Carolino (1784). Código de legislación para el*

dos reglamentos (1826, 1842) que constituyen la sistematización jurídica sobre la esclavitud indiana -también hacía referencias a los negros libres obligados a trabajar en la agricultura de plantación destinada al comercio exterior. Ante las noticias de la riqueza de la parte francesa y la situación de precariedad demográfica y económica que presentaba el Santo Domingo español y como consecuencia de las nuevas disposiciones sobre comercio (1778) se intentó, así, preparar el terreno para recibir un gran número de esclavos que contribuyeran a la mejora de la agricultura. Precisamente, la orden que inició las diligencias del código contenía una referencia particular a Juan Bautista Oyárzabal -un vecino de Madrid que en octubre de 1783 se hallaba a punto de viajar a Santo Domingo para fundar un ingenio- a quien se le había otorgado, entre otras gracias, la merced de introducir, libres de todo derecho, 400 negros. Pero en la adquisición de inmuebles y tierras en la isla antillana, Oyárzabal no hablaba en nombre propio sino que fungía como testaferro de Simón de Aragorri, marqués de Iranda y tío del que sería gobernador de Cuba entre 1790 y 1796, Luis de Las Casas[94].

Por todo ello, resulta muy interesante pensar en el impacto que causaría en el joven Arango las conversaciones con Emparán y el conocimiento directo del código que no era sino una reforma socioeconómica de la colonia española con la esperanza de asemejarla a Saint Domingue mediante la reorientación de la producción hacia la agricultura comercializable, el otorgamiento de más poder a los hacendados y la obligación de hacer trabajar a los negros y pardos de la isla, siendo que sólo 1.074 de los 15.000 existentes se empleaban en el cultivo del azúcar[95]. Manuel

---

gobierno moral, político y económico de los negros de la isla Española, Santo Domingo, Ed. Taller, 1974. José A. Caro, *Don Ignacio Agustín Emparán y Orbe y el Código Negro Carolino*, Santo Domingo, Museo del Hombre Dominicano, 1974.

[94] Las posesiones de Aragorri en Santo Domingo compradas por Oyárzabal eran las siguientes: el ingenio Santa María del Rosario de Andiazen, alias Bocanigua por el paraje en el que se encontraba, dos casas en la la parte noble de la ciudad de Santo Domingo, un terreno inculto cubierto en parte de arboleda y en parte de pradería en el paraje llamado Ingenio Viejo de Yuca, una hacienda de criar ganado vacuno llamada Santa Ana con 426 reses, 8 caballos y 3 establos, un terreno en el hatillo de la Seiba y varias casas bajas. Madrid, 2 de septiembre de 1806, AHPNM, 21.688, f. 552. En noviembre de 1796, se sublevaron los esclavos del ingenio Bocanigua bajo la administración de Oyárzabal por cuya vida se temió pero pudo salvarse, según carta del Regente de la Audiencia de Santo Domingo, D. José A. Urizar al Príncipe de la Paz. Santo Domingo, 1 de noviembre de 1796. J. Marino Inchaústegui Cabral (comp.), *Marco de la época y problemas del Tratado de Basilea de 1795, en la parte española de Santo Domingo. Documentos para su estudio*, (Santo Domingo, Academia Dominicana de la Historia), Buenos Aires, Arteg Grapicas Bartolomé, 1957, pp. 323-325.

[95] Manuel Lucena Salmoral, *Los Códigos...*, *Opus cit.*, p. 71

Lucena Salmoral ha enfatizado, precisamente, la estrecha relación entre los códigos negros españoles y los propósitos de desarrollo agrícola, atestiguada porque el momento de elaboración del primero (1768) coincidió con un informe del cabildo sobre el fomento de la agricultura en Santo Domingo y porque el mismo Emparán se hallaba elaborando otro cuando recibió el encargo del código, lo que sin duda influyó en su concepción y diseño[96]. Finalmente, la Audiencia aprobaría el Código junto al informe en 1785 pero poco más, ya que como otros muchos proyectos de la época, nunca se pusieron en vigor, fuera por la exigencia de adecuarlos a la legislación en las altas instancias de la Corte o por las presiones de ciertos sectores locales interesados[97].

Una muestra del poder de las elites hacendadas locales ultramarinas se pondría de manifiesto al oponerse éstas frontalmente a la "instrucción sobre educación, trato y ocupaciones de los esclavos" de 1789 que pretendía reglamentar de manera urgente el gobierno de los muchos africanos que estaban a punto de inundar las colonias como consecuencia de la promulgación de la libertad de la trata en febrero de ese mismo año[98]. Fernando Ortiz sugirió que el propio Arango pudo inspirar a Carlos IV dicha propuesta[99] aunque, en realidad, parece que la instrucción –que fue elaborada con gran celeridad por el entonces ministro de Gracia y Justicia Antonio Porlier- es más que un documento original, una síntesis de la legislación sobre esclavitud dada hasta entonces a las Indias[100] y además el propio Arango presionó para su suspensión[101].

Tras su paso por Santo Domingo y de regreso a La Habana, Arango preparó el equipaje en lo que sería su primer viaje transatlántico a fin de proseguir los estudios de abogacía en España, recibiendo de

---

[96] *Ibidem*, p. 89.
[97] Rosario Sevilla Soler, *Santo Domingo, tierra de frontera (1750-1800)*, Sevilla, Escuela de Estudios Hispanoamericanos, 1980, p. 67.
[98] *Cédula Instrucción circular sobre la educación, trato y ocupaciones de los esclavos en todos sus dominios de Indias e Islas Filipinas*, Aranjuez, 31 de mayo de 1789, Madrid, Vda. de Ibarra, 1789.
[99] Ortiz incluso denominó a esta instrucción "Carolino código negro", como el de Emparán de 1784. Fernando Ortiz, *Los negros esclavos*, La Habana, Editorial Ciencias Sociales, 1975, p. 339. Citado por Manuel Lucena Salmoral, *Los Códigos..., Opus cit.*, p. 105, nota 32.
[100] *Recopilación de leyes de los Reynos de las Indias*, II, Madrid, Impr. Antonio Pérez de Soto, 1774 con el apartado "De los mulatos, negros, berberiscos e hijos de Indias" en el que se hace referencia, entre otros aspectos al pago de tributo obligatorio de los negros y negras libres, la prohibición de que tuvieran siervos indios y la recomendación de buen trato a los morenos libres y la guarda de sus preeminencias por su contribución a la defensa de las Indias.
[101] "...Si bien esta suspensión se debió a la ilustración del Sr. Saavedra a quien consultó el Consejo de Indias sobre este grave asunto mucho debió la Habana al zelo y eficaces oficios del Sr. Arango..." «Expediente de méritos y servicios de Francisco Arango», 1814, Archivo

Francisco Calvo de la Puerta, primer conde de Buenavista, los atributos como apoderado del cabildo habanero para no desaprovechar su situación de cercanía a la Corte[102]. Con el telón de fondo de tratar de emular a la vecina tierra de Saint Domingue, no sorprende que el texto que elaboró para glosar sus deberes de representación del ayuntamiento de su ciudad contenga propuestas tan concretas como breve es su contenido[103]: equilibrio entre la producción y el consumo, aumento de los niveles productivos mediante la introducción de mano de obra esclava en un sistema de libertad absoluta, supresión de las trabas del comercio con el extranjero y, por último, la abolición o disminución de los derechos que gravaban productos como el azúcar, tabaco, ganado y aguardiente de caña, proporcionándoles mercados tanto en los dominios españoles como en los Estados Unidos. Ante la inminencia de la posible concesión de libertad a los españoles para comprar negros, los comerciantes de La Habana también intentaron hacer valer su opinión sobre la renovación de la contrata que mantenía la Corona con la firma británica Baker & Dawson en la idea de concurrir con ella y flexibilizar la entrada de esclavos[104]. Los contactos de Arango y Parreño en una corte que lamentaba la muerte de Carlos III y celebraba al sucesor, le hicieron apresurarse y presentar de un modo oficial las peticiones que gestionaba para el cabildo habanero. Así pues, en un principio los esfuerzos de Arango en la adquisición de brazos serviles para el progreso de la agricultura se centraban en conseguir la renovación de la contrata mencionada de la que era comisionado en Cuba Felipe Allwood,

---

Nacional de Cuba, Fondo Real Consulado de Agricultura y Comercio, Legajo 3, núm. 137. «Representación de los dueños de ingenios de fabricar azúcar de La Habana al Rey». La Habana, 19 de enero de 1790. Entre los firmantes buena parte de los propietarios titulados (marqués Jústiz de Santa Ana, condesa de Jaruco, marqués de Casa Calvo, etc). Domingo Cabello, gobernador interino de la isla de Cuba, da curso a una representación del cabildo habanero, 13 de febrero de 1790. AGI, Santo Domingo, 1253.

[102] «Expediente de méritos y servicios de Francisco Arango», 1814. ANC, Fondo Real Consulado de Agricultura y Comercio, Legajo 3 núm. 137.

[103] "Instrucción que se formó Don Francisco Arango cuando se entregó de los poderes de La Habana y papeles del asunto", Madrid, 15 de julio de 1788. *Obras de Don Francisco Arango y Parreño, 2 tomos*, La Habana, Ministerio de Educación, 1952, I, pp. 77-78.

[104] Reflexiones que los Apoderados generales del comercio de La Habana hacen sobre las siete condiciones bajo que la casa Baker & Dawson propuso Felipe Allwood establecer una contrata de introducción de negros, La Habana, 12 de agosto de 1788. Library of Congress, Delmonte Papers, caja núm. 4. En junio de 1789, el gobernador de Santiago daba cuenta de la llegada de una fragata con 447 negros bozales remitida por la casa Baker & Dawson "en virtud del último real permiso". AGI, Santo Domingo, 1253.

pero notando el Sr. Arango con sorpresa que el Excmo. Sr. Baylio Fray D. Antonio Valdés, entonces Ministro de Indias, y el oficio que en la Secretaría corría con el negocio D. Francisco de Viaña (nombrado ahora por S.M. Consejero de Indias) tenían a favor de esta Isla más grandes y nobles ideas, se atrevió a pedir en una representación la libertad de comerciar esclavos y utensilios de labor para nacionales y extranjeros por tiempo limitado"[105].

En tan solo un mes quedó listo el denominado Primer papel sobre el comercio de negros[106], valorado positivamente por la Junta Suprema de Estado con la declaración de la Real Cédula de febrero de 1789 a que dio lugar y el inicio, como muy bien expresa Manuel Lucena Salmoral, de "la loca carrera por la trata"[107] con la autorización de libertad a Cuba, Santo Domingo, Puerto Rico y Caracas para que "todos los vasallos, avecindados o residentes, pudiesen pasar a comprar negros donde los hubiese" y el permiso a los extranjeros para participar en la compraventa de esclavos, siendo las únicas restricciones las referidas a los puertos de la isla, los únicos autorizados La Habana y Santiago. El período de concesión fue, a modo de ensayo, de dos años para probar su efectividad y dependiendo de ella, proceder a su supresión o extensión a otros territorios, como así ocurrió. Es fácil imaginar como fue recibida la buena nueva en la ciudad de La Habana por el sector criollo implicado y el flujo de actividad en los muelles, durante la primavera y el verano de 1789, con la preparación de buques que, por fin, pudieran avituallarse legalmente de esclavos en los puertos de, por ejemplo, Dominica, Jamaica, New Providence, Charleston e incluso de Brasil y Trinidad[108]. La primera batalla estaba ganada, los hacendados podían comprar esclavos en mayor cantidad y a menor precio al quedar abolidos los derechos que gravaban su adquisición. Cuando el gobernador Las Casas asumió el

---

[105] "Expediente de méritos y servicios de Francisco Arango", 1814, ANC, Fondo Real Consulado de Agricultura y Comercio, Legajo 3 núm. 137. Años más tarde, el propio Arango sería un gran valedor del comisionado Allwood cuando, años después, se le denegaba su permanencia en Cuba tras la promulgación de la libertad de la trata ya que, en opinión de Arango, sin él no se hubieran "introducido ni la mitad de los negros". Junta de Gobierno del Consulado del 8 de julio de 1795. ANC, Junta de Fomento, Legajo 161, núm. 161.
[106] Madrid, 6 de febrero de 1789. *Obras de Don Francisco..., Opus cit.,* t. I, pp. 79-84
[107] Manuel Lucena Salmoral, *La esclavitud en la América española,* Varsovia, Universidad de Varsovia, Centro de Estudios Latinoamericanos, 2002, p. 271
[108] Sherry Johnson, "The Rise and Fall of Creole Participation in the Cuban Slave Trade, 1789-1796", *Cuban Studies,* núm. 30, 1999, pp. 52-75, p. 55.

mando tras el primer año de la nueva regulación, observaría el gran número de negros diseminados por las haciendas del cinturón habanero hasta Matanzas. El futuro se anunciaba propicio para los productores azucareros, sobre todo desde que el mercado norteamericano se había convertido en una realidad innegable y las islas inglesas dejaron de ser sus principales proveedoras de azúcar...y todavía quedaba por ocurrir el drama de Saint Domingue.

Al concluir en febrero de 1791 el periodo de vigencia de la Real Cédula, ésta fue prorrogada por otros dos años, una ampliación que, sin embargo, no satisfizo a Arango ya que se apresuró a presentar las innumerables ventajas derivadas de la nueva situación de libertad de introducción de negros con la solicitud de ampliar la prórroga a ocho años[109]. Pasaron sólo unos meses para que una revisión de la normativa alargara el permiso de dos a seis años en noviembre de 1791[110], cuando ya empezaba a cundir la inquietud por las noticias que llegaban de Saint Domingue. Sin embargo, la "loca carrera de la trata" ya llevaba cumplidas muchas etapas para que el desasosiego sobrepasara a la avidez por mejorar un negocio bollante y Arango utilizó el temor a que se reprodujera la revuelta de los esclavos franceses en Cuba para conseguir nuevas atribuciones: "Apenas cunde la fatal nueva por Madrid, cuando se apresura a tranquilizar el ánimo del Monarca, señalándole las barreras que impedirían que el contagio ganase y se desarrollase en esta Isla (...) el Monarca quiso oir al representante de nuestros intereses, quien sin pérdida de momento extiende su discurso sobre la agricultura de La Habana y medios de fomentarla, o mejor dicho, el código de nuestra legislación económica política"[111]. Por su parte, el expediente de méritos de Arango dirá sobre su reacción: (la insurrección del Guarico), un suceso desastroso que por su novedad suspendió todos los ánimos en la corte y paralizó el despacho de la Real Cédula pendiente. Aquí fue donde comenzó a explayarse la perspicacia y las sólidas ideas del Sr. Arango a favor del

---

[109] "Representación manifestando las ventajas de una absoluta libertad en la introducción de negros y solicitando se amplíe a ocho la prórroga concedida por dos años". Aranjuez, 10 de mayo de 1791, *Obras de Don Francisco..., Opus cit.,* t. I, pp. 97-102.
[110] *Real Cédula de libertar para el comercio de negros con los virreinatos de Santa Fe, Buenos Aires, Capitanía General de Caracas e Islas de Santo Domingo, Cuba, Puerto Rico, a Españoles y extranjeros,* 24 de noviembre de 1791. Madrid, Lorenzo de San Martín Impresor, 1791. En el puerto de La Habana se permitía la introducción de negros tanto por españoles como extranjeros pero se restringía a españoles en los de Nuevitas, Batabanó, Santiago de Cuba y Trinidad. 24 de noviembre de 1791.
[111] Anastasio Carrillo y Arango, *Elogio..., Opus cit.,* p. 29.

Estado y de su Patria"[112]. Así fue cómo, para ganar tiempo y aprovechar la coyuntura que se le ofrecía, Arango presentó dos escritos en dos meses: la "Representación con motivo de la sublevación de esclavos en los dominios franceses de la isla de Santo Domingo", 1791[113] y el "Discurso sobre la agricultura de la Habana y medios de fomentarla" que tuvo acabado en enero de 1792[114].

Del primero de ellos, nos interesa destacar cómo Arango responsabiliza a los propietarios de esclavos de Saint Domingue del estado de anarquía en que se ha sumido la colonia ya que los ecos de la revolución en Francia han mostrado a los siervos el camino de la libertad civil[115] y, en segundo lugar, su firme convicción de desterrar, siquiera como posibilidad de trabajo, la hipótesis de Cuba como escenario de episodios semejantes. Lo importante entonces es lamentar –lo justo- lo ocurrido a los vecinos para rápidamente pasar a considerar las ventajas de la situación cubana derivadas de su mejor organización militar, la actitud sumisa de los libres de color y el mejor trato inferido a los esclavos. Arango decide no perder más tiempo en lo que considera irremediable y examinar la realidad "con ojos políticos" a fin de alcanzar lo que parecía imposible en la situación previa a la revuelta de los esclavos cuando Cuba era, respecto a la colonia francesa, "un átomo al lado de un coloso"; su recomendación es clara: ante la "ocasión y los medios de dar a nuestra agricultura de las Islas, ventaja y preponderancia sobre la de los franceses" será "menester andar mucho y aprovechar por entero el tiempo de inacción del vecino"[116]. Tan seguro en sus consideraciones sobre algunos de los aspectos de la realidad de Saint Domingue, podemos preguntarnos sobre las referencias con qué contaba el joven habanero para formularlas.

De gran alcance nos parece la influencia en Arango de las reflexiones del viajero español sobre su estancia en la colonia francesa y en

---

[112] "Expediente de méritos y servicios de Francisco Arango". 1814. ANC, Fondo Real Consulado de Agricultura y Comercio, Legajo 3 núm. 137.
[113] Madrid, 20 de noviembre de 1791. *Obras de Don Francisco..., Opus cit.*, t. I, pp. 109-113.
[114] Madrid, 24 de enero de 1792. *Obras de Don Francisco..., Opus cit.*, t. I, pp. 114-203.
[115] Cuestión que era así formulada por un testigo del surgimiento de Haití : "les idées de liberté germèrent et ces imprudents colons qui appelaient sur leur sol d'hydre des révolutions, ne comprenaient pas que, dans un pays qui n'est soutenu que par les esclaves, c'était porter un coup mortel à leurs intérêts que de détruire le prestige qui faisait toute leur force. Donner aux esclaves le dangereux exemple de l'insubordination, prononcer les mots d'indépendance et de liberté, n'était-ce pas allumer de leurs propes mains l'incendie qui dévorerait leurs propiétés, aiguiser les poignards qui se teindraient de leur sang ?», J. Lacroix de Marlés, *Histoire descriptive et pittoresque de Saint–Domingue (Haiti)*, Tours, Ad. Mame et Cie., Imprimeurs-Libraires, 1845, pp. 254-255.
[116] "Representación...con motivo de la sublevación de esclavos...", 1791. *Obras de Don*

Cuba, vertidas en una obra que fue publicada en Madrid en 1787 y que formaba parte de la biblioteca de Arango[117]. En ella, además, el autor menciona a N. C. [Nicolás Calvo- N. A.], precisamente una de las personas con quién Francisco Arango mantendría en La Habana una estrecha relación basada en el común interés de hacer progresar las ciencias del azúcar y lograr un mayor rendimiento en los ingenios[118]. El viajero, cuya figura y actividad no es conocida, recorrió la mayor parte de los establecimientos españoles en la América Septentrional y permaneció una larga temporada en Saint Domingue "a fin de evacuar algunos encargos y comisiones anejos a la profesión y carrera que sigue desde sus primeros años", en palabras del editor[119]. En la mejor de las tradiciones memorialistas de los reformadores españoles que unían utilidad y patriotismo, el autor pretendió conocer las causas de la prosperidad de la colonia francesa a fin de que sus mejoras fueran adoptadas por las españolas[120]. En su panorámica del Saint Domingue previo a la revolución de los esclavos[121], mostró un especial interés en dos cuestiones: la situación militar y el estado de su agricultura, temas presentados en cuatro apartados o "memorias" tratando con especial relevancia los cuerpos de milicias y el modo de fertilizar los terrenos. Ya aludimos a la crítica del autor hacía la supresión, en 1763, de las milicias en la colonia francesa de Saint Domingue y cómo su restablecimiento en 1768 se basó en la necesidad de que la minoría blanca pudiera reprimir cualquier intento de subversión por parte de la mayoritaria población negra.

Con algunas dotes de visionario, el viajero apuntaba las posibles consecuencias de comportamientos erróneos de la sociedad de la colonia

---

Francisco..., Opus cit., t. I, p. 112.
[117] *Memorias de la colonia francesa...*, Opus cit.
[118] *Ibidem*, p. 108. Nicolás Calvo de la Puerta y O'Farrill, ex dominico y miembro de una de las familias más influyentes de La Habana, es una de las figuras clave de la ilustración científica ligada a la producción azucarera e íntimo colaborador de Francisco Arango en las instituciones de fines del s. XVIII. "Elogio del Sr. D. Nicolás Calvo y O'Farrill", José Agustín Caballero, *Escritos varios*, La Habana, Ed, Universidad de La Habana, 1954, pp. 179-196. Entre sus numerosos trabajos: "Discurso de D. Nicolás Calvo promoviendo el establecimiento de una escuela de Química y Botánica", *Memorias de la Sociedad...*, Opus cit., vol. I, 1793, pp. 119-147.
[119] *Memorias de la colonia francesa...*, Opus cit., p. 2 del prólogo a cargo del editor, Ignacio Gala.
[120] "Amante en fin de su nación y ansioso de verla colmada de glorias y prosperidades se ha creído obligado a no disimular los defectos y desaciertos que ha observado en el sistema de agricultura adoptado en nuestras islas y satisfecho de haber cumplido en esta parte con las obligaciones que le impone el verdadero patriotismo", *Ibidem*, p. 4 del prólogo.
[121] Además de esta obra, para el caso español, otros ejemplos de textos que nos ofrecen una ventana al Saint Domingue anterior a la revolución de los esclavos en Pierre-Francois-Xavier de Charlevoix's, *Histoire de l'Isle Espagnole ou de Sainte Domingue Écrite particulièrement*

("desenfreno de algunos particulares, la ociosidad de otros y la criminal adhesión de muchos incautos a las máximas seductivas de varios individuos") y la eficacia de las milicias en un contexto en el que "las agitaciones intestinas sirven casi siempre de precursoras a las grandes revoluciones que conmueven los Imperios, o los desquician de la firme basa sobre la que se han mantenido durante muchos siglos con apariencia de incontrastables"[122]. Por otra parte y como se recordará, el autor consideraba que las constantes partidas de la población criolla y europea del territorio eran "perjudiciales para el comercio, dañoso a la prosperidad de la colonia, y capaz de extinguir toda especie de patriotismo y amor a los verdaderos intereses de un País, a quien pocas veces pueden invocar con el dulce nombre de Patria aquellos mismos que tienen más afianzada su felicidad en su feraz terreno y ricas producciones"[123].

Las observaciones sobre las necesidades de la agricultura oscilan en la obra editada por Gala entre las exigencias concretas de perfeccionar la siembra de caña, calibrar los terrenos más fértiles para su cultivo, el fomento de otros productos como el café, el añil y el algodón y la importancia de mejorar la educación pública, abandonando los "estudios aéreos" en favor de "los útiles y exactos"[124]. En Saint Domingue, el viajero había contactado con propietarios de ingenios dotados de sólidos conocimientos científicos en cuestiones de agricultura y fabricación azucarera y halló en Cuba a su mejor homólogo en la persona de Nicolás Calvo de la Puerta, hacendado azucarero e investigador imparable en la búsqueda de técnicas y fórmulas para aumentar la productividad de los ingenios y la calidad del azúcar cubano. La conclusión de la *Memoria* para el avance científico-técnico del cultivo azucarero en Cuba parece, pues, escrita por Arango: "Fácil sería extendernos más en esta materia importante, curiosa y absolutamente desconocida en nuestras Islas y de la urgente necesidad en que estas se hallan de corregir, reformar y ampliar su sistema de cultivo cuyos notables defectos y vicios subsistirán probablemente como otros muchos errores y abusos, hasta tanto que removidos los obstáculos que en el día se oponen a la adquisición de

---

sur des mémoires manuscrits du P. Jean-Baptiste Le Pers, jésuite, missionnaire à Saint Domingue, & sur les pièces originales, qui se conservent au Dépôt de la marine, París, F. Didot, 1730-1731(la edición en español en Santo Domingo, Ed. de Santo Domingo, 1977) y François Alexandre Stanislaus, baron de Wimpffen's, *A Voyage to Saint Domingo, In the Years 1788, 1789, and 1790*, London, T. Cadell jr. y W. Davies, 1797 (tr. por J. Wright del original en francés que no fue publicado).
[122] *Memorias de la colonia francesa...*, *Opus cit.*, pp. 71-72.
[123] *Ibidem*, pp. 79-80.
[124] *Ibidem*, pp. 90-91.

conocimientos útiles y exactos, lleguen a cultivarse las ciencias y artes con empeño, emulación y libertad"[125].

También bastante de acuerdo debió mostrarse Arango con la opinión del autor de la *Memoria* sobre la esclavitud –tema tratado dentro de la memoria tercera sobre la agricultura– ya que puede reconocerse en ambas figuras la existencia de un cierto escrúpulo hacia la violencia y el sometimiento de otros seres humanos, un sentimiento propio de los espíritus ilustrados cultivados y sensibles de la época (en la consideración del "nuevo género de tráfico como odioso a la humanidad, indecoroso a la Filosofía y luces de nuestro siglo" en el texto editado por Ignacio Gala) pero en todo compatible con lo que se sentenciaba sin ambages: que, finalmente, dicho tráfico estaba "dictado por la necesidad y autorizado por el interés de las Naciones Europeas"[126]. En La Habana, mientras, surgían voces como la del presbítero José Agustín Caballero armando de contenido religioso la defensa –por rentable, aunque defensa al fin– del buen trato al esclavo ("porque los castigos acaban con ellos y con nuestro dinero"[127]) que en Arango –como en el viaje editado por Gala– entrañaba un estricto significado económico que, poco a poco, el primero iría incorporando.

Arango pasó el otoño de 1791 y el invierno de 1792 trabajando incansablemente bajo la impresión (y la presión) de las noticias de la sublevación de los esclavos de Saint Domingue que circulaban a través de la *Gaceta de Madrid*, un periódico que contenía noticias extraídas de diversas gacetas de otros países y que también se leía en La Habana a pesar de que el gobierno de la isla intentó, desde un principio, limitar la entrada de información sobre la revuelta de los esclavos. Como ha señalado Ada Ferrer, la cobertura de la revolución empezó en noviembre de 1791 con un artículo sobre incendios y matanzas de blancos perpetradas por negros rebeldes y, desde ese momento, los lectores fueron oportunamente informados del desarrollo de los acontecimientos tanto a nivel local como de las acciones emprendidas por los distintos países implicados. Así, en Madrid como en La Habana, se conocería el decreto de abolición de la esclavitud por la Asamblea francesa en abril de 1794, de las luchas de españoles e ingleses en la colonia, de la figura de Toussaint-Louverture, etc[128].

---

[125] *Ibidem*, pp. 179-180.
[126] *Ibidem*, pp. 87-88.
[127] "Carta dirigida a los nobilísimos cosecheros de azúcar, Sres. Amos de ingenios, paisanos". El amigo de los esclavos. *Papel Periódico de la Havana*, núms. 37, 5 y 8 de mayo de 1791.
[128] Ada Ferrer, *"Noticias..."*, Opus cit, pp. 687-692. Esta profusión de noticias contrasta con el escaso valor informativo de lo publicado sobre Saint Domingue en el *Papel Periódico de la Havana*, fundado en 1790, que en octubre de 1792 recogía en sus páginas el primer artí-

En este clima Arango redactó una memoria sobre las potencialidades de Cuba y las oportunidades que se abrían a su mercado con la revolución de Saint Domingue que es conocida como "Discurso sobre la agricultura de la Habana y medios de fomentarla", un sumario de las aspiraciones de los productores azucareros que ha sido ampliamente analizada. Si para algunos, como el biógrafo de Francisco Arango Francisco J. Ponte, el "Discurso" era "un manual económico para el progreso de Cuba", otros, como Manuel Moreno Fraginals, fueron más allá para calificarla de "una lección de economía, seca, franca, sin más preocupaciones éticas que el dinero ni más objetivos que la producción de azúcar a bajo costo"[129]. El propio Arango definió claramente sus fines desde la sencilla fórmula de "separar estorbos, abrir nuevas comunicaciones y facilitar la salidas" - como entendería los fundamentos de la moderna economía política-[130] hasta la misma urgencia de la elaboración y del modo cómo solicitaba que se le diera curso para "aprovechar este momento, el único en que puede darse un fomento increíble a la riqueza nacional o lo que es lo mismo a la agricultura de Cuba"[131]. Debió sentirse muy nervioso ante las demoras en los trámites de su propuesta por la Junta Suprema de Estado porque numerosos avatares vinieron a complicar las cosas[132] y por las numerosas consultas que exigieron algunas de sus iniciativas; sin embargo Arango contó con un firme aliado en las instancias del gobierno, Francisco Saavedra, un viejo conocido de los ricos habaneros por su comisión en las Antillas en los años ochenta y que se dispuso a intervenir en favor de Arango, sobre todo en la resolución de algunas propuestas concretas[133].

---

culo sobre la insurrección de los esclavos –proveniente de otro periódico-, un poema sobre la revolución francesa en agosto de 1793 y, en varias entregas, un reglamento de 1785 para los ingenios de la colonia francesa en mayo de 1794. BNJM, Publicaciones Periódicas. Ver en este libro, el capítulo de su autoría "Cuba en la sombra de Haití: Noticias, Sociedad y Esclavitud".

[129] Francisco J. Ponte, Domínguez, *Arango Parreño..., Opus cit.*, p. 61 y Manuel Moreno Fraginals, *El Ingenio..., Opus cit.*, t. I, p. 73.

[130] "Informe del síndico en el expediente instruido por el Consulado de la Habana sobre los medios que conviene proponer para sacar la Agricultura y Comercio de la Isla del apuro en que se hallan", Francisco Arango, Habana 29 de noviembre de 1808. *Obras de Don Francisco..., Opus cit.*, t. II, p. 30.

[131] "Discurso sobre la...", *Opus cit.*, p. 115.

[132] "Sobrevino la caída del conde de Floridablanca, la mundanza de varios otros ministros, la supresión de la misma Junta de Estado y la rehabilitación del Consejo del mismo nombre, a donde pasó el expediente", Expediente de méritos y servicios de Francisco Arango.1814. ANC, Fondo Real Consulado de Agricultura y Comercio, Legajo 3 núm. 137. Ver las páginas dedicadas al Discurso en Mª Dolores González-Ripoll, *Cuba..., Opus cit.*, pp. 156-163.

[133] Informe de Francisco Saavedra a Diego Gardoqui en el que se valida el proyecto presentado por Francisco Arango para formar una Junta de Agricultura y realizar un viaje al extran-

El Discurso está organizado en varios puntos o "inconvenientes" que, según Arango, obstruían el camino de Cuba para alcanzar el grado de producción de las colonias vecinas al gozar éstas de un menor coste de los utensilios y de los negros necesarios, salidas más libres y protegidas y aranceles que, más que disuadir, estimulaban la iniciativa de los hacendados. Las reflexiones de Arango sobre la importación de brazos baratos eran de un hondo pragmatismo: si era difícil conseguir que España accediera al tráfico esclavista con la instalación de factorías en la costa de África[134], al menos había que lograr renovar las disposiciones que facilitaban la trata, de las que era pionera la Real Cédula de 1789. Sin embargo, algo cambió en su mente ante la catástrofe de Saint Domingue porque Arango decidió ampliar el análisis de los "inconvenientes" del Discurso para dar cabida al único ingrediente, ya incuestionable, que podía malograr "el cuadro de la felicidad" que había trazado y en el que antes, ni siquiera, habría reparado. Y es que todo "se sostenía en el aire (...), estaba pendiente de un hilo" y peligraba el sosiego y el reposo de los compatriotas de Arango si no se aseguraba la subordinación y paciencia del "enjambre de hombres bárbaros" cuyo número estaba previsto que aumentara ostensiblemente en el futuro; previsor y realista, Arango señalaba "desde ahora hablo para entonces y quiero que nuestras precauciones comiencen desde ese momento[135]. Por ello se mostraba partidario de eliminar los batallones existentes de negros y mulatos libres –llamados eufemísticamente de pardos y morenos– creados en el ámbito de las reformas borbónicas por Alejandro O'Reilly y a falta de población blanca, para asegurar la defensa de la isla y cuyos integrantes, que habían demostrado sobrada fidelidad y valentía, disfrutaban de algunas prerrogativas que les conferían prestigio, lo que ya era mucho en una sociedad fuertemente jerarquizada por el color como la cubana[136]. Aún en la confianza de Arango de que el estatus de libertad garantizaba la lealtad de estos cuerpos al orden establecido y la separación entre sus intereses y

jero. Madrid, 23 de septiembre de 1793. Archivo de la Facultad de Teología de Granada, Fondo Saavedra, caja 51-4. Ver Mª Dolores González-Ripoll, "Dos viajes, una intención: Francisco Arango y Alejandro Oliván en Europa y las Antillas azucareras (1794 y 1829), *Revista de Indias,* vol. LXII, núm. 224, 2002, pp. 85-102.

[134] Por el Tratado del Pardo de 1778 fueron cedidas a España las islas de Annobón y Fernando Poo en el Golfo de Guinea; dominicanos y cubanos solicitaron mercedes para participar en el tráfico pero la idea se desvaneció porque ni siquiera llegaron a poblarse las islas y aún en 1839, con la propuesta de venderlas al gobierno inglés, seguían sin ser colonizadas. Manuel Lucena Salmoral, *Los códigos..., Opus cit.,* pp. 61-62.

[135] "Discurso sobre la...", *Opus cit.,* pp. 149-153.

[136] Las obras de Allan J. Kuethe, *Cuba..., Opus cit.,* y Sherry Jonhson, *The Social..., Opus cit.,* ofrecen un análisis pormenorizado de la organización de las milicias en general y su impac-

los de los esclavos, la alerta se despertó ante la evidencia de que, según el censo elaborado en 1792 por el gobernador Las Casas, la población de color ya adelantaba ligeramente a la blanca (un 50,4% frente a un 48%). Por todo ello y desde lo que parece una interesante identificación con quienes eran objeto de tan desafortunado destino pero imprescindibles en las más duras tareas agrícolas por su capacidad de resistencia, Arango sentenciaba: "todos son negros, poco más o poco menos tienen las mismas quejas y el mismo motivo para vivir disgustados de nosotros. La opinión pública, el uniforme modo de pensar del mundo conocido los ha condenado a vivir en el abatimiento y en la dependencia del blanco y esto sólo basta para que jamás se conformen con su suerte, para que estén siempre dispuestos a destruir el objeto a que atribuyen su envilecimiento"[137]. Para solventar a la vez los problemas de inseguridad y de insuficiencia de población blanca, causa esta última de cualquier concesión a la libre de color, Arango defendió la utilidad de fomentar la población blanca estableciendo vecindarios en lugares estratégicos que contuvieran a los negros y estimulándola de paso a las labores del campo para evitar engrosar las rondas de vagabundos en las ciudades y pueblos de la isla[138].

Asociados al Discurso, Arango lanzaba dos propuestas que, con más o menos variaciones, fueron aceptadas por las autoridades pertinentes: la creación de una Junta Protectora de la Agricultura[139] y la realización de un viaje de investigación y estudio de dos cubanos instruidos que aprendieran las técnicas azucareras de otros países y contribuyeran a la modernización de la agricultura de la isla. No exento de espionaje, el periplo fue protagonizado por el mismo Arango y su buen amigo Ignacio Montalvo y Ambulodi, conde de Casa Montalvo; los dos, desde Madrid

---

to social. Sobre la tradición de la incorporación de personas de color a los ejércitos en el Caribe, ver Herbert S. Klein, *"The Coloured Militia of Cuba, 1568-1868"*, Caribbean Studies, 4, 1966, pp. 17-27.

[137] "Discurso sobre la...", *Opus cit.,* pp. 150-151.

[138] El bando de buen gobierno de Las Casas del 30 de junio de 1792 abordaba, entre otros aspectos de la vida de la ciudad, el coto a las manifestaciones africanas de los negros y mulatos libres en los cabildos y en 1794 se dictó una normativa para recoger a los "hombres vagos o malentretenidos". Mª Dolores González-Ripoll, "Voces de gobierno: los bandos del Capitán General Luis de Las Casas, 1790-1796", Consuelo Naranjo y Tomás Mallo (eds.), *Cuba, la perla de las Antillas,* Madrid-Aranjuez, Ed. Doce Calles-CSIC, 1994, pp. 149-162.

[139] El Consejo de Indias autorizó, finalmente, la creación de un Consulado el 19 de octubre de 1792 y la Real Cédula que lo puso en marcha data del 4 de abril de 1794; ambos documentos en AGI, Santo Domingo, Legajo 2190. Los inicios y primeras sesiones del Real Consulado habanero están reflejados en Mª Dolores González-Ripoll, "Azúcar y política en

a La Habana y de marzo de 1794 a febrero de 1795, recorrieron Portugal, Gran Bretaña, Barbados y Jamaica, en la certeza de que les habría interesado visitar Saint Domingue si la situación no hubiese cambiado en 1791. El resultado fue la ampliación del conocimiento técnico (máquina de vapor y otros instrumentos), industrial (proceso de refino del azúcar) y científico (variedad de caña) de la agricultura cubana y el inicio entonces de una época de continua experimentación de métodos y maquinaria para aumentar el rendimiento de hombres y tierras[140]. En Lisboa, los viajeros dirigieron su atención a conocer el estado de la producción azucarera en Brasil y la forma en que los portugueses se habían instalado en las costas africanas para establecer factorías dedicadas a la trata negrera que interesaba aprovechar por el bajo precio de las piezas. En Gran Bretaña se mantuvieron atentos a las presiones del gobierno inglés para asegurar a la firma londinense Baker & Dawson una contrata exclusiva para abastecer de esclavos las colonias americanas, noticia que les llegó de forma confidencial a través del conde de Jaruco su corresponsal en la corte[141]; la máquina de vapor llamó mucho la atención de los viajeros por su posible aplicación a la industria azucarera y decidieron encargar un modelo a la casa Reinold, también conocieron el proceso de refino del azúcar -en las islas sólo procesaban mascabado- lo que en la práctica suponía, con todos los adelantos industriales de la metrópoli, que las colonias inglesas padecían un atraso comparable al cubano, tal y como confirmaron después las observaciones en Jamaica y Barbados. La consecuencia para Arango fue la convicción de que no debía permitirse que saliera de Cuba el azúcar sin refinar y que todo el proceso industrial, desde que se recogía la caña hasta la elaboración final, debía quedar en manos de los hacendados cubanos.

En las Sugar Islands, a pesar de no encontrar tantos adelantos como esperaban, observaron algunas mejoras técnicas como la existencia de trenes alimentados por un solo fuego o el empleo del bagazo como combustible, elemento este último que podría además paralizar la pro-

---

el Real Consulado de Agricultura y Comercio de La Habana", Michèle Guicharnaud-Tollis (ed), *Le sucre dans l'espace Caraïbe hispanophone. XIXe et XXe siècles*, París, L'Harmattan ed., 1998, pp. 31-50. En esta institución Arango y Montalvo rindieron sus informes sobre el viaje.

[140] "Sobre las noticias comunicadas por el Sr. Síndico D. Francisco Arango y Parreño a la Junta de Gobierno del Real Consulado de Agricultura, Industria y Comercio de la Habana, adquiridas en el viaje que por encargo de S. M. ha hecho a Inglaterra, Portugal, Barbados y Jamaica", *Obras de D. Francisco..., Opus cit.*, t. II, pp. 243-251.

[141] Cartas del conde de Jaruco, D. Joaquín de Santa Cruz y Cárdenas a D. Francisco Arango y Parreño. C. de Vallellano, *Nobiliario cubano. Las grandes familias isleñas*, 2 tomos, Apéndice G, F. Beltrán, s. a., t. II, pp. 112-143.

gresiva deforestación de la Isla. Se interesaron por la población, el modo de mantenerla en orden y los medios de alentar el aumento de los blancos así como de las reglas impuestas a los esclavos, punto sobre el cuál consultaron los diferentes códigos negreros que se habían elaborado, sin olvidar las referencias a las causas últimas de la prosperidad y la ruina de Saint Domingue (Guarico para los cubanos). Muy llamativo resultó el caso de Barbados, en cuyas plantaciones azucareras predominaban las mujeres ya desde fines del siglo XVII (eran más baratas y se creía que menos capacitadas para la dura tarea del cañaveral), un modelo que Arango incorporaría a su ideario agrícola y, en la práctica, al comprar las dotaciones de los ingenios de su propiedad. Así se explica la consulta que, a continuación, Arango realizó en Jamaica a comerciantes y otros vecinos de Cuba con quienes coincidió en la isla inglesa, sobre la utilidad de introducir mujeres negras esclavas en la isla española a fin de mejorar las costumbres de sus homólogos masculinos y contribuir al aumento de negros criollos. Como relataría después a José Antonio Saco, la respuesta de los interlocutores a la propuesta de Arango no pudo ser peor, viéndose obligado a abandonar la reunión en medio de gritos e insultos[142]. Ya de regreso a Cuba, en febrero de 1795, Arango y Casa Montalvo volvían acompañados de técnicos como el francés Louis Guillacuhuy, proveniente de Saint Domingue, encargado de establecer un ingenio "a la francesa"[143] y con instrumentos y colecciones varias que perdieron en parte, al naufragar en la costa sur de la isla.

Arango y las instituciones azucareras de Cuba: conformidad y aprovechamiento

Francisco Arango volvía a su tierra después de una ausencia meramente física de ocho años porque, como hemos visto por su pensamiento y acción como apoderado del ayuntamiento habanero, fue muy intensa su implicación en el impulso de la producción y comercio del azúcar cubano que demandaba el sector hacendado criollo del que provenía y al que representaba. Tanto es así que, mientras llevaban a cabo el viaje por Europa y las Antillas, en la primavera de 1794 echó a andar en La Habana un organismo que había sido concebido por Arango en el Discurso: el Real Consulado de Agricultura y Comercio. Aunque su propuesta inicial

---

[142] Francisco J. Ponte Domínguez, *Arango Parreño...,Opus cit.*, p. 86.
[143] Les acompañaba también Michel Franco Nollend, protomédico criollo de Saint Domingue para curar a Casa Montalvo. AGI, Cuba, Legajo 1470.

era la de establecer una Junta Protectora de Agricultura, mucho más ambiciosa en concepto y atribuciones para los hacendados, al final la Corona sancionó una institución aglutinante de propietarios y comerciantes y de la que, ante las fuerza de los hechos, Arango se valió para sus intereses y los de su clase[144] empezando por la designación de los principales cargos, entre los que aseguró para sí el de síndico vitalicio.

El Consulado no fue la única institución surgida en estos años merced a la aquiescencia de la Corona, encarnada entonces en Cuba por Luis de Las Casas, gobernador y capitán general de la isla. Bajo su auspicio y las presiones de algunos particulares se había creado el *Papel Periódico de la Havana* en 1790, desde cuyas páginas se exhortó a fundar una Sociedad Patriótica como las que existían en la península y cuyo ingreso como socio solicitó Arango en octubre de 1795[145], a los dos años de su establecimiento. Así pues, el Arango partidario de que "los grandes males necesitan grandes remedios" y de que ni los Consulados ni las Sociedades –tal y cómo estaban concebidos- eran capaces de dar respuesta a los retos de una isla llamada a convertirse en un futuro inminente en primera productora mundial de azúcar[146], tuvo que conformarse con lo que la Corona estuvo dispuesta a dar.

Con todo, en poco tiempo Francisco Arango se hallaba plenamente integrado en la vida habanera formando parte de la intricada red de las familias notables de la ciudad, haciéndose oír en los principales foros de poder criollo y desempeñándose como un hacendado azucarero más en el ingenio "La Ninfa" cuya propiedad compartía con el intendente José Pablo Valiente[147]. Arango inició una lucha enconada en el

---

[144] Salvador Arregui, *El Real Consulado de La Habana, 1794-1834*, Murcia, Universidad de Murcia, Facultad de Geografía e Historia, Secretaría de Publicaciones e Intercambio Científico, 1992, p. 68.

[145] "Señores de la Real Sociedad Patriótica. D. Francisco de Arango y Parreño, vecino de esta ciudad, deseoso de contribuir al Bien de la Patria, suplica a V. le admitan en clase de socio numerario". BNJM, C. M., T. 20, núms. 5, v. 3.

[146] [Los Consulados] "no sirven para otra cosa que para dar de comer a sus Ministros, para traer consideración al cuerpo útil de comerciantes (...). Eso de propagar las luces , no digo de agricultura pero ni aún mercantiles, es asunto muy ajeno de sus instituto y de sus ocupaciones. Las Sociedades Patrióticas (...) no pueden traer los bienes de que son susceptibles (...) influyen flojísimamente en el bien común. Y (...) si las que hay en la Península apenas sirven (...) ¿cómo hemos de persuadirnos que la que se establezca en la Habana ha de ser capaz de hacer desde los cimientos tan complicado edificio?", "Discurso...", *Opus cit.*, t. I, pp. 137-138.

[147] Como en otros ingenios ubicados en el fértil valle de Güines, en la instalación o mejoramiento de "La Ninfa" trabajaron técnicos franceses. Manuel Moreno Fraginals, *El Ingenio...*,

Consulado para que se resolviera algún tipo de acuerdo con los portugueses para asegurar la provisión de esclavos ya que, a la situación de guerra en el Caribe desde 1793 que implicaba la general interrupción del tráfico comercial, se añadía que empezaba a peligrar la trata de esclavos por los esfuerzos de los gobiernos europeos para erradicarla –sobre todo Gran Bretaña que se hallaba en los prolegómenos de proclamarse antiesclavista–. Si para algunos, como el comerciante Pedro Juan de Erice, la situación no era preocupante, porque, lejos de disminuir, la entrada de esclavos había aumentado ya que en los primeros seis meses de 1795 se habían introducido más de 4.000 esclavos, Arango consideraba que era una cantidad insuficiente para el fomento agrícola de la isla. Tras un largo debate, los miembros del Consulado acordaron tratar los medios para fomentar la introducción de negros en la isla, entre ellos, el viaje a Guinea si recibían autorización, a través de los portugueses, etc. Arango matizó su postura poniéndose de parte de Sebastián Lasa, el primero que intentó el comercio directo con África desde La Habana en la necesidad de vencer la "timidez" de que "está revestido nuestro comercio" y dar inicio a "alguna tentativa digna del patriotismo de estos habitantes"[148]. Asimismo y muy en su línea de fomentar la reproducción de negros en suelo cubano, Arango propuso gravar con 6 pesos la introducción de cada esclavo varón, a lo que fue contestado por quienes consideraron que debían ser los hacendados los que decidieran libremente el número de hembras para sus ingenios y, además, cuestionaron las razones de la preferencia de los esclavos criollos respecto de los bozales ya que estos últimos eran menos conflictivos y con su adquisición se eliminaba la necesidad de su reproducción y, por tanto, de hembras[149]. Arango no cesó de insistir sobre este particular –moción que era apoyada por el gobernador– aunque por pocos más; Andrés de Jáuregui pensaba en su utilidad pero también –lo que fue secundado por muchos– en su aplazamiento por razones de carácter político y moral mientras que el conde de Peñalver, por ejemplo, temía el aumento general de negros proponiendo la solución de introducir indios. Llegados a este punto y ante posibles cuestionamientos y desviaciones del tema, Arango planteaba que había que ser

---

Opus cit., t. I, pp. 72-73.
[148] Acta de la Junta de Gobierno del Real Consulado del 22 de junio de 1796. BNJM, CM Morales, t. 79, núm. 33.
[149] Acta de la Junta de Gobierno del Real Consulado del 12 de agosto de 1795. BNJM, CM Morales, t. 79, núm. 33.

práctico y planearlo todo muy buen a fin de evitar "que los negros nos hagan el daño que han hecho en las islas extranjeras"[150].

En orden a evitar la propagación de ideas subversivas por parte de negros llegados de otras colonias, Las Casas ordenó que sólo se introdujeran negros bozales multando la importación de esclavos procedentes de colonias extranjeras y la exigencia de que los tratantes firmasen una declaración de no llevar ningún negro prohibido. En relación a los esclavos ya establecidos en las plantaciones azucareras de Cuba, se permitía su permanencia a excepción de aquellos procedentes de las islas francesas que hubiesen sido introducidos con fecha posterior a agosto de 1790, así como se excluía también a los llegados de las islas inglesas después de 1794[151]. Esta normativa se explica por el ambiente general contra los franceses[152] por iniciadores de un estado de revolución –a ambos lados del Atlántico- que espantaba y contra el que España decidió luchar con la esperanza de apoderarse de la colonia francesa en una guerra que duró hasta 1795, año en que, paradojas del destino, se firmó la cesión de la parte española de Santo Domingo a los galos. Por ello, puede sorprender que, simultáneamente al enfrentamiento con la Francia revolucionaria y al rosario de medidas que se arbitraron para evitar que llegaran a Cuba las nuevas ideas y proclamas, el gobierno español intentase minar a sus oponentes amparando a los esclavos fugitivos franceses y dándoles, incluso, la posibilidad de alcanzar la libertad[153]. Así, las órdenes que España enviaba a las autoridades dominicanas distaban mucho de las recibidas en otros lugares porque por encima del prejuicio del color y de la infamante carga de la esclavitud, en Santo Domingo se perseguía el objetivo de aumentar las filas de los defensores de la monarquía y hostigar al enemigo, lo que puede verse como una incongruencia dado el sistema imperante en las tierras propias de las Antillas regidas por la esclavitud, incongruencia que, por otra parte poco importaba si se trataban de cuestiones relativas a gentes sin derechos.

---

[150] Acta de la Junta de Gobierno del Real Consulado del 23 de diciembre de 1796. BNJM, CM Morales, t. 79, núm. 42.
[151] *Reglamentación para la introducción de negros esclavos.* La Habana, 25 de febrero de 1796. ANC, Asuntos Políticos, Legajo 255, núm. 26.
[152] Además de decretar la expulsión de los franceses que se hallaran en Cuba al declararse la guerra, se dictaron medidas contra cualquier medio de contagio revolucionario (correspondencia epistolar, intercambio de libros, etc.) Bando de Luis de Las Casas relativo a las medidas tomadas contra los franceses. BNJM, CI Pérez Ban-2.
[153] Manuel Lucena Salmoral, *La esclavitud..., Opus cit.*, pp. 278-279

En Cuba, el ambiente de represión hacia cualquier manifestación de contagio revolucionario condujo a la vigilancia extrema de los esclavos ante la posible contaminación ideológica por parte, sobre todo, de los esclavos franceses que habían introducido sus amos al emigrar desde Saint Domingue a la zona oriental de la isla vecina[154]; del mismo modo se recelaba de otros medios de información y contacto como el anuncio de llegada al puerto de La Habana del general Juan Francisco y "la plana mayor de su ejército de negros" que eran transportados en la escuadra de Gabriel de Aristizábal, entrada que el cabildo de la ciudad juzgaba de "funestísimas consecuencias" para la Isla porque, "no es necesario para ello el hecho posible de que algunos en el trato y comunicación con los esclavos de esta Colonia les influyan contra el derecho de los amos. Bastará solamente su presencia; un siervo que está mirando a otro, ya libre de esclavitud, en situación decorosa y que a ese feliz estado le ha conducido la infidelidad a su amo tiene en tal imagen un incentivo poderoso para determinarse a la misma perfidia; reflexionará que aquél si hubiera continuado en fiel servicio permanecería en esclavitud, deduciría de aquí que la insurrección es un medio de sacudir tan pesado yugo"[155].

Se volvió, entonces, más acuciante el eterno problema del cimarronaje que no se había podido resolver por falta de recursos para sostener con más frecuencia expediciones de "rancheadores" en busca de los esclavos que se fugaban de los ingenios y permanecían refugiados en los montes. En La Habana existía una disposición dentro de las ordenanzas municipales que se limitaba a establecer un arancel por el que se premiaba a cualquiera que apresase un esclavo huido, una medida que no complacía a los propietarios, algunos de los que también se quejaban del trato salvaje infringido a los esclavos capturados. El examen del arancel por parte de una comisión del Consulado integrada por José Manuel de Torrontegui y Francisco Arango presentada en junio de 1796 dio lugar a

---

[154] Alain Yacou señala cómo en la zona de Puerto Príncipe está probado que los negros franceses "se habían constituido en propagandistas acérrimos de las ideas libertarias", siendo algunos de ellos cabecillas de las sublevaciones que se sucedieron a imitación de lo ocurrido en Saint-Domingue. "La insurgencia negra...", *Opus cit.*, p. 26. Sobre la repercusión en el lenguaje de las relaciones con la población de color venida de la parte francesa, ver también, C. Vicente Figueroa Arencibia y Pierre Jean Ourdy, "Contacto lingüístico español-kreyol en Santiago de Cuba", Michèle Guicharnaud-Tollis (ed.), *Caraïbes. Éléments pour une histoire des ports*, París, L'Harmattan, 2003, pp. 235-256.

[155] D. Miguel Méndez, escribano de S.M., teniente del cabildo de esta ciudad. Havana, 4 de diciembre de 1795. Emilio Rodríguez Demorizi, *Cesión de Santo Domingo a Francia. Correspondencia de Godoy, García, Roume, Hedouville, Louverture, Rigaud y otros, 1795-1802*, Ciudad Trujillo, Impresora Dominicana, 1958, Anexo I, pp. 74-75.

una nueva fórmula constituida en reglamento del cimarronaje que obtuvo la aprobación de particulares, instituciones oficiales de la ciudad y de las autoridades coloniales y metropolitanas y cuyo éxito radicó en poner los fondos del Consulado como garantía de las operaciones de captura[156].

Los dos síndicos presentaron un proyecto que exigía ser revisado cada cierto tiempo ya que su oportunidad y eficacia dependía de que "crezca o disminuya el número de negros y blancos, los riesgos o los motivos que puede haber para temer"[157]; además eran francos al señalar que era innecesario ser alarmista porque Cuba no vivía en un clima permanente de sediciones, tanto por la menor cantidad de esclavos respecto al número de hombres libres, como por la función apaciguadora de la religión y la distancia de unas haciendas a otras que dificultaba las comunicaciones de los rebeldes potenciales. Entre los aspectos novedosos del reglamento se encontraba la distinción de los esclavos prófugos en el "simple cimarrón que sólo huye del trabajo" y el apalancado (resistiendo en comunidades constituidas en los palenques)[158] recomendándose diferenciar igualmente el modo de apresamiento, cobro por servicio y trato a los apresados, mayor "dulzura" hacia los primeros y ataque "sin miramiento" a los segundos[159]. También se creó un registro para contabilizar los esclavos huidos y los apresamientos, a fin de poder calibrar el éxito de una medida que primero se estableció en La Habana (en 1800 fue creado el depósito de cimarrones) y su hinterland pero pronto se extendería al resto de la isla y más tarde a Puerto Rico, lugares en los que proliferaron los "rancheadores", verdaderos cazarecompensas que persiguieron a los esclavos sin piedad[160].

---

[156] "Informe que se presentó en 9 de junio de 1796 a la Junta de Gobierno del Real Consulado de Agricultura y Comercio de esta ciudad e Isla, por los Sres. D. José Manuel de Torrontegui, síndico procurador general del común y don Francisco de Arango y Parreño, oidor honorario de la Audiencia del Distrito y síndico de dicho Real Consulado, cuando examinó la mencionada Real Junta el Reglamento y Arancel de capturas de esclavos cimarrones, y propuso al Rey su reforma", *Obras de Don Francisco..., Opus cit.,* t. I, pp. 256-274. Manuel Lucena Salmoral, *La esclavitud..., Opus cit.*, pp. 305-309, explica con detalle el origen y las disposiciones de esta normativa así como la anomalía administrativa que supuso que el Consulado se arrogara atribuciones que no le correspondía.
[157] "Informe...", *Obras de don Francisco..., Opus cit.*, p. 261.
[158] Gabino La Rosa Corzo, "Los palenques en Cuba: elementos para su construcción histórica", *La esclavitud en Cuba,* La Habana, Academia de Ciencias de Cuba-Editorial Academia, 1986, pp. 86-123; Leyda Oquendo, "Las rebeldías de los esclavos en Cuba, 1790-1830", *Temas acerca de la esclavitud,* La Habana, Editorial de Ciencias Sociales, pp. 49-70.
[159] "Informe... », *Obras de Don Francisco..., Opus cit,* pp. 265-266.
[160] La oficina de capturas de cimarrones de La Habana dio la cifra de 15.971 apresamientos entre 1797 y 1815, casi 900 de media al año. Gabino La Rosa Corzo, "Los palenques...", *Opus cit.,* pp. 96-97. Sobre las rebeldías véase en este libro el capítulo de Gloria García:

El tiempo de la ilusión y del "susto": el Viaje de Arango al Guarico

Mientras Cuba iba consolidando el sistema de plantación azucarera y el régimen esclavista con hasta 84.496 esclavos registrados en 1792, cantidad elevada a 225.261 en 1817 y sus diseñadores como Antonio del Valle Hernández, estrecho colaborador de Arango, señalaban que la isla podía seguir recibiendo contingentes de africanos sin llegar a la saturación[161], la vecina Saint Domingue se hallaba sumida en una revolución continua, cambios de manos y hacia 1802 con Toussaint-Louverture y el ejército de Napoleón acrecentando posiciones. Las autoridades habaneras –con el gobernador Someruelos al frente- analizaban en comité la información que afluía a la isla española y hasta pudieron contar con algún testigo de excepción como Sebastián Calvo de la Puerta y O'Farrill, marqués de Casa Calvo y comandante del regimiento de La Habana que se hallaba en la isla vecina dónde ejercía las funciones de gobernador particular de la plaza de Bayajá; Casa Calvo señalaría a sus paisanos la honda impresión que le causó el grado de violencia y crueldad que hubo de presenciar[162].

Con el fin de cortar el contrabando de los buques franceses y la introducción de negros ladinos, en 1803 el gobernador Someruelos consultaba con Luis de Viguri, Intendente del Ejército de La Habana, la posibilidad de encargar una comisión a la parte francesa de Santo Domingo que además fijara la cuantía de los gastos hechos en concepto de ayuda[163]. La contestación de Viguri fue rápida y señalaba que se había franqueado a la colonia francesa por petición de los generales franceses una cantidad que ascendía a 722.155 pesos y seis y medio reales, que era preciso recla-

---

"Vertebrando la resistencia: la lucha de los negros contra el sistema esclavista, 1790-1845".
[161] Antonio del Valle Hernández, *Sucinta noticia de la situación presente de esta colonia (1800)*, La Habana, Ed. Ciencias Sociales, 1977. Las ampliaciones de la libertad de trata había expirado en 1797 siendo prorrogado otros dos y, llegado 1800, de nuevo se procedió a ampliar dos años nuevamente. En 1804 se concedió la última prórroga por 12 años para los españoles y 6 para los extranjeros. Tan sólo unos años después, en 1811, el mismo Antonio del Valle mostraría su preocupación por el aumento y desproporción del número de esclavos en un informe a la Junta de Instrucción.
[162] Masacre de franceses por Juan Francisco y sus tropas. Ada Ferrer, "Noticias...", *Opus cit.*, p. 685; Carta muy reservada del gobernador García al marqués de Casa Calvo, Santo Domingo, 9 de noviembre de 1795. Emilio Rodríguez Demorizi, *Cesión de...*, *Opus cit.*, pp. 80-81.
[163] Oficio de Someruelos a Viguri. La Habana, 19 de febrero de 1803. Viguri comunicó a Miguel Cayetano Soler, ministro de Hacienda de España, la decisión de enviar al Guarico "un sujeto de carácter". Habana, 15 de marzo de 1803. Ambos documentos en AGI, Ultramar, Legajo 122, núm. 11.

mar. La decisión estaba tomada y se determinó enviar a Francisco Arango, entonces oidor honorario, síndico del Real Consulado y juez de Alzadas de la Isla junto al capitán Ignacio Caro, en calidad de secretario de la comisión y José de Lavastida como escribiente, ambos emigrados de la parte española de Santo Domingo y con bastante experiencia en el área. Acompañados por un mayordomo, un ayuda de cámara, un cocinero, un ayuda de cocina, un lacayo y un criado del secretario, se hicieron a la mar en el bergantín de guerra "El Begoña" al mando del Teniente del navío Juan de Orozco que transportaba, además, algunos productos como chocolate, cigarros, rapé, almíbar, dulces y azúcar con que obsequiar al general francés Jean Baptiste Donatien de Vimeur, conde de Rochambeau.

Conocemos el viaje de Arango a través de lo recogido en la edición de sus *Obras Completas* aunque no se ha encontrado el original del informe que rindió y que fue enviado a España por Someruelos o una copia fidedigna del mismo en el que parece se incluían documentos de las autoridades francesas de la isla aportados por Arango[164]. Sea como fuere, la comisión se llevó a cabo durante una breve estancia de apenas 40 días entre las dos ciudades principales, el Cabo y Puerto Príncipe, una vez que Arango decidió no pasar a la zona oriental (la ex-colonia española cedida a Francia en 1795) conformándose con las noticias adquiridas en territorio francés de testimonios recogidos por el propio Lavastida y un tal N. Tavares sobre "el estado e ideas de aquellos habitantes (...) de lo que hubieren perdido los que han emigrado; y si otros quisieren emigrar"[165]. Arango contó para el viaje con unas instrucciones oficiales acompañadas de otras reservadas fechadas ambas el 5 de marzo de 1803. Las primeras constaban de trece puntos relativos a reclamaciones económicas del gobierno español por la ayuda suministrada, quejas por los negros ladinos vendidos furtivamente, de los traídos en buques oficiales, del contrabando, etc., pidiéndose la toma de medidas para combatir estas situaciones; también se instaba a acordar condiciones ventajosas en caso de llevar a cabo algún comercio entre las dos colonias, prevenir de la imposibilidad de facilitar más socorros y solicitar la moderación de los derechos aduaneros y la abolición de las trabas para extraer los frutos del

---
[164] "Comisión diplomática al Guarico", *Obras de Don Francisco..., Opus cit.*, t. I, pp. 338-383. Someruelos comunica al Ministro de Hacienda, Miguel Cayetano Soler que envía la documentación de la Comisión al ministro de Estado. La Habana, 6 de agosto de 1803. AGI, Ultramar, Legajo 122, núm. 11.
[165] *Ibidem, Obras de Don Francisco..., Opus cit.*, t. I, p. 341.
[166] Instrucción que se da al Sr. D. Francisco de Arango para la comisión con que pasa al

país, etc.[166] Otros objetivos más difusos y vagos que los expresados en la instrucción fueron tratados por Arango y la autoridad de la colonia, el general Rochambeau en sus encuentros y en otras conversaciones con diversos militares franceses quienes, como reconoció el habanero, le dispensaron un trato muy amable.

Sin embargo, hay que acudir a las instrucciones reservadas para conocer la verdadera índole de la preocupaciones de las autoridades españolas en Cuba encaminadas a prevenir la seguridad de las rutas marítimas para preservar el comercio colonial[167]. En catorce puntos se encargaba a Arango indagar sobre la situación general de la isla, principalmente su tranquilidad, el estado de la agricultura; sobre los habitantes blancos y sus vicisitudes, el establecimiento de comerciantes de Francia y el posible intercambio clandestino con las colonias españolas, las tropas francesas e información detallada respecto de los rebeldes así formulada

> Cuál es el número de los insurgentes armados y cuál el de los negros pacíficos que viven libres en poblado o en clase de esclavos en las haciendas, en qué montañas o puntos se hayan hecho fuertes, cuántos en cada parte y de qué modo; si se comunican y auxilian los unos a los otros; como asimismo a qué distancia estén de la costa; y de dónde y por quién se proveen de víveres y municiones[168].

A su llegada al Guarico por primera y única vez en su vida, Arango tendría presente la entusiasta opinión del autor de la *Memoria* de 1787 al valorar la colonia francesa cuando señaló que era el primer territorio ultramarino de su metrópoli europea gracias a "la importancia de su situación, feracidad de su suelo, actividad de sus habitadores, capacidad de su agricultura y finalmente, por el vasto comercio que ha creado y fomenta la extracción de sus ricas producciones"[169]. Sin embargo, siete años después a la estancia referida por el viajero, el panorama que se ofrecía a los ojos de Francisco Arango era muy diferente y lo expresó con

---

Guarico. "Comisión diplomática al Guarico", Someruelos, Habana, 5 de marzo de 1803. *Obras de Don Francisco...*, *Opus cit.*, t. I, pp. 338-342. Se acompañaba la instrucción con el impreso en francés "proceso verbal de la toma de posesión de la parte española de la isla de SD" con los artículos del convenio entre Joaquín García y Toussaint-Louverture.
[167] Instrucción reservada que se da al Sr. D. Francisco de Arango para la Comisión con que pasa al Guarico. Someruelos, La Habana 5 de marzo de 1803. *Ibidem, Opus. cit.*, t. I, pp. 342-343
[168] Puntos 7º y 8º de la Instrucción..., *Ibidem*, p. 342.
[169] Ignacio Gala (ed.lit.), *Memorias..., Opus cit*, p. 4

un estilo entre literario y estadístico: "la pluma se me cae de las manos cuando trato de comenzar la triste pintura que en la actualidad puede hacerse de la que era poco hace la más floreciente y rica colonia del orbe", con una población de 38-40.000 blancos, 28.000 libres de color y 452.000 esclavos, 793 ingenios de azúcar, 3.107 cafetales, 3150 añilerías, 799 algodonerías, 69 cacaotales, 173 alambiques, 61 tejares, 313 hornos de cal y 3 tenerías... que "hoy se halla reducida a la nada". De modo muy distinto se enfrentó el cubano al análisis de la parte española, despachada en tan sólo cinco apartados en respuesta a la instrucción oficial, del examen de la parte francesa, verdadera índole del viaje que Arango fue desgranando en muchos y variados aspectos abarcadores de las cuestiones planteadas en las directrices reservadas[170].

Sobre la primera parte, Arango aclaró al general Rochambeau la legitimidad de representación de Toussaint-Louverture para España que los franceses cuestionaban, circunstancia que de confirmarse anularía las condiciones de la entrega de la parte española y, sobre todo, haría imposible efectuar otras solicitudes que llevaba Arango, entre otras la reclamación del archivo de la comandancia de Santo Domingo retenido por Toussaint. De lo que les fue posible conocer de la parte española, Arango señaló que los rebeldes no habían penetrado por falta de víveres más allá de unas fronteras que eran custodiadas, muy a disgusto, por españoles obligados a realizar estas tareas de vigilancia ante la carencia de puestos establecidos por el gobierno francés. Se informaba de la situación desgraciada de estas zonas limítrofes, donde había decrecido la agricultura y el comercio y cómo, en general, muchos habitantes de la parte española querían volver a habitar bajo el dominio de España –algunos de quienes se lo dijeron expresamente a Arango durante su estancia en Port-au-Prince-. Arango pensaba que era un deber ofrecer protección a unas personas que podían contribuir a aumentar la población blanca de la parte oriental de la isla por lo que pidió al general Rochambeau que les diera libertad para emigrar, algo a lo que éste accedió tan rápidamente como uno de sus ayudantes denegó al advertir del error de desprenderse de una población que podía ser útil a sus miras.

En los XXIV puntos en que Arango se extendió para dibujar la realidad de Saint Domingue, una tierra en estado de emergencia e inseguridad permanente hay una expresión que aparece reiteradamente, la del

---

[170] "Comisión de Arango en Santo Domingo. Parte española" y "Parte francesa". Francisco de Arango, Habana, 17 de julio de 1803. *Obras de..., Opus cit.*, t. I, pp. 344-348 y 348-383, respectivamente.

"tiempo de la ilusión"[171]. Arango aludía al breve periodo en que el general Leclerc, cuñado de Napoleón y al mando de las tropas francesas que intentaron recuperar Saint-Domingue, creyó que era posible volver a la normalidad anterior a 1791, un espejismo que provocó la reanudación del comercio con Francia y una apariencia de vuelta atrás. Arango era concluyente en su análisis sobre lo evidente: "la ilusión de los especuladores fue de tan corta duración como la del general, quien en pocos meses vio desaparecer su ejército y con él la afectada sumisión de los negros que solo esperaban que el clima hiciera sus efectos sobre el ejército blanco para quitarse la máscara"[172]. Sin embargo Arango refutaba las ideas de los franceses encaminadas a eliminar a la población rebelde -ellos lo denominaban "peau nouvelle" (política de introducción de negros nuevos)- y, siempre práctico, consideraba la dificultad de restablecer la agricultura y comercio en un país enteramente talado y despoblado sentenciando "el objeto de la Francia no debe ser, de seguro, la conquista de un desierto"[173]. Así, defendía el habanero lo acertado de las medidas tomadas durante la gestión de Toussaint sobre las propiedades y la puesta en marcha de la actividad de las haciendas a fin de intentar recobrar algo de la productividad pasada a la vez que comprendía que era difícil creer en el futuro de una sociedad "mientras se conservasen en manos de los negros agricultores más de 60.000 fusiles"[174] y la población blanca –mujeres en su mayoría- se viera confinada a las ciudades costeras, manteniéndose a la defensiva con un ejército que se veía diezmado por el clima, "el filo de la negra espada", la mala asistencia y la, en ocasiones, masiva deserción.

De gran interés son los apartados que Arango dedicó a los protagonistas del nuevo Saint Domingue, diferenciados en la instrucción entre negros "insurgentes" y pacíficos", una noción que el comisionado habanero se aprestó a deshacer en vista de que a excepción de los destinados al servicio doméstico y un par de compañías que se mantenían fieles al orden anterior, "todos los demás, incluso las hembras y los niños son rebeldes obstinados y no se crea –enfatiza Arango- que cuando incluyo los niños, es sobre mi palabra"[175]. Así, a partir de diversas valoraciones

---

[171] Las definiciones –escogemos las dos acepciones principales- del término ilusión dan una medida de la búsqueda de una realidad ya desvanecida en la colonia francesa: "Concepto, imagen o representación sin verdadera realidad, sugeridos por la imaginación o causados por engaño de los sentidos" y "esperanza cuyo cumplimiento parece especialmente atractivo". *Diccionario de la..., Opus cit.*, t. II, p. 1142.
[172] "Comisión de Arango...", *Obras de..., Opus cit.*, t. I, p. 350.
[173] *Ibidem*, p. 353.
[174] *Ibidem*, p. 352.
[175] *Ibidem*, pp. 358-359.

sobre el número de negros existentes en la isla realizados por diversas instancias oficiales francesas, Arango elaboró las suyas propias que alcanzarían un total de 366.311 negros y, de ellos, 30.000-35.000 serían los integrantes del ejército combatiente. Sin ningún género de duda sobre la capacidad de su raciocinio y solidaridad, Arango señalaba que la "mejor prueba de la buena inteligencia de los negros era el silencio de los blancos en esta parte"[176], se manifestaba sorprendido por los medios de los antiguos esclavos para proveerse de víveres y municiones -con seguridad de procedencia norteamericana y francesa- y, horrorizado del cruel trato infringido a los negros prisioneros, -ya por humanidad como por el "grande interés en apagar esta guerra"-Arango apuntaba que ésta sería interminable si se quitaba a los rebeldes la esperanza de capitulación o perdón.

La actitud de Arango hacia la vecina tierra de Guarico varió desde la concepción previa al viaje a las ideas que, finalmente, vertió en su informe a las autoridades españolas tratando de desterrar la indiferencia y descuido e insuflar la noción de un firme compromiso con la pacificación de la sociedad haitiana que, por cercana, sería garantía de la propia estabilidad de Cuba. Así, uno de los puntos más interesantes resulta la imperante necesidad de arbitrar medidas económicas y políticas respecto a Saint Domingue (entre los que se encuentran un préstamo anual y un informante fijo de la situación o "comisionado" a cambio del envío de uno francés a Cuba) para evitar los "graves males con que se ve amenazado el comercio de toda esta parte de la América y de la tranquilidad de nuestras Antillas". Porque más que el temor por el contagio de los esclavos liberados era la inseguridad de los mares lo que preocupaba a Francisco Arango, y para contrarrestarla, otra de las fórmulas era el fomento de la población en las costas cubanas cercanas a Saint Domingue como Baracoa, Holguín y Santiago, incluso con franceses emigrados a los que no había que temer porque "solo se acuerdan de la miseria y desgracias que les produjo con los negros su espíritu revolucionario y su crueldad y que instruidos por la experiencia nadie sabrá apreciar ni defender con más bríos las ventajas del orden y de la subordinación"[177].

El peligro, pues, estaba dentro de la isla y fuera, en los posibles aliados que encontraran los esclavos rebeldes en su lucha, desde los sectores cuáqueros de Estados Unidos que habían conseguido la abolición

---

[176] *Ibidem*, p. 36.
[177] *Ibidem*, p. 382.

de la esclavitud y que era factible que ayudarán a los de Santo Domingo francés, como por proyectos similares surgidos en las otras colonias de las Antillas, como Jamaica, a partir de las corrientes abolicionistas que se abrían paso en la corte británica. Arango creía, sobre todas las cosas, en la fuerza de la economía y del comercio y estaba seguro de que los británicos harían cualquier cosa por aprovechar enclaves independientes de las potencias rivales y hacerlas suyas. Así, defiende la necesidad de ayudar a los franceses a aplastar a los rebeldes –incapaces de hacerlo solos por falta de infraestructura, tropas y recursos-, acabar con la situación de inestabilidad de la colonia francesa y con el contrabando y aprovechar ventajas comerciales, entre otras y referidas al comercio de esclavos, la idea de limitarlo a franceses y españoles a través de una Compañía africana, un plan que aunque no complaciera a muchos hacendados por el coste más elevado al principio de las piezas, lograría parecerse a Saint Domingue antes de la revolución con "la introducción de casi 30.000 negros tan baratos como los ingleses"[178]. Las palabras de Arango son, en definitiva, harto elocuentes de su pensamiento pragmático sobre la realidad de la vecina colonia francesa: "querría que ocultando nuestro susto, hiciésemos con la apariencia de favor, lo que por nuestro interés debemos hacer realmente. Querría, repito, que sin dar nada, procurásemos con maña sostener a los franceses en la guerra de Santo Domingo"[179].

El 15 de mayo Arango abandonaba Port-au-Prince y el 25 por la tarde llegaba a La Habana para trasladarse inmediatamente a la junta semanal del Consulado[180]. Desde ese día se dedicó a elaborar un informe que tuvo que interrumpir por el empeoramiento de salud de su padre –fallecido el 25 de julio- aunque lo terminó el 17 de julio (agregándole los oficios del conde de Rochambeau y el convenio entre los dos gobiernos). Someruelos lo elevó al Rey solicitando como compensación para Arango los cargos de intendente y consejero de Indias que no recibieron aprobación.

---

[178] *Ibidem*, p. 380.
[179] *Ibidem*, p. 371. Véase José Luciano Franco (comp.), *Documentos para la historia de Haití en el Archivo Nacional*, La Habana, Archivo Nacional de Cuba, XXXVII, 1954
[180] El 26 de mayo de 1803, el marqués de Someruelos escribe al ministro de Hacienda, Miguel Cayetano Soler, comunicando el regreso de la Comisión desde Guarico y que le escribirá con más detalle. En junio, se aprobaban los gastos de la comisión y el 6 de agosto el gobernador Someruelos enviaba el informe a Soler. En octubre, el Rey se daba por enterado de la Comisión. AGI, Ultramar, Legajo 122, núm. 11.

"A su tiempo y por su orden": Francisco Arango, entre la "loca carrera de la trata" y el apremio abolicionista

Anterior y posteriormente a la comisión que efectuó Francisco Arango al Guarico se produjeron en La Habana dos visitas de alcance para el devenir histórico de Cuba, las dos debidas a la misma persona, el naturalista alemán Alejandro de Humboldt quien, junto al médico botánico Aimé Bonpland, llevaba a cabo un reconocimiento científico de algunos de los territorios americanos de la monarquía española. En su periplo por los virreinatos de Nueva España, Nueva Granada y Perú, la Capitanía General de Venezuela y la Audiencia de Quito, los viajeros se detuvieron en dos ocasiones en La Habana, de diciembre de 1800 a marzo del año siguiente y durante el mes de abril de 1804, estancias durante las que –según manifestación del mismo barón Humboldt- "he tenido la fortuna de gozar la confianza de personas que, por sus talentos y por su situación, como administradores, propietarios o comerciantes podían darme noticias acerca del aumento de la prosperidad pública"[181]. Efectivamente, el viajero alemán contactó con buena parte de los integrantes de la elite cubana como, entre otros, el mismo Francisco Arango, Pedro Pablo O'Reilly (II conde de O'Reilly), Nicolás Calvo y O'Farrill, José Agustín Caballero, Antonio del Valle Hernández y Joaquín Beltrán de Santa Cruz (III conde de Jaruco) que le abrieron sus residencias y archivos, le facilitaron el acceso a documentos y datos de primera mano, ya en conversaciones varias en los paseos por la ciudad o durante las excursiones organizadas a los ingenios y haciendas de la provincia habanera desde Güines a Wajay, Bejucal, Managua, Regla, Guanabacoa, incluso Trinidad, etc., lugares en los que Humboldt observó de cerca el sistema esclavista, el trato dado a los esclavos, la organización del trabajo, la agricultura, etc. Como resultado del viaje, Humboldt publicó una memoria exhaustiva de lo visto, leído y reflexionado durante su estancia cubana de, en total, cuatro meses y medio que se publicó en París en 1826 pero cuya distribución y venta fue censurada en España y Cuba a consecuencia de sus opiniones nada complacientes con la esclavitud que, sin embargo sí leyó, analizó, anotó y, en algún caso, también corrigió Francisco Arango y Parreño[182].

---

[181] Alejandro de Humboldt, *Ensayo político de la isla de Cuba,* París, Lecointe y Laserre, 1840, p. 7 (1ª edición publicada en español traducida por José López de Bustamante). La edición en español más reciente está precedida por un interesante y detallado estudio histórico: Miguel Ángel Puig-Samper, Consuelo Naranjo Orovio y Armando Gárcia González (eds.), *Ensayo político sobre la isla de Cuba. Alejandro de Humboldt*, Madrid-Aranjuez, Doce Calles-Junta de Castilla y León, 1998.

En general los estudios comparativos de Humboldt sobre población en las Antillas alertaron de la situación para los blancos enfrentados a una mayoría de población de color (el 83%) y sin perder de vista "que desde que Haití se emancipó, hay ya en el archipiélago entero de las Antillas más hombres libres negros y mulatos que esclavos"[183]. El recuerdo de la revolución haitiana se fundía con el presente de un enclave entre Cuba, Puerto Rico y Jamaica donde vivían casi un millón de negros y mulatos libres gracias a su voluntad y a la lucha de las armas[184]. Quizás la salvación de Cuba de una catástrofe segura residía precisamente —como señalara en 1825- en el elevado número de hombres libres frente a los esclavos (455.000 y 260.000 respectivamente) en una población total de 715.000 habitantes. Humboldt esperaba que tal configuración social pudiera preparar gradualmente la abolición de la esclavitud valiéndose para ello de medidas humanas y prudentes. Y para ello confiaba también en los propietarios "y yo los he conocido muy humanos"[185] diría Humboldt, en personas como Francisco Arango a quien consideraba uno de los hombres de estado más ilustrados e instruidos de la isla por su opinión en favor de humanizar la legislación esclavista aunque reconociendo impedimentos como la inercia del sistema y la falta de autoridad para modificar el estado de cosas.

El cuestionamiento de la esclavitud, tan inherente al sistema colonial mismo -y este último mucho más difícil de criticar en la época de auge del liberalismo económico- llevó a Humboldt a distinguir una posibilidad que ni los países "que se glorian de su civilización" suscribirían, esto es, "que sin esclavos y aún sin negros hubieran podido existir colonias y que toda la diferencia hubiera consistido en la mayor o menor ganancia y en el aumento menos rápido de los productos"[186]. Otras voces se alzaban de forma simultánea con argumentos parecidos sobre los procesos coloniales y el esclavismo; en Madrid en 1802, en la Academia de jurisprudencia de Santa Bárbara —lugar donde había seguido Francisco Arango sus estudios de derecho- el geógrafo Isidoro de Antillón abogaba por "la libertad de los negros y por los derechos imprescriptibles del

---

[182] "Observaciones al "Ensayo político sobre la isla de Cuba", escritas en 1827", *Obras de Don Francisco...*, *Opus cit.*, t. II, pp. 432-444.
[183] Alejandro de Humboldt, *Ensayo...*, *Opus cit.*, p. 101.
[184] *Ibidem*, p. 339.
[185] *Ibidem*, p. 284.
[186] Alejandro de Humboldt, *Ensayo...*, *Opus cit.*, p. 282. Véase Consuelo Naranjo Orovio, "Humboldt en Cuba: reformismo y abolición", *Debate y perspectivas*, (monográfico coordinado por Miguel Ángel Puig-Samper, *Alejandro de Humboldt y el mundo hispánico. La Modernidad y la Independencia americana*) núm. 1, 2000, pp. 183-201.

hombre" y sugería que para evitar un desastre como el de Haití tras la revolución debían orientarse los esfuerzos hacia la enseñanza, primero y la libertad, después, con el fin de "elevarse los negros a un grado de cultura y de inteligencia que ahora parece inconcebible"[187]. Sin embargo, frente a las ideas de carácter benéfico pero siempre paternalista sobre el futuro de la esclavitud se instalaba la fuerza incontestable de la "loca carrera de la trata" que se iniciara con ímpetu en Cuba tres lustros antes ya que en 1804 se promulgaba una nueva –sería la última- prórroga de libertad de introducción de esclavos con una vigencia de doce años para los españoles y de seis para extranjeros con la particularidad de llevar implícita la incumplida cédula de 1789 referente al buen trato de los esclavos y al esfuerzo de introducir negras para que procreasen, idea fija en el pensamiento de Arango. 1804 fue también la fecha del fracaso francés por contener a los rebeldes negros de Santo Domingo y la proclamación por ellos de la segunda república libre del continente americano tras los Estados Unidos y la primera y única negra del Nuevo Mundo[188].

Así pues, muchas cosas cambiaron en las dos orillas del Atlántico en estos primeros años del siglo XIX a partir de los diferentes sucesos acaecidos en tierras de esclavos, de los nuevos discursos y puntos de vista sobre la humanidad y rentabilidad de la mano de obra sometida, de la mayor frecuencia de levantamientos de las dotaciones de las haciendas y, sobre todo, de la campaña de propaganda emprendida por los abolicionistas británicos que consiguieron la supresión de la trata legal transatlántica en 1807[189] (los norteamericanos un año más tarde) y que gene-

---

[187] Isidoro de Antillón, *Disertación sobre el origen de la esclavitud de los negros, motivos que la han perpetuado, ventajas que se le atribuyen y medios que podían adaptarse para hacer prosperar sin ella nuestras colonias*, leída en la Real Academia Matritense de derecho el 2 de abril de 1802. Valencia, Imprenta de Domingo y Mompié, 1820, p. 3 y p. 136 nota 18. Manuel Lucena Salmoral lo considera un precursor y casi mártir por la lucha que emprendió a favor de la libertad individual y la prohibición de castigos corporales. *La esclavitud..., Opus cit.*, p. 313. Véanse Enriqueta Vila Vilar, *Los abolicionistas españoles. Siglo XIX*, Madrid, AECI, Ed. Cultura Hispánica, 1996 y como compiladora, *Afroamérica. Textos históricos*, Madrid, Fundación Histórica Tavera, Publicaciones Digitales Digibis, 1999. Sobre la figura de Antillón: Agustín Hernando, *Perfil de un geógrafo: Isidoro de Antillón 1778-1814*, Zaragoza, Institución Fernando el Católico, Diputación de Zaragoza, 1999.

[188] Johanna von Grafenstein Gareis, *Nueva España..., Opus cit.*, señala la influencia de la revolución haitiana y su constitución en república en la región del Circuncaribe en el campo económico, en los vínculos con los movimientos de independencia y levantamiento de esclavos en la región y en la influencia en la política colonial de las diferentes metrópolis con intereses en la zona.

[189] Señala Herbert S. Klein, "The Atlantic Slave Trade...", *Opus cit.*, que en el contexto del abolicionismo inglés desde 1780 se trató de determinar las dimensiones del tráfico esclavista con fines propagandísticos resultando, además, datos de interés. Tras 1810 los británicos

ró –en el caso español– una sensación de desconcierto hacia la nueva política internacional y de incertidumbre respecto a la trata esclavista. Francisco Arango, en su condición de síndico del Consulado mostraba su preocupación por la situación general del comercio y de la agricultura en la isla aunque se felicitaba de los logros, porque el "renglón de negros y utensilios de agricultura, el de tablas y duelas, corren con libertad y en todos ha ganado infinito la agricultura de estos países". Además, sus quejas al grito de "¡Cubanos, no desmayemos¡"[190] no caían en saco roto porque la tendencia inmediata de las autoridades fue hacia la libre disposición de tierras para los hacendados azucareros en detrimento de otros productos como el tabaco y contra otras voces que se alzaron en la isla contrarias a las tesis esclavistas y monocultivadoras de Arango. Era éste el caso del obispo Juan José Díaz de Espada y Landa, al frente de la diócesis habanera desde 1802 a 1832 y, como ya se mencionó, una figura de gran valía intelectual, independencia de criterio, defensor de una sociedad sin dependencia y sometimiento y con la pretensión de una Cuba económicamente más diversificada en favor de sectores campesinos y que gozó de tanta influencia entre la juventud criolla de la época como potente fue la fuerza de sus detractores: los hacendados azucareros en Cuba y absolutistas en Madrid. Al poco de llegar a La Habana, el obispo Espada realizó en 1804, momento de auge evidente de la plantación esclavista, una visita a los lugares de su diócesis en la región occidental de la isla que definió su pensamiento, a partir de entonces, contrario a la trata, a la explotación inhumana de los africanos y firme partidario de fomentar los pequeños productores para remediar el estado de pobreza de la población mayoritaria de Cuba, un ideario que plasmó en diversos escritos, desde cartas pastorales contra la trata (1826) a proyectos firmes de abolición de la esclavitud (1808) pasando por la decidida batalla por los diezmos que libró contra los hacendados a lo largo de su vida como presbítero[191]. Así, aunque puedan encontrarse algunos aspectos comunes

---

usaron la fuerza y la coerción para abolir la trata de otras naciones, coincidiendo el fin de ésta a mediados del siglo XIX con la conquista y colonización europea de África, el crecimiento del imperialismo y de la ideología racista del pensamiento metropolitano.

Una visión emocionada sobre la complejidad de las "muchas Áfricas" y magistralmente narrada se encuentra en las obras del escritor y periodista polaco Ryszard Kapuscinski, entre otras: *Ébano*, Barcelona, Ed. Anagrama S.A., 2000.

[190] Ambas citas en "Informe del síndico en el expediente instruido por el Consulado de la Habana sobre los medios que conviene proponer para sacar la Agricultura y Comercio de la Isla del apuro en que se hallan", Francisco Arango, Habana, 29 de noviembre de 1808. *Obras de Don Francisco..., Opus cit.*, t. II, pp. 38 y 53.

[191] Gloria García considera muy valiente el informe de Espada sobre *Diezmos reservados*, 1808 –aún desconociendo su alcance y difusión en España y Cuba– en el que criticaba la polí-

en el pensamiento de Espada y Arango como la concepción fisiocrática de la riqueza y la reclamación a España de libertad para la producción y el comercio de Cuba, la diferencia entre ambos residía –como ha remarcado Eduardo Torres-Cuevas[192] en que mientras Arango perseguía el desarrollo del sistema plantacionista esclavista, el objetivo de Espada eran los pequeños productores no esclavistas que implicaban la necesidad de fomentar la población sin inmigración forzada. Por otra parte, el predicamento de las ideas de Espada (y del padre Varela) entre los que le rodeaban y en la juventud habanera que inundaba las aulas del Seminario de San Carlos dio un resultado muy medido ya que algunos como José Antonio Saco, José de la Luz y Caballero o Domingo del Monte sostendrían posturas mucho más moderadas hacia el fenómeno esclavista con ardorosos defensores del sistema esclavista como Juan Bernardo O'Gavan, estrecho colaborador del obispo[193].

Por otra parte, las convulsiones vividas en las primeras décadas del siglo XIX en España tuvieron sus consecuencias en la sociedad cubana ya que de la fehaciente realidad de la influencia francesa en muchos ámbitos de la vida se pasó –mediando las noticias de la invasión de la península por las tropas napoleónicas- a un sentimiento de hostilidad hacia los franceses, que se acrecentó con la declaración de guerra en 1809, el decreto de expulsión y el establecimiento de una Junta de Vigilancia. Por otra parte, la organización de las primeras juntas provinciales en España ante el vacío de poder por la abdicación forzosa del monarca y, sobre todo, las Cortes liberales en Cádiz modificarán el discurso de los criollos cubanos, inmersos en una marea nueva de acción política[194]. En estos años de turbulencias, la carrera de Arango dio un vuelco cuando a instancias de distintas autoridades encabezadas por el gobernador Someruelos y otros vecinos influyentes se acordó someter a la aprobación del cabildo el establecimiento de una junta en La Habana como las que ya se levantaban en la península, organismos que –en el caso de un territorio colonial- no cuestionaban la soberanía española pero introducían un fac-

---

tica de la Corona responsable de estimular una situación injusta para los grupos más desfavorecidos. Gloria García, "Tradición y modernidad...", *Opus cit.*, p. 43

[192] Eduardo Torres-Cuevas (introd.), *Obispo Espada...*, *Opus cit.* Ver introducción.

[193] Véase en este libro el capítulo de Josef Opatrný: "El Estado-nación o la "cubanidad": los dilemas de los portavoces de los criollos cubanos de la época antes de La Escalera".

[194] Mª Teresa Berruezo, *La participación americana en las Cortes de Cádiz (1810-1814)*, Madrid, Centro de Estudios Constitucionales, 1986; Marie Laure Rieu-Millan, *Los diputados americanos en las Cortes de Cádiz*, Madrid, CSIC, 1990; Rosario Sevilla Soler, *Las Antillas y la independencia de la América española (1808-1826)*, Sevilla, Escuela de Estudios Hispanoamericanos, 1986.

tor de cierta autonomía[195]. Aunque estas ideas comulgaban con las convicciones de Arango, la negativa del cabildo le "resituó" ideológica y políticamente en la defensa del statu quo a fin de evitar "un fenómeno que, según su más profunda convicción, había abierto las brechas por la que irrumpió la plebe en Francia y también en Haití"[196]; la indefinición coyuntural de Arango provocó que, por una parte, sus enemigos sembraran dudas sobre su fidelidad a España y, por otra, se hiciera más evidente la confrontación entre facciones aranguistas y no aranguistas, esta última personificada en la figura del ambicioso intendente de hacienda Rafael Gómez Roubaud antiplantacionista convencido y en las críticas suscitadas por la injusta y prepotente actuación de José Ilincheta, íntimo amigo y colaborador de Arango[197].

Más cuestionado, Francisco Arango participó en la redacción de las primeras instrucciones que el ayuntamiento habanero confirió a Andrés de Jáuregui –uno de sus más estrechos colaboradores- que fue elegido en 1810 junto a Juan Bernardo O'Gavan por Santiago para asistir en calidad de primeros diputados cubanos a unas cortes donde apenas se les escuchó, circunstancia que hizo mella en muchos criollos. Como era de esperar, las directrices dadas por Arango priorizaban la libertad de comerciar con extranjeros y el derecho de los españoles americanos a elegir a sus representantes en la misma proporción que los peninsulares y, en lo que atañía a la cuestión de la esclavitud, respondió con intensidad a cuantas propuestas sobre la abolición del tráfico y del propio sistema de sometimiento fueron defendidas en las Cortes gaditanas: las primeras a cargo del diputado mexicano José Miguel Guridi Alcocer y el asturiano Agustín de Argüelles[198], sin olvidar los comentarios de Isidoro

---

[195] Varios documentos relativos a la organización de la Junta Superior de Gobierno en La Habana en 1808 acompañaron a la publicación, en forma de folleto, del "Manifiesto dirigido al público imparcial de esta isla" del 29 de septiembre de 1821 que Arango presentó para defender su proceder. *Obras de Don Francisco..., Opus cit.,* t. II, pp. 312-342.
[196] Gloria García, "Tradición y modernidad...", *Opus cit.,* p. 38.
[197] La documentación del juicio de residencia de Someruelos contiene las pesquisas contra la actuación de José Ilincheta, oidor honorario e íntimo colaborador de Francisco Arango, Antonio del Valle Hernández, José Arango, etc., que levantaron muchos recelos entre los habaneros y alimentaron las críticas contra la "traición" de Arango. Ej. en el *Diario cívico,* Habana 12 de julio 1813. (núm. CCCXV), con la firma N.N.X. se dice: "El señor D. Francisco de Arango, lejos de haber podido disipar los restos de la calumnia sobre el proyecto de junta independiente y tiránica, aún no ha conseguido restablecerse de sus graves y notorios achaques contraídos poco tiempo después de la oferta", p. 4. Oficina de D. Juan de Pablo. AHN, Consejos, Legajo 21.035.
[198] "Representación de la ciudad de La Habana a las Cortes el 20 de julio de 1811, con motivo de las proposiciones hechas por D. José Miguel Guridi Alcocer y D. Agustín de Argüelles sobre el tráfico y esclavitud de los negros; extendida por el Alférez mayor de la ciudad, D.

Antillón a los que Arango se opuso sin reservas y ya como diputado titular, en su segunda y última estancia en la península[199].

El plan de Guridi Alcocer, presentado en marzo de 1811, pretendía la abolición de la esclavitud progresiva mediante la supresión de la trata y la ley de libertad de vientres tanto por razones humanitarias, de derecho natural, civilización y por contraria a las máximas liberales, aunque sin expresar abiertamente su anulación para no despertar el rechazo de los diputados esclavistas, un proyecto que sería, finalmente el seguido por el gobierno español medio siglo después[200]. Agustín Argüelles defendió la abolición de la trata evocando tanto "el doloroso ejemplo acaecido en Santo Domingo" como la jornada histórica que había presenciado en Londres en 1807[201] y, fue protagonista con Guridi y el representante cubano Andres de Jáuregui, de un importante debate sobre la esclavitud en la sesión del 2 de abril de 1811 en la que se clarificaron las posiciones: Argüelles partidario de suprimir la trata, Guridi de acabar con la esclavitud y Jáuregui a favor de la persistencia de ambas aunque reconociendo, en la línea de las instrucciones dadas por Arango, la condición de ciudadanos para las castas a efectos de su representación a Cortes. La evidencia de lo peliagudo del tema esclavista demoró su discusión y las

---

Francisco de Arango, por encargo del Ayuntamiento, Consulado y Sociedad Patriótica de la Habana", *Obras de Don Francisco..., Opus cit.*, t. II, pp. 145 –187. Se anexan varios documentos relacionados con el informe de Arango, entre otros, los referentes a la "escasez de hembras esclavas y medios de propagar la especie negra", sobre "introducción de negros bozales y existencia y distribución de la gente de color en la isla de Cuba", "certificación de la Secretaría del Consulado que acredita la escasez de brazos en las haciendas, especialmente en los ingenios", "relación de los libertos a los esclavos en algunos países extranjeros y en la isla de Cuba" y "sobre la población de la isla de Cuba"., pp. 188- 237.

[199] "Representación que Arango, como diputado a las Cortes ordinarias, elevó a la Diputación Provincial el 1º de julio de 1813, participando su próxima salida para Cádiz". Ya en las Cortes, Arango censuró las intervenciones de Antillón –realizadas entre agosto y noviembre de 1813- en favor de la abolición de la esclavitud y los derechos individuales. "Documentos que atañen a la representación de 20 de julio de 1811", núm. 7, Ibidem, pp. 267-270 y 236-237 respectivamente.

[200] Manuel Lucena Salmoral, *La esclavitud..., Opus cit.*, pp. 310-311, señala a Esteban Fernández de León, integrante de la Junta Central Suprema y colaborador de Francisco Saavedra, como figura pionera del abolicionismo español por el informe que elaboró en 1810 opuesto a aumentar la introducción de esclavos y defendiendo una esclavitud limitada temporalmente y destinada a la procreación y el servicio personal. En definitiva, Fernández León no se oponía a la esclavitud en sí, sino a la liberta de la trata.

[201] "...Jamás olvidaré, Señor, la memorable noche del 5 de febrero de 1807 en que tuve la dulce satisfacción de presenciar en la Cámara de los Lores el triunfo de las luces y la filosofía, noche en que se aprobó el bill de la abolición del comercio de esclavos"..., Marcel Merle y Roberto Mesa, *El anticolonialismo..., Opus cit.*, p. 225. Precisamente en Londres, en 1814, publicaría José Blanco White, *Bosquejo del comercio de esclavos y reflexiones sobre este tráfico considerado moral, política y cristianamente*, Impr. Ellerton y Henderson, Londres, 1814.

instituciones habaneras encargarían a Arango una valoración general para ser presentada en el foro gaditano que resulto una extensa representación expresiva del sentimiento de los hacendados cubanos: "Terrible, inexplicable, fue el terror que aquella resolución, que para colmo de imprudencia se había discutido en público, no obstante las atinadas reclamaciones de nuestros representantes, causó en el ánimo de estos habitantes. El azoramiento era general, porque ya no se veían las riquezas destruidas y la mendiguez sustituyendo a la opulencia; la muerte era la que estaba a la presencia de cada uno, la muerte, señores, acompañada de todos los horrores de la venganza de unos bárbaros"[202].

La representación de Arango defendía, a lo largo de tres capítulos, la necesidad de cautela y ninguna precipitación sobre una cuestión que afectaba a las vidas y fortunas de tantos propietarios rebatiendo, punto por punto, las alocuciones de los distintos intervinientes; para ello apelaba a no comparar la situación de España con Gran Bretaña -sino a conocer más profundamente los dictados de Estados Unidos sobre el mismo tema- y responsabilizaba de la introducción de africanos en Cuba a los gobiernos españoles que no debían, en ese momento crucial de su historia, actuar inconsecuentemente porque "lo que se principió y consolidó de ese modo, no puede arrancarse de sus quicios con mucha facilidad y menos con precipitación"[203].

Lo que Agustín Argüelles y tantos otros representantes del liberalismo aprobarían es la recurrencia de Arango a lo sagrado de la propiedad privada "cuya inviolabilidad es uno de los grandes objetos de toda asociación política y uno de los primeros capítulos de toda Constitución"[204] y la alusión al temible ejemplo de la revolución francesa. Muy interesante, por revelador del alcance político de su pensamiento sobre Cuba es la idea esgrimida por Arango de que "en los países en que significa poco la libertad política, pesa muy poco también la esclavitud civil y estando todavía nosotros en el primero de estos casos, no vemos otro motivo para conceder al último tan preferente atención"[205]. Todo el texto, en fin, es un intento pormenorizado y apasionado para ganar tiempo en la "loca carrera de la trata" que interesaba prosiguiera con la dilación -atendiendo a la complejidad y pluralidad de los sectores implicados- de su cuestionamiento, un objetivo que

---

[202] Anastasio Carrillo y Arango, "Elogio histórico del Excmo. Sr. D. Francisco de Arango y Parreño", *Obras de Don Francisco..., Opus cit.*, t. I, p. 49
[203] "Representación de la ciudad...", *Obras de Don Francisco..., Opus cit.*, t. II, p.185.
[204] *Ibidem*, p. 151.
[205] *Ibidem*, p. 160.

se logró porque las Cortes de Cádiz no decidieron nada y la trata siguió funcionando legalmente en los dominios españoles hasta 1820 y de forma ilegal –la trata "consentida"- hasta mediados de siglo en que se inició su represión[206].

Con Francisco Arango en España hasta 1817 y convertido en flamante consejero de Indias desde 1815, fecha en que llegó a Madrid, salió al paso de las nuevas disposiciones internacionales en materia de tráfico de esclavos y en febrero del año siguiente -haciéndose eco de las recomendaciones del Congreso de Viena para paliarlo en las que, por otra parte, se dejaba al arbitrio de cada país las medidas y el tiempo para lograrlo- firmó un "voto particular" con el principal objetivo de ganar tiempo, instando a reconsiderar los perjuicios de las decisiones repentinas y a la observación de las peculiaridades de cada país en vista de que "los Estados Unidos (...) concedieron a sus súbditos veintiún años de plazo [y] el Parlamento de la Gran Bretaña no tardó menos de diecinueve en oír a los hacendados de sus colonias"[207]. Arango presentaba una situación crítica de Cuba si se dificultaba la entrada de esclavos porque –y sus argumentos nos resultan ya conocidos- "las haciendas de América no tienen para su cultivo los negros que necesitan y que, en ninguna de ellas, el número de hembras es proporcionado al de varones. Prohibir súbitamente el tráfico de negros, en tan desventajoso estado de cosas, sería acelerar los perjudiciales efectos de la prohibición y hacerlos más insoportables; sería condenar millares de hacendados a perder una buena parte de sus rentas y, lo que es más, a sufrir, sin poderlo remediar, un gran deterioro y menoscabo en sus capitales; sería cegar de improviso todas las fuentes de la prosperidad y querer que el luto y la miseria hiciesen presa de los países donde ahora reinan la alegría y la abundancia"[208]. Más novedoso resulta la apreciación de Arango sobre una hipotética condición de libertad de los esclavos que, al final, no haría más que contribuir a la infelicidad de "unos bárbaros sin policía ni civilización", gentes "que

---

[206] Tras el fin del conflicto de la invasión francesa, España y Gran Bretaña firmaron un Tratado en Madrid en el verano de 1814 que incluía un artículo en favor de paliar la inhumanidad del tráfico de esclavos, impidiendo realizarlo bajo bandera española aunque equilibrándolo con las necesidades de las posesiones americanas. En 1815, el Congreso de Viena recomendó acabar con la trata y en septiembre de 1817, también en Madrid, España y Gran Bretaña firmaron el tratado de abolición de la trata que hacía efectivo el artículo mencionado de 1814 y especificaba la abolición del tráfico en los dominios españoles a partir del 20 de mayo de 1820. Manuel Lucena Salmoral, *La esclavitud..., Opus cit.*, pp. 274-275.

[207] "Voto particular de varios [siete] Consejeros de Indias sobre la abolición del tráfico de negros", Madrid 15 de febrero de 1816. *Obras de Don Francisco..., Opus cit.*, t. II, pp. 274-281, p. 274.

[208] *Ibidem, Opus cit.*, t. II, p. 275.

nunca han usado de su libertad sino para venderse o devorarse", de modo que para qué preocuparse de "privar[les] de su vana y quimérica libertad" si se olvida a la parte más valiosa, "los racionales trabajadores, industriosos y cristianos" cuya cantidad había que aumentar con una política de blanqueamiento de la población[209]. La alusión a la revolución de Saint Domingue es resumida en la idea de la imposibilidad de que la historia se repita y, de nuevo, Arango desvanece los temores del peligro negro con razones de tipo coyuntural (muchos fueron los factores -endógenos y exógenos- que contribuyeron a las circunstancias del fin de la colonia francesa) como a la propia idiosincrasia y composición de la población esclava y de color de Cuba.

A pesar de tantas cavilaciones y medidas que parecían alumbrar un futuro, más o menos inminente, sin esclavos o, precisamente a causa de todas ellas, la introducción de africanos en Cuba no sólo no se redujo en estos años sino que aumentó considerablemente: de una media de aproximadamente 6.500 esclavos anuales que entraron en Cuba entre 1775 y 1814, se pasó a multiplicar casi por cuatro la cantidad anterior hasta llegar a un total de 107.273 de 1815 a 1819[210]. Una consulta al *Diario de la Habana* -sucesor desde 1810 del *Papel Periódico* de fines del siglo XVIII[211] - convierte las cifras anteriores en la muestra de una, por cotidiana no menos cruel, realidad de entradas incesantes de barcos con negros bozales y de los procedimientos de aislamiento y vacunación que se tomaban para prevenir el contagio de viruela que muchos padecían. Así, por ejemplo, en diciembre de 1812 se publicaba que habían sido

---

[209] *Ibidem, Opus cit.*, t. II, p. 276. Desde 1812 existió una Comisión de Población Blanca que pasó a denominarse Junta de Población Blanca en 1818, una cuestión desarrollada en el capítulo de Consuelo Naranjo Orovio "La amenaza haitiana, un miedo interesado: poder y fomento de la población blanca en Cuba".

[210] Mª Carmen Barcia, Gloria García y Eduardo Torres-Cuevas, *Historia de Cuba. La Colonia. Evolución socioeconómica y formación nacional de los orígenes hasta 1867*, La Habana, Instituto de Historia de Cuba, Editora Política, 1994, pp. 472-473.

[211] Desde su nacimiento como *Papel Periódico de la Havana* (1790-1805) a la denominación *Gaceta de la Habana* desde 1848, se sucedieron varios cambios de nombre: *El Aviso* (1805 a 1808), *Aviso de la Habana* (1809-1810); *Diario de la Habana* (1810-1812); *Diario del Gobierno de la Habana* (1812-1820); *Diario Constitucional de la Habana* (1820); *Diario del Gobierno Constitucional de la Habana* (1820-1823), *Diario del Gobierno de la Habana* (1823-1825); *Diario de la Habana* (1825-1848)...desde entonces, *Gaceta de la Habana* como periódico oficial del Gobierno. José A. Martínez-Fortún y Foyo, *El Diario de la Habana en la mano. Índices y sumarios (años de 1812 a 1848)*, La Habana, 1955. Ver también, Cintio Vitier, Fina García-Marruz y Roberto Friol (introd.), *La literatura en el Papel Periódico de la Havana 1790-1805*, La Habana, Editorial Letras Cubanas, 1990.

contabilizados 3.371 "bozales mayores" los introducidos desde el segundo semestre del año, en agosto de 1814 el médico Tomás Romay daba cuenta de la llegada de la goleta portuguesa "Invencible" con 128 bozales y de ellos 16 con viruelas, en 1816 se señalaba la entrada de un buque con más de 300 negros con viruela...hasta llegar a enero de 1821 en que aparece publicada por última vez la llegada de un barco de África con 500 negros de ambos sexos a bordo, lo que se explica porque en mayo del año anterior había entrado en vigor la prohibición del tráfico en los dominios españoles, una medida que, como se sabe, sólo debió cumplirse en las páginas del periódico[212]. Desde entonces el ya *Diario del Gobierno Constitucional de la Habana* no recogió noticias sobre esclavos recién llegados sino que se especializó -en lo que respecta a la población de color, libre y esclava- en las represiones de las revueltas sucedidas, cada vez con mayor frecuencia, entre 1820 y 1844, que Alain Yacou integra, más allá del contagio haitiano, en la fase de asimilación y vulgarización de la ideología abolicionista en un contexto de internacionalización del problema negro cubano[213]. Así, en marzo de 1826 el Diario informaba del fusilamiento de varios negros en Matanzas por asesinato e incendios y de otros 25 también en la jurisdicción de Matanzas y Limonar, un año más tarde se anunciaba la ejecución de negros sublevados en los cafetales "Tentativa" y "Manuela" por haber matado a varios blancos y se ofrecían atroces detalles de una justicia ejemplarizante como la colocación de la cabeza de un ejecutado en una jaula, además de otras muertes como la ejecución en Guanabacoa del negro Juan Teodoro Torres, esclavo del licenciado Francisco Navarro, por homicidio, etc., hasta llegar a la sentencia publicada el 21 de abril de 1844 contra la conspiración de la gente de color.

    Desde el regreso de Arango a Cuba en 1817 y hasta la década de 1830 en que murió, algunas cosas cambiaron para que todo siguiera igual. En 1816 había llegado el nuevo intendente Alejandro Ramírez y, desde entonces y hasta 1820, se tomaron medidas favorecedoras de los hacendados a partir de una estrecha colaboración entre la burocracia española y la oligarquía insular con la supresión del estanco del tabaco en 1817, el derecho de comercio libre en 1818, la sanción de las concesiones municipales de tierra en 1819, etc., que hicieron de La Habana una gran plantación de azúcar. Por ello, la nueva etapa constitucional liberal iniciada en 1820 en la península no fue muy bien recibida en La Habana

---

[212] Con motivo de la prohibición del tráfico de negros, en 1819 Francisco Arango fue nombrado juez arbitro de la comisión mixta establecida en La Habana, cargo que desempeñó hasta 1821.
[213] Alain Yacou, "La insurgencia negra...", *Opus cit.*, p. 24.

ante el temor del cambio que conllevaría la aplicación de la Constitución de 1812 en todo su vigor. El liberalismo criollo moderado de los íntimos amigos y colaboradores de Francisco Arango como el conde de O'Reilly y su hermano José Arango, entre otros, lograrán afianzar el statu quo en contra de un sector liberal exaltado que fue apagado a través de, paradójicamente, la masonería, en Cuba instrumento de la elite criolla deseosa de alejarse de conflictos que alteraran la "paz pública y el delicado equilibrio social"[214].

La época de reacción absolutista entre 1823 y 1832 marcará la alianza de la Corona al sector más conservador y esclavista de la colonia con el nuevo intendente de hacienda Claudio Martínez de Pinillos como principal ejecutor de la nueva política que se enfrentará a otras voces que, sin embargo, no se ponían de acuerdo en aunar esfuerzos contra el régimen colonial y la esclavitud: así el presbítero Félix Varela hijo de un funcionario colonial y de una cubana hija de un oficial del regimiento de fijos en La Habana era independentista y antiesclavista[215], mientras que otras figuras matizaban sus posiciones como José Antonio Saco y José de la Luz y Caballero. A la vez, Arango percibió cada vez más presiones contrarias por parte de las autoridades peninsulares que lograrán, finalmente imprimir un giro a la política local reduciendo el alcance de sus instituciones, aquéllas por las que Arango tanto había luchado, vuelta de tuerca que culminó con la expulsión de los representantes cubanos, puertorriqueños y filipinos de las Cortes en 1837 y sus derechos anulados por unas leyes especiales, que Arango no presenció porque había muerto tres años antes.

Sin embargo, fue consciente de que la política esclavista, a la vista de la situación internacional, necesitaba ciertas modificaciones que ralentizaran los posibles cambios De fondo se hallaba la evidencia de que a partir de 1827 los esclavos crecieron más que los blancos, como quedaría demostrado en el censo de 1841 que revelaba que la población de color superaba a la blanca en unos cinco puntos; a la vez, la soledad de quienes todavía practicaban un comercio deplorado por numerosos países que antes lo practicaban y los cambios en la propia industria azuca-

---

[214] Hernández González, Manuel. "El liberalismo exaltado en el trienio liberal cubano", *Iberoamericana Pragensia. Supplementum 7, Monográfico Cuba. Algunos problemas de su historia,* Praga, Universidad Carolina, 1995, pp. 67-79.
[215] Francisco Arango salió al paso de un artículo abiertamente independentista de los alumnos de Varela publicado en *El Revisor Político y Literario* en junio de 1823 con sus "Reflexiones de un habanero sobre la independencia de esta isla". *Obras de Don Francisco..., Opus cit.,* t.II, pp. 343-376.

rera como la lenta sustitución de la tracción animal por la máquina de vapor en los trapiches, la introducción de la caña de Otahití y maquinarias de cocción y evaporación más modernas hasta el tren jamaiquino en 1830, el de Derosne una década después y el tendido ferroviario entre La Habana y Güines de 1837[216], obligaron a los defensores de la esclavitud como mejor medio de acrecentar la producción azucarera –Arango entre ellos- a modificar el discurso y las condiciones que facilitaran la extinción del tráfico de negros y conllevara un sistema de manumisión gradual y lento, sobre todo, lento.

El encargo a Arango de disponer un nuevo código negro que no consideró conveniente en tales circunstancias, le llevó a reflexionar sobre la situación de la esclavitud, a partir también, de varios trabajos provenientes del extranjero como una memoria sobre la esclavitud en las colonias europeas, con atención a las francesas, que había sido publicada en París en varias entregas en 1830 y un discurso de un delegado norteamericano en la Cámara de Virginia[217]. De ambos textos participa la postrera opinión de Arango sobre el fenómeno de la esclavitud a que tanto había contribuido, en orden a acabar de modo efectivo con el tráfico de esclavos, la importancia de hacer desaparecer "la preocupación del color" mediante el fomento de la población blanca, el cambio en el trato de los esclavos que resulta un "leit motiv" de la visión de Arango sobre la rentabilidad "humanitaria" de la mano de obra esclava y, por último, apuntar a la extinción de la esclavitud como una meta tan utópica en teoría como imaginaria en la práctica..."Dejemos esto por ahora. Dejemos para más tarde la consumación de la obra y contentémonos con trazarla y comenzarla y establecer los medios de que siga hasta su fin, sin traspasar jamás los límites que nos señalan la experiencia y el buen juicio"[218].

---

[216] Véase Consuelo Naranjo, "Humboldt y la isla de Cuba en el siglo XIX", Mª Pilar San Pío y Miguel Ángel Puig-Samper (coords.), *Las flores del paraíso. La expedición botánica de Cuba en los siglos XVIII y XIX,* Madrid-Barcelona, Caja Madrid-Lunwerg Editores, 1999, pp. 121-138.
[217] "Memoria sobre la esclavitud en las colonias europeas y particularmente en las francesas, mirando con igual atención, el interés de los esclavos, el de sus amos, el de las mismas colonias y el de sus metrópolis" y "Extracto del discurso sobre la esclavitud de los negros pronunciado por Mr. Moore en la Cámara Legislativa de Virginia", *Obras de Don Francisco..., Opus cit.*, t. II, pp. 537-606 y 607-614 respectivamente.
[218] "Representación al Rey sobre la extinción del tráfico de negros y medios de mejorar la suerte de los esclavos coloniales", *Obras de Don Francisco..., Opus cit.*, pp. 529-536.

La amenaza haitiana, un miedo interesado: poder y fomento de la población blanca en Cuba*

Consuelo Naranjo Orovio
Instituto de Historia, CSIC

....que los negros se hallan en rebelión en varios puntos de la isla [Jamaica] y que han intentado obstruir las comunicaciones abriendo fosas en los caminos: que le Capitán General y el Almirante habían ofrecido en nombre del Rey 300 pesos al que aprehendiese algunos de los cinco esclavos que se titulan Coronel, Capitanes y cabecillas de todo: que el Mayor general Coton hizo que su vanguardia atacase a los rebeldes, los derrotase e hiciese internarlos en los montes, a pesar del vivo fuego con que fue recibida: que las fabricas han sido totalmente destruidas en varios cantones... que en la Parroquia de San James se calcula en doce mil el número de esclavos levantados... que no se puede calcular las comarcas levantadas, las fincas y casas incendiadas... que los negros se hallan en una completa rebelión que hace temer se hagan dueños de la isla...[1].

Malestar en una colonia apacible: la turbulencia haitiana**

La Revolución Francesa provocó un cambio importante en la correlación de fuerzas sociales y políticas a nivel internacional. El Caribe, escenario tantas veces de los conflictos europeos, fue de nuevo a

---

* Este trabajo se enmarca en el proyecto de investigación BHA2003-02687 (MCYT).
[1] AHN, Sección Estado, Legajo 6368, exp. 18, núm. 13. Informe de Francisco Dionisio Vives, Capitán General de Cuba, en el que transmite las noticias que ha recibido sobre los acontecimientos de Jamaica. Habana, 29 de febrero de 1832.
**Una nota de agradecimiento a mis amigos cubanos que durante tiempo me han ayudado en mis investigaciones, allí y aquí. Su cooperación en los archivos y bibliotecas de la isla ha sido

finales del siglo XVIII el área de resolución de antagonismos entre España, Francia e Inglaterra. Pero en estos años finiseculares, el Caribe cobró voz propia al estallar en la antigua colonia francesa de Saint Domingue la primera revolución protagonizada por esclavos.

Los sucesos de Haití y los mensajes anticolonialistas y antirracistas de los líderes revolucionarios rápidamente se difundieron. Sorprende ver la velocidad con la que las autoridades españolas informan unas a otras de los acontecimientos, y las medidas que se fueron tomando al ritmo que marcaban los sucesos de Saint Domingue por su influencia directa en el concierto internacional. La nutrida correspondencia entre el ministro de Estado español, el cónsul de España en Filadelfia (Valentín de Foronda), los capitanes generales de Cuba (Luis de Las Casas, el marqués de Santa Clara y Someruelos), los gobernadores de Santiago de Cuba (Juan Bautista Vaillant, Juan Nepomuceno Quintana y Sebastián Kindelán), el gobernador de Santo Domingo (Joaquín García), el gobernador de Puerto Rico (Muescas), o el embajador de España en Berlín (Gonzalo O'Farrill) nos trasmite la prevención, el miedo, la cautela y, en teoría, "neutralidad" con la que estas autoridades actuaron desde 1789[2].

Acontecimiento tras acontecimiento, muerte tras muerte, saqueo tras saqueo, incendio tras incendio, masacre tras masacre... se propagaron por la zona sembrando el miedo:

---

de gran utilidad, su compañía y consejos también; su incesante puesta al día de la bibliografía que necesitaba, nueva o antigua, es también de gran valor. Mi biblioteca no contendría algunos tesoros y libros raros si no hubiera sido por ellos. Más de veinte años de relación y amistad me unen a Enrique López, Leida Fernández Prieto, Zoila Lapique, Mercedes Valero, Carmen Almodóvar, Yolanda Díaz, Reinaldo Funes, Teresita Muñoz, Rolando Misas, Alejandro García Álvarez; a los recordados Israel Echevarría, José García Antón, Miriam Fernández Sosa y Mª Antonia Marqués Dolz, ambas nos dejaron demasiado pronto, y Armando García González, con sus sueños y su corazón dejado allá...
A Miguel Ángel Puig-Samper Mulero, que me ha ayudado pacientemente a lo largo de mucho tiempo a recopilar material, traducir y descifrar los largos memoriales sobre fomento, población y reconocimiento del territorio cubano depositados en los archivos de España y Cuba. Por su cariño y constancia. A nuestros hijos Inés y Gonzalo, conocedores "obligados" de los papeles y del acontecer del Caribe.
[2] Una de las primeras medidas adoptadas por España fue prohibir la entrada de periódicos, planfletos o cualquier tipo de propaganda impresa, así como de extranjeros en Santiago de Cuba, por Real Orden de 25 de septiembre de 1790. En 1791, tras el inicio de la Revolución Haitiana las medidas preventivas se ampliaron a todo el territorio insular. Ver José Luciano Franco, *Documentos sobre la Historia de Haití en el Archivo Nacional*, La Habana, Publicaciones del Archivo Nacional de Cuba, 1947, y *Ensayos históricos*, La Habana, Editorial de Ciencias Sociales, 1974.

...Se rindio el cabo Rochembeau, fue conducido Prisionero a la Jamaica y los nueve mil hombres de Tropa que guarnecían la plaza se han distribuido en las posesiones Inglesas.
Los asuntos de la Guadalupe se hallan también en el más lamentable estado.
Lo que dicen estas gacetas, lo que no dicen los mismos franceses de los robos, del despotismo de sus generales, de sus oficiales, en las Islas, no se puede leer ni oir sin horror.

Similares a esta carta, en la que Valentín de Foronda comunicaba a España los sucesos de Saint Domingue, Jamaica y Guadalupe trasmitiendo el miedo que provocaban en todo el área del Caribe[3], existen otras de 1804, en las que Foronda manifiesta abiertamente sus opiniones sobre los sucesos de Guarico, el terror ante éstos y la amenaza que en ellos veía:

...se confirma la horrorosa matanza que han hecho en Geremías los cruelísimos Negros. Se dice, que a todos los blancos sin excepción de sexo ni edad han pasado a cuchillo.
Yo me temo que estos Bárbaros Africanos sean unos segundos Filibustiers que infestarán con sus piraterías todas nuestras costas, y que intentarán encender el fuego revolucionario en nuestras Yslas, si no se atisban todos sus movimientos; si los que deben celar no piensan sino en enriquecerse en vez de vigilar la coducta de los Negros domésticos y vecinos[4].

Unos meses después, en agosto de 1804, Valentín de Foronda le escribía desde Filadelfia al secretario de Estado, Pedro Cevallos en los siguientes términos:

---

[3] Carta de Valentín de Foronda al secretario de Estado español, Pedro Cevallos, fechada el 20 de diciembre de 1803 en Filadelfia. AHN, Sección Estado, Legajo 6175, caja 2, exp. 67. Este legajo contiene otras cartas en las que se habla sobre las presiones inglesas a España, los deseos expansionistas de Toussaint Louverture, y, tras 1804, el desembarco de tropas haitianas en distintas islas caribeñas. Ver AHN, Sección Estado, Legajos 6175, caja 2, exp. 128; Legajo 6366, cajas 1-7.
En otras cartas Foronda informaba a Pedro Cevallos sobre el apresamiento de barcos españoles por los revolucionarios de Saint Domingue y el apoyo prestado que recibieron desde Nueva York y Filadelfia (Philadelphia 20 de noviembre de 1804): AHN, Sección Estado, Legajo 6175, caja 1, exp. 106. Este informe fue comunicado a las autoridades francesas para su conocimiento.
[4] Carta de Valentín de Foronda a Pedro Cevallos (Philadelphia 14 de junio de 1804). AHN, Sección Estado, Legajo 6175, caja 1, exp. 86.

...El favorecer a los negros es vigorizarlos, es reforzarlos, y tal vez puede llegar su poder a intentar algún ataque en las Islas Españolas, protegidos de los mismos Negros vasallos del Rey. ¿No se les podría tratar Excmo. Sr. como Piratas a los que hacen causa común y favorecen a los Piratas, a los enemigos de los hombres, a los Antropófagos Negros de la Isla de Santo Domingo?[5].

Las noticias sobre el apresamiento en el mar de buques por los llamados "negros rebeldes de Santo Domingo" aumentaron la sensación de inseguridad y temor entre los habitantes de la zona. Las declaraciones juradas que se tomaban a los marineros y pasajeros de los barcos abordados por estos corsarios recogen estos sucesos, de los que tenían al corriente al gobierno español[6].

También inquietaba a las autoridades españolas de Cuba y al cónsul español en Filadelfia la amenaza inglesa y francesa que se cernía sobre las posesiones españolas en la zona. Las cartas reflejan que se trataba de una amenaza continua y cambiante: unas veces procedían de los ingleses, otras de los corsarios y piratas, otras de Estados Unidos, otras de Haití que extendía su revolución a otras islas del Caribe, Martinica, Dominica, Jamaica, Guadalupe, Granada, Santa Lucía, Antigua, Tobago, Santo Domingo..., y, en otras, de la coalición de varios enemigos. En una de estas cartas Someruelos alarmado informaba sobre el peligro inminente que corrían en 1800 Puerto Rico y sobre todo Cuba ante una posible alianza de ingleses y el general Toussaint Louverture[7]; en otras posteriores se comenta el peligro que corría Puerto Rico, al que los ingleses, con ayuda de franceses y americanos, nos informa Foronda, planeaban atacar desde Trinidad[8].

En este ambiente de cambios y revoluciones urgía la adopción y puesta en marcha de medidas que asegurasen la defensa e integridad de los territorios americanos. La cautela, la desconfianza y el temor forjaron una política defensiva que se explicitó en la promulgación de

---

[5] Carta de Valentín de Foronda a Pedro Cevallos (Philadelphia 2 de agosto de 1804). AHN, Sección Estado, Legajo 6175, caja 1, exp. 2.
[6] Véanse los informes del marqués de Someruelos a Pedro Cevallos, en los que se incluyen las declaraciones de algunos de los pasajeros y marineros apresados en distintas ocasiones, por ejemplo el oficio de 23 de noviembre de 1804, desde Santiago de Cuba. AHN, Sección Estado Legajo 6366, carpeta 2, exp. 101, núm. 1.
[7] AHN, Sección Estado Legajo 6366, caja 1, exp. 15. La Habana 15 de julio de 1800.
[8] Carta de Valentín de Foronda a Pedro Cevallos, fechada el 16 de marzo de 1805 en Filadelfia. AHN, Sección Estado, Legajo 6175, caja 2, exp. 127.

órdenes y bandos que protegieran de los desórdenes o de los posibles invasores, capaces de variar los destinos de los territorios españoles y de sus pobladores. Era preciso levantar murallas, edificar fortalezas, construir baterías, diseñar nuevas poblaciones y asentar colonos en las zonas menos pobladas y cercanas a las costas, y por ello, más susceptibles de ser ocupadas o bien puertos de acceso de las ideas revolucionarias que pudieran prender en la población. Es interesante comentar el informe enviado por Gonzalo de O'Farril desde la Embajada de España en Berlín, el 24 de febrero de 1804, sobre las medidas políticas que debían tomarse ante la amenaza internacional (Estados Unidos, Inglaterra y Francia) y los sucesos haitianos. En él propone, entre otras medidas para evitar la invasión de Cuba, aumentar las fortificaciones en Santiago, construir lanchas cañoneras e incrementar la población con familias, incluso con las refugiadas de Santo Domingo[9].

En el caso de Cuba, la toma de La Habana por los ingleses en 1762 y, pocos años después, el estallido de la Revolución Haitiana hizo temblar la vida apacible de la isla que, en breve tiempo, vio cómo su historia tomaba nuevos rumbos[10]. Una historia que estaría marcada desde entonces por el azúcar y la esclavitud, y coronada por la amenaza continua de posibles levantamientos de esclavos y por el temor a la africanización.

Haití fue un ejemplo a emular desde el comienzo de la revolución. Símbolo de libertad, algunos esclavos de otras colonias cercanas, como fue el caso de Martinica, se lanzaban al mar con el fin de alcanzar las costas liberadoras; en otras se proclamaba la abolición de la esclavitud. Martinica, Guadalupe, Jamaica, Granada abolieron la esclavitud en los años inmediatos a 1791. En Cuba, como estudian otros autores de este libro, Haití también evocó la libertad y la igualdad para los esclavos y gentes de color de distinta condición.

La revolución de Guarico y sus repercusiones ideológicas y políticas -como proyecto subversivo del orden establecido- tenía en sí misma

---

[9] José Luciano Franco, *Revoluciones y conflictos internacionales en el Caribe, 1789-1854*, 3ts., La Habana, Instituto de Historia, Academia de Ciencias Sociales, 1965, t. 2.
AHN, Sección Estado, Legajo 5932, exp. 23.
[10] Las transformaciones económicas que se produjeron en Cuba como consecuencia del despegue azucarero en el último cuarto del siglo XVIII han sido analizadas en distintas obras: Julio Le Riverend, *Historia económica de Cuba*, La Habana, Instituto Cubano del Libro, 1974; Manuel Moreno Fraginals, *El Ingenio. Complejo económico social cubano del azúcar*, 3 ts., La Habana, Editorial Ciencias Sociales, 1978, ts. 1-2; Heinrich Friedlaender, *Historia económica de Cuba*, 2 vols., La Habana, Editorial Ciencias Sociales, 1978; Leví Marrero, *Cuba: economía y sociedad*, 15 ts., Madrid, Editorial Playor, 1983, t. IX.

suficiente fuerza para inquietar y alertar a las elites, particularmente a las americanas y de forma particular a aquéllas que basaban su poder en un sistema económico y social similar al de Saint Domingue. Los acontecimientos revolucionarios pronto alcanzaron su eco en España, Estados Unidos, Santo Domingo, La Habana, Caracas... Las imágenes cargadas de horror comenzaron a circular portando mensajes de barbarie, destrucción, odio, muerte, pero también de desestabilidad y libertad. El rumor de lo visto y de lo oído tuvo repercusiones y respuestas inmediatas. El rumor y el miedo -unidos y aliados- se propagaron por América y, en particular, por el Caribe como la pólvora[11].

Este temor, junto al desarrollo de la plantación, produjo la rearticulación de las identidades étnicas y raciales. La articulación del miedo al negro se revistió de fórmulas legales; nuevos decretos, bandos y leyes marcaron y ordenaron parte de la vida de la colonia[12]. Algunas de estas disposiciones jurídicas quedaron sólo en papel ya que chocaron con las costumbres establecidas y los intereses de los amos que, en muchas ocasiones, no aceptaron cambios en la manera de tratar a sus esclavos[13]. Los acontecimientos de la colonia francesa tuvieron una respuesta inmediata con la promulgación de leyes destinadas a la prevención, sujeción y represión del cimarronaje que durante años supuso un reto para las autoridades de la isla, que veían en cada cimarrón o levantamiento la mano directa de los revolucionarios haitianos[14]. Al mismo tiempo, de manera

---

[11] La transmisión de noticias sobre los acontecimientos ocurridos en Saint Domingue, así como sobre el peso y el valor del rumor que provocaron que Haití pasara a tener, hasta hoy día, un poder evocador, ha sido estudiado por Ada Ferrer, "La société esclavagiste cubaine et la révolution haïtienne", *Annales,* vol. 58, núm. 2, 2003, pp. 333-356 (dossier "Revolutions dans l'aire caraibe"); y "Noticias de Haití en Cuba, 1791-1804", *Revista de Indias,* núm. 229, Madrid, CSIC, 2003, pp. 675-694. En este libro véase el capítulo de su autoría "Cuba en la sombra de Haití: Noticias, Sociedad y Esclavitud".

[12] Sobre la legislación esclavista española desarrollada en las colonias, véase el interesante libro de Manuel Lucena Salmoral, *Los Códigos Negros de la América española,* Alcalá de Henares, Ediciones UNESCO/Universidad de Alcalá, 1996.
La reglamentación de la esclavitud y las estrategias y formas de rebelión de los esclavos en Cuba han sido estudiadas por Gloria García en su libro *La esclavitud desde la esclavitud,* La Habana, Editorial de Ciencias Sociales, 2003.

[13] Los acontecimientos revolucionarios produjeron respuestas legales inmediatas. Entre éstas cabe citar diferentes prórrogas a la Real Cédula de 1789 sobre libertad de la trata, el Reglamento de Cimarrones, "Nuevo Reglamento y Arancel que debe gobernar en la captura de los esclavos prófugos o cimarrones, 20 de diciembre de 1796", los reglamentos de cimarrones de 1814 y 1832 dictados para la zona oriental, distintos bandos de buen gobierno, como el de 1792, relativos a la educación religiosa que debían recibir los esclavos, y el Reglamento de Esclavos de 1842. De éstos, el Reglamento de Cimarrones de 1796 es el que mantiene una relación causa-efecto más directa con los sucesos de Guarico.

[14] José Luciano Franco, *Los palenques de los negros cimarrones,* La Habana, Departamento

mucho menos visible se fue creando una cultura de discriminación y exclusión de la población de color. Y a la vez que determinadas formas culturales de esta población pasaron a ser satanizadas, se reforzaron los argumentos que legitimaban la esclavitud a partir de presupuestos morales y biológicos[15.]

Incluso cuando las oligarquías consideraron que determinadas leyes y ordenanzas podían menoscabar su poder o alterar el orden social, solicitaron a las autoridades que no se publicasen en las colonias. Así ocurrió con la Real Cédula del 31 de mayo de 1789, por la que se regulaba la educación y las ocupaciones de los esclavos, el trato que debían darles los amos, y se le otorgaba al Procurador Síndico de los ayuntamientos americanos el carácter de protector de los esclavos, que levantó los ánimos y reclamaciones de los dueños de ingenios y de minas y hacendados de distintos lugares de América, como Santo Domingo, Nueva Granada, Quito, Luisiana, Cuba o Caracas[16]. El temor a que los esclavos -interpretando mal el contenido de esta Real Cédula- se sublevasen y el consecuente daño que ocasionaría al comercio y en general a los intereses económicos, tanto a los de ellos como a los de la metrópoli, fueron los principales motivos aducidos por los gobernantes y hacendados de todas las ciudades.

Alarmados, el Gobernador interino de La Habana (Domingo Cabello) y los vecinos de esta ciudad, en 1789 y 1790, pidieron que la Real Cédula no se publicase, presionaron para que no se cumpliera y, para que en su lugar, una Junta compuesta por el Capitán General, el Obispo y algunos de los hacendados más importantes, elaborase una reglamento adecuado a las necesidades, condiciones y "usos y costumbres del país". Tras conocer el contenido de esta Real Cédula, en diciem-

---

de Orientación Revolucionaria del Comité Central del Partido Comunista de Cuba, 1973.
La alerta de los plantadores cubanos ante el cimarronaje, que suponía una subversión del sistema colonial, ha sido analizado por Alain Yacou y Gabino La Rosa. A. Yacou, "La insurgencia negra en la isla de Cuba en la primera mitad del siglo XIX", *Revista de Indias,* núm. 197, Madrid, 1993, pp. 23-51. Para Yacou "...los palenques cubanos ofrecieron en numerosos casos un asilo seguro a los esclavos fugitivos: eran aquellos palenques –sobre todo los de Oriente- una base de resistencia colectiva a la vez militar, económica, social y cultural a la opresión esclavista" (p. 36). Gabino La Rosa, *Los cimarrones de Cuba,* La Habana, Editorial de Ciencias Sociales, 1988. Ver también el libro de Rafael Duarte Jiménez, *El negro en la sociedad colonial,* Santiago de Cuba, Editorial Oriente, 1988.
[15] José Luis Peset, *Ciencia y marginación. Sobre negros, locos y criminales*, Barcelona, Editorial Crítica, 1983.
[16] Fernando Ortiz, *Los negros esclavos*, La Habana, Editorial de Ciencias Sociales, 1987, pp. 333-334. Similares intereses y temores pesaron en la decisión y, finalmente, no aprobación del Código Carolino, de 1784.

bre de 1789, Domingo Cabello escribió al Presidente del Consejo de Indias, Antonio Porlier, advirtiéndole sobre los males que podía causar su publicación en la isla. Motivos y males –ligados para siempre a palabras y conceptos como ruina, terror, sangre y muerte- que en adelante fueron esgrimidos por los hacendados, colonos, comerciantes y demás individuos unidos al mundo del azúcar, ante cualquier eventualidad que ellos consideraban podía mermar su poder o modificar el orden establecido.

En esta carta los sucesos de Saint Domingue fueron el principal argumento de Cabello:

> El temor de algún movimiento nace de ser ordinarias las sublevaciones entre los negros esclavos, y de haber en el día los de un ingenio incendiándole por tres partes, a que conspiró la voz, común de estar los negros franceses de una de estas colonias armados contra sus dueños, y aun dicen que proveídos de venenos, para darlo a todos los blancos, quienes no dejan de defende se día y noche, cuyo anuncio, aunque no tenga efecto, basta para tener en expectación a los de esta Isla[17].

Las presiones de los hacendados americanos y los temores a que los acontecimientos de Guarico se extendieran por las posesiones españolas animaron al Consejo de Indias a dictaminar en 1795 que no se pusiera en práctica la Real Cédula de 1789 hasta que no concluyera la guerra y se viera "como quedan los asuntos de Negros"[18]. Los hacendados consiguieron que el código negro no se publicara y, además, que se dictaran otras medidas que restringieron los derechos de la población de color como fueron los matrimonios interraciales para los cuales necesitaron, a partir de 1805, de un permiso especial.

Pero Haití produjo efectos opuestos en la isla; si por una parte se quería impedir la propagación de las ideas de los ex-esclavos y se trataba de limitar la acción de la gente de color, por otra se procedió a la introducción masiva de mano de obra esclava africana como medio para alcanzar los niveles de producción azucarera que el mercado demandaba tras la ruina de Saint Domingue. Téngase en cuenta que en estos años un

---

[17] AGI, Indiferente, 802. Carta enviada por el Gobernador interino de la Habana a Antonio Porlier, el 14 de diciembre de 1789.
Asimismo, es interesante la carta firmada por una nutrida representación de hacendados cubanos, fechada en La Habana el 19 de enero de 1790, en la que exponían al rey los efectos sumamente negativos que conllevaría la publicación de la Real Cédula, cuya consecuencia inmediata sería la sublevación de los esclavos. AGI, Sección Estado, Núm. 5.
[18] Manuel Lucena Salmoral, *Los Códigos Negros de la América....*, *Opus cit.*, pp. 119-123.

nuevo instrumento legal permitió a los hacendados peninsulares y criollos nutrirse directamente en África de grandes contingentes de esclavos al ser liberalizada la trata por la Real Cédula de 28 de febrero de 1789, que contó en los años siguientes con ampliaciones y prórrogas.

El negocio lucrativo del azúcar y las pingües ganancias de los negreros hizo que la trata fuera tomando fuerza hasta mediados del siglo XIX, a pesar de las trabas impuestas por Inglaterra. El gráfico 1 muestra la entrada continua de esclavos africanos en Cuba auspiciada por las autoridades coloniales de forma abierta o encubierta. Desde 1836 a 1845 las entradas de africanos descendieron en un 49'30%, disminución que continuó en los años siguientes con la aplicación en 1845 de la Ley de Represión del Tráfico Negrero, conocida como Ley Penal, como consecuencia del incumplimiento del tratado firmado entre España y Gran Bretaña en 1835 por el que se prohibía el comercio esclavista: entre 1846 y 1850 las entradas se redujeron en un 27'15%[19].

Gráfico 1- **Importación de esclavos en Cuba, 1780-1873**
(sumas quinquenales)

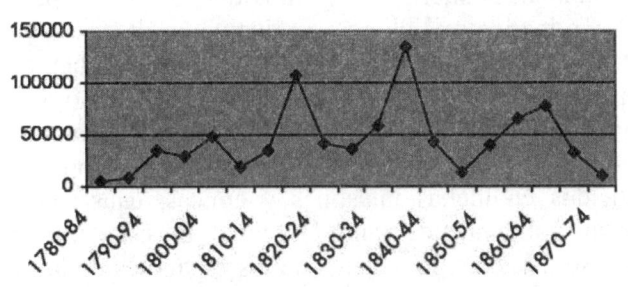

Fuente: Juan Pérez de la Riva, *El monto de la inmigración forzada en el siglo XIX,* La Habana, Editorial Ciencias Sociales, 1979

Compatibilizar temores e intereses fue ardua tarea. El equilibrio entre ambos no siempre se logró y, en ocasiones, tuvo que estallar la voz de alarma para que los hacendados y las instituciones gubernamentales retomaran las propuestas de fomento de la población blanca como otra de las vías que, desde finales del siglo XVIII, se habían recomendado para hacer de estos territorios unas zonas rentables y afines a la Corona.

---

[19] Manuel Moreno Fraginals, *El Ingenio...*, *Opus cit.*, t.1, pp. 273 y 286

Recurrir a Haití en los términos creados a partir de los rumores sobre las masacres, o las imágenes violentas y sanguinolentas que reflejaban un profundo odio racial, sirvieron a la elite y al gobierno, tanto en Cuba como en otros lugares, a olvidar y silenciar los contenidos políticos y sociales de esta revolución. En los relatos sobre estos hechos la población de color, los negros, fueron dibujados como auténticos bárbaros; satanizados por unos actos que sólo podían derivar de su primitivismo y falta de cultura, la Revolución Haitiana sirvió a la elite para reforzar el prejuicio racial y justificar el sistema de dominio y subordinación que la esclavitud imponía. Como ya comentamos, la correspondencia entre las autoridades españolas a uno y otro lado del Atlántico transmitieron, reprodujeron y aumentaron la alarma y el temor al negro. Lo importante no son sólo los hechos, las invasiones, asesinatos o incendios; lo relevante en esta ocasión es también la existencia de miedo, su funcionamiento y la utilización del temor.

La alarma y el miedo se incrementó según se sucedían los acontecimientos. En los meses siguientes a la proclamación de la independencia de Haití, en enero de 1804, los testimonios de mulatos y blancos huidos a Santiago de Cuba por el temor a ser sacrificados por los "Negros" relataban la suerte de aquellos que no habían podido salir de Guarico: "...Todos los prisioneros sin distinción de sexos y edades han sido arrestados en el Ponton bajo la guardia correspondiente"[20].

En la parte este de la isla, en la región del Cibao, los seguidores de Dessalines se alzaron contra la autoridad y designaron como máxima autoridad al mulato y ex esclavo José Tavares. Las tensiones que esto produjo, traducidas en luchas intestinas y étnicas, causaron la huída de muchos de sus habitantes de Santo Domingo. En estos meses siguientes, las notas de Someruelos, los relatos de los españoles de la parte oriental de La Española y de los patrones de los barcos que les trasladaron a Cuba nos hablan de la violencia indiscriminada y del "furor de los Negros". Un ejemplo de ello es la carta remitida por el marqués de Someruelos a Pedro Cevallos, en la que informaba en diciembre de 1804 sobre el terror, suerte y paradero de 1400 habitantes de Santo Domingo, que huían de sus tierras aterrorizados por los "Negros" y las disposiciones del presidente haitiano Dessalines. En diferentes comunicados Someruelos informaba sobre los rescates de hombres, mujeres y niños de Santo Domingo "que habrían sido sacrificados si no los hubiesen recogido" a bordo de fragatas:

---

[20] AHN, Sección Estado, Legajo 6366, exp. 87, núms. 1 y 2.

El 19 de Mayo último los habitantes de Montecristi y sus inmediaciones esperaban por horas el ser asesinados por Negros y acudieron al Contra Almirante Dacres que mandaba una escuadra para que les liberara del peligro que les amenazaba...[21].

Crear el terror a partir de los acontecimientos ayudó a mantener el control político y el *statu quo* en la isla, así como a mitigar los efectos que pudiera tener la abolición de la trata por Inglaterra y Estados Unidos, en 1807 y 1808, no sólo mediante la represión de cualquier conato de rebelión, sino a partir de la merma de libertades en la población civil. Varias generaciones vivieron a la sombra de la amenaza haitiana, y, bajo ella, varias gestaron proyectos sociales y económicos diferentes y complementarios a la esclavitud en los que, a pesar de las modificaciones que el más importante de éstos, como fue el reformismo, introducía en las relaciones colonia-metrópoli, hasta muy avanzado el siglo XIX no cobraron peso suficiente las ideas que cuestionaban la soberanía de España en Cuba.

Haití -el miedo a los levantamientos de esclavos- contribuyó a fortalecer la capacidad de manipulación de la elite hispano-criolla que, basada en su poder económico y consolidada por las redes políticas y familiares tejidas a ambos lados del Atlántico, conservó a lo largo de todo el siglo XIX. La perfecta malla tejida de intereses económicos y políticos y la concurrencia de voluntades de los grupos de poder insulares y metropolitanos durante gran parte del siglo XIX mantuvo y reforzó el sistema colonial en Cuba, asentó el poder de los hacendados y consolidó el sistema económico de plantación. Un poder que, en estos años, logró obstaculizar las medidas políticas y jurídicas que pudieran debilitar las bases sobre las que se descansaba su fuerza. Si en 1790 los dueños de ingenios fueron capaces de impedir que se ejecutara, e incluso que se publicara, en Cuba la Real Cédula de 1789, en 1811, en la Cortes de Cádiz impidieron que se aprobase la derogación de la trata presentada por Agustín Argüelles y José Miguel Guridi y Alcocer.

La noticia sobre las discusiones en las Cortes relativas a la abolición produjo entre los hacendados cubanos un gran malestar, hasta el punto que el Capitán General de Cuba, marqués de Someruelos, elevó a las Cortes, el 27 de mayo de 1811, una representación en la que solicita-

---

[21] En esta carta Someruelos comentaba que de los 1400, 900 habían desembarcado en Baracoa y 500 habían pedido desembarcar en el norte de Santo Domingo. La Habana, 13 de diciembre de 1804. AHN, Sección Estado, Legajo, exp. 104, núm.1, y exp. 84, núms. 1-4.

ba que se tratase el asunto con sumo cuidado, dadas las graves consecuencias que podrían producirse:

> Yo suplico a V.M. se digne providenciar se trate este asunto con toda la reserva, detención y examen que su gravedad requiere, para no perder esta importante Isla; y que se digne tener en consideración los acreedores que son estos leales habitantes para alejarles todo temor de ver repetida en ella la catástrofe de su vecina la de Santo Domingo, dominada ahora por los que antes eran esclavos allí, después de haber sufrido sus dueños las terribles desgracias que son bien notorias...[22].

Los intereses de los plantadores no corrieron peligro al estar representados por los diputados Francisco de Arango y Parreño, también representante del Ayuntamiento de La Habana y Andrés de Jáuregui, quien además era representante del Real Consulado de Agricultura y Comercio de La Habana, que lograron que la trata y la esclavitud se mantuvieran[23].

Por último, hay que señalar que Haití y la consolidación de la esclavitud en la isla sirvieron para establecer marcadores identitarios que, construidos como frontera, desde dentro y desde fuera, ayudaron, por una parte, a establecer categorías raciales que de manera más profunda fijaron las diferencias a partir no sólo de la raza sino también de la clase y, por otra, sentaron las bases para delimitar una identidad colectiva. Dicha identidad, que se formuló a partir de unas bases fundamentadas en una simple oposición blanco/negro, con el paso de los años, iría adquiriendo otras características además de los marcadores raciales al incorporar el criollismo como un nuevo elemento diferenciador; elemento que tomo fuerza a partir de la década de los treinta y que José Antonio Saco definió bajo el término de cubanidad. La cubanidad le sirvió no sólo para

---

[22] Francisco de Arango y Parreño, *Obras de Don Francisco Arango y Parreño*, 2 ts., La Habana, Publicaciones de la Dirección de Cultura del Ministerio de Educación, 1952, t.2. La instrumentación política de los acontecimientos de Saint Domingue que hizo la elite en Cuba y el pacto colonial al que, junto a otros elementos, dio lugar ha sido apuntada por Elena Hernández Sandoica en numerosos estudios, entre otros en "La política colonial española y el despertar de los nacionalismos ultramarinos", Juan P. Fusi y Antonio Niño (eds.), *Vísperas del 98. Orígenes y antecedentes de la crisis del 98*, Madrid, Biblioteca Nueva, 1997, pp.115-132; y José Antonio Piqueras Arenas, "Leales en época de insurrección. La elite criolla cubana entre 1810 y 1814", *Visiones y revisiones de la independencia americana*, Salamanca, Ediciones Universidad de Salamanca, 2003, pp. 183-206.
[23] Marie Laure Rieu-Millan, *Los diputados americanos en las Cortes de Cádiz*, Madrid, CSIC, 1990.

definir y delimitar la nacionalidad a un grupo reducido de población elegido en función del color de la piel sino para marcar las diferencias y características propias frente al peninsular[24.]

A la sombra del fantasma revolucionario, que irrumpía en cualquier momento en que se tambaleaba el orden colonial y las elites sentían la amenaza de perder su condición, surgieron distintas respuestas y proyectos. Todos ellos estuvieron dirigidos a crear un cordón de protección de los dominios hispanos con el fin de aislarlos tanto ideológicamente como físicamente.

La falta de una política firme y clara ante los acontecimientos y la toma de decisiones en función unas veces de los intereses de España en el Caribe, otras en virtud de sus alianzas internacionales cambiantes y otras al calor de los intereses de los dueños de esclavos, motivó situaciones que pusieron en una posición muy embarazosa a las autoridades. Una de ellas se produjo con motivo de la llegada a La Habana de varios oficiales y tropas auxiliares de color, procedentes de Santo Domingo, que habían sido condecorados por el rey de España como reconocimiento a sus méritos en las luchas que habían sostenido -españoles y haitianos- contra Francia entre 1792 y 1794. Proclamada en Francia la abolición de la esclavitud, en 1794, Toussaint Louverture abandona la alianza con España, mientras algunos miembros de sus tropas se mantuvieron fieles a la Corona. Firmada la paz con Francia cedido Santo Domingo por el Tratado de Basilea de 1795 estos combatientes haitianos, muchos de ellos con sus familias, fueron enviados a Cuba.

¿Cómo tolerar y manejar la entrada de personas de color condecoradas por el rey de España en un país en el que los negros ocupaban los estratos inferiores de la sociedad? ¿Cómo permitir la entrada de quienes luchaban por su libertad y que serían fuente de primera mano y de imitación para los esclavos y gentes libres de color? La situación no dejaba de ser cómica. Mientras las autoridades alarmadas y confusas intenta-

---

[24] El pensamiento reformista es analizado en este libro por Josef Opatrný en el capítulo titulado "El Estado-nación o la "cubanidad": los dilemas de los portavoces de los criollos cubanos de la época antes de la Escalera". La formación de la conciencia nacional ha sido analizada por Opatrný en varias obras: *Antecedentes históricos de la formación de la nación cubana*, *Ibero-Americana Pragensia*, Supplementum 3, Praga, 1986; *US Expansionism and Cuban Annexationism in the 1850s*, Praga, Universidad Carolina de Praga, 1990; "Algunos aspectos del estudio de la formación de la nación cubana", Consuelo Naranjo y Tomás Mallo (eds.), *Cuba, la perla de las Antillas*, Madrid-Aranjuez, Ediciones Doce Calles-CSIC, 1994, pp.249-259; y "La conciencia común en Cuba, siglo XIX", Hans-Joachim König and Marianne Wiesebron (Eds.), *Nation Building in Nineteenth Century Latin America. Dilemmas and Conflicts*, Leiden, Research School CNWS, 1998, pp. 335-347.

ron primero parar el envío de éstos a Cuba y, tras su fracaso, ordenaron su confinamiento en castillos hasta que fueran enviados a otros países, algunos cabildos negros de la capital cubana preparaban fiestas de bienvenida a los gloriosos combatientes.

> En la reunión en el Ayuntamiento de la Habana, el 4 de diciembre de 1795, los hacendados expusieron su honda preocupación ya que "... algunos negros preparan funciones de celebridad para el recibimiento de Juan Francisco y esta muestra de afección hacia él sin conocerle le es también del lugar que hallará en sus ánimos la imaginación más viva que ha de formarse de su presencia y la de sus oficiales"[25].

Aislarse, protegerse, excluir, levantar barreras... fueron las respuestas de un gobierno y una población a los que llegaban noticias terribles sobre los acontecimientos que se vivían en Saint Domingue; una tierra cercana en la que la barbarie estaba produciendo estragos y la ruina de los plantadores franceses; una tierrra en la que las demandas de libertad e igualdad alentaban a miles de esclavos y de gentes de color a reclamar sus derechos, y por lo que era necesario limitar la entrada de aquellos elementos que pudieran contaminar, como por ejemplo la prohibición de la entrada en Cuba de negros no bozales, en 1796, a lo que se añadía que "no se introdujesen tampoco baxo de ningun título ni pretexto esclavos que hubiesen vivido en Países extranjeros de cualquier ocupación ni que permanecieran en la isla los procedentes de colonias francesas después del mes de agosto de 1790 y de las inglesas después del año 1794; debiéndose sacar de la isla en el término de tres meses los de estas dos últimas clases, fundándose en la insurrección de negros ocurrida entonces en las colonias francesas e inglesas, y evitar por este medio trascendiese a ésta aquel contagio por medio del comercio de Negros permitido aquí"; asimismo, se negó el permiso de entrada a individuos procedentes de Guarico en 1800; se prohibió comprar esclavos que no fueran bozales; y se publicaron los bandos de buen gobierno mediante los que se trataba de mantener el orden, sobre todo en la región oriental de la isla.

Como ya comentamos, conjugar los intereses de los hacendados, el fomento de la isla y la defensa de Cuba bajo la soberanía de España no fue empresa fácil. Si por una parte se potenciaba la entrada masiva de esclavos africanos, por otra, se trataba de paliar su peso numérico y posi-

---
[25] José Luciano Franco, *Ensayos....*, *Opus cit.*, p. 130.

ble influencia en la cultura con la traída de colonos blancos- en un principio españoles y a partir de 1817 también extranjeros católicos- destinados a poblar los territorios más alejados, despoblados y desprotegidos con fines estratégico-defensivos, económicos, políticos y culturales. Con el establecimiento de colonos blancos se impediría la temida africanización de Cuba, serían un baluarte frente a las posibles insurrecciones e iniciarían el cultivo de otros productos necesarios para el consumo interno.

Ambos proyectos fueron manejados por las autoridades y los hacendados en función de sus necesidades; ambos les interesaban. Hubo quien los entendió como programas complementarios; otros como proyectos políticos, irreconciliables el uno con el otro; y la mayoría como armas de doble filo para alcanzar sus prerrogativas en la corte española. El ir y venir de intereses, juegos políticos y coyunturas económicas marcó en gran medida el diseño y puesta en práctica de la política poblacionista cubana. Una política de colonización que sólo logró conciliar a todos en un tema, en su propuesta de blanqueamiento de la población.

Un blanqueamiento que, como hemos estudiado en otros trabajos, no sólo se concibió en términos étnicos sino también culturales. Impedir que Cuba se convirtiera en otro Haití –en todos los sentidos que albergaba este término tan evocador pero con contenidos reales- fue uno de los objetivos que se mantuvieron a lo largo de todo el siglo. Aunque según media la centuria los intereses de parte de la elite colonial comienzan a alejarse de los metropolitanos y las discrepancias sobresalen cada vez con más fuerza, aunque la esclavitud como factor económico y arma política fue perdiendo su peso, el blanqueamiento de la isla se mantuvo como una de las ideas básicas compartidas por todos los miembros de la elite colonial y metropolitana. Blanqueamiento que, tras finalizar la primera guerra de independencia en 1878, se reforzó con la idea de hispanización del territorio. Los colonos peninsulares y canarios eran vistos una vez más, como lo fueron a finales del siglo XVIII, como baluartes del régimen colonial. En un último intento, se les concedió un papel desmesurado -al menos en términos políticos y no tanto culturales- pero quizá era esto, un último intento[26].

El miedo al negro: una sombra y un fantasma que planea por la isla

Si las medidas de control se sucedían, si el cerco ideológico y físico se fue cerrando, ¿por qué el miedo?, ¿qué grupos se beneficiaban

---
[26] Un estudio en el que se relaciona el desarrollo de la política de colonización blanca y las teorías científicas que a lo largo del siglo XIX sirvieron para legitimar la esclavitud y relegar

del temido fantasma de la negritud? Como se aprecia en el Cuadro 1, en el conjunto de la población –de 273.979 habitantes en 1792, se pasó a 1.007.624 en 1841- fue la población de color la que aumentó continuamente. Dentro de ésta, fueron los esclavos los que adquirieron mayor peso, sobre todo entre 1827 y 1841. La masiva importación de africanos se refleja perfectamente en los censos, a pesar de las posibles omisiones: 84.496 esclavos en 1792, 225.261 en 1817, 286.942 en 1827, y 436.495 en 1841.

Cuadro 1
Crecimiento de la población cubana y porcentaje por categorías, 1792-1846

	1792	1817	1827	1841	1846
Total habitantes	273.979	630.980	704.487	1.007.624	898.752
Blancos (%)	48'8	45'9	44'2	41'5	47'37
Libres de color (%)	20'4	18'4	15'1	15'2	16'60
Esclavos (%)	30'8	35'7	40'7	43'3	36
Población de color(%)	51'2	54'1	55'8	58'5	52'84

Fuente: Censos de población y vivienda de Cuba. Estimaciones, empadronamientos y censos de población de Cuba de la época colonial y la primera intervención norteamericana, 2 vols., La Habana, Comité Estatal de Estadísticas, 1988.

Las tasas de crecimiento aunque se mantienen elevadas durante todo el período, 1792-1846, alcanzaron su máximo nivel en 1817; a partir de entonces comenzaron a bajar, tras el descenso paulatino de la entrada de esclavos. Sin embargo, frente la disminución de la tasa de crecimiento de la población general cubana (en 1817 era 2,85, en 1827 era 2'45, en 1846 bajo a 1,29), observamos cómo se mantienen e incluso se eleva la tasa de crecimiento de la población esclava: de 3'65 en 1792 a 3'72 en 1846.

Si bien es cierto que la población blanca desde los últimos años del siglo XVIII fue superada por la población de color (esclava y libre), la alarma sólo estalló cuando el censo de 1841 reflejó que el número de esclavos sobrepasaba al de blancos. Las cifras eran la evidencia de haberse cumplido sus temores, 41'5% blancos frente a 58'5% de población de

---

al hombre de color a posiciones subordinadas puede verse en Consuelo Naranjo y Armando García, *Racismo e inmigración en Cuba, siglo XIX*, Madrid-Aranjuez, Ediciones Doce Calles-FIM, 1996.

color, de la cual el 43,3% eran esclavos: la africanización de la isla estaba en marcha (gráficos 2 y 3)[27].

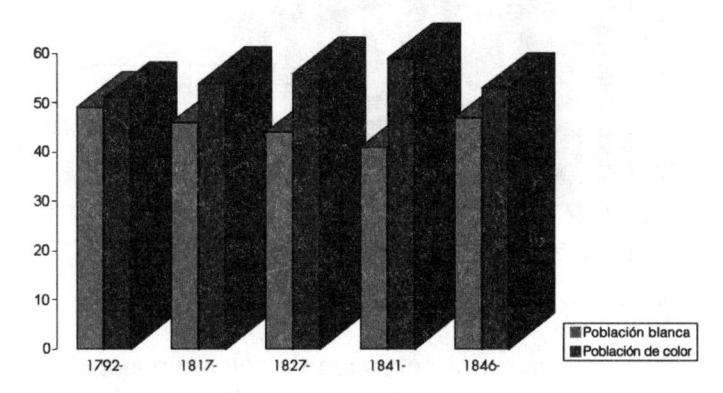

Gráfico 2
Evolución de la población blanca y de color en Cuba, 1792-1846

Fuente: Censos de población y vivienda de Cuba.

El estudio de los censos nos acerca al pánico de esta colonia que ve hecha realidad su pesadilla sobre la africanización. Escasos años después, en 1844, el temor haitiano parecía cumplirse con el estallido de la Conspiración de La Escalera.

El aumento que se observa de la población esclava entre 1827 y 1841 (303.137) fue producido por la entrada de africanos: en 14 años se introdujeron 237.500 esclavos. En 1841 la población blanca es sobrepasada por los esclavos (43'3%). Sólo en el departamento central la población blanca era más numerosa, con una proporción respecto a los esclavos de 11 a 5. En Occidente la proporción era de 5 a 8 y en Oriente de 1 a 2.

En este período lo más destacable es el aumento continuo de la población de color y la alarma de la elite blanca por la "africanización" de la isla y ante un posible levantamiento de esclavos que subvirtieran el orden social y político. Ya en 1846 el Censo desvelaba que ésta aunque era superior a la población blanca, un 52'84% frente al 47'37% (Ver gráfico 3), comenzaba a perder fuerza.

---

[27] Bernard Lavallé, Consuelo Naranjo y Antonio Santamaría, *La América española II (1763-1898). Economía*, Madrid, Editorial Síntesis, 2002, pp. 168-189.

Gráfico 3
Evolución de la población en Cuba por categorías, 1791-1846

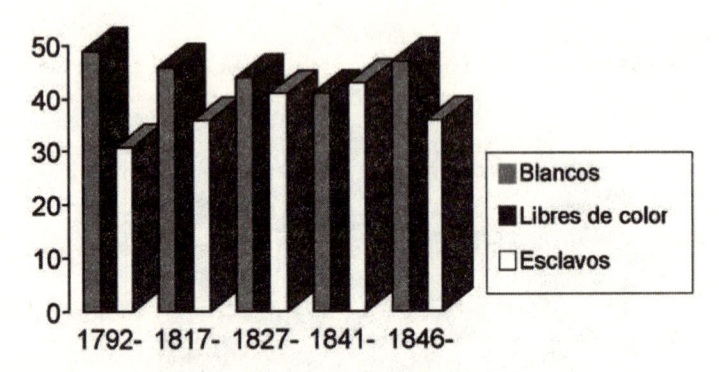

[Gráfico de barras: Blancos, Libres de color, Esclavos para los años 1792, 1817, 1827, 1841, 1846]

Fuente: Censos de población y vivienda de Cuba.

En 1846 aunque la población de color suponía el 52'84%, los porcentajes se habían inclinado a favor de la población blanca, el 47'37%, frente al 36% de esclavos.

La distribución de la población -blancos, libres de color y esclavos- se realiza de acuerdo a la especialización económica y las necesidades impuestas por la misma. El occidente, donde se concentró en estos años la producción azucarera, destaca por el número elevado de esclavos respecto al centro y este del país, regiones en las que la mano de obra libre continuaba siendo prioritaria.

Entre 1827 y 1846 la región occidental fue la que albergó un mayor número de población esclava y de color, siendo también la más poblada de la isla y alrededor de la cual se concentraban los cañaverales e ingenios. Las zonas azucareras y cafetaleras arrojan un mayor número de esclavos y libres de color (occidente y oriente), mientras que decrece de forma drástica en los sitios de labor y estancias, y en las vegas de tabaco; en el centro de la isla, en las zonas dedicadas a estos cultivos y, sobre todo a la ganadería, la proporción de blancos siempre fue mucho mayor, como en las provincias de Camagüey y Las Villas (Santa Clara y Sancti Spíritus). En Oriente el mayor incremento de población de color se produjo entre 1800 y 1817, como consecuencia directa de la revolución de Guarico y la inmigración de sus pobladores a esta zona.

Los datos de población fueron utilizados según conveniencia de los grupos de poder, e incluso en los momentos en los que estalló la alarma por la superioridad numérica de los esclavos hubo otras razones económicas que recondujeron la actuación de los plantadores. El aumento de la inmigración blanca que se observa a partir de la década de 1840 contribuyó al crecimiento de la población general y en particular al de este grupo. Las causas fueron varias: Cuba pasó a ser destino prioritario en la emigración española a partir de 1824; se produjo un crecimiento económico; el sistema esclavista comenzó a desmoronarse; en 1835 la trata fue abolida; y las ayudas a la colonización se intensificaron como medio de "eliminar cualquier perjuicio que la abolición de la trata pudiera ocasionar a los habitantes de Cuba, en su fortuna y riqueza"[28].

Al calor de la bonanza azucarera y del poder de la elite insular, asistimos al nacimiento de instituciones económicas, integradas por miembros de esta aristocracia del azúcar y por funcionarios metropolitanos, destinadas a fomentar la riqueza isleña y proteger sus intereses. Instituciones con sabor ilustrado que continuaron y emprendieron reformas culturales y académicas, las cuales además de ser voceros de los intereses de los esclavistas, acogieron otras propuestas complementarias al modelo socio-económico de la plantación[29]. En 1793 se creó la Sociedad Económica de Amigos del País en la Habana, en Santiago existía desde 1788 –aunque tuvo una fugaz vigencia- y en 1794 el Real Consulado de Agricultura, Industria y Comercio. En ambas instituciones recayó la política colonizadora.

Según los períodos los nombres de las comisiones creadas para ello y sus funciones cambiaron. En 1812 se constituyó la Comisión de Población Blanca, dependiente de la Sociedad Económica de Amigos del País e integrada por José Ricardo O'Farrill, Juan Montalvo, Andrés Jáuregui, Tomás Romay y, como asesor, Antonio del Valle Hernández. Esta Comisión a partir de 1818 pasó a denominarse Junta de Población Blanca. A finales del período que comprende este trabajo, en 1842, la Junta de Población Blanca fue sustituía por la Real Junta de Fomento de La Habana, que a su vez contó con una Comisión de Población Blanca, encargada de mediar entre los hacendados y los colonos traídos[30].

---

[28] Entre las ayudas que se concedieron para incentivar la emigración y colonización de Cuba se encuentran las Reales Órdenes de 16 de febrero de 1838 y 8 de febrero de 1844. ANC, Real Consulado y Junta de Fomento, Legajo 186, núm. 8382.

[29] Este despertar académico y científico ha sido estudiado de forma exhaustiva en algunas monografías por Miguel Ángel Puig-Samper y Mercedes Valero, *El Jardín Botánico de La Habana*, Madrid-Aranjuez, Ediciones Doce Calles, 2000; y Mª Dolores González-Ripoll Navarro, *Cuba, la isla de los ensayos. Sociedad y Cultura (1790-1815)*, Colección "Tierra Nueva e Cielo Nuevo", Madrid, CSIC, 1999.

[30] Consuelo Naranjo y Armando García, *Racismo e inmigración...*, Opus cit.

En el Real Consulado destaca una de las personas con mayores conocimientos sobre población y problemas coloniales, Antonio del Valle Hernández, que como Secretario de la institución hasta 1818 se encargó de un doble cometido, elaborar gran parte de los informes y proyectos relacionados con el fomento de la población blanca en este período, y proveer a los hacendados de datos en los que apoyarse en sus demandas para introducir esclavos. Sus trabajos en la Junta de Población Blanca de la Sociedad Económica también marcaron parte de la trayectoria de esta institución[31].

En estos primeros años, el cometido de Antonio del Valle fue demostrar que, frente a otras colonias francesas o inglesas con niveles de población esclava y gentes de color muy superior a los de Cuba, se podía continuar importando esclavos y que, además, la esperanza de vida de éstos en Cuba era más elevada debido al mejor trato que se les concedía. Su ayuda fue muy valiosa en momentos en los que Arango y Parreño tuvo que defender la importación masiva de esclavos mitigando los temores de quienes pensaban que Cuba podía convertirse en otro Haití, o cuando el sistema esclavista era criticado, como en los debates de las Cortes de Cádiz, y los representantes cubanos tuvieron que argumentar razones económicas y demográficas a favor de su mantenimiento.

En 1799, Antonio del Valle y José Ricardo O'Farrill, desde el Real Consulado, presentaron un plan a la consideración de Someruelos y del Rey en el que con los sucesos de Saint Domingue de trasfondo se señalan las medidas a tomar para "evitar una catástrofe que tanto perjudicaría al augusto soberano de tan productiva y bien situada colonia, como a los que en ella viven bajo su protección", esto es control de los esclavos, asentamiento de nuevos pobladores blancos e importación de africanos[32].

Preocupado por el fomento de la riqueza insular, como tantos contemporáneos, sus escritos insisten en las medidas que deben adoptarse para alcanzarlo. Un ejemplo es la *Sucinta noticia de la situación presente en esta colonia*, de 1800, en la que atendiendo a las razones económicas que imponían la importación masiva de esclavos, Antonio del Valle rescataba la necesidad de atender a lo que él llama "economía interior de la Colonia" en manos de la población blanca para la que solicitaba el reparto de tierras, la concesión de determinados privilegios al pequeño campesino, fomentar la cría de ganado, o destinar parte de los montes a tierras de labranza[33].

---

[31] Antonio del Valle Hernández, *Sucinta noticia de la situación presente de esta colonia. 1800*, La Habana, Editorial de Ciencias Sociales, 1977.
[32] ANC, Real Consulado y Junta de Fomento, Legajo 184, núm. 8330.
[33] Antonio del Valle Hernández, *Sucinta noticia..., Opus cit.*, pp. 71-112.

Los estudios sobre el estado de la población blanca y el modo de fomentarla se iniciaron rápidamente. En 1795 se designó a Antonio Morejón y Francisco de Arango y Parreño al frente de una comisión, dependiente del Real Consulado, encargada de analizar cuáles eran los medios necesarios con los que contener el comercio de esclavos[34]. Unos meses más tarde, en 1796, también en esta institución se inició un debate, que a la larga se convirtió en recurrente, en torno al sistema de trabajo más aconsejable para el fomento y bienestar del país entre los defensores y los detractores del trabajo de los negros africanos, representados unos por Francisco de Arango y Parreño y otros por el marqués de Casa Peñalver, partidarios de la introducción de otros trabajadores no negros, como por ejemplo indios. Junto a estas opiniones, el Capitán General Luis de Las Casas defendió la colonización del territorio con familias blancas. El gobernante mantenía el discurso ilustrado de los últimos ministros de Carlos III que en la *Instrucción Reservada* de 1787 enviada a Indias aconsejaban su poblamiento con familias españolas. La permanencia de sus postulados en muchos ilustrados y reformistas de Cuba de la primera mitad del siglo XIX se reflejaron en la defensa de otros modelos sociales y económicos complementarios a la inevitable expansión azucarera:

> ...Pobladas y aseguradas las islas de Cuba, Santo Domingo, Puerto Rico y Trinidad, y bien fortificados sus puertos ... no solo se podrán defender de enemigos aquellas vastas e importantes regiones, sino que se tendrán en sujeción los espíritus inquietos y turbulentos de algunos de sus habitantes. De manera que cualquier revolución interna podrá ser contenida, remediada o reducida a límites estrechos..[35].

Por su posición estratégica, Cuba se convirtió en los últimos años del siglo XVIII en tierra de refugio de quienes huían de revoluciones o de quienes fueron obligados a trasladarse -Real Orden de 12 de diciembre de 1796- como ocurrió tras la cesión a Francia de la parte española de Santo Domingo, en 1795. A finales de 1796 Miguel de la Puente en el informe remitido al Príncipe de la Paz, le manifestaba su sentir -similar al de muchos hombres de la época- sobre las medidas que tendrían que tomarse para hacer eficaz el asentamiento de estos colonos y entre las que destacamos el fomento de la agricultura de subsistencia y comercial -ampliando

---

[34] AGI, Cuba, Legajo 1480.
[35] José Luciano Franco, *Revoluciones y conflictos....., Opus cit.*, t. 2, pp.2-5.

ésta a otros renglones más allá del azúcar- y del comercio, especialmente de la exportación de tabaco y de maderas para la construcción, el asentamiento de los pobladores en núcleos repartidos a lo largo de la parte oriental y la puesta en vigor de reglas de policía para "el buen gobierno"[36].

La cercanía del oriente cubano a las costas de Guarico y Jamaica desencadenó una vasta correspondencia entre los gobernadores y la máxima autoridad de la isla sobre los medios más accesibles y económicos para la conservación y el fomento de esta zona. Al calor de la guerra, el gobernador, en estos momentos Juan Nepomuceno Quintana, aprovecha para exponer directamente al rey el estado de retraso respecto a La Habana en que se encontraba Santiago y solicitar la puesta en marcha de medios que mitigasen el tradicional abandono en el que se había tenido.

En uno de los informes, de 28 de mayo de 1796, el gobernador de Cuba, Juan Nepomuceno Quintana, propone algunas medidas para lograr el fomento de esta parte de la isla sin que ello supusiera un gravamen para el Real Erario, como la introducción de esclavos, labradores y útiles para la agricultura y el comercio, así como lograr la independencia administrativa respecto a La Habana, capital que, a juicio del gobernador, entorpecía voluntariamente todos los planes de fomento de esta parte oriental. La dotación de recursos posibilitaría que los labradores cultivasen café y algodón, productos que necesitan entre dos y tres años para crecer, tiempo durante el cual el campesino podría cultivar otras viandas para su consumo interno y comercialización. La escasez de recursos provocaba también que el cosechero de tabaco, que no cobra en metálico, vendiera a un comerciante los vales que había obtenido tras la venta del tabaco por un valor inferior al real, entre un 10% y un 12%. A cuenta del Erario, los campesinos que se asentasen en estas tierras podrían comenzar sus cultivos durante los primeros 3 ó 4 años, pasados los cuales comenzarían a devolver el dinero prestado[37].

Pensando que sus peticiones habían sido escuchadas, unos meses más tarde el gobernador agradecía la puesta en marcha de la Comisión Real de Guantánamo, el 2 de agosto de 1796, encargada de fomentar la población, los caminos y los canales de la zona[38].

Pero además, Saint Domingue pasó a ser una tierra que arrojaba a miles de gentes de todo tipo y condición hacia las costas cubanas, lo que causó la prevención de las autoridades y la desconfianza de sus

---

[36] AMN, Ms. 2240, doc. 36, fols. 150-151.
[37] AMN, Ms. 2240, doc. 16, fols. 57-81.
[38] AMN, Ms. 2240, doc. 24, fols. 110-112. Carta enviada desde Santiago de Cuba por Juan Nepomuceno Quintana, el 18 de noviembre de 1796.

pobladores. La proximidad a Santo Domingo y Jamaica incrementaba el peligro y los temores de las autoridades que se mantuvieron alerta ante la entrada de piratas y corsarios, las posibles conspiraciones (inglesas y haitianas) para hacerse con la isla, y el desembarco clandestino de negros de Guarico. La entrada de miles de gentes de color, esclavos antes en Santo Domingo, hizo extremar las medidas por el peligro que suponía que "gente de color de las qualidades expresadas con objeto de alexar de los oídos de los muchos negros que hay en esta Ysla las máximas de libertad que vierten aquellos". El miedo a que estos individuos pudieran ser canales de información y propagadores de las ideas revolucionarias instó a Someruelos a encarcelar a varios y conminar a los amos a que los sacaran de Cuba rápidamente. En la carta que el Capitán General envía al secretario de Estado, Mariano Luis de Urquijo, el 27 de enero de 1800, aludía a ciertos clamores populares en pro de que se les deje en libertad, su resistencia a hacerlo ya que pensaba que podrían ocultarse fácilmente en el país, y al rumor sobre la permanencia en Cuba del "caudillo" Juan Francisco[39].

A pesar de las medidas, Someruelos se lamentaba de la entrada clandestina y del desembarco ilegal de negros que eran vendidos como esclavos en La Habana y en otras partes del país. Como señal de buena amistad, el General en Jefe de las tropas napoleónicas en Santo Domingo, Donatien Rochambeau, asegura a Someruelos, en 1803, que no volvería a suceder y que había destituido a los capitanes de los navíos que portaban a dichos negros:

> ...los pestíferos negros que se han desembarcado en la Ysla de Cuba lo han sido sin mi autorización: son demasiado peligrosos para que permita yo que se hagan semejantes regalos a nuestros aliados. Me desagrado de tal manera la conducta que han tenido en La Habana el capn. del Necker, que teniendo noticias de ello antes del recibo de la carta de V. E. los destituí de sus funciones...
> Me pedís, general que no deje desembarcar en las posesiones de S.M.C. ningún hombre de color: vuestro deseo será puntualmente executado...[40].

El arribo continuo (llegaron alrededor de unos 30.000 individuos, de ellos 18.000 se asentaron en el Departamento Oriental), del que las

---
[39] AHN, Sección Estado, Legajo 6366, caja 1, exps.1–5.
[40] AHN, Sección Estado, Legajo 6366, caja 1, exps. 52-56.

autoridades metropolitanas siempre estuvieron bien informadas[41], generó una gran correspondencia entre La Habana y Santiago, en las que Someruelos pide a Kindelán que no acepte más mulatos en la región de Santiago de Cuba, a pesar de ser preferentes frente a los negros por su mayor obediencia y le sugiere que sólo se les preste los auxilios requeridos y que se les conmine de inmediato a partir[42].

Someruelos parecía adelantarse al malestar que ocasionaba la llegada de estos refugiados cuando en 1800 transmite al gobernador de Oriente que si llegaban refugiados a esta región, les brindasen ayuda y no manifestasen desconfianza "aunque se deben celar sobre su conducta y conversaciones, por lo que pudiera ocurrir; pues en las actuales circunstancias es menester mucha vigilancia"[43].

A pesar de todas las medidas y cuidados, la llegada de refugiados provocó en Santiago de Cuba momentos de desabastecimiento, temor y rechazo que algunos transmitieron a las altas jerarquías, como en la carta de 1803 que reproducimos a continuación:

> ...La Ysla se pierde con la introducción de franceses forajidos, negros y mulatos que están echando estos malditos hombres en nuestra costa, y luego vienen los blancos y por el Morro se introducen pidiendo Hospitalidad, y nada menos es su intención que establecerse en esta ciudad en donde estamos pereciendo, y de todo careciendo, y con el establecimiento de tantos franceses moriremos[44].

Descontento que el gobernador Kindelán mitigaba sobre el papel con la promulgación de leyes que controlaban y prohibían la entrada de extranjeros y, en un primer momento, la venta de tierras a éstos, pero que conjugaba con los beneficios que reportaba el asentamiento de estos colonos, algunos con capitales, otros con esclavos y la mayoría con experiencia en algunos cultivos, como el café, cuya producción generaría

---

[41] Nos sirve de ejemplo la carta de Someruelos a Urquijo, del 5 de mayo de 1800, en que la que notifica el empadronamiento de 693 nuevos llegados a Cuba (Santiago de), y le mantiene al tanto de los informes que desde allí le enviaba el Gobernador referente a los franceses emigrados de Santo Domingo y Jamaica, tras ser expulsados por los ingleses a resultas de haber intentado sublevar la isla. AHN, Sección Estado, Legajo 6366, caja 1, exps. 1-5.
[42] Una de las ocasiones que provocó la huída fue la capitulación, en 1800, de Rigaud ante Louverture. Los informes nos hablan de la emigración de sus ayudantes y diversas barcas cargadas de mulatos hacia Cuba. AHN, Sección Estado, Legajo 6366, caja 1, exps. 17-21.
[43] AHN, Sección Estado, Legajo 6366, exp. 16.
[44] ANC, Correspondencia de los Capitanes Generales, Legajo 443, exp. 1. Carta de los Hijos de la Ciudad de Cuba al Capitán General en 1803.

grandes beneficios al país. Navegando entre la legalidad, el temor, la cautela y la suspicacia, Kindelán, como los hacendados habaneros, supo sacar el mejor partido a la situación.

Desde Estados Unidos, siempre atento a lo que ocurriera en el Caribe y, en concreto en Cuba, Valentín de Foronda le comenta a Pedro de Cevallos, en una carta fechada en Philadelphia el 20 de diciembre de 1803, los riesgos que la inmigración de refugiados podía ocasionar en la isla[45]:

> Muy Señor mio. El número de Franceses que vá reuniéndose en las inmediaciones á Santiago de Cuba és extraordinario. Los que vienen de allá les hacen subir a 14 mil. Entre ellos se supone que hay varios negros, y gentes no de la mejor conducta. V. E. preverá si esta acumulación de gentes miserables e inoculadas en el espíritu revolucionario, convendrá que queden allí o no. Es indubitable que hay entre ellos gentes de mucho honor, de grande juicio, de grande tranquilidad, y dignas de las primeras consideraciones, pero sé que uno de estos Franceses respetables que habia pensado establecerse en el cultivo de los frutos qe. le podrían ser útiles no se ha resuelto a quedarse, viendo una porción de gentes de quienes nada se debe esperar sino la desobediencia[46].

Pasados los años, la presencia de franceses en Cuba continuó siendo causa de debate y punta de lanza. En 1804 el monarca suspendía la concesión de cartas de naturaleza a los emigrados franceses de Santo Domingo[47]. En el largo juicio de residencia del marqués de Someruelos se encuentra documentación sobre los juicios celebrados contra José de Ilincheta, oidor y asesor de Someruelos, como lo fuera con el marqués de la Torre y con Las Casas, acusado de abusos, crímenes y corrupción. En uno de ellos, obra del Bachiller Juan Justo Ximenez, señalaba la complicidad del acusado con los franceses, cuya presencia en la isla no había traído ganancia alguna:

---

[45] Sobre la inmigración de franceses en Cuba véanse los trabajos de Olga Portuondo, "La inmigración negra de Saint-Domingue en la jurisdicción de Cuba (1798-1809)", *Espace Caraïbe*, 2, 1994, pp. 169-198, *Entre esclavos y libres de Cuba colonial*, Santiago de Cuba, editorial Oriente, 2003, pp.58-97; y Alain Yacou, "Emigres et refugies francais dans les 'quatre villes' de Cuba au temps de la Révolution et de L'Empire", *Espace Caraïbe*, 2, 1994, pp.131-168.
[46] AHN, Sección Estado, Legajo 6175, caja 2.
[47] Correspondencia entre el marqués de Someruelos y al secretario de Estado, Pedro Cevallos, en julio y agosto de 1804. AHN, Sección de Estado, Legajo 6366, exp. 81.

Cuantos peligros sufrió la Habana en lo moral y en político por la introducción de una infinidad de franceses derramados como plaga por toda la isla y ocupados en todos los ramos de la medicina, del comercio, de la agricultura y de las artes con predilección absoluta en los casos y cosas que se les ofrecían y ocurrían en con preferencia a su tribunal, donde al primer golpe se ponia [Ilincheta] a hablarles en francés despreciando á los españoles presenciales, y siempre el francés tenia razón de que se siguió la enorme audacia de esos badulaques, que en todas partes ostentaban su poder y se colocaban con gran provecho: en como la del empedrado siempre con cien mil pesos adelantados al francés Baylly, que después fue pirata de estas costas, y hoy comandante de tropas francesas en la insurrección de Cartagena: ganaban los pleytos y nunca ivan á la cárcel y gozaban de otras varias preeminencias, al paso que los ingleses cada día y por cualquiera cosa ivan á la cárcel y llenaban las galeras abandonando sus buques y eternizándolos, como podrá verse en los asientos de la misma carcel: y todo fue obra del señor Ilincheta...

...con la decidida protección a ciertas personas y a ciertas casas como la del café del frances Mauricio, que siempre tuvo juego baxo este respeto, y ningun ministro se atrevia á impedirlo, y el café era un burdel hasta que la desesperación de la chusma lo arrasó como a otros franceses...[48.]

LOS INICIOS DE UN DEBATE: COLONIZACIÓN Y BLANQUEAMIENTO

Todos los informes apuntaban a la colonización y poblamiento de Cuba como el medio más eficaz para controlar al enemigo, real o imaginado, que formado en tropas, en barcos piratas, o bien con colores e ideas diferentes acechaban la tranquilidad y el gobierno de la isla. El aumento de la población blanca y el fomento de la agricultura y del comercio serían, para muchos espectadores de la época, sobre todo para los habitantes de la parte oriental del país "una contra-muralla ofensiva a las miras secretas de la colonia negrera de Sto. Domingo; a cualquier movimiento de nuestros siervos etíopes; y a cualquier clase de enemigos de la Nación"[49].

---
[48] *Acusación legalmente intentada contra los señores D. José Ilincheta y el conde de O'Reilly por excesos que cometieron en sus respectivas judicaturas,* Habana, Oficina de D. Antonio J. Valdés, 1813. AHN, Sección Consejo, Legajos 21034, 21035 y 21036, p. 4.
[49] Informe enviado por Pedro Alcántara de Acosta al ministro de Estado de Ultramar, desde Santiago de Cuba el 15 de marzo de 1817, sobre el estado en que se encontraba la parte oriental de la isla. En él se aconsejaba que además de poblar la isla con colonos a los que se les

Largos memoriales recogen los debates, propuestas y estudios sobre colonización de la isla de Cuba que remiten a lo que algunos historiadores han denominado "el factor demográfico". Una simple mirada a sus contenidos nos revela la importancia que tuvo este elemento en la economía de la isla y en el juego político, en el que la población pasó a ser -o en determinados momentos así la presentaron como medio de mitigar otros elementos que marcaban más las discrepancias entre colonia y metrópoli- uno de los principales problemas de Cuba y ejes de la política colonial. Acomodándose a los intereses que cada uno representaba, el debate sobre el tipo de población más idónea fue variando, y unos y otros utilizaron en ocasiones los mismos argumentos para defender causas distintas.

A pesar de que la política de colonización y población de Cuba siempre tuvo como motor principal el temor a la africanización y uno de sus postulados principales fue el blanqueamiento, este factor fue valorado de diferente manera según el grupo que lo dirimiese. En este período, en el que la esclavitud era el sistema económico más productivo y las dotaciones de esclavos eran fácilmente remplazadas, mientras que para los hacendados la colonización blanca servía para equilibrar el peso demográfico de la población de color, sin alcanzar ver en ella otros elementos culturales y sociales importantes para el futuro de la isla, para el sector integrado por hombres ilustrados que concebían un futuro del país diferente y que pronto cuestionaron el sistema colonial español tal y como estaba establecido, la colonización blanca, además de ser un muro de contención del avance de la población de color, era uno de los elementos fundamentales para llevar a cabo su proyecto social, cultural y político de una isla que ya concebían como patria[50].

---

concederían tierras realengas y diferentes privilegios, se protegiesen y fortificasen algunas ciudades y puertos estratégicos para el comercio y la seguridad del país, como el de Baracoa y Holguín, y se concedieran gracias militares a los negros libres de la ciudad con el fin de ganarse su fidelidad; asimismo, reparaba en la necesidad de establecer una universidad y una fábrica de moneda de cobre en la ciudad de Cuba, y de dividir el gobierno de la isla con dos jefes que tuvieran las mismas competencias, uno en La Habana y otro en Cuba, medidas que contribuirían tanto al fomento como a la seguridad, y al aumento de la fidelidad de los súbditos de la parte oriental. AHN, Sección Estado, Legajo 6367, carpeta 1, exp. 25, núm. 1.

[50] Como indica Josef Opatrný, el reformismo no fue sólo un movimiento centrado en la emancipación de los criollos en la esfera administrativa, "sino una actividad que iba formando entre criollos la conciencia de unidad mutua y de diferencia del mundo hispano". Josef Opatrný, *Antecedentes históricos de la formación...*, *Opus cit.*, y "Algunos aspectos del estudio de la formación de la nación cubana", *Cuba, la perla...*, *Opus cit.*

Los intereses económicos y políticos de aquí y de allí, en España y en Cuba, tomados de forma aislada o entrelazada, como estaban, supusieron en muchas ocasiones un obstáculo a la política de colonización blanca que, como veremos, perfectamente diseñada y legislada en muchas ocasiones no la dotaron con los recursos necesarios para su puesta en marcha o su posterior desarrollo.

Los intereses de la sacarocracia y la rentabilidad de la esclavitud inclinaron en el período que estudiamos la balanza hacia la tesis de Arango y Parreño, quien expuso sus ideas en el *Discurso sobre la agricultura de La Habana y medios de fomentarla*, de 1792[51]. En su Discurso, Arango, como lo hiciera su amigo y colaborador Antonio del Valle en la *Sucinta noticia*, junto a la defensa de la esclavitud se detenía en el fomento de la agricultura de otros productos, como el algodón, café o el añil, o cultivos de subsistencia cuya producción debía descansar en la gran masa de población blanca desposeída, como fórmula de fomento y contención de las posibles rebeliones de la población de color.

Aunque no nos detendremos en las características generales de la política poblacionista, ni en los proyectos de colonización desarrollados en este período, analizados en otros trabajos, sí queremos ahondar en algunas propuestas y creación de ciudades, examinando de manera particular la aparición de algunos núcleos urbanos y los proyectos que para ellos se diseñaron. El estudio de algunas de estas ciudades, bien por ser los primeros proyectos que iniciaron un largo quehacer, bien por haber sido ejemplos exitosos de esta política, lo acometemos en las páginas siguientes.

Expediciones y reconocimientos del territorio

Conocer y explotar las riquezas americanas fue uno de los ejes de la política borbónica a la que contribuyeron las elites criollas. Esta política, impulsada desde los paradigmas ilustrados de la ciencia del momento, contenía unos fines políticos y de utilidad económica muy precisos[53]. Desde mediados del siglo XVIII España envió importantes expediciones científicas -la última de ellas fue la Comisión Científica del Pacífico,

---

[51] Sobre el pensamiento de Arango en este período véase el primer capítulo de este libro a cargo de Mª Dolores González-Ripoll, "Desde Cuba, antes y después de Haití: pragmatismo y dilación en el pensamiento de Francisco Arango sobre la esclavitud".

[52] Bernard Lavallé, Consuelo Naranjo y Antonio Santamaría, *La América española II (1763-1898). Economía...*, Opus cit.

[53] Sobre expediciones científicas españolas e ilustración véanse los libros de Miguel Ángel Puig-Samper, *Las expediciones científicas en el siglo XVIII*, Madrid, Editorial Akal, 1991; *Crónica de una expedición romántica al Nuevo Mundo*, Madrid, CSIC, 1988; Diana Soto,

1862-66- mediante las cuales se pretendía tener un mayor conocimiento de la naturaleza americana, población y riqueza como paso previo a un mayor control y fomento del territorio y a su explotación racional y productiva.

Un claro exponente de las ideas ilustradas en Cuba es la obra de Bernardo Joseph de Urrutia y Matos, *Cuba, fomento de la isla, 1749*, rescatada de por Leví Marrero, quien lo califica como el primer estudio geoeconómico de Cuba. Los informes procedentes de los reconocimientos militares de la isla a lo largo del siglo XVIII coincidían en la necesidad de obtener la libertad de comercio, fomentar la economía, y en particular la agricultura comercial y edificar fuertes a lo largo de la costa, en puntos muy estratégicos como las bahías situadas en la parte este y sur, Guantánamo, Nipe y Jagua, fundamentalmente. Junto a estos informes militares, también los hacendados criollos elaboraron un gran número de proyectos para el fomento de diferentes cultivos[54].

En uno de los informes dirigido a Joseph Patiño, ministro español de Marina, en 1728 el coronel D. Bruno Caballero, ingeniero militar, ponía de relieve la importancia sobre todo para la Real Hacienda de levantar un fuerte en esa bahía con mano de obra esclava, 100 negros y mano de obra más especializada. La obra se calculaba en 40.000 pesos, de los cuales 11.000 se destinaban a la compra de esclavos. Concluida la obra, los esclavos se venderían por un valor de 30.000 pesos, lo que rebajaría el coste de la obra a 10.000 pesos. Años después, en 1734 Joseph Tantete, ingeniero militar, en carta al marqués de Verboom, le informa sobre las obras de desmonte iniciadas en 1733 para construir el fuerte, la construcción de casas y barracas y algunos huertos para el cultivo de los alimentos para los esclavos y el tipo de baterías que había que levantar para la defensa. Comenta que la bahía debía ser fortificada para asegurar el comercio con otras zonas del Imperio e impedir el comercio ilícito, desde ese punto a Batabanó (cercano a La Habana): "....porque apoderado los enemigos de esta bahía sería de un segundo Gibraltar por esta isla"[55].

Miguel Ángel Puig-Samper y Luis Carlos Arboleda (eds.), *La Ilustración en América Colonial*, Madrid-Aranjuez, Ediciones Doce Calles-COLCIENCIAS-CSIC, 1995; Salvador Bernabéu Albert, *Trillar los Mares. La expedición descubridora de Bruno de Hezeta al Noroeste de América. 1775*, Madrid, Fundación Bilbao-Vizcaya-CSIC, 1995, y *La aventura de lo imposible. Expediciones marítimas españolas*, Madrid-Barcelona, Lunwerg, 2001.

[54] Bernardo Joseph de Urrutia y Matos, *Cuba, fomento de la isla, 1749*, Introducción por Leví Marrero, San Juan de Puerto Rico, Ediciones Capiro, 1993.

[55] SHM, Sign. 4-1-1-1. Informes sobre la Bahía de Jagua.

A éstos y otros muchos informes les siguieron dos de los más conocidos, obras de Alejandro O'Reilly y Agustín Cramer, de 1764 y 1768, respectivamente, que de forma abierta enfatizan en la introducción masiva de esclavos negros como instrumento principal para fomentar la economía[56]. Se adelantaron sólo unos años a su tiempo, y diseñaron una estrategia de crecimiento similar al que tenían otras islas del Caribe. Si comparamos estas propuestas y las de años después, como las de Barcaíztegui y la del conde de Mopox y Jaruco, observamos cómo Haití pasa a ser un elemento modulador de los proyectos sobre fomento y defensa de la isla. Aunque las ideas de Cramer se pusieron en práctica, sus palabras, treinta años después, no podrían haberse pronunciado:

> ..más que el miedo al negro nosotros sólo estamos en el caso de temer, el tenerla [Cuba] cubierta de bosques y espinas[57].

La Revolución Haitiana introdujo nuevos contenidos en las propuestas emanadas por el reformismo y junto a las ideas propiamente ilustradas emerge con fuerza la necesidad de poblar la isla con colonos blancos. Los reconocimientos geográficos y militares de los años siguientes tuvieron este fin: la Expedición de Ventura Barcaíztegui, 1790-1793, y la Comisión Real del conde de Mopox y Jaruco que recorrió la isla entre 1796 y 1802[58]. En ambas, la parte oriental del país, las costas de

---

[56] Una visión general de las exploraciones de Cuba en el siglo XVIII la ofrece Miguel Ángel Puig-Samper, "La exploración científica de Cuba en el siglo XVIII", *Arbor*, núms. 547-548, 1991, pp. 55-82; del mismo autor ver "La botánica y los botánicos en la Comisión del Conde de Mopox", *Cuba Ilustrada. La Real Comisión de Guantánamo 1796-1802*, 2 ts., Madrid-Barcelona, Lunwerg Ed., 1991, t. 2, pp. 9-22. En este estudio Miguel Ángel Puig-Samper señala que la empresa del conde de Mopox a pesar de ser una empresa metropolitana, respondía a los planes de la oligarquía azucarera criolla, tesis que ha sido manejada posteriormente por diferentes autores.
El estudio de las propuestas de otros importantes informes sobre Cuba en el siglo XVIII, como fueron los de Alejandro O'Reilly, en 1764, y Agustín Cramer, en 1768, lo acomete Leida Fernández Prieto, "La ciencia ilustrada en el pensamiento agrícola en Cuba a finales del siglo XVIII", *Expediciones, exploraciones y viajeros en el Caribe*, La Habana, Sociedad Cubana de Historia de la Ciencia y de la Tecnología, 2003, pp. 30-38. Sobre los reconocimientos madereros en Cuba véase Reinaldo Funes, "Conocimiento y explotación de los bosques cubanos por la Marina Real española en el último tercio del siglo XVIII", *Expediciones, exploraciones y viajeros...*, Opus cit., pp. 39-51.
[57] AGI, Santo Domingo, Legajo 1157, fols. 176-177, cfr. Leida Fernández Prieto, "La ciencia ilustrada en el pensamiento agrícola en Cuba a finales...", *Expediciones, exploraciones...*, Opus cit., p. 37.
[58] La Expedición de Ventura Barcaíztegui, 1790-1793, expedición tildada de secreta que recorre la costa oriental de la isla con el fin de reconocer el territorio, levantar planos de puertos y proyectar futuras poblaciones para atajar el contrabando de la zona menos protegida, fue

Guantánamo y Nipe, por su posición estratégica, su cercanía a Saint Domingue y Jamaica y su despoblación, fueron los enclaves a los que se dedicó mayor atención.

El expediente sobre la creación de una población con el nombre de Alcudia Carolina, en la Bahía de Guantánamo[59], que por su contenido atribuimos a la expedición de Barcaíztegui, fechado entre 1793 y 1794, es bastante interesante por su carácter ilustrado y sus propuestas claramente fisiocráticas. El informe contiene a pie de página una nota muy característica de este pensamiento en el que la población y la agricultura eran piezas fundamentales para el desarrollo de las naciones:

> Las Naciones más poderosas y los Príncipes soberanos no hallaron mayor gloria que la de fundar ciudades, o aumentar las que ya lo estaban dándoles sus Nombres.

Los informes que contiene este expediente hacen repaso de las principales ideas y necesidades de América en general y de Cuba en particular. En el primer informe, titulado "Idea sobre los establecimientos teórico prácticos de agricultura según convienen a la América: con un análisis de la actual población y cultivos de la interesante isla de Cuba", se describe cómo debían fundarse pueblos, lo que podríamos llamar una ciudad utópica.

---

una expedición originada y arbitrada desde la Corona. Véase el interesante trabajo de Mª Dolores González-Ripoll Navarro, "Una aproximación a la expedición "secreta" de Ventura Barcaíztegui (1790-1793) y los reconocimientos de la parte oriental de Cuba", *Asclepio* (Monográfico: *Ciencia y Sociedad en Cuba*), vol. XLIII, fasc. 2, 1991, pp. 165-180.

A diferencia de esta expedición, sólo unos años después la Corona envió otra comisión al mando del conde de Mopox y Jaruco, 1796-1802, que tuvo en la oligarquía cubana un colabora muy activa. Sobre la Comisión Real de Guantánamo véase: *Cuba Ilustrada... Opus cit.;* Alberto Gomis y Francisco Pelayo, "Baltasar M. Boldo y la Real Comisión de Guantánamo del Conde de Mopox", Mª Pilar San Pío y Miguel Ángel Puig-Samper (coords.), *Las flores del paraíso. La expedición botánica de Cuba en los siglos XVIII y XIX*, Madrid-Barcelona, Caja Madrid-Lunwerg Editores, 1999, pp. 75-92; y *Expediciones, exploraciones y viajeros...*, *Opus cit.*, en especial el estudio de Mercedes Valero, "La Comisión de Guantánamo: escenario para un análisis de los intereses españoles y criollos", pp. 69-79. En su trabajo Mercedes Valero sigue la tesis que Miguel Ángel Puig-Samper ha planteado en diversos estudios sobre los intereses criollos que estuvieron presentes esta expedición, acometiendo el estudio de los debates desarrollados en el Real Consulado de Agricultura y Comercio de la Habana, en los años anteriores a la Comisión Real de Guantánamo, sobre el trazado de una red de caminos que facilitara el transporte y el comercio. Los informes de los comisionados coincidían con las demandas y proyectos presentados en el Real Consulado por los hacendados, siendo algunos de ellos realizados tras el fin de la Comisión.

[59] AGS, Sección de Guerra, Legajo 6883, exp. 50. Expediente sobre la Población de Alcudia Carolina, en la Bahía de Guantánamo (1793-94?).

Siguiendo las ideas fisiocráticas, señala la importancia del cultivo de la tierra como la fuerza fundamental de España, de América y de sus islas. Arraigar a las gentes a la tierra en haciendas propias, que las liberara de la miseria era el fin último del plan.

Para fundar la población en Guantánamo cuenta con dos tipos de colonos, los labradores voluntarios y los presidiarios que denomina desterrados de todas las Américas. El cultivo de las tierras estaría asegurado por unos celadores (ecónomos o junta de celadores), encargados de vigilar los trabajos, así como por la otorgación de dos premios anuales a los mejores agricultores. En un primer momento los colonos se establecerían en 18 barrios, de los que cada año se premiaría a 2 agricultores, que pasarían a formar un pueblo. De esta manera, en 2 años se habría formado un pueblo con 72 vecinos "útiles".

Similar a este sistema se harían en otros lugares como en la Bahía de Nipe, Puerto Escondido o Cabañas. Todo ello ayudaría al fomento del comercio nacional, la comodidad y al de la Marina Mercantil porque cada población sostendría 8 bergantines de 250 toneladas y 4 barcos de 40 toneladas, que servirían para ejercitar en tiempos de paz a gentes que serían muy útiles en tiempos de guerra.

Su argumento además de girar en torno a las necesidades defensivas, destaca los recursos naturales de la isla y la riqueza que de ella podía extraer la Corona... "Sola la isla de Cuba vale un reino... y en cualquier caso, cueste lo que cueste a España le convienen mantenerla, por eso, ¿no sería mejor poblarla?".

Los datos sobre población y ocupación real del territorio le sirven como base para su argumentación. Con una población ligeramente superior a 270.000 habitantes y un territorio de 123.546 haciendas, señalaba que sólo 30 leguas podían considerarse productivas en la agricultura. Los millares de leguas improductivas, repartidas entre los miles de brazos inactivos, podrían emplearse en añilerías, cultivos de café, algodón y otros productos, así como en la ganadería. La población se duplicaría cada 25 años si a sus habitantes se repartiese el terreno suficiente para vivir, y en breve se colonizarían los lugares más apartados de la punta oriental de Cuba, desde la Punta Maisí hasta el Cabo de Cruces. La soledad de estas costas quedaría suplida con la superflua población de otras ciudades ya que, apuntaba "estas colonias nuevas forman el más precioso y feliz destino para los vagos, ociosos y desvalidos de aquellos vastos países donde es muy arriesgada su existencia".

Para asegurar el éxito la colonización debería estar a cargo de la iniciativa privada, correspondiendo al Estado sólo cobrar impuestos como había demostrado la experiencia en el Darién, Nueva Palencia y Trujillo. Según sus cálculos, de llevarse a cabo la colonización, la isla podría alcanzar a tener 5800 pueblos y más de 40 ciudades. El segundo informe, titulado "De la Ysla de Cuba en general", completaba el anterior al resaltar la bonanza del clima, la abundancia de maderas para la construcción y la fertilidad de sus tierras frente a las de Santo Domingo y Puerto Rico.

Un tercer informe, "De la punta oriental y costa meridional de la Ysla de Cuba", daba paso a la descripción de la posición estratégica de algunos puntos de la isla que hacían de ella uno de los mejores emplazamientos del imperio español. En concreto, Guantánamo era mucho mejor que La Habana para situar una base estratégica de la Marina, mantener y abastecer una escuadra que sirviera para auxiliar a otros territorios americanos de Tierra Firme y defenderse de Guarico o de los ataques que los ingleses lanzaban desde Jamaica.

"De las tierras que pueden cultivarse en el Guantánamo, con una idea de sus posibles productos" daba paso al cuarto informe en el que se señalaban los recursos naturales que podrían explotarse y comercializarse, como las salinas de las Lomas de Melchor o la cría de ganado. A pesar de su despoblación, un buen repartimiento de tierras daría lugar a un enclave capaz de abastecer a las escuadras, ejércitos y flotas.

La buena situación de la hacienda de Santa Catalina podría generar vegas de tabaco, unas 500, y en menos de 10 años habría en Guantánamo 60 ingenios de 15 leguas cuadradas, que producirían 123.000 arrobas de azúcar cada uno, es decir 720.000 arrobas de azúcar. Destinadas 15 leguas cuadras, de las 30 de Guantánamo, para el azúcar, aún quedaban otras 15 para añil, café, cacao, tabaco y algodón, los principales frutos del comercio de esta zona. Para estos productos se podría destinar 220 plantaciones de 8 caballerías: 60 para café, que darían 6 millones de libras de café, 100 algodonerías, que darían 1 millón de libras, y cera, miel, arroz y lino.

Según sus cálculos, si en cada puerto de la isla de Cuba se llevase a cabo esta colonización y cultivos, en 10 años el azúcar se duplicaría y triplicaría el café, el algodón y el añil. Los pueblos creados al calor de estos cultivos, con pequeñas fortificaciones de campaña, irían cubriendo la zona hasta el Cabo de Cruces. Estas poblaciones, junto a las milicias que se formarían, ayudarían a defender la costa y limitar el contrabando ya que la única ciudad con fortificación era Santiago de Cuba, y quedaban abiertos al enemigo los puertos Cabañas, Guantánamo y Puerto Escondido y las playas de Juraguá, Juraguacito, Aguadores y, más a sotavento, la de Guacaibón.

La colonización podría seguir hacia el norte, por el camino de Baracoa, donde los terrenos abandonados eran aún más abundantes.

De forma particular el quinto punto nos refiere de forma precisa al modo de llevarse a cabo el poblamiento y nos propone una población agrícola modelo: "Sobre los lugarcillos de labradores premiados anualmente por su aplicación a la agricultura de América y plan para poblar la Bahía del Guantánamo".

La existencia de tierras, 6470 leguas de tierra no cultivas, y de brazos chocaba con la falta de instrucción en la agricultura y la aplicación de un método constante que vigilara el cultivo, la población y el reparto de tierras. Serían los habitantes quienes servirían de academia teórico-práctica para la agricultura y, así, los conocimientos y la población se reconcentrarían en el país. Por vía de ensayo se intenta planificar esa academia en la costa de Guantánamo: 18 barrios iguales con 100 aprendices de agricultura cada uno (1800 labradores): "Cuantos individuos de cualquiera clase gusten establecerse voluntariamente en ella serán considerados como blancos y primeros labradores, con tal que no sean negros, de quienes poco o ningún uso se pretende hacer en dichas academias".

A cada labrador se le daría 120 pesos al año para su manutención, vestido y cama, y en caso de enfermedad se le asistiría en el hospital.

Respecto a los desterrados de las Américas (presidiarios) hace notar que eran de un gran peso económico ya que los destinados a esos establecimientos ahorrarían dinero a la hacienda pública. Sus trabajos serían compensados con una reducción de la condena, terminada la cual podrían quedarse como pobladores.

La seguridad de los barrios estaría en manos de los celadores: 8 ecónomos de cuarta clase que dirigirían los trabajos de los doce o trece labradores; veinticinco de ellos serían inspeccionados por cuatro celadores de tercera clase, y las dos mitades del barrio en sus celadores de segunda clase quedarían bajo la dirección del celador general del barrio.

Los pueblecillos anuales de labradores premiados e instruidos se formarían en lugares cercanos a puertos, bahía o río navegable para proporcionar cómodos transportes. Cuando cada pueblecillo tuviera 70 habitantes deberían comenzar a pagar contribución, y mantener un capellán y un maestro de primeras letras; una legislación regiría las herencias. Para el establecimiento de los labradores se les daría el material para edificar casas uniformes, instrumentos de labranza para el desmonte de parte de la tierra, algunas cabezas de ganado mayor y menor, y los dos tercios del haber de un año para su manutención.

Cada barrio quedaría aislado, pero los 18 barrios estarían entre el río Guantánamo y los Caños de Toa por los terrenos que tiene la hacienda de Santa Catalina y las márgenes de los ríos de la zona, cuyas aguas se distribuían con facilidad por los campos. Los Caños de Toa suministraban el agua dulce y el río Guantánamo serviría para el transporte de los productos de labranza.

Respecto a las casas, las detallaba de la manera siguiente. Cada 12 hombres con el celador de cuarta clase se situarían en la cabaña para trabajar 1 caballería de tierra, pero cuando la colonia Carolina fuera tomando fuerza, cada barrio tendría un gran edificio con entresuelo, alto y un tinglado por delante con caballerizas a cada lado. En el centro estaría una gran sala, en el fondo irán los alojamientos para los celadores con su corredor y cocina, con su sala de compañía y recreo. El alto contendría 8 cuadras de cada lado con sus corredores entre los cuales habría un granero, y sobre las cuadras irían almacenes.

A cada lado de la fachada y en la prolongación con una muralla de 27 varas de largo se formarían patios paralelos a las caballerizas, a continuación las cocinas que a través de dos puertas se comunicarían con 2 escaleras que darían acceso a una galería o terraza que rodea el edificio y da entrada a los graneros, cuadras, etc.

Cada barrio ocuparía 6 fanegas de extensión. En la plaza estarían emplazadas la iglesia, la casa para los curas y sus sirvientes, la de los médicos cirujanos, y una mayor para la dirección general del establecimiento. En ésta se impartirían las clases de agricultura. Los 18 barrios estarían situados unos frente de otros, formando calles anchas de 100 pies, con doble fila de árboles regados por un canal cuyas aguas circulasen también por las dos filas de árboles de la plaza de manera que el canal entrase en las caballerías, patios y jardines del edificio para su mayor aseo. El "gusto" del arquitecto sacaría partido de las situaciones y daría a "los barrios de la Alcudia Carolina un agradable golpe de vista sin separarse de la modestia y sencillez propia de unos edificios campestres, destinados para la instrucción del labrador".

Estos establecimientos o academias teóricos-prácticas de agricultura podrían ser a la vez regimientos de tropa o de milicias muy útiles y sin costarle nada al rey, en cuyo caso tendrían que instruirse en el manejo del arma cuando no hubiera trabajo en el campo.

Cada pueblecillo de los labradores premiados podría ser también una compañía suelta de milicias para auxiliar la defensa del país. Allí habría que prever un cuadrado de 462 fanegas castellanas de 4900 varas cuadradas:

Para calles de uso público	30 fanegas
Media fanega por cada casa	36
Para 72 peculios o solares	396 fanegas

Quedarán en cada casa 70 varas de frente y 30 de fondo y un terreno apto para sembrar patatas, maíz, plátanos y otras raíces, criar gallinas.. con lo que una familia podía abastecerse.

Al frente de la población habría terrenos comunes de 2 millas cuadradas; a los otros frentes se dejarían 72 plantaciones de 100 fanegas cada una para los 72 labradores; asimismo, se dejarían 1500 fanegas de tierra para leña para el uso de la población, que ocuparía 20 millas cuadradas.

Según sus estimaciones, si el proyecto se realizara en estos términos, con el tiempo la isla de Cuba tendría más de 2.900 pueblos con 210.600 familias labradoras que a 5 personas compondrían una población de 1.053.000 almas cuyos consumos, alcabalas y derechos deberían proporcionar ganancia a la hacienda.

Esta primera población podría llamarse Regimiento de la Alcudia Carolina. Con probar, comenta, no se perdería nada, y una vez visto que funciona se harían nuevas poblaciones.

Es interesante analizar de forma conjunta el informe anterior y los enviados por Joaquín Beltrán de Santa Cruz, conde de Mopox y de Jaruco[60]. En ellos fluye la mentalidad racional, ilustrada y práctica que giró alrededor de ambas expediciones y los fines para los que fueron diseñadas: la defensa y el fomento de la isla. Los comisionados de esta última expedición elaboraron informes minuciosos en los que describían las riquezas naturales de las zonas recorridas, levantaban planos de los puertos y destacaban la conveniencia e importancia de asentar poblaciones en diferentes lugares localizados en la costa. Los fines defensivos-estratégicos estuvieron presentes en las consideraciones del marino Barcaíztegui y del hacendado y brigadier conde de Mopox y Jaruco. Junto a estas consideraciones, los expedicionarios se detenían en valorar las riquezas naturales de los lugares, la disposición de tierras aptas para el cultivo de nuevos productos, la cría de ganado y la existencia de agua potable y de ríos navegables para facilitar la comercialización de sus productos, todo lo cual garantizaría el crecimiento de la población[61].

---

[60] Un recorrido por el origen y el alcance del poder de la familia Santa Cruz puede verse en el artículo de Mª Dolores González-Ripoll, "Familia y poder en las dos orillas: los Beltrán de Santa Cruz, de Canarias a La Habana (1492-1900)", Josef Opatrný (ed.), *Cambios y revoluciones en el Caribe hispano de los siglos XIX y XX*, Praga, Universidad Carolina de Praga, 2003, pp. 137-150.

[61] Consuelo Naranjo Orovio, "Fomento y organización del territorio: un proyecto perdurable del conde de Mopox y Jaruco", *Cuba ilustrada..., Opus cit.*, t. 1, pp. 53-75.

Ambos proyectos, gestados en pleno proceso revolucionario haitiano, tenían similares objetivos y propusieron soluciones parecidas. Para ambos, el asentamiento de pobladores era la manera más eficaz de lograr la defensa del territorio y, además, de contribuir al fomento económico deseado. Los métodos para llevarlos a cabo también eran semejantes: traída de colonos, reparto de terrenos, dotación de utensilios para labranza y concesión de algunos privilegios que hicieran atractiva esta empresa, así como crear cuerpos de milicias blancas y formar brigadas que impidieran cualquier desembarco.

UNA EMPRESA RICA EN PROYECTOS: LA COMISIÓN REAL DE GUANTÁNAMO

Iniciada la Comisión Real, parte de España el 3 de diciembre de 1796, en las primeras cartas que Mopox envió al Príncipe de la Paz le ponía al corriente de la situación de indefensión de las costas orientales, expuestas a continuas incursiones de piratas y corsarios enemigos que asaltaban los navíos procedentes de España, cuyo control sólo se podía lograr mediante la fundación de núcleos poblacionales en Guantánamo[62]. Asimismo, en los informes posteriores, enviados a partir de 1798, el evitar los "peligros de una sublevación negra como en Haití" pasó a ser el objetivo que justificaba la expedición y animaba las propuestas de Mopox y Jaruco[63]. Por su situación e indefensión se pensaba que Guantánamo sería el punto principal de desembarco y asentamiento de los rebeldes haitianos.

Junto al establecimiento de poblaciones, del que nos ocuparemos a continuación, Mopox presentó en 1797 al Príncipe de la Paz un plan de reforma del ejército que contenía el aumento de las milicias, sobre todo de infantería y caballería, integradas por colonos y soldados, el traslado del Batallón Fijo de Santo Domingo a la isla, la creación de nuevas milicias, como el Regimiento de Milicias Blancas que apoyaría al Escuadrón de Dragones, o la Brigada de Artillería a Caballo, y el refuerzo de la artillaría por población de color libre[64]. Las circunstancias de la isla de Cuba, no tanto por las invasiones que puedan temerse, sino por otras causas internas dictaban la vigilancia y prudencia. La proximidad a la isla de Santo Domingo y a la de Jamaica, la introducción tolerada de un gran número de negros procedentes de Haití, la existencia de cimarrones y palenques y la presencia de espías ingleses

---

[62] AMN, Ms. 2240, doc. 42, fols. 172-176.
[63] AMN, Ms. 1578, doc. 12, fols. 48-52.
[64] AMN, Ms. 1578, doc. 12, fols. 48-52, y Ms. 559.

"pueden hacer en el ánimo de los negros de esta isla en número superior a los blancos y los cuales estando alerta y en observación como no puede menos del fomento y de los progresos de aquellos insurgentes sus vecinos muchos más instruidos y aleccionados por los negros franceses... podrán hacer brotar en ella algún tipo de rebelión que si llegase a tomar cuerpo..." se repetirían "tan trágicos sueños como aquellos".

El conde de Mopox y Jaruco se quejaba de que su plan de reforma de las tropas de 1797, presentado en la Memoria sobre la Comisión Real de Guantánamo, no había sido atendido convenientemente y alertaba a las autoridades metropolitanas sobre los peligros interiores que acechaban a la isla tras la Revolución de Haití. Proponía la creación de legiones rurales y remedios que pusieran a salvo las vidas y haciendas de los habitantes de Cuba.

El reconocimiento de Guantánamo, que fue el proyecto principal y que más planos generó junto al del canal de Güines, lo efectuó Mopox. En su descripción de la bahía se apoya en el informe que Ventura Barcaíztegui, capitán de fragata, elaborase unos años antes. En esta Real Comisión se procedía al reconocimiento del territorio, levantamiento de los planos que contenían una descripción geográfica del entorno, tras lo cual se pasaba a diseñar el tipo de fortificaciones y población que debía construirse en el lugar.

En la parte suroriental, Guantánamo y Nipe fueron elegidos como las zonas para el asentamiento de poblaciones; en la costa meridional, se diseñó la creación de una ciudad en Jagua, y el asentamiento de una población en la costa noroeste, en Mariel, en donde se construiría un puerto con similares utilidades al de Matanzas. Agustín de Blondo y Zabala fue el encargado de elaborar las memorias de Mariel[65].

---

[65] Luisa Martín-Merás, "La cartografía de la Comisión del conde de Mopox", *Cuba Ilustrada...*, *Opus cit.*, t. 1, pp. 77-91.

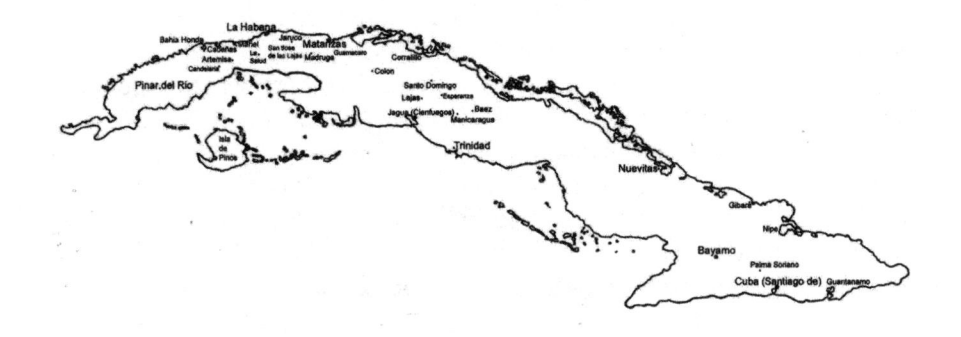

Poblaciones de Guantánamo: La Paz y Alcudia

Durante la expedición, Mopox enviaba al rey informes relativos a las zonas que iban reconociendo en los que indicaba los motivos que aconsejaban crear defensas o poblaciones en dichas zonas. En Guantánamo se proyectó la creación de las ciudades de La Paz y Alcudia, ambas situadas en la desembocadura de un río navegable, unidas por tierra y comunicadas por un camino con Santiago de Cuba.

En la desembocadura del río Guantánamo, Mopox proyectó fundar La Paz. A través de un pequeño muelle y un almacén se llegaría a la población asentada alrededor de una plaza flanqueada por la iglesia, el ayuntamiento, la cárcel y la carnicería. A nueve mil varas de La Paz se levantaría la ciudad de Alcudia, sobre la desembocadura del río Los Caños, en cuya ensenada se construiría un muelle de 950 varas. Sobre un canal de 20 varas de ancho que rodeaba el núcleo urbano, se levantaba un puente que comunicaba con el arsenal, compuesto por diques, almacenes, oficinas, cuarteles y casas para los trabajadores. Dos frentes fortificados, un baluarte, dos medios baluartes, rebellines, foro y un camino cubierto defenderían la población y el arsenal de posibles ataques[66]. La defensa de esta plaza se aseguraba por el Batallón Fijo de Santo Domingo, que en un principio residiría en la cercana ciudad de Cuba, para pasar después a La Paz y Alcudia, una vez terminada la construcción de cuarteles y fortificaciones. Los planos de ambas ciudades fueron levantados por José Martínez, Anastasio Arango y Antonio López.

---

[66] AMN, Ms. 554. Descripción de Guantánamo, firmado por Jorge María de la Torre, la Habana, 5 de marzo de 1801.

En una de las primeras memorias, elaborada en 1798, sobre el establecimiento de la población en Guantánamo, Antonio López indicaba la conveniencia de que la Corona comprase las haciendas Caños y Matabajo donde se situarían los asentamientos[67]. La primera población se formaría con 40 ó 50 presidiarios, que serían los encargados de preparar el terreno y levantar un pequeño pueblo con una iglesia y algunas casas que por su carácter provisional serían de adobe, horcones y guano, a cambio de lo cual cobrarían 10 pesos mensuales. En caso de no poder usar esta mano de obra, se destinarían entre 20 y 24 peones que realizarían similares tareas con un salario de 15 pesos mensuales.

Posteriormente, serían admitidos colonos de otras partes de la isla, si así lo solicitasen y se traerían 150 familias de Canarias, Galicia y Cataluña. El poblado se completaría con algunos soldados que además de defender la ciudad, enseñarían a los colonos a manejar las armas. Previendo la mejor aclimatación al trópico, el viaje de los colonos procedentes de Europa se realizaría entre finales de septiembre y mediados de octubre. Durante la trayectoria, se aconsejaba seguir algunas medidas de sanidad como el uso de sahumerios de copal, o almaciga, y aspersorios de vinagre.

El Estado entregaría a los colonos terrenos realengos -2 caballerías de tierra-, aperos de labranza, una cabalgadura, una yunta por familia, algunos animales de corral (aves y cerdos), y un negro[68]. Cada colono recibiría una cantidad diaria, dos reales por cabeza durante el primer año y un real durante el segundo año. El tercer año el colono ya debía poder mantenerse, siendo expulsado de la población en caso contrario. Un sistema de premios estimularía a los colonos a que formaran ingenios, cultivaran productos como café, añil, tabaco, miel, se dedicaran a la cría de ganado y aves, o a la extracción de minerales. Los colonos quedaban obligados a cultivar la tierra con productos tanto para la subsistencia del pueblo como para el comercio. Con esta última medida, indicaba Antonio López, se atraería a los buques mercantiles.

Pasados los cinco primeros años, los colonos tenían que devolver al Erario el importe de los auxilios con un interés de un 5% anual, prohibiéndoseles expresamente la venta de las tierras, aperos y esclavos.

Asimismo, se les daría permiso para construir buques, sin que tuvieran que pagar contribución por ello y por el uso de las maderas.

---

[67] "Presupuesto para la creación del puerto de Guantánamo", firmado por Antonio López Gómez, en la Habana, el 16 de marzo de 1798. AMN, Ms. 556.
[68] El terreno cedido tenía bastante extensión. Cada caballería equivalía a 13,41 Ha.

Finalmente, para asegurar el desarrollo de Guantánamo, se permitía la entrada libre a todos los buques nacionales y se eximiría a los colonos de pagar impuestos, reales y municipales, durante veinte años. Pasado ese tiempo, los colonos comenzarían a pagar la mitad de los impuestos sobre las mercancías importadas y exportadas, un tres por ciento de alcabala y un cinco por ciento en lugar de diezmo.

El informe aconsejaba finalmente que se dieran títulos nobiliarios a los fundadores del pueblo y que se edificasen tres o cuatro baterías para su defensa. Se estimaban cuatro años el tiempo necesario para completar la fundación de La Paz y Alcudia, cuyo coste ascendía a 161.390'6 pesos.

Otro proyecto para fundar una población en Guantánamo procede del ingeniero de la Comisión Real, José Martínez. En su informe de 1802 José Martínez, aconsejaba que el Estado donase 1200 caballerías para repartir entre los colonos y que los pueblos comenzasen con 50 vecinos, cantidad que iría elevándose en el segundo y tercer año hasta 150, y que preferentemente se poblasen con familias, compuestas por hijos o esclavos. Además indicaba la admisión por orden preferente de otros colonos, las familias procedentes de Santo Domingo, tanto por su situación política como por su aclimatación a los trópicos, y, adelantándose a las leyes posteriores (Real Cédula de Gracias, 1815-1817), señalaba como siguiente opción la entrada de extranjeros católicos, el asentamiento de europeos agricultores que ya estuvieran en Cuba, y, en el último caso que faltasen colonos, mencionaba a los hijos del país. En el quinto años se introducirían 300 pobladores más, de los cuales 150 podían ser naturales de la isla, elegidos a sorteo, y siempre que fueran pobres sin bienes, blancos "de calidad" y menores de 24 años. Los otros 150 a los que se repartiría tierras serían hijos de los primeros colonos, que a su vez tenían que casarse con vecinas antes de los 24 años.

A cada vecino se les daría 4 caballerías de tierra, utensilios de labranza y algunos animales de corral, se les costearía a cuenta de la empresa el desmonte de 1 de las caballerías, se les concedería 150 pesos hasta la recolección de los primeros frutos, y se les permitiría cortar las maderas necesarias para la construcción de sus casas. A cambio, los colonos tenían que construir su casa en el pueblo según las indicaciones que para ello se les darían, en el cual se construirían, a cargo de la empresa, los edificios públicos y la iglesia. Los colonos no podían vender las posesiones hasta que no hubieran hecho productivas tres cuartas partes de las tierras donadas. Asimismo, a aquéllos que al tercer año no hubieran puesto en cultivo las tres cuartas partes de la suerte, se les obligaría a venderla a otro colono. Pasados unos años, los colonos tenían que comenzar a pagar tributos por las tierras y por el solar de su vivienda. La venta de realengos serviría para cubrir los gastos ocasionados en su asentamiento.

Los hacendados propietarios de tierras confines a la población o que fomentasen la creación de núcleos urbanos tenían derecho a construir su casa en el pueblo y adquirir los derechos públicos tanto civiles como militares; igual suerte corrían los artesanos, comerciantes y empleados públicos (médico, párroco, maestros, etc.), que, en caso de vender las casas debían pagar alcabalas.

En el proyecto se indicaba que esta población tendría una jurisdicción independiente a la de Santiago de Cuba, y que contaría con milicias regladas, en las que participarían todos los vecinos incluidos los artesanos y comerciantes hasta que la población tuviera más estabilidad y pudiera prescindir de estos últimos.

Como medio de fomentar la agricultura y el comercio, interno y exterior, durante los primeros 10 años los vecinos gozarían de franquicias que les facilitara desarrollar sus cultivos; se les permitiría cultivar tabaco y comercializar una parte directamente por la bahía de Guantánamo a los puertos autorizados y la celebración de un mercado quincenal alternando las localidades de La Paz y Alcudia.

Para financiar el proyecto, que ascendía a 3.840.683 pesos, José Martínez proponía establecer durante 10 años un impuesto de 5 pesos por barril de harina importado en la isla, importe que incluso dejaría un remanente para otros gastos. Asentada la población, se establecería una cadena de baterías que defendería la bahía e impedirían la entrada a las poblaciones inmediatas[69].

En 1819, el Intendente de Hacienda Alejandro Ramírez alegando conveniencia pública, proximidad a Santo Domingo y capacidad y fertilidad de los terrenos, solicitaba para Guantánamo la habilitación de un puerto menor, en condiciones similares al de Baracoa, de 1816, el establecimiento de una aduana provisional para el control de los productos de la factoría subalterna de tabaco, la entrada de embarcaciones, el pago adicional sobre los frutos de exportación de un 2%, así como la instalación de nuevos colonos en la hacienda de Santa Catalina que aún contaba con 1000 caballerías libres[70].

---

[69] AMN, Ms. 2241.
[70] *Memorias de la Sociedad Económica de la Habana*, núm. 34, 31 de octubre de 1819.

Ciudades y puertos en la costa septentrional

Como un establecimiento ventajoso, para la defensa, fomento y aumento de la población, calificaba el conde de Mopox la bahía de Nipe en el primer informe, que remitía al rey desde Santiago de Cuba, un 15 de febrero de 1797. Distante a 30 leguas de la ciudad de Cuba, y con similares condiciones a Guantánamo, el brigadier señalaba las condiciones óptimas para levantar una ciudad: la existencia de ríos navegables, agua dulce, buen clima, tierras fértiles y terrenos realengos que podían ser repartidos entre los colonos:

> … además de ser una de las mexores del Mundo reune â sus circunstancias apreciabilísimas las tres mayores ventajas posibles â saber: primera la de estar rodeada de los terrenos más fértiles que se conocen en Cuba hasta la misma Orilla del Mar –la de gozar de un clima sanísimo– y la facilidad con que puede defenderse su entrada à poquísimo costo con solamente tres ô quatro baterias en varios puntos de los que tienen capaces de cruzarse perfectamente aun los fuegos menores…[71].

El mismo espíritu presente en el informe del conde de Mopox se encuentra en los enviados por Agustín de Blondo y Zabala tras el reconocimiento que hizo de la bahía de Nipe, en los que señala que el aumento de la población era la primera riqueza del Estado por lo que era necesario fundar pueblos, que además servirían para alojar a los refugiados de Santo Domingo y contribuirían a fomentar la parte oriental que, en comparación con la occidental, sólo producía una décima parte:

> Ninguna ocasión hay mas favorable al intento, que la que ofrece la triste situación de los vecinos de la isla de Santo Domingo, que esparcidos estan vagando sin colocación;... Estos desgraciados vasallos claman por tener donde reparar sus pérdidas, y en ninguna parte podia S.M. remunerarlos, y premiar su lealtad, como contribuir à su Establecimiento en Nipe[72].

Al primer informe minucioso de 1799 le siguió otro titulado "Proyecto para formar una población en Nipe", 1802. En ambos quedaba clara la principal finalidad de la expedición conferida al Conde: auxi-

---

[71] AMN, Ms. 2243, doc. 13, fols. 17-20.
[72] AMN, Ms. 550. Proyecto para formar una población en Nipe, por Agustín de Blondo y Zabala, Habana, 24 de febrero de 1802.

liar y fomentar el comercio con España y conservar los dominios en esa parte de América cuya fertilidad y situación hacían de ella una zona clave en la política de la monarquía[73].

Sin descartar que los colonos fueran españoles, Blondo y Zabala indicaba que este establecimiento podía recoger a muchas familias emigradas de Santo Domingo, además de sugerir la conveniencia de que fueran alemanes cuya laboriosidad ya era conocida en distintas partes de América. La colonización se haría con 100 familias, integradas por 4 miembros. Para llevarla a cabo calculaba que necesitaban 70.000 pesos para auxiliar a los colonos durante el primer año; cada familia recibiría herramientas, vestidos, dos vacas, un toro, tres cerdos, una yegua, doce gallinas, y una casa con paredes de embarrado y techo de guano. Para el fomento de la colonia, el autor del informe apuntaba la posibilidad de que el gobierno diese a cada familia 2 negros, cuyo valor reembolsarían más adelante, y 2 caballerías de la hacienda de San Gregorio de Mallari, propiedad de Francisco Ignacio de Soria y Quiñones, medico de Cuba, quien había ofrecido 6 leguas de tierra, la sexta parte de la hacienda, al conde de Mopox; a cambio solicitó al rey una manzana cuadrada en la nueva ciudad y 25 caballerías de tierra de labor que se comprometía a cultivar en un plazo de 4 años con labradores. Como en otros planes de colonización, los pobladores estarían exentos de pagar diezmos durante 10 ó 20 años. Según Agustín de Blondo y Zavala el éxito del plan estaba asegurado por la fertilidad de las tierras y las buenas condiciones ofrecidas a los colonos que, además, atraería a otros pobladores que vivían diseminados en lugares cercanos.

Para su fomento, el ingeniero militar aconsejaba que la Corona comprase el resto de la hacienda de San Gregorio, que se potenciase en ella el cultivo del tabaco y que se creara una Factoría de Tabacos independiente de las de La Habana y Cuba. También servirían de estímulo a la población el pago de las cosechas de tabaco de forma inmediata al veguero, el embarque del tabaco en rama desde el puerto de Nipe a Europa, y la fabricación de molinos de agua que elaborasen tabaco en polvo.

El establecimiento de una población en los márgenes de la bahía contribuiría al desarrollo económico de la zona y de toda la isla. En la bahía se proyectaba construir un puerto desde el que se despacharían todas las mercancías producidas, como el tabaco que ya en ese momen-

---

[73] AMN, Ms. 551. Proyecto de un establecimiento en el puerto de Nipe, por Agustín de Blondo y Zabala, Habana, 18 de marzo de 1799.

to se embarcaba en su costa, así como hacer navegables algunos de los ríos que comunicaban la ciudad con la bahía como el Juan Vicente. Para hacer de este puerto uno tan importante como el de La Habana, se aconsejaba que se habilitase como puerto mayor y que se permitiera el comercio extranjero. Por otra parte, el puerto de Nipe pasaría a ser el punto obligado en el que recalarían todos los buques, sobre todo en tiempos de guerra, asegurando a los buques españoles frente a los ataques de corsarios, ingleses de Providencia y Jamaica que impedían el comercio por esta costa con La Habana. La vigilancia del puerto y la creación de una ciudad ahuyentaría a los ingleses que penetraban a su antojo por esas costas despobladas (72 leguas con 25 puertos y una gran cantidad de fértiles haciendas). El Fuerte de la Saetia y dos baterías cerrarían la ciudad al mar y a posibles ataques de los enemigos.

En el proyecto, como en los elaborados en este período, los planos levantados para la construcción de las nuevas ciudades siguen vigentes las Nuevas Ordenanzas de Descubrimiento, Nueva Población y Pacificación, de 1573, recogidas en la Recopilación de las Leyes de Indias, de 1681, interpretadas ahora con una mentalidad ilustrada y reformista. De acuerdo a las reglas clásicas se dibuja el plano de la ciudad. Las necesidades militares impusieron la adopción de un modelo urbano característico que se expandió por toda América. El trazado urbano correspondía a un damero, en el que la cuadrícula fue la base de división. La Plaza Mayor era el centro de la ciudad, de la que salían calles paralelas, trazadas de forma simétrica a regla y cordel. Este diseño facilitó el reparto de los solares, a la vez que hacía más fácil el control de los habitantes. A estos beneficios habría que sumar el que la disposición y orientación de las calles y casas permitía la circulación del aire.

La localización de la ciudad a veces condicionó la ubicación de la Plaza Mayor, que en ocasiones no se localizó en el centro de la urbe, sino de forma excéntrica, sobre todo en las ciudades costeras. En esta plaza se situaban los edificios públicos y eclesiásticos principales, así como las casas de los notables de la ciudad, como el fundador o promotor de ésta. En el siglo XVIII además de esta Plaza Mayor se diseñaron otras plazas, alejadas de la central y como prolongación de la expansión del tejido urbano, que principalmente se destinaron a lugares de recreo y diversión, o bien centros de mercado.

En la ciudad ilustrada si bien en el diseño prevalecen las normas fijadas en siglos anteriores y en el trazado urbano apenas encontramos modificaciones o alteraciones importantes, los cambios se reflejan en la política urbana y en la sociedad. Las casas se construyen con materiales más duraderos, a la vez que se incorporan nuevos conceptos traídos de los avances científicos, sobre todo en el campo de la medicina. Todas estas innovaciones ayudaron a hacer la vida más agradable y sana. A partir de 1765, tras la publicación de la *Ordenanzas de Madrid* se dictaron en América nuevas medidas de limpieza y recogida de basuras y pureza del aire que repercutieron de forma directa en el aspecto nuevo que la ciudad fue adquiriendo. En la limpieza de las calles debía colaborar cada vecino, ocupándose del cuidado de su trozo de calle o cuadra. El brazo de las reformas a realizar fue el intendente; el plan de intendencias de 1786 puso en marcha y activó las reformas y el cuidado de las ciudades, ya que el intendente era la persona encargada de hacer que se cumpliesen las normas para la limpieza, ornamento y reconstrucción de los edificios. Junto al embellecimiento y saneamiento de las ciudades, en esta época surge también la preocupación por el ordenamiento de la vida pública. Con este fin, a partir de 1766 se crean cargos que regularán la vida pública tales como los diputados del común (4 diputados en ciudades de más de 2.000 vecinos), el síndico personero del común y el alcalde de barrio, así como la división de la ciudad en barrios, que aparece a finales del siglo XVIII, cada uno de los cuales estaba gobernado por un alcalde de barrio. La figura del alcalde de barrio aparece en estos momentos como la encargada de mantener el orden público, sobre todo por las noches. Estos barrios, cada uno de los cuales contaba con una parroquia, tenían carácter administrativo, civil y eclesiástico. La ciudad crece y lo hace como consecuencia de la formación de milicias urbanas y de ejércitos regulares, a cuyos integrantes hay que hospedar y para los que se construyen cuarteles. La creación de estos barrios y cuarteles fue producto de la necesidad no sólo de ordenar el espacio urbano, sino también de controlarlo y defenderlo[74].

En la ciudad de finales del siglo XVIII encontramos todos los elementos del reformismo borbónico, reales fábricas, edificios de los estancos de la Corona, amurallamientos, fortificaciones, algunas casas de la moneda y una mayor atención hacia los paseos, alamedas y jardines. En el diseño urbano junto a la nueva fisonomía que la ciudad fue adquiriendo con la introducción de jardines y paseos con fuentes y bancos, el empedramiento de las calles, con lo que se evitaba el fango y el polvo, el

---

[74] Textos clásicos sobre la ciudad en Hispanoamérica son los trabajos de Jorge Enrique Hardoy, *Cartografía urbana colonial de América Latina y el Caribe,* Buenos Aires, Instituto Internacional de Medio Ambiente y Desarrollo-América Latina Grupo Editor Latinoamericano, 1991; y Francisco de Solano, *Normas y leyes de la ciudad hispanoamericana,* estudio preliminar y edición de Francisco de Solano, Madrid, Centro de Estudios Históricos, CSIC, 1995.

alcantarillado, o la iluminación de las vías principales, figuraban además los nuevos edificios incorporados tales como teatros, plazas de toros y nuevos cementerios, situados a las afueras del pueblo.

A este tipo de ciudad hace continua referencia Agustín de Blondo y Zavala en su informe de 1799 cuando diseña sobre el plano las manzanas el trazado de las calles, la ubicación de los edificios principales alrededor de la plaza, las casas con pórticos que faciliten la ventilación y los contornos de la ciudad cerrada por paseos y jardines que contribuyeran a la diversión de los pobladores.

El otro puerto que los comisionados militares aconsejaron habilitar fue el de Mariel, a sotavento de La Habana. Aunque en este plan también estaba previsto el establecimiento de una población, el objetivo central era el puerto en función de las necesidades económicas y defensivas. Agustín de Blondo y Zavala fue el encargado del reconocimiento de la costa norte de la isla. Su posición estratégica hacían de este enclave uno de los más preciados para crear un puerto que, además serviría para la comercialización de las mercancías, azúcar y café, que se producían en las inmediaciones y su aumento. La habilitación del puerto y el establecimiento de una población agilizaría en gran medida el comercio y reduciría el precio final del producto al embarcarse por él directamente, sin necesidad de tener que transportarlos a La Habana. De esta manera, calculaba el ingeniero en su informe, la arroba de azúcar costaría entre 2 y 3 pesos menos que la que se vendía en la capital[75].

Una ciudad en la bahía de Jagua
fue junto a Guantánamo y Nipe uno de los proyectos que recibió mayor atención y cuyo seguimiento y materialización en pocos años podemos estudiar. El 30 de julio de 1798 los hermanos Lemaur, Félix y Francisco, enviaban desde La Habana a la Corte un extenso memorial en el que de forma detallada hacían una descripción de la bahía de Jagua. Su fin no era otro que demostrar las ventajas de la bahía para fundar una ciudad[76]. Tras la descripción física del territorio, los ingenieros se detienen en estudiar el paraje más adecuado para el establecimiento, el modo de poblarlo, sus costes, y las ventajas que reportaría, tanto económicas como defensivas.

El proyecto de ciudad está concebido a partir de las ideas divulgadas por la Ilustración que hacían del Estado el órgano central que debía

---
[75] AMN, Ms. 553. Proyecto para habilitar el puerto de Mariel, La Habana, 2 de abril de 1802.
[76] AMN, Ms. 552.

proporcionar paz y felicidad a sus súbditos. Resaltando en todo momento el carácter utilitario de la empresa, estas ideas se combinaban con la búsqueda de rendimientos, el fomento de la población y el de la economía, sobre todo la agricultura, como instrumento útil para el desarrollo de la sociedad.

Se eligió un lugar cercano a la costa, con agua y terrenos fértiles, óptima ventilación y buena defensa como los que ofrecía la península de la Demajagua. En el plano de San Fernando de Nuevitas un damero perfecto configura las calles anchas, todas de 20 varas, excepto la principal de 40, que se cruzan perpendicularmente, y las manzanas de casas que confluyen en una plaza central de 240 varas de largo y 160 de ancho. En ésta están situados todos los edificios públicos: la casa capitular, la casa del gobernador (ambas en un mismo edificio); en la cara opuesta se ubica el amplio edificio que comprende la iglesia, la casa del párroco y las escuelas públicas, el teatro y la cárcel. Fuera de la ciudad, procurando su ventilación, a sotavento, se halla el hospital, y más alejado el cementerio. La construcción de una acequia del río Caonao surtiría de agua a la ciudad. Siguiendo las normas introducidas en la ciudad por la Ilustración, los ingenieros situaron a la entrada varios jardines y huertas, separados entre sí por largas arboledas, de gran utilidad, "adorno y recreo para sus moradores".

La ampliación de la ciudad crearía nuevas plazas menores donde se instalarían los mercados. Su regularidad se rompe en el plano con la adaptación de las últimas manzanas a la costa, en la que irían dos muelles. Uno de ellos, unido a la ciudad por una calzada, estaba destinado a fragatas y navíos; el otro de menor calado, cerca de la Punta del Inglés, se dejaba para embarcaciones más pequeñas como las goletas. En el lado opuesto estaba prevista la edificación del arsenal.

A fin de atraer pobladores útiles y con el menor coste posible para el Estado, los Lemaur proponían algunas nuevas medidas que, según ellos, sólo animarían a los más trabajadores. Contrarios a las concesiones y primeros auxilios que se les daban a los colonos, señalaban que el Estado no debía proporcionar ni el pasaje, ni otros medios de subsistencia como lo habían hecho otras empresas, en las cuales había participado un gran número de individuos holgazanes y perniciosos que habían hecho que a los pocos años fracasara la empresa colonizadora. A pesar de saber que de esta manera el poblamiento sería mucho más lento, los proyectistas anteponían el bien del Estado diseñando un plan a largo plazo:

... los pobladores que en los principios de ella serían su parte principal, y le darían la existencia, se encontrarían sólo entre aquellos hombres, ya sean del país, o forasteros, que habiendo adquirido aquí algún dinero con el trabajado de sus manos, desean para ganar más emplearle en el cultivo de las tierras. Estos hombres más bien que gastar su peculio en comprarlas en estas cercanías, donde por la concurrencia de compradores son ya muy caras, preferirían establecerse en la colonia de Jagua, donde no sólo se les darían gratuitamente, pero se agregarían por el gobierno otras donaciones que compensasen el menor valor que falta de comercio tendrían allí los frutos[77].

Sin desestimar la entrada de españoles o extranjeros, los Lemaur aconsejaban que fueran criollos los que se avecindasen en la colonia no sólo por las razones económicas comentadas, sino por su mayor grado de adaptación al clima y a las labores del campo. Se preveía una población de unas 7000 personas, unas 200 familias blancas, de 5 miembros, y 6000 esclavos. Para hacer prosperar la colonia, se repartiría entre los colonos 2 caballerías de tierra, se les eximiría de pagar diezmos durante 60 u 80 años, y por un tiempo limitado se les concedería libre de derechos la comercialización de los productos necesarios para su consumo y fomento de la colonia.

La defensa de la ciudad estaba asegurada por el castillo de Nuestra Señora de los Ángeles, situado en la bahía y dotado de una batería circular de ocho cañones, por lo que en un principio no era necesario edificar cualquier otro tipo de fortificación.

Por otra parte, con la fundación de esta ciudad se lograría otro de los fines perseguidos por el gobierno reformista y los hacendados, el fomento de las comunicaciones interiores y, por ende, el comercio. Un canal de navegación entre La Habana y Batabanó facilitaría la comunicación entre el puerto de la capital y Jagua, uniendo la costa norte con la sur por el interior. Su establecimiento no sólo potenciaría el comercio en las costas meridionales de Cuba, sino que las defendería en caso de guerra e impediría que los ingleses continuaran practicando el contrabando.

---

[77] AMN, Ms. 552. "Discurso sobre el proyecto de una población en la bahía de Jagua", firmado en Habana, 30 de julio de 1798, por Félix y Francisco Lemaur.

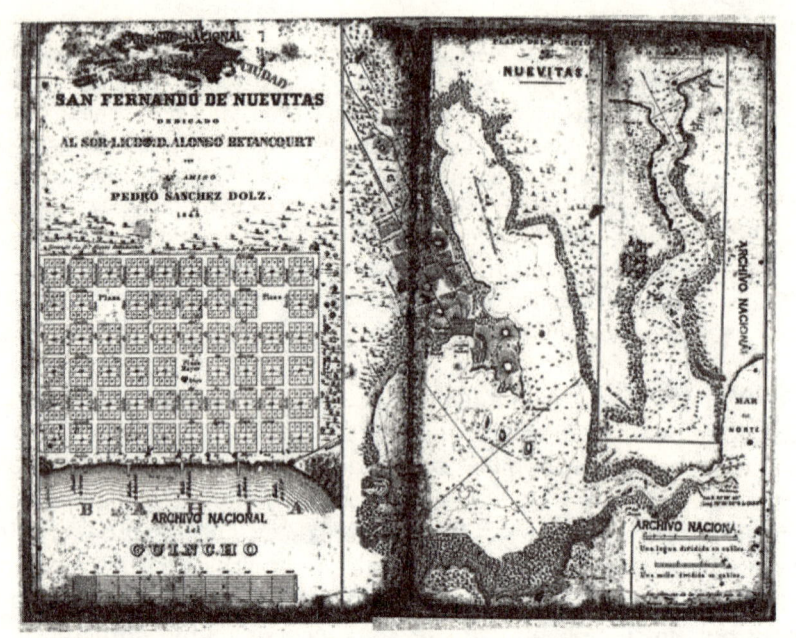

Plano de San Fernando de Nuevistas, 1848 ANC, Gobierno Superior Civil, Legajo 630, exp. 19899.

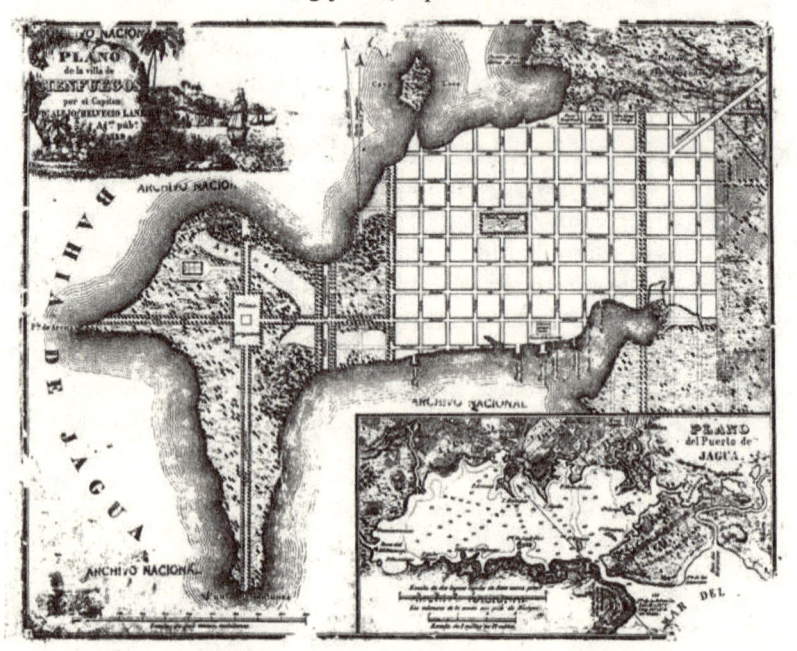

Plano de Cienfuegos y de su bahía, 1839 ANC,. Plano 11190

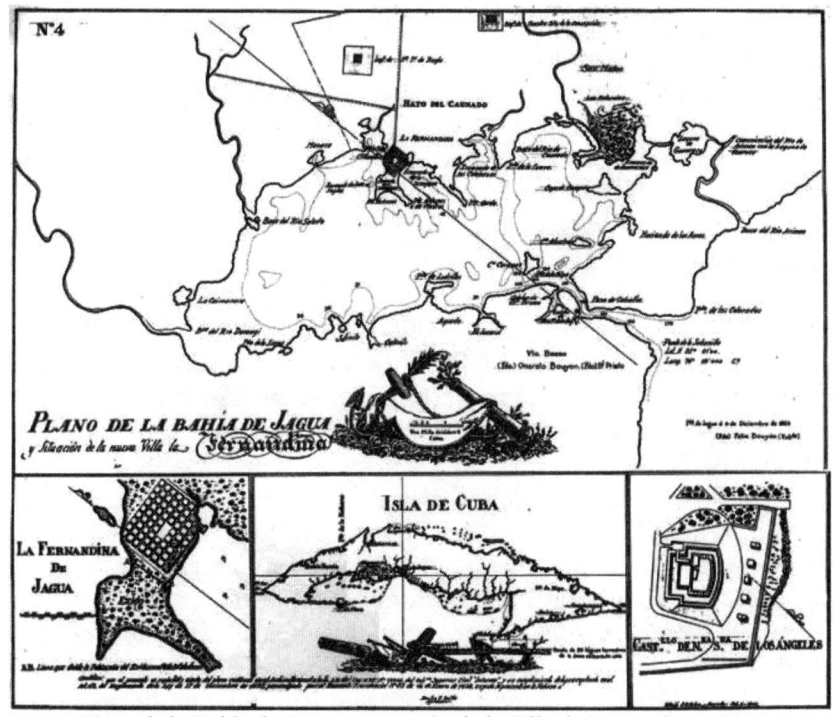

Plano de la Bahía de Jagua y situación de la Villa de Fernandina, 1826, ANC, Mapas y Planos, 453.

La empresa se hizo realidad en 1818 con la propuesta que Luis de Clouet presentó a la Junta de Población Blanca para la instalación en esta bahía de una ciudad con el nombre de Fernandina de Jagua, posteriormente llamada Cienfuegos en honor al Capitán General José Cienfuegos. El asentamiento de colonos blancos y la puesta en marcha de cultivos menores en tierras hasta ese momento yermas convirtió a Fernandina de Jagua en un ejemplo para los partidarios del blanqueamiento y de la diversificación agrícola de Cuba, además de dar la razón a quienes pensaban que los colonos más adecuados para Cuba eran los españoles, ya que además de ser blancos tenían unas características culturales semejantes a los criollos y el proceso de adaptación y convivencia era mucho más rápido. En los años treinta el número de trabajadores blancos en ingenios, cafetales, potreros y sitios de labor era superior al que existía en otras jurisdicciones. En 1842 se dio por concluida la fundación de la ciudad por lo que la Junta de Población Blanca le retiró los privilegios. Con más de 20.000 habitantes la colonia había conseguido tal estabilidad y progreso, que se situaba entre una de las poblaciones más adelantadas del país. En 1838, la proporción aproximada en esta colonia era de 1 trabajador blanco por cada 3 esclavos: 1.322 empleados blancos por 4.209 esclavos. En pocos años asistimos a un crecimiento demográfico importante en el que la población blanca fue incrementándose frente a la de color y, de manera particular, aventajó a la esclava. Así, en 1845 Cienfuegos contaba con una población de 33.382 habitantes: 18.301 blancos, 3.927 libres de color y 11.154 esclavos[78]. La colonización blanca comenzaba a dar sus frutos.

Otros informes defensivos y militares
son los elaborados por Mopox en 1797, ya comentados, y los de Anastasio Arango en 1800, enviados tras el reconocimiento de surgideros de Jaimanita y Baracoa, y de los puertos de Cabañas y Bahía Honda en donde sugería levantar torreones y baterías de defensa[79].

Terminada la expedición, el 6 de julio de 1802, ya en Madrid Mopox informaba al Príncipe de la Paz sobre las necesidades de defensa de Matanzas y Mariel que bien podían suplirse con la puesta en marcha de su plan de reformas de 1797 y el establecimiento de poblaciones. En él proponía que se instalasen en estas tierras los damnificados en el incendio (alrededor de 26.000) ocurrido en el mes de abril de 1802 en los arrabales de La Habana, y que se dejasen en Nipe las familias procedentes de Santo Domingo. La respuesta fue inmediata; dos días más tarde, Godoy contesta a Mopox comunicándole que se había ordenado a las autoridades de la isla que autorizasen a todo el que quisiera trasladar su domicilio a Matanzas y Mariel, donde se les daría tierras en pequeños caseríos, alejados de las grandes poblaciones[80].

Presentados los informes en la Corte de la Comisión Real de Guantánamo, Mopox insiste en la necesidad de realizar un refuerzo en el sistema defensivo en la isla. En la memoria que envía a Godoy, desde La Habana el 30 de junio de 1806, insiste en el cambio que propuso hacer del sistema militar de la isla de Cuba, en cumplimiento del nombramiento que se le hizo en 1795 como Subinspector General de las Tropas de la Isla de Cuba, y que aún no se había realizado. En esta memoria no podían de estar ausentes los temores de Mopox a que se

---

[78] Para la creación de la ciudad de Cienfuegos ver Consuelo Naranjo y Miguel Ángel Puig-Samper, "Les Bordelais colons-fundateurs de Cienfuegos à Cuba (1819-1842)", Bernard Lavallé (coord.), *L`Emigration Aquitaine en Amerique Latine Au XIXe siècle*, Bordeaux, Maison des Pays Iberiques, 1995, pp. 75-96.
[79] SHM, Sign. 4-1-1-23.
[80] AMN, Ms. 1578, doc. 28, fols. 320-325.

repitieran en Cuba los sucesos de Haití "...que quien recuerda los principios que ha tenido la insurrección de la isla de Santo Domingo penetra el corazón del hombre, reconoce el estado de esta isla y prevé las contingencias que en lo futuro pueden resultar...."[81].

La expedición comandada por el conde de Mopox y Jaruco sirvió no sólo para tener una conocimiento mayor de la geografía, naturaleza, población y necesidades de Cuba, sino que también sentó los precedentes de un vasto plan de colonización y poblamiento. De forma inmediata al término de la Comisión, Mopox logró fundar la ciudad de Nueva Paz, en la jurisdicción de La Habana, en medio de una de las zonas azucareras más productivas[82]. Cercana a Güines y a los cañaverales, en terrenos de su propiedad, en 1803 Mopox instaló la nueva población que en pocos años, en 1807, tenía 360 labradores -que poseían 2 caballerías para el cultivo de tabaco- y 58 casas para curar tabaco que daban una cosecha de 1.584 arrobas anuales. A cambio, Mopox se comprometía a entregar una cuarta parte de las cosechas anuales a la Real Factoría de Tabacos, con lo cual devengaba las deudas contraídas con Hacienda.

La expansión de la agricultura comercial produjo durante los primeros treinta años del siglo XIX la creación de diversas ciudades en el interior y en la costa. Además de Nueva Paz surgieron Candelaria, Madruga, La Salud, Guamacaro, Esperanza, Báez, Manicaragua, Artemisa, Cabañas, Cifuentes, Alacranes, Colón, Manguito, Santo Domingo, Gíbara, Palma Soriano, San José de las Lajas, Cabezas, Pedro Betancourt, Coralillo, Martí, Caibarién, Rancho Veloz, Mariel, Guantánamo y Manzanillo[83].

Junto a la población y el fomento, los planes de defensa del territorio, unidos en su mayoría al establecimiento de poblaciones y al reparto de tierras, siguieron durante el siglo XIX. En el período que estudiamos rescatamos el informe sobre Vuelta Abajo, fechado el 22 de agosto de 1826, en La Habana, "Memoria descriptiva, topográfica y militar del territorio recorrido por el capitán ingeniero Domingo Aristizabal". En él se insiste en la necesidad de que el Capitán General obligara a los dueños de haciendas a vender a censo a los colonos parte de la tierra para que de esa manera se apegasen más a la tierra. Cada colono debería tener entre 1 caballería y tres cuartos de caballería en propiedad. A la vuelta de poco tiempo cada colono tendría sus vacas, aves, cerdos, viandas y

---

[81] SHM, Sign. 4-2-9-12.
[82] Carlos Venegas, "La fundación de la ciudad de Nueva Paz, señorío del conde de Jaruco y Mopox", *Expediciones, exploraciones y viajeros..., Opus cit.*, pp. 127-134.
[83] Julio Le Riverend, *Historia económica..., Opus cit.*, pp. 174-176.

demás, pagaría alcabalas y se asentaría la población. Todo ello refluiría en beneficio general, siendo además "... un muro impenetrable a toda agresión extranjera"[84].

El reparto de tierras evitaría la vagancia y la delincuencia, en especial los robos de ganado de los que se quejaban los hateros, que se producían en épocas de malas cosechas en las vegas de tabaco y tras la muerte de los padres al pasar las tierras arrendadas a los dueños y no a los hijos. Entre las medidas para el fomento, la defensa y el control social de la zona propone una mejora en la administración de la justicia, el establecimiento de juicios por vagancia, formación de partidas para perseguir malhechores, la formación de milicias con colonos blancos (entre 18 y 50 años, solteros y casados), así como fundar un pueblo en los Baños de San Diego y una población en el Puerto de la Mulata desde el que se realizaría el comercio de cabotaje.

Nuevos medios para el fomento de la población blanca

Las ideas y proyectos ilustrados siguieron teniendo eco en los primeros años del siglo XIX. Un nutrido grupo de intelectuales bebió de ellas e intentó llevarlas a la práctica en un sistema colonial en el que los intereses de la metrópoli coincidieron durante muchos años con el de la elite azucarera, lo cual obstaculizó en gran medida la materialización de sus ideas y programas. Puerto Rico y Cuba, ahora baluartes del imperio español y lugares de refugiados realistas del continente americano pasaron a ser las islas en las que España depositó sus esperanzas y centró sus empeños por hacer rentables ambas colonias. En medio de guerras de emancipación y conflictos internacionales, España inició una nueva política encaminada a la extracción de renta a través de fórmulas hacendísticas e impositivas (establecimiento de aranceles sobre las importaciones y exportaciones, derechos diferenciales de bandera que beneficiaron a las compañías mercantiles españolas y lucha contra el fraude y el contrabando), y apostó por el desarrollo de la producción de los territorios ultramarinos para el mercado exterior, potenciando los factores que contribuían a ello (tierras, capital y trabajo). El resultado es conocido, se logró un crecimiento rápido, especializado sobre todo en la producción azucarera y para la década de 1820 también del café, consolidándose en los primeros años del siglo XIX las estructuras económicas de ambas islas[85]. Dicho crecimiento, unido al temor de que se

[84] SHM, Sign. 4-2-10-1.
[85] Bernard Lavallé, Consuelo Naranjo y Antonio Santamaría, *La América española II (1763-*

produjera una nueva Revolución Haitiana, son las causas que explican el acomodamiento de los productores cubanos y puertorriqueños al sistema colonial español[86].

Uno de los primeros defensores de la introducción de colonos fue Juan José Díaz de Espada y Fernández Landa, obispo de La Habana entre 1800 y 1832. En su obra *Diezmos reservados*, de 1809, expone sus ideas sobre el tipo de sociedad que perfila para la isla y los medios para alcanzarla. Como hicieran más tarde Alejandro Ramírez y los reformistas agrarios, Espada abogaba por el reparto de la riqueza agrícola y la creación de una clase social amplia con poder económico, integrada por pequeños campesinos. En su plan se contemplaba la entrada de colonos como el instrumento principal para alcanzar dicha sociedad:

> ... la agricultura era efecto de la población y no la población efecto de la agricultura... Allánense estos renglones (los cultivos menores), favorézcanse y agraciense sin emprender otros algunos y tendrán los primeros cimientos de la subsistencia. Encuentren estos auxilios, con ello cuantas franquicias son imaginables, se aumentará la población y después podrá tratarse a los otros efectos de la agricultura[87].

Sus ideas se vieron recogidas solo años más tarde con la concesión para Puerto Rico y Cuba de la Real Cédula de Gracias. Auspiciar la entrada de capitales y de mano de obra, y proceder al reparto de las tierras, privadas o realengas que permanecían improductivas fueron los fines principales que las autoridades se propusieron acometer. De forma especial, la agricultura comercial -azúcar, café y tabaco- recibió un gran impulso con las medidas tomadas por Alejandro Ramírez, intendente de Hacienda en Puerto Rico y después en Cuba, y en concreto con la promulgación de la Real Cédula Gracias otorgada para Puerto Rico en 1815, y para Cuba en 1817.

Sin duda, el ensayo satisfactorio en Puerto Rico de esta Cédula ayudó a que fuera aceptado el proyecto presentado al rey por las tres instituciones habaneras más influyentes: el Ayuntamiento, la Junta Económica del Real Consulado y la Sociedad económica de Amigos del

---

1898). Economía..., Opus cit., pp. 226-244.
[86] Candelaria Sáiz Pastor, *Liberales y esclavistas. El dominio colonial español en Cuba, 1833-1868*, Alicante, Univ. de Alicante, 1990, pp. 79-88.
[87] Eduardo Torres-Cuevas, *Obispo Espada. Ilustración, Reforma y Antiesclavismo*, La Habana, Editorial Ciencias Sociales, 1990, pp. 217-276.

País, en 1816. En él se informaba sobre el estado de la isla, su despoblación e indefensión y la necesidad de traer familias no sólo de España sino también artesanos y trabajadores, católicos romanos, de las potencias amigas. Asimismo, solicitaban a las autoridades de la isla que mediaran ante los hacendados más pudientes para que contribuyeran en esta empresa[88].

La gestión de Ramírez en Cuba, quien llegó el mismo año de 1817 procedente de Puerto Rico en donde su gestión había sido muy favorable en el fomento del país, trató de paliar uno de los problemas que la isla arrastró durante todo el siglo potenciando, junto al azúcar, el cultivo de alimentos para el autoconsumo que contribuiría a disminuir la dependencia exterior y a la creación de una agricultura diversificada. Disminuir la importación de este tipo de alimentos y de otros artículos básicos fue uno de los puntos del programa de la "Cuba pequeña" diseñado por el intendente, que contó para desarrollar su plan con el apoyo del Capitán General José Cienfuegos.

Con la aplicación en Cuba de la Real Cédula se liberalizó la entrada de inmigrantes, españoles y extranjeros, se facilitó el reparto de tierras entre ellos, y se potenciaron los intercambios comerciales con el exterior. A pesar de liberalizar la inmigración, la Real Cédula impuso restricciones sobre el tipo de colono apto para el país. Debía ser blanco, católico, y tener algún oficio productivo -labrador, albañil, tonelero, picapedrero, etc.-. Para domiciliarse el colono debía registrarse en un libro de matrículas en el que figuraban datos relativos a su origen, oficio, partido en el que se fuera a establecer y bienes que poseyera. Las limitaciones aumentaban en el caso de los extranjeros, a quienes se les ponía a prueba durante cinco años. Se les prohibió tener algún establecimiento comercial, almacén o embarcación, así como el comercio marítimo, a excepción de las sociedades o contratas, verbales o escritas, hechas con españoles.

Transcurridos estos cinco años, el extranjero podía naturalizarse para lo cual tenía que demostrar profesar la religión católica y jurar fidelidad y vasallaje al rey y a las leyes, a la vez que renunciaba a los privilegios que tuviera por su condición de extranjero y adquiría todos los derechos y privilegios similares a los de cualquier vecino español de la isla: protección del gobierno, derecho a comprar propiedades, cambiar la residencia en el territorio insular, y disponer de sus bienes por testamento ("Reglas para el domicilio de nuevos colonos y sus auxilios").

---

[88] Informe enviado por Tomás Romay al Ministerio de Ultramar, desde La Habana el 3 de noviembre de 1841. ANC, Real Consulado y Junta de Fomento, Legajo 186, núm. 8382.

Para el buen cumplimiento de la Real Cédula de Gracias se nombró a una comisión integrada por José Ricardo O'Farrill, Juan Montalvo y Andrés de Jáuregui. Se preveía que el Estado repartiera tierras realengas entre los colonos, que proyectaban asentar en la parte oriental por ser la zona con mayor número de realengos y por la necesidad de poblarla de manera acuciante con "blancos honrados". Asimismo, se recomendaba que los lugares elegidos para el asentamiento de los labradores contaran con población femenina con el fin de facilitar los matrimonios y contribuir al crecimiento de la población.

Los colonos estaban libres de todo tributo personal, teniendo que pagar 1 peso anual sólo por los esclavos transcurridos los diez primeros años de su establecimiento en Cuba; asimismo, estaban exentos de pagar el diezmo y la alcabala de los frutos producidos durante 15 años; transcurrido este tiempo, pagarían un cuarto del diezmo y de la alcabala. Con el fin de potenciar el comercio con la metrópoli quedaban libres de impuestos todos los productos cuyo transporte y comercio se realizase por barcos españoles y con territorios españoles.

A cambio de estos privilegios los colonos tenían la obligación de defender la isla ante cualquier ataque del exterior o revuelta interna causada por los esclavos. Sin llegar a constituir una milicia reglada, se pretendía que los colonos tuviesen armas para cualquier emergencia, que deberían presentar cada dos meses al gobernador u oficial destinado a realizar la revista. Por otra parte, se les limitaban sus derechos sobre los bienes conseguidos en la isla y solo pasados cinco años el colono podía hacer uso de los bienes que hubiera, en caso de marcharse de Cuba, debiendo pagar un 10% sólo por aquellos bienes o ganancias que hubiera conseguido en ese tiempo.

Desde la Sociedad Económica de Amigos del País de la Habana se recomendaba a los particulares y hacendados promotores de proyectos de colonización que el interés fundamental era promover una inmigración familiar, con la que fundar núcleos poblacionales, en los cuales los colonos llegaran a ser propietarios de la tierra. Dichos contenidos los cumplieron la mayoría de los proyectos presentados en algunos de los cuales se resaltaba como mérito la afinidad de los colonos elegidos con las costumbres y cultura españolas.

Con el fin de obtener recursos para facilitar y encauzar la colonización la Comisión, reunida en febrero de 1818, acordó dirigir una circular a los hacendados de la isla, en la que se les solicitaba apoyo en sus gestiones y ayuda económica. En dicha circular, firmada por José Cienfuegos y Alejandro Ramírez, se requería que los hacendados se encargasen del alojamiento y mantenimiento de los colonos en sus casas o en pueblos cercanos, al menos por dos meses, hasta que el gobierno encontrase el paraje y las condiciones para su instalación. Al frente de la organización seguían permaneciendo José Ricardo O'Farrill, Andrés de Jáuregui y Juan Montalvo, a quienes deberían de dirigirse aquellos hacendados que quisieran colaborar con el gobierno, indicando el número de familias o de colonos que estaban dispuestos a albergar y la preferencia, si la hubiera, sobre su origen. A la petición respondieron 112 hacendados, que dieron 12.672,5 pesos en efectivo y tierras, y se comprometieron a ayudar a las familias que llegaran.

En el período que aquí analizamos se sucedieron diferentes proyectos de colonización, ya estudiados en otras ocasiones, algunos de los cuales dieron como resultado la creación de núcleos urbanos[89]. La parte oriental del país era una de las zonas que desde años anteriores demandaban con más urgencia la puesta en marcha de proyectos de colonización; necesidad que fue recogida en la Real Cédula de 1817 y atendida por los miembros de la Comisión y del gobierno, que acordaron nombrar un comisionado, en la persona de Joaquín Bernardo Campuzano, regente de la Real Audiencia de Puerto Príncipe, para llevar a cabo sus proyectos. El establecimiento de los pobladores en diferentes lugares, Nuevitas, Cienfuegos o Jagua, Guantánamo, Santo Domingo y Reina Amalia, en la Isla de Pinos, se hizo según las normas de la Real Cédula de 1817. Para la instalación y socorro de los colonos durante los dos primeros meses se destinó el dinero procedente del arbitrio creado sobre cada negro varón esclavo introducido, que ascendía a 6 pesos. Esta recaudación tuvo múltiples destinos; en los casos de las colonias de Jagua y Nuevitas, se utilizó para auxiliar a los colonos (22 pesos con 4 reales por persona). En Fernandina de Jagua, o Cienfuegos, el dinero recaudado se destinó a la compra de tierras, 100 caballerías, dándose el resto, 150.000 pesos a su fundador, el francés Luis de Clouet; en el caso de Nuevitas, una vez asentados los colonos en las tierras cedidas por los colonos de Puerto Príncipe, se repartieron durante los tres primeros años 70.000 pesos para atender a las necesidades de los colonos. También con el dinero procedente del arbitrio se pagaron los pasajes de muchos de los colonos que entraron entre 1818 y 1820 (unos 10.000), a los que se les dio durante los dos primeros meses 3 reales a los mayores de 18 años y un real y medio a los menores. Los últimos 20.000 pesos fueron utilizados por la Junta para comprar la

---

[89] Un estudio detallado de los proyectos de colonización de este período se encuentra en Consuelo Naranjo y Armando García, *Racismo e inmigración...*, *Opus cit.*, pp. 45-67.

hacienda de Santo Domingo en 1819, de 4 leguas de extensión, situada a 10 leguas al oeste de Santa Clara. Pasados nueve años, en 1828, los objetivos de la Junta se estaban cumpliendo, el pueblo contaba con 730 habitantes: 472 blancos, 81 esclavos, 129 asalariados y 30 artesanos[90].

El interés de las autoridades por conocer el estado en que se encontraban los pueblos recién creados y las necesidades de defensa y comunicación motivaron el envío de ingenieros militares a distintos puntos estratégicos de la costa. Manuel Pastor fue enviado en 1817 a Jaruco con el fin de reconocer el puerto y estudiar las necesidades de su defensa[91]. El militar propuso la construcción de un fuerte defendido por una pequeña guarnición que bastaría para repeler las invasiones extranjeras y ahuyentar a los contrabandistas. Ante este proyecto, el Capitán General optó por realizar el propuesto por Félix Lemaur, que consistía en reparar el antiguo torreón para la defensa de esta costa.

Otro de los ingenieros militares enviados, esta vez a Oriente, fue el coronel del Real Cuerpo de Ingenieros, Juan Pro de la Cruz, quien redactó un minucioso informe sobre la bahía de Guantánamo en 1819[92]. Este Jefe de Ingenieros en la provincia de Cuba elaboró un informe cuyo fin primordial era el estudio de las posibilidades de apertura de un nuevo camino al río de Guantánamo propuesto por los habitantes del partido de Santa Catalina, para conducir sus producciones hasta el embarcadero y para situar los almacenes en el puerto, así como el examen del terreno para la construcción de un torreón para su defensa.

En su exposición señala los progresos de los territorios cercanos a Santa Catalina, poblados con labradores españoles y extranjeros, y cultivados con añil, algodón, caña y café, y a los que beneficiaría en grado extremo el potenciar la creación de un puerto en Guantánamo. Como los comisionados de Mopox, indicaba la idoneidad de Matabajo para situar los almacenes, formar un embarcadero y desde allí abrir el camino solicitado por los habitantes de Santa Catalina. Todo ello serviría de estímulo para nuevos asentamientos de pueblos con nuevos colonos, y para la habilitación y franquicia del puerto de Guantánamo. Los trabajos hechos en poco tiempo eran prueba de que el territorio ofrece grandes posibilidades para la agricultura y comercio. El hato de Santa Catalina era el mejor ejemplo.

---

[90] ANC, Junta de Fomento, Legajo 202, núm. 8952, expediente 4.524.
[91] Informe enviado al Capitán General por Manuel Pastor, desde La Habana el 15 de diciembre de 1817. SHM, Sign. 4-2-9-17, núm. 6292.
[92] Informe enviado por Juan Pro de la Cruz desde Santiago de Cuba, el 25 de mayo de 1819. SHM, Sign. 4-2-9-16.

Vendido en 1802 a colonos procedentes de Santo Domingo, yermo y abandonado, se puso rápidamente en marcha con un número escaso de brazos, en concreto 4 de los refugiados se internaron en el bosque que desmontaron y comenzaron a cultivar algodón. Las abundantes cosechas anuales del algodón comenzaron a potenciar el pueblo y a sus habitantes; en pocos años, uno de los colonos pioneros había logrado poseer 200 esclavos en más de 30 caballerías de terreno desmontado; otro de ellos había fundado un ingenio azucarero sobre las tierras que antes producían algodón. Un proceso similar se inició en otros lugares cercanos a Santa Catalina, como el Ojo del Agua, Jiguabo, Jobito, el hato de Cunueira y hatos de Guantánamo, Río Seco, Malares, y otros.

Concluida la guerra contra Francia, a finales de 1814, fue cuando de nuevo comenzaron a asentarse en esta provincia varias familias extranjeras, amparados por los colonos ya establecidos. En 1819 existían 55 "habitaciones abiertas" en el partido de Santa Catalina, todas destinadas al cultivo de algodón, excepto 2 ingenios de azúcar, uno de ellos de agua, perteneciente a un extranjero, y que era el único de su clase que hay en la parte oriental. En algunas tierras también se cultivaba café y añil. Su población contaba con 914 esclavos.

En el partido de Ojo del Agua, Jiguabo y Cunueira había también 23 "habitaciones abiertas" de algodonales y cafetales; de éstas, 15 eran de franceses y 8 de españoles. El cultivo lo realizaban 320 esclavos.

Una prueba de prosperidad de esta zona era el número de esclavos con que contaba, 1500 dedicados al cultivo del algodón, que producían 15.000 quintales anuales, cada esclavo 10 quintales, que computado al precio del momento daban 450.000 pesos fuertes. Al desarrollo de la zona contribuían las cosechas de tabaco de las vegas del río de Guantánamo, en el partido de Limones y otros como el hato de Jobito, Jiguabo, Cabañas, Chapala, San Andrés, El Cuero, Palma, Mangle, Río Seco, Santa Rosa, etc. Toda esta riqueza determinaba, en opinión del ingeniero Juan Pro, la conveniencia del fomento de esta región. Su informe fue valorado de forma positiva por el ingeniero militar Antonio Ventura Bocarro, en la carta que remite al Capitán General José Cienfuegos en agosto de 1819.

Para este período, 1817-1840, muchos de los fines perseguidos por la Real Cédula de Gracias se vieron cumplidos en breve plazo. Desde 1817 y hasta 1820 entraron en la isla un total de más de 10.000 colonos, de los cuales 5.000 fueron destinados a las poblaciones de

Fernandina de Jagua y de San Fernando de Nuevitas[93]. Nos detendremos en el estudio de algunos de estos nuevos pueblos que poco a poco fueron conquistando el espacio cubano.

La creación de San Fernando de Nuevitas es el resultado de varios planes de fomento de la zona que comenzaron en 1779, con la propuesta de establecer un puerto de Batabanó, en 1807, cuando tras el ataque inglés a Guincho se piensa trasladar a Nuevitas a sus pobladores, y en 1813 cuando fue presentado el proyecto que finalmente fue aprobado, en 1815, para la creación de la ciudad por el presbítero Agustín de Cisneros presentado[94].

Uno de los principales fines para establecer una ciudad eran los beneficios que se obtendrían del comercio que se realizara a través de su importante puerto, al facilitar la entrada y comercialización de mercancías a Puerto Príncipe. Por ello, se preveía que una vez establecida la aduana, aunque fuera provisional, se le dotaría de todos los privilegios de puerto menor que gozaban Matanzas, Trinidad y Cuba. Delimitado el lugar donde se instalarían los colonos, el comisionado mandaría levantar un plano formal conforme a las reglas de salubridad, policía y ornamento, en el que también figurasen los edificios públicos y privados. Como en otros planes de colonización se preveía dotar a la ciudad de construcciones defensivas, en este caso una batería circular, y de milicias integradas por los mismos colonos. La ciudad, de acuerdo a las reglas urbanas ya comentadas, se construiría a partir de una plaza central, en la que concurrían 8 calles, y en la que se emplazarían los edificios públicos y las casas de los principales.

La idea de diversificar la economía cubana y lograr el fomento de cultivos de subsistencia cobraba peso en este proyecto en el que el cultivo principal sería el trigo. Para ello se preveía el reparto de semillas a los colonos con el fin de que comenzaran la siembra entre el 15 y el 15 de octubre, y la instalación de molinos. El Estado, que también había comprado los terrenos a los propietarios para repartir, se haría cargo del pago de las cosechas a los colonos.

Apoyando el plan de Agustín de Cisneros, en 1814 se envió otro informe en el que se proponía dotar a esta población con un capitán de partido, un empleado de ventas que llevara el registro de entradas y salidas comerciales, un sacerdote, un capitán de puerto y un destacamento militar, así como que los gastos corrieran a cargo del erario nacional y del

---
[93] Consuelo Naranjo y Miguel Ángel Puig-Samper, "Les Bordelais colons-fundateurs de Cienfuegos à Cuba (1819-1842)"..., *Opus cit.*
[94] ANC, Junta de Fomento, Legajo 201, núm. 8926.

Ayuntamiento de Puerto Príncipe hasta que contara con rentas suficientes[95]. Un año más tarde, el promotor de Nuevitas, además de ofrecer parte de sus terrenos para el establecimiento del pueblo -una legua cuadrara de tierra en Bagá- vender otra parte para tierras destinadas al cultivo a censo redimible o al contado, comprometerse a erogar los costos para las obras públicas y contribuir personalmente al desarrollo de la empresa, insistía en que se instalase una maestranza o astillero y que se facultase a Nuevitas de comerciar libremente con todos los puertos. Para la fundación de la ciudad se disponía del curato de Nuevitas y de las haciendas de la Concepción, Ripios, Descada, Ciego de Juan Sánchez, Cabreras, Puerto Rico, Gracias, Nuevas de Jalay, Dumañueco, así como de los terrenos comprendidos desde estas haciendas al mar. Para el gobierno del pueblo, que en un principio recaería en los pobladores de mérito, se designaría anualmente a un alcalde entre los regidores. El 10 de agosto de 1815 el cabildo de Puerto Príncipe aprobó la fundación de la ciudad, designándose para ello el Estero de los Güiros y el sitio de Bagá[96].

Demorándose la fundación, en noviembre 1816 el gobernador de Puerto Príncipe solicitó a las autoridades la creación de un pueblo y construcción de un fuerte en el puerto de Nuevitas. Tras el visto bueno de Bocarro y José Cienfuegos, se envió a Anastasio Arango, coronel del Cuerpo de Ingenieros, para que se encargara de todas las operaciones, y levantar el plano del pueblo[97]. En el informe del 4 de marzo de 1817, Arango comentaba las posibilidades de la zona para asentar una población y fortificar el puerto, cuya entrada, a pesar de ser estrecha, era apta para situar las defensas. La población podría asentarse en el interior, de forma independiente a la fortificación de la bahía, en las tierras cedidas por Pedro Medrano en 1789.

Hacia 1819 Nuevitas ya contaba con una población suficiente como para que la Diputación Provincial de Cuba considerara que podía concederle la creación de un ayuntamiento constitucional, realizándose otras obras de fomento como fueron la mejora de los caminos y la construcción de un muelle en el que se edificaron los almacenes y las adunas[98]. Se insistía a los colonos de la ciudad y de los alrededores que

---

[95] Informe enviado desde Puerto Príncipe por Luis Santiago el 9 de julio de 1814. ANC, Junta de Fomento, Legajo 201, núm. 8926.
[96] La aprobación de la propuesta fue firmada por Ignacio Francisco Agramonte y Luis de Arteaga y Agramonte, en Puerto Príncipe el 10 de agosto de 1815. ANC, Junta de Fomento, Legajo 201, núm. 8926.
[97] Informe enviado por Antonio Ventura Bocarro a José Cienfuegos, el 23 de diciembre de 1816. SHM, Sign. 4-2-9-19.
[98] Informe de Alejandro Ramírez en el que deniega la petición de algunos pobladores de

Estero de los Güiros y el sitio de Bagá eran los únicos lugares elegidos para establecer la ciudad, construir edificios y asentar comerciantes y artesanos, y que, aunque se autorizaba el asentamiento de labradores en otras zonas, como la ensenada de Guincho, Pueblo Viejo o cualquier otro paraje de la bahía, donde podían levantar sus casas, no tenían derecho a fundar un pueblo ni a disfrutar de los beneficios de los colonos, dependiendo para todo de San Fernando de Nuevitas[99].

El deslinde y reparto de las tierras fue uno de los problemas que sus pobladores arrastraron durante años hasta que en 1839 se acordó modificar algunas de las primeras medidas adoptadas, de acuerdo a las peticiones que sus pobladores hicieron 1837 al Capitán General, Miguel Tacón, mediante el Teniente Gobernador de Puerto Príncipe, Antonio Vázquez[100]. De esta manera, se procedió al deslinde y valoración de los terrenos y al reparto entre los colonos que lo pidieron de las tierras que estaban sin cultivar o las que no habían sido compradas, que comenzarían a pagar pasados dos años a censo redimible de un 5% anual, por un valor de 200 pesos la caballería en Bagá y 100 pesos en Guincho.

Otra de las colonias fundadas en este período es Reina Amalia, situada en la Isla de Pinos. Tras la primera propuesta para crear su creación, el 15 de julio de 1778 por el hacendado Francisco Duarte, se procedió al reconocimiento de la isla como parte de la Comisión Real de Guantánamo, al mando del capitán de fragata Juan Tirry y Lacy[101]. Su objetivo fue estudiar si los pinos de la Isla eran útiles para la construcción de buques para la Marina, así como saber si el alquitrán y la brea eran abundantes, y fácil su elaboración y transporte para surtir los arsenales de España. El informe emitido en diciembre de 1797 señaló las posibilidades que ofrecía esta isla con excelentes maderas (manajúes, yabas, jaities, guasimas, cedros, almacigas, palmas, pinos, peralejos, sabiques, etc.), con pinos aptos para la construcción naval, abundantes árboles de caoba, pesca de carey, agua potable y terrenos fértiles para la siembra de todo tipo de viandas, café, y, sobre todo tabaco y cría de ganado.

Estando poco poblada e indefensa, con una extensión de 85 leguas y sólo 76 habitantes, apunta Tirry en su informe, la Isla de Pinos

---

Nuevitas para trasladar la ciudad al Guincho y Pueblo Viejo. La Habana, 16 de febrero de 1821. ANC, Junta de Fomento, Legajo 184, núm. 8931.

[99] *Memorias de la Sociedad Económica de la Habana*, núm. 34, 31 de octubre de 1819.

[100] ANC, Real Consulado y Junta de Fomento, Legajo 201, núm. 8940.

[101] "Descripción de la Isla de Pinos por el Capitán de Fragata de la Marina Real, D. Juan Tirry y Lacy", Isla de Pinos, 13 de diciembre de 1797. AMN, Ms. 560.

estaba a merced de las incursiones de corsarios y de los ingleses, que eran los únicos que aprovechaban las riquezas naturales de esta isla. Su posición y estado de abandono les permitía actuar con total impunidad, realizar todo tipo de contrabando, fondear y apresar buques procedentes de Trinidad, Bayamo y Cuba, cargar sus barcos con maderas preciosas y tortugas vivas, y robar en los hatos y matar ganado. Para proteger Cuba en tiempos de guerra y evitar los daños causados por la piratería Tirry proponía que se poblase esta isla y que se la dotara de dos corsarios de la Marina Real.

Sin embargo, hubo que esperar hasta 1828 para ver culminado el proyecto que inició la Junta de Fomento con la compra de una hacienda de 13 leguas y 41 caballerías, por valor de 6000 pesos. En 1830 se aprobó el lugar donde se establecería la ciudad, llamada Nueva Gerona, y el plano de la misma, levantado por el comandante Clemente Delgado y España.

Como en otros proyectos, se diseñó la construcción de edificios públicos alrededor de la plaza y las casas para los colonos, que tendrían en propiedad a condición de que levantasen en el plazo de un año una fábrica; 10 caballerías contiguas al pueblo se destinarían para ejidos comunales y se repartirían lotes de tierra entre los colonos para su cultivo -400 habían sido donadas por hacendados, mientras otras habían sido compradas por la Real Hacienda- en distinta proporción según fuesen solteros (1 caballería), casados (2 caballerías), casados con un hijo mayor de 15 años (3 caballerías) y así sucesivamente hasta llegar a 5 caballerías. Los colonos disfrutarían de las mismas ventajas y tenían las mismas obligaciones que los de otras poblaciones regidas por la Real Cédula de Gracias. Por ejemplo, pasados 10 años, los colonos pagarían un impuesto a censo redimible de 100 pesos por caballería de las destinadas a la agricultura y 50 pesos de la tierra dedicada a la cría de ganado. Regida por un comandante militar y defendida por destacamentos, Nueva Gerona fue prosperando y aunque no alcanzó un volumen de población como otras, en 1841, tenía 578 habitantes[102].

La "Cuba pequeña" de Alejandro Ramírez contenía un vasto plan de futuro. Como el Obispo Espada, diseñó una sociedad más equilibrada y armónica, en la que los pequeños y medianos campesinos propietarios serían la base del país, tanto económica como cultural. Ellos, labradores blancos -españoles y extranjeros católicos- serían la barrera frente a la africanización de la isla[103]. Su utopía pasó a formar parte del imaginario

---

[102] ANC, Real Consulado y Junta de Fomento, Legajo 186, núm. 8382; Legajo 182, núm. 8486.
[103] Heinrich Friedlaender, *Historia económica..., Opus cit.*, t. 1, pp. 188-189.

de nación que pervivió en algunos grupos hasta entrado el siglo XX, al señalar al campesino cubano el depositario de la cultura y nacionalidad.

Su proyecto económico de diversificación, también resucitado en varias ocasiones a lo largo del siglo XIX y parte del siglo XX, permitiría a Cuba autoabastecerse al potenciar el cultivo de productos menores, lo cual a su vez animaría el comercio interno y externo. La especialización económica y la relación comercial obstaculizaron este fin[104]. El carácter anticipado del plan de Ramírez de crear una "Cuba pequeña" es destacado por Leví Marrero como un proyecto defendido "como fórmula estabilizadora por distinguidos economistas en décadas siguientes"[105].

La conquista del espacio cubano con un pequeño campesinado blanco fue tomando peso a lo largo del siglo XIX y, de forma paralela a la extensión del latifundio azucarero y a la introducción de africanos los campos fueron poblándose también con colonos blancos, fundamentalmente españoles. En 1841, a los 23 años de la fundación de algunos de los pueblos que hemos examinado, muchos habían alcanzado una población considerable: Cienfuegos (Fernandina de Jagua) contaba con 19477 habitantes, de ellos 10.734 eran blancos; la colonia de Santo Domingo, fundada en 1822 junto al río Jagua, tenía 1680 habitantes, de ellos 1499 eran colonos blancos, 829 hombres y 670 mujeres, y 181 pobladores de color, 103 varones y 78 mujeres, de esta población de color solo 149 eran esclavos; Reina Amalia, a trece años de su fundación, tenía 578 habitantes[106].

Dos elementos coincidieron en este momento en el fomento de la colonización blanca y el proyecto de diversificación agrícola, como fueron la escasez de mano de obra blanca y la creencia de que los negros, por sus características físicas y su "reducida capacidad intelectual", estaban condenados a trabajar exclusivamente como esclavos en los ingenios[107]. Por otra parte, en el transcurso de estos primeros veinte años, se comenzaban a oír algunas tímidas voces sobre la posibilidad de cultivar la caña en pequeñas propiedades, en manos de campesinos blancos. Diversificación agrícola, fomento de la población blanca y poblamiento de los campos eran los objetivos perseguidos por estos idealistas, quie-

---

[104] Consuelo Naranjo y Leida Fernández, "Diversificación y reformas en el agro cubano: inmigración blanca y ciencia aplicada, 1878-1906"..., *Opus cit.*
[105] Leví Marrero, *Cuba:..., Opus cit.*, t. IX, p. 153.
[106] Informe enviado por Tomás Romay al Ministerio de Ultramar, desde La Habana el 3 de noviembre de 1841. ANC, Real Consulado y Junta de Fomento, Legajo 186, núm. 8382.
AHN, Sección Ultramar, Fondo Cuba, Serie Fomento, Legajo 91, expediente 3.
[107] Armando García, "En torno a la Antropología y el Racismo en Cuba en el siglo XIX", C.

nes como Felipe Poey, en 1820, proponía su proyecto en un Discurso, premiado por la Sociedad Patriótica de Amigos del País[108]. Leví Marrero, sin ahondar en el problema, sí destaca la existencia en el primer cuarto del siglo XIX de hombres progresistas empeñados en demostrar que la industria azucarera era posible sin esclavos[109].

La carencia de recursos económicos propios limitó el poder y la práctica de la Junta de Población Blanca, deudora desde 1820 de la Real Hacienda. Para resolver este problema la Sociedad Patriótica y el Ayuntamiento de La Habana nombró dos comisiones, la primera en 1828 que no tuvo resultados, y otra en 1831[110], que aconsejó el cobro de arbitrios, el 4%, sobre las costas procesales que se realizasen en la isla, excepto en Puerto Príncipe[111]. A pesar del nuevo impuesto, la Junta de Población Blanca no logró la financiación que necesitaba para su gestión debido tanto a la prohibición de la trata, en 1835, como al reducido tiempo (1832-1838) que estuvo vigente el cobro de arbitrios sobre las costas procesales y la falta de apoyo por las autoridades que abiertamente se manifestaban contrarias a la traída de colonos blancos ya que pesaban que ellos serían el germen de la independencia. Posteriormente, tras la remodelación de las instituciones encargadas del fomento de la colonización, en 1844 la Junta de Fomento impuso un tributo sobre los negros urbanos, 1 peso anual por el primero y 10 reales por cada uno de los restantes[112].

Fue precisamente esta carencia de recursos el elemento señalado por distintos autores como uno de los factores que limitaba y dificultaba la colonización. Uno de los informes consultados, el titulado "Memoria sobre el fomento de población de blancos", obra de Chauchau Piringo Yguanu, de 1835, aludía a la precariedad económica de los colonos y la imposibilidad de éstos tanto para trasladarse como para sobrevivir el tiempo necesario hasta que las tierras fueran productivas[113]. Los escasos recursos que el gobierno destinaba a la colonización, más preocupado por el crecimiento azucarero y la compra de esclavos, era la causa, en opinión del autor, del abandono de los pueblos por parte de los nuevos

---

Naranjo y T. Mallo (eds.), *Cuba, la perla de las Antillas..., Opus cit.*, pp. 45-64.
[108] *Discursos sobre una cuestión propuesta en la clase de Economía Política para los exámenes en 1820,* La Habana, Oficina de Arazoza y Soler, 1820.
[109] Leví Marrero, *Escrito Ayer. Papeles cubanos,* Santo Domingo, Editora Taller, 1992, pp. 90-92.
[110] ANC, Real Consulado y Junta de Fomento, Legajo 189, núm. 8517.
[111] ANC, Real Consulado y Junta de Fomento, Legajo 186, núm. 8371; Legajo 202, núm. 8952, expediente 4524.
[112] ANC, Real Consulado y Junta de Fomento, Legajo 189, núm. 8517.
[113] Firmado en la Habana el 30 de septiembre de 1835. Biblioteca Nacional "José Martí", C.M.

colonos y de su deambular por las calles de las ciudades principales; en concreto, indicaba el caso de 300 canarios que entre 1813 y 1820 se encontraban vagando por las calles de La Habana mendigando sustento.

Por otra parte, señalaba que el elevado coste de las tierras -calcula que una caballería costaba entre 150 pesos y 200 pesos por caballería- hacía inviable el pago de su renta y de la subsistencia y provocaba el continuo traslado de los campesinos en busca de tierras más baratas.

Dirigiéndose al gobierno y a los hacendados, con horror señalaba cómo los intereses políticos y azucareros convertirían a la mayor de las Antillas en un lugar de "castas de libertos y de siervos, y un semillero de pleitos ruinosos e interminables", y anotaba una serie de axiomas sobre economía política y colonización que debían seguirse para alcanzar el bienestar económico y político de la colonia, tales como el reparto de tierras, la demolición de las haciendas comuneras improductivas, la protección a las familias numerosas, la extensión de la cría de ganado, así como importantes cambios administrativos (habilitación de puertos, construcción de caminos, etc.). En su plan de colonización señala que la puesta en marcha de una o dos colonias no costaría más de 30.000 pesos al erario público, destinados sólo a la instalación de los colonos. A partir del segundo año el veguero o sitiero obtendrían beneficios de las tierras donadas, entre una y media caballería y el erario comenzaría a obtener beneficios, que podría invertir en nuevas colonias. La exención del pago de la renta durante cuatro años ayudaría a las familias a establecerse adecuadamente.

Proteger a la población blanca de la isla era el objetivo principal del autor, por lo que sugería que la colonización no se hiciera con labradores extranjeros sino con los agricultores que había en la isla, tanto criollos como menesterosos canarios y, en segundo lugar, con peninsulares. La existencia de un número suficiente de labradores blancos en la isla, en su mayoría pobres y sin tierras, motivó que el proyecto de Chauchau combinase los objetivos perseguidos por la Junta de Fomento y la Real Hacienda, y las necesidades de la población.

Para estimular la creación de colonias propuso que se diesen premios a la demolición de haciendas, hatos y corrales, y que en el reparto de tierras se detallen cuidadosamente los terrenos, por lo menos de 8 caballerías, en los mejores parajes para poblaciones, en línea recta, y de los cuatro caminos reales, para establecer poblaciones estables. Asimismo, el gobierno debería proveer a las colonias de los ramos de

---

Sociedad T. 49, núm. 64.

la administración pública, para que no tuvieran que desplazarse a La Habana, además de crear las indispensables tenencias de gobierno y habilitar puertos mayores y menores para facilitar la comunicación de las nuevas colonias con las costas. En los casos que así lo requiriesen se establecerían las poblaciones en los puertos, lo cual ayudaría rápidamente al incremento de la producción y el comercio, además de ser elementos de atracción de "la civilización y el cuidado de la educación popular".

Adelantado a su tiempo, fue partidario de impulsar empresas particulares para que promocionasen la colonización. Ponía como modelo Estados Unidos en donde las compañías privadas, con acciones de 50 pesos que integran un fondo o banco, compraban al gobierno terrenos para el establecimiento de los colonos -más de 45.000 al año-, a los que se les financiaba el viaje y se daban una serie de ayudas hasta que las tierras produjeran (semillas, una ración diaria, herramientas para fabricar sus casas, etc). Asimismo, recomendaba a los comerciantes y hacendados de La Habana que creasen un banco, que podría llamarse "banco para el fomento de la población blanca", con un fondo 50.000 pesos, a partir de 500 acciones, a 100 pesos cada una, y que serviría tanto para comprar tierras como para ayudar a los colonos a establecerse. Los colonos dispondrían de 200 pesos, que comenzarían a devolver pasados 2 años con un interés del 6% anual. El préstamo tenía una hipoteca sobre sus siervos, fundos, animales y enseres.

Por último, advertía que el resultado de la empresa dependería de la elección de las tierras, y de su localización, de la selección de los colonos, "honrados, jóvenes y vigorosos", de la designación de una persona adecuada para su dirección, así como de disponer de fondos suficientes para el suministro a los colonos. Con todo ello, el gobierno se beneficiaría con el aumento de la población, que frenaría el contrabando, sobre todo en las costas, y aumentaría el dinero recaudado por la Aduana.

Reformismo agrario y colonización blanca

Entre las corrientes de pensamiento que se gestaron en Cuba en la primera mitad del siglo XIX, el reformismo se destacó por representar uno de los intentos más importantes por definir las bases culturales y étnicas de la identidad cubana. En su definición están presentes elementos políticos, demográficos, étnicos, económicos y culturales. Parte de su ideario, sobre todo en lo referente al modelo social, los reformistas formularon propuestas que estaban contenidas en la política de colonización blanca cubana. Blanquear la población, formar un pequeño campesinado que fuera la base social, cultural y económica del país, poblar las zonas más distantes y potenciar el cultivo de productos para la subsistencia y el mercado interno, como el algodón, la naranja, el trigo, el añil, el arroz, entre otros, eran los principales postulados de este grupo liberal e ilustrado, que desde los primeros años del siglo XIX había expresado sus ideas en las principales instituciones económicas e intelectuales y que había logrado despegar bajo el amparo del Capitán General Cienfuegos y de Alejandro Ramírez[114].

La Sociedad Económica de la Habana, como representante de la política reformista del ilustrado gobierno español, se dedicó, entre otros proyectos, a conformar un programa de desarrollo agrícola orientado a reorganizar la agricultura cubana, a fin de superar el estado de atraso en que se hallaba como consecuencia del monocultivo, dotarla de una adecuada tecnología y sustituir la mano de obra esclava por trabajadores libres. Los esfuerzos realizados están contenidos en los proyectos presentados en esta corporación por algunos hacendados con una mentalidad más abierta y receptiva, algunos de ellos intelectuales, partidarios de la creación de cátedras de botánica y escuelas de agricultura práctica, en las que se impartiera una enseñanza que conjugara los conocimientos tradicionales con la asimilación de las experiencias alcanzadas en los países europeos[115].

En este sentido, caben señalar las propuestas de Juan Manuel O'Farrill y Nicolás Calvo de la Puerta, quienes en 1793 abogaron por la utilidad de la botánica para el desarrollo agrícola del país y por la conveniencia de fundar escuelas que promovieran, entre otros aspectos, la introducción de nuevos cultivos[116], y los planes para desarrollar la agricultura cerealera de la Sociedad Económica. Estos proyectos comenzaron en 1819 en Güines (arroz) y Villa Clara (trigo)[117]. La puesta en marcha de estos cultivos permitiría no sólo realizar su objetivo central, la diversificación y tecnificación agrícola, sino también, como ya comentamos, el poblamiento con colonos blancos.

---

[114] Consuelo Naranjo y Mercedes Valero, "Trabajo libre y diversificación agrícola en Cuba: una alternativa a la plantación (1815-1840)", *Anuario de Estudios Americanos,* t. LI, núm. 2, Sevilla 1994, pp. 113-133.
[115] Rolando Misas Jiménez, "La Real Sociedad Patriótica y las investigaciones aplicadas a la agricultura", C. Naranjo y T. Mallo (eds.), *Cuba, la perla de las Antillas..., Opus cit.,* pp. 75-84.
[116] Nicolás Calvo, "Discurso de Nicolás Calvo promoviendo el establecimiento de una escuela de Química y Botánica", *Memorias de la Sociedad Patriótica de la Habana,* La Habana, 1793, t. I, p. 155.

Dentro de esta corriente de pensamiento hay que destacar la figura del hacendado José María Calvo, que en 1818 propuso la creación de una escuela de agricultura práctica, fundamentando en su "Cartilla rústica" el criterio de organizar cursos gratuitos para el cultivo y ensayo de plantas útiles, así como estimular a los agricultores a introducir nuevos cultivos y maquinaria agrícola mediante la convocatoria de premios. Como las anteriores propuestas, este proyecto tampoco recibió el apoyo necesario a pesar de que ya hacía un año que se había creado el Jardín Botánico de La Habana y se hacían esfuerzos por organizar en el mismo una cátedra de botánica, concebida más por su utilidad médica que por la aplicación de una enseñanza agrícola[119]. El anhelo de reformar la agricultura en Cuba tuvo también como representante a Ramón de la Sagra, que desde su llegada en 1823 dedicó gran parte de su trabajo a estudiar los factores que limitaban, y que a la larga frenarían, el crecimiento econó-

---

[117] En este primer reformismo agrario y social ya están contenidos los proyectos agrícolas que harían posible el autoconsumo, así como los intentos por integrar los nuevos conocimientos científicos y tecnológicos a la industria azucarera que en el último cuarto del siglo XIX desarrollaron con mayor éxito los agrónomos criollos. Sobre este aspecto pueden consultarse las investigaciones desarrolladas en Cuba por Mercedes Valero, Rolando Misas, y Leida Fernández: M. Valero, "La Institución Agrónoma de La Habana", *De la ciencia ilustrada a la ciencia romántica,* Madrid-Aranjuez, Ediciones Doce Calles, 1995, pp.441-450; Consuelo Naranjo y Mercedes Valero, "Trabajo libre y diversificación agrícola en Cuba: una alternativa a la plantación (1815-1840)", *Anuario de Estudios Americanos..., Opus cit.*, pp. 113-133. R. Misas, *Diversificación y tecnificación agrícola en la Sociedad de Amigos de País de la Habana (1793-1866),* manuscrito inédito que el autor nos ha dejado consultar; *El trigo en Cuba en la primera mitad del siglo XIX,* La Habana, 1994, y "La Real Sociedad Patriótica de La Habana y las investigaciones científicas aplicadas a la agricultura (Esfuerzos de institucionalización: 1793-1864)", C. Naranjo y T. Mallo, *Cuba, la perla de..., Opus cit.,* pp. 75-84. L. Fernández, "La política agraria de España en Cuba y la institucionalización de la enseñanza superior, 1880-1892", *De Súbditos del Rey a Ciudadanos de la Nación,* Castellón de la Plana, Publicaciones de la Universitat Jaume I, 2000, pp. 115-128; "La agricultura cubana a fines del siglo XIX: Ciencia y Economía", *Actas del VIII Congreso Internacional de Americanistas,* Las Palmas de Gran Canaria, Ediciones del Cabildo de Gran Canaria, 2000, pp. 422-431; "Ciencia y reforma en la agricultura cañera en Cuba a finales del siglo XIX", *Revista de Indias,* núm. 231, 2004, pp. 529-548; Consuelo Naranjo y Leida Fernández, "Diversificación y reformas en el agro cubano: inmigración blanca y ciencia aplicada, 1878-1906", Josef Opatrný (ed.), *Cambios y revoluciones en el Caribe hispano ...,Opus cit.,* pp. 163-178; y su Tesis Doctoral *Ciencia y Tecnología en el desarrollo agrícola del occidente cubano, 1878-1915,* cuyo manuscrito nos ha dejado consultar la autora. Ver también el libro de Reinaldo Funes Monzote, *De Bosque a Sabana. Azúcar, deforestación y medioambiente en Cuba, 1492-1926,* México DF, Siglo XXI Editores, 2004.

[118] Antonio Bachiller y Morales, *Apuntes para la historia de las letras y de la instrucción pública en la Isla de Cuba,* 3ts., La Habana, 1859, t. I, p. 113.

[119] Mercedes Valero, "El Jardín Botánico de La Habana en el siglo XIX", Anuario, núm. 1, La Habana, Centro de Estudios de Historia y Organización de la Ciencia, 1988, pp. 248-271. Miguel Ángel Puig-Samper Mulero, "Las primeras instituciones científicas en Cuba: el Jardín

mico cubano[120]. Entre éstos, el naturalista gallego criticaba el monocultivo, la creciente importación de bienes de consumo, la dependencia de la agricultura y, en general, de la economía isleña del mercado extranjero, la política arancelaria, el desinterés por los avances científicos, y la utilización de fuerza de trabajo esclava[121].

El programa agrícola propuesto por Ramón de la Sagra pretendía establecer una industria rural diversificada, basada en la introducción de nuevos cultivos y la asimilación de procedimientos tecnológicos que se aplicaban en otros países con excelentes resultados; sin embargo, la incorporación de técnicas novedosas al trabajo agrícola y fabril, cuya separación apuntaba, exigía una mano de obra no esclava capaz de abordar este tipo de trabajos más cualificados. Para llevar a cabo esta reforma agrícola y económica, Sagra analizó la improductividad del trabajo del esclavo e indicó la necesidad de introducir mano de obra asalariada. Asimismo, se mostró partidario de los proyectos de colonización blanca y de la transformación de las grandes haciendas en pequeñas propiedades agrarias, donde se ensayarían nuevos cultivos con técnicas avanzadas, que proporcionarían una mayor producción y, por ende, la variabilidad de productos agrícolas para la alimentación y aplicación industrial. Para él, la pequeña propiedad era la vía idónea para desarrollar un sistema más productivo y rentable, frente al modelo de las grandes haciendas azucareras y cafetaleras.

Con vistas a materializar estas ideas, Ramón de la Sagra propuso establecer una escuela especial de agricultura, a modo de ensayo que pretendía extender a todo el país; ideas que coincidían con los proyectos de enseñanza agrícola presentados en la Sociedad Patriótica, y que contaron con el apoyo del grupo que dentro de esta corporación promovía criterios cercanos al pensamiento científico europeo.

Los primeros pasos dados por Ramón de la Sagra para fomentar la institucionalización de la enseñanza agrícola tuvo como escenario la cátedra de botánica agrícola del Jardín Botánico, fundada en 1824, de la que fue titular. Allí desarrolló una interesante actividad docente combinando el ensayo de nuevos cultivos, la formación de herbarios y la organización científica del jardín. A pesar de sus esfuerzos, las condiciones de esta ins-

---

Botánico de La Habana", *Cuba, la perla de las Antillas..., Opus cit.*, 1994, pp. 19-33; M. A. Puig-Samper y M. Valero, *El Jardín Botánico de La Habana..., Opus cit.*
[120] Miguel Ángel Puig-Samper Mulero, "Ramón de la Sagra, director del Jardín Botánico de La Habana", *Ramón de la Sagra y Cuba*, 2 vols., Sada-A Coruña, 1992, vol. 1, pp. 61-80.
[121] Ramón de la Sagra, *Historia física, política y natural de la Isla de Cuba (Introducción)* 2ts., París, 1845, t. 1, p.25.

titución no permitieron llevar a cabo todas sus aspiraciones, en especial la de crear una "hacienda modelo" al estilo de las que existían en Europa. La experimentación de algunos cultivos, algunos de ellos ya introducidos en el Jardín Botánico como el añil, el cacao, el trigo y el maíz, entre otros, así como el conocimiento de los progresos de la ciencia en otros países como Francia, Inglaterra y Estados Unidos, le sirvieron de base para presentar a las autoridades, en 1827, una memoria en la que sugería una serie de medidas orientadas a reorganizar la agricultura[122].

La diversificación de los cultivos como medio de eliminar su limitación al azúcar, el tabaco y el café, proporcionaría además, según sus planes, la disminución en gran medida de la dependencia del mercado extranjero y el desarrollo del comercio interior[123]. Frente al monocultivo, Ramón de la Sagra resaltaba los beneficios económicos y sociales de una agricultura diversificada que provocaría el establecimiento de industrias rurales y de manufacturas[124].

Yendo más allá en sus contenidos que los defendidos en el programa de la "Cuba pequeña", los reformistas criticaron el sistema de producción esclavista, ya que a su juicio impedía, a largo plazo, el crecimiento económico y hacía del país una plantación. Sin entrar en los postulados políticos del reformismo, tarea desarrollada en este libro por Josef Opatrný, sí debemos detenernos en la defensa que los reformistas agrarios hicieron de la colonización blanca y su ataque al comercio de esclavos.

---

[122] Miguel Ángel Puig-Samper Mulero, "Ramón de la Sagra"..., *Opus cit.* Entre estas medidas propuestas por La Sagra hay que destacar la creación de una escuela práctica donde se combinara la actividad docente y la investigación, ya que significaba la oportunidad de introducir técnicas modernas de cultivo, instrumentos agrícolas más eficientes y la posibilidad de formar un personal capacitado para desarrollar y dirigir estas labores, ya fuesen labradores, criadores de ganado o maestros de azúcar.

[123] Ramón de la Sagra, *Memoria sobre la necesidad de ensanchar la esfera agrícola cubana, con nuevos cultivos de vegetales, así indígenas como exóticos,* la Habana, Instituto Agronómico de la Habana, 1827.
Por una Real Orden de 1829 se autorizó a la intendencia de La Habana a establecer este tipo de escuela como centro de aclimatación y ensayo de nuevas especies con miras tanto a la utilidad que pudiera tener en España, como a la función divulgadora de los conocimientos científicos. Con el establecimiento de una "hacienda modelo" en el seno de la escuela se perseguían diferentes objetivos que confluían en un mismo fin: el crecimiento económico de Cuba mediante la transformación de sus estructuras económicas y sociales. Ver: Ramón de la Sagra, *Historia económica-política y estadística de la Isla de Cuba, o sea de sus verdaderos progresos en la población, la agricultura, el comercio y las rentas,* la Habana, Imprenta de las Viudas de Arazoza y Soler, 1831, p. 91.

[124] Ramón de la Sagra, *Cuba: 1860. Selección de artículos sobre agricultura cubana,* La Habana, Comisión Nacional Cubana de la UNESCO 1963.

La posición de José Antonio Saco frente a la esclavitud parte del mismo miedo que el que contagió a toda la población tras Haití. Sus temores y anhelos de reforma política se combinaron en su toma de posición y en su crítica al sistema colonial:

> ...No lo niego, no; es cierto y muy cierto es, que deseo ardientemente, no por medios violentos ni revolucionarios, sino templados y pacíficos la disminución, la extinción si fuera posible, de la raza negra; y la deseo, porque en el estado político del archipiélago americano, ella puede ser el instrumento más poderoso para consumar la ruina de nuestra isla[125].

El desplazamiento de la población blanca de las artes y la disminución de las carreras y oficios de los blancos eran la mayor prueba del peligro que corría la isla si se continuaba introduciendo esclavos africanos[126]. Y, como medio más eficaz para contrarrestar la influencia africana en la cultura y en la "raza", apostó por la colonización blanca para "Blanquear, blanquear, y entonces hacernos respetar..."[127] y lograr "el adelantamiento de la agricultura, la perfección de las artes, en una palabra, la prosperidad cubana en todos los ramos..."[128].

Su desesperación ante el mestizaje de la población cubana y la pérdida de los caracteres de la cubanidad la expresa Saco a su amigo Betancourt Cisneros en la carta que le envía en 1848:

> ... no me digas que deseas para ti esa ¡nacionalidad -hispanocubana- No, hombre!. Dame turcos, árabes, rusos; dame demonios, pero no me des el producto de los españoles, congos, mandingas y hoy... malayos para completar el mosaico de población [129].

---

[125] José Antonio Saco, *Colección de Papeles Científicos, Históricos, Políticos y de otros ramos sobre la Isla de Cuba, ya publicados, ya inéditos*, 3 tomos, La Habana, Editora del Consejo Nacional de Cultura, 1962, t. 3, p. 275. Del mismo autor, *Ideario reformista*, Cuadernos de Cultura núm.5, La Habana, Publicaciones de la Secretaría de Educación, Dirección de Cultura, 1935.

[126] José Antonio Saco, *Colección de Papeles..., Opus cit.*, t. 1, pp. 216-221 y t. 2, p. 136.

[127] Carta dirigida a su amigo José Luis Alfonso en 1835. Cfr. Eduardo Torres-Cuevas y Arturo Sorhegui, *José Antonio Saco. Acerca de la esclavitud y su historia*, La Habana, Editorial Ciencias Sociales, 1982, p. 62.

[128] José Antonio Saco, *Ideario reformista..., Opus cit.*, p. 32.

[129] *Contra la anexión. José Antonio Saco*, La Habana, Editorial de Ciencias Sociales, 1974, compilado por Fernando Ortiz.

Al igual que otros pensadores, como Ramón de la Sagra o Francisco de Frías y Jacott, el Conde de Pozos Dulces, Saco defendió desde los años treinta que el azúcar podía producirse con asalariados blancos. Para ello se apoyaba Saco en algunos ensayos en los que la introducción de colonos provocó el aumento de oferta de mano de obra libre y la reducción de los salarios, como ocurrió en Puerto Príncipe en 1841, con la instalación de 200 catalanes, que cobraban por su trabajo entre 6 y 7 pesos mensuales[130].

Adelantado a su tiempo, rebatió las teorías sobre la falta de aclimatación del hombre blanco a los trópicos. En estos años, hasta muy avanzado el siglo XIX, la importancia que se le concedía al medio ambiente y, en especial, al clima llegaba a tal extremo que se pensaba que éste imprimía al hombre caracteres especiales, tanto físicos como morales y psicológicos, que estaban en consonancia con las condiciones climatológicas del país que habitaban. Los defensores de esta teoría pensaban que la adaptación del africano, y en ocasiones del asiático, al trópico era prácticamente inmediata a su llegada, y no así la de los blancos en quienes las elevadas temperaturas y la gran humedad les provocaba algunas modificaciones fisiológicas que se reflejaban en su carácter y les volvía apáticos e indolentes. Un nuevo manto científico legitimaba el trabajo esclavo y daba la razón a los hacendados para continuar importando sus brazos[131].

Y como el Conde de Pozos Dulces, negaba la predisposición del negro a aclimatarse al trópico y a los trabajos agrícolas:

> ...Cuba necesita más de la inteligencia del blanco que de la fuerza muscular del hombre de color; debiera ser por excelencia

---

[130] José Antonio Saco, *Colección de Papeles...*, *Opus cit.*, t. 2, p. 116.
[131] Marcial Dupierris, *Memoria sobre la topografía médica de la Habana y sus alrededores y sobre el estudio físico y natural de los colonos asiáticos*, La Habana, 1857. La aclimatación provocó debates interesantes en el seno de las sociedades científicas de la isla. Un estudio pormenorizado de éstos se encuentra en Armando García, *Actas y resúmenes de Actas en la Sociedad Antropológica de la Isla de Cuba en publicaciones del siglo XIX*, La Habana, 1988. Véase también Consuelo Naranjo y Armando García, *Racismo e Inmigración...*, *Opus cit.*, pp. 69-83. Es interesante los estudios de Tomás Romay, quien muy pronto, en 1818, dio algunas medidas que debían seguir los inmigrantes blancos para su aclimatación al trópico: Tomás Romay, *Obras completas*, 2 ts., La Habana, Museo Histórico de las Ciencias Médicas Carlos J. Finlay, Academia de Ciencias de Cuba, 1965, t. 2.
A partir del último cuarto del siglo XIX la teoría sobre la aclimatación introdujo nuevos elementos que cambiaron la visión comentada: Carlos J. Finlay, "Informe acerca de la memoria Aclimatación e higiene de los europeos a Cuba, presentada con opción a uno de los premios de la Real Academia", *Anales de la Real Academia de Ciencias Médicas, Físicas y Naturales de la Habana*, la Habana, 1875, t. 2, pp. 66-84; y "Apología del clima de Cuba", *Gaceta Médica de la Habana*, año I, núm. 2, la Habana, 1878, pp. 1-3.

la patria de la pequeña propiedad y de los cultivos en escala menor. Sin exceptuar la caña de azúcar, todas sus labranzas convidan al trabajo y a la inmigración europea[132].

Para llevar a cabo los proyectos presentados en la Sociedad Económica por estos intelectuales, fue Ramón de la Sagra quien señaló la necesidad de realizar la transformación técnica en la agricultura; transformación que sólo era posible realizar mediante el cambio del sistema de trabajo, del esclavo al libre. La imposibilidad que el esclavo tenía para desarrollar trabajos que no fueran meramente manuales se debía, según él, a su condición de esclavo. Para La Sagra los negros se encontraban en un estado de "apatía salvaje", que guarda relación directa con el medio físico donde vivían antes de ser esclavizados. Dicho estado fue reforzado por la esclavitud "un sistema, carente de estímulo y que, en opinión de la Sagra, elimina completamente la inteligencia del operario, para que predomine exclusivamente su fuerza muscular". En sus escritos se repiten los argumentos en contra de la esclavitud, no sólo por el carácter inhumano del sistema, sino por ser, desde un punto de vista económico, el factor que impedía la organización de un sistema agrícola y de economía rural fundada en principios científicos, y que limitó a la agricultura de las Antillas a un número pequeño de cultivos, como el café y el azúcar. En estas condiciones, el esclavo era incapaz de incorporar en su trabajo ningún tipo de máquina, utensilio o adelanto tecnológico, dejando a la agricultura en el estado en que se encontraba, con la fuerza física como único elemento para su cultivo, la rutina como única ley agrícola y la abundancia de los productos como exclusivo resultado de la administración económica.

En el análisis que Ramón de la Sagra realizaba sobre las causas del atraso de la producción cubana, en 1845, planteaba como solución para desarrollar el cultivo la incorporación del trabajador libre, ya que la transformación tecnológica de la industria azucarera sólo podía ser viable mediante la separación del trabajo agrícola del sector fabril, y la introducción de trabajadores libres. Para él la única solución era la introducción de inmigrantes asiáticos y de colonos blancos, que en la industria azucarera trabajasen sembrando caña en tierras dadas a censo reservativo o arrendadas, o bien cultivasen otros productos necesarios en la industria europea. Sus argumentos en este sentido se repiten constante-

---

[132] Medardo Vitier, *Las ideas en Cuba,* 2 ts., La Habana, Editorial Trópico, 1938, t. 2, p. 72. Véase Francisco Frías y Jacott, *Reformismo Agrario,* Cuadernos de Cultura, Cuarta Serie, núm. 1, La Habana, Publicaciones de la Secretaría de Hacienda, 1937.

mente a lo largo de su obra. Para apoyar sus ideas la Sagra de nuevo pone su mirada en Europa y comenta los proyectos de colonización blanca que en los mismos años estaban gestionando Francia y Gran Bretaña en sus posesiones antillanas, para proponer, finalmente, en 1845, la creación de una empresa de colonización:

> El cultivo por medio de brazos blancos,..., es el ancla firme de salvación que tienen las Antillas españolas y de que más o menos carecen las extranjeras[133].

En la defensa de la esclavitud como motor de la economía isleña, Juan Bernardo O'Gavan, diputado por Cuba, afirmaba que dicho sistema era la garantía para la "seguridad y existencia" de la isla. Su obra, *Observaciones sobre la suerte de los negros del África, considerados en su propia patria y trasladados a las Antillas españolas: y reclamación contra el tratado firmado con los ingleses en el año de 1817*, publicado en Madrid en 1821, que contenía los reclamos de los hacendados, ante las el avance de la corriente abolicionista, recordaba a las autoridades españolas la lealtad de la isla, los intereses que ambos compartían y el reclamo de aquellos que le eran fieles de mantener la esclavitud. En este juego, O'Gavan alertaba, amenazaba, al gobierno metropolitano de las consecuencias políticas nefastas que podría producir la abolición de la esclavitud:

> ...sería doloroso que leyes poco meditadas y que diesen un golpe moral a su prosperidad, la hiciesen ceder al movimiento común que hoy agita al continente americano, y adoptase medidas poco favorables al sistema de unión con las provincias europeas[134].

De nuevo en los años cuarenta, cuando se recrudecen las presiones inglesas sobre el tráfico negrero y la presencia en La Habana del cónsul inglés Turnbull (1837-1839) y la publicación de su obra en 1840 reavivaron la polémica sobre la esclavitud[135], surgiendo obras defensoras del sistema esclavista como la de Mariano Torrente titulada *Cuestión impor-*

---
[133] Ramón de la Sagra, *Cuba: 1860...*, Opus cit., p. 126.
[134] Juan Bernardo O'Gavan, *Observaciones sobre la suerte de los negros del África, considerados en su propia patria y trasladados a las Antillas españolas: y reclamación contra el tratado firmado con los ingleses en el año de 1817*, Madrid, Imprenta del Universal, 1821.
[135] La presión inglesa derivó en la firma del Tratado entre España y Gran Bretaña, el 28 de junio de 1835, por el que se suprimía el comercio de esclavos. Su incumplimiento tratado fue penalizado en 1845 por la Ley de Represión del Tráfico Negrero, conocida como Ley Penal. La apertura de los azúcares cubanos al mercado inglés, el aumento de la demanda norteame-

tante sobre la esclavitud[136]. En ella, Torrente de forma tosca comparaba el régimen esclavista desarrollado por España y por otras potencias, destacando la benignidad del primero, así como la situación ventajosa de los negros de Cuba, a pesar de ser esclavos, frente a los de Jamaica ejemplos de "una raza indolente i viciosa, envueltos en la miseria i en el infortunio...". En diversos momentos, el autor retomaba los sucesos de Haití, que con una leve evocación de "las escenas de sangre y horror olvidadas por los abolicionistas", le servían como parapeto frente al avance de las sociedades filantrópicas, así como para recordar, a unos y a otros, a los más liberales y a las autoridades españolas, el peligro que suponían la población de color para el mantenimiento de la riqueza, del orden e incluso de la vida y propiedades de los blancos. Sus recuerdos se tornan amenazas en diferentes ocasiones como cuando decía "... porque nunca la madre patria podrá desconocer los deberes que tiene contraidos con aquellos súbditos, ni éstos faltar á la obediencia que está arraigada en lo más profundo de sus corazones".

Aunque la defensa de la esclavitud la sostiene en argumentos humanitarios, económicos y políticos, que le llevan a calificar a la abolición de medida violenta, impolítica y peligrosa, sus palabras contienen un mensaje amenazante para los reformistas, a quienes no discute con razonamientos económicos sino, simplemente, aireando el temido fantasma haitiano, contraponiendo barbarie a civilización, abolición a orden y bien nacional:

> ... ¿I qué dirían los abolicionistas si el primer fruto de la emancipación en la isla de Cuba fuera la destrucción del país, el degüello de los blancos, el estrupo, la violencia, i el entronizamiento de la barbarie africana...? Toda alteración que se quiera hacer, llevaría en pos de sí la miseria y la muerte...[137].

---

ricana y, fundamentalmente, la construcción del ferrocarril -que redujo el coste final del producto e hizo posible la extensión del cultivo a tierras alejadas de los puertos- fueron los factores que impulsaron la expansión económica. En pleno crecimiento, con un mercado de brazos mucho más costoso y difícil, es fácil imaginar la desesperación de los hacendados por frenar las ideas abolicionistas y conseguir nuevos brazos para seguir produciendo con costes similares. Según las estimaciones de la Comisión Permanente de Población Blanca en 1846 la demanda anual de trabajadores oscilaba entre 20.000 y 30.000. Véase: Antonio Santamaría y Alejandro García, *Economía y colonia. La economía cubana y la relación con España, 1765-1902*, Madrid, CSIC, 2004 y Bernard Lavallé, Consuelo Naranjo y Antonio Santamaría, *América española II. Economía...*, Opus cit.

[136] Mariano Torrente, *Cuestión importante sobre la esclavitud*, Madrid, Imprenta de la Viuda de Jordán e Hijos, 1841.
[137] *Idem*.

Una alarma constante que alienta el miedo interesado

En junio de 1823 el Capitán General Francisco Dionisio Vives comunicaba a Madrid su decisión de no aplicar la ley sobre reuniones de sociedades para discutir materias políticas. El recorte de libertades lo hacía en función del peligro que la isla correría por la presencia de algunos elementos procedentes de otros países latinoamericanos que pretendían subvertir el orden colonial. Los pardos y morenos libres eran en su opinión los sectores más susceptibles de la propaganda, aunque manifestaba un temor mayor hacia los negros esclavos "que sacarían aplicaciones favorables a su clase de las imprudentes arengas en que se desenvolverían aquellas ideas en las tribunas de las sociedades, permitidas con objeto de discutir materias políticas; y sus mismos amos se verían precisados a proveer por sí mismos a la seguridad particular y general de la isla"[138].

Unos años después, en octubre de 1830 un comerciante de Puerto Rico informaba de la carta que le había enviado otro comerciante de Saint Thomas en la que le hablaba del envío de espías a las posesiones españolas para introducir el desafecto entre los esclavos "y así preparados, asistirlos el gobierno de Haití, con todo lo necesario para que tenga efecto el atentado..."[139].

Los rumores sobre las posibles conspiraciones desde Haití y Santo Domingo continuaron a lo largo de los años. Como un trampolín, desde las islas se propagó todo tipo de noticias alentadas por espías, corresponsales, particulares, oficiales... Una de ellas es la que recoge el informe del Capitán General de Puerto Rico, en la que le comentaba que en Santo Domingo se estaban tomando medidas para revolucionar Cuba y Puerto Rico, y la necesidad de mantener vigiladas las costas, evitar la entrada de extranjeros y, particularmente de color.

Es sólo uno de las muchas noticias que nos encontramos. Todo ayudó a que durante las décadas de los veinte y treinta del siglo XIX la amenaza negra siguiera alentando y ayudando a los gobiernos coloniales a mantener la esclavitud como el miedo más eficaz de mantener el control de Cuba y, además, vigorizar las barreras y prejuicios hacia la población de color. Bajo el gobierno del Capitán General Francisco Dionisio Vives (1823-1832) se tomaron diferentes medidas encaminadas a refor-

---

[138] AHN, Sección Estado, Legajo 6368, caja 2, exp. 50.
[139] AHN, Sección Estado, Legajo 6376, caja 2, exp. 31.

zar el poder y el orden colonial, desde la ejecución de algunos independentistas en Puerto Príncipe, como Frasquito Agüero y Manuel Sánchez, y la persecución de todos los participantes en movimientos secesionistas (como la Conspiración del Águila Negra, en 1830), a la prohibición de introducir libros que versaran sobre rebeliones o de aquellos que contuviesen una crítica a la esclavitud, como fue el *Ensayo político sobre la isla de Cuba,* de Alejandro de Humboldt, traducido al español en 1827 y prohibido por el Ayuntamiento de la Habana, en sesión del 29 de noviembre de 1827, y la promulgación de diferentes circulares en las que de acuerdo a los acontecimientos más inmediatos se ordenaba a las autoridades de la isla que estuviesen al tanto de la situación y tomasen las medidas oportunas para que los hacendados no comprasen esclavos que no fueran bozales. El negro ladino o el criollo seguían siendo, en 1831 como lo fueron en 1796, sospechoso de portar e introducir en Cuba ideas sediciosas[140].

En la carta de Vives al primer secretario de Estado, fechada en La Habana el 8 de agosto de 1831, comentaba los rumores de un levantamiento de los negros y mulatos libres y esclavos de Jamaica, cuyo fin era, como había sido en Saint Domingue, destruir e incendiar la colonia. Sin embargo, es interesante ver la manera en que el Capitán General introduce los dos elementos manejados a lo largo de estos años, la amenaza revolucionaria del negro, y, a la vez, su alianza con algunos criollos para desestabilizar el orden:

> …los negros por sí solos son incapaces de esos esfuerzos parricidas, la malicia de algunos blancos y el espíritu de licencia son los que dan el impulso a semejantes convulsiones que concluyen con el desastre general, envolviendo a los inocentes y los culpables[141].

En un informe posterior, de 31 de marzo de 1832, se comentaba la sublevación ocurrida en Jamaica y la preocupación por "… la seguridad y tranquilidad de esta preciosa Ysla de Cuba, que consideraba expuesta a ser atacada de las mismas ideas subversivas que desgraciada-

---

[140] Alejandro de Humboldt, *Ensayo político sobre la isla de Cuba*, Madrid-Aranjuez, Ediciones Doce Calles-Junta de Castilla-León, 1998, estudio introductorio y edición a cargo de Miguel Ángel Puig-Samper, Consuelo Naranjo y Armando García. C. Naranjo, "Humboldt y la isla de Cuba en el siglo XIX", Mª Pilar San Pío y Miguel Ángel Puig-Samper (coords.), *Las flores del paraíso. La expedición botánica de Cuba en los siglos XVIII y XIX*, Madrid-Barcelona, Caja Madrid-Lunwerg Editores, 1999, pp. 121-138.
[141] AHN, Estado, Legajo 6373, exp. 10.

mente habían cundido en Jamaica". En su exposición es interesante que los negros sublevados son tildados de "degenerados"[142].

La tolerancia del gobierno de Vives se truncó con la llegada de Miguel Tacón. A pesar de las amenazas que desde el principio aparecieron en pasquines "si vives como Vives, vivirás...", el gobierno del Capitán General Miguel Tacón se había dispuesto restablecer el orden, la justicia y eliminar la corrupción, para lo cual impuso, como primera medida, un giro en la política, que a partir de entonces estaría presidida por el distanciamiento de las relaciones entre la elite criolla y el gobierno. El recorte del poder de la aristocracia cubana, el desplazamiento de los criollos de los círculos de poder por peninsulares, la manifestación cada vez con más fuerza de la cultura criolla y de los deseos de un sector por ganar libertades frente a la metrópoli, que desencadenó el destierro y de algunos de los portavoces del grupo liberal criollo y la expulsión de los diputados cubanos de las Cortes españolas en 1837, provocaron un enfrentamiento entre criollos y peninsulares durante su mandato, 1834-1838[143].

Consciente de que en Cuba reforzar la esclavitud era el medio más eficaz para frenar los intentos independentistas de los liberales criollos, y en un momento en los que el azúcar y la esclavitud seguían siendo un binomio que reportaba grandes beneficios, el General obró de manera muy diferente a como lo hiciera en Colombia. Los contextos eran diferentes, las estrategias y medidas también lo fueron. Si en el continente americano la abolición de la esclavitud beneficiaba al orden colonial, en Cuba el aumento de la población blanca ayudaría a lograr la independencia. Para impedirla actuó con mano dura contra cualquier intento de sublevación -bien procedente de los esclavos, protagonizadas en diferentes partes, en el ingenio Magdalena de Matanzas,

---

[142] Informe de enviado por Vives y Ángel Laborde al conde de Salazar, primer secretario de Estado. AHN, Estado, Legajo 6374, exps. 1 y 2.
Sobre la aplicación de conceptos científicos a las poblaciones en función de legitimar las diferencias económicas y sociales y legitimar la esclavitud puede verse: Consuelo Naranjo y Armando García, *Racismo e inmigración en Cuba, siglo XIX..., Opus cit.*; y Armando García, "En torno a la Antropología y el Racismo en Cuba en el siglo XIX", *Opus cit.*; A. García y C. Naranjo, "Antropología, racismo e inmigración en la Sociedad Económica de Amigos del País de la Habana", *Asclepio*, vol. XLIII, fasc. 2, Madrid, CSIC, 1991, pp. 139-163.
[143] *Correspondencia reservada del Capitán General D. Miguel Tacón, 1834-1836*, Introducción, notas y bibliografía por Juan Pérez de la Riva, La Habana, Consejo Nacional de Cultura, 1963. Ver también la monografía de José Gregorio Cayuela, *Bahía de Ultramar: España y Cuba en el siglo XIX. El control de las relaciones coloniales,* Madrid, Siglo XXI editores, 1993.

en La Habana y en Jaruco, o bien contra los protagonizados por los criollos liberales, aunque fuera sólo en ideas- y defendió enérgicamente la trata y el aumento de la población esclava. Airear el fantasma de la negritud y la amenaza haitiana era una vez más el recurso más eficaz para mantener el orden colonial. El miedo pasó a ser el principal aliado del gobierno colonial en un momento en que las ideas abolicionistas inglesas ganaban terreno en el panorama internacional y en la propia isla, con la presencia en La Habana de Ricardo R. Madden, nombrado Comisionado por Inglaterra para velar por el cumplimiento de los tratados sobre el tráfico negrero firmados entre España e Inglaterra, a la vez que Cuba era amenaza por Estados Unidos, Jamaica e Inglaterra[144].

Asimismo, no debemos de olvidar las ganancias cuantiosas que los gobernadores de la isla obtuvieron del tráfico negrero; unos por ser dueños de ingenios, otros por estar emparentados con las familias aristocráticas más influyentes y ricas, y otros al recibir sumas importantes a partir del porcentaje sobre cada negro introducido[145].

De acuerdo a este ideario político, durante los años de gobierno de Tacón la censura actuó contra aquellos que clamaban por cambios en el sistema colonial, que señalaban los defectos de éste, se mostraban partidarios de la abolición o recelaban de la complacencia y complicidad con que las autoridades veían la introducción de esclavos.

Los escritos de José Antonio Saco le ocasionaron su destierro en 1834, otros liberales también fueron acallados. Este fue el caso de Pedro José Morillas, autor de *Medios de fomentar y generalizar la industria,* de 1838, quien afirmaba que el retraso de la economía cubana era que la ejercían brazos esclavos, pudiéndose hacer con trabajadores libres, como en Puerto Rico[146]. Ideas similares sobre la utilidad de la colonización blanca y crítica a la introducción de esclavos las expresaba Domingo Del Monte y el anexionista Gaspar Betancourt y Cisneros, *El Lugareño*; sus ideas motivaron el abandono de la isla en 1846[147].

---

[144] Ver la correspondencia del General Tacón: *Correspondencia reservada del Capitán General D. Miguel Tacón..., Opus cit.,* pp. 109-296, pp. 252-258.
[145] El General Tacón recibía para sus arcas particulares media onza por cada esclavo vendido en Cuba. Por este concepto, al finalizar su mandato en Cuba, Tacón había amasado una fortuna que alcanzaba, según algunos autores, a más de 400.000 pesos. Ver *Correspondencia reservada del Capitán General D. Miguel Tacón..., Opus cit.,* pp. 41-42
[146] Leví Marrero, *Cuba..., Opus cit.,* t. IX., p. 159.
[147] Manuel de Paz Sánchez, "El Lugareño contra la esclavocracia: las cartas de Gaspar Betancourt y Cisneros (1803-1866)", *Revista de Indias,* 214, Madrid, 1998, pp. 617-636. Manuel de Paz y Manuel Hernández González, *La esclavitud blanca. Contribución a la his-*

"Se alarman todos y no ven sino la ruina y la destrucción de Cuba, en lo que debieran mirar su salvación y prosperidad futuras"; en estas palabras Domingo del Monte condensaba la actitud y falta de miras de la mayoría de los hacendados y del gobierno metropolitano al aferrarse a la esclavitud como el "salvador" de la isla[148].

Partidario de la colonización blanca, en sus escritos políticos sobre la situación económica, social y política de la colonia, redactados entre 1835-1849, Del Monte examina las causas que limitan la llegada de colonos, "brazos libres ociosos en Europa", y como Ramón de la Sagra cree que las causas hay que buscarlas en el sistema esclavista, tanto por sus métodos, como por haber envilecido el trabajo en el campo de tal manera que nadie quería llegar a Cuba a confundirse con, lo que él denomina, "la raza esclava y maldita". Si no, ¿cómo entender la escasa acogida que tuvieron entre los hacendados los proyectos presentados a la Junta de Fomento de importar asalariados para trabajar en los ingenios? Uno de los planes más atractivos y viables, recordaba Del Monte, era el de José María Dau para crear un ingenio sin esclavos, título de la propuesta que elevó en 1837, y en la que recomendaba la contratación de trabajadores canarios[149].

Retomaba las viejas propuestas de convocatoria de concursos y concesión de premios, muy aplaudida por los reformistas agrarios, que animaban a los hacendados a contratar trabajadores libres y a los colonos a cultivar nuevos productos. La convocatoria que en 1836 lanzó la Diputación Patriótica de Santiago de Cuba contenía las ideas por las que combatieron desde distintas posiciones Saco, Del Monte, Betancourt, Sagra, Pozos Dulces, entre otros:

> ...destruir las preocupaciones que no solo se oponen a los progresos de las artes y oficios mecánicos mas precisos a la vida civilizada, sino que alejan también a los individuos de la clase blanca, y la hacen mirar con desden todo género de ocupacion en que tengan que alternar con otros de diverso color y condiciones, prefiriendo a veces los menesterosos, vivir en la escasez miserable, que despreciar las ideas ridículas de un orgullo infundado[150].

---

toria del inmigrante canario en América. Siglo XIX, "Taller de Historia", CCPC, Santa Cruz de Tenerife, 1993, pp. 57 y ss. Sobre Domingo del Monte ver *Escritos de Domingo Del Monte*, introducción y notas de José A. Fernández de Castro, Habana, Cultural, 1929.

[148] Palabras de Domingo del Monte extraídas de sus *Escritos de Domingo del Monte ..., Opus cit.*, t. 1, pp. 144- 188, pp. 144-145.
[149] Consuelo Naranjo y Armando García, *Racismo e Inmigración..., Opus cit.*, pp. 97-105.
[150] Ramón de La Sagra, *Cuba: 1860..., Opus cit.*, p. 61.

Domingo del Monte, en un momento en el que el comercio esclavista estaba en plena expansión, en el que, por vez primera, el número de esclavos había superado al de blancos, y en una etapa clave de reivindicaciones de los criollos, 1835-1849, se esfuerza en desenmascarar los negocios lucrativos que la trata producía a hacendados y gobierno, así como las motivaciones políticas que alentaban el miedo al negro, tachando de lamentable error político la conducta de las autoridades de la isla, "que les hace ver la dependencia y sujeción de la Colonia, en este aumento espantoso de esclavos, que dice que pone a raya los ímpetus independentistas de los criollos".

Sin embargo, estas palabras Del Monte, como las de Saco y otros intelectuales, no tienen que engañarnos. Para ellos, el negro también suponía un peligro político y social para Cuba y, precisamente, por ello, defendían a gritos la colonización blanca. Amenaza para la cultura, para el futuro de la raza blanca y para el futuro político de la isla, en sus escritos Del Monte incidía en el peligro que suponía el aumento imparable de la población de color que, además, en esos momentos era crítica.

El temor al negro era una alarma constante que alentaba el miedo, los miedos interesados, y la amenaza se maneja desde todas las esferas y posiciones políticas. Frente a las palabras de José Antonio Saco o de Domingo Del Monte, cuando en 1844 denunciaba al gobierno español la situación de Cuba

> La Isla de Cuba corre hoy el inminente peligro de que irremisiblemente se pierda, no sólo para España, sino para la raza blanca y para el mundo civilizado, a menos que el gobierno de la metrópoli adopte varias enérgicas medidas que atajen el mal[151].

El otro grupo sabía que utilizar este miedo era un instrumento eficaz para mantener el poder de España en Cuba, por lo cual la política de colonización reclamada por algunos grupos desde Cuba y legislada desde la metrópoli contó en la isla con poderosos detractores en las esferas gubernamentales. Las palabras del Capitán General Gerónimo Valdés (1841-43) ilustran lo comentado:

> ...y es bien seguro que sin ese gran obstáculo la isla de Cuba no pertenecería ya a la Metrópoli, a pesar del respetable ejército que aquí se tiene. Siendo esto cierto, indudable como lo es y lo

---

[151] *Escritos de Domingo del Monte...*, *Opus cit.*, "Memorial dirigido al gobierno de España sobre el estado de Cuba en 1844", t. 1, pp. 161-178, p. 161.

conocen los más avisados de estos naturales, claman incesantemente por el fomento de la población blanca, porque saben que el día que llegasen a tener superabundancia de ella, podrían, sin peligro, decir un eterno adiós a España[152].

Con una visión puramente colonialista y un interés muy claro, mantener la colonia, Valdés iba más allá de aconsejar controlar la entrada de colonos blancos, considerados como posibles alteradores del orden establecido, sobre todo en un país donde una gran parte de la población era esclava, y se inclinaba por eliminar todo apoyo oficial a la colonización. El trabajo esclavo era el principal motor de crecimiento por lo que la política tenía que dirigirse a la conservación y aumento de la población esclava. Para ello, propuso la reproducción natural de los esclavos siguiendo métodos semejantes a los usados en Estados Unidos[153].

En su argumentación contra la colonización blanca Valdés se apoyaba en la creencia, ya comentada, sobre la mayor adaptación de los africanos al clima tropical, que les permitía mayor capacidad para trabajar en faenas agrícolas, reduciendo el debate de la esclavitud a un problema de aclimatación, idea que se invierte en la década de 1880 ante el cambio de condiciones y necesidades económicas:

> ..La agricultura de la Isla no puede ejercitarse por brazos blancos... y esto, en sustancia, es un gran bien en el orden político, puesto que contribuye, por necesidad, a perpetuar una raza que, bien equilibrada, es eminentemente conservadora...
> ... Los naturales (los criollos) no desmayan jamás de llegar al mismo fin de su apetecida emancipación política por medios suaves o violentos. Claman por este objeto por el aumento de población blanca, porque saben que los hijos de éstos nacen con sus mismas propensiones...[154].

Pero, en estos momentos en los que el tráfico negrero se había ido reduciendo y se fue elevando el precio de los esclavos, los hacendados hicieron llegar sus demandas a Madrid a través de las autoridades insulares. En 1832, siempre compaginando los intereses de la sacarocracia con los del gobierno metropolitano, en el informe que envió al rey, Arango y Parreño se mostró partidario por mantener un equilibrio racial.

---

[152] Leví Marrero, *Cuba..., Opus cit.,* t. XV, p. 149. Informe enviado por Valdés a España en 1841: AHN, Sección Estado, Legajos 8053 y 9052.
[153] Leví Marrero, *Cuba..., Opus cit.,* t. XV, pp. 158-160.
[154] *Ibidem,* t. XV, pp. 149-150.

En su informe sobre la desaparición de la trata y los medios para mejorar las condiciones de vida de los esclavos, Arango reproducía las tesis del economista francés Pedro A. Dufau, quien en su memoria sobre la esclavitud, traducida por Arango[155], negaba la mayor capacidad de aclimatación de los negros a los climas tropicales y la posibilidad de que en ellos los europeos vivieran y trabajaran. Inspirado en Dufau, Arango sostenía, en estos años, que el problema del fomento y la colonización de Cuba no era tanto el clima como la idea concebida de que determinados trabajos agrícolas eran degradantes y estaban restringidos a los negros. Para conseguir sus fines, proponía que el gobierno se encargara de potenciar, por una parte, la reproducción natural de los africanos y por otra el equilibrio racial a través del estableciendo colonias en las que convivirían blancos y negros.

Las presiones de Gran Bretaña para que la trata fuera abolida y de forma especial la firma del Tratado entre España y Gran Bretaña, el 28 de junio de 1835, por el que se suprimía el comercio de esclavos influyeron en el sentir de los hacendados y autoridades que veían peligrar sus negocios. Por ello, tras el descenso de entradas de africanos y la elevación de su precio -entre 1840 y 1860 el precio promedio de un esclavo entre 16 y 60 años se elevó de 400 pesó a 1.000 pesos- el principal objetivo de la elite fue conseguir brazos a costes más reducidos. Frente a las nuevas condiciones se dictaron disposiciones jurídicas y se idearon nuevos proyectos de colonización y planes para la traída de trabajadores. Las demandas de los hacendados y las reformas que se proponían desde diferentes ámbitos, así como el informe negativo de Valdés sobre la colonización blanca concienciaron al gobierno en la necesidad de iniciar algunos cambios en la política de fomento y colonización.

De esta nueva situación emanaron las Reales Órdenes del 16 de febrero de 1838 y del 8 de febrero de 1844, por las que desde la Secretaría de Estado y el Ministerio de Marina, Comercio y Gobernación de Ultramar se instaba a fomentar la población blanca. Así, en carta al Intendente de Hacienda, Claudio Martínez de Pinillos, Conde de Villanueva, en 1838, el secretario de Estado, Manuel Cañas, le urgía a tomar medidas para llevar brazos libres "que al paso que subsanen dicha falta, proporcionen el fomento de la población blanca" y mitigaran los perjuicios que la abolición de la trata pudiera ocasionar a los habitantes de Cuba "en su fortuna y riqueza". De forma inmediata, el Intendente informaba al Capitán General, Miguel Tacón, comentándole que el pro-

---

[155] Francisco Arango y Parreño, *Obras...*, *Opus cit.*

yecto de colonización sería un éxito ya que animaría a varias familias españolas, que en vez de dirigirse a Brasil y otros países de tierra firme llegarían a Cuba a trabajar en la agricultura "en cuyo ramo tienen particulares conocimientos"[156].

Los prejuicios y temores políticos aconsejaron un nuevo sistema de colonización que priorizaba la acción particular y la traída de inmigrantes frente a la de colonos. Esta nueva política recayó en la Junta de Fomento, Agricultura y Comercio de La Habana, órgano que desde 1842 asumió las competencias de la Junta de Población Blanca. Dentro de esta Junta, se creó una comisión encargada de los asuntos relacionados con la población y su fomento, la Comisión Permanente de Población Blanca, integrada por el conde de Fernandina (presidente), el marqués de Arcos y Corral, Teniente del Síndico, Antonio de Larrua y Antonio Mª Escovedo. En esta Comisión recayó la facultad de decisión sobre los proyectos colonizadores, además de actuar como órgano mediador entre los trabajadores y los hacendados a través de un sistema de contratas concedidas a los terratenientes para poder realizar el plan. La nueva política hacía especial énfasis en llevar a cabo ensayos en los ingenios con asalariados con el fin de analizar su rendimiento y costes de producción, una medida que, aunque no supusiera una sustitución inmediata de la mano de obra esclava por libre, se hacía eco de la necesidad de modificar el sistema de producción de azúcar en términos de rentabilidad.

El precio de los esclavos, la búsqueda de otra mano de obra, las rebeliones y conspiraciones protagonizadas por la población de color a principios de la década de 1840..., todo influyó en una toma de conciencia mayor sobre la necesidad de potenciar la colonización blanca. La reorganización de las instituciones encargadas de la colonización tuvo resultados en los años inmediatos. La Junta de Fomento hacía explícito su interés en atraer pobladores blancos. El objetivo no era tanto crear colonias como que los jornaleros se instalasen en las ciudades y pueblos ya existentes, o bien fuesen contratados para trabajar en haciendas, a cuyos dueños se les premiaría por su iniciativa. Se inició un nuevo período y una nueva política para que la iniciativa particular se encargara de la colonización. La creación de compañías anónimas es el resultado de ello. En 1844, la Circular de 7 de octubre estableció un sistema de protección del inmigrante libre y se abrieron registros censales. De esta manera además de controlar a la población que llegaba, el Estado le ofrecía cierta protección frente a los abusos de los hacendados y contratistas. En el mismo año

---

[156] ANC, Real Consulado y Junta de Fomento, Legajo 183, núm. 8357.

asistimos a la puesta en marcha de concursos en los que se premiaban las mejoras en la agricultura, la fundación de colonias con familias blancas y el establecimiento de colonos en los ingenios.

El programa de premios ofertado por la Real Junta de Fomento, Agricultura y Comercio de la isla de Cuba constaba de catorce partes y se desarrollaría entre 1845 y 1847. Se incentivaba desde el asentamiento de colonos en zonas despobladas o en ingenios, hasta las innovaciones e invenciones que redundasen en beneficio de la agricultura, así como las mejoras en la elaboración del azúcar. Por ejemplo, seis mil pesos se pagarían a quien diseñara en Cuba un tren de concentración al vacío que convirtiera en azúcar el guarapo, con una capacidad de elaborar en el plazo de cinco meses cuarenta y cinco mil arrobas purgadas. Otros premios se destinaron a quienes utilizaran el arado americano perfeccionado, sembraran sus campos con pasto para las reses (trébol de flor rosada o trifolium), o con otros cultivos que abonasen las tierras, como el Haba, plantasen diferentes clases de árboles, como cedros, pinos, majaguas, caobas, nueces de África y castañas de Malabar, o a aquellos que importaran de la India doscientas cepas de caña de azúcar para plantarlas en Cuba; asimismo, la Junta contempló también el desarrollo de la ganadería por lo que en este concurso se dotaron con premios a los colonos que mejorasen las razas de caballos y vacas, o bien criasen gallinas y cerdos mayores que lo habitual. Para la creación de nuevas colonias se fijaba en 50 el número de familias blancas, compuestas cada una al menos por un matrimonio, que tenían que importarse. Se les concedía en propiedad, con escritura pública, la tierra, 1 caballería, que en parte estaría cultivada, animales y chozas. En aquellas ocasiones en que los colonos se destinasen a ingenios, el número de familias requerido era de 25, compuestas, como en el caso anterior, por un matrimonio cada una. Estos agricultores estaban obligados a cultivar media caballería con caña de azúcar y a venderla al dueño del ingenio a precios convencionales[157].

Como medio de paliar el despoblamiento de la isla, con las cinco sextas partes del territorio sin habitar y con escasa población en el resto, la Junta insistió a lo largo de todo el año 1844 en la necesidad de poner en marcha planes de colonización que se materializasen. Con el fin de viabilizar y potenciar dichos proyectos la Junta acordó en los tres primeros meses del año algunas medidas, de cuya ejecución era responsable la

---

[157] La convocatoria de los premios que la Real Junta de Fomento acordó el 30 de agosto de 1844 fue publicada en el número 257 del diario *Faro Industrial,* en La Habana, el 14 de septiembre de 1844. ANC, Junta de Fomento, Legajo 180, núm. 8.257.

Comisión Permanente, tales como la constitución de sociedades anónimas que actuarían como promotoras de la colonización, la construcción de hospederías en La Habana para el alojamiento y aclimatación de los recién llegados, el envío a la España de agentes que actuasen como mediadores y reclutadores de inmigrantes y la creación de un fondo que permitiera una mayor capacidad de maniobra a la Junta, que sólo contaba con el impuesto sobre las costas procesales; asimismo, se diseñaron diferentes modelos de contrata en los que el contratista podía ser desde la propia Junta, hasta una sociedad anónima de colonización, un hacendado, o un empresario industrial[158].

Para lograr una mayor difusión de los acuerdos tomados por la Real Junta de Fomento de la Habana, el 7 de marzo de 1844, y poder materializarlos, la Comisión Permanente decidió publicarlos en los periódicos habaneros y en los diarios de las provincias del norte de España. Los nuevos planes abrían por dos años la llegada de inmigrantes pero con algunos límites. Debían proceder de la zona septentrional, tener una edad entre 15 y 40 años, para los hombres, y entre 12 y 35 años para las mujeres, ser sanos y robustos, artesanos, labradores menestrales o sirvientes y poseer buena vida y costumbres -que debían de acreditar con certificados expedidos por los alcaldes de sus localidades-. La Junta corría con la mitad de los gastos del pasaje, que se estimaba en 40 pesos, más ocho pesos destinados a la vestimenta y calzado adecuados al clima. En el caso de los herreros, les daría la cantidad de 16 pesos al desembarcar. Durante el primer mes de estancia, como parte del proceso de aclimatación, el recién llegado sería alojado de forma gratuita en instalaciones sanas y ventiladas; durante el mismo, la Junta se encargaría de buscarle colocación en la ciudad y en el campo. De no encontrarse en ese período un trabajo satisfactorio mientras que continuaban las gestiones, a fin de que no fueran a ser carga pública, la Junta se encargaría de ofrecer trabajo a los colonos en sus instalaciones a cambio del alojamiento, mantenimiento y cuatro pesos mensuales. Estos debían registrarse y permanecer en la isla tres años; transcurrido este tiempo, debían devolver a la Junta la mitad de la cantidad adeudada por su pasaje y los adelantos, en total 28 pesos.

Parte de estas ideas eran recogidas por Vicente Vázquez Queipo, Fiscal de la Real Hacienda de la Habana, en el "Informe Fiscal sobre fomento de la población blanca en la isla de Cuba y emancipación progresiva de la esclava", publicado en Madrid en 1845 y en Sevilla en 1847[159].

---

[158] AHN, Sección Ultramar, Fondo Cuba, Serie Fomento, Legajo 93, expediente 47.
[159] Vicente Vázquez Queipo, *Informe Fiscal sobre fomento de la población blanca en la isla de Cuba y emancipación progresiva de la esclava*, Madrid, 1845.

Las reacciones adversas al sistema esclavista y el miedo provocado por los levantamientos de esclavos en distintos ingenios de la isla desde 1841 y la Conspiración de La Escalera de 1844 están presentes en el escrito. El Informe distingue dos aspectos que hasta ese momento los promotores de la colonización habían confundido, y que según él debían separarse ya que los medios para alcanzar cada uno de ellos eran diferentes; por una parte, comenta los proyectos para importar braceros que serían necesarios una vez se suspendiera la trata -que aparentemente era el problema más inminente pero que a su juicio no eran necesarios - y, por otra, marca la necesidad de atraer pobladores blancos como medio de sustituir a la población de color.

  Dirigiéndose a las autoridades de la Junta de Fomento, el Fiscal incidía en la necesidad de orientar la política colonizadora más hacia la traída de pobladores, que a la importación de asalariados para realizar tareas agrícolas. Las experiencias de otros países, como las Antillas inglesas, algunos proyectos fracasados de la Junta de Fomento, las tesis sobre la menor capacidad de aclimatación del hombre blanco a los trópicos, la indisposición de los blancos para realizar faenas que cultural y socialmente estaban degradadas por ser trabajos de esclavos, algunos problemas morales y los cálculos sobre los costes de producción le servían a Vicente Vázquez para desestimar en ese momento la importación de jornaleros, y afirmar que aún en el caso de suprimirse absolutamente la trata, no sería necesaria la introducción de jornaleros libres ya que no se produciría un problema de escasez de brazos, como había ocurrido en otras partes en donde la población esclava había permanecido estable e incluso aumentado.

  En su estudio sobre la posibilidad y viabilidad de sustituir el trabajo esclavo por el asalariado, Vázquez Queipo compara el precio y coste del mantenimiento anual de un esclavo -70 pesos y 4 reales-, y el salario de un jornalero europeo -140 pesos y 4 reales- factores que relaciona con los costos de producción y el precio elevado que el azúcar debería alcanzar para que su cultivo fuera rentable. Estos cálculos le sirvieron de fundamento para atacar a quienes defendían la sustitución del trabajo esclavo por el asalariado, cuyas propuestas califica de idealistas e ignorantes de la realidad económica, política y cultural insular. A lo largo de las páginas se preguntaba sobre las condiciones que tendrían que soportar los jornaleros europeos, desde el alojamiento, las comidas, la asistencia sanitaria o el régimen de trabajo en el que el mayoral imponía la disciplina con el látigo, todas adaptadas durante años a los esclavos y que no reunían los requisitos mínimos para una persona libre. Sin embargo, consciente de que la esclavitud lentamente se extinguiría y que los intereses de los hacendados debían salvaguardarse, intenta contemporizar las economías de los hacendados con las nuevas realidades impuestas por el cese de la trata y la elevación del precio de los esclavos[160].

En gran parte, el problema para Queipo residía en la escasez de recursos de la Junta de Fomento. Según sus cálculos, la Junta necesitaba alrededor de 2.000.000 de pesos para realizar sus proyectos; sin embargo, los fondos para la inmigración eran escasos -235.000 pesos anuales, con los que se importarían 4.000 trabajadores-, por lo que, de llevarse a cabo, debía restringirse a la traída de varones. Pero, bajo la mirada política y moralista del Fiscal, la introducción de varones no solucionaría el poblamiento y blanqueamiento de la isla, ya que terminado su contrato estos asalariados volverían a su país, y sin embargo ocasionaría uno de los mayores peligros para el país, ya que la carencia de mujeres blancas provocaría que los inmigrantes se unieran con mujeres de color produciéndose un aumento incontrolable de castas mestizas, a las que Vázquez Queipo consideraba "mil veces más temibles (que los negros), por su conocida osadía y pretensiones de igualarse con la blanca".

Pero no sólo le horrorizaba el contemplar cómo la población se iría africanizando, o las faltas contra la moral, sino también los riesgos políticos que la mezcla de razas ocasionaría. Las imágenes y el recuerdo de Haití vuelven a estar presentes:

> No creemos que la Real Junta haya olvidado en este punto la severa lección de la vecina isla de Santo Domingo, cuya pérdida ha dependido en mucho de la familiaridad en que vivían los habitantes blancos de la parte francesa con sus esclavas, y la numerosa población de color fruto de estas nefastas relaciones. En cualquier caso y de cualquier modo que esto se considere, la reunión de numerosos jóvenes de ambos sexos en la misma finca, bien sean solteros,...., bien familias jornaleras y sin propiedad, no puede menos que producir desórdenes de la mayor gravedad, no sólo por la moral, sino aun tambien para la tranquilidad y prosperidad de la misma finca[161].

Ante la imposibilidad económica de llevar a cabo la sustitución del trabajo esclavo por el asalariado, y el temor a que la población de

---

[160] El precio del azúcar cultivado por esclavos era de 5 pesos y 1/3 reales; en el caso de que el cultivo fuera realizado por trabajadores libres, el precio del azúcar sería de 8 pesos y 1/4 reales. *Ibidem*, pp. 18-24.
[161] *Ibidem*, pp. 32-33.

Cuba se fuera transformando de una población mestiza, una población híbrida, inferior a la blanca, que desplazaría y eliminaría a la blanca, el Fiscal indicaba que el único medio para frenar este proceso era la reducción de la población esclava, para lo que recomendaba la supresión total de la trata y la importación de negros bozales. En su argumentación, Vázquez Queipo siempre consideró y veló los intereses de los hacendados por lo que propuso algunas medidas que contrarrestasen los perjuicios que les ocasionaría la extinción de la esclavitud. Con este fin, comentaba la conveniencia de ir creando las condiciones que estimularan la disminución de la mano de obra esclava, y equilibrasen el coste del trabajo esclavo y del libre; una de ellas era que se aplicasen de forma progresiva y durante un larguísimo período de tiempo impuestos que gravaran a los dueños de esclavos la utilización de esta mano de obra.

Por otra parte, aconsejaba que la Junta canalizara sus esfuerzos en la colonización de las tierras despobladas con familias de colonos, al igual que lo había hecho la Junta de Población Blanca en 1817: "la inmigración de colonos y no de simples jornaleros es, pues, indispensable como base del aumento seguro, aunque lento por su naturaleza, de la población blanca estable de la Isla".

En su reflexión sobre las causas que habían frustrado el crecimiento de la población blanca rural anotaba que en Cuba, a diferencia de Estados Unidos o Canadá, los cultivos que reportaban ganancias, como el azúcar, requerían un gran capital por lo que su cultivo estaba vedado para los colonos. El sistema de producir azúcar limitaba la capacidad de los colonos, que sólo podían producir cultivos de subsistencia para un mercado limitado y poco desarrollado, sin que ello les permitiera salir de su penuria. La colonización así planteada no podía reportar beneficios ni al gobierno ni a las familias, que en muchas ocasiones tenían que abandonar los pueblos por la falta de medios.

Para Vicente Vázquez Queipo, en un país como Cuba, con una estructura social y económica que descansaba en el monocultivo azucarero y en la esclavitud, el crecimiento efectivo de la población rural blanca sólo podía hacerse si se introducían cambios en la agricultura, fomentando otros frutos de la agricultura comercial como el tabaco, el añil, el algodón, la seda, la cochinilla, el arroz, el maíz, los plátanos, las naranjas cuyo cultivo no requería de grandes extensiones ni capital, y, principalmente, modificando el sistema de cultivar y producir azúcar para las familias blancas labradoras fabricasen el dulce.

Consciente de la dificultad que entrañaba su plan, el Fiscal propuso a la Junta de Fomento varios medios para lograrlo: desde convocar concursos y premios que animasen a inventar máquinas para elaborar azúcar más baratas y fáciles de manejar, al alcance de los campesinos, a establecer una hacienda modelo en terrenos propiedad de la Junta, que serviría de lugar de aclimatación y centro de enseñanza de los recién llegados, hasta separar los procesos de cultivo y elaboración de la caña. Sin embargo, y a pesar de que reconocía la necesidad de dicha división, no creía que fuera la solución ya que los colonos dependerían de los hacendados y quedarían reducidos a la condición de "siervos". La inviabilidad de esta propuesta, similar a la defendida por Ramón de la Sagra, no radicaba en lo que apuntaba Queipo sino en la escasa liquidez de muchos hacendados para afrontar los gastos que requería esta reforma[162].

El informe económico está impregnado de valoraciones morales y consideraciones políticas. En él, la Conspiración de La Escalera de nuevo invoca el temor y la amenaza constante que suponían los esclavos "...es un deber de las autoridades españolas impedir su introducción, tanto mas fácil de conseguir en lo sucesivo, cuanto los recientes acontecimientos de Matanzas han cambiado la opinión sobre este punto, y puesto de manifiesto el cráter sobre que se halla la Isla"[163].

Y frente a la posición defendida por determinados Capitanes Generales a favor del equilibrio racial, se mostró contrario a mantener la población negra y mucho más a potenciar su crecimiento ya que consideraba que el mantenimiento del poder de España en Cuba sólo se lograría con una población blanca, homogénea y de origen español. Partidario de la "raza" blanca como única posible de llevar el progreso, estaba convencido de que en un futuro, una vez abolida la esclavitud, ambas razas no podrían convivir. Las diferencias entre ambas, que incluso las hacía ser "antipáticas", serían un gran obstáculo para el progreso del país, por lo que aconsejaba tomar todas las medidas necesarias para que la población de color fuera disminuyendo hasta su total desaparición de la isla, entre otras la sustitución de los castigos y las penas a los delincuentes de color por la extradición. Sólo así, comenta, se podrá "librar a la Isla, sin comprometer su existencia, de la lepra que hoy la consume".

El bienestar de la colonia y de los hacendados continuaba siendo el objetivo último de estos reformistas que ya lejos de ver en los

---

[162] El proceso de la separación del cultivo y la producción de la caña, así como la tecnificación de los ingenios, en la década de los años 70 y 80 del siglo XIX, motivó la quiebra de un gran número de hacendados, muchos de ellos miembros de antiguas familias poderosas, que no contaron con la liquidez suficiente para superar el proceso. Sin duda, las consecuencias que traería la modificación del sistema de cultivo de la caña y su elaboración eran conocidas por Vázquez Queipo y otros intelectuales, quienes como él rehusaron, en estos momentos, a llevarlo a cabo.
[163] *Ibidem*, p. 55.

asentamientos un objetivo defensivo, buscaban otras vías para el desarrollo agrícola de la isla. El reformismo agrario planteado por José Antonio Saco, Ramón de la Sagra y Pozos Dulces había calado en los discursos y proyectos agrícolas y colonizadores, que introducen algunas medidas en contribuyen al fomento agrícola como fueron el establecimiento de un nuevo impuesto por el que se gravaba con 1 peso cada negro empleado en el servicio doméstico, y con 10 reales cada uno de los restantes, la creación de bancos agrícolas, la dotación de premios y ayudas a los colonos y hacendados que generasen riqueza -agrícola, ganadera o industrial- bien cultivando nuevos productos, bien introduciendo colonos blancos en sus tierras, y la fundación de una sociedad anónima en La Habana destinada a la colonización[164].

Frente a estos proyectos de la Junta de Fomento y al interés creciente de algunos hacendados en la entrada de asalariados, algunos plantadores y autoridades españolas, miembros de la elite habanera, continuaron presionando a favor del mantenimiento de la esclavitud y del equilibrio de las "razas" como instrumento de control colonial. El nuevo Capitán General, Leopoldo O'Donnell, 1843-1848, continuó la política de su antecesor, Gerónimo Valdés, cediendo ante las presiones internacionales y en particular a las de Inglaterra, que desembocaron en 1845 en la Ley de Represión del Tráfico Negrero, o Ley Penal, y actuando con fuerza contra todo movimiento que pudiera socavar el poder colonial. Su posición respecto a la colonización es similar a la de Valdés, recomendando prudencia y control en esta política ya que podía volverse contra los intereses de España en Cuba. En el informe remitido por el Capitán General a España, en 1846, O'Donnell insistía en la conveniencia de mantener el equilibrio racial, fijando la proporción entre negros y blancos en 6 negros por cada 4 blancos. Para conseguirlo era necesario que la población negra aumentase anualmente en una cantidad no inferior a 8.000; junto a esto, O'Donnell proponía otras medidas complementarias como la traída de más esclavos mediante expediciones a África, su reproducción natural y el traslado de los esclavos domésticos a las zonas rurales[165].

Los acontecimientos políticos dieron un nuevo giro de tuerca en la política de control sobre la población insular. Las rebeliones de esclavos protagonizadas desde 1841 en diferentes partes del país, como los alzamientos de negros en ingenios de La Habana y Matanzas en 1843 y la Conspiración de La Escalera de 1844, conocido como el año del

---

[164] Ramón de la Sagra, *Cuba: 1860...*, *Opus cit.*, p. 40; Heinrich Friedlaender, *Historia económica...*, *Opus cit.*, t. 1, pp. 218-219.
[165] Leví Marrero, *Cuba...*, *Opus cit.*, t. IX, pp. 101-104.

"cuero"[166], reavivaron los fantasmas del pasado haitiano reforzando viejos esquemas, alimentando nuevas propuestas de inmigración blanca, y sirvieron una vez más de excusa para controlar y perseguir a todos aquellos que disentían de la política metropolitana. La "amenaza negra" fue de nuevo el pretexto para reforzar el control sobre la colonia, para lo que se concedieron plenos poderes a los Capitanes Generales. El gobierno actuó con mano dura tanto frente a estas revueltas como frente a los movimientos anexionistas que siguieron en los años posteriores, demostrando que no estaba dispuesto a discutir y mucho menos perder la soberanía sobre la gran Antilla. La Escalera y otras rebeliones menores dieron la oportunidad a las autoridades de presentar bajo una única cara los problemas de Cuba. La población de color, a la que se prohibió temporalmente participar en las milicias, fue el chivo expiatorio de las disensiones de otros sectores de la población: anexionistas, reformistas, antitratistas, o abolicionistas; de nuevo airear el miedo interesado daría resultados políticos rentables para España[167].

En este clima político y social, la apuesta de un sector por la inmigración española no prosperó. Aunque los intereses económicos de los hacendados a partir de 1846 les obligaron a buscar mano de obra en otros lugares, la inmigración blanca quedó relegada a un segundo plano; asiáticos yucatecos protagonizarían las entradas en esos años, bajo condiciones similares a los esclavos africanos[168]. Sus detractores, José Antonio Saco o Gaspar Betancourt Cisneros, criticaban la ausencia de proyectos y debates en torno a la colonización blanca, los obstáculos cada vez mayores a la inmigración voluntaria de peninsulares y canarios, y el desvío de los fondos destinados a la colonización en la introducción de yucatecos, negros, asiáticos (culíes o chinos, annamitas -fungquinos y cochinchinos-, polinesios o tonkinos)... En su crítica estaban presentes factores sociales y culturales que establecían jerarquías entre las poblaciones catalogadas según su procedencia y "raza"; factores que apuntan

---

[166] Rita Llanes Miqueli, *Víctimas del año del cuero,* La Habana, Editorial de Ciencias Sociales, 1984.

[167] La respuesta de la población de color es analizada en este libro por Gloria García, en el capítulo titulado "Vertebrando la resistencia: la lucha de los negros contra el sistema esclavista, 1790-1845".

[168] Si seguimos las valoraciones de la Comisión Permanente de Población Blanca, en un informe remitido a la Junta el 4 de junio de 1846, para realizar las tareas agrícolas y continuar el crecimiento económico, cada año Cuba necesitaba que entrasen entre 20.000 y 30.000 trabajadores. AHN, Sección Ultramar, Serie Esclavitud, Legajo 3550.
Junto a los planes de algunos negreros, como José Suárez Argudín, para importar 40.000 aprendices africanos, que durante 10 años trabajarían en las tareas agrícolas con un salario de 4 pesos mensuales, sociedad anónima en La Habana destinada a la colonización.

el modo de concebir y diseñar una sociedad, en la que la composición étnica era el principal elemento para alcanzar un lugar entre los países civilizados[169].

La irrupción de las nuevas teorías científicas, a partir, fundamentalmente de la década de 1860, y el desarrollo alcanzado por la antropometría cargaron de contenido y dieron una base "teórica" a las antiguas valoraciones sobre las diferencias entre las poblaciones, divididas en "razas", que en gran medida vinieron a legitimar las diferencias sociales, económicas, políticas y culturales entre los pueblos. Los científicos, intelectuales y políticos encontraron en estas nuevas teorías los instrumentos para controlar al individuo en una sociedad a veces convulsa, en la que los "indeseables", o simplemente los "diferentes" podían ser fácilmente eliminados.

Los factores biológicos, y como consecuencia la herencia, llegaron a tener tanto peso que en muchas ocasiones se equiparó e incluso se subordinó la cultura a la biología, y se trató de demostrar que toda cultura o manifestación cultural tenía una base biológica, sin la cual no podía ser considerada cultura. El alcance de estos presupuestos es evidente si además tenemos en cuenta que las poblaciones pasaron a ser catalogadas en función de su mayor o menor proximidad al hombre que se consideraba más evolucionado, estableciéndose una rígida y jerárquica pirámide que ascendía lenta y gradualmente desde la inferioridad a la superioridad. Por todo ello, la "raza" pasó a ser el elemento fundamental para analizar, definir y perfilar la sociedad, o dicho en otras palabras, la "raza" fue una categoría explicativa, muchas veces central, de todos los procesos culturales y sociales. La exclusión no sólo se hacía desde el miedo, sino que ahora contaba con fundamentos científicos que abalaban y legitimaban la posición social de cada grupo.

Se perpetuara la esclavitud o se proclamase la abolición, según quien enarbolara una u otra bandera, lo que aguardaba a la isla era la ruina y la destrucción. Esta visión catastrofista del futuro de Cuba fue realmente el eje en torno al cual giró gran parte de su historia. La vida o la muerte, como algo apocalíptico a lo que estaba avocado el país, no dejaban término medio. La historia, tanto aquel presente como en los tiempos más cercanos, se trasluce como una continua elección que no da paso a soluciones intermedias. El miedo se transforma en amenaza de

---

[169] [Gaspar BETANCOURT CISNEROS], *Ideas sobre la Incorporación de Cuba en los Estados Unidos en contraposición a las que ha publicado Don José Antonio Saco*, [Nueva York], Imprenta de la Verdad, 1849.

supervivencia; supervivencia del poder económico de la isla y de su elite; supervivencia del sistema colonial; supervivencia de la población blanca; supervivencia de la civilización y de la cultura; en el otro extremo, la muerte. En medio de ambos, Haití, elemento evocador de tal fuerza que sirvió a todos los intereses: hacendados, gobierno, antiesclavistas, negreros, diputados, militares...

    Su historia y sus intelectuales fueron portavoces de este sentimiento que les produce vivir en un país en el que se enfrentan polos opuestos como únicas vías de supervivencia. Arango y Parreño, José Antonio Saco, Domingo del Monte, Betancourt Cisneros, Bernardo O'Gavan, Mariano Torrente, Vázquez Queipo, Dionisio Vives, Tacón, Claudio Martínez de Pinillos... fueron algunas de las muchas figuras que desarrollaron su pensamiento, propuestas y política en este sentido.

Cuba en la sombra de Haití:
Noticias, Sociedad, y Esclavitud*

Ada Ferrer
New York University

Cuando pensamos en el impacto de la Revolución Haitiana en Cuba, los historiadores hemos tendido a discurrir sobre todo en el miedo y el terror que provocó entre las autoridades coloniales, elites esclavistas y la población blanca en general. Los relatos publicados y los miles de refugiados franceses que llegaban de Saint Domingue a Cuba contaban historias horrorosas de blancos recién nacidos empalados en estacas, de mujeres blancas violadas repetidamente sobre los cadáveres de sus maridos. La violencia revolucionaria había convertido a la colonia más rentable del mundo en "un montón de cenizas... sepulcro a un prodigioso número de franceses infelices"[1]. Y en Cuba todo esto parecía saberse y temerse.

En medio de este temor indudable, los historiadores han destacado también, y con razón, que el temor no detuvo a las elites a la hora de intentar aprovecharse de la ruina de Saint Domingue. Como el historiador de la esclavitud David Brion Davis ha observado "En la vida humana, el miedo rara vez supera la avaricia," y Cuba, a fines del siglo XVIII, no fue una excepción[2]. Ha llegado la hora de nuestra felicidad,

---
* La investigación para este capítulo fue realizada durante la estancia en régimen de año sabático en el Instituto de Historia del CSIC, SAB2001-0127 (MCYT), en el marco del proyecto de investigación BHA2000-1334 (MCYT) dirigido por Consuelo Naranjo. Agradezco a Consuelo Naranjo, Gloria García, María Dolores González-Ripoll, Alejandro García, Imilcy Balboa Navarro, y José Antonio Piqueras sus sugerencias y apoyo; y a María Cristina Soriano, Francisco Hernández Adrián, y Marcela Echeverri su ayuda con la traducción.
[1] Conde de Mopox y Jaruco a Francisco Saavedra, 2 de julio de 1798, Museo Naval, Madrid, Colección Guillén, mss. 1578, doc. 12, ff. 48-52.
[2] David Brion Davis, "Impact of the French and Haitian Revolutions", David B. Geggus

expresaron las elites azucareras al conocer los sucesos de la colonia vecina. A pesar de las reacciones de ansiedad que aquella revolución de esclavos produjera en Cuba, nada impidió al estado colonial y a los hacendados que intentaran emular la sociedad esclavista que acababa de engendrar la revolución que ellos repudiaban. En una de las primeras declaraciones de una figura política de prominencia tras enterarse de la revolución de Haití en noviembre de 1791, Francisco Arango y Parreño escribió sobre la necesidad de contemplar los acontecimientos de Saint Domingue "no solo con compasión [por los franceses blancos por supuesto] sino con ánimos políticos y para anunciar como buen patriota y súbdito... la oportunidad de darle a nuestra agricultura una ventaja definitiva sobre los franceses"[3].

Confrontados al mismo tiempo con la posibilidad de obtener miles de africanos para las crecientes industrias agrícolas y con un mundo vuelto al revés justo al este de su isla, los hacendados y los estadistas eligieron no ceder al temor. Tomaron la decisión de vivir peligrosamente.

Ya sea que nos centremos en el miedo a que dieron lugar los acontecimientos de Haití, o en el auge que ayudó a consolidar, es evidente que Haití y su revolución se ven como fuerzas negativas en la historia del nacionalismo cubano. El énfasis en el temor ha llevado a los estudiosos a argumentar que los sujetos coloniales de Cuba rechazaron la posibilidad de la independencia, cuando la mayor parte de las colonias ibéricas procuraban la soberanía, precisamente por el miedo a que "Haití" se repitiera en Cuba. Para evitar otro Haití, los temerosos criollos optaron por permanecer bajo el dominio de España.

El énfasis en el auge y en el crecimiento de este período apunta a una conclusión similar. Para reemplazar a Saint Domingue, los ambiciosos sujetos coloniales prefirieron trabajar desde dentro, e influir en el proyecto colonial para beneficio propio. En cualquiera de los dos casos, el miedo a otro Haití o la prisa en sustituir a Saint Domingue resultó en la continuación de la dominación española y en el rechazo de la independencia nacional y de cualquier agitación que ésta pudiera conllevar. Como explicó un hacendado habanero en 1826, "los propietarios de la

───────────────

(ed.), *The Impact of the Haitian Revolution in the Atlantic World*, Columbia, University of South Carolina Press, 2001, p. 5.

[3] Francisco Arango y Parreño, "Representación hecha a S.M. con motivo de la sublevación de esclavos en los dominios franceses de la Isla de Santo Domingo," (20 de Noviembre de 1791), Francisco de Arango y Parreño, *Obras del Excmo. Sr. D. Francisco de Arango y Parreño*, 2 ts., La Habana, Publicaciones de la Dirección de Cultura del Ministerio de Educación, 1952, t. 1, pp. 111-12.

Ysla tienen un interes directo en no separarse de la madre patria, pues conocen a no dudarlo que qualquiera mudanza les acarrearía su ruina y temen exponerse a seguir la suerte que han tenido las desgraciadas víctimas de Santo Domingo"[4].

Ya fuera por miedo o por interés propio, o por ambos, el ejemplo de Haití ayudó a mantener a Cuba como colonia relativamente tranquila en una época de tumulto y revolución. De ahí que los historiadores hayan citado tradicionalmente a Haití para ayudar a explicar por qué la modalidad de la nación llegó "tarde" a Cuba[5]. En un sentido, entonces, la "excepcionalidad" de la historia cubana puede atarse a la historia de los efectos de Haití. La prosperidad y el miedo generados en Cuba por el colapso de Saint Domingue se interpretan como fuerzas importantes en la historia cubana y ambas se usan para explicar el carácter y la cronología de la nacionalidad cubana.

A pesar de todo el peso que se le imputa a los efectos haitianos, poco espacio se ha dedicado a examinarlos. Es así como el miedo de la Revolución Haitiana acarrea un poder explicativo extraordinario pero es raramente examinado o cuestionado. Explorar las repercusiones de la Revolución de Haití es, en un sentido, trabajar bajo la sombra de estas amplias y arraigadas suposiciones. En lugar de emprender la tarea de verificarlas o refutarlas, por su misma naturaleza, creo yo que es más posible e interesante tratar de entrar en ellas; comenzar a desenvolverlas y darles sustancia histórica. Este capítulo intenta dar comienzo a esta tarea, mirando puntos específicos de contacto entre la Revolución Haitiana y la sociedad cubana. El trabajo está organizado en tres secciones. La primera examina el contenido, la transmisión y circulación de noticias sobre Haití en Cuba. La segunda examina la sociedad colonial esclavista en la que tales noticias se insertaron y reinterpretaron. Finalmente, concluimos con un breve examen de algunos ejemplos específicos de rebelión y conspiración en los que el ejemplo de Haití fue, si no significativo, al menos invocado. A través del texto el énfasis será ir

---

[4] Peter Fregent al Duque de Infanta, 29 de Junio, 1826, en AGI, Estado, Legajo 86B.
[5] La caracterización de la independencia de Cuba como "tardía" depende, por supuesto, del marco de referencia. Tradicionalmente, ese marco han sido las colonias ibéricas de Centro y Sur América, las cuales conquistaron su independencia en el primer cuarto del siglo diecinueve. Si el punto de comparación es el Caribe (es interesante que casi nunca lo es), sin embargo, la independencia de Cuba no vino tarde sino temprano, siendo segunda después de Haití y llegando mucho antes que la independencia de gran parte del Caribe británico y francés, que en algunos casos aún está bajo algún tipo de control metropolitano.
Véanse por ejemplo las cartas de oficiales de Saint Domingue dirigidos a Santo Domingo español, en AGI, Audiencia de Santo Domingo (SD), Legajo 1029, 1030, 1032.

más allá de un uso simple, reactivo, del miedo a Haití como explicación histórica. Antes de poder inclusive pensar en valorar el miedo (o la esperanza) que el ejemplo de Haití inspiró en Cuba, es necesario buscar ejemplos concretos de transmisión de noticias haitianas, trazar las historias, imágenes y rumores que llegaron a Cuba desde Saint Domingue, y examinar las interpretaciones y los usos que se dieron al conocimiento sobre Haití en una sociedad donde el ejemplo de la revolución negra y el levantamiento de la negritud esclavizada se desenvolvieron en el mismo contexto y al mismo tiempo. Este acercamiento creo que nos permitirá tener una imagen más detallada de los efectos de la revolución de esclavos en una sociedad esclava vecina, y tal vez, espero, dará nueva luz sobre el legado de la revolución misma.

Noticias de Haití

Buscando puntos específicos de contacto entre la Revolución Haitiana y la sociedad esclavista cubana confirmamos que esta revolución tuvo un carácter expansivo, que se salió de los límites de la colonia francesa y afectó y se insinuó en los mundos de las colonias vecinas. Los puntos de contacto fueron muchos y las corrientes que siguieron las noticias de Haití fueron sustanciales y regulares. No solo fueron voluminosas las noticias revolucionarias que llegaron a Cuba, fueron también ricas en detalles y alcanzaron un amplio grupo de personas en la colonia, desde oficiales del estado, soldados, hasta artesanos libres de color, y esclavos africanos.

Después que se iniciara la revolución en Francia, se habían impuesto restricciones a la entrada de esclavos franceses y de material de lectura francés. Al iniciarse la revuelta en Saint Domingue, éstas cobraron mayor fuerza y urgencia. Se hablaba de contener el contagio, el mal ejemplo, y la seducción de la rebelión y la libertad, de amenazas constantes de esclavos extranjeros y personas libres de color, y de los peligrosos designios de los países e imperios enemigos. Todos juraron redoblar la vigilancia e informarse lo más posible, a fin de evitar la misma catástrofe en Cuba.

Pero estas medidas no lograron evitar que las noticias de la revolución se divulgaran en Cuba. Las noticias del estallido de la rebelión esclava en la colonia francesa parecen haber llegado a Cuba días después que los esclavos del Guarico (Cabo Francés) se levantaron contra las plantaciones y sus amos. El teniente gobernador de Baracoa, el punto de la isla más cercano al levantamiento, recibió los primeros avisos, y en seguida informaba a sus superiores en Santiago, La Habana, y Madrid. En poco tiempo, las noticias aumentaron y llegaban a oficiales en diversos puntos. Desde el principio de la revolución se produjo una enorme cantidad de noticias de carácter oficial. Las autoridades coloniales en Saint Domingue, enfrentadas a algo tan violento y tan masivo, empezaron casi inmediatamente a escribirles a sus homólogos en las colonias vecinas de Santo Domingo español, Jamaica y Cuba, pidiendo socorro de toda índole. Dirigieron partes a París, pero sus necesidades eran tan urgentes que también se apelaron a oficiales más cercanos, aunque éstos fuesen extranjeros. Con estas súplicas llegaban también las descripciones de los eventos, de los ataques de los esclavos a sus amos y de la destrucción de sus haciendas. También informaban que los oficiales de lugares como Jamaica o Cuba debían ayudarlos porque tenían un interés común en mantener el sistema esclavista y en no permitir que se arraigara una sublevación de esclavos en un territorio tan cercano al de ellos. Cuando los oficiales de las colonias como Santo Domingo, Jamaica, y Cuba se enteraban, éstos informaban a otros, de manera que las noticias se iban multiplicando y repitiendo sucesivamente. Cuando en Santo Domingo el gobernador Joaquín García se enteraba de algo, éste notificaba también a Santiago de Cuba, a La Habana, a Puerto Rico, Caracas y Madrid.

Esos primeros relatos de la rebelión recalcaban que los esclavos estaban dirigidos por personas de afuera, por blancos, y en algunas ocasiones, por personas libres de color. Pero a quienes recibían esos relatos les interesaban menos la causa que el contenido. Y del contenido de la rebelión llegaban muchísimas descripciones.

Es además importante recordar, que dichas cartas llegaban siempre a través de mensajeros, y que estos mensajeros muchas veces (por encargo o por su propia cuenta) daban noticias, detalles e interpretaciones que iban mas allá de lo que venía por escrito en los documentos. En Cuba, seguramente por su situación geográfica tan cercana a la colonia francesa, llegaban importantísimos mensajeros y enviados del gobierno francés. De hecho, especialmente en tiempos de paz y particularmente en la zona de Santiago de Cuba, la isla se convirtió en un puerto de escala para las autoridades y las tropas que salían de Saint Domingue para Francia, o sea para personas que obviamente estaban bien informadas de los más recientes acontecimientos de la rebelión. Por ejemplo, Mr. Desombrage, quien había sido Comandante de Jeremías, un lugar a punto de ser conquistado por los ingleses, llegó a Santiago en mayo de 1793. A su llegada, el gobernador de Santiago le hizo un extenso interrogatorio, preguntándole sobre asuntos como el estado y número de las tropas francesas en distintos puntos de la colonia y las actividades y la política de los comisarios civiles, quienes estaban ya aliándose a los rebeldes de color libres. Las respuestas del ex-oficial blanco no eran muy sutiles y daban a entender que si el gobernador santiaguero o el Capitán General de Cuba se decidieran a conquistar Jeremías y revocar la política liberal de los comisarios, los vecinos les darían una gran acogida[7].

A medida que se iba desarrollando la revolución, vemos que la transmisión de noticias de carácter oficial como ésta no se limitaba a noticias dadas por franceses blancos a españoles blancos. En 1800, cuando terminó la guerra civil entre las fuerzas del ex-esclavo negro Toussaint Louverture y las fuerzas del mulato libre Andre Rigaud, este último, con sus tropas y su familia, salió de la colonia francesa para Cuba, una evacuación y estancia que, según el gobernador de Santiago, se hizo notoria entre los habitantes de esa ciudad[8]. También hubo contacto regular con el mismo Toussaint, la figura mas importante y polémica de la revolución. Él les escribía a los gobernadores de Santiago y de La Habana, pidiendo ayuda o quejándose de la conducta de buques españoles. En una oportunidad, hasta le envió un cargamento de sal a Sebastián Kindelán, gobernador de Santiago, a quien no le estaban llegando artículos de primera necesidad de La Habana o de otros puertos españoles[9]. Ya terminándose la revolución, y con Francia e Inglaterra en guerra a partir de mayo de 1803, los ingleses solían desembarcar prisioneros de Saint Domingue en las costas de Cuba oriental, donde eran recogidos por habitantes u oficiales. Unos meses después, cuando los franceses iniciaron la evacuación de la colonia en víspera de la declaración de independencia haitiana proclamada el 1 de enero de 1804, la mayoría de las tropas pareció evacuar con destino temporal a Cuba. Toda la guarnición de Jeremías, como también las tropas del general Lavalette y de otros iguales, llegó a Santiago.

Enterado de la llegada masiva de dichas tropas, el Capitán General dictó que se mantuvieran estos soldados y oficiales encerrados en sus barcos y que se procurara su salida de Cuba lo antes posible. Pero estas órdenes no evitaban que la población local se enterara de su llegada, de la evacuación masiva de tropas francesas que dejaban su antes próspera colonia en manos de antiguos esclavos y gente de color[10]. Y de todos modos, aún "encerrados" eran custodiados por personas del lugar.

---

[7] AGI, Estado, Legajo 14, exps. 16, 30, y 37; AGI, Cuba, Legajo 1434.
[8] Kindelán a Someruelos, 31 de Agosto de 1800. AGI, Cuba, Legajo 1534.
[9] Kindelán a Someruelos, 29 de Abril de 1800. AGI, Cuba, Legajo 1534.
[10] Sobre la entrada masiva de tropa y refugiados a Santiago en este periodo, véanse las comunicaciones entre Kindelán y Someruelos. AGI, Cuba, Legajo 1537A-1537B.

Curiosamente, en La Habana, cuando llegaban prisioneros de la guerra francesa (1793-1795), la practica común era mantenerlos bajo la vigilancia de los batallones de morenos y pardos libres (los mismos que años después protagonizaron la conspiración de Aponte). En resumidas cuentas, elegían como custodios a las personas quizás más interesadas en tener noticias de Haití[11].

Todos estos ejemplos permiten reflejar lo extenso y lo rico que fue el intercambio de información sobre Haití y demuestran que a pesar de que Cuba y Saint Domingue pertenecieran a dos potencias distintas, en Cuba había un gran acceso a las noticias de lo que ocurría en la sociedad que la elite cubana tanto había querido emular. Aunque los ejemplos ya citados sean de carácter más o menos oficial (cartas entre oficiales de distintos imperios, interrogatorios a tropa y oficiales franceses, etc.), hay que recalcar que también existía muchísima información que se movía por medios y canales menos oficiales y más bien públicos o personales. A La Habana, Santiago y Baracoa, por ejemplo, llegaban barcos de diversos puertos portando noticias, cartas particulares, periódicos de diversos países y proclamas o panfletos impresos. Estos barcos venían además cargados de pasajeros, "testigos oculares" de las ocurrencias de Saint Domingue. Apenas tres días después de la declaración de independencia de Haití, el 1 de enero de 1804, llegaban ya noticias de marineros españoles que se habían entrevistado con los jefes haitianos y que informaban que Dessalines había declarado la independencia y que se autoproclamaba "Gral. de Mejico y Xefe de la Casa de los Ynca, vaxo la protección de las Armas Británicas"[12]. Como estos marineros, hubo otros que durante y después del período revolucionario llegaban a Cuba y a otros puertos españoles diciendo que habían sido apresados por los haitianos y habían tenido la suerte de escapar con vida, lo que no habían logrado hacer todos sus compañeros. En los documentos se recoge esta corriente casi constante de noticias a través de marineros de diversos puertos[13].

Con frecuencia los documentos oficiales se refieren a noticias

---

[11] Sobre el papel de estos cuerpos en la conspiración de Aponte, véase Matt Childs, *The Aponte Rebellion of 1812 and the Transformation of Cuban Society: Race, Slavery and Freedom in the Atlantic World,* Tesis doctoral, University of Texas, 2001.
[12] AGI, Estado, Legajo 68, exp. 3.
[13] "El marqués de Someruelos da cuenta de haber apresado los negros de Santo Domingo un bergantín español y del cruel procedimiento que resulta tubieron con la tripulación," 16 Octubre 1804, en AHN, Estado, Legajo 6366, part 2, exp. 95; "El Gobernador Marqués de Someruelos ynstruye del apresamiento de un buque español por los negros rebeldes de Santo Domingo," 1804, en AHN, Estado, Legajo 6366, parte 2, exp. 100; Joseph Murillo a Someruelos, 7 Octubre 1804, en AGI, Cuba, Legajo 1648; testimonio de Juan Bautista Faget,

"notorias" entre la población, a rumores y voces que corrían por La Habana o Santiago sobre los acontecimientos en la isla vecina. En estos documentos oficiales se reconoce entonces la huella de que existían otras fuentes extraoficiales, por las cuales se informaba la gente hasta ser notorio éste u otro evento de la revolución. Cartas particulares procedentes de Saint Domingue o de Santo Domingo eran leídas no sólo por la persona a quien iban dirigidas, sino que muchas veces se compartían entre vecinos, y de vez en cuando con el gobierno. Recordemos también que de Saint Domingue y de Santo Domingo llegaron decenas de miles de personas, se puede suponer que con casi el mismo número de historias sobre esos acontecimientos tan extraordinarios[14].

De hecho, algunas de las noticias más alarmantes y detalladas que llegaban a Cuba provenían del territorio español de Santo Domingo. Esta colonia española ocupaba la mayor parte de la isla donde también se encontraba la colonia francesa de Saint Domingue. Pero es muy importante hacer hincapié en que las colonias no constituían dos mundos aparte. Y en la época de la revolución, en particular, la frontera entre las dos colonias muchas veces desaparecía. En los pueblos fronterizos españoles ocurrieron importantísimos acontecimientos de la revolución. Durante la guerra con Francia de 1793 a 1795, los españoles ocuparon una gran parte de la colonia francesa, incluyendo a pueblos como Bayajá (Fuerte Delfín), Marmelade, Gonaives, Petit Riviere, y Mirebalais. En 1795, la colonia española fue cedida y luego ocupada por las fuerzas haitianas entre 1800-1801 y 1805. Probablemente sea de mayor importancia el hecho de que el gobierno español de Santo Domingo interviniera directamente en la revolución de la colonia vecina. Negociaba, pactaba y recurría a los rebeldes negros más importantes, como Toussaint, Juan Francisco y Jorge Biassou. Todos pelearon a favor de España durante la revolución, incluso todos fueron condecorados por el rey de España en agradecimiento por los servicios a su causa. Es importante entonces destacar que la revolución haitiana no ocurrió sólo en la colonia francesa, sino también en la colonia española, cuyos habitantes sirvieron de testi-

---

16 de Abril 1804, en AGI, Cuba, Legajo 1648; y Museo Naval, Dpto. de Cartagena, mss. 2238, doc. 69, ff. 242-43.

[14] Existe una extensa literatura sobre la emigración de Saint Domingue y Santo Domingo a Cuba. Sobre la primera véanse, Gabriel Debien, "Les colons de Saint-Domingue réfugiès à Cuba (1973-1815)," *Revista de Indias*, núm. 54, Madrid, 1953, pp. 559-605; y Alain Yacou, "La présence francaise dans la partie occidentale de l'île de Cuba au lendemain de la Révolution de Saint-Domingue", *Revue Francaise d'Histoire d'Outre-Mer*, Vol. 84, 1987, pp. 149-88. Sobre la segunda, véase Carlos Esteban Deive, *Las emigraciones dominicanas a Cuba (1795-1808)*, Santo Domingo, Fundación Cultural Dominicana, 1989.

gos directos de los acontecimientos. Sin embargo, lo más relevante para el presente trabajo, es que en esta época los vínculos entre Santo Domingo y Cuba eran muy estrechos, así que gran parte de la información sobre la revolución que llegaba a Santo Domingo también llegaba a Cuba.

Según se fuese desarrollando la revolución y la guerra contra Francia, Joaquín García, Capitán General de Santo Domingo, informaba a sus homólogos en La Habana del estado de ambas colonias, la española y la francesa. Muchas veces les pedía socorro; otras veces sólo mandaba informes. Pero por otras vías más difusas, menos centralizadas y menos oficiales, llegaban también relatos pintando el estado de la revolución negra y la desolación en los sitios afectados por ella. Así es como un cura de Santiago de Cuba recibía, de una habitante de un pueblo fronterizo, detallados recuentos de la invasión de Polo Toussaint, de cómo se refugiaban todas las mujeres en la iglesia, de las batallas entre tropas haitianas y moradores españoles. Le informaba del fallecimiento de conocidos suyos, de Gollo Berroa, o del marido de Mariquita, o de Luis Catalina por ejemplo, a quien le sacaron los ojos sin mostrar compasión alguna ante sus súplicas. La mujer concluía diciendo que "No hay pluma, ni papel, ni menos voces con que esplicarlo"[15].

Pero si llegaban cartas atestiguando lo que sucedía, también llegaba gente, refugiados huyendo de lo que pasaba y con esperanza de reconstruir sus vidas en Cuba[16]. Con los dominicanos que buscaban refugio, estipendios, o trabajos en Cuba, llegaban también historias personales de sus experiencias a mano de las tropas haitianas. Hablaban de la riqueza y la posición que habían disfrutado antes de la revolución y de su ruina total después de ella. Los detallados historiales que preparaban para solicitar ayuda eran dirigidos al Capitán General Someruelos, quien muchas veces convocaba una junta compuesta por destacados miembros de la elite azucarera, como Francisco Arango, Andrés de Jáuregui y otros. Esto indica que los que en Cuba iban dirigiendo la transición a una economía de exportación y monocultivo y al dominio de mano de obra esclava eran a su vez depositarios de abundantes noticias del desmorona-

---

[15] "Relación dirigida por Doña Francisca Valeria al Presbítero Doctor Don Francisco González y Carrasco, residente en Santiago de Cuba", Emilio Rodríguez Demorizi, (ed.), *Invasiones haitianas de 1801, 1805 y 1822*, Ciudad Trujillo, Editora del Caribe, 1955, pp. 75-6.
[16] Sobre esta fuente migratoria, ver Carlos Deive, *Las emigraciones..., Opus cit.* Existe una extensa documentación sobre los refugiados dominicanos en Cuba en archivos españoles. Véanse, por ejemplo: AMAE, Política Exterior, República Dominicana, Legajo 2372; AGI, Cuba, 1693; AGI, Cuba 1518A; AHN, Ultramar, Legajo 6209.

miento de esa misma economía en Saint Domingue y de sus efectos en toda aquella sociedad.

Se pueden hacer varias observaciones sobre la información que llegaba desde Santo Domingo español. En primer lugar, que estas noticias de ruina personal debida a la revolución llegaban a los oídos de personas de cierta posición, que se enteraban así de la suerte de aquéllos que, en Santo Domingo, habían disfrutado de un prestigio semejante al de ellos. Así que parte de su efecto pudo haber sido el crear o agudizar el sentido de que si les había pasado a otros como ellos, igual les podría pasar a sus homólogos en Cuba. En segundo lugar que, a menudo, los dominicanos que contaban estas historias eran personas que llegarían a ocupar cierta posición en la sociedad cubana. Por ejemplo, Domingo del Monte, importante figura literaria y política unas décadas después de la revolución, procedía de una familia de dueños de esclavos que habían emigrado de Santo Domingo a Cuba. De hecho, su familia era propietaria de un ingenio dominicano donde los esclavos se habían sublevado en un intento de seguir el ejemplo de los esclavos de la colonia francesa. Llegados a La Habana, dos miembros de la familia Del Monte ejercieron oficios que los ponían en contacto con la alta sociedad habanera. Leonardo del Monte trabajó de asesor del Capitán General Someruelos. Su sobrino, Antonio del Monte y Tejada, también obtuvo empleo en ese despacho, escribiendo más tarde una de las más completas historias de la revolución haitiana del siglo XIX[17]. O sea, que estos hombres con profundo conocimiento y experiencia de la Revolución de Haití y de su repercusión en una colonia española, llegaron a asociarse íntimamente con la oficialidad y con los grandes hombres de La Habana, llegando ellos mismos a ejercer alguna influencia o renombre en Cuba.

Otro ejemplo, menos conocido, es el de Gaspar de Arredondo quien había gozado de bienes y fortuna en Santo Domingo. Dueño de haciendas y de gran número de esclavos, huyó de la turbulencia de la revolución vecina y se instaló en Puerto Príncipe, donde se ganó el respeto de sus nuevos vecinos. Parecen haber sabido de sus experiencias en Santo Domingo, pues cuando en varias ocasiones estallaron rebeliones negras o se descubrieron conspiraciones de esclavos en Puerto Príncipe, los vecinos buscaban la ayuda y la opinión de Arredondo. Así con el

---

[17] La información sobre el papel desempeñado por Leonardo y Antonio del Monte en la administración del Gobernador marqués de Someruelos, se encuentra en el juicio de residencia de Someruelos, en AHN, Consejos, Legajo 21036. Antonio del Monte y Tejada, *Historia de Santo Domingo, desde su descubrimiento hasta nuestros días*, La Habana, Soler, 1853.

vecindario temeroso en 1812 por los atentados asociados a la conspiración de Aponte, cuando todo el mundo "hasta las señoras" citaban con ardor el ejemplo de Santo Domingo, el gobernador de Puerto Príncipe le dio el puesto de asesor en la causa contra los esclavos acusados de conspiración. Según el propio Arredondo, los vecinos alabaron esta decisión, diciendo

> ...que como emigrado de Santo Domingo y costumbrado a ver la conducta de los negros con respecto a los blancos obraría con mas conocimiento y cautela para evitar y salirles al encuentro en sus insidiosas tentativas y maquinaciones[18].

Estos ejemplos nos permiten entender que las historias de Santo Domingo se divulgaban entre los habitantes de Cuba. Aunque también se divulgaban las historias de los refugiados franceses, es de creer que las de los refugiados españoles pudieron tener mayor alcance: eran contadas en español, por españoles como ellos, algunas veces por parientes y por vecinos que se iban integrando quizás mejor que los refugiados franceses a los que, en muchos casos, se seguían viendo como extranjeros.

No sólo se divulgaban historias sobre lo visto por testigos pasivos de los acontecimientos sino también por protagonistas activos. Un ejemplo importante, y hasta ahora nunca estudiado, es el de los soldados de dos regimientos que desempeñaron un importante papel en Santo Domingo durante la guerra entre Francia y España. Dos de los batallones que mayor participación tuvieron en la frontera entre la colonia española y francesa de Santo Domingo fueron los batallones de los regimientos de infantería de Cuba y de La Habana. Enviados a Santo Domingo desde la isla de Cuba en 1793 y 1794, eran los que (junto al Regimiento de Infantería de Cantabria, y junto también a las llamadas tropas auxiliares de negros franceses) representaban el poder de España en la frontera con Saint Domingue. Lucharon contra las tropas de negros rebeldes, conocieron y trabajaron con las tropas auxiliares de Juan Francisco, Biassou, e incluso con las de Toussaint Louverture antes de que éste abandonara al partido español para unirse a la causa republicana. Estuvieron presentes, por ejemplo, cuando a Biassou y a Toussaint les concedieron las medallas de oro enviadas por el Rey de España en una gran ceremonia, seguida por una larga comida, ambas presididas por

---

[18] Francisco de Arredondo, "Relación de los acontecimientos políticos ocurridos en el Camagüey, con Apéndice: Relación de los conatos de levantarse en armas los negros esclavos en la jurisdicción de Camagüey". BNJM, Colección de Manuscritos Arredondo, núm. 8.

los oficiales del regimiento de La Habana.

El contacto entre soldados cubanos y negros revolucionarios era, sin embargo, no solo ceremonial. Fueron hombres de los regimientos de Habana y Cuba quienes también fueron testigos del poder y la independencia política de estos líderes negros. Los regimientos cubanos empezaron a llegar a Santo Domingo durante el verano de 1793, aproximadamente dos meses después de que el gobernador español de la colonia pactara para recibir los servicios de esclavos franceses armados que llegaron a conocerse como los negros auxiliares. Los primeros oficiales cubanos que llegaron parecían perplejos y extrañados por esta relación entre el gobierno español y esclavos armados. Primero, parecían incómodos al referirse o admitirlos como sus auxiliares, prefiriendo referirse a ellos como palenques, o comunidades de esclavos fugitivos, un término que les negaba su estatus militar. Gradualmente empezaron a ver la completa y problemática confianza de España en estas fuerzas. Para abril 1794 España tenía una amplia parte del territorio que le pertenecía antes a Francia, controlando lugares como Gonaives, Marmelade, Petit Riviere, Fort Dauphin y Mirebalais. Pero los comandantes de los regimientos cubanos insistieron repetidamente que este control era ilusorio. Para retener estos pueblos, éstos confiaban completamente en las fuerzas negras auxiliares, cuya lealtad era, en el mejor de los casos dolorosa, y en el peor, transitoria. Oficiales procedentes de Cuba tales como Juan Lleonart y Matías de Armona escribían del desagrado y la repugnancia que tales alianzas les provocaban personalmente. Pero peor era el hecho de que dada la casi absoluta carencia de tropas blancas, armas, dinero, bienes y alimentos, estas fuerzas muchas veces dependían del saqueo y el robo, algo que no podían erradicar dada la escasez de recursos.

Junto a esta observación, a menudo expresaban también la predicción de que cuando los auxiliares negros dejaran de tener enemigos franceses que matar y a los que robarles, las fuerzas se volverían contra sus aliados españoles. Todo parecía haber cambiado de orden. Los españoles dependían de ex-esclavos para sus victorias militares y confiaban en su magnanimidad para sobrevivir. Armona se quejaba de que las fuerzas negras los veían como tributarios, teniendo que proveerles de comida, bebida, dinero y otras comodidades para preservar el mínimo sentido de seguridad. Tales condiciones, decían Lleonart y Armona, llevaban a los ex-esclavos negros a verse como superiores a los blancos. La correspondencia entre las fuerzas negras auxiliares y estos comandantes cubano-españoles da una idea de esta inversión. Generales blancos escribieron a ex-esclavos dirigiéndose a ellos como amigos y manifestando deferencia, aun cuando esperaban obediencia. Oficiales negros nuevos escribieron con un tono demandante sus documentos, adornados con árboles de libertad y decorados con coronas sostenidas por hombres negros desnudos[19].

La aversión ante esta inversión se transmite claramente en las palabras de los comandantes blancos, un desagrado además que era a la vez personal y político, el presentimiento de que el control militar español del territorio francés era precario e insostenible. A pesar de su clara frustración con la confianza de España en estas fuerzas negras rebeldes, también tienen palabras ocasionales de elogios a Toussaint, quien se convertiría en el más famoso, si no el de mayor rango entre los nuevos oficiales negros. Juan Lleonart, Capitán de infantería en el regimiento de la Habana, informaba a sus superiores que Toussaint, con quien había tenido contacto regular, era el hombre en quien podían confiar más, "por su juicio, prudencia, fidelidad y religión"[20]. Otros parecían estar un poco menos seguros de su lealtad diciendo que: "aparenta mucha religion, noble en sus acciones, muy refleccivo en sus empresas, nada sanguinolento con los rendidos, aunque de Corazon Español, no tan seguro como el otro [Biassou], por mismo mas temible para enemigo"[21].

Pero Lleonart y otros hombres de estas fuerzas cubanas fueron testigos asimismo de los primeros perturbadores y dramáticos signos de lo que muchos llegaron a llamar la "perfidia" de Toussaint. En abril 1794, ellos estaban presentes cuando los hombres de Toussaint (aunque no Toussaint mismo) atacaron el pueblo de Gonaives, un pueblo francés entonces bajo el control español. De acuerdo con los informes españoles, las fuerzas rebeldes degollaron alrededor de 18 ó 20 ciudadanos franceses a las afueras del pueblo, para después entrar al pueblo matando a cualquiera que encontraron y saqueando numerosas casas y fincas[22].

Poco después Toussaint aclaró que sus lealtades habían cambia-

---

[19] Mi versión de este contacto entre las fuerzas cubanas y los auxiliares negros viene en gran parte de AGS, GM, Legajo 6855. El desagrado de los cubanos con las fuerzas auxiliares negras algunas veces coincide con su condena de las políticas del Capitán General español de Santo Domingo, Joaquín García.
[20] La cita dice "es el con que podemos contar por su juicio, prudensia, fidelidad y religión." La carta de Lleonart se encuentra en el apéndice documental de la *Historia de Santo Domingo* de Antonio del Monte y Tejada.
[21] "Continuación de las noticias de lo ocurrido en esta Ysla en el mes de Abril de 94" in file "Relación de lo ocurrido en la Ysla de Santo Domingo con motivo de la guerra con los franceses, 1795. D. Antonio Barba," SHM, Madrid, Colección General de Documentos, Rollo 65, doc, núm. 5-4-11-1.
[22] La descripción del ataque a Gonaives aparece en "Novedades ocurridas en esta Vanda del Sur desde el Correo anterior de Abril de 94" en el archivo "Relación de los ocurrido en la Ysla

do, mientras abandonaba a España y regresaba a combatir con los franceses, quienes hacia poco habían declarado el fin de la esclavitud en sus colonias[23]. Toussaint, tras volver con sus antiguos aliados y comandantes, atacó con los franceses los mismos pueblos que había ayudado a conquistar y preservar para España. La respuesta de los soldados españoles en el campo no siempre fue lo que la metrópoli y los gobernadores locales hubiesen querido. Lleonart, el capitán de Habana que había articulado alabanzas a Toussaint tal vez había llegado a conocerle demasiado bien. Habiendo recibido alertas de Toussaint diciendo que estaba a punto de atacar pueblos bajo su comando, Lleonart y otros oficiales decidieron no pelear ni resistir. Recogieron sus provisiones, organizaron a sus soldados, y abandonaron los pueblos de San Rafael, San Miguel e Hincha. Por haber huido así, Lleonart y otros cinco oficiales de los dos regimientos cubanos fueron juzgados primero en Santo Domingo y luego fueron trasladados a La Habana en consejos de guerra que dieron lugar a largos procedimientos[24].

Lo que aquí vemos no es solo evidencia de noticias de Haití llegando a Cuba, sino más bien de residentes cubanos tomando parte activa en tales sucesos y luego volviendo a Cuba como portadores de aquellos eventos sin precedente. Algunas veces observamos que estos testigos e inclusive protagonistas cubanos podían ser personas bien posicionadas en la sociedad cubana. Juan Lleonart, nativo de Bayamo, estaba bien establecido en La Habana en el momento en que comenzó la guerra; varios años después su hijo era un miembro prominente de la organización militar y su familia era dueña de una finca modesta y de 17 esclavos[25]. Matías de Armona, comandante del regimiento de La Habana, oficial de mando y superior de los auxiliares negros, era parte de una fami-

---

de Santo Domingo con motivo de la guerra con los franceses, 1795. D. Antonio Barba," SHM, Madrid, Colección General de Documentos, Rollo 65, doc núm. 5-4-11-1. Las descripciones de éste y otros encuentros militares tomadas de las fuentes manuscritas del SHM y AGS (así como aquéllas tomadas de los artículos de la *Gaceta de Madrid* que se discutirán más adelante) a veces son poco claros e inconsistentes. Aún debo compararlos sistemáticamente con declaraciones en fuentes impresas y secundarias.

[23] David Geggus, *Haitian Revolutionary Studies*, Bloomington, Indiana University Press, 2002.

[24] Una traducción del aviso de Toussaint a Lleonart aparece en "Copia de la intimación al Gral. D Juan Leonar [y añadido en letra distinta:] por el Tusén rebelde" ff. 169v-70, en "Relación de los ocurrido en la Ysla de Santo Domingo con motivo de la guerra con los franceses, 1795. D. Antonio Barba", SHM, Madrid, Colección General de Documentos, Rollo 65, doc. num. 5-4-11-1. La documentación de apoyo para el juicio militar se encuentra en AGS, GM, Legajo 6855.

[25] ANC, Escribanía de Guerra, Legajo 657, exp. 10454.

lia de La Habana dueña de plantaciones de azúcar; su hermano tenía un puesto importante en la administración colonial de la ciudad. Sintiéndose profundamente atacado y como un chivo expiatorio de la corte militar, parece haber hablado libremente de sus experiencias en Saint Domingue y sobre el poder y las traiciones de los ex-esclavos armados[26].

Otro residente de Cuba que tenía conocimiento de primera mano sobre los eventos revolucionarios en Saint Domingue era el marqués de Casa Calvo, Sebastián Calvo de la Puerta y O'Farrill. Tenía su residencia principal en La Habana, venía de unas de las principales familias de esta capital, y era estrecho colaborador del conde Mopox y Jaruco. Era primo de Nicolás Calvo, quien ha sido calificado por Manuel Moreno Fraginals como el segundo hombre de la sacarocracia cubana, después de Francisco Arango. Como comandante del regimiento de La Habana fue llamado a Santo Domingo al frente de sus tropas. En esta colonia desempeñó el papel de Gobernador de Bayajá (Fuerte Delfín), un pueblo francés conquistado y ocupado por España. Allí fue testigo de una gran masacre, cuando un día de Julio de 1794, Juan Francisco y sus tropas entraron al pueblo y mataron hasta [700] franceses. Las listas preparadas posteriormente por los oficiales españoles nos permiten conocer algo del carácter del acontecimiento -tantos muertos afuera de la iglesia, otros dentro, otros en la sacristía-. Se formaron expedientes larguísimos para indagar responsabilidades de la masacre y del saqueo que sobrevino inmediatamente después. En la prensa extranjera se condenó a España por haber presenciado de cerca estos hechos sin haberlos evitado o frenado, y por la participación de soldados de las tropas españolas en el saqueo que empezaron los soldados de Juan Francisco. Sólo en este ejemplo vemos claramente como los hombres de los cuerpos militares cubanos tuvieron contacto directo con los asesinatos de blancos a mano de negros -masacres que desde el principio se convirtieron en uno de los principales símbolos de la revolución haitiana-.

El marqués de Casa Calvo, primer oficial del lugar, quedó marcado por el acontecimiento. En diciembre de 1795, le escribía a Luis de Las Casas, Capitán General de Cuba, aconsejándole al mismo tiempo que enviaban a La Habana a Juan Francisco y Biassou con sus familias y tropas en un contingente de unas 700 personas. Calvo le explicaba a Las Casas que había sido encargado por su gobierno de mantener fieles a los

---

[26] Lo identifica como proveniente de una familia de la elite azucarera de La Habana, HRS; referencia al cargo de su hermano se encuentra en Calcagno, y S. Johnson. Él escribió numerosas cartas a miembros de su familia sobre los eventos en Saint Domingue. Ver AGS, GM, Legajo 6855, aunque la mayoría de éstos parecen dirigirse a residentes de Madrid.

negros auxiliares, pero que este encargo había "requerido el sacrificio de nuestro amor propio en general, y el mío en particular." Se veía forzado a alternar con un Negro [Juan Francisco] que aunque nominado General, no salia de la esfera a que le constituyeron su nacimiento y principios de esclavitud ... [y] se estableció entre ellos y nosotros la perfecta igualdad... Ahora, terminada la guerra con Francia, partían para Cuba

> llenos de la lisongera idea que se situarán en la Habana y que en esta Ciudad gozarán las mismas distinciones, prerrogativas, luxo y demasiada tolerancia que en esta;...yo he querido representar a VE el caracter de estos hombres, para que con estas cortas reflecciones, el talento de VE pueda decidirse a no permitir en el seno de la floreciente Ysla de Cuba leal y fiel a su Rey, ni dentro del resinto de esa Ciudad de la Habana...se alberguen, ni aposenten estas víboras venenosas... soy casi testigo ocular del desgraciado día 7 [de Julio 1794], lo soy igualmente de la desolación de esta Colonia y he pisado los vestigios de su furor; estos son, aunque los pinten de otros colores, los mismos que asesinaron sus Amos, violaron sus Señoras, y acabaron con quantos tenían propiedades en este suelo al principio de la insurrección; para que mas reflecciones si con estas solo se horroriza el corazón humano....

En realidad no tenía porqué preocuparse, ya que Las Casas, sin ser testigo ocular, compartía la misma opinión. Las Casas impidió el desembarque de las tropas, alegando que la llegada de estos jefes negros -cuyos nombres resonaban ya como nombres de grandes conquistadores- horrorizaba a una sociedad contando con tantos esclavos y gente de color libre.

Aunque no se quedaron en La Habana, sí fueron vistos por sus habitantes, igual que fueron vistos en Santiago los hombres de Rigaud, y en ambos sitios y otros fueron vistos los franceses echados para siempre de Haití por Toussaint, Christophe y Dessalines. Con sus propios ojos, y por las muchas otras vías que hemos expuesto aquí, la gente de Cuba se enteraba del ejemplo de Haití. Años después, cuando estalló la rebelión de Aponte en La Habana en 1812, el testimonio de los acusados y de los testigos hizo amplia referencia a la estadía de estos mismos jefes negros en La Habana en la época de la revolución haitiana.

El argumento, y así mismo la evidencia dispersa, de que las reputaciones de estos dos generales negros eran ya bien conocidas en la isla es por supuesto importante. Sugiere que toda clase de noticias —no solamente oficiales– estaban circulando. Más aún, sugiere que las noticias circularon no sólo entre las autoridades coloniales o soldados, o una elite bien conocida, sino que la población como un todo estaba entrando en contacto con noticias de la rebelión negra contra la esclavitud y contra poderes coloniales particulares.

¿De qué otra manera se puede leer el mistificador pero prometedor informe del ayuntamiento de la Habana en septiembre 1791, en el que trataron de explicar la repentina escasez de carne en la carnicería de cerdos de la ciudad? La única explicación que ofrecieron, y una que no les gustaba dar, era que la carnicería estaba corta de carne porque la gente de color había estado sacrificando cerdos en honor de los insurgentes en otras colonias, seguramente una referencia oblicua a los revolucionarios negros en Saint Domingue[27]. Aquí vemos cómo apenas dos semanas después del comienzo de la revolución, dos semanas después de que los esclavos en las planicies del norte en Saint Domingue comenzaron a quemar plantaciones y a matar blancos, la gente de color en la distante Habana parecía saber de sus actos, tan temprano, debe agregarse, como los oficiales blancos de la isla supieron de ellos[28]. Estaban haciendo honor a sus actos, y honrándolos, más aún, en lo que podría haber sido una reunión que asemejaba las ceremonias haitianas que sirvieron de preludio a la revolución. Aquí, por supuesto, me estoy refiriendo a la cere-

---

[27] AMCH, Actas Capitulares del Ayuntamiento de la Habana Trasuntadas, Enero de 1791 a Diciembre de 1791, folio 247. 9 de Septiembre de 1791. La fuente original, aunque poco clara es llamativa: "En este acto representó el Sor. Dn Manuel José de Jorrontequi que haviendo notada el mes proximo pasado de Agosto en que exercicio la diputacion en la Carniceria de cerdos; que la matazon de esta clase era mui corta y que havia minorado respecto de la que en iguales mesos de los años anteriores se havía ejecutado. Yndagando la causa de esta innovación se le había indicado procedia del abuso que se hacia en el beneficio de los cerdos para algunos de los insurgentes y estos inspirasen sus perversas ideas a los que teniamos en nuestras posesiones, pues es constante y de temerse las malas inclinaciones en los descendientes de la Etiopía aun sin embargo del esmero con que se les quiera enseñar en estos dominios y vajo de este pie con maioridad de razón ha de precaverse de los que en aquella Colonia, u otros, han tenido distinta doctrina a la de estos países ..."

[28] Entre las referencias mas tempranas a la revolución de Haití que he visto en documentos cubanos están las cartas del Teniente Gobernador de Baracoa, el punto más cercano a Saint Domingue al este de Cuba. Oficiales franceses llegaron allí primero desde St. Domingue con las noticias del comienzo de la rebelión y pidiendo ayuda. El Teniente Gobernador luego informó a sus superiores en la capital local, Santiago de Cuba, y en La Habana. Las fechas de estas cartas son 27 y 28 de agosto. Ver Ignacio Leyte Vidal, te. Gob. de Baracoa, al Capitán General Luis de Las Casas, 27 de agosto de 1791, AGI, Cuba, Legajo1435; y 28 de agosto de 1791, ANC, Asuntos Políticos, Legajo 4, exp. 33. Otra posibilidad es que la referencia a los insurgentes fuera sobre la rebelión Oge, o las conspiraciones recientes en otras islas, como la de Dominica en enero de este año. Aunque la coincidencia con el sacrificio aparente de un cerdo es mas evidente para la rebelión de agosto en Saint Domingue.

monia de Bois Caiman en la que los revolucionarios haitianos hicieron sus juramentos y sacrificaron un gran cerdo negro como preparación para la guerra que estaban a punto de comenzar[29].

Esta referencia es breve, vaga, solo una breve entrada en el libro de documentos del Consejo de La Habana, una entrada además que tiene como tema una carnicería de la ciudad y no esclavos o gente negra de color. Pero si la referencia es recóndita parece confirmar nuestra impresión por otras fuentes, sobre la existencia de un conocimiento de los eventos en Haití entre varios tipos de gente distinta. Esta impresión se confirma, por ejemplo, en los numerosas instancias de las conspiraciones de esclavos, reales o imaginadas, en que aquellos hombres esclavos interrogados sobre sus planes explícitamente trajeron a cuento el ejemplo de Haití, de las fiestas y los logros de sus compañeros en Saint Domingue que habían matado a los blancos y ahora eran los "amos absolutos" de la tierra.

En cuanto a las personas libres de color sabemos que una fuente importantísima de información era la prensa periódica. Varios estudiosos han visto cómo se publicaban noticias frecuentes sobre la Revolución Haitiana en muchos periódicos del mundo Atlántico. Por ejemplo, unas de las fuentes que ha recibido bastante atención son las noticias publicadas en los diarios norteamericanos, incluso en los estados esclavistas del sur del país. Recientemente, se ha trabajado hasta con la prensa alemana donde también se publicaban noticias de Haití con mucha regularidad, noticias que (no por casualidad) leía Hegel en el momento que escribía sobre la dialéctica de la relación entre amo y esclavo[30]. Quizás no sorprenda que en Cuba, donde había poca prensa comparado con Europa o Estados Unidos, no se haya publicado casi nada sobre la Revolución Haitiana. En el *Papel Periódico de la Havana*, principal periódico de la colonia, se encuentran algunos escritos sobre temas de la esclavitud y noticias de la guerra entre España y Francia, pero noticias de esclavos levantados contra sus amos, casi ninguna[31]. Después de comenzada la

---

[29] Para una interesante y persuasiva discusión de la ceremonia de Bois Caiman y la controversia que la rodea en la literatura, ver David Geggus, "The Bois Caiman Ceremony", *Haitian...*, *Opus cit.*, pp. 81-92.

[30] Alfred Hunt, *Haiti's Influence on Antebellum America: Slumbering Volcano in the Caribbean,* Baton Rouge, Louisiana University Press, 1988; Susan Buck-Morss, "Hegel and Haiti", *Critical Inquiry*, Vol. 26, Chicago, 2000, pp. pp. 821-67; Karin Schüller, "From Liberalism to Racism: German Historians, Journalists, and the Haitian Revolution from the Late Eighteenth Century to the Early Twentieth Centuries", David Geggus (ed.), *The Impact of the Haitian Revolution..., Opus cit.,* pp. 23-43.

Revolución Francesa, el gobierno metropolitano prohibió la entrada de libros o papeles franceses procedentes de Europa o de las Antillas. Y con mucho esmero intentaban algunos oficiales en Cuba obedecer las órdenes, recogiendo papeles y en un caso hasta los abanicos de señoras que llevaban ilustradas escenas de la revolución francesa. Pero a pesar de estas disposiciones, las noticias entraban no sólo a través de periódicos franceses que venían de contrabando en las navegaciones, sino también a través de otros periódicos publicados en Jamaica y los Estados Unidos[32].

Pero lo que es sorprendente es que con todo su desvelo para contener y limitar la entrada de información a lugares como Cuba, era el mismo gobierno español quien las suministraba. Pues la más importante fuente periodística en Cuba, la que más noticias de Haití recogía, no era un periódico extranjero o colonial, sino la propia *Gaceta de Madrid* –luego autotitulada boletín oficial del gobierno–. Publicada en Madrid dos veces a la semana, la gaceta contenía noticias sacadas de diversas gacetas del mundo. De estas gacetas extranjeras (de Londres, París, Nueva York, etc.) provenían precisamente las noticias de Saint Domingue publicadas en Madrid. Quizás en Madrid no causaran mucha reacción, pero en lugares como La Habana podían conmover a sus lectores. Así, el marqués de Someruelos, Capitán General de la isla de Cuba en 1804, poco después de decretada la independencia haitiana, insistía que la gaceta podía tener consecuencias muy perjudiciales en La Habana. Cuando la gaceta publicó una proclama de Dessalines, el primer jefe negro en esta etapa, se sintió obligado a dar queja formal, informando que él hacía lo posible para que no circularan estos tipos de papeles entre la gente de color, quienes, según él, los analizaban "con bastante viveza". Sin embargo, sus esfuerzos parecen haber sido inútiles, ya que los mismos artículos que intentaba suprimir aparecían publicados y sellados por el gobierno español en gacetas que, según él "se venden al público, las compran todos y corren muy bien en manos de los Negros"[33].

Someruelos aquí nos provee una pista: sabemos que la gente de

---

[31] Cintio Vitier et al., *La literatura en el Papel Periódico de la Havana, 1790-1805*, La Habana, Editorial Letras Cubanas, 1990; Ambrosio Fornet, *El libro en Cuba*, La Habana, Editorial Letras Cubanas, 1994.

[32] Muchos de los bandos prohibiendo la entrada de material francés han sido recogidos en José Luciano Franco, *Documentos para la historia de Haití en el Archivo Nacional*, La Habana, Archivo Nacional, 1954; Tte. Gob. de Puerto Príncipe a Las Casas, 20 de Diciembre de 1794, en AGI, PC, Legajo 1462.

[33] Someruelos a Sec. de Estado, 25 de Mayo de 1804, citada textualmente en Someruelos a Sec. de Estado, 13 de Agosto de 1809, en AGI, Estado, Legajo 12, exp. 50.

color leía la *Gaceta de Madrid* en la Habana y que gracias a ella se enteraban de lo que sucedía en la revolución de la colonia francesa. Nos queda por preguntar qué era lo que llegaban a conocer leyendo los reportajes de la gaceta. Un análisis del contenido haitiano de la gaceta nos permite ver que el público cubano, a través de esta publicación, tenía acceso a muchas de las mismas noticias que circulaban en París, Londres, el Caribe inglés y los Estados Unidos. La cobertura de la revolución empezó en la *Gaceta de Madrid* a partir de Noviembre de 1791, cuando apareció la primera referencia al levantamiento de esclavos. Según el primer artículo sobre la revolución, 360 rebeldes negros habían incendiado ya más de 200 ingenios y matado a más de 300 blancos. Luego siguieron las noticias, con cierta regularidad[34]. En abril de 1794, se enteraron los lectores de la gaceta del decreto de la abolición de la esclavitud dada por la Asamblea Nacional francesa. Poco después supieron de la toma de Bayajá (Fuerte Delfín) por los españoles, y de las numerosas conquistas armadas que los ingleses llevaron a cabo en la parte oeste y sur de la colonia[35]. Ya para 1796, conocieron en sus páginas a la figura de Toussaint Louverture. Y de ahí se enteraron de los sucesos claves de su carrera: su guerra contra Rigaud; su nombramiento como Prefecto de la colonia y sus disposiciones como jefe supremo de la colonia[36]. Los artículos de las gacetas mantenían a sus lectores informados de la revolución en diversos niveles, sobre acontecimientos locales y otros mas bien imperiales o internacionales: de la declaración de guerra entre Francia y España en 1793 y de la paz en 1795; y entre Inglaterra y Francia, la declaración de guerra en 1793, de paz en 1801 y luego de guerra en 1803.

Aunque la cobertura de estos acontecimientos era bastante regular o frecuente, un análisis más a fondo nos deja ver que en ciertos momentos de la revolución la cobertura se intensificaba. Este fue el caso referido a los preparativos de la llamada expedición de Leclerc en los últimos meses de 1801. En esta coyuntura, ya se había declarado la paz entre Francia e Inglaterra y se restauraba cierta calma en el escenario Europeo. Pero en Saint Domingue, la metrópoli veía señales bastante preocupantes. Toussaint había redactado una constitución en la cual se

---

[34] *Gaceta de Madrid* (GM), 25 de noviembre de 1791, pp. 856.
[35] Sobre decreto de libertad, GM, 8 de Abril 1794, p. 394; sobre la victoria española en Bayajá, GM, 1 de Abril de 1794, pp. 363-71; sobre las victorias inglesas, GM, 24 de Enero de 1794, pp. 103-4, 26 de Agosto de 1794, pp. 1006-7.
[36] La primera mención de Toussaint en la Gaceta es el 2 de Diciembre de 1796 (p. 1024), pero no se identifica como negro hasta el 18 de Enero de 1800 (p. 50). La cobertura del conflicto entre L'Ouverture y Rigaud comienza el 15 de Octubre de 1799 (p. 894). Sobre su nombramiento como Prefecto, 4 de Agosto de 1801 (p. 816).

daba el título de gobernador de por vida, había ocupado la parte antes española de la isla sin autorización superior, había arrestado a oficiales legítimos de la metrópoli y los había embarcado a Francia. Y por supuesto, a pesar de algunos esfuerzos de mantener los antiguos esclavos en los ingenios trabajando el azúcar por jornal, la agricultura estaba en pésimo estado, produciendo una pequeña porción de lo que se producía anteriormente. En este contexto, Napoleón decidió enviar una expedición, comandada por su cuñado Leclerc para corregir lo que calificaban de graves males y excesos que se habían producido en la colonia. En casi todos los números de la gaceta venían informes de los preparativos de la expedición, de las tropas que se iban reuniendo, del armamento que se transportaba y de la partida de un buque tras otro de Brest hacia Saint Domingue[37]. La impresión era, sin duda, de una inminente y masiva invasión de tropas francesas en la colonia. También con los informes llegaban los rumores y especulaciones ¿Sería quizás una expedición para invadir a Jamaica? ¿Sería una expedición para restablecer la esclavitud en los dominios franceses?

Si las noticias eran ya frecuentes, se intensificaron aún más con la llegada de la expedición a las costas de Saint Domingue. Entonces los lectores empezaron a enterarse de las reacciones de los antiguos esclavos y de sus jefes. Llegando a la barranca de la Culebra, los franceses encontraron resistencia severa, cañonazos y combate de hombre contra hombre con la tropa de Louverture. Llegando a Cabo Francés, el jefe negro Christophe se negó a permitir la entrada de la tropa metropolitana sin previa autorización de Toussaint. En Puerto Republicano, los rebeldes incendiaron el pueblo y amenazaron a los vecinos sin que las tropas pudieran desembarcar para auxiliarlos. En cada momento, junto a las descripciones de los encuentros, llegaban también extractos de los informes oficiales de Leclerc y Rochembeau (gobernador de Saint Domingue) a París, a la Asamblea Nacional, y al ministro de Marina y Ultramar[38]. Todo esto quedaba publicado en las páginas de la gaceta y leído, como sabemos del propio Someruelos, con mucho interés en Cuba.

La frecuencia de los informes convertían las noticias en un verdadero folletín. Se iba incrementando el número de buques, tropas y armas que salían de Brest, y cuando luego empezaron a llegar a las cos-

---

[37] Las noticias de la expedición empiezan a publicarse en la Gaceta a partir de Diciembre de 1801.
[38] En 1802, noticias de Santo Domingo aparecen en casi cada número de la Gaceta. Para algunos de los eventos mencionados aquí, ver: 2 de Abril, pp. 313-16; 6 de Abril; 9 de Abril, pp. 338-41; 20 de Abril, pp. 376-77; 23 de Abril, pp. 385-86; 18 de Mayo, pp. 477-79.

tas se iba conociendo poco a poco la reacción de los rebeldes. Como en una novela, a veces las noticias eran hasta íntimas. Se publicaron, por ejemplo, descripciones de la primera reunión de la mujer de Toussaint con sus dos hijos (quienes habían sido enviados a Francia a estudiar y quienes acompañaron a la expedición), de los tiernos abrazos con que los recibió. Más larga todavía era la descripción de la reunión de éstos con el propio Toussaint[39].

De hecho, según iban apareciendo las noticias sobre el desarrollo de la expedición de Leclerc, la pregunta clave que se iba formulando era cuál iba a ser la actitud y el destino de Toussaint. Los lectores se enteraban de que los oficiales de Leclerc lo buscaban y no lo hallaban. Después que Leclerc lo había declarado fuera de la ley. Luego se enteraron de la reunión que tuvieron los dos hombres, de sus negociaciones y acuerdos, las autoridades suspendieron la citación contra Toussaint, pero lo confinaron en una hacienda. Pero poco después se supo que las autoridades habían interceptado sus cartas y comunicaciones, las cuales –según ellos– daban a entender que la aparente sumisión de Toussaint era sólo una máscara. Aparentaba ser un sujeto leal y sumiso para ganar tiempo y esperar a que la enfermedad diezmara a los soldados franceses. Cuando éstos se encontraran débiles e indefensos, planeaba de nuevo atacarlos y echarlos de la isla para erigir un estado independiente[40].

Sabemos que los planes de Toussaint no resultaron como él esperaba. Fue hecho prisionero y enviado a Francia en Junio de 1802. Pero aunque estuviera fuera del escenario, los lectores quizás se percataban que sus proyectos podían seguir en pie. En los meses siguientes a su encarcelamiento, se publicaron en muchos números de la gaceta noticias de una gran mortandad entre las tropas francesas por causa de la enfermedad. Según los informes de la gaceta murieron Leclerc, jefe de la expedición, y muchos otros oficiales que en las páginas anteriores habían aparecido como perseguidores de Toussaint y sus compañeros. La debilidad de los franceses era patente y el ascendente de los rebeldes –ahora de Dessalines y Christophe– quedaba señalado en casi todos los

---

[39] Ambas se encuentran en GM, 21 de Mayo de 1802, pp. 489-91.
[40] Para descripciones de la actitud de Louverture frente a los franceses y de las relaciones entre ambos, véanse, por ejemplo, los siguientes artículos de la Gaceta en 1802: 23 de Marzo p. 270; 2 de Abril, p. 312; 6 de Abril, pp. 328-9; 13 de Abril, pp. 348-50; 20 de Abril, pp. 376-77; 18 de Mayo, pp. 477-79; 21 de Mayo, pp. 389-91; 1 de Junio, p. 528; 22 de Junio, pp. 606-8; 6 de Julio), pp. 650-52; 9 de Julio, pp. 664-5; 27 de Julio, p. 736; 6 de Agosto, p. 780; 10 de Agosto, p. 789; 28 de Septiembre, p. 971.

números de este periódico[41].

Pero no sólo se hablaba de sus victorias militares; también se publicaban artículos que dejaban entender un poco los deseos y las ideas de los rebeldes. Se publicaban sus propias palabras. El número de la gaceta que tanto había preocupado a Someruelos, de hecho, contenía dos proclamas, una de Dessalines y otra conjunta de Dessalines, Christophe, y Clerveaux. En las dos, los líderes negros llamaban a los refugiados que querían regresar a vivir tranquilos bajo el nuevo sistema. Pero su invitación conllevaba una clara amenaza. Hablando de los refugiados, decían los tres jefes:

> El Dios que nos protege, el Dios de los hombres libres nos manda extender hacia ellos nuestros brazos vencedores. Pero los que embriagados de un loco orgullo... [los que] piensan aún que ellos solos forman la esencia de la naturaleza humana, y que afectan el creer que estan destinados por el cielo a ser nuestros dueños y nuestros tiranos, no se acerquen jamás a la isla de Santo Domingo, porque si vienen, solo encontrarán cadenas y deportación[42].

Añadía la gaceta que también "amenazan ser inexorables y aún crueles con las tropas francesas que puedan ir de Europa". Esta era la proclama de la que se quejaba Someruelos, en la cual queda manifiesto el poder de los líderes negros, quienes prohibían el regreso de Francia a la colonia y admitiendo sólo a los refugiados dispuestos a vivir bajo un gobierno negro y sin esclavos.

Sólo una semana después de haber escrito Someruelos su queja, apareció en las páginas de la gaceta otra proclama, seguramente más perjudicial que la primera. Era la declaración de la independencia haitiana, firmada por Dessalines, fechada el 1 de enero de 1804, y publicada en la gaceta el 1 de Junio de ese mismo año[43]. Sabemos que a Cuba ya habían llegado otros ejemplares a bordo de barcos franceses, y que las autoridades la habían recogido, y la habían mandado a traducir para su conocimiento y envío a las autoridades de Madrid[44]. Pero a pesar de tanto esmero, no pudieron impedir su circulación, impresa, traducida y, como sugiere Someruelos, al alcance de los negros quienes lograban conseguir el

---

[41] Sobre la muerte de tropa francesa por enfermedad, ver, por ejemplo, en 1802: 17 de Agosto, pp. 817-8; 20 de Agosto, pp. 831-2; 19 de Octubre, pp. 1054-55; 14 de Diciembre, pp. 1241-2; 24 de Diciembre, p. 1269; y en 1803: 25 de Enero, pp. 67-8
[42] *GM*, 23 de Marzo de 1804, pp. 267-8.
[43] *GM*, 1 de Junio de 1804, núm. 44.
[44] Marqués de Someruelos a D. Pedro Cevallos, 14 Marzo de 1804, en AHN, Estado, Legajo 6366, exp. 70.

periódico sin mayor dificultad.

Al leerla, quizás las autoridades en Cuba hayan sentido cierto alivio, y los de color cierta decepción. En efecto, la proclama llamaba a los habitantes de Haití a la paz con las islas vecinas, a no ser "teas revolucionarias" en las islas antillanas donde según la proclama, los habitantes no habían sido víctimas de las misma tiranía que ellos. Pero el alivio de unos y la decepción de otros no pudieron ser muy grandes, pues la proclama seguía siendo una proclama de independencia, dictada por un hombre de color, contra la esclavitud y contra los franceses. Era, en resumidas cuentas, la proclama de esclavos que habían vencido a sus amos a punta de armas. Estaba además llena de amenazas explícitas. Llamaba a los habitantes a la venganza contra los franceses, diciendo que los huesos de sus parientes iban a rechazar los de ellos si no se vengaban de sus muertes a mano de los franceses. Hay que señalar que para los lectores no franceses, para esos radicados en lugares como La Habana o Kingston, aunque la proclama parecía prometerles la paz, también advertía a sus gobernantes que debían estar satisfechos con sus progresos: "deben desear el mayor bien a nuestra posteridad". La proclama también daba una idea de lo que les esperaba a los que, disconformes con el nuevo sistema en Haití, intentaran algo contra la isla. Decía:

> Sabed, ciudadanos, que aún no habeis hecho nada, si no dais a las naciones un terrible, pero justo exemplo de la venganza que debe executar un pueblo valiente, que ha recobrado su libertad, y anhela con ahinco mantenerla. Escarmentemos con espanto a los que tengan la osadía de pensar en arrancárnosla, y empecemos por los franceses.

Prometen la paz a los vecinos, amenazan a los franceses, pero también dejan escapar la idea de que quizás sólo estén empezando por los franceses.

Ahora podemos comprender más a fondo la inquietud de Someruelos, al ver que estas palabras e ideas, estos ejemplos de un nuevo poder y una nueva libertad negra, se divulgara en su colonia. No era sólo que la gente de color se enteraba de las noticias de Haití (hasta la misma gaceta decía "que apenas hay negro que no se las sepa de memoria"). Era que la reiteración de las noticias le iba dando cada vez más cuerpo al ejemplo.

Como hemos visto, las noticias proliferaban en todo tipo de fuentes y alcanzaban a todo tipo de gente. Y las noticias en sí mismas parecían ser bastante densas. A través de las páginas de la *Gaceta de Madrid*, a través del contacto con soldados (franceses, cubano-españoles) previamente estacionados en el teatro de la revolución, a través de historias contadas por marineros, a través de cartas enviadas, leídas, copiadas y circuladas, la gente recibía interesantes, detalladas, y algunas veces íntimas noticias de la primera revolución negra del mundo.

Sabemos que cualquier sentido de miedo o esperanza que se hubiese inspirado en Cuba por el ejemplo de los eventos en Haití no tenía que ser imaginario en su totalidad, sino que seguramente se apropiaba de un amplio material, de narrativas detalladas y de historias sugestivas disponibles a los residentes de Cuba con respecto a estos eventos. Así que, por ejemplo, cuando presuntos conspiradores esclavos en Bayamo transmitieron el nombre de Juan Francisco a las autoridades españolas, o cuando durante la conspiración de Aponte esclavos y gente de color libre nuevamente invocó al oscuro personaje en La Habana en 1812, tanto las fuentes como las audiencias de estas historias hubiesen tenido amplias oportunidades de enterarse sobre el verdadero Juan Francisco y sus hazañas. La frecuente afirmación de que las elites criollas temían que cualquier intento de liberación política despertaría a la población de color, tal vez tiene más sentido cuando sabemos que algunas personas de aquella elite tenían experiencia de primera mano con intentos fallidos de movilizar y contener ex esclavos armados para apoyar metas políticas de las elites. Hombres cubanos habían sido vencidos por algunas de aquellas fuerzas esclavas en 1794-1795 en Santo Domingo. Residentes cubanos tuvieron la oportunidad de presenciar la evacuación de los blancos vencidos de la colonia francesa y después leer las proclamas de sus vencedores negros. Los miedos o esperanzas presuntamente inspirados por la Revolución Haitiana hubiesen sido moldeados por estas experiencias y contactos específicos.

LA SOCIEDAD CUBANA Y EL PELIGRO HAITIANO

Pero para comprender la forma en que estos miedos o esperanzas funcionaron, debemos entender también la sociedad en que las noticias de Haití circulaban. En Cuba, la conciencia de Haití parece haber tenido fuerza especial y no sólo por las noticias abundantes que llegaban. El extremo oriental de la isla dista sólo unas 50 millas de Haití. Los esclavistas de la colonia francesa llegaron por millares, muchos con esclavos, buscando refugio y narrando historias de la venganza negra. A lo largo de los decenios que siguieron a la independencia de Haití, hubo rumores y temores sobre invasiones haitianas en el poco poblado territorio oriental. De modo que, en muchos sentidos, la Revolución Haitiana se sentía en Cuba de forma palpable e inmediata. Esta urgencia, sin embargo, se derivaba no sólo de la proximidad física o de la migración, sino también del hecho de que Cuba, en cierto sentido, estaba suplantando a Saint Domingue. Los hacendados, comerciantes y oficiales cubanos y españoles eran muy concientes de ello y, de hecho, se veían siguiendo explícitamente los pasos de sus homólogos de Saint Domingue. Uno de los efectos inmediatos de la revolución en esta isla vecina fue la importación siempre creciente de esclavos de África para trabajar el azúcar. En Cuba, pues, la revolución haitiana dio origen a dos efectos en apariencia paradójicos. Brindó un ejemplo gráfico de la revolución y el poder negro, al tiempo que incitaba a un aumento masivo en la esclavización negra.

En sus esfuerzos por emular a Saint Domingue y al mismo tiempo evitar "otro Haití", las elites criollas deliberaron, encargaron y prepararon informes y buscaron opciones sobre la mejor manera de mantener un equilibrio entre las ganancias y la supervivencia. Su aproximación tuvo dos facetas. Incluía, por una parte, la observación desconfiada de potenciales amenazas externas por parte de las potencias europeas rivales y, después de 1804, por parte de Haití mismo. Por otra parte, dependía de una escrupulosa vigilancia dentro del propio territorio. De hecho, se puede sugerir que el ejemplo de Haití llevó a las elites coloniales y esclavistas a reconsiderar la sociedad local y a considerar a su propia población, su propia geografía y sus propias relaciones sociales, teniendo en mente a Haití. En este tipo de reflexión se puede detectar el impacto cognitivo que la Revolución Haitiana pudo haber tenido en la vecina isla esclavista.

Empezando por la cuestión de la población, vemos que el periodo contempló una preocupación creciente con las cifras y la demografía[45]. Ya en 1776, se había ordenado a los virreyes y gobernadores de América y las Filipinas que realizaran y presentaran padrones anuales en los que constaran recuentos de población por sexo, así como por raza o casta[46]. Vemos ya aquí un rasgo de los padrones coloniales que han advertido los estudiosos de otras sociedades coloniales:

---

[45] En este libro Consuelo Naranjo Orovio aborda los temas relacionados con la población, fomento y exploración del territorio, en el capítulo titulado "La amenaza haitiana: un miedo interesado. Poder y fomento de la población blanca en Cuba".
[46] Juan Pérez de la Riva, "Presentación de un censo ignorado: El padrón general de 1778,"

el hecho de que los padrones coloniales revelan las preocupaciones de sus organizadores por la clasificación étnica y racial, en contraste con sus contrapartidas metropolitanas. Lo que resulta revelador, no obstante, en el caso de Cuba en la época de la Revolución Haitiana, es que el deseo de cuantificar y clasificar a la población no emanó solamente de las autoridades metropolitanas, sino también de la propia sociedad criolla. De modo que, mientras que existió un mandato legal de enumeración, la intención principal de obedecer, y en algunos casos de "sobre cumplir," vino de aquel sector de la sociedad criolla que protagonizó la transformación de Cuba a una sociedad de plantación. Este aumento de preocupación surgió de una nueva convicción de que la constante enumeración racial de la población de la isla era un requisito para su seguridad.

Las primeras noticias de la Revolución Haitiana en Cuba subrayaban el desequilibrio numérico entre esclavos y blancos, y mas tarde entre los negros rebeldes y las fuerzas europeas que se proponían derrotarlos. En Cuba, los argumentos sobre la política posterior a Haití demostraban una y otra vez la preocupación por esa sensación de desequilibrio. Abogando por la escalada del comercio de esclavos en pleno levantamiento haitiano, Arango y otros reconocieron que el comercio debía aumentar pero que el estado debía prestar mucha atención al desglose numérico de la población de la isla. Así, la Real Sociedad Patriótica de la Habana defendía que "aunque la introducción de negros debiera siempre apoyarse para favorecer el desarrollo de la isla, [tal introducción] debería llevarse a cabo con un padrón siempre a mano, sin permitir nunca que el número de negros exceda, o incluso iguale, al número de blancos"[47]. Aquí el padrón, y específicamente la enumeración racial de la población de la isla, se cita explícitamente como requisito para la seguridad pública. El padrón se convierte en una herramienta indispensable del esclavismo en un mundo post-Haití.

Comparemos ese imperativo con otro expresado apenas unas décadas antes por Nicolás Joseph de Ribera, que escribió en 1760: "Muy poco importa al Estado que los habitantes de Cuba sean blancos o negros, como trabagen mucho y le sean fieles. El arbitrio de los esclavos en

---

Revista de la Biblioteca Nacional José Martí, 19, 1977, pp. 5-16. No siempre se cumplió este mandato. En algunas colonias no se prepararon padrones hasta décadas después o se produjo solo un padrón desde el 1776 hasta la independencia. Ver *A Guide to Latin American and Caribbean Census Material: A Bibliography and Union List*, London, British Library, 1990.
[47] "Memorias de la Real Sociedad Patriótica de la Habana," 1794, manuscrito, Instituto de Literatura y Lingüística, La Habana.

África es el único de que puede valerse para llenar la Isla de grandes pueblos en breve tiempo".

Ribera había podido sostener esta posición a partir de creer en la docilidad o la complacencia de los esclavos. "Pudiera imaginarse que una tal muchedumbre de negros esclavos y gentiles en su origen qual se propone podría sublevarse. Pero esta objeción es debilísima para quien los haya mandado y conoce. Aquella misma diversidad de genios y naciones los une y sugeta a la nuestra. Y si alguno hostigado de las crueldades o mal tratamiento de sus amos huye a los montes, es sin otro designio que el de hurtarse del rigor"[48]. Tal postura habría sido insostenible tras el comienzo de la Revolución Haitiana, que volvió la revuelta de esclavos a escala masiva concebible de manera inminente.

Fue del deseo simultáneo de manos negras y predominio blanco que surgieron muchos de los primeros intentos de contar y clasificar a la población de Cuba. De este modo el proyecto mismo de construcción del estado colonial se insertaba profundamente en el contexto de la Revolución Haitiana. No sólo existían los padrones oficiales de 1791-1792 y 1817, por los que tanto se interesaron los esclavistas criollos. Había otras estadísticas de población recopiladas e interpretadas al nivel local. Los recuentos parciales de la población -en determinadas localidades dividida en razas, de esclavos de una región o de entrada de esclavos bozales en el puerto de La Habana o de bautismos por raza en determinadas parroquias- abundan durante el período que sigue al inicio de la revolución. Los archivos y publicaciones de nuevas instituciones tales como el Real Consulado de la Habana y la Real Sociedad Económica están efectivamente llenos de tales tablas y cifras[49]. Cuando en 1815, el cabildo de La Habana abogó, como tantos otros, por una aumento de la migración blanca, para que "disminuyan los temores que nos presenta la propagación espantosa de los esclavos y libres de color, de que estan plagadas nuestras ciudades y campiñas", presentaron evidencias estadísticas para apoyar ese caso. Estas evidencias subrayan el hecho de que la población negra seguía creciendo a un ritmo superior al de la blanca y de que

---

[48] Nicolás Joseph de Ribera, *Descripción de la Isla de Cuba*, La Habana, Editorial de Ciencias Sociales, 1986, p. 165, compilación e introducción a cargo de Olga Portuondo.

[49] Ver por ejemplo, Alejandro de Humboldt, *Ensayo político sobre la isla de Cuba*, La Habana, Fundación Fernando Ortiz, 1998, p. 77; *Catálogo de los fondos del Real Consulado de Agricultura, Industria y Comercio y de la Junta de Fomento*, Habana, Archivo Nacional de Cuba, 1943; y las *Memorias de la Real Sociedad Patriótica de la Habana*. Antonio del Valle Hernández, secretario del Real Consulado, se refiere a varios padrones incompletos o de nivel local efectuados entre 1791 censos y su redacción de "Nota sobre la población de la isla de Cuba" en 1811.

la gente de color excedía ya a los blancos. De hecho, las autoridades del cabildo observaron que "desde hace ya mucho tiempo en los bautismos hay dos de color por cada blanco"[50].

Si bien está claro que las autoridades españolas habían ordenado recuentos de población, también resulta evidente que las elites criollas parecían interesadas en llevar, supervisar e interpretar los recuentos por interés propio. Este interés, podría añadirse, era de dos tipos, o mejor, era flexible. Por una parte, defendían que les interesaba llevar cuentas para garantizar su seguridad. También, no obstante, revelaban que tales cuentas eran necesarias para argumentar que todavía no habían alcanzado el punto de "saturación", que no existía un desequilibrio en comparación con las islas azucareras de las antillas francesas y británicas, y que por consiguiente la sociedad podía tolerar una importación incluso mayor de esclavos africanos que trabajaran en los ingenios de los mismo criollos.

Uno de los documentos más interesantes sobre la población de Cuba en este período fue, de hecho, recopilado no por orden de Madrid, sino por iniciativa del Real Consulado con el fin de defender la esclavitud y el comercio de esclavos en las Cortes. Los documentos "Nota sobre la población de la isla de Cuba" y "Nota sobre introducción de negros bozales" fueron recopilados por Antonio del Valle Hernández, secretario del Real Consulado. El historiador cubano Juan Pérez de la Riva ha planteado que estos textos representan los "primeros estudios demográficos efectuados en Cuba". Según Pérez de la Riva, los padrones anteriores (1774, 1778 y 1791, por ejemplo), habían sido más descriptivos o económicos en su enfoque, y no analizaban las cifras de población ni ofrecían "cifras relativas"[51]. De hecho, son estas cifras relativas las que el autor de los dos documentos desea recalcar. El primer ensayo comienza con esta afirmación:

> En las consideraciones estadísticas que sobre nuestra población ocurren, la atención del estadista no tanto debe dirigirse al mérito positivo de los números de vecinos o habitantes, como al relativo que con la clase de blancos guardan las gentes de color libres y esclavos, que constituyen el cuerpo de nuestra plebe, y al

---

[50] Acta de Cabildo de la Habana sobre como aumentar la población blanca, BNJM, Colección de Manuscritos Morales, t. 80, núm. 13.
[51] Juan Pérez de la Riva, "Antonio del Valle Hernández: el primer demógrafo cubano?, *Sucinta noticia de la situación presente de esta colonia*, 1800, La Habana, Editorial de Ciencias Sociales, 1977, p. 11.

progreso que en su multiplicación tenga cada una de las tres clases de blancos, libres de color, y esclavos, a fin de tomar con respecto a ellas las precauciones de seguridad y justicia que el caso requiera[52].

Este documento, junto con su secuela sobre el comercio de esclavos para Cuba, resulta interesante en varios aspectos. En primer lugar, vemos de nuevo la relación explícita entre la enumeración racial y la supervivencia: se deben hacer recuentos y se debe cuantificar el crecimiento relativo para poder asegurar la seguridad de su clase. Pérez de la Riva va más allá al notar este vínculo y argumenta que la Revolución Haitiana es "omnipresente en todas las páginas de la obra"[53]. El énfasis en la seguridad, explícito en este documento y en la exposición de Arango que lo acompaña, era interesado por lo menos en dos sentidos. En primer lugar sirvió para recordarles a las Cortes, que no sólo estaban en juego principios humanitarios abstractos sino su misma supervivencia en la colonia. El énfasis en la seguridad y la supervivencia, no obstante, no impidió que Arango y del Valle también, y al mismo tiempo, esgrimieran los números para argumentar que, de hecho, la sociedad cubana podía tolerar más importaciones de africanos, y para probar, en el segundo documento, (que comparaba el número de importaciones con el número de negros) cómo la esclavitud cubana era benigna en comparación con otros regímenes esclavistas. Por lo tanto, cuantificar, medir y, sobre todo, comparar y pesar las tres ramas diferentes de la población de Cuba (blanca, libre de color y esclava), resultaba doblemente necesario. Era necesario para asegurar la seguridad de los blancos y para argumentar de forma responsable a favor de la importación continuada de hombres y mujeres de África.

Por último, una parte del interés del documento radica en las conexiones explícitas que establece entre la población y la geografía. Cuantificar la población, dice, es inadecuado; la información clave radica en comparar las cifras y el crecimiento de las diferentes ramas de la población y luego analizar estas cifras en contextos geográficos específi-

---

[52] Antonio del Valle Hernández, "Nota sobre la población de la Isla de Cuba," que es parte del documento 9, "Representación que por encargo del Ayuntamiento, Consulado y Sociedad Patriótica de la Habana hizo Francisco Arango y Parreño y se elevó a las Cortes por los expresados grupos", *Documentos de que hasta ahora se compone el expediente que principiaron las cortes extraordinarias sobre el tráfico y esclavitud de negros*, Madrid, Repulles, 1814, pp. 127-51.

[53] Pérez de la Riva, "Antonio del Valle Hernández,...", *Opus cit.*, p. 11.

cos. De esta manera, el estado puede implementar políticas de población más astutas, sabiendo dónde establecer y fomentar la migración blanca. Aquí el autor se hace eco de Francisco Arango. Al informar de su misión a Santo Domingo en 1803, Arango esbozó la amenaza que representaba la Revolución Haitiana y las medidas que debían tomarse en Cuba. Como otros, subrayó la importancia de aumentar la población blanca pero precisó que esto debía ocurrir en ciertas regiones concretas:

> El número de [blancos] es menor, por desgracia, en los puntos en que debía ser mayor, esto es, en la parte oriental de la isla, y para aumentarlo me parece que no debe perdonarse medio ni diligencia... Abramos los brazos y demos de balde tierras a todos los que quieran establecerse en Baracoa [el punto mas cercano a Haití], Holguín y Santiago[54].

Más allá de lo que se había solicitado en la orden de padrones anuales en 1776, las elites criollas se esforzaron en recopilar, usar y argumentar partiendo de los nuevos tipos de información que cuantificaban a los habitantes cubanos, los separaban por raza y condición y los situaban en territorios concretos que luego comparaban entre sí. Los estudiosos de los padrones generalmente señalan el período de mediados del siglo XIX como el que vio la consolidación de los recuentos de población y las estadísticas demográficas. Sin embargo, en Cuba las estadísticas de población proliferaron antes de mediados de siglo. Allá, el ejemplo de la Revolución Haitiana y las profundas transformaciones económicas y sociales que se desarrollaban a principios del siglo XIX llevaron a las elites criollas (y no solo a las autoridades coloniales) a creer firmemente que la prosperidad y la supervivencia convertían el conocimiento de la población en un asunto esencial. Si bien este nuevo conocimiento, generado a partir de ese proceso, servía al propósito de la construcción del estado colonial, también servía a los intereses de los hombres de la clase de Arango. Presuponía la existencia de una sociedad compleja y jerárquica a lo largo y ancho de toda la isla, y producía un conocimiento que, aunque vinculado a la continuación del dominio español, proveía también una especie de plantilla para imaginarse una sociedad "cubana".

---

[54] Arango y Parreño, "Comisión de Arango en Santo Domingo", Obras..., Opus cit., 1, pp. 382-3. Sobre este misma concepción del vínculo entre población y territorio, ver también, Discurso de José Antonio Miralla, *Memorias de la Real Sociedad Económica de la Habana*, pp. 39-57, esp. p. 48.

Si la época parecía requerir que los gobernantes y terratenientes supieran quién poblaba la isla, también parecía requerir que conocieran la isla misma, es decir el territorio y la tierra que componían la colonia. Los contemporáneos se referían a menudo a la Revolución Haitiana con eufemismos tales como "los disturbios de las islas vecinas" y, a menudo, especificaban que esta isla vecina estaba a tan solo 13 ó 14 leguas de la costa cubana. La proximidad de la rebelión y el poder negro contribuyó así a generar nuevas maneras de pensar sobre el territorio cubano. Haití era peligrosa no sólo por su precedente sino por su cercanía. Esta cercanía significaba varias cosas: la llegada de barcos llenos de refugiados, muchos de los cuales no eran blancos, así como la posibilidad de una invasión en territorio cubano por rebeldes negros apoyados por los imperios enemigos.

Esta posibilidad de un ataque, de hecho, recibió una atención considerable de los oficiales locales en la parte oriental de la isla, particularmente en Baracoa y Santiago[55]. Cuando presentaban tales incursiones como una posibilidad o incluso una probabilidad, contemplaban no sólo el poder y la ambición de los haitianos, sino también las debilidades inherentes en sus propias defensas. La región, decían, no estaba lo suficientemente poblada, ni fortificada. Tomemos por ejemplo el informe reservado de Sebastián Kindelán, Gobernador de Santiago, al Capitán General Someruelos en Septiembre de 1800. Recién llegado de una misión a Guantánamo, ofrece información detallada sobre el estado de las defensas de aquella bahía, así como información sobre la situación defensiva de Santiago, Baracoa, Bayamo, Jiguaní y otros pueblos de

---

[55] Ver por ejemplo, Manuel Guevara Vasconcelos, Capitán Gral de Caracas al ministro de Estado, 4 de enero, 1804, en AGI, Estado, Legajo 68, exp. 3; "Carta reservada dirigida al Yntendente de la Habana, dando cuenta de los designios hostiles de los negros y mulatos de la parte francesa de Santo Domingo," 19 de Marzo de 1818, ANC, Asuntos Políticos, Legajo 99, exp. 101; Sebastián Kindelán a Sr Yntendente de Ejército preguntando sobre la comunicación del Comandante de Armas de Baracoa, 1822, ANC, Asuntos Políticos, Legajo 113, exp. 8; "Comunicación del Comandante Militar de Baracoa al Gobernador de Santiago de Cuba pidiendo refuerzos militares en vista de las amenazas de un ataque por parte de Haití," 30 de Junio de 1823, ANC, Asuntos Políticos, Legajo 113, exp. 104; "Reservada, Carta Núm. 2900, Ynstancia de la alarma en que ha puesto a la República de Haití la misión del Intendente de Cuba Don Felipe Fernández de Castro..." 1830, ANC, Gobierno Superior Civil, Legajo 524, exp. 18739; "Comunicación del Comandante de la 2ª Sección al Comandante General del Departamento Oriental, Bayamo, dando cuenta de las disposiciones adoptadas en vista de temerse una invasión desde la republica de Haití" 1830, ANC, Asuntos Políticos, Legajo 121, exp. 23; "Documento de intención del gobierno de Haití de revolucionar esta Isla," 18 de Diciembre de 1830, ANC, Asuntos Políticos, Legajo 215, exp. 89; Capitán General de Puerto Rico a la Sección de Estado, 1830, AHN. Estado, Legajo 6376, exp. 31.

Oriente. El propósito de ese conocimiento transmitido a La Habana era defensivo y estaba explícitamente vinculado a la proximidad de la Revolución Haitiana y sus jefes. Decía Kindelán

> Según todos los avisos que he dado a V.S. anteriormente parece que Tusaint anima a la independencia auxiliados por los Yngleses y si resulta efectivo, tal vez su ambición no se limitará a solo la Posesión de la Ysla de Santo Domingo quando se halla con suficiente Exto. para intentar otras conquistas. ¿Y qual mejor que la de esta Ysla tan inmediata a aquella? Se hallará en tal caso con... puertos abiertos que los reciban y auxiliares en nuestras posesiones como es prudencia creer lo sean todos los Esclavos de ellas que se les unirán para asegurar su libertad, para obtener empleos honoríficos entre las Tropas Etiopes, para oprimir a sus propios dueños y para enriquecerce con el pillage.

Luego pasa a detallar otras cosas que Toussaint Louverture encontraría en Cuba

> Despreciables fortificaciones contra ataques terrestres, débil o ninguna guarnición en esta abierta Plaza, dudoso el valor de sus naturales, hora sean considerados como Soldados o como Paisanos, un conocimiento íntimo de nuestra constitución dado al enemigo por los muchos que entran y salen en el País... Todo esto, dijo, eran "palpables razones de nuestro peligro[56].

En el contexto de la Revolución Haitiana, gobernar la isla y preservar y desarrollar su riqueza requería que los gobernantes conocieran y protegieran las regiones más remotas del oriente, mucho más próximas a Haití que a La Habana. Y esta protección se concebía como un proyecto de población y desarrollo. A tales efectos le envió el Real Consulado al gobernador de Santiago un largo interrogatorio con 27 preguntas sobre la ciudad y la región de Santiago. Las preguntas se centraban en el cariz y tamaño de la población, la extensión de la tierra cultivada y sin cultivar, el carácter del comercio, las obras públicas, los puertos, etc..[57]. Dos meses después, a petición directa de la metrópoli, el gobernador de Santiago dio información sobre el estado de Oriente y un plan detallado

---

[56] Kindelán a Someruelos, 15 de Septiembre de 1800. AGI, Cuba, Legajo 1549.
[57] "Respuestas de José Nicolás Pérez Garvey a las preguntas hecha por la Junta Consular sobre Santiago de Cuba", 15 de marzo de 1796. BNJM, Colección de Manuscritos Morales, T. 80, núm. 10.

para el desarrollo de su comarca, cuya preservación para la Corona se hizo más crítica por causa de su situación "al frente de dos colonias extranjeras y pujante como lo son la de Santo Domingo francés y Jamayca"[58]. En estos dos casos, los gobernantes de Santiago les decían a los oficiales de La Habana y Madrid que para gobernar y preservar la isla de Cuba, era preciso dedicarle una particular atención.

Dentro del nuevo impulso de recaudar información sobre el oriente, uno de los ejemplos más interesantes es la Comisión de Guantánamo, encabezada por el Conde de Mopox y Jaruco[59]. Iniciada en 1796, se propuso recopilar información sobre la geografía, población y naturaleza de la zona. Aunque esta comisión ha sido estudiada desde la perspectiva de la historia de la ciencia y la política poblacionista, es importante recalcar que el proyecto de la comisión estaba explícitamente vinculado a la proximidad física de la Revolución Haitiana. Mopox, como lo haría Kindelán dos años más tarde, predijo que los rebeldes negros pujarían por la independencia en la colonia francesa y llegarían entonces a la costa oriental de Cuba para extender su poder y su sistema. Escribe:

> Suponga en este caso a los Negros Dueños absolutos de la Ysla. Ah Señor! Que nuevos males pronostico. O Pobres Españoles a quienes el amor de la Patria y sus fortunas determinan a no abandonar su domicilio, quantas infelicidades se esperan. Ellos verán incendiados sus hogares y labores, violadas sus mugeres y sus hijas, y profanado el culto sacrosanto hasta que no quede uno que refiera los estragos.
> Volvamos a los tiranos posesores de la Ysla. Sus mismas necesidades les obligarán a criar ganados y cultivar las tierras; y como su feracidad les ha de tributar frutos sobrantes han de pensar en su exportación para tener en cambio otros objetos que les sean necesarios; por cuyo medio pasarán de Labradores a Comerciantes. De aquí a la Navegación, el trato con las gentes, la industria, y demas conocimientos, y estos principios insensiblemente erigirán en Soberano a la mas vil condición de los Mortales.

---

[58] Gobr. Juan Nepomuceno Quintana a Eugenio de Llaguno, 28 de mayo de 1796. Museo Naval, Mopox, v. 1, mss. 2240, doc. 16, ff. 57-81.

[59] *Cuba Ilustrada: La Real Comisión de Guantánamo, 1796-1802*, 2 vols., Madrid, Lunwerg, 1991). El material manuscrito relacionado con la comisión se encuentra en el Museo Naval (Madrid), en la colección Mopox. Ver también las Actas Capitulares del Ayuntamiento de Santiago, AHMSC, vol. 14, ff. 51v-52v, 53-55, 68v-71v; vol. 15, ff. 71v-72v.

> Parece que ya está dado el primer paso que subvierta las Antillas. Este Archipelago de Yslas contiguas y situadas sobre un mismo paralelo que abrazan la Trinidad hasta Jamayca, debe su producciones al trabajo de los Negros Esclavos, sin los quales es impracticable su cultivo. ¿Pero como podrá propagarse este contagio? ¿Ni como dexarán los de Sto Domingo gemir en la Esclavitud a sus semejantes? Así es probable que comunicada la sublevación de una Ysla a otra, pierdan las Naciones interesadas sus colonias.

Habiendo pintado el cuadro siniestro, y ya familiar, de la amenaza que suponía Haití, Mopox pasa a esbozar las posibles soluciones. No es sorprendente que las soluciones que apunta consistan en su propio "proyecto de población y defensa de Guantánamo" que, si no se defendiera, será "abrigo y escala de los que atentasen contra la isla"[60].

Resulta evidente que en el período durante y después de la Revolución Haitiana se dio un interés creciente en el conocimiento y la cuantificación de la población y el territorio que comprendían la colonia de Cuba. Se le prestó una nueva atención a la parte oriental de la isla, que se consideraba particularmente expuesta a nuevas amenazas. Se recabó información y se propusieron proyectos que desarrollarían la región y responderían a la nueva amenaza. Como con la cuestión del territorio y la geografía, así también con la población y la demografía. Las elites criollas hicieron gala de un intenso interés en el recuento de la población. Era éste un interés, por lo demás, que iba más allá de los edictos del estado colonial y buscaba sobre todo comprender el equilibrio demográfico entre los diferentes grupos sociales a lo largo y ancho de la isla. Estos avances estaban en gran medida influidos por el contexto haitiano. Verlos desde esta perspectiva nos permite ir más allá de simples afirmaciones sobre el miedo y el terror que resultaron de la Revolución Haitiana. Nos permite avistar otra posibilidad: concretamente, que la Revolución tuvo una suerte de impacto cognitivo en su vecina, que ayudó a generar nuevas formas de concebir la población y el territorio que era Cuba. Requería que los estadistas concibieran la población como un todo, complejo y jerárquico, cuyos elementos debían cuantificarse, equilibrarse y localizarse estratégicamente. Además, requería que pensaran en la isla en tanto isla, como algo más que la próspera capital de La Habana y sus florecientes campos. La preservación de aquella prosperidad y de la colonia

---

[60] Conde de Mopox y Jaruco, carta a Francisco Saavedra, 2 de Julio de 1798, en Museo Naval, Madrid, Colección Guillén, mss. 1578, doc. 12, ff. 48-52.

en su conjunto, requería de una nueva mirada al oriente distante. Estas nuevas formas de concebir la isla surgieron del esfuerzo por gobernar de manera más efectiva, beneficiarse de la colonia y preservarla ante nuevas amenazas. Pero los protagonistas y beneficiarios en este proceso fueron también la elite criolla tan comprometida con el auge del azúcar y el despegue de la esclavitud de las plantaciones. Estaba en juego su preservación y su prosperidad, así que es de sus plumas y sus bocas que se dictaban las llamadas a la cuantificación y al equilibrio y a un extenso conocimiento geográfico.

El ejemplo de la Revolución Haitiana puede haber ayudado a clausurar ciertas opciones políticas, como la independencia en las primeras décadas del siglo XIX. Pero la Revolución contribuyó también a nuevos modos de imaginar la sociedad cubana. Estas nuevas formas de imaginar fueron, desde luego, profundamente conservadoras, proesclavistas y colonialistas. Pero planteaban una sociedad cubana compuesta de elementos distintos de los peninsulares o incluso de los criollos y una sociedad cuyos límites necesariamente se extendían más allá del auge de la capital. De este modo, nos recuerdan los argumentos de ciertos teóricos del nacionalismo y el colonialismo, quienes han defendido que la gramática básica del pensamiento nacionalista oficial en el mundo colonial (o poscolonial) se deriva con frecuencia de la imaginación del estado colonial, y en este caso, de sus poderosos aliados y asociados criollos[61]. Considerar las repercusiones de la Revolución Haitiana de este modo también nos permite ir más allá de la ya casi automática referencia al temor y considerar de manera más concreta cómo el ejemplo de Haití, combinado con las transformaciones sociales y económicas del período pudieron haber afectado el pensamiento social.

La esclavitud y la resistencia

Si la Revolución tuvo un impacto en cómo se imaginaba la isla de Cuba en su conjunto, está aún más claro que la Revolución hizo que el estado colonial centrara bastante atención en los detalles de la esclavitud, a las relaciones entre amos y esclavos, y sobre todo, a los ejemplos de insubordinación servil. Pues en la Cuba posterior a Haití, se escuchaban historias no sólo de desgracia y ruina en Saint Domingue, sino también historias locales sobre los intentos y deseos de los esclavos de la

---

[61] Ver Benedict Anderson, "Census, Map, Museum", la segunda edición [1991] de *Imagined Communities: Reflections on the Origin and Spread of Nationalism*, London, Verso, 1983, pp.

propia isla. De hecho, los ejemplos de resistencia esclava en este periodo eran numerosos. Con frecuencia, los amos informaban a los gobernantes que los esclavos parecían tener conocimiento de los sucesos de Haití, y que este conocimiento los hacía insolentes. Propagaban historias de esclavos que se enfrentaban a sus amos, negándose a ser maltratados, declarando que todos eran iguales, profetizando la humillación blanca e incluso rompiéndoles sillas sobre la cabeza[62].

Un esclavo de Don Fernando Rodríguez, por ejemplo, le anunció a su amo que los negros franceses ya habían conquistado su libertad. Al verse enfrentadas a tales declaraciones, las autoridades repitieron la necesidad de contener los efectos de Haití no dejando entrar a esclavos extranjeros (excepto los procedentes directamente de África), prohibiendo que se reuniera mas de un puñado de esclavos o gente libre de color, ejerciendo vigilancia constante y extrema, e imponiendo castigos que consideraban adecuadamente severos. En el caso del esclavo de Rodríguez, se le sentenció a 100 latigazos y a llevar por el cuello un letrero que decía: "Este es el fruto de la imaginada libertad de los Negros franceses. En la virtud se halla la verdadera libertad"[63]. En Cuba, como en otras partes del mundo Atlántico, hubo amplia evidencia de que los esclavos conocían lo ocurrido en Saint Domingue y también que ese conocimiento y ese ejemplo les dio valor para reclamar cosas que años antes hubieran sido menos concebibles[64].

Los blancos solían repetir que la Revolución Haitiana había hecho a los esclavos no sólo indóciles, sino también más propensos a la rebelión. La historia parece confirmar sus observaciones: en los años posteriores al inicio de la Revolución Haitiana, se produjeron en Cuba docenas de supuestas rebeliones y conspiraciones. La naturaleza y extensión de estos desafíos al orden esclavista podían, de hecho, ser alarmantes. A intervalos bastante regulares hubo intentos, de dimensión variada, contra mayorales,

---

163-85; Arjun Appadurai, "Number in the Colonial Imagination", *Modernity at Large: Cultural Dimensions of Globalization,* Minneapolis, University of Minnesota Press, 1996, p. 114-35; Partha Chatterjee, *Nationalist Thought and the Colonial World: A Derivative Discourse,* Minneapolis, University of Minnesota Press, 1993.

[62] Tte. Gob. de Puerto Príncipe, Alfonso de Viana a Capitán General, 14 Junio de 1795, en ANC, Fondo Real Consulado y Junta de Fomento, Legajo 209, exp. 8993.

[63] Viana a Capitán General, 9 de Abril de 1796, en ANC, Real Consulado y Junta de Fomento, Legajo 209, exp. 8993.

[64] No obstante, se debe reconocer también la influencia del abolicionismo, como también rumores de emancipación, en los intentos de sublevación de los esclavos del mundo atlántico. Véase, David Geggus "Slavery, War, and Revolution in the Greater Caribbean", *A Turbulent Time: The French Revolution and the Greater Caribbean,* Bloomington, Ind, 1997, pp. 1-50.

amos, autoridades, o blancos en general. Tomemos como ejemplo a la región de Puerto Príncipe, donde radicaba el esclavo de Rodríguez tan adicto a los esclavos franceses y donde se produjo una importante migración de Santo Domingo español después de que éste fuera cedido a los franceses en 1795, y luego ocupado por Toussaint en 1801 y por Dessalines en 1805. En esta zona, se vieron supuestas conspiraciones y revueltas abortadas en 1795, 1798, 1805, 1809, y 1811-1812, al menos. La frecuencia de estos desafíos sin duda dificultó a los funcionarios y a las elites de La Habana a confirmar lo equivocado de los temores.

Es bastante claro encontrar evidencia de un aumento en el número de conspiraciones y rebeliones en el periodo siguiente a la Revolución Haitiana. Pero, ¿hasta qué punto podemos afirmar que este aumento fue un resultado directo de la revolución? Los blancos ciertamente creyeron que ese vínculo existía.

Primeramente hablaban de los incidentes siempre como "revueltas," aunque en algunos casos parece haber habido poco mas que conversaciones muy especulativas entre un puñado de esclavos, o cuando el incidente entrañaba la huida (y no la lucha) de pequeños grupos de esclavos. Pero el vocabulario que compartían amos y funcionarios iba más allá de atribuirle el calificativo de revuelta esclava. Los observadores hablaban también con certidumbre sobre los designios de los supuestos rebeldes, incluso cuando el testimonio en sí no condujera a conclusiones seguras. Los funcionarios narraban historias sobre pandillas negras que gritaban "Blancos, blancos, mata, mata," sobre intenciones de asesinar a todos los blancos y reservar las blancas para "su uso," y muchas veces sobre ser "tantas las cosas que ban declarando que dan miedo oirlas"[65]. Y con frecuencia, con mucha frecuencia, la comparación con Haití era explícita. Según circulaban los rumores e historias de rebelión y conspiraciones, también lo hacían las referencias a Haití: los rebeldes deseaban seguir el ejemplo de los esclavos franceses, Cuba se salvó del tipo de disturbio que destruyó a la bella Saint Domingue, y así por el estilo. Las referencias eran vagas pero constantes. En la ciudad de Trinidad, con posterioridad a la abortada conspiración de esclavos en 1798, los funcionarios aludían a las circunstancias críticas del día, hablaban de los ejemplos de intentos de rebelión en Cuba, y a renglón seguido, de las dificultades que gravaban a Santo Domingo[66]. En Puerto Príncipe, según se

---

[65] "Noticias acaecidas en la Villa de Puerto Príncipe el día 12 de junio de 1798", ANC, Real Consulado y Junta de Fomento, Legajo 209, exp. 8993.
[66] "Testimonio de los autos seguidos de oficio criminalmente contra varios negros de los yngenios de la jurisdicción de Trinidad sobre el levantamiento que intentaron contra los blan-

extendían los rumores sobre un posible levantamiento de esclavos en las Navidades de 1809, los funcionarios recordaron que "todos temían un movimiento repentino semejante a los que vieron en Santo Domingo, cuyo ejemplar [se citaba] con ardimiento hasta por las señoras"[67].

El padre de la famosa novelista cubana del siglo XIX, Gertrudis Gómez de Avellaneda, como rutina predecía para Cuba una suerte como la que sufrió la isla vecina, tomada por los negros, e imploraba a su esposa que se marchara con él a España[68]. De hecho, los observadores blancos tal vez vieron con demasiada rapidez dichas similitudes, dichas líneas de influencia y semejanza de designios. Tal vez no sea sorprendente que así fuera. En una sociedad en que los esclavos y las personas libres de color comenzaban a ser más que los blancos y en que los ejemplos de descontento y posibles disturbios parecían tan numerosos era difícil no ver o imaginarse esa sombra de Haití.

Pero en Cuba, ver a Haití en todas partes pudiera haber sido también otra cosa. Porque ver toda la resistencia local como influencia de Haití era afirmar que los problemas que existían no eran estructurales, no eran problemas de la esclavitud en sí, sino problemas coyunturales provocados por un accidente ocurrido en Haití. Era también claramente una forma de negar la acción y capacidad de los esclavos dentro de la isla. Un funcionario, citando la frecuencia de las recientes revueltas (cinco en menos de tres años, observaba) y aludiendo a la presencia visible de esclavos franceses y británicos, insistió en que ambos hechos estaban vinculados. Los esclavos extranjeros, decía eran "criados en la práctica de la insurrección; no tan solo infeccionan a nuestros siervos, sino que les inspiran para sus fines unas ideas que los esclavos mas díscolos nunca pudieran concebir entre nosotros"[69]. Del mismo modo que los observadores franceses en Saint Domingue no podían ver los acontecimientos de 1791 sin referencia a los agitadores no esclavos, en Cuba los plantadores y estadistas eran incapaces de ver a sus propios esclavos como los principales arquitectos de la conspiración o la resistencia. Y, en este contexto, Haití se convirtió en el "agitador exterior" por excelencia.

---

cos," 1798, ANC, Asuntos Políticos, Legajo 7, exp. 30, fol. 58 y el veredicto y sentencia que comienzan en fol. 115.
[67] "Relación de los conatos de levantarse en armas los negros esclavos en la jurisdicción de Camagüey, Francisco Arredondo, "Relación de los acontecimientos políticos ocurridos en el Camagüey", BNJM, Colección de Manuscritos Arredondo, núm. 8.
[68] Gertrudis Gómez de Avellaneda, *Autobiografía y epistolarios de amor*, editados por Alexander Roselló-Selimov, Neward, Del, 1999, p. 51.
[69] O'Farrill, López y Patrón al Conde de Santa Clara, 18 de Agosto de 1798, en ANC, Real Consulado y Junta de Fomento, Legajo 209, exp. 8993.

¿Pero qué hay de los esclavos mismos? ¿Hasta qué punto se habrán rebelado o conspirado inspirados por el ejemplo de la revolución esclava de Haití? Estas preguntas son, por supuesto, imposibles de contestar. La información disponible consiste en testimonios de hombres y mujeres esclavos que presuntamente planearon rebelarse, o que tuvieron conversaciones con otros presuntos organizadores o reclutadores. El testimonio fue producto de situaciones cargadas de poder, con el incentivo de negar estar involucrados o de nombrar a otros. Además, las palabras que sobrevivieron como las palabras de los esclavos interrogados son en realidad las palabras de los escribanos, quienes parafrasearon el testimonio. Ciertamente se ha perdido el tono con el que el esclavo hubiese testificado, las pausas, los gestos, aun la certeza de que las palabras escritas como suyas fueron exactamente las que ellos usaron. Aun así, a pesar de estas muy reales limitaciones, un examen cuidadoso del testimonio tomado de los esclavos durante una serie de conspiraciones y rebeliones nos permite reconsiderar la forma en que Haití se uso e invocó por hombres y mujeres hablando sobre la esclavitud y la libertad, la violencia y la retribución, la esperanza y el miedo.

Aquí nos sirve de ejemplo una (supuesta) conspiración de esclavos en Güines en 1806, en la cual podemos observar la manera en que los esclavos utilizaban el ejemplo y la idea de la Revolución Haitiana. En este caso, tres esclavos revelaron la existencia de una conjura para levantarse contra sus amos; marchar sobre Guanabacoa; matar a su paso hombres, mujeres y niños blancos; tomar la ciudad y establecerse en "libertad absoluta como en el Gua[rico]", el nombre que se daba en español a Santo Domingo francés[70]. En cuanto se conocieron las noticias de una posible conspiración, comenzaron las referencias a Haití. El testimonio de los esclavos implicados e inocentes repetía las referencias a la libertad y la revolución de Haití. Y la correspondencia de las autoridades recalcaba la influencia de esclavos haitianos y afirmaba que el plan, de haberse llevado a cabo, hubiera dado un golpe mortal a su mundo. Según investigaban e interrogaban, insistieron en la discreción puesto que no deseaban que las noticias llegaran a las personas de color y ni siquiera a

---

[70] El documento original está muy dañado y lo que interpreto como referencia a Haití dice: "que quedarían asolutos y livres como en Gua[roto]." El expediente sobre la rebelión es "Expediente criminal contra Francisco Fuertes y demas negros... sobre levantamiento en el pueblo de Güines, 6 de Mayo de 1806" en ANC, Asuntos Políticos, Legajo 9, exp. 27. Agradezco a Pedro Guibovich su ayuda en la transcripción de este documento dañado de un microfilm de poca calidad.

los blancos e intentaron dar la impresión de que el incidente era de poca importancia. Año y medio después del descubrimiento de la conspiración, las autoridades concluyeron:

> Los preparativos revelan el liberado ánimo y las atrocidades que debían resultar de esta empresa [si no se] hubiera descubierto oportunamente... se ve que era bastante arduo... con el plan concertado... [se han] evitado los mas sangrientos sucesos.

La certidumbre con que veían la posibilidad de estos sangrientos horrores parece injustificada dados los designios de los supuestos rebeldes. El testimonio del caso es, de hecho, inconcluso. Hay confesiones y negativas, así como referencias a palabras indiscretas pronunciadas bajo los efectos de la bebida. Según el testimonio, el plan de la revuelta era vago y confuso. Hubo desacuerdo evidente en cuando a los métodos, y el nivel de apoyo, y el consenso de los esclavos de la zona no pareció especialmente impresionante.

Pero si el testimonio del plan era en sí inconcluso, las autoridades escucharon bien de la boca de los esclavos las causas que motivaron el intento, o al menos la discusión. En las declaraciones de los esclavos había referencia constante a la brutalidad, la desesperanza y el exceso de trabajo. Y a estas claras referencia a penurias, siguieron confesiones igualmente persuasivas de sus aspiraciones a la libertad, del atractivo de hacer otro Haití. Hasta los esclavos que negaron haber participado, incluso los que traicionaron el plan, explicaron su negativa en formas que no dejan duda de su descontento. Permanecieron ajenos a la conspiración no porque no desearan la revolución, sino porque tenían familiares cercanos a los que no deseaban poner en peligro, o porque consideraban que eran pocos, que no estaban preparados y que carecían de recursos para ganar la batalla contra los blancos.

Resulta evidente que la mayoría de los esclavos que declararon sentía atracción, en teoría cuando no en la práctica, por la revolución de Haití. La presencia de Haití en el testimonio de los esclavos y las reflexiones de las autoridades no son por entero sorprendentes. El modelo y la imagen de Haití y el lenguaje de la libertad negra y el apocalipsis racial estuvieron en circulación constante en el mundo Atlántico. Pero en esta parte de la isla, la referencia pudo haber tenido significado especial, porque fue en la región de Güines donde las transformaciones que convirtieron a Cuba en el nuevo Saint Domingue eran tal vez más evidentes y concentradas.

Fue en esta fértil zona de Güines que la industria azucarera cubana comenzó su largo ascenso luego de los sucesos de Saint Domingue. De cuatro ingenios existentes en 1784, había nueve en 1792 y 26 en 1804, sólo dos años antes de la conspiración[71]. La región tenía los ingenios mayores y más avanzados desde el punto de vista técnico, propiedad de algunos de los hombres de mayor poder de la isla. Cuando en 1790 Luis de Las Casas, el Capitán General entrante, llegó a La Habana los hacendados azucareros le dieron un ingenio en esta región. Fue también en Güines que el famoso Francisco Arango y Parreño poseía La Ninfa, por muchos años el mayor ingenio de Cuba y, en algunos de ellos, el mayor del mundo. Los ingenios del presidente, síndico, prior, y el cónsul del Real Consulado de la Habana estaban todos ubicados en Güines. En el establecimiento y la operación de muchos de estos ingenios participaron íntimamente técnicos franceses procedentes de Saint Domingue, hombres que habían huido de la revolución y del desplome de la industria en la colonia francesa[72]. Y, por último, el aumento del azúcar en la región estuvo acompañado por un aumento masivo en el número de esclavos. De hecho, de todos los esclavos que entraron en Cuba en este momento, una proporción importante fue para las pujantes regiones azucareras de la provincia de La Habana[73]. En 1775, casi las tres cuartas partes de la población de Güines estaban clasificadas como blancas; para 1817, la mayoría de la población era negra y esclava, y la blanca representaba menos de 38 por ciento del total[74]. Así pues, Güines había presenciado cambios repentinos y de largo alcance en el decenio que precedió a la conspiración. Los dueños de los ingenios eran hombres que detentaban el poder, personas informadas que procuraban conscientemente imitar el éxito antiguo de Saint Domingue. Sus expertos azucareros eran hombres que habían vivido en la colonia francesa rodeados por

---

[71] Las cifras son de Manuel Moreno Fraginals, *El Ingenio. Complejo económico social cubano del azúcar*, 3 Ts., La Habana, Editorial Ciencias Sociales, 1978, t. 1, p. 140. Véase también su discusión de la revolución azucarera en Guines, 1, pp. 57-62. Las cifras que brinda Leví Marrero difieren ligeramente: 8 en 1796 y 26 en 1800. Véase *Cuba: Economía y sociedad*, 15 ts., Madrid, Editorial Playor, 1983, t. 10, p. 141.
[72] Moreno Fraginals, *El ingenio...*, *Opus cit.*, T.1, pp. 58-110.
[73] Laird Bergad, Fe Iglesias García y María del Carmen Barcia, *The Cuban Slave Market, 1790-1880*, Cambride, 1995, p. 27.
[74] Marrero, *Cuba...*, *Opus cit.*, t. 9, pp. 217, 221. Véase también "Resumen general de los moradores que comprehende el Partido de Guara en todo el año de 1799", ANC, Real Consulado y Junta de Fomento, Legajo 184, exp. 8324. Aquí la población de Guara, donde se centró la conspiración, se da como: blancos 304, esclavos negros 266, esclavos mulatos 4; negros libres 4, mulatos libres 6. En el caso de Guara no existen datos comparativos para otros años.

esclavos que se habían convertido en rebeldes. Y, según indica el perfil de la conspiración, sus esclavos eran personas bien al tanto del exitoso y violento intento libertario ocurrido en Haití.

El plan de la revuelta aparentemente surgió entre los esclavos de Esteban Alfonso, quien además de esclavista era funcionario de la localidad. Mariano Congo, aunque fue el primero en ser arrestado y su participación en el plan era innegable, parece haber sido el tercer dirigente y no el primero. De hecho, fueron dos de sus compañeros quienes tramaron el plan de rebelarse y ganar su libertad. Uno fue Francisco Fuertes, un esclavo criollo, y el otro Estanislao, un esclavo "francés" que había llegado a la isla varios años antes y que se jactaba entre los esclavos de haber participado en la revolución de Haití. Así los tres esclavos más implicados en el plan, aunque propiedad del mismo amo, diferían entre sí en un aspecto importante. Uno era africano, el otro criollo, y el tercero francés o haitiano -figuras que suelen ser asociadas a "tipos" distintos de rebeldía esclava-[75].

Como hemos visto, estos esclavos de Güines vivían y trabajaban en un sector agrícola en auge, en que la producción aumentaba y la necesidad de trabajo y obediencia se hacía cada vez más insistente. Así, según se interrogaba a los supuestos líderes y sus seguidores, parecía ser este contexto el que identificaban como causa inmediata de su conspiración. Varios declararon que Estanislao, el esclavo haitiano, había insistido en que era el momento, que estaban cansados de trabajar, que no podían seguir soportando a los blancos, que era hora de matarlos. Incluso muchos de los esclavos que rechazaron el llamado a la rebelión declararon que su jornada de trabajo era implacable, que no se les daba tiempo para trabajar en sus conucos, que no recibían instrucción o cuidados religiosos, que la disciplina era demasiado severa.

De hecho, en sus listas de motivos de quejas, la que parecía más urgente e importante para los esclavos era la severidad del castigo corporal. Justo antes del levantamiento que se pretendía, un esclavo compañero de ellos, Bernardo, se había suicidado. Había intentado escapar y, al

---

[75] Véase, por ejemplo, Eugene Genovese, *From Rebellion to Revolution: Afro-American Slave Revolts in the Making of the Modern World*, Baton Rouge, LA, 1979; Michael Mullin, *Africa in America: Slave Acculturation and Resistance in the American South and the British Caribbean, 1736-1831*, Urbana, Il, 1992; Michael Craton, *Testing the Chains: Resistance to Slavery in the British West Indies*, Ithaca, NY, 1982; y Michael Gómez, *Exchanging our Country Marks: The Transformation of African Identities in the Colonial and Antebellum South*, Chapel Hill, 1998.

ser capturado, lo habían golpeado hasta que la sangre corrió por sus piernas y luego lo colocaron en el cepo. Al día siguiente lo obligaron a trabajar con grillos en los tobillos. Según sus compañeros, cansado de todo, se había colgado de un árbol. Este suicidio se produjo poco después de la muerte de otros esclavos del ingenio, muertes atribuidas también a excesos físicos: la muerte de Rafael debida a un castigo que en Jamaica recibía el nombre de "la dosis de Derby" en que se hacía a los esclavos comer los excrementos de otros esclavos; la muerte de María del Rosario y otra esclava cuyo nombre no aparece, una de las que fue encerrada y muerta en el gallinero; de Pedro Carabalí, golpeado con palo hasta la muerte y luego arrojado al fuego; y de Joseph Mandinga y un criollito de siete años, ambos muertos como resultado de castigos no especificados.

La clave de la conspiración parece estar en las condiciones que describen esas letanías. Tanto, que las autoridades, al investigar la conspiración esclava, iniciaron también investigaciones sobre la conducta del propietario, Esteban Alfonso. Cuando se le preguntó al dirigente haitiano Estanislao si no sabía que los levantamientos de "inferiores contra sus superiores, en especial cuando incluían asesinatos y otras crueldades" estaban entre los crímenes más graves, respondió que sí lo sabía. Pero, dijo, su miseria, su condición y "el trato que sufrió a manos de su amo lo habían llevado a tramar esas extraordinarias cosas, para tratar de mejorar su suerte y de disminuir la carga de su servidumbre". Aquí recordamos la concisa observación de Herbert Aptheker de que era la propia esclavitud la que provocaba la rebelión esclava[76].

Era evidente que las condiciones inmediatas habían llevado a los esclavos de Güines a concebir la revuelta. Pero Haití—su precedente, su imagen, su propia existencia—había hecho parte de esas condiciones inmediatas. Su nombre se mencionaba continuamente. Las autoridades indicaron que habían impedido algo similar a Haití, subrayaron el origen haitiano de su dirección y lamentaron el rechazo de los hacendados locales a cumplir las leyes que prohibían la compra de esclavos franceses. Entre los esclavos se hablaba incluso más de Haití. Estanislao, quien era haitiano y una de las principales figuras de la conspiración, se refirió a Haití repetidamente en su intento de reclutar seguidores. Habló de Haití como su lugar de origen y parece haber indicado a sus asociados que había participado en la revolución, lo que negó cuando las autoridades se lo preguntaron directamente. El propósito del levantamiento, les había dicho a los demás esclavos, era obtener la libertad, como en Haití.

---

[76] Herbert Aptheker, *American Negro...*, *Opus cit.*, p. 139. Véase también Genovese, *From Rebellion...*, *Opus cit.*, p. xxiv.

Cuando éstos vacilaron, él y el criollo Francisco Fuertes indicaron que los esclavos franceses habían estado dispuestos a intentarlo. Como ellos, habían carecido de armas y recursos, pero se habían levantado con piedras y palos y habían obtenido su libertad. En este caso Haití sirvió como desafío: si los esclavos franceses habían tenido el valor de levantarse, ¿por qué no ellos? Un desafío tal no habría sido inusual en este contexto. Un año antes en Bayamo, un esclavo llamado Miguel supuestamente había alentado a sus compañeros a que se rebelaran con él diciendo: "No seamos cobardes; tenga [usted] huevos y hagamos como Tusen que les ha quitado las tierras"[77]. Pero más que un desafío, Haití era también una condición anhelada. Cuando el criollo Francisco Fuertes fue a reclutar esclavos a la hacienda Concordia, dijo:

> Compañeros, ustedes ya saben, porque llevan mucho tiempo en este ingenio, el sometimiento y castigo que nos imponen los blancos. Vengo a decirles que hemos sublevado y persuadido a todos los negros de los cafetales de Melena y a los negros de Don Pablo Esteves, de Garzón, el Navío, y todos los ingenios para que se levanten el lunes que viene y maten a todos los blancos, lleven a los niños al garrote, tomen todas las armas y caballos y acaben con los blancos.

Añadiendo que quedarían libres como en el Guarico. De hecho, según un esclavo a quien intentó reclutar, entre los esclavos se produjo una larga discusión sobre Haití. Hablaron sobre la revolución, sobre la grandeza de sus compañeros, la hazaña que habían realizado y sobre el hecho de que ahora eran los "señores absolutos" de Haití.

Aquí la mención a Haití tenía que ver claramente con la revolución en la isla vecina, y revela el atractivo de la libertad y un animado respeto por los rebeldes haitianos a los que calificaban de compañeros. Pero el nombre se mencionó también para hacer referencia a sus propias vidas y condiciones en Cuba. No se trata aquí de disminuir o exaltar la repercusión de Haití y su revolución sobre los esclavos locales, sino de señalar que esa

---

[77] "Testimonio de la criminalidad seguida de oficio contra el negro Miguel, Juan Bautista y José Antonio sobre la conjuracion que intentaban contra el pueblo [Bayamo]". AGI, Papeles de Cuba (Cuba), Legajo 1649. Según los compañeros de Miguel, esté también había declarado que sería capitán "como Tusén o Juan Francisco." Juan Francisco fue un esclavo reclutado de Saint Domingue por los españoles para combatir contra los franceses antes de celebrar la paz entre las dos naciones en 1795. A estas fuerzas se le conocían como "negros auxiliares." Para declaraciones similares a la de Miguel realizadas en otra conspiración, véase el testimonio de los esclavos en la conspiración de 1793 en Hincha, Santo Domingo, en ANC, Asuntos Políticos, Legajo 4, exp. 43.

posible influencia se desarrollaba en el contexto de la vida diaria en plantaciones dadas, en interacciones diarias con los amos y mayorales y otros esclavos. Las referencias a Haití, por tanto, podían ser tanto sobre experiencias cotidianas y locales como sobre la revolución Atlántica. Si los estadistas y hacendados podían utilizar a Haití para promover argumentos especiales -la necesidad del incremento de la trata africana, la urgencia de los programas de inmigración blanca, la necesidad de seguridad costera y otros- sin dudas Haití podría ser usado por los esclavos mismos, para afirmar su valor ante los demás esclavos, para manipular los temores de los blancos, para dar expresión a quejas inmediatas y apremiantes o, tal vez, para ayudar a imaginar un lugar sin blancos y sin esclavitud.

Por supuesto, es probable que los esclavos hubieran imaginado un lugar así desde mucho tiempo antes. Pero el poder y la proximidad de Haití significaron, entre otras cosas, que los amos y estadistas ahora imaginaban que los esclavos estaban imaginando ese lugar todo el tiempo. Que Haití se produjera conformó la forma en que los esclavos y los amos se miraban los unos a los otros, sus circunstancias y sus posibilidades. Determinó la forma en que hablaban del castigo, la forma en que expresaban su desprecio, la forma en que comprendían su propio sentido del poder o impotencia.

La rebelión esclava en que es más notoria la presencia de Haití es la llamada conspiración de Aponte en 1812. Los eventos o procesos llamados de esa forma, sin embargo, no están apropiadamente descritos por el mismo nombre, pues la tal llamada conspiración tal vez estuvo compuesta por distintos movimientos e intentos a través de la isla. En Puerto Príncipe en enero de 1812, una presunta conspiración se descubrió entre los esclavos de varias plantaciones y una rebelión comenzó después de que los interrogatorios empezaran. Otras conspiraciones fueron inmediatamente denunciadas en Bayamo, Holguín y Remedios. Y, después, en marzo de 1812, una rebelión se desató en las afueras de La Habana, ligadas a una gran conspiración planeada en la ciudad, según las autoridades, por un carpintero negro libre y oficial de cabildo José Antonio Aponte. Mientras algunas veces todo el conjunto de conspiraciones se incluye bajo el rótulo de la conspiración de Aponte, los vínculos entre éstas no están del todo claros. Y, como ha anotado Matt Childs, las autoridades nunca se preocuparon por preguntar si tal vínculo existió, a pesar de los miles de páginas de testimonio que sobrevive[78]. En realidad hay mucho

---
[78] Matt Childs, *The Aponte Rebellion of 1812...*, *Opus cit.*, pp. 374-380.

misterio y poca certeza alrededor de esta serie de conspiraciones de 1812. Por ejemplo, algo que ha recibido considerable atención recientemente, es la desaparición del libro de dibujos de Aponte, un libro en el que él dibujó complejos sujetos alegóricos, y el cual supuestamente mostró a los que serían los que estaba reclutando, cuando trataba de persuadirlos de unirse al esfuerzo de autoliberación[79]. Aunque un estudio detallado de la conspiración de Aponte está fuera del propósito de este ensayo, este inusual e importante movimiento nos ofrece la oportunidad de considerar las formas en que la idea (y la misma existencia de) Haití moldeó los imaginarios sobre la libertad de negros libres y esclavos.

Como en la conspiración de Güines de 1806, posibles rebeldes –esclavos y libres- parecen haber debatido frecuentemente sobre Haití. En Bayamo, la mujer negra libre Caridad Hechavarria recordó una conversación que ocurrió entre un grupo que incluía libres y esclavos, tanto hombres como mujeres, en la que tres de los hombres presentes hablaron de unir a los esclavos mandinga e invitar a los congos a que se les unieran para quemar el pueblo y llevar "a los blancos al diablo". Cuando un escéptico preguntó qué lograrían con eso, el supuesto rebelde contestó "susedería lo mismo que en la isla de Santo Domingo"[80]. La afirmación es muy general; fue articulada numerosas veces a lo largo del testimonio en los otros lugares de la supuesta conspiración, y, en realidad, es muy similar a las afirmaciones pronunciadas en otras muchas conspiraciones en Cuba y otros lugares después de 1791.

Pero aún un rápido examen del testimonio de las conspiraciones de Aponte revela afirmaciones más específicas y bien fundadas sobre una conexión con Haití. Las palabras parafraseadas de los declarantes sugieren, por ejemplo, que la gente de color libre y esclava seguía teniendo abundante conocimiento de los eventos en Haití. De la misma manera en que puntos de contacto concretos garantizaban que los eventos de Haití circularan en Cuba en 1791-1804, también sucedía en 1812.

---

[79] Ver Stephan Palmié, *Wizards and Scientists: Explorations in Afro-Cuban Modernity and Tradition,* Durham, Duke University Press, 2002, cap. 1, y Sibylle Fischer, *Modernity Disavowed: Haiti and the Cultures of Slavery in the Age of Revolution*, Durham, Duke University Press, 2004, cap. 1. Los dos trabajos se basan en la investigación de archivo de José Luciano Franco, "La conspiración de Aponte", *Ensayos históricos*, Habana, Ciencias Sociales, 1974, y *Las conspiraciones de 1810 y 1812*, Habana, Ciencias Sociales, 1977. Ver también Gloria García, *Conspiraciones y revueltas,* Santiago, Editorial Oriente, 2003.
[80] Testimonio de negra libre Caridad Hechavarria: "Autos criminales obrados en razón de la insurrección que contra los blancos tenían proyectada en Bayamo los negros Vosales," ANC, Asuntos Políticos, Legajo 12, exp. 9. Énfasis en el original.

En junio de 1812 Christophe, un hombre negro que se convirtió en uno de los principales líderes de la lucha por la independencia haitiana, hizo que le coronaran Rey Enrique I de Haití. La figura de Christophe y las noticias recientes de su coronación parecen haber sido bien conocidas entre los esclavos y la gente de color de Cuba. Aún en Remedios, unos 10 a 15 kilómetros desde la costa central del norte, y una ciudad donde la conspiración no parece haber estado muy arraigada, el síndico procurador que defendía a dos negros libres (un hombre y una mujer) acusados de conspiración, admitió que los acusados participaron en conversaciones sobre "el estado político de aquellos de su clase en la isla de Santo Domingo y de la coronación allí de Cristóval". Aunque él afirmaba que estas conversaciones no tenían implicaciones políticas, no pudo negar que los acusados tuvieran un interés y conocimiento sobre los eventos mas recientes en Haití[81].

En la zona de La Habana, donde la rebelión tuvo lugar y donde la conspiración parecía ser amplia, la presencia e importancia de Haití era aún mayor. Aquí, también, uno ve las vagas alusiones a lo que había sucedido en Haití, las declaraciones sobre cómo sus contrapartes en Haití habían sido capaces de asegurar su libertad, una sugerencia implícita –parte desafío, parte sueño- sobre que tal vez eso significaba que ellos podrían hacer lo mismo[82].

Pero las referencias también eran más específicas y bastante numerosas. Primero, hubo repetidas referencias de varios testigos sobre una supuesta ayuda de Haití para el esfuerzo cubano. Se dijo que la ayuda vendría de múltiples formas. Supuestamente había oficiales haitianos paseándose por La Habana, reuniéndose y seduciendo reclutas locales. Las historias fueron muchas y no necesariamente son consistentes. Algunas veces el oficial haitiano era Juan Francisco, el mismo Juan Francisco sobre cuyas hazañas los cubanos habían sabido primero en 1793-1795. Algunas veces los oficiales eran dos capitanes negros sin nombre, enviados directamente por el recientemente coronado rey Christophe a pedir la libertad de los esclavos cubanos. En un careo entre Aponte y otro líder, Clemente Chacón, sin embargo, hubo referencia a

---

[81] Petición del síndico procurador al Regt. y Oydores de la Real Audiencia, Remedios, 25 de Abril de 1812, en "Consulta de los autos seguidos ... contra varios negros por sublevación," ANC, Asuntos Políticos, Legajo 12, exp. 27, f. 12v.
[82] Ver testimonio de Salvador Ternero, empezando en el f. 81, en "2ª Pieza. Conspiración de Aponte," 19 de Marzo de 1812, ANC, Asuntos Políticos, Legajo 12, exp. 14; y ver también el careo entre Aponte y Ternero, 25 de marzo de 1812, ANC, Asuntos Políticos, Legajo 12, exp. 18.

una conversación anterior en la cual los nombres de estos oficiales habían sido discutidos y uno de ellos inclusive había mencionado que estos oficiales eran nativos de La Habana que habían ido a Haití a unirse a las fuerzas de Christophe[83]. Aunque las historias y los rumores entran en conflicto, su lineamiento general es familiar: la libertad había sido otorgada o demandada desde afuera de Cuba y estaba siendo impedida por los hombres poderosos locales. Mientras en la mayoría de los rumores de emancipación usualmente es una legislatura o el rey metropolitano quien ha otorgado la libertad imaginaria, en este caso la libertad se originaba en un rey negro coronado recientemente que envió a sus emisarios para que asegurara la libertad de sus iguales en Cuba. Igualmente interesante es que varios conspiradores o supuestos reclutas dieron nombres específicos a los hombres locales que negaban el llamado a la libertad del rey negro: los Sres. Conde Barreto y Peñalver. Su hostilidad, según el testimonio de varios, llevó al Gobernador Someruelos a quitarle a los capitanes negros sus charrateras[84].

El contenido de estos rumores sugiere dos cosas. Primero, que los esclavos implicados tenían cierto conocimiento de la política local, sabían los nombres de los miembros del ayuntamiento de la ciudad y los consideraban hostiles a sus intereses. Segundo, que la coronación de Christophe era conocida por estos esclavos, quienes vinculaban de manera estrecha este hecho con un proyecto transnacional anti-esclavista.

Ya hemos visto cómo las noticias de la Revolución Haitiana circulaban ampliamente en Cuba mientras sucedían; un rápido examen de los documentos de la conspiración de Aponte sugiere que podemos extender estos hallazgos y mostrar nuevamente que la gente de color parecía informada sobre Haití y otros eventos. El estado colonial había ya expresado un interés en vigilar a Haití y determinar el riesgo que representaba después de 1804. Este deseo recibió un impulso nuevo después de 1809, cuando España reconquistó el antiguo Santo Domingo español. Oficiales españoles que se vieron compartiendo una isla con el Haití independiente hablaron de la necesidad de la mayor vigilancia, y aumentaron la comunicación entre los oficiales y entre Santo Domingo español y Cuba. Inclusive hubo conversaciones entre Madrid, Habana y Santo Domingo sobre si La Habana y Le Cap debían recibir emisarios

---

[83] Testimonios de: Damaso Mina, José Antonio Lucumí, moreno Gabriel, conocido por Xaviel, Joaquín esclavo del sr. cura, Juan esclavo del negro Juan Reguiferos, todos en ANC, Asuntos Políticos, Legajo 12, exp 26. Ver también careo entre Chacón y Aponte, 19 de Marzo de 1812, ANC, Asuntos Políticos, Legajo 12, exp. 14.
[84] *Ibidem.*

mutuos, algo que el Capital General de Cuba rehusó hacer por el ejemplo perjudicial que sería hospedar un dignatario negro en una ciudad como La Habana.

El aumento en vigilancia y comunicación significaba que había cada vez más información disponible y circulando, aunque no libremente. Por ejemplo, las autoridades en Cuba parecían interesadas en documentar el poder de la fuerza naval haitiana, en parte para protegerse de una posible invasión, pero también porque en 1811, Christophe parece haber ordenado la captura de varios barcos negreros que se dirigían hacia Cuba. Confiscó las embarcaciones como presa y parece haber liberado a los viajeros recientemente esclavizados. A pesar de que no podemos saber con certeza si los rebeldes en la Habana tuvieron acceso a esta información en particular, podemos suponer, por otra evidencia, que probablemente sí fue así. Primero, estas noticias hubieran involucrado directamente a marineros, cuyos barcos habían sido capturados y el "cargamento" confiscado. Como Julius Scott, Jeffrey Bolster y otros han mostrado, empleados de puerto y marineros tendían a estar bien informados sobre eventos internacionales, tendían también a ser importantes proveedores de noticias, difundiendo, repitiendo y circulando los eventos más recientes[85]. Si había barcos haitianos en el mar capturando barcos con esclavos, los marineros seguramente lo sabrían y las noticias se estarían discutiendo en los puertos relevantes del Atlántico.

Adicionalmente, sabemos por otra evidencia recogida durante los procedimientos de Aponte que varios conspiradores confesaron haber oído noticias de Haití y de Christophe precisamente en el puerto de La Habana. Es más, Aponte admitió tener estampas de Christophe y Juan Francisco, las cuales copió a mano de otras que le habían prestado en el puerto. En el retrato de Christophe se le veía apuntando con su mano izquierda, portando un sable en la derecha, y debajo un subtítulo que decía: "Cúmplase lo mandado". Aponte también tenía retratos de Toussaint Louverture y Dessalines, "habiéndolas adquirido desde el tpo. de la Campaña de Ballajá entre muchas que. vinieron a la ciudad de la Habana".

Uno de sus co-conspiradores testificó que algunos de estos retratos le habían sido enviados a Aponte directamente desde la "isla de Santo

---

[85] J. Scott, *The Common Wind: Currents of Afro-American Communication in the Age of the Haitian Revolution,* Tesis doctoral, Duke University, 1986, "The Common Wind," cap. 2; W. Jeffrey Bolster, *Black Jacks: African American Seamen in the Age of Sail,* Cambridge, Harvard University Press, 1997; Peter Linebaugh and Marcus Rediker, *The Many-Headed Hydra: The Hidden History of the Revolutionary Atlantic*, Boston, Beacon Press, 2001.

Domingo", un cargo que él negó[86]. Una estampa de Christophe inclusive se encontró en la cabaña donde se descubrió, doblada y escondida en el piso por el camino que se usaba para transportar a los sospechosos de ser conspiradores hacia los interrogatorios[87]. A pesar de las inconsistencias en el testimonio, juntos parecen apuntar a que las imágenes, o artefactos de Haití parecían circular y ser conocidos entre la gente de color en Habana.

Durante la investigación, las autoridades confiscaron en la casa de un sospechoso, Clemente Chacón, una proclama de Christophe traducida e impresa[88]. Los contenidos de la proclama, fechada el 3 de marzo de 1811, no eran particularmente incriminadores. Es una especie de pésame y un anuncio de una misa solemne para D. Juan Sánchez Ramírez, el español que había retomado Santo Domingo de los franceses y gobernado como Capitán General. Debió parecer siniestro a las autoridades porque estaba escrito por el mismo hombre cuya imagen guerrera era tan significativa para los rebeldes.

La existencia de estas proclamas y retratos circulando en las manos de hombres de color, habla del interés que tales hombres tenían en las noticias de Haití y del acceso que personas de medios modestos tenían a estas noticias. Aquí nuevamente recordamos que si la Revolución de Haití desató una revolución en las conciencias entre la gente de origen africano, como Eugene Genovese y otros han sugerido, esta revolución se forjó, primero, a partir de puntos de contacto y comunicación muy reales, y segundo, en contextos Atlánticos específicos. Si Haití parece tener una presencia fuerte en las mentes y los actos de aquéllos que organizaron rebeliones en Cuba entre 1811 y 1812, su voluntad de resistir también fue moldeada por circunstancias locales. Así, mientras los rebeldes

---

[86] Ver testimonio de Aponte: 30 de Marzo de 1812, ANC, Asuntos Políticos, Legajo 12, exp. 17, recopilado en Franco, *Las conspiraciones de..., Opus cit.,* p. 172; y 25 de Marzo de 1812: ANC, Asuntos Políticos, Legajo 12, exp. 18, ff. 114v, 117. Ver también testimonio de Clemente Chacón, 26 Marzo 1812. ANC, Asuntos Políticos, Legajo 12, exp. 17, recopilado en Franco, *Las conspiraciones de..., Opus cit.*, p. 115. La campaña de Bayajá se refiere al periodo de guerra entre Francia y España, cuando los soldados de los cuerpos militares españoles (muchos de ellos procedentes de Cuba) ocuparon el pueblo francés de Bayajá. En Bayajá fue donde Juan Francisco ejecutó una gran masacre de franceses blancos a vista de oficiales españoles en 7 Julio 1794. La posesión por parte de Aponte de estas imágenes es discutida en mayor detalle en Childs, "A Black French General", *The Aponte Rebellion of 1812..., Opus cit.,* pp. 143-44; Fischer, *Modernity Disavowed..., Opus cit.,* cap. 1; y Stephan Palmié, *Wizards and Scientists..., Opus cit.,* cap. 1.
[87] Testimonio de D. Domingo Calderón y D. José Antonio Mas. ANC, Asuntos Políticos, Legajo 12, exp. 18, ff. 128v, 129v.
[88] ANC, Asuntos Políticos, Legajo 12, exp. 14.

de Puerto Príncipe invocaban a Haití, también invocaban sus propios ejemplos de rebelión, incluyendo una rebelión muy significativa en 1798, algunas veces atribuida a esclavos franceses y otras a africanos[89].

Recordemos que los conspiradores en La Habana parecen haber identificado a las figuras políticas locales como hostiles a la abolición. Ciertamente, la proclama insurgente supuestamente escrita por Aponte y transcrita por Francisco Javier Pacheco no hacía referencia a Haití, ni siquiera a la libertad, sino que rechazaba la situación política inmediata, haciendo un llamado al fin de "este imperio de esta tiranía y aci podemos bencer la soberbia de estos enemigos". Para hacer esto pedían ayuda a los demás y a Dios y María Santísima[90]. Como en Güines en 1806, el ejemplo de Haití parecía poderoso y significativo en las mentes de los rebeldes y los conspiradores. Pero esto era más que una presencia abstracta. Invocar Haití, o a Christophe o Juan Francisco era usar un conocimiento específico, y hacerlo resonar con las injusticias locales.

Conclusión

Por mucho tiempo se ha sostenido que la revolución haitiana tuvo un impacto significativo en la sociedad cubana. Primero, consolidó la agricultura de plantación basada en mano de obra esclava. Ayudó a generar el boom que transformó a Cuba en el productor de azúcar más grande del mundo y produjo una nueva prosperidad que desarraigó un creciente número de africanos. Segundo, tuvo un impacto cognitivo o psicológico. Entre los blancos inspiró terror, haciendo difícil que imaginaran la liberación política sin contemplar la posibilidad de tener su mundo vuelto al revés. Entre la gente de color, esclavos y libres, ayudó a hacer la libertad más pensable y contribuyó con una noción tal vez sin precedentes, de que su propia actividad podría terminar con su subordinación.

El problema con estas afirmaciones no es que sean falsas, sino que han sido repetidas automáticamente, se han presentado como absolutas, y han permanecido sin examinarse. Hay un creciente grupo de trabajos que llaman la atención sobre el silencio que ha existido alrededor de la Revolución de Haití, y muestran la inconsistencia entre el carácter radical y sin precedentes de la revolución y la relativamente poca cantidad de estudios dedicados a ésta. Pero hay otro aspecto ligado a este

---

[89] "La Pieza de los Autos Seguidos sobre Sublebación [de] Negros Esclavos de la Va. de Pto. de Príncipe," AGI, Cuba, Legajo 1780.
[90] ANC, Asuntos Políticos, Legajo 12, exp. 14. Ver también Childs, *The Aponte Rebellion of 1812..., Opus cit.,* p. 412.

silencio. Que las referencias a Haití –y especialmente al miedo que inspiró- se hacen tan repetida y vagamente que la Revolución se silencia aún cuando se menciona repetidamente. El miedo a Haití se invoca aún para explicar resultados diferentes. Así, mientras se usa frecuentemente en Cuba para explicar la ausencia de la independencia en las primeras décadas del siglo diecinueve, ha sido invocado para Venezuela para explicar la existencia y carácter de la independencia en el mismo período. El punto es entonces no tanto refutar las referencias, sino ponerlas en el centro para ser examinadas. En vez de usar el miedo (o la esperanza) engendradas por el ejemplo de Haití para explicar resultados históricos, necesitamos explicar el miedo y la esperanza en sí mismos.

Hemos visto que la gente en la sociedad cubana tenía amplio acceso a noticias detalladas y complejas sobre Haití. Hubo múltiples puntos de contacto entre una sociedad esclavista desapareciendo y la otra apenas tomando forma sólida. El miedo, la esperanza, la emulación y la represión fueron moldeados por este contacto y por las circunstancias locales en las que el contacto ocurrió. Mientras es posible y también apropiado pensar que Cuba a fines del siglo XVIII y comienzos del XIX existía, en algún sentido, bajo la sombra de Haití, también es necesario darle a esta sombra más sustancia. Porque en aquel momento Haití era más que una invocación vaga; era, en las mentes de quienes lo temían y quienes lo admiraban, un movimiento muy concreto y significativo. Y por razones opuestas, estaba en su interés y a su alcance, saber tanto sobre éste como les fuera posible.

Vertebrando la resistencia: la lucha de los negros contra el sistema esclavista, 1790-1845

Gloria García
Instituto de Historia de Cuba

La esclavitud en Cuba no fue, por cierto, una institución social tardía

La presencia del esclavo acompañó, desde las primeras etapas de la colonización española, la conformación de la sociedad insular. Sin embargo, es el surgimiento de la plantación la que confiere a la colonia su perfil definitivo. El ingenio y el cafetal, formas prototípicas de la agricultura comercial, constituyen eslabones de un proceso de colonización que, a diferencia de otros modos de poblamiento, fija contingentes demográficos relativamente cuantiosos en los reducidos límites de una finca de mediana extensión. Comparados con las haciendas tradicionales –hatos y corrales para el ganado– o el sitio de labor campesino predominantes en la fase inicial del arribo europeo, los nuevos fundos sostienen una densidad de habitantes por área que los singulariza en el medio agrario de la colonia. Hacia principios del siglo XIX, este patrón de asentamiento se ha convertido en el eje que dinamiza la evolución económica y social del occidente de la isla.

En fecha tan temprana como el año de 1800, un inventario fiscal registra clara y elocuentemente el fenómeno: el 40% de los 213 ingenios computados posee dotaciones de esclavos y empleados libres que sobrepasan la cifra de 90 personas, pobladores todos que residen en la finca de manera más o menos permanente. Más del 60% de los esclavos, que son los que predominan de modo absoluto en estas plantaciones, convive en núcleos demográficos mayores de ese promedio, esto es, en contingentes de entre noventa y trescientas personas. Si se tiene en cuenta que, para esa fecha, la cifra total de ingenios instalados en la mitad occidental de la isla sobrepasa los cuatrocientos, podrá apreciarse el impacto social de esta colonización forzada. En no pocas ocasiones, el ingenio compite ventajosamente con el pueblo cercano que no le iguala en número de habitantes ni en recursos.

Por otra parte, estas fincas –y algo más tarde los cafetales que reproducen el mismo modelo de asentamiento– se establecen en serie cubriendo así una amplia zona geográfica, abierta desde entonces para la agricultura comercial. Es frecuente que en el perímetro de la vieja hacienda ganadera aparezcan tres o cuatro ingenios separados entre sí sólo por el área de monte que constituye su reserva productiva y de combustible. De ahí que en este tipo de regiones, la concentración de habitantes no se dé exclusivamente en los marcos de una plantación aislada sino que éstas tienden a arracimarse provocando, como en el caso de la zona habanera, un predominio casi absoluto de los esclavos.

De esta suerte, la hacienda azucarera y la cafetalera trasladan a su entorno geográfico la estructura sociodemográfica que le es peculiar: una pequeña célula de personas libres inserta en una gran masa esclavizada. En regiones ocupadas de antiguo por pobladores libres, esta irrupción supone una suerte de reconversión de sus viejos perfiles ocupacionales cuando no la expulsión en masa hacia los centros urbanos u otras zonas todavía vírgenes donde aún es posible reiniciar las actividades agrícolas independientes. Ya en los años iniciales del ochocientos ha cristalizado este modelo organizativo que, con escasas modificaciones, subsistirá a lo largo del siglo.

Lo que otorga su especificidad a la plantación como forma de explotación agraria no es sólo la extensión superficial de las fincas, ni el destino mercantil de su producción, ni el tipo de cosecha principal a que se dedican. Todos estos rasgos, que le son consustanciales, reflejan el modo específico de organización social de la producción que la distingue. Pero pudiéramos añadir que los nexos sociales que vinculan a sus componentes humanos no se reducen a las relaciones productivas, pues la convivencia estable presupone la realización de actividades que desbordan ampliamente esa esfera.

La circunstancia de que, ante todo, la plantación sea una institución social explica su capacidad para reordenar las comunidades de su entorno, remodelándolas o asimilándolas como segmentos de sus mecanismos funcionales. Y cuando atrae pobladores libres para la ejecución de tareas económicas o de dirección, no hace sino someterlos a sus normas y principios jerárquicos. Una zona de plantaciones es un microcosmos entrecruzado por multitud de lazos que unen sus partes, ninguno de los cuales sería legítimo analizar aisladamente.

Los movimientos alternos de atracción y/o desplazamiento de antiguos habitantes que acompañan la formación de una región plantacionista se originan en las nuevas relaciones que estas empresas agrícolas imponen en el espacio circundante. Si bien éstas requieren servicios y emplean a cierto número de asalariados procedentes de poblados vecinos constituyéndose así en una fuente de ingresos, también actúan como fuerza centrífuga pues extiende a su alrededor las prácticas sociales derivadas de la relación de servidumbre, que penetran todos los resquicios de la vida comunal. Y aunque estos efectos negativos aún aguarden por un estudio detallado, indicios de esta influencia contradictoria ha dejado su huella en los testimonios contemporáneos. Las quejas de las personas libres, en especial de los negros y mulatos, contra la tendencia a ser asimilados en el trato social a los esclavos –incluido el castigo físico– son tan frecuentes que resultan la prueba más clara del impacto negativo de la plantación sobre labradores y puéblerinos cercanos.

Las zonas "incontaminadas" por la plantación van siendo pocas en la sección occidental de la isla en las décadas del 20 y el 30. Para entonces ésta se ha multiplicado cubriendo casi por completo el territorio de la actual provincia de La Habana y la parte oriental de Pinar del Río; hacia el este comienza la invasión de las tierras matanceras así como de aquéllas situadas en la región central. Un documento elaborado por la iglesia para la percepción del diezmo ilustra esta expansión alucinante en el período de 1804 a 1834. Aunque incompleta, esta geografía de la plantación muestra el considerable grado de concentración de la población esclava en los ingenios y cafetales del obispado[1].

Si a principios del siglo XIX los esclavos vivían en fincas donde se nucleaban ya considerables contingentes humanos, entonces cerca del 68% de ellos habitaban asentamientos azucareros mayores de 90 personas, hacia los años 30, ese porcentaje ha ascendido al 74% para el caso de las dotaciones de ingenios. Es decir, la plantación dedicada al azúcar constituye, como norma, una pequeña comunidad de alrededor de cien habitantes o más, de ahí que, por sí misma, fuese un vehículo colonizador de primer orden. Su papel fue decisivo en la remodelación del espa-

---

[1] Véase la tabla reproducida en Gloria García, *La esclavitud desde la esclavitud; la visión de los siervos,* México, Centro de Investigación Científica Ing. Jorge L. Tamayo, 1996, pp. 22-24.

cio rural de regiones completas de la isla, estructurándolas sobre nuevas bases productivas de carácter esclavista.

Estos focos demográficos, por demás, presentan una doble estructura de naturaleza social diversa. Se articulan, en primer término, como un centro económico ya que uno de sus fines persigue la realización de un proceso productivo que se renueva anualmente; pero en otra dirección, el grupo humano que allí convive adopta una organización que desborda la mera necesidad de garantizar la supervivencia limitada que imponen los requerimientos del trabajo para recrear un entramado social inclusivo de múltiples enlaces interpersonales y muy variadas actividades.

La plantación como comunidad

El historiador Moreno Fraginals[2] nos ha dejado una descripción muy precisa de la plantación azucarera como mecanismo económico. Pero la realidad productiva no agota todas las aristas de este fenómeno. Para los hacendados azucareros, la plantación existe esencialmente como empresa y a esta consideración se ajustan sus actos y sus decisiones. El conjunto de relaciones que se establece entre el amo y sus esclavos –así como entre éstos y los empleados libres que allí también conviven– está estructurado sobre una base económica, en correspondencia con las necesidades de la producción. Pero la consecución de este objetivo principal no puede sustraerse de otras condiciones mediante las cuales ese interés se materializa. Esto es, el normal desarrollo de las actividades específicas del cafetal o del ingenio supone una interrelación satisfactoria entre los componentes humanos que las ejecutan. La rutina diaria depende de este precario equilibrio y no sólo de una reglamentación del amo que es acatada sin réplica.

La imagen que nos llega a través de las descripciones de los contemporáneos peca de unilateralidad a este respecto, proyectando una realidad distorsionada. Incluso la apelación a la violencia tiene límites que no es conveniente ni posible traspasar so pena de afectar esa sociabilidad inestable entre las partes que integran la plantación. La preservación de una atmósfera que facilite la actividad productiva constituye, precisamente, una de las funciones más importantes del reducido equipo de control que actúa en esas fincas por mandato del propietario. Y este mismo se ve enfrentado con frecuencia a situaciones que demandan de su parte una conducta altamente flexible.

---

[2] Manuel Moreno Fraginals, *El ingenio; el complejo económico social cubano del azúcar*, 3 Ts., La Habana, Editorial de Ciencias Sociales, 1978, ts. I y II.

Los conflictos laborales, frecuentes a lo largo de la existencia de la plantación esclavista, ilustran esas formas de negociación. Un incidente ocurrido al conde de la Fernandina en junio de 1844 muestra con toda elocuencia las realidades diarias de la vida en ese tipo de finca. De visita en su vega de San Diego de los Baños, se encuentra con un conflicto suscitado entre su socio y administrador, Pedro González, y la dotación compuesta por 10 hembras y 22 varones. Ahilada la negrada ante el amo para exponer sus quejas, según costumbre inmemorial, se le protesta acerca de la modificación que recientemente ha introducido el administrador haciéndolos dormir encerrados. Las mujeres lamentan también que González no tenga "ningún cuidado con los hijos" de las negras del conde por lo que éstos se malogran o mueren con frecuencia. Ante las protestas, la actitud del plantador refleja los códigos de su clase:

> [...] en obsequio de la subordinación manifesté a mis esclavos que ellos debían obedecer ciegamente lo que el administrador les ordenaba y que yo hablaría con él sobre esas cosas; lo que fue emplear el modo acostumbrado por los dueños de fincas en las repetidas quejas de los esclavos, mientras averiguan si son o no fundadas. Luego que se retiró la negrada y me quedé solo con González traté de suavizar la impresión que conocí le habían hecho esas quejas, temiendo quedase resentido con ellos, haciéndole reflexionar que esos miserables siervos no tenían otro consuelo que el quejarse a sus amos y que cualquiera medida fuerte, como la del encierro por las noches, siendo una novedad pues antes no se acostumbraba, debían introducirse por grados y con la mayor prudencia..[3].

La respuesta esperada por el amo y su administrador de la dócil dotación presuponía que ésta aguardase la decisión del propietario y, como resultado de su benevolencia, obtuviese una probable dulcificación del trato. Pero los esclavos, a todas luces dispuestos a que sus demandas fueran atendidas, buscaron en una vega de tabaco contigua –también perteneciente al conde– un padrino que intercediese en su favor.

El amo, esta vez ya molesto, los amonestó insistiendo en la obediencia debida al administrador y los despachó con un perentorio "vuelvan al trabajo". Esa noche, no obstante, la dotación se negó a dormir encerrada en el barracón. Enterado el conde ordenó, en vista de que no

---

[3] ANC, Miscelánea de Expedientes, 629/ Af.

podía anularse la disposición de González "para que quedara bien puesta la subordinación tan necesaria en las fincas", que el administrador los compeliese a cumplirla. Desde su punto de vista, apreciaba en esa actitud de los negros "una pretensión de mayor soltura que su ignorancia les hacía creer que la conseguirían de mí".

Burlado nuevamente el administrador, arremetió contra la dotación indefensa y el incidente terminó en desastre: tres esclavos muertos a sus manos y las de sus hijos, otros cuatro ahorcados en el monte vecino y varios heridos[4].

El suceso refleja bien las complejidades de las decisiones que, a cada paso, era preciso tomar para mantener el inestable equilibrio de fuerzas contrapuestas. De un lado, la preservación de la autoridad de los empleados y del propio amo, aun cuando las medidas adoptadas fuesen extemporáneas o inadecuadas; de otro, la manifiesta indocilidad de los esclavos que, casi siempre, protestaban sin temor al castigo e incluso a la muerte en defensa de lo que consideraban sus derechos, por limitados que éstos fueran en su alcance. El hecho de que el resultado final de la confrontación les resultara desfavorable, en nada disminuye su evidente capacidad de iniciativa. Y a pesar de las muertes y los castigos, el saldo tampoco fue de signo positivo para el conde: liquidación de la sociedad con González, interrupción de las labores durante el proceso judicial incoado y, especialmente, la pérdida de una suma considerable por la muerte de sus siete esclavos. Y aunque no sabemos cómo se desenvolvió con posterioridad el trato en la finca, otros casos similares sugieren que en alguna medida las demandas de los esclavos fueron consideradas.

En la documentación hay pruebas evidentes de que el régimen establecido al interior de las plantaciones tuvo que acomodarse, en un grado que no nos es posible determinar ahora, a los resultados de estas confrontaciones periódicas. El propio interés de los amos tendía a tomar muy en cuenta todo cuanto se relacionaba con el delicado manejo de la dotación. La conducta opuesta conllevaba siempre pérdida de brazos, dinero y procesos judiciales sin cuento. Los esclavos sabían que esa preocupación constituía un seguro muro de contención ante las pretensiones de ciertos propietarios y la manipulaban a su favor. El esclavo Benito, del ingenio Quevedo en Cimarrones, un verdadero sabio de 30 años, resumió esta filosofía haciendo gala de un gracejo notable cuando respondió a una

---

[4] Idem. También fueron condenados Cayetano lucumí y su paisano Luis a seis meses de ramal y grillete en la finca y a González al pago de una multa de cien pesos.

amenaza de castigo argumentando "que él le costó en dinero a su amo y su amo no podía matar su dinero"[5].

La resistencia de las dotaciones distaba de confinarse a los aspectos que se vinculaban con la alimentación, la ropa o el descanso. También se manifestaba en una abierta oposición al régimen laboral, en especial a sus cambios de intensidad. La instalación de la máquina de vapor al trapiche de moler caña levantó en muchas partes una oposición más o menos abierta, pues los esclavos sabían cuánto se incrementaría el ritmo de trabajo. Francisquillo, del ingenio Soledad de Cimarrones, intentó organizar un levantamiento para impedir el acople de la máquina aduciendo que los negros "no querían moler caña con vapor sino con buey porque la fuerza de su amo era chiquita" y por consiguiente aumentaría la carga de trabajo para ellos[6]. Otros motines se registran contra un mayoral recién nombrado, deseoso de mostrar su celo a costa de la extenuación de los siervos.

Los ejemplos aducidos no desmienten, ni aspiran a ello, la existencia de mecanismos de trabajo y de control que se imponen a la esclavitud de las fincas, sistema que sólo en parte le es dado modificar a costa de grandes esfuerzos. Pero la rutina cotidiana de la plantación no podía descansar exclusivamente en el uso indiscriminado de la violencia, por una parte, y por otra, sólo era alcanzable en la medida que se producía un acomodo entre los intereses opuestos enfrentados. Genovese ha mostrado, en las circunstancias específicas del sur de Estados Unidos, cómo se articuló allí ese proceso[7]. Y aunque subraya con demasiado énfasis, a nuestro juicio, los momentos de equilibrio y estabilidad de la vida al interior de la plantación, no es menos cierto que los esclavos desarrollaron vías para subsistir en condiciones brutales, sacando partido de los estrechos márgenes concedidos o conquistándolos con habilidad y tenaz resistencia.

Lo que se desprende de la información colectada es que en cada plantación emergió una especie de modus vivendi trenzado a partir de lo que el amo quería obtener de la dotación y de lo que los propios esclavos entendían era lícito esperar de ellos. Debido a que existía en unos y otros la percepción nítida de sus respectivos derechos y deberes, las violacio-

---

[5] ANC, Miscelánea de Expedientes, 609/ R.
[6] Fue condenado en 1837 a ocho años de presidio y a ser rematado después para el pago de costas del proceso.
[7] Eugene D. Genovese ha mostrado el activo papel jugado por los propios esclavos en la formación del sistema en *Roll, Jordan, Roll; The World the Slave Made,* New York, Vintage Books, 1976, obra que, a nuestro juicio, marca un hito en el tratamiento de la esclavitud.

nes en cualquier sentido constituían siempre motivo de tensiones y aun de abiertos conflictos.

El exacto cumplimiento de estas normas correspondía por igual a los empleados blancos y a los miembros de la dotación. Para que así fuese, la plantación disponía de una jerarquía de empleados que ostentaban la autoridad delegada del propietario. La cima de esta pirámide de poder estaba conformada por una trinidad integrada por el administrador –cuando la finca era lo suficientemente importante para sufragarlo–, el mayoral, cargo clave que atendía a las operaciones productivas y al manejo de la dotación y, por último, el boyero que sustituía al mayoral en casos de necesidad. El resto de los asalariados –carpinteros, herreros, leñadores– seguía en orden jerárquico y los esclavos debían prestar plena obediencia a sus mandatos.

En ellos descansaba la dirección y ejecución especializada de las tareas. Para subrayar su preeminencia, era usual que habitaran alojamientos bien diferenciados, tanto de la casa de vivienda del amo como de los bohíos o el barracón de los siervos. La distribución espacial de los hogares traduce con exactitud la diversidad y distancia de status entre los integrantes de la finca[8]. Al margen de las faenas habituales, los pobladores de la plantación se disocian como miembros de comunidades diversas.

La otra estructura social de la plantación

Y en realidad, subyacente a la línea de mando visible que organiza el ingenio o el cafetal como entidad productiva, existe otra estructura, difícil de aprehender pero no menos real que la anterior. Al interior de la dotación se establece un ordenamiento propio que surge sobre la base de supuestos sociales y culturales ajenos a los objetivos de la plantación. La dotación no es un agregado de unidades homogéneas.

Considerados como tales pretendidas unidades los esclavos se enfrentan a la jerarquía de mando y así son contados y distribuidos para las actividades del día. Todos ocupan, respecto al mayoral y los empleados, una misma posición subordinada y no se les estima más que suministradores de trabajo. Vistos desde la casa de vivienda, existen en la medida que integran una máquina sui generis, un equipo de carne y hueso que funciona para llenar las necesidades productivas de la finca. Pero si ésta es la imagen que se desprende de los testimonios de viajeros y, en no

---

[8] Véase M. Moreno Fraginals, *El Ingenio...*, *Opus cit.*, tomo 2 y el ensayo de J. Pérez de la Riva que da título al volumen citado de sus trabajos, *El barracón y otros ensayos*, La Habana, Ed. Ciencias Sociales, 1975.

menor medida, de la literatura del pasado siglo XIX, otra bien diferente se dibuja con la lectura de documentos e instancias a través de los cuales emerge un universo tan ignorado como complejo.

Los límites hasta donde puede desarrollarse esa otra "comunidad" son, desde luego, predeterminados por la existencia de la plantación, la condición misma de "ser de otro" reduce drásticamente la iniciativa social y la existencia del esclavo tiene que definirse a partir de esta precariedad que caracteriza su vida y la de sus familiares, amigos y paisanos. Sin embargo, pese a todos los obstáculos, algunos patrones se establecen, en parte como pálidas reproducciones de una conducta tradicional procedente de África que aquí, como elementos, se integran a un sistema nuevo creado al calor de las experiencias insulares.

Las coordenadas sobre la cuales se agrupan los miembros de la dotación responden a conjuntos de relaciones de diversa naturaleza. Estudios ulteriores dirán si esta aparente diversidad son manifestaciones externas de un contenido central que por el momento permanece oculto. Lo cierto es que los esclavos generan también una jerarquía de subordinaciones a las que todos se someten con independencia de su procedencia tribal, su edad o su sexo.

La figura del contramayoral negro se destaca como el punto de unión de las estructuras internas y externas que rigen la vida de la dotación. Era usual que ésta quedase a su cargo para la ejecución de todas las labores y, por lo general, su responsabilidad se extendía a la supervisión de la rutina diaria observada en la finca, incluida la muy importante de garantizar que sus compañeros durmiesen encerrados para evitar las evasiones o salidas fugaces de la plantación. El mayoral se reserva las funciones de dirección y, al menos en las grandes explotaciones, rara vez desciende al control inmediato de las faenas y de los esclavos en el tiempo que éstos descansan.

La elección del contramayoral es, por consiguiente, una decisión de máxima importancia; de ella depende que la actividad productiva y social se desenvuelva dentro de unos límites de sociabilidad estables. Polea trasmisora, el contramayoral goza de la confianza de sus superiores, pero asimismo, tiene que contar con la aquiescencia de la dotación ya que su aptitud para ejercitar el control no puede descansar sólo en una autoridad delegada o en las posibilidades de emplear la violencia por sí. Por ello, y siempre que es posible, la elección recae en quien goza del respeto de sus compañeros.

Se esperaba del contramayoral que, no obstante su inevitable y obligada obediencia a las órdenes de los empleados –incluida la desagradable aplicación de castigos– mantuviese una conducta equidistante de la sumisión y de la delación. El calificativo de "alcahuete de los blancos"constituía una ofensa para todo esclavo con independencia de las responsabilidades que desempeñase dentro de la plantación. Mal mirado por todos, un contramayoral afectado por este mal era tan odiado como despreciado, perdiendo así su capacidad para actuar como mediador entre la autoridad superior y la dotación.

Por esta razón, la designación de los contramayorales constituía un motivo frecuente de motines y de tensiones en las fincas. Así como existía una repulsa manifiesta de las decisiones del amo y sus empleados, justas o no, también respecto al contramayoral se realizan acciones de abierta oposición. Cristóbal carabalí, del ingenio Loreto en Managua, sufrió una de esas ostensibles repulsas. Castigado su colega José criollo por contestar irrespetuosamente a su mayoral, fue azotado con 25 latigazos y destinado a llevar una rosca de hierro por tiempo indeterminado. En su lugar fue nombrado Cristóbal. Pero la decisión no fue sabia. Después del incidente, la dotación se mantuvo en el batey, signo seguro de un próximo choque. "Desparramada" la negrada, según gráfica expresión de uno de los empleados, rehusaba irse a dormir o encaminarse al cumplimiento de las tareas asignadas; entonces el mayoral, entregándole el látigo a Cristóbal símbolo de su nuevo cargo, lo conminó a espantar la dotación. "Y apenas les tiró tres o cuatro cuerazos toda la gente le cayó a pedradas y tuvo que ponerse en fuga el carabalí"[9]. José criollo relató que los esclavos reprochaban al indeseado "¿Tú Cristóbal, eres acaso nuestro mayoral?; ¿por qué nos castigas?"[10]. El estado de ánimo prevaleciente quedó plasmado en las palabras de Pablo gangá cuando expresó que todos habían quedado "indignados en contra suya".

Esta actitud era interpretada a veces por los blancos como una manifestación de antagonismo tribal. Los esclavos mismos no perdían ocasión de alentar en ellos esta idea. Y sin duda, conflictos de este género existieron tanto en el campo como en las ciudades. Sin embargo, se tiene la impresión que las tensiones estaban determinadas más por contradicciones surgidas en las prácticas sociales que por esta causa. Existía una clara conciencia del lugar que ocupaba cada uno y de sus respectivas responsabilidades; funciones y papel cuya estricta observancia preservaba del conflicto. Éste podía agravarse por la incidencia de viejos rencores tribales, pero en rara ocasión hemos comprobado que se originaran por ellos.

---
[9] Relato de Clemente Díaz, segundo maestro de azúcar, ANC, Gobierno Superior Civil, 941/33163.
[10] Idem.

Un suceso de tal clase en el cafetal Perseverancia podía interpretarse, en verdad, como uno de estos dramáticos enfrentamientos en los que la diversa procedencia étnica servía de estímulo. Dos semanas antes del incidente apareció en la finca un Dionisio gangá, capataz de una de las cuadrillas de trabajo contratada para reforzar las labores de la cosecha. No tardó en producirse un enfrentamiento con otro de los contramayorales, el cuarentón Andrés lucumí, que ocasionó a Dionisio el rechazo unánime de los restantes esclavos. El contramayoral gangá relata el incidente:

> Que a los dos o tres días de haber llegado le dijo el contramayoral Andrés lucumí que aquí no hacían confianza de los mayorales, pues sólo la tenían en su amo, a lo que le contestó el declarante diciéndole que estaba acostumbrado a obedecer a los mayorales y tener confianza en ellos porque eran puestos por su amo, que en esto se incomodó con el que habla el contramayoral Andrés y desde entonces estuvo hablando en lengua cuando trabajaban en el campo y cuando tenía ocasión con la gente de nación lucumí que trajo el declarante, en términos que había notado que siendo estos negros muy humildes y buenos trabajadores [...] notaba en estos días que apenas obedecían lo que les mandaba conchunchados[11] con Andrés, su carabela, porque siempre les estaba hablando en lengua y virándolos contra el que declara porque a Andrés lo quieren mucho en esta finca los negros[12].

Resulta claro que las discrepancias se localizaban en la esfera de las relaciones entre el mayoral y los esclavos, y no en diferencias o antagonismos tribales. Dionisio era, evidentemente, "alcahuete" de éste y ello había provocado el rechazo generalizado de la dotación, estimulada en tal sentido por otro de los contramayorales, de quien se subraya gozaba del cariño y respeto de sus compañeros.

Los amos y sus empleados inteligentes nombraban, pues, para el cargo a quienes ya poseían influencia sobre sus "carabelas". Y ésta provenía de muy diversas fuentes. Algunos se destacaban enseguida por sus indudables dotes para la jefatura, otros porque traían el prestigio de haber sido capitanes en su tierra y conservaban parcialmente sus funciones de mando, al menos, para grupos de su misma procedencia. Algunos más porque eran, a la par, líderes religiosos que con sus "brujerías" mantení-

---

[11] Por confabularse.
[12] ANC, Comisión Militar, Ejecutiva y Permanente, 27/ 3.

an vivo el culto de los ancestros y atendían a las necesidades espirituales del resto de los esclavos.

Por estas razones, la remoción de un contramayoral inquietaba siempre porque alteraba el equilibrio de fuerzas en el seno de la plantación. Pero la dualidad de funciones de éste lo exponía a constantes tensiones, enfrentándolo al cumplimiento de deberes de naturaleza contradictoria. Vale decir en su favor que, ante el llamado de lealtades antagónicas, decidían por sus compañeros con una frecuencia que niega la extendida opinión que los caracteriza como cómplices del sistema. Ellos son, en una proporción muy alta, los que organizan, encabezan y promueven los motines y alzamientos o los que, amparados en la movilidad que les facilita el cargo, mantienen comunicación con las cuadrillas de cimarrones y permiten su entrada a la plantación en busca de refugio o alimentos. Desde fines del siglo XVIII hasta las últimas conspiraciones y levantamientos registrados, los contramayorales están implicados como participantes activos o como jefes de estos movimientos. Se comprende que, dada la organización de los trabajos y de las tareas de vigilancia en las fincas, era extremadamente difícil articular las protestas o evadirse sin contar, cuando menos, con la neutralidad del capataz negro.

Tan importante para la dotación como el esclavo que ejerce la contramayoralía es la función directora del taita y del "brujo". Ambos se equiparan en prestigio al primero y son escuchados con devoción en las situaciones críticas. Y también, como en el caso del contramayoral, suele haber varios en una misma plantación. Contra la opinión sostenida por Pichardo[13], el taita no es necesariamente un anciano sino un tratamiento reservado para quienes simbolizan la mesura y el buen juicio. Su figura aparece en la documentación en las más diversas situaciones, bien como guardiero permanente en los linderos de la finca, bien en tareas que requieren cierta especialización, ya, en fin, como domésticos al servicio de la casa de vivienda o en el hogar del mayoral.

En cambio, la presencia del brujo es más elusiva. Sólo en momentos excepcionales puede identificársele con claridad: bien en el papel de protector de sus compañeros de dotación cuando ocurre una sublevación o bien cuando ésta se organiza porque sus conjuros y preparados deben preservar la vida de los rebeldes y garantizar el éxito. En los numerosos procesos incoados durante la Conspiración de La Escalera, emerge su figura y se percibe que su influencia desborda los límites de la

---

[13] Esteban Pichardo, *Diccionario provincial casi razonado de voces y frases cubanas [1836]*, La Habana, Editorial de Ciencias Sociales, 1976. Se ha consultado la cuarta edición.

plantación y llega, en ocasiones, hasta los pueblos vecinos. En ellos la población de color libre, que mantiene estrechos y frecuentes vínculos con las dotaciones a través de una práctica religiosa común[14], sostiene conciliábulos con los esclavos al amparo de la noche.

Más allá de esta suerte de jerarquía que preside sobre la realización de las más importantes funciones de la dotación existen patrones que son observados estrictamente. Uno de éstos se asocia a la división sexual de tareas que, en contraposición con la práctica laboral de la plantación, se conserva sin alteración alguna. Concluidas las obligaciones diarias con el amo, las mujeres son las encargadas de preparar el alimento y lavar la ropa. Los hombres y mujeres cenan paralela o simultáneamente pero, al parecer, separados, aun en los casos en que convivan en bohíos y no en barracones[15]. Hay una ausencia absoluta de toda referencia a la atención de los hijos en los documentos consultados, pero cuando estalla un motín o se produce una sublevación, los niños quedan al cuidado de sus madres que los mantienen junto a ellas durante las marchas o escondidos en el monte cercano. Y también durante esos momentos de abierta insubordinación, las mujeres alientan con sus voces a los guerreros o caminan a su zaga, pero no hay indicios directos de su participación física en la lucha, salvo contadas excepciones.

A esta rigurosa delimitación de obligaciones entre uno y otro sexo se suma una acentuada diferenciación por edades. Habitualmente la dotación se divide en cuadrillas que toman en cuenta esta característica para su conformación. No obstante, los propios esclavos adoptan un punto de vista que descansa en otras consideraciones, refiriéndose entre sí con los calificativos de negros chiquitos y negros grandes, denominaciones que prefiguran comportamientos sociales diversos. Al primero se le excluye, por ejemplo, de todos los preparativos conspirativos y se le justifica la renuencia a combatir o su cobardía, en atención a su corta edad. De ellos se exige, en cambio, respeto a las decisiones de los mayores y obediencia a sus mandatos, tanto en la realización de las actividades productivas de la plantación como en los encargos que frecuentemente les son encomendados. Las fronteras entre uno y otro estado son imprecisas. Hemos comprobado que se consideran a veces como chiquitos, esclavos con edades que oscilan entre los dieciocho y los veinte años.

---

[14] Entre otros documentos que contienen información al respecto consúltese ANC, Comisión Militar, 45/1.

[15] Así se deduce de las declaraciones de Rosa lucumí en el proceso incoado en 1842, ANC, Comisión Militar, 27/ 3; y de la causa contra algunos esclavos del cafetal Brillante, también en Comisión Militar, 28/ 2.

Sin duda en la determinación de cada una de estas categorías predominan los rasgos físicos o la madurez espiritual del individuo dado que muy pocos siervos conocen, en realidad, su edad exacta[16].

En la escala jerárquica de la dotación se dan aun otras dos diferenciaciones que coinciden o se yuxtaponen a las anteriores. Estas relaciones distinguen a los esclavos nuevos –esto es de reciente arribo a la finca– y los viejos cuya larga estadía en la plantación los capacita para socializar a los primeros, familiarizándolos con los usos y costumbres específicos del fundo. En parte similar a ésta, bozales y ladinos son denominaciones que traducen diversos grados de asimilación del medio social en que se inserta la dotación. Se espera de los nuevos y los bozales un pronto aprendizaje bajo la dirección de los "antiguos" y los que dominan ya los rudimentos de la lengua castellana; por otra parte los más experimentados suscitan enseguida el respeto de los nuevos integrantes de la plantación. El padrinazgo recubre, con frecuencia, este tipo de relaciones, que bien existe por la costumbre observada en las grandes plantaciones de asignar padrinos a los recién incorporados para ayudarlos a integrarse adecuadamente a la rutina, o bien deriva de la práctica religiosa africana.

Todos estos nexos que atraviesan y organizan al conjunto de la "negrada" surgen, como se ha visto, al margen de la estructura creada por los parámetros que configuran a la plantación.

La red familiar de los esclavos

Otro tanto ocurre con la institución familiar cuyos lazos se mantienen vivos a contrapelo de la condición servil de sus integrantes. No cabe duda de la precariedad de su existencia ya que conspiran contra su formación y estabilidad, la frecuente desproporción de los sexos en las grandes fincas, el riesgo permanente de separación de sus miembros y otros mil obstáculos. Lo verdaderamente admirable es la tenacidad, el valor desplegado y los innumerables sacrificios que los esclavos tuvieron que desarrollar para preservar esos vínculos. La información histórica muestra esa lucha que, a veces a través del tiempo y la distancia, intentaba el rescate de algún familiar, su libertad o su protección contra los abusos de los amos y los mayorales.

Resulta difícil reconstruir el trazado familiar en las plantaciones. No existe en Cuba nada comparable con los detallados registros que han

---

[16] El historiador Enrique Sosa nos sugirió la posibilidad de que esa distinción se debiera a la ejecución de los ritos de pasaje, pero no hemos encontrado ninguna referencia que respalde esa interpretación.

permitido a Gutman[17] dibujar las estrategias para su conservación en los Estados Unidos. Datos aislados y referencias al paso es todo con lo que contamos. La parquedad de los datos sólo permite apuntar algunos rasgos y adelantar hipótesis que investigaciones posteriores deberán confirmar.

Parejas constituidas bajo las formalidades eclesiásticas existieron en las plantaciones en una proporción que no es posible determinar con exactitud, pero su presencia aparece nítidamente desde fines del siglo XVIII en los documentos revisados. El reconocimiento de esas relaciones se traducía en la habilitación de viviendas independientes [bohíos] para las parejas o, más tarde, cuando se erigen los barracones, en espacios dentro de ellos destinados a tal fin. Sin embargo, la convivencia permanente no estuvo confinada sólo a las parejas formadas mediante el sacramento religioso. En realidad, la unión consensual recibía similar respeto y reconocimiento en el seno de la dotación. Según la gráfica expresión de los esclavos, "casarse por la manigua", constituía la institucionalización de un vínculo que gozaba de parejo nivel y que no implicaba necesariamente relaciones informales y de carácter transitorio. La violación de algunas de las normas consensuadas es muy frecuente y casi siempre penada severamente por los propios miembros de la dotación, incluida la muerte de los infractores. Pero los criterios acerca de las maneras en que la unión era preservada o disuelta también eran claros.

El caso de Pedro criollo es ilustrativo. Celoso, presuntamente, de las continuas liviandades de su mujer María del Rosario gangá, le dio muerte. De hecho ésta había roto los lazos que la ligaban a Pedro y así lo consideraba también la dotación de modo que su amante Fernando lucumí se atrevió a solicitarla porque "era una mujer libre y ella le dijo que sí" accedería a sus deseos. Durante el sumario los esclavos declararon la sinrazón del supuesto marido, demostrando que la unión en realidad ya no existía[18]. Y aunque las fórmulas de asentimiento y rechazo queden en la sombra, no por ello debemos suponer que las dotaciones carecían de normas reguladoras de las relaciones familiares y que fuesen acatadas generalmente por éstas.

Si bien la pareja se individualizaba con rapidez en el seno de las dotaciones, las normas de conducta con respecto a los hijos de menor edad no se delimitan con claridad. Al parecer fue costumbre criarlos

---

[17] Herbert G. Gutman, *The Black Family in Slavery and Freedom, 1750-1925,* New York, Pantheon Books, 1976.
[18] ANC, Miscelánea de Expedientes, 267/M.

separados de los padres en un local destinado a ese efecto por decisión o conveniencia de los amos. El Reglamento de 1842 no haría más que consagrar esta práctica. En ese local, por lo general la enfermería de la plantación, las madres acudían a atender a sus pequeños en un horario previamente acordado o después de concluir las labores diarias. Los criollitos permanecían allí hasta arribar a determinada edad que, algunos autores, sitúan entre los cinco y los siete años. No hemos podido precisar si las familias compartían en algún momento de la jornada actividades comunes. En tal sentido los documentos son muy parcos y apenas hay referencias que hablen de esta primera etapa infantil de los esclavos como no sea para enfatizar la necesidad de que las siervas alimenten con regularidad a los recién nacidos.

Pero la familia era concebida por los esclavos en términos más amplios y flexibles, no limitándola a las personas ligadas por lazos consanguíneos. Integrantes de la unidad familiar se consideraban a los adolescentes y jóvenes bozales prohijados por la pareja y con los cuales se anudaban afectos perdurables. El origen de esta práctica podría provenir de la herencia cultural africana o de las condiciones específicas generadas por el sistema esclavista. Lo cierto es que un sinnúmero de referencias muestra cómo estos recién llegados fueron educados y protegidos hasta transformarlos en verdaderos miembros de una familia así constituida. El testimonio de Ramón mandinga, apadrinado por otro esclavo de su dotación, es revelador. Durante la famosa sublevación del Sumidero y durante el fragor de los enfrentamientos no vacila en arrostrar el peligro e intenta rescatar el cadáver de su compañero Juan, a quien "miraba como padre" para cumplir su obligación de enterrarlo como se debe[19]. El respeto de estos jóvenes por los adultos que los acogen, especialmente por los hombres a quienes designan siempre como padres, es muy grande y llega hasta acompañarlos en la sublevación, aunque ellos mismos estimen la rebelión como un acto de locura. En tal sentido creen que su obligación es obedecerlos y así se comportan sin permitirse vacilación alguna.

Padres e hijos y hermanos, separados por los azares consustanciales del régimen esclavista, mantienen no obstante relaciones frecuentes, visitándose en sus respectivas plantaciones e inclusive, cuando ello era viable, en el más o menos distante poblado. A veces lo hacen arriesgándose a salir sin la licencia de rigor, aprovechando cualquier descuido de los empleados y caminan kilómetros para realizar un encuentro fugaz. Otras

---

[19] ANC, Comisión Militar, Ejecutiva y Permanente, 1/5.

veces obtienen la complicidad del contramayoral que ampara estos paseos nocturnos. El vigor de estos sentimientos no se debilita con el tiempo, ni la distancia constituye un obstáculo para el intercambio familiar.

Tampoco la ansiada libertad es causa suficiente para abandonar el círculo familiar. Pedro criollo, esclavo del ingenio de Gutiérrez y Casal, logró reunir los quinientos pesos que costaba su manumisión, pero reclamaba el derecho de que sus antiguos amos lo recibieran "como trabajador en el ingenio donde quiere permanecer por tener allí tres hijos"[20]. Otros muchos esclavos se imponían una separación prolongada si ello proporcionaba los medios de libertar a los familiares atrapados en la plantación.

La familia es sólo una parte de un sistema de parentela que se instituye en territorio insular y se deriva de las circunstancias de la esclavitud. Porque la parentela es un conjunto de siervos vinculados por obligaciones y derechos recíprocos que se erige sobre la base de una pertenencia étnica común, la convivencia en una misma plantación y/o la institución del padrinazgo. Cada uno de estos nexos es vehículo para constituir una suerte de parentesco que sobrevive en aquéllos que logran manumitirse y se halla lo mismo en el campo que en las ciudades coloniales.

Sin duda, la procedencia étnica es un fuerte lazo para cohesionar e individualizar grupos de esclavos dentro de las fincas y también en las ciudades. Conforman relaciones espontáneamente surgidas entre los africanos y que las autoridades coloniales refuerzan a través de la constitución de los cabildos de nación en las zonas urbanas. Los vínculos entre los miembros de una misma etnia son fuertes y suponen la ayuda mutua y la realización de actividades conjuntas. Por esa razón los esclavos se refieren siempre a sus compatriotas con la denominación de "parientes" como relata Juan Télles, mina esclavo de Bayamo, cuando comenta que en una casa vecina "se hallaban sus parientes los mandingas y los minas reunidos"[21]. Las referencias podrían multiplicarse pues, en esa misma causa, el carabalí Pablo Mayorga alude a la circunstancia de que "los negros carabalíes libres acostumbran que todos los domingos les dé de comer uno de sus parientes".

En las mismas fincas, los esclavos designan a las personas vinculadas por este lazo étnico indistintamente con las palabras "carabelas" o parientes. Las actividades conjuntas incluían, desde luego, la preservación de las tradiciones culturales propias. En los ingenios de Trinidad se

---

[20] ANC, Gobierno Superior Civil, 1056/ 37612.
[21] ANC, Asuntos Políticos, 12/ 9, causa de 1812.

acostumbraba celebrar el mismo día destinado al tambor, bailes especialmente diferenciados según la procedencia africana de los miembros de la dotación. José Iznaga, esclavo del ingenio Mainicú, declaraba en 1838 que concurría al baile de sus parientes —los gangás— al tiempo que en las fincas los congos organizaban el suyo[22].

    La evidencia de estas relaciones era motivo de preocupación para el gobierno colonial, pues la consideraban la base de conspiraciones y levantamientos. El fiscal de la Real Audiencia de Puerto Príncipe recomendaba vigilar especialmente la barriada de Santo Cristo "en esa ciudad compuesta casi toda de libertos que estaban en íntimo trato y conexión con los esclavos de las fincas rurales" ya que estos "tienen allí sus comadres y amigos en cuya casa paran los días de fiesta"[23], ocasión especialmente propicia para vertebrar las tan temidas sublevaciones. La denuncia vale para poner de manifiesto la gran red parentelar que unía a los esclavos tanto dentro de las fincas como entre éstas y las ciudades. Pese a la política represiva para cortar estas relaciones, los nexos se mantuvieron incólumes y nunca fueron debilitados o eliminados.

    Tan sólida y tan amplia como la parentela basada en una idéntica procedencia, la institución del padrinazgo resultó un vehículo importante y perdurable. La costumbre de nombrar a uno de los esclavos "padrino" de otro recién llegado en ocasión de su bautismo originó una complicada gama de relaciones dentro de las dotaciones y entre los siervos urbanos. Algunos de estos esclavos podían exhibir una cuantiosa cosecha. José María gangá, esclavo del ingenio Alcancía, tenía no menos de cuatro ahijados en la finca[24]. Vicente criollo, esclavo carretero del ingenio La Trinidad, guardaba las más estrechas relaciones con un negro libre del vecino pueblo, pues "tiene con él parentesco espiritual por haberle bautizado un hijo"[25], hacía más de trece años.

    Dado que el aludido padrino, Jacinto Roque, fue acusado de organizar la sublevación del ingenio y de brujo, entramos en otro ángulo de este tipo de relaciones que suscita grandes dudas. La relación padrino–ahijado deriva de la práctica católica, pero al mismo tiempo, estos términos reflejan en Cuba otros lazos religiosos de raíz africana: en la Regla de Ocha o santería y en la Regla de Palo de los congos, el sacerdote que inicia al neófito se denomina padrino y ahijado al iniciado. E igualmente ambos se deben obligaciones y ayudas recíprocas.

---

[22] ANC, Miscelánea de Expedientes, 1113/ Ad.
[23] ANC, Asuntos Políticos, 135/ 15.
[24] ANC, Comisión Militar, 29/ 5.
[25] Idem.

No resultaría aventurado asegurar que la reiteración de estos términos en casi todas las dotaciones y en el seno de los esclavos urbanos responde más a las creencias africanas que al catolicismo. En todo caso, nada impediría la yuxtaposición de ambas prácticas. Lo que interesa destacar aquí es que los dos tipos de vínculos, especialmente el procedente de África, supone el intercambio sistemático de ayuda abarcando todas las esferas de la vida y por tanto se incluye por derecho propio en ese multiforme y variado universo que es la parentela del esclavo[26].

La compleja red de relaciones que, como se ha visto, subyace en la rutina de las dotaciones erosionaba constantemente las pautas establecidas por la plantocracia y las autoridades. La ilusión de transformar al esclavo en una pura máquina de trabajo encontró una resistencia efectiva, aun en las condiciones más difíciles. Ni siquiera las agotadoras jornadas de las zafras azucareras disminuyeron la capacidad de los siervos de crear un sistema que les permitiese preservar algunos de los nexos sociales que estimaban indispensables. La vertebración de este sistema enfrentó grandes obstáculos en el mismo grado que crecía el temor de una parte de los hacendados y de las autoridades ante la posibilidad de sublevaciones devastadoras.

Una de esas reacciones se produjo a inicios de la década de 1840 cuando se reforzó la tendencia a reducir, a toda costa, la iniciativa de las dotaciones. La sucesión de motines y rebeliones, así como el inusitado movimiento sociopolítico de la población libre de color inspiraron la creación del llamado sistema de "barracones" que consistía en privar a los esclavos de la libertad de movimiento una vez concluida la jornada diaria. Según establecía el artículo 25 del Reglamento de 1842, los siervos debían concentrarse en un local o edificio que permitiese "quedar todos en la noche bajo de llave"[27].

La construcción de esos edificios evitaría muchos males porque los negros "se aprovechan de las horas del natural descanso y en ellas hacen sus salidas; se comunican con unas y otras dotaciones, eligiendo por punto de reunión la finca en que sus operarios son menos vigilantes, y de estas juntas y conversaciones nacen los desordenes, robos y cuanto pueda temerse"[28], según el sentir del capitán del partido de Macurijes. La

---

[26] Resulta curioso que en el campo no encontremos referencia alguna a las "madrinas"; en las ciudades en cambio se explicitan esas relaciones en los documentos dirigidos a la capitanía general.
[27] Véase el Reglamento en la sección documental y, también, la circular de 20 de julio de 1843 reiterando la obligatoriedad de su cumplimiento en Gobierno Superior Civil, 942/ 33246.
[28] Idem.

idea no era nueva, pues algunos motines de los años 20 y 30 se produjeron por la iniciativa de ciertos amos y mayorales a encerrar las dotaciones para dormir. Pero la disposición del Capitán General Jerónimo Valdés generaliza la experiencia, universalizando también sus efectos sobre los esclavos.

La inobservancia del reglamento en este punto obligó a reiterar la orden en 20 de julio de 1843, y estableció un término de cuatro meses para edificar o reconstruir los locales de seguridad. Con plena coincidencia en relación con los fines perseguidos, la plantocracia se dividió en cambio en la valoración de los métodos más eficaces para asegurar la tranquilidad de los esclavos y muchos consideraron contraproducente el establecimiento de este régimen carcelario.

José Montalvo y Castillo, con ingenios en dos zonas del occidente, consideraba que "tanto mal trae el excesivo freno en la esclavitud como la tolerancia. Un hombre forzado al trabajo diurno y encerrado de noche no puede vivir contento. Es preciso suavizar las cadenas de la esclavitud"[29] y solicitaba permiso para mantener su sistema en lugar de construir barracones. Su filosofía se sintetizaba en los siguientes razonamientos, compartidos por otros hacendados que así lo hicieron saber al gobernador, agregando además razones económicas así como la necesidad de suspender las labores de siembra para realizar las construcciones ordenadas. Montalvo decía:

> El único desahogo de la clase africana es su choza, familia y amable libertad e independencia en los principios de la noche. Sus animales, conucos, sus quehaceres son el alma de su existencia. Su índole indica el modo de gobernarla y jamás el yugo de la esclavitud carga contra aquel que goza de cierta libertad. Las barreras de opresión y desesperación deben ser destruidas y nunca un punto de reunión, a mi triste entender, sería bueno para concertar conciliábulos de gente descontenta. Antes al contrario, es bueno desunirlos para mejor gobernarlos.

El marqués de Campo Florido, a su vez, coincidía con Montalvo y señalaba que mantenía una estricta vigilancia en sus fincas sin alterar por ello las costumbres de sus esclavos. Éstos estaban habituados a vivir por familias "y con sus ahijados" en bohíos que amaban como "una propiedad inviolable, en que reúnen todo cuanto lícitamente adquieren con

---

[29] Carta al capitán general de 15 de agosto de 1843 en ANC, Miscelánea de Expedientes, 3585/ Cu.

el trabajo que hacen para sí muy a gusto en las horas de descanso"[30]. Y concluía que la orden no evitaría los alzamientos, acaso los promovería porque "recordándoles diariamente, al sonido del cerrojo, la mayor o acaso la única de sus privaciones, puede despertar o avivar con ello, los deseos" de sustraerse de la esclavitud.

La avaricia, el deseo de reducir los costos o la convicción de que el barracón representaba riesgos mayores que los del antiguo sistema, informaron la fuerte resistencia de la plantocracia ante la orden colonial. Prueba de la lentitud con que se cumplió la orden es que diez años más tarde, esto es en marzo de 1852, el teniente gobernador de Cárdenas informaba que de los 221 ingenios de su jurisdicción sólo 98 poseían barracones, de ellos 73 de mampostería[31].

Sin embargo, allí donde la implantación del sistema carcelario fue una realidad, de hecho dificultó los anteriores movimientos y fugas nocturnas, pero no los eliminó. Las quejas a este respecto son continuas, así como las escapadas de los esclavos hacia las tabernas cercanas donde bebían aguardiente o vendían productos propios o robados.

El propósito de impedir la concertación de las dotaciones cercanas y de cortar la posibilidad de salidas no autorizadas jamás alcanzó un éxito rotundo. Pese al deseo de las autoridades y de los mismos propietarios, las plantaciones nunca pudieron existir aisladas entre sí, ni respecto a los poblados más cercanos o a los puntos de embarques de los frutos. Por muchas vías diferentes, las dotaciones mantenían relaciones constantes de finca a finca y también con sectores de la población libre de color y aun blancos.

La plantación y su entorno social

La naturaleza misma de la producción en las plantaciones azucareras o cafetaleras inducía a la relación estrecha con el entorno y con las vías de comercialización de las cosechas que las conectaban a los pueblos, vías férreas o puertos principales. El transporte de los frutos, aun con la generalización del ferrocarril en la región occidental de la isla, dependía de los carreteros que, con excepción de un jefe blanco o de un negro liberto, eran esclavos pertenecientes a la finca. No es una casualidad que estos estuvieran involucrados casi invariablemente en las conspiraciones y ayudaran a organizarlas sirviendo de mensajeros. A través de ellos también llegaban las noticias pescadas al vuelo por unos oídos ávidos.

---

[30] Idem, carta de 19 de agosto de 1843.
[31] ANC, Gobierno Superior Civil, 1056/ 37607.

Similares servicios cumplían otros dos personajes de la plantación: el mandadero y el calesero del señor. Ambos ponían las dotaciones en comunicación con el entorno rural inmediato y con los pueblos. Sus frecuentes salidas y, ante todo, la posibilidad de escuchar las conversaciones del amo y sus amigos, en el caso del calesero, prestaban a estos esclavos oportunidades inapreciables y siempre útilmente aprovechadas. Estas vías lícitas de contacto de las dotaciones hacia fuera, se complementaban con otras igualmente utilizadas de afuera hacia dentro.

La taberna cercana ejercía una atracción que pocos mayorales lograban reprimir. Pese a las prohibiciones explícitas de los amos, los permisos para visitar esos comercios ubicados en los linderos de la finca o en un cruce de caminos, se otorgaban con frecuencia en los domingos o días de fiesta, y aun en los de trabajo. Se comprende que estas tiendas no eran sólo visitadas por los esclavos, también eran frecuentadas por esa masa social y racialmente heterogénea que componía las zonas rurales de la isla. Allí se jugaba, se bebía y conversaba de lo humano y lo divino. No en balde la plantocracia les había declarado la guerra a todos los taberneros con el pretexto de que los siervos robaban para satisfacer sus vicios de bebidas o tabacos. El gobierno no ocultaba tampoco su actitud hostil porque allí se vendía –sin hacer preguntas– cuchillos, machetes, balas y hasta fusiles a todo el que dispusiera del dinero constante y sonante.

Las disposiciones para limitar el número o variar la ubicación de las tabernas rurales se estrellaron contra la enemiga de la población y pervivieron a lo largo de la esclavitud ejerciendo "su nefasta influencia" sobre los siervos. Y lo mismo sucedió con esa institución secular del vendedor ambulante o regatón incrustado en todos los poros de la sociedad colonial. Ni siquiera el barracón impedía su visita de acuerdo con el testimonio de Julia Ward Howe quien encontró uno de ellos en pleno barracón traficando con los esclavos pan blanco, pañuelos de algodón y otras mercancías. Según declaró el propio vendedor visitaba la plantación todos los domingos y sus ventas ascendían a unos 25 pesos semanales[32]. Si a esta promiscuidad indeseada se agrega que una parte importante de los verdaderos ambulantes eran personas de color libres, se comprenderá la desesperación de los funcionarios y los amos.

Prohibiciones reiteradas e incumplidas vedaban el contacto de estos vendedores y de los arrieros con las fincas, en especial si eran negros o mulatos libres, pero la constancia con que se recordaban estas ordenanzas una y otra vez indican su escaso éxito.

---

[32] Julia Ward Howe, *A Trip to Cuba*, Ticknor and Fields, 1860, pp. 74 y 77.

A estos contactos permitidos por los empleados se sumaba el tráfico sustentado en los productos obtenidos por los siervos en sus conucos. En realidad era esta "mínima propiedad" la fuente que alimentaba la salida a las tabernas y la presencia del negociante ambulante. La provisión de algún lote de tierra para su cultivo en las horas de descanso o en días de fiesta, más la cría de gallinas y cerdos, era un derecho reconocido por la legislación española desde el siglo XVI. Idéntica práctica era observada en otras colonias como Jamaica, Saint Domingue y en las Trece Colonias[33].

Se ha apuntado que la función principal del conuco era la de proporcionar un suplemento alimentario a la poco variada dieta de las dotaciones. Sin negar la importancia de las parcelas con ese fin, reconocido en Cuba también por numerosos viajeros[34], debe anotarse que el cambio de los productos por ropa o la acumulación de efectivo para manumitirse son dos de los propósitos más comúnmente señalados. Tanto los esclavos como la legislación enfatizan en el significado del conuco como vía para alcanzar la libertad propia o de sus familiares. Así lo establece el Reglamento de 1842 en su artículo 13 consagrando en esto, como en otros casos, una práctica antigua: la asignación de lotes y el ejercicio de ocupaciones con el fin de "adquirir peculio y proporcionarse la libertad". Las ventajas de canalizar los esfuerzos del esclavo en esta dirección –en lugar de obtener la libertad por medios violentos– fue subrayada por la junta del Real Consulado de Agricultura y Comercio ya en 1799 como una solución justa y ante todo eficaz para prevenir indeseables disturbios[35].

No obstante, la asignación de los conucos demandó la movilización de los propios esclavos durante los dos decenios iniciales del siglo XIX, pues muchos propietarios se desentendían de la legislación proclive a otorgar al siervo el derecho a poseer peculio. Todavía en 1842, cuando aún no se promulgaba el Reglamento de Valdés, el marqués de Arcos le exponía:

---

[33] Entre otros autores pueden consultarse con provecho Eugene D. Genovese, *Roll, Jordan...*, Opus cit; Richard Hart, *Esclavos que abolieron la esclavitud*, La Habana, Casa de las Américas, 1984, y Gabriel Debien,"La nourriture des esclaves sur les plantations des Antilles Francaises aux XVIIIe siecles", *Caribbean Studies*, 4, 2, July 1964, pp.3-27.

[34] Abiel Abbot, *Cartas;* escritas en el interior de Cuba, entre las montañas de Arcana, en el este, y las de Cusco, al oeste, en los meses de febrero, marzo, abril y mayo de 1828. La Habana, Consejo Nacional de Cultura, 1965, p. 55.

[35] Véase el expediente dedicado a la elaboración de un régimen de seguridad para los esclavos en ANC, Real Consulado de Agricultura, Industria y Comercio o Junta de Fomento, 184/8330.

Con respecto a los llamados conucos, crías de cerdos y de aves debo decir a Vuestra Excelencia que son concesiones que yo dispenso a mis esclavos, pero que estimo como actos de pura liberalidad y en manera alguna obligatorios. Si llegaran a serlo, no acierto a calcular hasta qué punto se desmandarían los esclavos para hacer efectivo su cumplimiento, ni hasta dónde llegarían las consecuencias de la creación de este derecho[36].

La filosofía de mantener como concesiones filantrópicas éste y otros actos similares era un arma que muchos amos deseaban preservar en su arsenal de manipulación disciplinaria. Por ello, la lucha de los siervos jugó un importante papel en el reconocimiento de sus derechos y en su paulatina extensión a lo largo de la isla. Y esa difusión reforzó la tendencia de ver en las parcelas el medio más rápido y seguro de obtener dinero con el objetivo antes mencionado.

El vínculo de los esclavos rurales con el intercambio mercantil, tanto en el seno de las dotaciones como al exterior de éstas, es muy pronunciado. A veces adoptaba la forma rudimentaria del trueque, como sucedió en Guamacaro en 1844 entre los siervos del cafetal de Marquetti y los del ingenio La Merced. Francisco lucumí relataba los términos del convenio: "los del ingenio para dar azúcar a los de este cafetal y éstos corresponden a su equivalente con plátanos"[37], aunque en este caso obviamente el azúcar era obtenido por medios tal vez inconfesables.

No obstante, los documentos respaldan ampliamente los negocios entre esclavos, saldados en dinero. La venta de cerdos era común no solo para atender a las necesidades de un núcleo familiar sino también para suministrar el alimento de las diversiones y los convites frecuentes. Algunos propietarios conocían y alentaban esta práctica; el amo del cafetal Angerona era uno de ellos. Abbot decía de él que profesaba la máxima de que "los negros deben tener dinero y que deben gastarlo" y con ese fin había creado una tienda en la finca[38], vendiéndoles telas, vestidos, loza, cruces, etc. También Alejo gangá se quejó alguna vez de la pretensión de Velasco, congo libre, de que le vendiese uno de sus puercos a crédito, a lo que indignado ripostó "que los esclavos no vendían sin dinero"[39], criterio respaldado por múltiples transacciones parecidas.

---

[36] ANC, Gobierno Superior Civil, 941/ 33186, carta al capitán general de 19 de mayo de 1842.
[37] ANC, Comisión Militar, 46/ 3, testimonio de 1844.
[38] Abbot, *Cartas...*, *Opus cit*, pp 211-212.
[39] ANC, Comisión Militar, 46/ 1

Los recién llegados bozales se incorporaban rápidamente a la concertación de estos tráficos y éste era uno de los motivos que impulsaba la solicitud de conucos mediante paros o declarados motines. José Luciano Franco ha documentado también los intercambios de la dotación con las bandas de cimarrones y los palenques[40]. El capitán de cimarrones en Cayajabos, Pancho mina, describió con lujo de detalles el intercambio de cera por "trastos" con los esclavos del cafetal Landot y el pago que adeudaba por el almuerzo y el aguardiente que estos le proporcionaron[41].

Todos estos testimonios muestran hasta qué punto los siervos habían creados sus propios canales de comunicación y comercio tanto entre sí como con los vendedores ambulantes y otros negociantes que se acercaban a las plantaciones. La imagen de una dotación totalmente aislada y bajo un riguroso régimen carcelario sólo es real en la medida que proyecta un ideal cuya materialización era continuamente contestada por las prácticas, permitidas o no, de los propios esclavos. A diferencia del capitalista, cuya óptica del trabajador se reduce al manejo cuantitativo de cuánta labor puede serle extraída, el esclavista estaba obligado a velar por sus dotaciones durante sus exiguos descansos y en los días feriados de manera que nunca podía actuar tomando en consideración exclusivamente la dimensión económica en su sentido burgués. La documentación histórica ilustra la complejidad de las relaciones dentro del sistema, mucho más ricas y profundas que las representaciones que de él se han conformado. Y por ello, pese a las estrictas medidas de vigilancia –nunca levantadas o debilitadas– los esclavos crearon mecanismos específicos para mantener vínculos familiares y de otra naturaleza con sus compañeros de esclavitud y con la población libre conformando un entramado social de un alcance mayor de lo que usualmente creemos. Estos canales se extendían hasta las ciudades de provincia y, con no poca frecuencia, hasta la capital misma de la colonia.

Un pariente residente en el poblado próximo o en una ciudad constituía una vía importantísima para lograr la manumisión y para recabar protección frente a los desmanes de los amos y mayorales. La proximidad a los resortes de poder locales o coloniales permitía, sin duda, apelar al corpus jurídico que concedía determinados derechos a los siervos y establecía mecanismos para canalizar sus quejas dentro de límites aceptables para el sistema esclavista. Y ambas posibilidades crearon un espa-

---

[40] José Luciano Franco, *Los palenques de los negros cimarrones,* La Habana, Departamento de Orientación Revolucionaria, 1973. La obra comenta las relaciones de las bandas de cimarrones con las dotaciones de ingenios y cafetales.
[41] ANC, Gobierno Superior Civil, 616/ 19688.

cio, reducido sí pero de todos modos real, para la iniciativa del esclavo y la consecución de sus aspiraciones.

La complejidad del sistema esclavista y las fuertes tendencias contradictorias que coexistían en su seno, creó un espacio para afirmar la acción y la iniciativa del esclavo de plantación como sujeto. La pretensión de los amos de considerarlos meros objetos nunca logró realizarse, pese al establecimiento de un régimen brutal. A medida que nos adentramos en la investigación del pasado, emerge una visión diferente de ese siervo, agobiado por la miseria y la opresión, pero contestatario al sistema y tenaz en la lucha por su libertad.

Las ilusiones fallidas: una ciudadanía imposible

El continuo crecimiento de las plantaciones azucareras y cafetaleras estuvo asociado a la formulación de una política de control, mucho más restrictiva, respecto a la población negra, fuese ésta de condición libre o sometida a la esclavitud. Esta intensificación del control se tradujo, en un primer momento, en un reforzamiento sensible de las antiguas restricciones, y más tarde, en nuevos recortes de la libertad de acción de libertos y esclavos. De hecho, las normas adoptadas por los ayuntamientos en fecha temprana y por el Sínodo Diocesano de 1680, habían sufrido sólo ligeras modificaciones, como se correspondía con el ritmo de desarrollo de la gran agricultura comercial esclavista, cuyo desarrollo comienza sólo en la segunda mitad del siglo XVII.

Estas normas iniciales iban encaminadas, por una parte, a subrayar, tanto como a mantener, las diferencias sociales entre los estamentos, y por la otra, a obstaculizar la actividad independiente de los negros, compeliéndoles a trabajar para otros —si eran libres— o en el caso de los esclavos, bajo una estricta supervisión de los amos con el fin de frenar en lo posible el fácil acceso a la manumisión. Las ordenanzas del oidor Alonso de Cáceres, redactadas en 1574, validaron este conjunto de reglas clara y detalladamente para todos los ayuntamientos de la isla.

A todos se les prohibió, por ejemplo, llevar la ropa y los adornos que utilizaban los grupos blancos más acomodados de la sociedad colonial, con el objetivo de enfatizar la función subalterna que les tocaba jugar en ella. Los libres tampoco estaban autorizados a portar armas de ninguna clase, a menos que concurrieran a las guardias que, por turnos, constituían la obligación diaria de los residentes en la ciudad de entonces. No podían comerciar ni vender vino al menudeo y se les obstaculizaba de mil modos el desempeño de una labor independiente, instándolos de mil modos a trabajar para otros mediante un salario u otras fórmulas.

Las regulaciones impedían asimismo que los esclavos tuviesen casa propia o que pernoctasen de noche fuera de la vivienda de sus amos. Y sólo bajo la estricta supervisión de sus dueños se admitía que los siervos ganasen jornal, estuvieran frente al expendio de alimentos en mesones o los comerciaran en la vía pública. El énfasis con que se denuncia la inobservancia de estas normas en las actas capitulares muestra que la trasgresión era uno de los modos predominantes mediante el que los esclavos allegan el ansiado peculio. La legislación reconocía esa figura jurídica, tanto para facilitar la manumisión personal o de sus familiares, como para satisfacer sus muchas necesidades–. So pretexto de que tal libertad propendía a involucrarlo en actividades ilegales, o inconfesables moralmente, como en el caso de la prostitución de las esclavas, las autoridades trataban de limitar estas prácticas.

El código refleja ya el fenómeno de la cimarronería y su tratamiento legal. Disponía que cualquier habitante de la isla estaba facultado para detener y conducir a la cárcel a toda clase de huidos, o bien entregarlo directamente a su amo. También era obligatorio que en las fincas existiese un cepo para disciplinar a los esclavos propios y garantizar la seguridad de los apresados, hasta tanto se dispusiera de ellos según lo establecido. Por último, el esclavo, definido como indomesticable, según los patrones de conducta aceptables para el sistema, tenía que ser vendido "fuera de la tierra".

Pero al mismo tiempo, las regulaciones reconocían ciertos derechos al siervo; uno de ellos era la facultad de cambiar de amo si era víctima de sevicia, otro el de facilitar la adquisición del peculio. También se enfatizaba en la necesidad de que se le suministrase los alimentos y la esquifación anual en las cantidades y calidades estipuladas por las costumbres de la época. Dado que la desatención a las necesidades vitales del esclavo y la crueldad injustificada eran consideradas las causas principales de la cimarronería, se estipulaba que los alcaldes de la villa visitaran las fincas dos veces al año, en los meses de marzo y octubre, para verificar si se cumplían las indicaciones de buen trato[42].

La tónica de la legislación, no obstante estas recomendaciones finales, era profundamente discriminatoria. Las sanciones y las multas

---

[42] Los artículos 60 y 61 señalaban como esquifación anual dos pares de zaragüellas o camisetas de cañamazo como mínimo.

establecidas para las trasgresiones variaban según el color y el rango del infractor. Decididamente rigurosas resultaban las primeras, y altas las últimas cuando se aplicaban a negros y, en particular, a los esclavos[43].

El Sínodo vino a completar en lo espiritual lo que las ordenanzas de Cáceres establecieran para la vida material de los esclavos y los negros libres. Sin duda, tendía a suprimir las ancestrales creencias africanas y a sustituirlas por la fe católica y los patrones culturales del mundo occidental. Pese a este objetivo, los requerimientos de la práctica y la naturaleza de la ideología religiosa otorgaron a los esclavos un espacio que les garantizaba ciertos derechos, como los de matrimonio, la repulsa moral a la separación de los cónyuges después de verificado éste, la expresa prohibición de hacerlos trabajar en días festivos y la reprobación de usos y castigos considerados de lesa humanidad[44].

El cumplimiento de ambos cuerpos normativos y su efectividad en la realidad social no se conoce aún con entera certeza. Sin embargo, muchas de sus prescripciones envejecieron rápidamente a medida que las transformaciones económicas, sociales y políticas se aceleraron a mediados de los setecientos.

La circunstancia de que el sistema plantacionista en Cuba se consolidase durante el gran ciclo revolucionario desatado por la guerra de independencia de las Trece Colonias primero, y más tarde por la Revolución Francesa, otorgó al despliegue del régimen una índole de extrema fluidez y complejidad, características que pervivirán hasta la tercera década del siglo XIX. El nuevo rumbo del desarrollo mundial, asociado a la implantación del capitalismo, supuso transformaciones de relativa entidad en las formas de comercialización de los productos y de las prácticas de intercambio con las regiones coloniales, estimulando en ellas un reforzamiento de la explotación de los recursos naturales y de la mano de obra, sujeta esta última, en la mayor parte de los casos, a nexos productivos no asociados a retribución salarial. La rapidez de los cambios en la isla –y el no menos importante acrecentamiento de sus vínculos con el exterior– movilizaron a todas las clases y grupos sociales, obligándolos a tomar posición ante las tensiones que, inevitablemente, surgían del desquiciamiento de las antiguas bases de sus modos de vida.

---

[43] Hortensia Pichardo Viñals, *Documentos para la historia de Cuba (época colonial)*, La Habana, Editora del Consejo Nacional de Universidades, 1965, pp. 118-123 y 127.
[44] El Sínodo está siendo reproducido parcialmente en Eduardo Torres-Cuevas y Eusebio Reyes, *Esclavitud y Sociedad. Notas y documentos para la historia de la esclavitud en Cuba*, La Habana, Editorial de Ciencias Sociales, 1986, pp. 51-59.

En tanto la expansión de la agricultura comercial esclavista reforzaba formas de comportamiento económico, y hasta cierto grado social, orgánicamente incompatibles con el sistema capitalista, la población insular sufría la influencia de corrientes políticas e ideológicas de corte liberal –a veces de hondo radicalismo– que la situación revolucionaria internacional difundía sobre barreras y fronteras de todas clases.

El incremento del intercambio comercial y el intenso trasiego de personas desarraigadas por motivos políticos o que las numerosas guerras sostenidas durante esta etapa arrojaba sobre los territorios todavía en paz, favorecieron la llegada de periódicos, libros y panfletos que hablaban de un mundo nuevo y de derechos vedados antes a los grupos subalternos, alentando en ellos las aspiraciones de cambiar su miserable situación servil o mejorar sus condiciones generales de vida. En consecuencia, cabía esperar la aparición en el escenario público de sujetos hasta entonces subsumidos en la pasividad o que volcaban su descontento en actividades marginales. La acción contestataria de los grupos desposeídos y discriminados, en especial de la población negra, pero también de los contingentes blancos constituidos por pequeños comerciantes, artesanos independientes al borde de la ruina y funcionarios de la administración colonial ubicados en los escalones inferiores de la jerarquía, se puso de manifiesto bien temprano. Los primeros en dar testimonio de su existencia fueron, claro está, aquéllos que formaban la base de la pirámide social: los negros.

La aguda sensación de ser víctimas de un trato desigual y discriminatorio se manifestó primero, ante todo, entre los miembros de las milicias de color, institución que agrupaba a los negros y mulatos más emprendedores y que habían ascendido en la escala social a fuerza de iniciativa, inteligencia y coraje. Activos participantes en las confrontaciones bélicas de la segunda mitad del siglo a favor de la Corona, el contraste de su valiente comportamiento militar y el apenas disimulado desprecio con que se les incorporaba a los cuerpos, era cada vez menos soportable.

Algunos de estos milicianos podían ostentar con orgullo su hoja de servicios. Nicolás Aponte, por ejemplo, capitán de granaderos del Batallón de Morenos, combatió fieramente en La Chorrera y en Puentes Grandes durante la invasión británica, y más tarde se distinguió en la expedición enviada a la Luisiana, misión por la que obtuvo la medalla de oro al mérito concedida por el monarca el 27 de agosto de 1770 y que le fuera impuesta por el inspector general ante el Batallón formado en orden de batalla[45]. La toma de La Habana por los ingleses dio ocasión a que muchos más se distinguieran en las acciones militares, como el capitán Joaquín Aponte, el teniente Hermenegildo de la Luz y otros. Por real decreto de 9 de agosto de 1762 se manumitió al mulato Manuel Medina y se le concedió el título de capitán de honor en retribución al valor desplegado al frente de un grupo de 50 esclavos que enfrentaron resueltamente al enemigo en San Luis Gonzaga –uno de los accesos claves a la capital– y más tarde en la Loma del Indio, Guanabacoa[46].

José Antonio Aponte, quien luego encabezaría una de las conspiraciones más notables del siglo XIX, blasonaba de su participación en la expedición militar a la isla de Providencia en 1782. Y otros muchos podían vanagloriarse de sus campañas durante el turbulento setecientos. Avalados por estos servicios en la defensa de la isla y por su activa participación en las empresas militares de la monarquía en diversos territorios americanos, los milicianos creían merecer un reconocimiento social que se les negaba sistemáticamente. Relata Allan J. Kuethe las repetidas demandas que elevaron al rey en solicitud de que los cuerpos fueran dirigidos por oficiales de su clase, librándolos del trato vejatorio que suponía recibir órdenes de los militares blancos de cualquier rango, así como para reducir el uso indiscriminado del látigo y el cepo[47].

El malestar se desató desde los años setenta y continuó hasta principios del siglo siguiente, a pesar de que algunos capitanes generales, como el marqués de la Torre, pusieron especial cuidado en distinguirlos, según una política tendiente a "grangearles algún respeto y que ellos mismos se revistan de un poco de estimación propia"[48].

Si se tiene en cuenta que uno de cada cinco pardos o morenos libres formaban en las filas de esas fuerzas armadas, se comprenderá la importancia que este sector de población asignaba a esa vía de movilidad social así como la preocupación de las autoridades coloniales por mantenerlas en adecuada obediencia. Sin embargo, a medida que maduraba el proceso plantacionista y se profundizaba la lucha por la emancipación latinoamericana, las milicias de color se volvieron cada vez menos con-

---

[45] AGI, Papeles de Cuba, 1117/945 y 1136/A. Debo la consulta de esta información a la amabilidad del historiador Matt Childs.
[46] Francisco Calcagno, *Diccionario biográfico cubano*, New York, 1878, p. 411.
[47] Allan Kuethe, *Cuba, 1753-1815. Crown, Military and Society,* Knoxville, University of Tennessee Press, 1986, pp. 124-126.
[48] Carta del marqués de la Torre al gobernador Juan Antonio Ayanz de Ureta, 14 de abril de 1774, ANC, Correspondencia de los Capitanes Generales, Legajo 35.

fiables, y más temibles aparecían a los ojos de funcionarios y propietarios su preparación militar y su potencial revolucionario.

El creciente disgusto por el trato discriminatorio y, en consecuencia, las continuas protestas para eliminarlo, convirtieron a esos Batallones en una fuente de malestar que se añadía a la ya convulsa situación de la colonia en medio de los peligros de un continente en plena ebullición revolucionaria. El desequilibrio que provocaba el torrente de africanos importados, alterando el tradicional predominio de los residentes blancos en la isla, constituía al mismo tiempo un campo de cultivo propicio para la convergencia de los negros libres y los esclavos en una acción contestataria. Estos riesgos fueron apreciados en su real dimensión por la plantocracia, empeñada en vertebrar un eficaz sistema represivo desde 1790, ante el temor de que esos militares desempeñaran un destacado papel en la organización de una eventual sublevación. Por ello, tanto su vocero más lúcido –Francisco de Arango y Parreño– como las instituciones bajo su dirección, presionaban contra la subsistencia del viejo régimen militar, intentando reducir el papel jugado por estos Batallones y para despojarlos de algunas de sus antiguas funciones. El Real Consulado de Agricultura y Comercio, en su representación del 10 de julio de 1799, exponía que debía tenderse a que

> se disminuyan o extingan con la prudencia debida las milicias de color, o al menos las de los negros, y si no se puede tanto que se le aplique a un servicio menos activo dentro de las ciudades, nunca en los campos y siempre con la precaución de no dejar en sus manos depositadas las armas[49].

Sin embargo, la necesidad de mantener en condiciones adecuadas el sistema defensivo, tal como lo apreciaban las autoridades coloniales, impedía adoptar una resolución tan drástica, ya que ésta privaría al Estado insular de sus mejores soldados. No era casual que estos Batallones ostentaran lemas como los de "Siempre adelante es gloria" y "Vencer o morir"; consignas que validaban su probada valentía en las campañas del siglo XVIII. Por esta razón pervivieron hasta la década del cuarenta cuando, por real orden, fueron suprimidos a consecuencia de los acontecimientos de La Escalera[50]. No obstante su largo historial, y lejos

---

[49] ANC, Real Consulado y Junta de Fomento, 184/8330 y la exposición de 1792 en Francisco de Arango y Parreño, *Obras del Excmo. Sr. D. Francisco de Arango y Parreño*, 2 tomos, La Habana, Publicaciones del Ministerio de Educación, 1952, t. I, p. 150.
[50] Pedro Deschamps Chapeaux, *Los Batallones de Pardos y Morenos Libres*, La Habana,

de obtener la equiparación de fueros con las milicias blancas y el resto del ejército, los Batallones de Pardos y Morenos sufrieron las mismas limitaciones y también idénticos recortes en su esfera pública de acción, así como en su status, que el resto de la población de color durante la intensificación del régimen esclavista en la isla.

En consecuencia con el desequilibrio demográfico y social producido por la trata y también por las especiales circunstancias internacionales que estimulaban la actividad política de todos los sectores de la población insular, tanto la capitanía general como la plantocracia creyeron que era el momento de emprender la necesaria revisión del sistema de control vigente, actualizando en unos casos el articulado de los bandos de buen gobierno y policía anteriores, y en otros, incorporando nuevas restricciones y cortapisas al ya reducido espacio público concedido a los grupos subalternos, tanto blancos como de color. De hecho, la nueva ordenación reguladora no se dirigió a las milicias, vertebradas más o menos orgánicamente con el aparato estatal, sino a las formas de sociabilidad conformadas espontáneamente y, desde luego, al esclavo de dotación, que constituía ya un componente mayoritario en las regiones de plantación.

Respecto al esclavo rural, la proliferación de la cimarronería y la multiplicación de pequeños palenques en todas las zonas donde el ingenio o el cafetal dominaban el paisaje agrario, impusieron la urgencia de reglamentar con mayor precisión la sujeción a la disciplina de estas masas, articulando fuerzas que aplicasen con todo rigor las normas de un Reglamento de Cimarrones que, elaborado en 1796, ratificó los aspectos más represivos de las antiguas prácticas, a despecho de la intención metropolitana de suavizar el trato de los esclavos a fin de evitar una tensión social excesiva en los territorios esclavistas de América. Las nuevas reglas propenden a cortar todo contacto del esclavo con las dotaciones de las plantaciones colindantes, así como su asistencia a las fiestas en los poblados cercanos, pues "la reunión de muchos negros en los días feriados trae maquinaciones" de las cuales temíanse "funestas resultas"[51]. Por esta razón, aun cuando se mantiene el permiso para celebrar el toque de tambor en esas fincas, se reitera a los mayorales y administradores la prohibición estricta de admitir esclavos de otras plantaciones, con el fin de obstaculizar todo concierto para la organización de actos de insubordinación. El requerimiento de licencias para transitar fuera del domicilio

---
Dirección Política de las FAR, 1976, p. 43.
[51] Carta de José Ignacio Echegoyen al Real Consulado, 24 de noviembre de 1799 en ANC, Real Consulado y Junta de Fomento, 140/6890.

o de la finca, según el caso, refuerza la estrategia de limitar todo lo posible la movilidad de los siervos.

Sin embargo, éstas y otras órdenes prohibitivas se consideraban todavía insuficientes para conjurar el peligro de las sublevaciones. Así lo afirmó expresamente la comisión encargada de informar acerca del régimen de seguridad que analizaba el Real Consulado. Las medidas represivas debían combinarse sabiamente con mecanismos que satisficieran las ansias de libertad de los esclavos sin poner en riesgo los fundamentos de la sociedad colonial. Las vías de inducir la adaptación versus la contestación ya existían y sólo una aplicación inteligente por parte de los amos y la propia administración colonial lograría que disminuyeran las tensiones inherentes al sistema. La comisión confiaba en la eficacia social de una legislación cuyo basamento humanista brindaba amplias oportunidades de redención ya que:

> Nuestras leyes les conceden cuatro consuelos que les negó y niega la política extranjera [...] el de tener arbitrio para pasar de un amo cruel a otro benigno, el de casarse a su gusto, el de poder esperar por premio de sus buenos servicios la deseada libertad y la que todavía es más notable y más repugnante a la esencia del dominio, el de tener propiedad y poder con ella pagar la libertad de sus hijos, la de su mujer y la suya[52].

Asegurando a los siervos el acceso expedito a estos mecanismos esperaban los miembros de la comisión que se lograría su apaciguamiento y, ante todo, el tránsito ordenado de un porciento de éstos a la condición de libres sin subversión del régimen mismo. La adecuada armonía de ambas vías, no obstante, dependía de un equilibrio inestable entre el cumplimiento exacto de la legislación, de una parte y de otra, la aquiescencia del esclavo para confinar sus aspiraciones a estas expectativas de largo plazo.

En las zonas urbanas la implantación de un control más riguroso era una tarea bastante compleja. Especialmente en las ciudades populosas, las oportunidades de burlar las disposiciones constituían casi una norma desde tiempos inmemoriales, tanto por la escasez de funcionarios encargados de mantener el orden público como por la tradicional propensión trasgresora de sus habitantes. El llamado reiterado para la obser-

---

[52] El dictamen está firmado por José Ricardo O´Farrill, Juan José Padrón y Gabriel Raimundo de Azcárate en 10 de julio de 1799, véase en ANC, Real Consulado y Junta de Fomento, 184/8330.

vancia de las ordenanzas municipales demuestra cuán difícil resultaba imponer su cumplimiento, sin la existencia paralela de cuerpos especializados de policía cuya organización tardaría en cristalizar hasta los tiempos del capitán general Miguel Tacón. A pesar de esta carencia, desde 1790 comienza la administración colonial a dar los pasos para mejorar la vigilancia en los centros urbanos, sobre todo en aquellas ciudades como La Habana y Santiago de Cuba que, por su densidad demográfica y la intensidad de su tráfico mercantil, son particularmente sensibles a los disturbios y al influjo de las noticias que llegan del convulso entorno americano.

No es casual que la renovada atención de las autoridades por estos aspectos del control social coincida con los primeros rumores del estallido de la revolución en Francia, y más tarde, con la angustiosa certeza de la sublevación esclava en Saint Domingue. A impedir el contagio se dirigen las medidas tomadas casi inmediatamente que la noticia de estos hechos llega a la capitanía de la isla. En sucesivos bandos se restringe la actividad de los franceses residentes, se les prohíbe discutir públicamente de los asuntos políticos de su nación y, posteriormente, se suspende toda correspondencia con súbditos de ese país. Se toman medidas para que los habitantes no tengan acceso a libros y literatura de ideas democráticas, y por último, es sancionada toda persona que demuestre sus simpatías por la Revolución Francesa[53]. La represión se extiende a la denuncia y prisión subsiguiente de los individuos sospechosos de ideas y sentimientos incompatibles con el régimen vigente en la colonia, penas que se aplican sobre la base de cualquier indicio, por leve que sea, o la mera calumnia anónima. Un verdadero clima de terror se desata por estos años sin que la condición social o racial exima de la persecución generalizada.

Pero, claro está, ciertos grupos sociales son el objeto preferente de esta política. A más del sistema de control sobre los esclavos, ya mencionado, las normas restrictivas se extienden a los artesanos, pequeños comerciantes –especialmente a los ambulantes– y los trabajadores urbanos a quienes se les restringe en lo permisible transitar libremente sin la obtención de pases y se intenta asimismo regular sus horas de ocio, fijándoseles de manera precisa el momento de la rutina diaria en que pueden gozarlo y por cuanto tiempo. Las tabernas, esos focos potenciales de subversión como únicos espacios públicos de reunión, sufren regulaciones

---

[53] Las órdenes citadas pueden consultarse en ANC, Asuntos Políticos, 255/ 20; 4/58 y 59; 255/23 y 297/18. Para una descripción excelente del clima represivo en la isla ver José Luciano Franco, *Revoluciones y conflictos internacionales en el Caribe, 1789-1854,* La Habana, Academia de Ciencias de Cuba, 1965.

para el expendio de bebidas alcohólicas y ante todo, para la admisión de jornaleros en horarios no permitidos por los bandos. A obstaculizar la agrupación más o menos numerosa de personas en lugares públicos, y aun en las viviendas, se dirige la prohibición de celebrar fiestas y velorios al estilo tradicional so pretexto de evitar ruidos molestos al vecindario o de eliminar comportamientos extraños a la civilización alcanzada en el siglo. Con el mismo fin se reduce a sólo el día de Reyes el baile de los negros en la vía pública. Éstas y otras ordenanzas que persiguen la vagancia, por ejemplo, tienden a limitar las posibilidades de concertación de esos sectores para una eventual acción política en momentos de extrema inestabilidad.

Sin embargo, estas medidas no lograron impedir del todo el despertar de estos grupos, especialmente de los negros, para la actividad social y política. Con lentitud y orillando las numerosas dificultades interpuestas en el camino de la organización para luchar por sus aspiraciones específicas, la población negra inició una larga búsqueda de formas institucionales que le permitieran, de una parte, integrar las diversas fuentes de su cultura en una unidad peculiar y, de otra, incidir en el desenvolvimiento de una sociedad de la cual eran parte importante, insoslayable, pero marginada por barreras estamentales y raciales profundas. En este camino, la resistencia a la pérdida de su especificidad cultural, por alcanzar la libertad personal y lo que consideraban eran sus legítimos derechos jugó un papel de primer orden.

La versión conservadora de la constitución
Las circunstancias históricas en la metrópoli crearon un pequeño espacio para la manifestación de este conjunto de ideas y demandas nuevas. La invasión napoleónica y la subsiguiente lucha del pueblo español contra los franceses estimuló la actividad política de todos los habitantes de la isla y las tertulias donde se discutían los acontecimientos del día se convirtieron en un componente cotidiano de la sociabilidad colonial.

Estos acontecimientos internacionales vendrían a alentar formas diferentes de resistencia de muy diversa procedencia social. Desplazada la familia real del poder y debilitados todos los mecanismos de gobierno de la administración central, las colonias americanas sufrieron un súbito vacío de autoridad, desarticulándose el sistema que las había regido hasta entonces. De esta coyuntura nacieron las notorias juntas de españoles americanos conformadas ostensiblemente para ejercer una autonomía provisoria que, pronto, se transformaría en decisión de romper el vínculo colonial.

La ocupación de la metrópoli y la resistencia popular a las fuerzas francesas no fue sólo un movimiento a favor de la soberanía nacional sino que, como todo proceso auténtico que involucra masas en la acción política, supuso un reto para las viejas estructuras sociales existentes en España. Paralela a la lucha contra el ejército invasor, se desató una amplia puja para la renovación profunda del sistema mismo. La expresión de este afán modernizador se concretó en la asamblea constituyente que, finalmente, creó el código de 1812.

Dos de los aspectos más significativos de las labores constitucionales se centró, por un lado, en la pertinencia o no de conservar la esclavitud como sistema social dentro de un proyecto que tendía a liberalizar, con espíritu burgués, los patrones de una sociedad con fuertes acentos precapitalistas. Y, por otro lado, en el debate acerca de la plena incorporación de los americanos como ciudadanos efectivos de la nueva España que se aspiraba a recrear[54].

La propuesta del mexicano José Miguel Guridi Alcocer y del español Agustín de Argüelles acerca de la pertinencia de proceder a una abolición del régimen esclavista, comenzando por la eliminación del tráfico, trascendió de inmediato las fronteras y los mares hasta alcanzar las conciencias de los habitantes de los países de América donde existía el sistema. A Cuba como centro del comercio y de las comunicaciones del continente, llegó muy pronto la noticia de las discusiones en las Cortes y de la radical moción que muchos no dudaron en calificar de temible. En carta del 8 de abril de 1811 comentaba Claudio Martínez de Pinillos a la dirección del Real Consulado acerca de la propuesta de abolición de la trata hecha en las Cortes del día 2. Y tres meses más tarde agregaba

> Está muy comprometida la tranquilidad en esa parte del mundo para que se proponga aquí sin riesgos, por una exaltada filantropía, medidas que están en oposición no de principios que en la liberalidad de estos bien entendidos no creo que cedan los buenos americanos, si no de su felicidad y aún existencia política. Mucha prudencia y grandes conocimientos son necesarios para tratar con acierto una cuestión de tanta influencia como la de la abolición del comercio de negros y su esclavitud...[55].

---

[54] Véanse a este respecto las apreciaciones de Carlos Marx, *La revolución española. Artículos y crónicas, 1854-1873*, Moscú, Ediciones en Lenguas Extranjeras, s.a.
[55] ANC, Gobierno Superior Civil, 1099/40587.

Por su parte, el diputado a Cortes, Andrés de Jáuregui relataba al ayuntamiento habanero, con lujo de detalles, todos sus afanosos pasos para impedir la discusión siquiera de materia tan vital para la isla. Su empeño, asociado al fuerte e influyente bloque de poder de la plantocracia, resultó exitoso[56]. El intento abolicionista se articulaba en un momento en que la colonia experimentaba uno de los procesos de expansión económica más rápidos y sostenidos de su historia, apoyado ese crecimiento precisamente en el empleo masivo de la mano de obra esclava. Esta desempeñaba el papel esencial en una economía orientada hacia los grandes mercados del mundo y, por consiguiente, el mantenimiento de la trata esclavista se apreciaba como uno de los resortes decisivos para el ulterior desarrollo insular.

La repercusión de estos debates entre la población de color no fue menos intensa que entre los blancos afiliados a la conservación del régimen, aunque desde luego, por razones opuestas. En realidad, los acontecimientos de 1808 en adelante habían creado un clima de incertidumbre esperanzada tanto entre los negros libres como entre los esclavos. Vagos rumores acerca de revoluciones, derechos de igualdad y de filantropía abolicionista se transmitían casi espontáneamente en los corrillos creados por los trajines propios de una ciudad tan cosmopolita como La Habana, pero que se esparcían por todos lados para desesperación de las autoridades y los propietarios. El miedo, propiciador de delaciones infundadas, comenzó a ejercer su influjo, expandiendo un maléfico sobrecogimiento de los ánimos, pletóricos de alarmas incontrolables. Al imperfecto sistema policial urbano, se sumó la vigilancia horrorizada de una población que percibía en cada mirada de negro una amenaza, y en cada palabra un doble sentido que escondía planes subversivos para la matanza indiscriminada de blancos, al modo de Haití. Cada día llegaban a la secretaría del capitán general denuncias de complots, de palabras dichas al paso y calificadas, no obstante, de sospechosas, de probables intenciones aviesas tras la sandunguería y aparente indiferencia que caracterizaban el comportamiento de los negros.

Ya durante los primeros meses de 1809 y durante el año siguiente, la certeza de que estos rumores penetraban con rapidez entre la población de color llegó a las más altas autoridades de la colonia. Se comprobó que tras los comentarios existía una incipiente actividad conspirativa. Según declaraciones del calesero Fernando mandinga,

---

[56] Para el análisis de la labor de Jáuregui consúltese José A. Piqueras, "Leales en época de insurrección. La elite criolla cubana entre 1810 y 1814", *Visiones y revisiones de la independencia americana*, Salamanca, Ediciones Universidad de Salamanca, s.a, 2003, pp. 183-206.

esclavo del licenciado Francisco Filomeno, el también calesero Pablo José Valdés esparcía noticias acerca de una orden real que concedía la libertad de los esclavos. Relataba,

> [...] antes de Pascua de Navidad, parado en el Muelle de Luz con la volanta de su señor en compañía [de Jorge gangá] y de Pablo... esperando todos a sus respectivos amos que habían de llegar de Guanabacoa, entre otras conversaciones diferentes que tuvieron dijo este último al que declara... que de España había venido un barco con la orden al Excelentísimo Señor Gobernador y Capitán General para que diese la libertad a todos los negros esclavos y que los ingleses declararían la guerra a favor de los negros si no se la concedían los españoles y que si los negros llegaban a saber esto estaba la Habana perdida...[57].

Ante su manifiesta incredulidad, Pablo José replicó "Tu eres muchacho, ¡qué sabes tú!". Otros siervos confirmaron que, en efecto, habían oído hablar a Valdés en tales términos.

Interrogado, éste negó haber propagado esos rumores, pero en cambio admitió que durante el bullicio "de cuyas resultas salieron desterrados de esta ciudad algunos sujetos blancos y negros, habló el que declara al moreno Jorge, esclavo de don Joaquín de Sola, para que entrara en una junta a que convidaban un moreno criollo llamado Pedro el Curro", hecho por el que temía que alguno de los implicados en la conspiración de Luz y Bassave lo hubiese denunciado. Esta trama sólo fue descubierta, sin embargo, durante la sustanciación de la causa contra los acusados en la conspiración de 1812. La voz de alarma en esa ocasión la dio Luis mandinga, el calesero de condición libre del Capitán General marqués de Someruelos, quien denunció a su señor que uno de estos laborantes le había trasmitido la extraña noticia.

La declaración de Cristóbal esclareció también la amplitud que había cobrado el rumor de una supuesta real orden procedente de España para liberar a los esclavos. Los comentarios surgían siempre que se encontraban éstos en los más variados escenarios de la ciudad: en las afueras del teatro, en los paseos, en el concurrido entorno de los muelles del puerto habanero. Allí se comentaba por los esclavos que "siendo ya libres, los amos se mantenían callados sin darles su libertad y que por esto se habían de levantar"[58].

---

[57] Causa por conspiración contra José Antonio Aponte, ANC, Asuntos Políticos, 12/13, quinta pieza.
[58] Idem

Un incidente adicional vino a agregar mayor fundamento a los rumores propalados. La difusión de las discusiones respecto a la trata y la esclavitud que el Diario de Sesiones de Cortes publicaba en su momento. Aunque allí sólo podía constatarse el choque de posiciones encontradas en relación a las cuestiones planteadas, la trasmisión de las noticias sufrió el conocido efecto de exégesis, variaciones y falsas aseveraciones que son consustanciales a los fenómenos de comunicación en todo tiempo y lugar. A lo largo de la isla, las noticias de la libertad otorgada se difundían como en alud. La certeza de que llegaban hasta los esclavos y los negros libres lo sustancia el numeroso conjunto de causas judiciales abiertas contra varias personas de esa condición social por compartir y trasmitir esos rumores. Lo mismo en la populosa Habana que en Bayamo, Holguín o Puerto Príncipe, ciudades provinciales marginadas del desarrollo plantacionista, podían hallarse huellas de la repercusión del vital debate.

Pero si, a todas luces, la expectativa de una abolición inmediata de la esclavitud por las Cortes conmovió en diverso grado y en sentidos diferentes a toda la población insular, otros aspectos de la evolución política española suscitaron también un eco insospechado. La naturaleza del régimen político que finalmente adoptaría el texto constitucional era, desde luego, de máxima importancia.

La cuestión de la participación en los asuntos públicos interesaba, desde luego, a quienes hasta entonces habían estado excluidos de ella, fuesen blancos o negros. El monopolio ejercido sobre los cargos de los ayuntamientos por los oligarcas locales era un hecho consumado en la isla desde el siglo XVI. Pero ahora, la redacción de una constitución despertaba la esperanza de que la situación podía alterarse en beneficio de un equilibrio social más adecuado. Sin embargo, los debates en las Cortes pusieron de manifiesto una extrema polarización que, igual que en el caso de la esclavitud, terminó por favorecer la postura más conservadora. La adopción del sufragio universal no alcanzó a todos los residentes en el territorio del imperio. La condición de ciudadano quedó limitada a los blancos, mientras las llamadas castas, negros y mulatos libres, recibían un tratamiento selectivo en el texto constitucional. Por el artículo 22 de la Carta se establecía que sólo "los aspirantes, de señalada virtud y calificados servicios a la patria" y que fuesen "hijos de legítimo matrimonio de padres ingenuos", esto es libres, "casados con mujer ingenua y avecindados en los dominios de España" así como que ejercieran alguna profesión, oficio o industria "útil con capital propio" podían alcanzar la ciudadanía[59]. Pocos, muy pocos entre los negros y mulatos libres llenaban tantos y tan singulares requisitos. De hecho, como expresaba en tono tranquilizador a sus congéneres el diputado Jáuregui, "el número de los que entren será muy corto, y con ciertas calidades estimables".

Las restricciones constitucionales, sin embargo, abrían todavía un resquicio que algunos estaban dispuestos a bloquear. Durante el primer período constitucional, la Diputación de la provincia recibió varias instancias denunciado las pretensiones de mulatos que participaban como electores en diversas parroquias. Esteban de Zayas representó a la institución alertando que en la parroquia del Santo Cristo, una de las más céntricas de la capital, un pardo libre se había sentado en "los asientos destinados para los ciudadanos beneméritos que han de elegir a los alcaldes, regidores y demás empleos municipales", lo que suponía un "vejamen" para los vecinos de la ciudad y era un suceso "contrario al espíritu de la Constitución"[60]. No fue el único caso.

Frenar el acceso a la participación política popular era un objetivo que alcanzaba incluso a los blancos. En el mismo año, se eleva a consulta de la Diputación Provincial la duda de si los pulperos podían tener empleos municipales, a lo que la institución respondió negativamente, apoyándose en que "subsisten en su fuerza" las disposiciones del Libro 4, título 1 de la Recopilación de Indias "que prohíben a los alcaldes ser abastecedores y a los rexidores ejercer oficios iguales a los de los taberneros"[61].

Al desengaño derivado de las cortapisas impuestas a la ciudadanía para los negros y mulatos se sumó un trato discriminatorio de carácter estamental. Fueron reiteradas prohibiciones acerca del uso de determinado tipo de vestuario y adornos. A ello se añadió un conjunto de regulaciones humillantes del reglamento de policía adoptado por el ayuntamiento habanero en 1820. Por uno de sus artículos se establecía la obligatoriedad de traer farol con luz durante las salidas nocturnas a toda persona de color. Una medida que levantó de inmediato muy sentidas y airadas protestas. A tal extremo llegó el resentimiento que pardos y morenos solicitaron elevar a las Cortes, por intermedio de la Diputación, una protesta y la solicitud de que se revocase la orden. La actitud de los "notables" es sintomática de cómo se manejaban estos asuntos. Acordaron consultar al Jefe Superior Político y recomendarle que "al tiempo de ele-

---

[59] José A. Piqueras, "Leales en la época...", *Opus cit.*, p.199.
[60] Sesión extraordinaria del 24 de noviembre de 1813 en ANC, Gobierno Superior Civil, 861/29162.
[61] Idem

var Su Excelencia al Supremo Gobierno dicha representación encarezca en el informe ... que en la actualidad más que nunca urge en esta Ciudad mantener la más estricta policía para restablecer enteramente el orden y la tranquilidad pública", agitando de este modo el temor a posibles disturbios y que "si el asunto de que se trata se discutiese en el Congreso en sesión pública, se facilitarían los medios a los interesados para encender y fomentar la discordia... sembrando la oposición y el espíritu de partido entre los blancos y la clase de color y que para evitar las disensiones civiles y la ruina total de esta parte interesante de la Nación" lo más aconsejable era tratarlo en sesión secreta[62].

El descontento popular crecía a medida que los patricios de las instituciones locales remodelaban y recortaban los escasos beneficios que el régimen constitucional concedía a los habitantes de la isla. Una sucesión de levantamientos de esclavos y de conspiraciones de negros libres había jalonado el desarrollo de la economía plantacionista desde 1795 y se temía, con razón, que la guerra en el continente y la propia evolución política de la metrópoli contribuyera a estimular nuevos estallidos subversivos. En tal sentido, y aún antes del restablecimiento del poder absoluto en España, la diputación habanera se enfrascó en diseñar un nuevo sistema de control, capaz de anular intentos contestatarios de la población de cualquier índole.

A tal efecto se creó una comisión dedicada a revisar los bandos de policía y la reglamentación elaborada en 1816 durante el mando del capitán general José Cienfuegos y a otras se le encomendó el estudio de los procedimientos judiciales, ya que se consideraba lenta e ineficaz la actividad de los tribunales según las circunstancias del día lo demandaban.

La nueva política de control no podía, sin embargo, desconocer los cambios experimentados en la mentalidad de los habitantes de la colonia tras casi tres décadas de revoluciones en el mundo y de continuas contestaciones internas al régimen vigente. Por ello, la reactivada Junta de Policía, luego de la vuelta al absolutismo, centró su atención en valorar la situación existente en las ciudades y zonas rurales y en idear mecanismos idóneos para obstaculizar el estallido de nuevas insurrecciones esclavas así como minimizar las tensiones que le daban origen. A tal efecto fue retomado el proyecto de un reglamento u ordenanzas rurales para el gobierno de las fincas, pues en el inadecuado manejo de las dotaciones se creía percibir la causa principal de esos movimientos. Se acudió, entonces, a la experiencia de otras metrópolis que ya las habían

---

[62] Sesión del 22 de diciembre de 1820 en ANC, Gobierno Superior Civil, 869/29385.

implantado, analizando en este caso las regulaciones vigentes en Jamaica y en la antigua Saint Domingue, sin olvidar las muy notables contenidas en el Código Carolino de 1788 que, según la gráfica y exacta expresión de un plantador, "había sido obedecida y no cumplida"[63].

El proyecto de reglamento elaborado y contentivo de 26 artículos fue discutido, aunque respecto a su aprobación y a la obligatoriedad de su cumplimiento, no se llegó a un acuerdo unánime. De nada valió que el gobierno tranquilizara a todos los propietarios y manifestase que su contenido no se haría público para evitar que los negros viesen en él "derechos" y, por tanto, ocasión de reclamarlos. Por otra parte, está claro que los amos querían soslayar la adopción de medidas que limitaran su libertad de acción, compulsándolos a observar regulaciones que podían contradecir sus intereses.

Los artículos de las ordenanzas propuestas podían agruparse en tres grandes conjuntos. El primer grupo discutía el trato que, con miras a su propio interés, debían observar los propietarios con sus esclavos; al logro de tal fin, las dotaciones serían manejadas con "todos los auxilios y socorros que pide la humanidad" en relación con una alimentación suficiente, ropa, alojamiento adecuado y un estricto control para evitar excesos en los castigos. El reglamento prohibía "el uso del manatí, palos y aun el cuero que con crueldad se usan en muchas fincas, e igualmente que no tengan perros o fieras que por lo regular se ven todas las fincas, de donde provienen casi diariamente desgracias". Además, recomendaba dar a los esclavos el descanso de dos horas para almorzar y sugería "para que los negros tengan alguna propiedad que los fixe a la finca y los aleje del ocio que les es tan perjudicial" que el administrador o mayoral los estimule a que hagan sus "conucos en los días feriados y críen sus cochinos y aves, sin perjuicio de sus tareas ni de la finca".

Estas recomendaciones no eran el resultado de la filosofía humanista o de la filantropía de sus redactores; por el contrario, la experiencia misma imponía esas medidas, ya que era de conocimiento público la situación real en que se encontraba una gran parte de los esclavos durante el "boom" azucarero y cafetalero. Así se constató por los informes rendidos en ocasión de la sesión celebrada para atajar el crecimiento de los palenques en la zona del Cuzco; el enviado del capitán general, que recorrió toda la región desde San Antonio hasta el poblado de Nueva Filipina,

---

[63] Un estudio de la política de control del período puede hallarse en Manuel Barcia, *Con el látigo de la ira. Legislación, represión y control en las plantaciones cubanas, 1790-1870*, La Habana, Editorial de Ciencias Sociales, 2000 y Gabino La Rosa, *Los cimarrones de Cuba*, La Habana, Editorial de Ciencias Sociales, 1988.

trazó un verdadero cuadro de espanto: dotaciones que vivían a la intemperie, esclavos que merodeaban en busca de alimentos porque sus amos no les daban la ración, enfermos sin atención medica alguna, esclavos golpeados hasta morir. A esta indolencia se debían las fugas y la persistencia de los palenques, cuando no las insurrecciones y motines que acompañaron el despliegue de la economía de plantación[64].

El segundo conjunto de artículos propendía a conservar la disciplina en el interior de las fincas. Las regulaciones en tal sentido tendían a evitar las tensiones y los conflictos, ante todo, entre los siervos mismos. Y una causa muy frecuente de disputas y desórdenes de toda índole derivaba de la conducta peculiar que los esclavos, los africanos en particular, observaban con sus mujeres, "siendo muy fácil en ellos cambiarlas entre sí", razón por la cual sugerían las ordenanzas se promovieran los matrimonios religiosos. También se prohibía rigurosamente que los esclavos bebieran aguardiente u otros licores.

Una vía de socialización eficaz de los bozales, según los redactores del proyecto, consistía en seleccionar como padrinos de bautismo "a los ladinos más acreditados por sus virtudes morales y religiosas, por su formalidad y honradez", excluyendo que jugasen este papel los negros ajenos a la hacienda. Y, por último, debía evitarse que, una vez tocado a silencio en la plantación, los esclavos se visitasen en los bohíos para jugar, comer u otras actividades, cualquiera que ellas fueran.

El resto de las ordenanzas trataba de la selección y conducta de los empleados blancos de las fincas, pues ninguna persona de color podía ocupar esos puestos. A la contratación de mayorales se puso gran atención, y el documento regulaba las formalidades legales que debían cumplirse al momento de encomendarles sus tareas. A todos los operarios se les prohibía de forma tajante mantener relaciones con los esclavos, visitarlos de noche en sus bohíos o participar en sus tambores.

Si se comprobaba que alguno de ellos tenía relaciones íntimas con una negra, sería despedido de inmediato, perdería el salario acumulado hasta el momento y quedaría excluido de por vida para realizar trabajos similares. Tampoco podían portar cuchillos o puñales y debían abstenerse de comprar a los esclavos los productos de sus conucos, pues estas transacciones siempre originaban conflictos entre unos y otros.

El reglamento no se puso en vigor, que sepamos, pero algunas de sus prescripciones se enviaron a los pedáneos en años posteriores en calidad de instrucciones reservadas. Lo que sí se implementó entonces fue el

---

[64] ANC, Gobierno Superior Civil, 625/19876.

sistema de vigilancia financiado en parte por los particulares y, en parte, por el Real Consulado y el gobierno colonial. La organización de cuadrillas de rancheadores, la ubicación de partidas de tropa en lugares estratégicos, el reforzamiento, así como la ampliación de las estructuras policiales en los pueblos, fueron el resultado de la labor de la Junta de Policía de 1824. Tarea que prosiguiera más tarde, con particular entusiasmo, la administración de Miguel Tacón.

En el empeño por devolver la "paz social" perdida, las ciudades no fueron olvidadas. Se encomendó a varias comisiones la revisión y puesta al día de las disposiciones de los bandos de policía y buen gobierno para reforzar las medidas en la persecución de los vagos y los malhechores, dado el incremento de la delincuencia, y desde luego, especial atención se prestó al control de la población libre de color, ratificando las antiguas normas que le concernían así como aumentando el rigor de las penas y sanciones en cada caso de infracción.

La movilización de mayores recursos para financiar el nuevo sistema policial y militar en la isla dio sus frutos. El incremento de la vigilancia y del número de funcionarios para aplicarla tornó difícil la labor subversiva. Resulta comprensible que en una coyuntura internacional poco favorable, como la que siguió a la conclusión del ciclo revolucionario en 1825, la resistencia tuviera que transitar por otros caminos.

Conspiraciones, revueltas e insurrecciones

La política de control, varias veces reformada durante el período, se articuló en previsión de un incremento de la actividad contestataria popular, pero al mismo tiempo iba encaminada a contener la ola de revueltas, fugas, motines e insurrecciones que jalonan los últimos años del siglo XVIII y las primeras cuatro décadas del siguiente.

En el corazón mismo de la región plantacionista, no obstante el sistema de vigilancia puesto en ejecución, estallaron varios movimientos durante 1798 y 1799. Motines de corta duración, rápidamente desarticulados, ocurrieron en el ingenio de Sebastián de Peñalver en el Mariel, en la Nueva Holanda de Nicolás Calvo ubicado en Güines, población situada al sur de la capital colonial, y en la plantación azucarera de Antonio Ponce de León en Santa Cruz[65]. La prontitud con que fueron controlados los movimientos muestra a las claras las debilidades de esta forma de resistencia, muy común a lo largo de la existencia del sistema esclavista:

---

[65] Vidal Morales y Morales, *Iniciadores y primeros mártires de la Revolución Cubana*, 3 ts., La Habana, Consejo Nacional de Cultura, 1963, t.1, pp. 249-250.

carencia de una organización eficaz, ausencia de concertación previa con las dotaciones vecinas, indeterminación de los objetivos a lograr en el corto plazo. Se tiene la impresión de que constituyen reacciones espontáneas ante el surgimiento de un conflicto que, sin embargo, se agota en su realización misma.

Las revueltas más significativas de esta primera etapa, no obstante, se produjeron en las regiones de la colonia donde aún la población esclava carecía del peso demográfico ya ostensible en el occidente. En el extenso territorio al este de la isla, la lucha de los siervos y de la población negra libre adquirió una virulencia que no puede explicarse exclusivamente como resultado de las duras condiciones de trabajo y de vida atribuidas a la explotación plantacionista, ni tampoco a la debilidad de los dispositivos policiales o militares de esas localidades. El predominio de una u otra forma de resistencia, y su intensidad, responden más a la coyuntura general de las regiones donde ocurren que a otros factores, aunque el detonante aparente de esos movimientos provenga del maltrato, el rechazo a la presencia de un odiado mayoral o, lo que es más frecuente, a una diversidad de causas nacidas de la naturaleza del régimen.

En la vasta región conformada por el Oriente y Puerto Príncipe influían con mayor fuerza las incitaciones de esta época de transformaciones revolucionarias, mientras la efectiva articulación del control social y de la censura en el occidente nos oculta hasta el momento la existencia de un clima semejante. En cambio, en esas lejanas jurisdicciones, la agitación política estaba generalizada en todos los grupos sociales, y basta revisar la documentación conservada para constatar hasta qué punto los acontecimientos internacionales, especialmente los relacionados con Haití y Jamaica, estimulaban la discusión de los asuntos públicos ante los cuales nadie permanecía indiferente. Las nuevas ideas liberales y democráticas penetraban por mil vías, nutriendo esa movilización de las conciencias.

La sublevación de esclavos concertada en Puerto Príncipe para julio de 1795 ilustra bien las características de la situación política insular y la profundidad de la difusión de las nuevas maneras de percibir las relaciones sociales. El propietario de la hacienda Cuatro Compañeros se percató de que algo inusual sucedía en la dotación. Los esclavos hablaban "con altanería y arrojo en su presencia", síntoma que presagiaba tormenta según la experiencia secular de los amos y los mayorales. Al tratar de atajar la osadía con que se comportaba uno de ellos, Romualdo de nombre, desenvainó su machete y le increpó que si pensaba castigarlo "se engañaba, que todos eran iguales y que verían muy breve los blancos cómo habían de tratar a los negros". A la mañana siguiente, el grupo de insubordinados salió de la finca con el propósito de reclutar a las dotaciones de los fundos vecinos, atrayéndolas con la idea, según el angustiado relato del hacendado, de "la libertad e igualdad de que habían de gozar en lo sucesivo".

De acuerdo con la confesión posterior de algunos de los sublevados, el plan consistía en reclutar la mayor cantidad de esclavos posible, dirigirse al pueblo de Santa Cruz del Sur, tomar las armas y municiones almacenadas en aquel puerto y luego encaminarse al norte, hacia la villa de Puerto Príncipe con el fin de reducir o exterminar a los blancos. Copados por una partida de propietarios y mayorales organizada rápidamente bajo la urgencia del momento, los negros hicieron feroz resistencia, pero al fin fueron aprehendidos.

Pese al exiguo grupo de los sublevados –su número no superaba la cifra de quince– el incidente llenó de pánico a toda la población de la comarca. El teniente gobernador Alfonso de Viana relataba al Capitán General Luis de Las Casas que los habitantes vivían profundamente atemorizados al considerar que estaban "a las vísperas de ver representar las trágicas escenas y espantosas desolaciones que han arruinado la más deliciosa y rica colonia de América", en obvia alusión al cercano Saint Domingue[66].

La pronta eliminación de la rebelión no calmó los ánimos, ya que los esclavos continuaban propalando rumores acerca de su libertad, alentados por el ejemplo haitiano. En los primeros meses de 1796, nuevamente el teniente gobernador Viana lamentaba que los negros franceses, como se denominaba a los procedentes de las colonias antillanas de esa nación, estaban difundiendo falsas noticias, lo que generaba un clima subversivo entre los siervos. En apoyo de su apreciación, contaba que uno de los vecinos de la ciudad acudió a recabar su ayuda, pues uno de sus esclavos manifestaba abiertamente ser libre, sin que sus reiterados argumentos lo convenciesen de lo contrario. Llevado ante el gobernador para que éste le aclarase su error, el negro no tuvo empacho en declarar "con gran tono que los negros de la colonia de Cabo Francés eran libres porque ellos se habían adquirido su libertad".

Herido en su orgullo, Viana ideó una macabra ceremonia para desalentar tales rumores y ofrecer un ejemplar castigo a quienes persistiesen en sus desatinadas ideas. Convocó a todos los propietarios que

---

[66] Gloria García, *Conspiraciones y revueltas. La actividad política de los negros en Cuba, 1790-1845*, Santiago de Cuba, Editorial Oriente, 2003, pp. 23-25.

poseían esclavos franceses y a sus dotaciones respectivas para la plaza y les presentó al insolente con un cartel al cuello que decía: "Este es el fruto de la imaginada libertad de los negros franceses; en la virtud se halla la verdadera libertad". Ordenó al mismo tiempo que se le dieran cien azotes en la picota pública y que permaneciera expuesto allí hasta el mediodía para que todos lo viesen.

La ceremonia, orquestada con todos los requerimientos rituales, no surtió el efecto esperado porque, tanto en Puerto Príncipe como en otras ciudades y zonas rurales de la isla, se reproducían las manifestaciones de este tipo. La frecuencia de estos comportamientos entre los esclavos se atribuía al poco juicio de los agricultores que adquirían negros franceses e ingleses sin medir las consecuencias de su conducta. La avidez de los propietarios había volcado sobre la colonia el germen haitiano, según el criterio de las autoridades. Al laborantismo de éstos se adscribía cuanta revuelta, indisciplina e irreverencia se observaba en los siervos. Pero el continuo arribo de los esclavos de esta procedencia era una clara demostración de que o bien los dueños no suscribían tal convicción, o bien los deseos de una rápida ganancia oscurecían su buen juicio. De ahí que anualmente se reiteraran las prohibiciones para impedir la importación de este tipo de esclavos, decretadas a principios de la década de 1790.

Al año siguiente, y en el mismo territorio de la jurisdicción principeña, se conoció de otra revuelta protagonizada por los esclavos de tres pequeños ingenios pertenecientes a Manuel Nazario Agramonte, Martín Loynaz y Gaspar de Agüero respectivamente, miembros todos de la aristocracia local. Previsto para estallar el 13 de junio, fue adelantado para el 11 sin conocerse bien las causas de esa decisión, lo que privó a la intentona de la cooperación de varias dotaciones comprometidas y de la posibilidad de ejecutar coordinadamente las diversas fases del plan acordado. Un elemento que sorprendió desagradablemente a los residentes de la villa fue el extendido rumor de que los esclavos rurales actuaban de consuno con los negros de la ciudad. Se hablaba de que estos últimos escondían armas y municiones en sus casas para secundar el asalto. Un vecino contaba el gran sobresalto que produjo en la población este incidente y añadía que "el día del tumulto y revolución parecía este pueblo el día del juicio"[67].

Nada pudo sacarse en claro de ese pretendido acuerdo entre los negros libres y los esclavos rurales, pero por primera vez aparece esta

---
[67] *Ibidem*, pp. 27-28.

posibilidad como un factor a tomar en consideración y, de hecho, en lo sucesivo se harán los mayores esfuerzos por impedir esta concertación.

No bien transcurría el procedimiento sumario por los sucesos de Puerto Príncipe, cuando otro pánico estalló entre los vecinos de la jurisdicción de Trinidad con el descubrimiento de una extensa conspiración concebida por las dotaciones de varios ingenios del valle. A diferencia de la región principeña, la zona trinitaria era ya entonces una de las zonas azucareras más importantes de la isla, de manera que cualquier tentativa de insurrección tendría allí una repercusión política, social y económica de mayor alcance.

La noticia del proyecto llegó al conocimiento de las autoridades locales a través del mayoral de ingenio Buenavista quien, a su vez, había sido alertado por un esclavo de esa dotación. Según éste, al filo de la medianoche del 24 de julio de 1798 vino a la plantación el esclavo José María Curazao, "proponiéndole que la gente del ingenio convenía estuviese la noche siguiente en el pueblo para ver la vida o la muerte", asegurándole que tenían un buen capitán –sin precisar su nombre– y que las dotaciones de los ingenios circundantes estaban ya avisadas, alertas para secundar el movimiento.

Según el patrón habitual observado en la organización de estas revueltas, algunos esclavos fueron comisionados para visitar las fincas días antes, con el fin de pulsar la disposición de la gente y coordinar su participación en el plan. En cada ingenio uno o más esclavos, en dependencia de las naciones africanas que integrasen la dotación, actuaba como capitán de los comprometidos y debía garantizar el alzamiento en la forma y la hora convenidas. Diez esclavos fueron identificados como los dirigentes principales de la conspiración y su procedencia era fiel reflejo de la composición étnica de la población esclavizada: mandingas, naturales de Curazao y Jamaica, minas, cangás y otros. Algunos sólo hablaban inglés y fue necesario recurrir a un traductor para obtener sus declaraciones durante el proceso judicial que siguió a la intentona.

Los fines de la rebelión son difíciles de precisar. Según el testimonio del principal acusado, el esclavo José María mandinga "pensaron levantarse el día de Santa Ana en la noche... [..]... destinar 50 ó 60 hombres para apoderarse del almacén de armas, 25 para el de pólvora y la demás gente repartida en el pueblo para incendiarlo todo".

Se contaba con la favorable circunstancia de que muchos esclavos del campo vendrían a la ciudad para juntarse en sus respectivos cabildos por ser día festivo. Otro esclavo declaró, en cambio, que concluida la revuelta el propósito era embarcarse todos para Jamaica, designio que los organizadores tal vez emplearon para estimular el respaldo al movimiento de los numerosos siervos ingleses residentes en la comarca.

Ésta y otras intentonas de sublevación ocurridas en los años de 1797 a 1799 indujeron a la junta del Real Consulado a reconsiderar la política ejecutada, convencidos como estaban los plantadores y grandes comerciantes que la integraban, de que la semilla de la rebelión había germinado entre los esclavos de la isla. Recomendó pues al capitán general el empleo "de un método militar, sumario y ejecutivo para juzgar todos los delitos de insurrección o rebeldía", sustrayéndolos de los lentos procedimientos de la justicia ordinaria, así como reforzar el cumplimiento, en toda su fuerza, del bando de expulsión para los esclavos franceses e ingleses introducidos con posterioridad a 1790[68].

Las medidas adoptadas, algunas de una ferocidad increíble, no lograban sin embargo traer la tan deseada paz social. El incremento de la cimarronería simple, o en su forma más grave de banda itinerante, abarcaba a toda la isla y, en especial, las zonas occidentales donde imperaba el régimen de las plantaciones azucareras y cafetaleras de grandes dimensiones. La huida temporal constituía un patrón de conducta habitual entre los siervos ya que era un fenómeno endémico asociado a la existencia misma de la esclavitud[69]. Sin que esta forma de resistencia posibilitara una subversión seria del sistema, operaba no obstante como un disolvente de la autoridad del propietario y de la administración, pues ambos resultaban burlados. Suponía, además, un perjuicio constante en la esfera económica al sustraer mano de obra a la producción y los servicios, desorganizando la rutina diaria.

El mayor poblamiento de la región plantacionista y la casi inexistencia de zonas agrestes y montañosas no constituyeron una limitante de consideración para que, aún en esta zona, proliferaran los palenques para desconcierto y amargura de la plantocracia. Asentamientos de este tipo se localizaron en Guara y Cayajabos en 1798; en Bauta, Jaruco, Macurijes y Vuelta Abajo durante el año siguiente; en Canasí, Guatao y Guayabal en 1800, así como durante 1801 se ubicaron palenques en Guatao nuevamente, la Hanábana y San José de las Lajas[70]. Característica singular de estos asientos es su cercanía al entramado de plantaciones de cada comarca con las que, al parecer, mantenían asiduos y estrechos con-

---

[68] ANC, Real Consulado de Agricultura y Comercio, 203/8993.
[69] Gabino La Rosa, *Los cimarrones de Cuba...*, *Opus cit.*
[70] ANC, Real Consulado de Agricultura y Comercio, libro 97. Ver José Luciano Franco, *Los palenques de los negros cimarrones,* La Habana, Dpto. de Orientación Revolucionaria del CC del PCC, 1973.

tactos en una interrelación que aún aguarda un estudio profundo. En contraste con los creados en las localidades montañosas del este de la isla, los del occidente parecen haber dependido mucho del apoyo de las dotaciones cercanas para su existencia y aun para asegurar su defensa y supervivencia.

A estas formas de resistencia es necesario agregar el motín, un tipo de lucha recurrente que respondía a la violación de algún aspecto del compromiso tácito establecido entre siervos y mayorales y que concernía a las obligaciones recíprocas durante la rutina diaria de la finca. El amotinamiento propendía a resolver los problemas cotidianos y a obtener pequeñas mejorías de las condiciones de vida y de trabajo. Se organizaban con relativa frecuencia, como es fácil comprender, y adoptaban un patrón de comportamiento que pervivió a lo largo de la existencia del sistema. La historia de uno de ellos, ocurrido muy cerca de la capital colonial, puede ilustrar la naturaleza de esta acción contestataria.

En el año de 1802, en el momento en que Juan de Santa María vendió su cafetal a Anastasio Fellowes, situado en la jurisdicción de San Antonio Abad[71], se amotinaron los negros, salieron de la finca y tomaron camino rumbo a la capital, siendo apresados en la cercana villa de Santiago de las Vegas. El justicia de San Antonio se trasladó a la ciudad vecina, los apaciguó al tiempo que los trasladaba a su lugar de origen y los entregaba finalmente a su nuevo amo. Pero a los pocos días volvieron los esclavos a amotinarse, resistiendo brindarle obediencia y absteniéndose de practicar lo que se les ordenaba en el trabajo, "haciéndole frente a lo lejos y moveándolo con tal descaro que se le presentaban con la señal de una pluma algo pequeña para manifestar la alianza que entre sí tenían".

La causa del motín fue descrita como una resistencia consciente a la privación del tambor. El encargado o mayoral Eligio Enoue declaró que los negros tocaban tambor noche y día, aun en las horas destinadas al trabajo, y no querían cesar el bullicio. A pesar de sus reiteradas órdenes para que suspendieran la música, los esclavos se limitaron a comentar entre sí, pero algunos de sus jefes clamaron a los otros "toca el tambor, toca el tambor" en virtud de lo cual se armó don Eligio y tomando sus providencias logró aquietarlos; en otras palabras, los sometió al castigo habitual y puso "prisiones a los que hacían de cabeza".

No está claro si este incidente supuso la salida de Enoue del cafetal. Lo cierto es que ya en la pascua de Navidad, poco tiempo más tarde,

---

[71] Actualmente San Antonio de los Baños.

se hallaba al frente de ella el capitán Mariano Zapotier con su familia. Entonces surgió otro tumulto a causa de que los esclavos rehusaron comer la ración que se les daba, impidiendo a los demás que la aceptaran y "obligándolos a la fuerza que no la comieran".

Este tercer motín fue pronto reprimido por el mayoral Fellowes tras su regreso de La Habana, mas "se emperró uno de ellos nombrado Francisco, que servía de contramayoral y era quien los seducía a estos bullicios, que serrándose (sic) a no querer pasar ningún alimento se murió". Desde entonces los demás se mantuvieron tranquilos, y aun gustosos de su sumaria ejecutoria[72].

En ocasiones como ésta, los amotinados no lograban sus propósitos y sus dirigentes eran cruelmente castigados. Pese a la certeza de un confinamiento en el cepo, de los grillos y latigazos que eran la secuela inevitable de su intento, los esclavos persistían en reclamar el cumplimiento de lo que consideraban justo y acudían a esta fórmula cuando las circunstancias así lo aconsejaban. La reiteración de estos motines avala la tenacidad con que los siervos luchaban por afianzar lo que consideraban sus derechos y, de cierto, lograron el reconocimiento de algunos de éstos en los años siguientes.

Un movimiento más serio que el tipo de motín relatado ocurrió en 1806 cuando un proyecto de sublevación, al sur de la capital de la colonia, fue descubierto y destruido. El 6 de mayo, el mayoral del ingenio Concordia se presentó al capitán pedáneo de Guara, Pedro José Surí, con un negro amarrado y nombrado Mariano congo Alfonso aprehendido por tres de su misma nación cuando intentaba verificar la disposición de la dotación de ese ingenio para un eventual alzamiento.

Interrogado uno de sus aprehensores, el congo Joaquín declaró que el domingo antepasado, cuando estaba de guardia en el ingenio Concordia, pasó Francisco Fuertes a su bohío y le mandó que buscase a sus carabelas Marcelino y Toribio, para conversar un asunto de suma importancia. Una vez reunidos, dijo Fuertes

> Compañeros, ya ustedes saben por ser más antiguos en este ingenio la superior [...] (roto) [...] y castigo que los brancos nos dan, vengo a comunicarles que tenemos sublevados y [...] (ilegi-

---

[72] Según Antonio Fernández, de la villa de San Antonio, en carta de 27 de enero de 1803 al marqués de Someruelos, le constaba que los esclavos estaban bien alimentados, vestidos y servidos en sus enfermedades, tanto en tiempos de Santa María como en el de Fellowes. AGI, Papeles de Cuba, Legajo 1630. Debo la consulta de esta documentación a la amabilidad del historiador norteamericano Mathew Childs.

ble) [...] todos los negros de Melena de los sitios de café y a los negros de don Pablo Estévez, los de Garzón, el Navío y todos los demás ingenios están prevenidos para el lunes próximo dar el asalto y matar a todos los blancos y a los niños [...] (roto) [...] contra un horcón y coger todas las armas que cada uno tenga y los caballos [...] (roto) [...] y acabar con todos los blancos.

Luego se retiró y quedó en venir otra vez en cuatro o cinco días para saber la respuesta a su propuesta de sublevación. En definitiva, Fuertes no volvió sino que envió a Mariano congo. A éste tampoco le contestaron, pues

[...] considerando la ofensa que harían a Dios, al amo y al Público consultaron los tres de amarrarlo y entregarlo a su mayoral y éste a la justicia para que le castigaran semejante mardad (sic) y que [...] (roto) [...] nada de lo referido comunicaron a sus compañeros por no dar luz a la mardad [...][73].

Según Joaquín, la orden era concentrarse en el ingenio El Navío y sublevar a todas las demás dotaciones de las fincas vecinas para luego pasar a Guanabacoa, matar a todos los que opusiesen resistencia en el camino, tomar los castillos de La Cabaña, apoderarse de las armas allí almacenadas y quedar dueños absolutos, libres como en el Guarico; pero en el caso de que fuesen perseguidos se atrincherarían y, por último recurso, se retirarían al monte. El informante reconoció que tenía conocimiento de la proyectada conspiración desde antes, pues uno de los domingos que pasó a ese ingenio para visitar a sus parientes, presenció una reunión donde los negros hablaban de Saint Domingue, "de las grandezas de sus compañeros y las hazañas que han hecho y de que estaban absolutos señores"[74] de esa tierra.

Otro de los aprehensores, el negro Toribio, ratificó lo dicho por Joaquín enfatizando que un día de fiesta, al visitarlos Francisco Fuertes, les habló en términos como que "en esta tierra no había justicia para los negros esclavos, que ya él tenía hablado a todos los de su clase de aquellos fundos circunvecinos y que para el domingo siguiente venía a buscar la razón [...] y que ellos hablasen a todos los del ingenio".

---

[73] Criminales contra Francisco Fuertes y demás negros sobre levantamiento. ANC, Asuntos Políticos, 9/27.
[74] El escribano de la causa, al concluir la transcripción, dice de Joaquín congo que se defiende altamente y es muy retólico (sic). El esclavo era pailero del ingenio Concordia, propiedad de Fernando Muñoz de San Clemente y de estado civil casado.

Las averiguaciones comenzaron de inmediato. Se cursó la orden de arrestar a Fuertes y de interrogar a todos los esclavos de los ingenios señalados. Así se supo que los complotados habían visitado, en efecto, muchas fincas para comprometer a la mayor cantidad de esclavos que pudiesen. El criollo Guillermo, contramayoral del ingenio El Navío, fue uno de los que conoció del plan. Pero, según su testimonio, no quiso participar, contestándole a Fuertes que "tenía a su madre allí enferma, que toda su gente era libre y solamente él era esclavo" por lo que debía buscarse a otro que le ayudara. En tales términos testificaron otros esclavos negando su participación en la conspiración, un procedimiento habitual al que recurrían cuando se encontraban complicados en una acción tan riesgosa, merecedora de los más severos castigos o de la muerte.

Testimonio tras testimonio, las autoridades lograron reconstruir la trama y ante todo identificar las cabezas, los líderes de la conspiración. Eran dos y ambos criollos, uno del Puerto Príncipe francés, y el otro nacido en San Miguel del Padrón, en la jurisdicción habanera. El principeño Estanislao recorrió un complicado trayecto hasta llegar a la finca de su amo; emigró junto a su propietario al comenzar la revolución en Haití, quien lo vendió a otro traficante y más tarde pasó a manos del regidor Esteban Alfonso, su dueño de entonces[75]. Acusado de ser el promotor del alzamiento, Estanislao negó firmemente tal aseveración y explicó que la idea había surgido en una conversación con Fuertes, Mateo y Manuel sin poder precisar quién había propuesto rebelarse primero. Sólo admitió haber hablado con los negros de otros ingenios vecinos para convencerlos, como lo efectuaron también Fuertes y Mariano. A las autoridades interesaba además establecer si existía vínculo entre sus ideas subversivas y la experiencia vivida en tierras haitianas, pero Estanislao afirmó rotundamente que no había participado en aquellas revueltas[76]. De todos modos, sí llegó a admitir que, en efecto, se había confabulado para la sublevación, pero en su descargo atribuyó a la miseria de su condición y al maltrato de su amo el impulso para la rebelión a la que había contribuido "con el deseo de mejorar su suerte y aliviarse el grave peso de su servidumbre en los términos que la sufre".

---

[75] El regidor declaró, a su vez, que había comprado a Estanislao y Mariano congo a la firma negrera de Juan de Santa María, entendiendo que eran bozales *sacados de armazón*. La veracidad del aserto es dudosa; recuérdese que aún regía la prohibición de comprar esclavos de las colonias francesas e inglesas.
[76] Declaración que parece correcta si, como expresa la documentación, tenía 25 años en 1806; con esa edad habría nacido en 1781 y, por consiguiente, tendría diez años al momento del inicio de la revolución.

El otro implicado, Francisco Fuertes, resultó llamarse en realidad José Francisco de Jesús Nazareno Pantaleón, natural de San Miguel del Padrón, e hijo legítimo de Ambrosio carabalí y María del Rosario gangá, y menor de edad[77]. Aunque también trató de negar su papel en la conspiración, los testimonios recogidos en su contra eran abrumadores; sin embargo, persistió hasta el final en la negativa de su autoría del plan.

La causa, cuyo desarrollo se dilató varios años, concentró en Estanislao y en Fuertes las mayores responsabilidades, solicitando el fiscal la pena de muerte para ambos, además de castigos más o menos severos para otros implicados. Estanislao, como ocurrió también con Mariano congo, murió en la cárcel durante la sustanciación del proceso. Y Fuertes continuó reclamando su libertad e inocencia sin que sepamos su suerte final.

Este proyecto de alzamiento resulta interesante por varias razones. De la causa se desprende que todos los acusados eran esclavos rurales y sin nexo aparente con otros individuos libres de las zonas urbanas o del campo. De manera que la iniciativa recae exclusivamente en los esclavos del hinterland. Por otra parte, la trama conspirativa sigue un patrón que se había comprobado ya en Trinidad y más tarde se repetirá hasta lo infinito: comprometer a dos o tres en cada finca, preferentemente a los contramayorales, quienes comandarían a los conspiradores de cada fundo al momento del alzamiento, reduciendo así los riesgos de delación y restringiendo al máximo la posibilidad de fuga de información acerca de los proyectos. A diferencia de otros complots posteriores se pudo comprobar que en éste existía un claro propósito de tomar las fortalezas que bordean el puerto habanero, aunque sin conocerse si la intención se limitaba a proveerse de armas o si concebían hacerse fuertes en un lugar determinado.

El Capitán General Someruelos trató de restar importancia a la conspiración y recomendó que los capitanes de partido tranquilizasen a los vecinos, pues

> no conviniendo que se propaguen entre las gentes de color, ni aun entre los blancos las noticias de este suceso procurarán uno y otro proceder con todo recato y también [hacer] entender a las gentes su importancia puesto que sólo ha sido un arranque de la torpeza de unos pocos[78].

---

[77] Según su partida de bautismo nació el 9 de octubre de 1784. Dada su condición de menor se le nombró un curador en la persona del procurador público Judas Tadeo de Aljovín.
[78] ANC, Asuntos Políticos, 9/27.

Se trataba de algo más en realidad. Tanto los esclavos implicados como los testigos de igual condición, parecían conocer bien la experiencia haitiana pues el temor a la pasividad o, incluso, a una eventual oposición de los mulatos libres al movimiento, según expresó uno de los conspiradores de 1806, así lo demuestra aunque se tratase de un traslado ilegítimo de lo ocurrido en la colonia vecina[79].

En Cuba la actividad de esclavos y de libres, hasta ese momento, se desarrollaba sobre líneas paralelas, pero no antagónicas. De los procesos seguidos a negros y mulatos libres durante esos años y el período inmediato posterior nada se deduce que apoye una opinión de esa naturaleza. Por el contrario, la colaboración entre esclavos y los grupos de condición libre se alcanzaría en un plazo histórico breve.

TAMBIÉN LOS NEGROS LIBRES CONSPIRAN

La ola revolucionaria desatada por la Revolución Francesa y su secuela inmediata en Saint Domingue dio nuevo impulso al activismo político de la población negra de condición libre y, en general, a la lucha persistente por alcanzar reivindicaciones de carácter civil. Un rosario de conspiraciones, de muy variable alcance y objetivos, se extendió a lo largo y ancho de la colonia desde 1795.

Y otra vez, el movimiento comenzó por el oriente de la isla. En la primera quincena de agosto de ese año, las autoridades de Bayamo obtuvieron información de que se estaba organizando un complot entre los negros y mulatos libres de la villa y sus alrededores. El denunciante Pedro Calunga, un voluntario de la Milicia de Pardos, refirió que una comisión de tres hombres lo había visitado en su estancia de Guanarubí invitándole para que se uniera a una petición que sería entregada al teniente gobernador de la jurisdicción. La demanda se apoyaba en el rumor generalizado de que la Corona había emitido una real cédula que igualaba a los mulatos con los demás, pero los hacendados y el teniente gobernador la mantenían en secreto. No obstante la índole pacífica de la acción, que descansaba en el empleo de vías legales y públicas, los conspiradores desconfiaban de la benevolencia de las autoridades; en consecuencia organizaron varias cuadrillas de hombres armados para situarlas en diversos puntos de la región como el Horno, Cupey y otras zonas, con el fin de asegurarse que la presencia de estos grupos compeliera al

---

[79] Véase el testimonio de Juan Bautista, esclavo del licenciado Pablo Estévez. Ibidem.

teniente gobernador a escucharlos. Calunga también informó que días más tarde, en una junta efectuada en la localidad donde residía, se arribó al acuerdo de juntar todas las partidas el lunes 17 y aprovechar la salida de los reclutas del Batallón de Blancos que se dirigían a Santiago de Cuba para cumplir su tiempo de servicio, asaltarlos y aprovisionarse con sus armas en el caso de que éstos no quisieran unírseles[80].

Otros testigos y encausados confirmaron la existencia de comisiones que visitaban las fincas aledañas a la villa con el objetivo de reclutar nuevos participantes en la conspiración y que tales visitas se habían efectuado en los días previos a la denuncia de Calunga. Sin embargo, de las declaraciones no se deduce con claridad los fines del movimiento. Uno de los interrogados declaró que el objetivo de la revuelta no era otro que coger y matar vacas en los hatos y luego asaltar el pueblo en busca de ropa y dinero; una acción que trae a la memoria el típico motín europeo tendiente a destruir propiedades y ejecutar una redistribución primitiva de la riqueza[81].

Por su parte, otro de los complotados anunció todo un programa reivindicativo de fuerte acento plebeyo al decir que el movimiento propendía a que la autoridad local "quitase todas las alcabalas y otras gurruminas que exprimen a los pobres, los que en el Bayamo nada tienen realengo, ni propio porque todo lo tiene cogido tanta caballería como hay en la villa"[82]. De no acceder a sus peticiones, el funcionario sería apresado y sustituido en su empleo, sin que se precisase quiénes asumirían el gobierno superior en la jurisdicción.

Los conspiradores aseguraron que poseían el apoyo de grupos en el pueblo de indios de Jiguaní y también de personas residentes en la ciudad de Santiago de Cuba, núcleos que sólo esperaban el aviso de Bayamo para secundar el levantamiento.

Una confirmación de los fines últimos de este intento conspirativo se obtuvo cuando las investigaciones condujeron a la identificación del negro libre Nicolás Morales como el organizador principal de la proyectada revuelta. Este resultó aprehendido el 26 de agosto en Guarabanao, a dos leguas de la vecina ciudad de Holguín[83].

Morales negó resueltamente ser el dirigente principal y adujo que los verdaderos organizadores eran el teniente de milicias don Gabriel

---

[80] Denuncia de Pedro Calunga, 13 de agosto de 1795 en ANC, Asuntos Políticos, 5/39.
[81] Declaración de Juan Tomás Blanco. Ibidem.
[82] Declaración de José Rodríguez. Ibidem.
[83] Según su propio testimonio, Morales era natural de Bayamo, de 50 años, casado y de ocupación traficante de cueros y carnes. En el sumario se le describe como alto de cuerpo y muy trabado, color retinto, pintado de viruelas menuditas, *el pelo laso con chineja y muy taimado.*

José de Estrada y el abogado Manuel José de igual apellido, ambos integrantes de una de las principales familias de la localidad. De acuerdo con su testimonio, los Estrada pretendían representar ante la corte, a través de la persona del teniente gobernador, en demanda de que

> [...] quitara las alcabalas y todos los derechos, quedando únicamente los de diezmos y primicias [...] también que se haría salir los abogados del pueblo para que quedase quieto, libre de pleitos y no consentir que viniese alguno de afuera a mandar; que se lograría que el Rey diera tierra libre a los pobres para trabajar[84].

Recordaba aquí Morales muy antiguos anhelos del patriciado bayamés que, en no pocas ocasiones, se había vuelto levantisco pidiendo una disminución de los impuestos y, especialmente, para asegurarse el poder en la villa, resistiendo incluso el nombramiento metropolitano de algunos funcionarios del más alto rango[85]. Esta característica contestataria de la nobleza local fue aprovechada, sin dudas, por Morales para desviar hacia miembros de ésta la culpabilidad principal en la organización de la revuelta.

En carta al ministro Alanje, sin embargo, el gobernador de Santiago de Cuba explicaba los móviles de la conspiración en otros términos, señalando que las últimas disposiciones relativas a las "gracias al sacar" –como se denominaba el pago por la dispensa del estigma de la raza– podían haber provocado errores de comprensión en esas gentes. En tal sentido comentaba

> Como ha poco tiempo se recibió la Real Cédula relativa a los servicios pecuniarios señalados a las gracias llamadas al sacar, me saltó la especie de si ésta, mal entendida, había dado margen a dicho movimiento y creo que algo al menos pudo haber contribuido porque, según confidencialmente me ha escrito Griñán, tuvo suspendida por unos días su publicación como lo juzgó oportuno por ciertas cartas recibidas en el correo de la Habana que manifestaban que había venido una cédula sobre igualdad de los mulatos...[...]. Bien sabe Vuestra Excelencia las conmociones de la gente de color en la parte francesa de la Isla de Santo Domingo para igualdad de los mulatos con los blancos y si la dis-

---

[84] Declaraciones de Nicolás Morales, 29 de agosto de 1795 en ANC, Asuntos Políticos, 5/39.
[85] Para un estudio de la actividad de la nobleza bayamesa en el período antecedente a la conspiración de Morales, vid. *Nicolás Joseph de Ribera*, La Habana, Editorial de Ciencias Sociales, 1986. Compilación e introducción de Olga Portuondo Zúñiga.

pensación la tomaron por igualdad...[...] no sería extraño que un error en el modo de concebir estas gentes, les atrajese a otro error[86].

Todavía no conocemos, en verdad, si el movimiento resultó de una manipulación de los propietarios ricos de la jurisdicción que lograron agitar resentimientos y anhelos profundos del sector popular de la zona o si la revuelta germinó en el seno de estos grupos subalternos. De todos modos es significativo que nada se solicitase en beneficio de los esclavos que constituían allí un porciento apreciable de la población y que, simultáneamente, no se coordinara el apoyo de los cobreros que, en ese momento, libraban una lucha exitosa contra las autoridades locales y la Corona[87]. La acción paralela e independiente de los diversos grupos mermaba su fuerza para una efectiva negociación con los detentadores del poder e impedía la creación de una base social amplia que posibilitara el triunfo. Estas debilidades, presentes durante décadas en la actividad contestataria de la población negra libre y de los esclavos, propiciaron la rápida desarticulación del complot. Lo cierto es que después del ajusticiamiento de Morales todo pareció aquietarse en la jurisdicción.

Medidas represivas como las adoptadas entonces en Bayamo, de acuerdo con la apreciación del gobernador, garantizaban el éxito frente a la conducta levantisca de la "plebe", negra o blanca, ya que cortaban de raíz la recurrente resistencia acrecentada en los últimos lustros a lo largo de la colonia. Pero tal apreciación pecaba de apresurada. Nuevas manifestaciones de agitación encontrarían estímulos internos y externos para desplegarse hacia finales de la primera década del siglo XIX. Estos movimientos llegaron a alcanzar una resonancia mayor porque, tanto por sus objetivos como por sus formas de expresión, mostraban los signos de una madurez sin precedente en la conducta de la población negra libre. Un clima político más propicio haría posible utilizar en beneficio propio los aires de renovación que vivía la península.

Las conspiraciones antiesclavistas en las regiones centro orientales de la isla fueron nada más que un preludio del movimiento que se desarrollaba subterráneamente en La Habana. La delación del cochero Luis mandinga al marqués de Someruelos, relatada en páginas precedentes, puso de manifiesto que los actos denunciados eran algo más que

---

[86] La carta esta fechada a 30 de agosto de 1795, véase ANC, Correspondencia de los Capitanes Generales, Legajo 31.
[87] Vid, José Luciano Franco, "La conspiración de Morales", *Ensayos Históricos,* La Habana, Editorial de Ciencias Sociales, 1974, y *Las minas de Santiago del Prado y la rebelión de los cobreros, 1530 - 1800,* La Habana, Editorial de Ciencias Sociales, 1975.

rumores y laborantismo, o lo que es lo mismo, que ambas cosas eran expresiones de una actividad conspirativa organizada.

Enterados sin duda de las prisiones efectuadas en las personas de Pablo José Valdés, Cristóbal de Sola y otros esclavos comprometidos, los dirigentes de la conspiración, con José Antonio Aponte a la cabeza, decidieron no obstante continuar con sus planes. En tal sentido es significativo que el viernes 13 de marzo, Juan Bautista Lisundia, uno de los principales jefes, al encontrarse con el esclavo Tiburcio cuando éste conducía unas carretas de azúcar por la calzada de Guadalupe, le comunicara que todo estaba preparado para iniciar la rebelión con el incendio simultáneo de los ingenios cercanos y de las casas de extramuros de la ciudad, según se había acordado[88].

En la prosecución de las tareas encomendadas, Lisundia convocó a Estanislao Aguilar, un pardo que vivía junto a su casa, para que lo acompañara al campo el día siguiente. En efecto, el sábado bien temprano Aguilar esperó a Juan Bautista en el lugar acordado, una taberna a la salida de la villa de Guanabacoa. Allí lo recogió Lisundia, quien iba acompañado a su vez, por un negro pequeño extranjero llamado Juan Francisco o Juan Fransua. Los tres se encaminaron al ingenio Tivo Tivo, según Aguilar, o a La Chumba propiedad del marqués de Prado Ameno, precisó luego Lisundia, donde esperarían el anochecer. Una vez en la plantación entraron al bohío de Juan Bautista carabalí, trasladándose luego al de una morena inglesa nombrada María. El negro que se hacía llamar Juan Fransua cambió allí las ropas que traía por una casaca azul y pantalones de patente; vestido con el atuendo de lo que parecía un vistoso uniforme leyó unos papeles ante varios negros instruyéndoles acerca de que venían a liberarlos. Juan Barbier, alias Juan Francisco, se presentaba a sí mismo como un general que "había conquistado la América y el Guarico, que venía a pelear por la libertad de todos los de su color"[89].

Más tarde, continuaron camino hacia el ingenio La Santísima Trinidad donde se efectuaba un tambor. Según testimonios de varios acusados, Lisundia tomó uno de los atabales mientras Juan Francisco bailaba. Algunos aseguraron que durante la fiesta, que concluyó a la hora del avemaría, se enviaron emisarios a las plantaciones de Santa Ana y Peñas Altas para que sus dotaciones estuviesen preparadas.

El domingo 15, los tres, engrosados con una partida de 14 esclavos llegaron al ingenio Peñas Altas cerca de las diez de la noche. La cifra

---

[88] Cargos contra el esclavo Tiburcio del ingenio La Santísima Trinidad, propiedad de Nicolás de Peñalver en ANC, Asuntos Políticos, 13/1.
[89] Declaración del esclavo Tadeo, perteneciente al ingenio San Nicolás en ANC, Asuntos Políticos, 13/1.

de los levantados fluctúa según el decir de los complotados. Lisundia, por ejemplo, habla de unos veinte montados y con machete cada uno, otros estiman que la partida era menor.

Situándose Lisundia en el alto de una loma, luego de haber incendiado varios bohíos así como la casa de vivienda y la de bagazo, habló a la dotación en términos de que "ya venían a eso y por lo mismo no había que voltear la cara, que todos habían de concurrir y el que no lo hiciera le tumbaría la cabeza"[90].

La turba se dirigió entonces a la casa del mayoral, pero éste no se encontraba allí. Siguieron a la vivienda del mayordomo donde ejecutaron a un blanco y machetearon a una mujer y unos niños. En efecto, las autoridades confirmaron la muerte de dos individuos, Antonio El Feo y Martín Suriano así como de los niños Tomás, de 10 años, y José María, de tres, hallando heridos graves a su madre María del Carmen Valdés y una hija de ésta, Elena[91].

La resistencia del mayoral y la dotación de la finca Santa Ana contuvieron a los alzados, desorganizándolos y obligándolos a dispersarse hacia el monte y los barrios extramuros de la ciudad. Sin embargo las autoridades no habían logrado establecer todavía enlace alguno entre el laborantismo antiesclavista del negro Cristóbal de Sola, bajo proceso desde el 9 de marzo, la rebelión de los ingenios del este de La Habana y la conspiración liderada por José Antonio Aponte. Sólo la delación de Esteban Sánchez, gastador del Batallón de Pardos[92], puso sobre aviso a las autoridades. Este refirió que su vecino Salvador Ternero

> [...] de muy pocos días a esta parte mantenía en su casa cierta cuadrilla de su jaez entre los cuales de hallaba el famoso [Clemente] Chacón, hombre demasiado perverso y revoltoso, y sin embargo de la reserva con que trataban, los tenía por sospechosos en cuanto a la sublevación o levantamiento se dice pretenden [...][93].

Ternero era bien conocido por la policía ya que tenía muy antiguos antecedentes de alborotador; dada su condición de capataz del cabildo mina guagui durante años, se vio envuelto en numerosos litigios

---

[90] Declaración del pardo Estanislao Aguilar en ANC, Asuntos Políticos, 12/18. En el mismo expediente se halla su careo con Juan Bautista Lisundia.
[91] ANC, Asuntos Políticos, 13/1.
[92] Sánchez era natural de Matanzas, casado, de 37 años, platero de ocupación, y declaró saber leer y escribir.
[93] ANC, Asuntos Políticos, 12/14.

derivados de su función en él; estuvo preso en varias ocasiones y por el último encarcelamiento, el motín antifrancés de 1809, sufrió prisión en la fortaleza La Cabaña. Y ahora, otra vez desde el 19 de marzo, como consecuencia de la denuncia de Sánchez.

En pocas horas el resto de los dirigentes de la conspiración fue apresado, cazados literalmente en los barrios periféricos de la capital colonial donde vivían o habían buscado refugio. Todos eran figuras reconocidas en su medio social: libres, miembros de los batallones de pardos y morenos, capataces de cabildos de nación, artesanos y pequeños comerciantes[94].

Las investigaciones ulteriores pusieron al descubierto una conspiración que, por su organización, fines y extensión, no tenía paralelo con otras abortadas en épocas pasadas. El plan concebía el alzamiento de los ingenios que rodeaban a la ciudad con el asalto simultáneo al cuartel de Dragones y de Artillería, misiones que encabezarían Salvador Ternero y José Sendiga respectivamente, mientras Clemente Chacón se apoderaría del castillo de Atarés, para lo cual disponía de un plano de la fortaleza. Juan Bautista Lisundia, hijo de este último, y Juan Barbier, Jean François, tenían a su cargo la organización de las dotaciones para ejecutar la rebelión el 15 de marzo.

Los esclavos interrogados declararon que Barbier los convocó a la lucha vestido con un uniforme cuya casaca ostentaba botones con el dibujo de un ancla con un águila encima y portaba papeles en otro idioma en los que, según decía, se declaraba la libertad de todos. El disfraz y el porte militar de Barbier, así como la afirmación de que serían apoyados por la gente de Haití, no podían menos que impresionar la imaginación de los siervos, alentando su confianza en la victoria. El elaborado recurso para convencer a los tímidos o los inseguros de que participasen en la revuelta no se limitó a los esclavos, el propio Aponte diseñó una estrategia similar, aunque utilizando otros medios, con el fin de generar en los negros su autoestima y la conciencia de las grandes hazañas que sus antepasados habían realizado en la isla.

En el registro efectuado en su vivienda, las autoridades encontraron varios objetos con ese objetivo como retratos de Henri Christophe y de George Washington entre otros y, sobre todo, un libro con láminas dibujadas por él en que se reseñaban las acciones militares de los negros durante la segunda mitad del siglo XVIII: allí podía verse a Joaquín o

---

[94] Al menos los dirigentes pues José Antonio Aponte era un carpintero de 51 años; Clemente Chacón, zapatero y pulpero, de 44 años; su hijo, Juan Bautista Lisundia; y Juan Barbier congo, quien se hacía llamar Jean François, había residido en Charleston.

Nicolás de Aponte, Juan José Obando, Antonio de la Soledad e Ignacio Alvarado, todos distinguidos con medallas y honores por el rey, por sus éxitos y pericia en la guerra contra el inglés o en expediciones como la de la isla de Providencia en que participó el propio Aponte[95]. Algunos de los interrogados reconocieron que los retratos y el libro eran mostrados y explicados siempre que se efectuaban reuniones en la casa de éste. Lo que es un claro indicio del cuidado con que se preparó el movimiento y de la madurez política de sus dirigentes.

Derrotada la rebelión en los ingenios, Aponte decidió empero continuar con la realización del plan, pese a las desfavorables circunstancias en que ya debía desenvolverse. Según un testigo afirmó que, "en otras partes se había peleado con arcos de barril, chuzos y otras armas, alcanzando victoria y lo mismo debía esperarse en el caso presente"[96], en clara alusión al ejemplo estimulante de Saint Domingue. Su propia aprehensión impidió sin embargo el estallido de la revuelta urbana.

La represión que siguió fue dura y se prolongó a lo largo del año. Por primera vez los negros y mulatos libres habían trabado contacto con los esclavos de las plantaciones, estimulándolos a la lucha e integrándolos en un movimiento contestatario común. La reacción de las autoridades estuvo a la altura del peligro que este vínculo representaba para el sistema. El 9 de abril Aponte, Chacón, Ternero, Lisundia, Aguilar y Barbier fueron ahorcados junto a tres de los esclavos del ingenio Peñas Altas[97]. Meses más tarde, el 23 de octubre, José del Carmen Peñalver y Francisco José Pacheco con dos esclavos del ingenio Trinidad sufrieron pena de garrote. Sanciones de prisión y destierro se decretaron para un número importante de negros libres que, según las autoridades, eran complotados o apoyaban la conspiración[98].

Pese a los esfuerzos por comprobar la participación de extranjeros en el proyecto y de vincularlo a los estallidos ocurridos en Remedios, Puerto Príncipe y Bayamo, lo cierto es que ningún nexo pudo establecerse entre estos movimientos, que parecen haberse desarrollado en ejes paralelos, pero independientes entre sí. De todas formas, el proceso judicial contra los implicados sacó a luz indicios poco tranquilizadores para

---

[95] La descripción de las láminas, relatadas por Aponte mismo, fue transcrita por José Luciano Franco, *La conspiración de Aponte*, La Habana, Publicaciones del Archivo Nacional, LVIII, 1963.
[96] Declaración de Clemente Chacón en ANC, Asuntos Políticos, 12/14, 2da. pieza.
[97] Vid. José Luciano Franco, *La conspiración de Aponte..., Opus cit.,* p. 52.
[98] ANC, Asuntos Políticos, 13/1 y 13/15. Vid también José Luciano Franco, *Las conspiraciones de 1810 y 1812*, La Habana, Editorial de Ciencias Sociales, 1977.

las autoridades y para la plantocracia. No sólo la unión alcanzada entre los esclavos y los negros libres para luchar por objetivos comunes era inédita y representaba un peligro difícil de exagerar, sino que toda la trama de la conspiración mostraba una gran capacidad organizativa en sus jefes y una conciencia política apreciable. Sus dirigentes estaban al tanto de los acontecimientos internacionales y habían seleccionado para la sublevación una coyuntura que les era, sin dudas, favorable.

Resultado de una evaluación exacta de las circunstancias que rodeaban este proceso, el Capitán General y las instituciones más representativas de los plantadores emprendieron la tarea de vertebrar un sistema represivo más eficaz y riguroso. Luego de la restauración del absolutismo en mayo de 1814, y hasta principios del año de 1820, el reforzamiento de las medidas policiales y militares en general tornaron muy difícil la actividad conspirativa en las ciudades; además, la redoblada vigilancia sobre las dotaciones casi paralizó todo intento de rebelión en las plantaciones [99].

La resistencia tuvo que adoptar otras formas. En etapas duras como ésta, fue habitual la recurrencia del esclavo urbano y rural a la huida, temporal o definitiva, y al palenque. Por esta razón se incrementan las referencias a ambos fenómenos en la documentación de la época y se implementan sistemas más precisos para su persecución. La creación de la Diputación de Policía en 1816 por el Capitán General José Cienfuegos, ya mencionada, responde a esta renovada preocupación. En los extremos de la isla, dadas sus propicias condiciones geográficas, el palenque domina el paisaje montañoso de la región oriental y de la amplia zona de Vuelta Abajo. Sus incursiones al llano en busca de alimentos y nuevos reclutas alarman a los propietarios, en especial de aquellas zonas donde el ingenio y el cafetal constituyen el núcleo de la riqueza, como es el caso de la sección oriental vueltabajera. A su eliminación dedicarán esfuerzos, hombres y dinero sin que el éxito sea completo o definitivo.

Pero el primer ciclo de abierta resistencia cierra con una de las mayores insurrecciones de esclavos ocurridas en la isla. En junio de 1825, en el territorio de Guamacaro comenzaron a alzarse las dotaciones de varios cafetales. Por las declaraciones de los implicados es posible deducir que el levantamiento tuvo una larga fase preparatoria. Extendida por una amplia zona de la jurisdicción, la revuelta abarcó 18

---

[99] Para un análisis de esta política, vid Gabino La Rosa, *Los cimarrones en Cuba*..., Opus cit., y del mismo autor *Los palenques del oriente de Cuba. Resistencia y acoso*, La Habana, Editorial Academia, 1991.

ó 20 plantaciones de café en cada una de las cuales existían capitanes para organizar las dotaciones respectivas y dirigir sus acciones. Las autoridades estimaron que, durante el transcurso del alzamiento, participaron algo más de 400 esclavos, pues el grupo inicial creció a medida que los rebeldes se desplazaban de una a otra finca en una comarca tan densamente poblada.

La rebelión, a diferencia de otras anteriores y posteriores, fue particularmente sangrienta. Un total de 16 hombres, mujeres y niños blancos fueron ejecutados por los esclavos en las fincas y otros cuatro o cinco resultaron heridos; así como muchas instalaciones, viviendas y parte de las cosechas colectadas fueron también destruidas. Violencia que los propietarios y algunas de las autoridades locales atribuyeron al elevado porciento de esclavos "extranjeros", esto es, criollos de diversos países de América que la encabezaron y que integraban las dotaciones de la zona. En el tratamiento dado a los siervos por sus amos, extranjeros igualmente, se creyó encontrar otra de las causas de la insurrección ya que, calificado de excesivamente permisivo, posibilitaba a éstos una libertad de movimiento mayor que la acostumbrada en la práctica insular, lo que había facilitado el proselitismo en el seno de las dotaciones y la concertación de los planes.

Las proporciones del alzamiento y la circunstancia de efectuarse en una región económicamente sensible y cercana a la capital, consternó a funcionarios y plantadores. Testimonios contemporáneos relatan el pánico desatado y las largas caravanas de blancos que se dirigían a la ciudad de Matanzas en busca de refugio. La respuesta del gobierno no se hizo esperar. Organizó varias partidas de vecinos que, actuando coordinadamente con la tropa, emprendieron una feroz cacería. Los esclavos, lejos de dispersarse como era la conducta usual en este tipo de movimiento, no rehuyeron el combate, entablándose un enfrentamiento decisivo cerca del pueblo de Coliseo, donde los siervos resultaron finalmente vencidos.

Las penas sancionadas por los tribunales fueron igualmente duras. Nueve cabecillas murieron frente al pelotón de fusilamiento el 1 de setiembre y otros catorce el 1 de febrero del siguiente año; otros muchos resultaron condenados a cien azotes y una cifra no precisada fallecieron durante la persecución o la sustanciación de los procesos judiciales[100]. Por su parte, el gobernador de Matanzas, Cecilio Ayllón, mag-

---

[100] ANC, Comisión Militar Ejecutiva y Permanente, 1/5. Algunas declaraciones de los complicados están reproducidas en Gloria García, *La esclavitud desde la esclavitud..., Opus cit.*, pp. 199- 205.

nificaba ante el Capitán General la dimensión de la revuelta para subrayar su eficaz conducta durante los sucesos. Decía que uno de los negros declaró que "había un plan combinado con la gente de color de esta ciudad, la de La Habana y Vuelta Abajo y que para llevarlo a cabo se estaban proveyendo hacía algún tiempo de pólvora y balas por medio de los esclavos que iban y venían de las fincas a los pueblos a hacer mandados"[101], pero lo único que pudo comprobarse fue la activa participación de dos contramayorales libres de color. En verdad, si bien esta rebelión poseía características inéditas –tanto por el número de fincas involucradas en el proyecto como por la organización vertebrada– lo cierto es que los esclavos carecían de objetivos de tan largo alcance como los descritos por Ayllón.

El propio fiscal de la causa, Francisco Javier de Lamadrid, reconoció que nada en los testimonios corroboraba la participación de otros grupos en La Habana y Vuelta Abajo. El movimiento había nacido de causas y propósitos enteramente locales. Añadía al respecto que sus dirigentes no habían previsto qué hacer en caso de salir victoriosos del empeño ya que nada hacía vislumbrar que "formasen ningún sistema de gobierno que les conservase su nuevo estado" de libertad[102]. Esta es una de las limitantes mayores que caracteriza los actos rebeldes de los siervos: luchar sin descanso por emanciparse del yugo de la esclavitud, pero desconocer cómo insertarse en la sociedad conservando su condición libre. Sólo en el palenque les era posible disfrutar de una libertad precaria.

El Capitán General, temeroso de las repercusiones internas de una sublevación de la magnitud que la pesquisa evidenciaba, escribía al ministro de Estado

> Ya no serán los esfuerzos del Continente Americano los que deban alarmarnos con más urgencia y vigor: enemigos doblemente temibles existen dentro de nuestras habitaciones y en el seno de nuestras familias confiadas otros días y ahora afligidas. Un mismo aire no es respirable en tales circunstancias al Señor y al Esclavo cuando a éste se le halaga y lisongea [sic] con otra condición noble su lucha y oposición será también inescusables [sic] y el resultado será también anexo siempre a la astucia, a la premeditación, al odio precavido y encarnizado de la desigualdad y al constante deseo de vengar su actual humillación y abatimiento. Y si el considerable número de libertos hasta el día fie-

---

[101] ANC, Asuntos Políticos, 30/10.
[102] ANC, Miscelánea de Expedientes, 172/ A, 2da pieza, folio 104v.

les y sumisos se guía por la senda que les ha trazado aquel ejemplo pernicioso y el lenguaje usado por el reconocimiento ya dicho[103] yo no alcanzo con cuantas expresiones se podrá hacer palpable la suerte futura de esta isla[104].

Concluida la guerra de independencia latinoamericana, el mayor riesgo para la conservación del orden esclavista en la isla radicaba, sin duda, en la persistente resistencia de los siervos y en una eventual colaboración de los libertos con ellos. Si se producía esta fusión de intereses y esfuerzos, como ya había ocurrido durante la conspiración de Aponte, nada podría impedir que la colonia reprodujera el destino de Saint Domingue. Por esa razón, la tarea urgente del gobierno y de las instituciones insulares dominadas por los propietarios era crear mecanismos de control que minimizaran estos riesgos.

En el reino de las facultades omnímodas

El último estertor del separatismo se aprecia en 1830 con la captura de los implicados en la conspiración del Águila Negra, que, en realidad, es un movimiento gestado en el exterior y tiene su núcleo directivo en México. Durante el período, no obstante, existen motivos de preocupación para las autoridades. Es una época en que sirven de caldo de cultivo para los desórdenes, desarrollados tras bambalinas por las facciones contendientes, la apertura del proceso de elecciones a Cortes, el incremento de la presión abolicionista británica sobre el gobierno central y las labores de los emigrados políticos, bien en la propia España o en países cercanos de América[105].

En las ciudades el espíritu inquisitorial ante cualquier palabra o actitud que pareciera sospechosa gravitaba sobre los sectores populares y ante todo sobre la población negra. De hecho, aunque no faltaban denuncias falsas motivadas por la venganza o el exceso de celo, los partes policiales demostraban que, en esos grupos, pervivía un profundo ideario democrático susceptible de imponerse en circunstancias favorables. Baste el relato de la actividad de uno de esos grupos clandestinos para ejemplificar la existencia de estas corrientes.

---

[103] Se refiere al reconocimiento por Francia de la independencia de Haití.
[104] Carta del gobernador Francisco Dionisio Vives al ministro de Estado, fechada en 29 de julio de 1825. *Boletín del Archivo Nacional*, IX, 1, enero-febrero de 1910, citado por José Luciano Franco, *La conspiración de Aponte...*, Opus cit., p. 135.
[105] Ramiro Guerra, *Manual de Historia de Cuba, (Económica, Social y Política)*, La Habana, Editorial Nacional de Cuba, 1964, cap. XIV, 2da. Edición.

A principios de 1831 el sargento primero del Batallón de Pardos, Tomás Vargas, denunció al gobernador de Matanzas ciertas reuniones que sostenían en una casa de la calle Contreras un grupo de hombres y mujeres de color. Añadía, para fundamentar su delación, que uno de los días en que se hallaban allí congregados, logró penetrar en la vivienda y observó que la veintena de personas reunidas en el salón *brindaban a la sazón por Bolívar y Bustamante*. La sola mención del Libertador, fallecido justamente en diciembre del año anterior cuando se efectuaban esas reuniones, bastaba para hacerlas objeto del interés de las autoridades. Por otra parte el segundo aludido, creemos que se trata del general mexicano Anastasio Bustamante, resulta un símbolo menos comprensible[106]. En definitiva y luego de un extenso proceso se demostró que el grupo montaba una obra teatral, sin poderse sustanciar ninguna otra actividad política. Finalmente se llegó al convencimiento de que el origen de la denuncia de Vargas se debía a una intriga amorosa por el abandono de su mujer, integrante de ese cónclave. No obstante, fueron encontrados libros y papeles a dos de sus miembros que hacían creíble una labor clandestina.

Al carpintero Bernado Sevillán se le encontró un tomo del *Diccionario o Nuevo Vocabulario Filosófico Democrático*, indispensable para todos los que desean entender la nueva lengua revolucionaria, dos listas que según declaró eran donativos para sufragar la puesta en escena de la obra y unas décimas[107].

Al otro implicado, el pintor Jorge López, se le requisaron los libros *Bosquejo de la Revolución de México, Guillermo Tell* o la *Suiza Libre* y el *Catecismo o Catón Constitucional* para la educación de la juventud española. En sus descargos, Sevillán alegó no saber leer ni escribir y que el libro se lo había prestado un amigo ya fallecido; la décima manuscrita, dijo, la había encontrado en la calle conservándola por parecerle bien hecha. López, por su parte, admitió que los libros los había adquirido en La Habana tiempo atrás[108]. La décima, añadida a la causa, tenía en verdad un sabor incendiario:

> Vale más la Libertad
> Que cuanto tesoro encierra
> El ámbito de la tierra

---

[106] ANC, Comisión Militar Ejecutiva y Permanente, 9/25.
[107] Sevillán nació en La Habana y se avecindó en Matanzas, tenía 29 años al momento de ser detenido y era de condición soltero. Entre los suscriptores aparece Antonio Bernoqui luego complicado en la conspiración de La Escalera.
[108] ANC, Comisión Militar Ejecutiva y Permanente, 9/24.

> En su gran concavidad
> Ella es la felicidad
> Suprema que ha seguir
> El hombre, si ha de extinguir (sic)
> El bien, buscando la suerte
> En campal liz a la muerte
> O con libertad vivir[109].

La tenencia de estos libros y papeles prohibidos motivó que la causa, sobreseída por reunión ilegal, continuase con estos cargos. Sevillán y López fueron condenados a seis meses de trabajo en las obras públicas, destruyéndose los libros y papeles "para que no se dé lugar a otro proceso" en el entendido que estas escasas publicaciones serían guardadas por otros y trasmitidas durante años, lo que no era exceso de suspicacia del fiscal sino realidad históricamente comprobada[110].

Sucesos similares se daban también en otras ciudades de la isla. Los motines eran frecuentes y daban pábulo a las periódicas angustias suscitadas por los rumores de que los negros intentaban hacer una revolución. Pese a la represión, incrementada luego de 1825, la población negra no daba muestras de atenerse al lugar asignado en la jerarquía establecida por los plantadores y el gobierno. Por el contrario, resentían el trato recibido y la falta de oportunidades. Ya este estado de ánimo no era exclusivo de los esclavos y de la población libre asentada en la isla desde antiguo, sino también abarcaba a los negros y mulatos que, por unir su suerte a las tropas españolas en las guerras de independencia, se habían avecindado en Cuba.

El venezolano Anacleto Nevot, natural de Maracaibo y sargento primero, sufrió uno de esos tratamientos. Arrestado por una discusión con su patrón Juan Huguet, éste alegó que había exclamado Compañeros, ayúdenme y acabemos con este perro blanco añadiendo que él era un negro caballero, hijo de la República Libre de Colombia. Y no obstante su hoja de servicios en que se atestiguaba que Nevot adquirido "un mérito particular por su amor al Rey Nuestro Señor y su constancia habiendo hecho toda la campaña de Costa Firme desde el año de 1811 en que expuso tantas veces su vida" se le condenó a seis meses de arresto en el

---

[109] ANC, Comisión Militar Ejecutiva y Permanente, 9/27.
[110] López era también habanero, casado y de 26 años. Solicitó, en atención a su grado de teniente veterano del Batallón de Pardos Leales, la conmutación de la pena, a lo que se accedió enviándolo al Castillo de San Severino para seis meses de encierro. En 1845 fue fusilado junto al poeta Plácido y Bernoqui.

Castillo del Morro[111]. Otros combatientes negros y mulatos latinoamericanos del bando español estuvieron involucrados en incidentes de esta clase o en conspiraciones a lo largo y ancho de la isla.

Pero estos hechos, si bien demostrativos del clima político imperante en la población de color, no constituían la preocupación central de las autoridades, aunque no dudaban en reprimirlos con violencia y prontitud. Los actos o las intenciones de las masas esclavas de las zonas rurales sí renovaban cada día el pánico de un desastre de colosales proporciones. De ahí que la documentación de la época refleje, con extraordinaria frecuencia, delaciones, sospechas o relatos de nimias ocurrencias del comportamiento de las dotaciones o de esclavos individuales.

El siempre omnipresente temor a una rebelión no provendría ya tanto de un distante y horroroso ejemplo extranjero –la nunca olvidada sublevación haitiana– cuanto de acontecimientos que formaban parte de la historia insular. El propio gobernador de Matanzas referiría, en carta al Capitán General, que "el espíritu de rebelión en la esclavitud del Limonar, que estalló en el año 25, no quedó extinguido" y culpaba a los plantadores que, por un ciego y momentáneo interés, no habían facilitado a las autoridades la captura de todos los sospechosos con el mezquino propósito de preservar sus bienes en las personas de los esclavos.

Estas llamadas de atención constituían, sin embargo, un estímulo para desatar suspicacias infundadas y temores que iban siempre en detrimento de los siervos. Así, luego de la circular reservada del 16 de junio, los amos creían ver en cualquier manifestación inusual de las dotaciones síntomas de un próximo motín. El dueño del cafetal Arcadia reaccionó como tantos otros a la incitación. "Percibió algo de misterioso en el semblante de alguno de los de su dotación por unas trenzas y manillas o pulseras de correa con una hebillita" que algunos llevaban. El hecho motivó una investigación y apelando a diversos resortes –una mezcla diabólica de adulaciones y abusos físicos– se creyó descubrir una supuesta conspiración en cuatro fincas que, al fin, no pudo probarse debidamente. Pero el incidente resulta ilustrativo de la atmósfera que primaba en las zonas plantacionistas donde rumores o sucesos triviales desataban un pánico generalizado y un deterioro inmediato de las condiciones de vida de las dotaciones.

Desde luego, la actitud de los amos no era del todo infundada. Las sublevaciones, durante la década del 30, escasean[112], pero abundan en

---

[111] ANC, Miscelánea de Expedientes, 256/G.
[112] Con la muy notable excepción de la estudiada por Juan Iduate, "Noticias sobre subleva-

cambio los motines. La excepcionalidad de las rebeliones, la evasión individual y el asentamiento en palenques son formas de resistencia que no deben hacernos olvidar que la esclavitud constituía una relación social recreada cotidianamente y, por consiguiente, los esclavos no podían abstenerse de actuar sobre los mecanismos que reproducían el sistema. En tal sentido, las dotaciones de las plantaciones azucareras y cafetaleras generaron respuestas específicas, tendientes a obtener mejoras en su régimen de alimentación, alojamiento y otros aspectos, así como para limitar el ritmo de intensificación del trabajo o su extensión más allá de la jornada tradicionalmente acostumbrada. Con suma habilidad y astucia institucionalizaron modos de negociación que eludían la cimarronería y el alzamiento, actos penados por las normas jurídicas de la sociedad esclavista.

Habitualmente estos actos de insubordinación tomaban por sorpresa a los administradores y mayorales. Era a la hora de la "jila" temprana o del atardecer cuando la dotación no se congregaba en el batey al toque de campana que estallaba el motín. Otras veces se esperaba la ocasión del almuerzo y, más raramente, partían de sus bohíos durante el descanso de la noche. Tomada la decisión de protestar, el conjunto de esclavos de la finca, o una parte sustancial de éstos, partían hacia las zonas montuosas de la propia hacienda o hacia sus linderos, pero cuidando de permanecer dentro de los límites de la propiedad con el fin de que no pudieran ser acusados de fugar. El objetivo de esta retirada era obligar al amo a que se presentara en el fundo para explicarle sus demandas. Esta determinación era firme de modo que en múltiples ocasiones se mantenían en el monte por varios días

Las demandas abarcaban un amplio conjunto de peticiones pero, con mayor frecuencia, se referían a la concesión de conucos, la observancia estricta de los domingos y días festivos como tiempo a que el esclavo tenía derecho de trabajar para sí, la regulación de la imposición de castigos y otros. En realidad, de una u otra forma, esas solicitudes eran satisfechas. La eficacia de estas acciones de protesta se refleja en numerosas normas adoptadas más tarde. En buena medida el código esclavista de 1842 recoge una parte de lo que esta lucha había convertido en práctica habitual en las plantaciones. No obstante, esas mejoras eran obtenidas a un alto costo. La conclusión del paro pasaba siempre

---

ciones y conspiraciones de esclavos: Cafetal Salvador, 1833", *Revista de la Biblioteca Nacional José Martí*, núms. 1-2, enero-agosto de 1982, pp. pp. 117-153.

por el restablecimiento indiscutido de la ciega obediencia que se suponía consustancial a la condición del esclavo, y sus promotores resultaban penados y castigados con severidad.

Esta lucha del día a día, subestimada en ocasiones, indujo a cambios importantes en la rutina de las haciendas y en el "buen" tratamiento hacia las dotaciones, aunque claro está no suponía la subversión del sistema[113]. Su recurrencia en los años finales de la década del veinte y en los años treinta indica que las circunstancias aconsejaban adoptar formas de resistencia menos violentas, pero no menos útiles para obtener ciertos derechos. Que percibieran con claridad cuáles fórmulas debían emplearse con preferencia a otras indica que los esclavos eran más sensibles a su entorno político de lo que se supone.

Los estados de opinión prevalecientes en los sectores populares urbanos y los reiterados incidentes a que daba lugar la impuesta subordinación sobre la población de color no hacía sino provocar una actitud desafiante en ésta y fortalecía la difusión del pensamiento contrario a la trata esclavista pero, en especial, opuesto a la pervivencia de la esclavitud. Tanto la política británica como un amplio espíritu liberal en muy extensos sectores de la población europea y norteamericana coadyuvaban a incrementar la confianza en que acciones con tal fin recibirían un decidido apoyo[114].

A fines de 1836, el embajador español en Washington alertaba acerca del rápido crecimiento del número de sociedades abolicionistas en aquel país ya que, en un breve espacio de tiempo, habían aumentado de unas 200 a nada menos que 523. Éstas, "no contentas con inquietar los ánimos aquí poniendo la paz y la unión de la República en inminente peligro", pretendían realizar en otros países una sostenida propaganda abolicionista y así expandir su influencia nefasta sobre territorios esclavistas todavía tranquilos[115].

Acontecimientos ocurridos en la isla respaldaban esas prevenciones del embajador Ángel Calderón de la Barca. Un mulato procedente de Bahamas fue arrestado por realizar ese tipo de propaganda. El británico James Thompson fue igualmente sorprendido en el acto de distribuir 300

---

[113] Gloria García, "Conflictos laborales y esclavitud", *Memoria del II Taller científico internacional Movimiento Obrero y 1 de Mayo*, México, Universidad Autónoma de Chapingo, 1999.
[114] Vid David Brion Davis, *The Problem of Slavery in the Age of Revolution, 1770-1823*, Ithaca, Cornell University Press, 1975, pp. 386-468.
[115] José Luciano Franco, *Revoluciones y conflictos internacionales en el Caribe, 1789-1854*, La Habana, Academia de Ciencias de Cuba, 1965, p. 162.

biblias metodistas[116], texto considerado subversivo y, además, legalmente injustificado en un país donde la religión católica era la única permitida. También en 1837 fue aprehendido, en el muelle del puerto de Matanzas, el jamaicano Jorge Davidson en la creencia de que difundía doctrinas peligrosas entre la esclavitud; una sospecha reforzada por la ocupación de varios libros y folletos subversivos. En verdad, Davidson resultó ser un personaje inquietante. Declaró haber estado en Matanzas en 1832 por espacio de tres años y más tarde desde el 13 de febrero de 1835. La primera vez procedente de Nueva Orleans, foco conspirativo de muy antigua actividad contestataria, y la segunda de Nueva York; en ambas ocasiones para ejercer, según él, su oficio de sastre por falta de empleo en los Estados Unidos[117].

La preocupación por las relaciones entre la gente libre de color y las dotaciones, en particular en las zonas rurales, era un temor que no cesaba nunca en toda la isla, con independencia del mayor o menor número de esclavos residentes en la localidad. Las propias alertas del gobierno ante el peligro de una invasión o de la propaganda procedente de las islas vecinas, estimulaban el recelo permanente en los funcionarios subalternos creando un clima en que se magnificaba, a veces, incidentes de escasa significación. Este estado de ánimo se refleja bien en el informe de Manuel de Jesús Mata, capitán del partido de Güira de Melena, al responder a una instrucción para la persecución de cimarrones en esa zona:

> Parece que la prudencia dicta no estar de más ninguna precaución si se considera el empeño maligno y tenaz con que el extranjero intenta nuestra ruina redoblando sus esfuerzos todos los días; crece por momentos el número de libertos que sin duda serán ayudados por las sociedades extranjeras, y que por otra parte se encuentran sumidos en la miseria, se ven faltos de industria o ejercicio que pudieran mantenerlos honradamente y, por fin, llenos de vicios como gente ineducada ni morigerada y sin otro capital que sus brazos y libertad, serán sin duda los mejores resortes en manos del extranjero[118].

---

[116] Rodolfo Rarracino, *Los que volvieron a África*, La Habana Editorial de Ciencias Sociales, 1988, p. 69.
[117] ANC, Comisión Militar Ejecutiva y Permanente, 17/1.
[118] Informe fechado en 10 de diciembre de 1837 en ANC, Gobierno Superior Civil, 616/19696.

Desde esta perspectiva se valoraban todos los acontecimientos que tenían lugar en la colonia dado que tanto los embajadores españoles como los espías situados en el Caribe informaban continuamente de conspiraciones, distribución de propaganda y acopio de dinero con el fin de crear intranquilidad en Cuba y lograr sublevaciones de los libres o los esclavos[119].

Claro está que la actividad conspirativa y las rebeliones de los negros, libres o esclavos, poco debía a la influencia de la propaganda extranjera. La resistencia tenía sus raíces en las condiciones de la realidad insular, y esa rebeldía, como la historia validaba, la generaba el sistema mismo. De ahí que las autoridades no cejaran un momento en el empeño de ahogar el germen cualquier tentativa de organización de la población libre de color, ilegalizando cualquier movimiento asociativo que no fuera el cabildo de nación para los africanos, puesto que a los criollos siempre se les había vedado ingresar en esas instituciones.

La constante preocupación de las autoridades por conservar la tranquilidad pública había creado un conjunto de dispositivos represivos que, en realidad, fueron efectivos entre 1825 y 1837 para impedir las grandes acciones contestatarias. Pero ya a mediados de 1838, brotaron síntomas de que un nuevo ciclo de subversiones comenzaba.

Hacia La Escalera
Alerta siempre el gobierno para cortar cualquier intento de organización de la población criolla blanca o de color libre, se ordenó a los capitanes de barrio denunciar a los que acostumbraban reunirse o asistían a las llamadas academias de baile. En el curso de una de esas pesquisas se comprobó la existencia de varias asociaciones clandestinas de los negros y mulatos que tenían por objeto aparente la ayuda mutua para sufragar los gastos durante las enfermedades o los costos de los entierros, pero también fines recreativos. Estas sociedades, con muy curiosas denominaciones como la de Habitantes de la Luna, Academia de Nuestra Señora de los Dolores, Sociedad Dinamarquesa y otras, coexistían con aquellas, también clandestinas, destinadas a las prácticas religiosas y al ñañiguismo. Uno de estos entramados subterráneos se descubrió en el popular barrio de Jesús María. A medida que se efectuaban registros en las casas de los implicados se constataba la existencia de sociedades no autorizadas. La sospecha de que éstas escondían fines políticos se reafirmó al conocerse a dos de los implicados, Pilar

---
[119] José Luciano Franco, *Revoluciones y conflictos... Opus cit.*, p. 165.

Borrego y León Monzón, quienes poseían antecedentes subversivos" de larga data.

Pilar Borrego era subteniente de Bomberos, natural de La Habana y contaba 51 años en el momento de su detención. Entre otros cargos en su haber constaba el de haber sufrido destierro por cuatro años en Puerto Rico como consecuencia de su participación en la conspiración encabezada por José Antonio Aponte en 1812[120]. Monzón, natural del habanero barrio de Jesús María, era tallista y capitán del Batallón de Morenos Leales y de 54 años. Se encontraron en su casa papeles y folletos comprometedores: las dos proclamas, fechadas en 11 y 13 de abril de 1823, de los Batallones de Morenos y Pardos de la capital respectivamente, dictadas en apoyo del régimen constitucional en España; el folleto Libertad y Tiranía, otro titulado ¡Republicanos en Barcelona!, y una Recopilación de la M. Catecismo de los APR de 1818 así como la Constitución Política de la Monarquía Española editada en la imprenta de Antonio José Valdés durante ese año[121]. Literatura que demuestra cuán honda y persistente era la convicción democrática en estos sectores.

Acusados de conspirar contra el legítimo gobierno de la Reina, Monzón y Borrego, con otros siete artesanos de color, fueron condenados a cuatro años de presidio en España y destierro perpetuo para todos. Aunque el Capitán General calificó el incidente de importancia menor en su correspondencia con la corte, subrayó el hecho no obstante de que ese sector de la población estaba organizándose en sociedades, lo que constituía una evidente trasgresión de la legalidad y un peligro evidente.

Las medidas para reprimir tal propensión fueron decretadas de inmediato. En octubre de ese año, la Reina aprobó la propuesta del gobernador para cerrar las academias de baile de los negros porque "si antes las reuniones de esta clase no han tenido un objeto criminal, la prudencia aconseja ahora alejar todo pretexto de que pudieran valerse los díscolos"[122]. El 29 de noviembre y el 4 de diciembre, en comunicaciones reservadas, el ministerio correspondiente ordenaba ejecutar un conjunto de regulaciones respecto a la población negra, enfatizando que se ejerciera la más activa vigilancia sobre las milicias disciplinadas y urbanas de color autorizándolo para actuar ante cualquier síntoma de "deseo de innovaciones en sus cuerpos"[123].

---

[120] ANC, Comisión Militar Ejecutiva y Permanente, 23/1, primera pieza.
[121] ANC, Asuntos Políticos, 40/21.
[122] ANC, Asuntos Políticos, 40/28.
[123] ANC, Asuntos Políticos, 40/31.

Desarticulados los núcleos, al parecer los más activos, de promotores de sociedades y de potencias ñáñigas, ya que en la misma causa judicial se incluyeron ambos grupos, las autoridades insulares estaban lejos de suscribir los informes tranquilizadores que periódicamente enviaba el Capitán General a la Corte. Los intentos de sublevaciones en Guantánamo y Trinidad, la incapacidad para liquidar totalmente la cimarronería, incluso en las zonas pobladas de La Habana y Matanzas, la actividad de los abolicionistas y el evidente renacimiento de la organización de los sectores libres de color impuso a las autoridades insulares una evaluación política del problema. A tal efecto fue requerida la intervención de la Real Audiencia Pretorial de La Habana y de la Real Audiencia de Puerto Príncipe.

La atención principal se dirigió, desde luego, al sector libre. En un informe al gobernador interino de Santiago de Cuba se decía

> No es la esclavitud la que más temible se presenta, esa prodigiosa cantidad de libertos y descendientes de ellos, muchos de ellos ricos y todos más o menos resentidos contra los blancos, esa clase [...] es la que ofrece temores más fundados. Su carácter en general es rencoroso, vengativo y osado y no carece de cierta sutileza en discurrir y cierta hipocresía exterior con que afecta resignación a lo mismo que detesta con todo su corazón. España debe dar gracias a dos circunstancias que hasta ahora han imposibilitado a la gente libre de color de emprender cosa alguna y son a mi entender la misma inmoralidad y sensualidad de esta clase que la hace dedicarse exclusivamente a los placeres de los héroes que la enervan y tienen envilecida; y la absoluta ignorancia y falta de ilustración que le impiden hacer grandes combinaciones, particularmente políticas[124].

A pesar de reconocer estas limitaciones, el informante creía peligroso que el gobierno descartara tomar medidas oportunas que frenasen todo intento de movimientos parciales o insurrecciones más amplias. En su opinión la circunstancia de ser libre ya no constituía un valladar entre éstos y los esclavos, se habían borrado las querellas intestinas que dividían a los negros en la servidumbre y en el estado de libertad y, ahora, todos cifraban en este país sus intereses y esperanzas, por ello opinaba que "esta clase está expedita para conspirar bien sea por seducciones extranjeras, bien por movimientos propios"[125].

---
[124] El informe está fechado en 22 de octubre de 1839. ANC, Asuntos Políticos, 135/15.
[125] Idem.

Sin embargo, era muy compleja la adopción de una política de atracción. El fiscal de la Audiencia de Puerto Príncipe opinaba que "sería aún mayor imprudencia acabarse de enajenar la voluntad de la clase libre de color y hasta darla a entender con medidas generales represivas que se sospecha de ella, en lugar de trabajarse por ganarla" puesto que el fin a que tenía que aspirarse era apartarla cuanto fuese posible de favorecer y fundirse con los esclavos[126]. A tal fin creía posible lograr ese objetivo otorgándole concesiones que mejoraran su posición social, en especial por la facilitación del ingreso gradual de su descendencia en la masa de la población blanca halagando con ello su amor propio. No obstante, el conjunto de sugerencias que tendían a cortar los contactos de las dotaciones con los libres no aportaban una sola iniciativa en la dirección de las concesiones a éstas.

Por el contrario, para los esclavos rurales se pidió el reforzamiento del control ya establecido. Se debía tender a que, durante la semana santa, no se permitiese su concurrencia a las ciudades y pueblos donde era frecuente el contacto con los libres, y, recordaba el fiscal, en apoyo de su recomendación, que las revueltas estallaban justamente durante esos días. También las fiestas de la navidad propiciaban esos indeseados contactos. Sugería entonces que se dictase un bando disponiendo que ningún esclavo del campo o de la ciudad pudiese circular después del toque de oración de las tardes y que a los libres se les impidiese reunirse en número mayor de cinco, ratificando la prohibición de salir después de las diez de la noche, como ya estaba regulado por bandos.

De la misma manera recomendaba reducir a una reunión anual las actividades de los cabildos de nación "suprimiéndose asimismo todos los tangos y atabales particulares de entre semana que sólo se toleren en los días festivos de ambos preceptos y aún en ellos hasta el toque de oración únicamente de la tarde y dentro de la finca o en paraje muy central del pueblo respectivo"[127]. Y reiteraba la necesidad de impedir a toda costa la venta de pólvora, balas y armas de toda especie en las tabernas y bodegones, sitios en los que solían abastecerse los complotados de una u otra condición.

En realidad, no se trataba de nuevas regulaciones, pues la mayor parte estaba contenida en los Bandos de Buen Gobierno desde tiempos atrás. Pero su periódica reiteración da cuenta de las dificultades para su observancia efectiva. Múltiples lazos unían al sector libre con su contraparte en esclavitud: vínculos familiares, parentesco tribal o religioso y,

---

[126] Ibidem, Informe del 4 de abril.
[127] Vid también Manuel Barcia, *Con el látigo de la ira..*, Opus cit.

no menos importante, continua relación durante los procesos productivos y de servicios en que se mezclaban ambos. A pesar de la represión y de una política divisionista que en determinados momentos tuvo éxito parcial, nunca pudo imponerse un estricto régimen de castas que frenase relaciones y hasta fusiones entre unos y otros, proceso social en que debe incluirse también a un segmento de los blancos menos favorecidos. Lo mismo ocurrió con la pretensión de mantener en completo aislamiento a las dotaciones rurales de cada plantación.

Lo cierto es que las medidas de control, reforzadas a fines de los años treinta, ya se juzgaban insuficientes para sofocar la agitación del segmento libre de la población de color y de los esclavos. El fiscal de la Audiencia había puesto el dedo en la llaga al reclamar que se abriesen vías pacíficas que posibilitaran la realización de algunas de las demandas más anheladas por ellos sin que tales concesiones hicieran peligrar la estabilidad del sistema. El gobierno trató de articular, en difícil equilibrio, la represión y el buen trato, pero ya era tarde. El nuevo reglamento para los esclavos de 1842[128] fue promulgado en el transcurso de una ola de sublevaciones temibles.

Un lustro de grandes alzamientos

Ya desde 1837 se apreció la recurrencia de alzamientos en las zonas rurales. Hacia fines de ese año se descubrió en la zona oriental un nuevo complot de los esclavos, denunciado por uno de ellos, y que abarcaba una amplia zona de Guantánamo. Según declaró el delator Azor, el levantamiento comenzaría el 3 de septiembre en que

> [...]debían dar el golpe matando a todos los blancos del partido de Aguacate, coger porción de armas que tiene(sic) guardadas, seguir matando blancos y reuniendo los negros de las haciendas, entrar en el Tiguabos, matarlos a todos a excepción del cura, seguidamente llegar a Santa Catalina, asesinar al destacamento y además blancos, recoger sus armas y pasar a Montliban y que luego que el gobierno de [Santiago de] Cuba tuviese noticia mandaría tropa y como ésta, cuando va de marcha fueran anda desunida, estarían emboscados y conformes pasando los irían matando, cogiendo sus armas, lo cual conseguido, pasarían a Cuba [...].[129]

---

[128] Reproducido en Fernando Ortiz, *Los negros esclavos,* La Habana, Editorial de Ciencias Sociales, 1975, pp. 439-452.
[129] ANC, Asuntos Políticos, 134/14.

El esclavo denunciante implicaba en el intento a todos los negros y mulatos libres de la región, aunque no podía nombrar a ninguno de ellos porque, según el patrón de conducta observado por los siervos rebeldes en casi todos los casos, en cada finca sólo uno conocía a los complotados y era el encargado de hablar y dirigir a los demás. Las cabezas visibles de la trama resultaron ser dos esclavos de Fernando Toreau, el contramayoral Yantí y Félix, quienes fueron rápidamente detenidos[130] y remitidos a la ciudad de Santiago para su procesamiento judicial. A pesar de que se efectuó una extensa sumaria no se pudo vincular este movimiento con una supuesta labor clandestina en combinación con los habitantes de Haití. En realidad, los motivos para el alzamiento parecen hallarse en las condiciones materiales en que se mantenían las dotaciones. Uno de los comisionados enviados especialmente por el gobernador de la ciudad para inquirir posibles nexos del complot con Jamaica y Haití decía que los esclavos no se quejaban del trabajo ni de la asistencia durante sus enfermedades, pero que "en lo que toca a alimentos no les dan carnes ni otra salazón ni mas que los domingos una pequeña medida de sal y dos horas cada día para que con ellas se suministren hasta de vestido, no teniendo por esto más días que los domingos y el día de año nuevo, día en que les hacen regalo de una gran comida y un vestido entero"[131]. Un manejo, por otra parte, que reproducía el trato habitual dado por los franceses a los siervos en sus plantaciones de Saint Domingue.

Refería también que, mientras en el partido de Santa Catalina las fincas todas tenían mayorales blancos y además vivían sus dueños en ellas, en el de Tiguabos existían muchas pertenecientes a mulatos que las administraban directamente y otras contaban con mayorales también pardos que eran contratados por los propietarios.

Sucedió a este complot, destruido antes de estallar, el descubrimiento de un movimiento que preparaba una de las grandes sublevaciones del período. Una profunda agitación era perceptible desde antes entre las dotaciones de la zona trinitaria. Dado que la jurisdicción de Trinidad, en lo que respecta a la sección central de la isla, constituía el más importante enclave azucarero y cafetalero del territorio los desórdenes allí, cualquiera que fuera su naturaleza, alcanzaban una repercusión potencialmente expansiva.

---

[130] El capitán pedáneo de Tiguabos, Francisco Solano Soto, ordenó liberar a los negros libres y trató de persuadir a los propietarios de que enviaran fuera de la isla a los dirigentes del complot, evadiendo un costoso proceso judicial, pero su intento no tuvo éxito.
[131] Informe de Alonso Sánchez. ANC, Asuntos Políticos, 134/14.

Al comenzar el año de 1838 estalló uno de esos motines que ponían en desbandada a los espantados vecinos y a la tropa regular de los contornos. En el mes de enero, durante la noche del día de Reyes, los esclavos del ingenio San Isidro de Manacas acordaron alzarse porque, según uno de los jefes de la conspiración Hilario gangá Armenteros, "no estando bien asistidos por su amo ni en alimentos, ni en vestuario, privándoles de todo recurso para tener conucos en que criar sus cochinos y hasta de tomar guarapo ni tocar el tambor como sucede en todos los ingenios", tenían que rebelarse[132]. Esta situación llegó a ser intolerable para la mayor parte de la dotación tal como se desprende de los propios testimonios de los esclavos. José María gangá Armenteros exponía que se sublevaron porque *los blancos castigan mucho y no dan descanso y qué comer*[133], y lo mismo declaró Evangelista gangá Armenteros así como otros implicados más.

Los días festivos de Pascuas se consideraban ideales para iniciar los alzamientos – lo mismo que los domingos– pues en esas fechas se permitía una inusual libertad de movimiento a los siervos. Y así acordó un grupo de los más enérgicos esclavos iniciar la rebelión en la fecha fijada. Pero por razones desconocidas dilataron la resolución hasta el día 6 de enero, en que una nueva negativa del mayoral a autorizar que se tocara tambor, hizo brotar la chispa. Encabezados por Baltasar, Clemente, Hilario –todos de nación gangá–, José María congo, Jorge, Paulino y Sixto, un total de 29 esclavos de la dotación intentaron sublevar a los demás y matar al mayoral. Este pudo finalmente huir gracias a la providencial ayuda de los negros Julio y Jerónimo, quienes se opusieron al ajusticiamiento; comportamiento que costó la vida al primero y numerosas heridas al segundo a manos de sus compañeros enfurecidos.

Con la intención de reunir más gente, o porque ya existía una previa inteligencia para secundar la revuelta, los alzados se dirigieron al contiguo potrero El Quemado, propiedad también de su amo Juan Bautista Armenteros, donde se unieron a la partida otros 16 siervos. Allí trataron igualmente de ajusticiar al mayoral que salvó la vida gracias a su rápida huida. Incendiaron las casas y ya en grupo de 45 se retiraron hacia las lomas de Pitajones.

Hasta ese momento el movimiento no parecía otra cosa que la habitual protesta articulada cuando los esclavos querían mejorar sus condiciones de trabajo u obtener algunos derechos, si bien en este caso los

---

[132] ANC, Miscelánea de Expedientes, 1196/A.
[133] ANC, Miscelánea de Expedientes, 1113/Ad.

intentos de eliminar a los mayorales y de destruir las instalaciones de las fincas teñía a la revuelta con rasgos de violencia no usuales para esta forma de resistencia. Las autoridades y los hacendados suponían que el siguiente paso de los alzados sería refugiarse en el monte para apalencarse, o bien, mantenerse allí en espera del momento propicio para negociar su retorno a la plantación, luego de obtener la promesa de que se cumpliría con sus demandas. Sin embargo, no ocurrió así. Al siguiente día, la banda bajó de la sierra en dirección al ingenio Santa Isabel, de Pedro Gabriel Sánchez. En el trayecto encontraron a cuatro blancos y un negro quienes, al ver a los amotinados, trataron de escabullirse sin que el anciano José Rodríguez Cuéllar lograra su propósito siendo ejecutado en el acto.

La banda prosiguió su ruta hasta las nueve o diez de la noche en que entraron en el ingenio de Sánchez a viva fuerza, según relató Hilario gangá. Un testigo excepcional, María Caridad González, esposa del mayoral José Rafael Pérez, describió esa noche de horror para los blancos

> [...] entraron en la finca los sublevados a tambor batiente y con voces de Viva Armenteros, que sobrecogida y asustada la exponente ya por haberse separado su esposo y ver la finca circundada de aquellos perversos, ya por tener tres niños de tierna edad que favorecer [...] trató de asegurar la puerta del cuarto en que se guarecía con sus hijos y el contramayoral don Vicente Miranda [...] que enseguida se abalanzaron a forcejear la puerta, la que consiguieron desquiciar, viéndose perdidos la deponente con sus hijos y el contramayoral; éste salió por medio de aquella turba de asesinos, los cuales lograron matarlo [...][134].

Más adelante refiere que los esclavos entraron en el cuarto y trataron de arrebatarle a sus hijos, apartando al mayor de nueve o diez años, a quien el amotinado Jorge mató de un golpe de machete, al tiempo que le aseguraban que no tuviese miedo, que ellos no mataban mujeres y sí varones. Le recomendaron enfáticamente que saliera del ingenio pues le prenderían fuego. Al cabo, los sublevados le encargaron también que dijera a los blancos que eran hombres como ellos y que si hoy Trinidad era de los blancos que mañana sería de ellos[135].

Antes de incendiar la finca se apoderaron de varias armas de fuego, de alguna ropa y dinero. Allí se les unieron sólo cinco o seis escla-

---

[134] Idem.
[135] Idem.

vos del ingenio cuya dotación ascendía a la cifra de noventa. Avisados por el mayoral Pérez, la tropa y partidas de vecinos lograron penetrar en la plantación y poner en fuga a los alzados.

Los rebeldes volvieron a las lomas, pero situaron a varios de ellos en el llano para que les informaran del movimiento de los soldados. José María congo Armenteros, de la dotación del Sitio de las Cuevas, avisó días más tarde del ataque al Santa Isabel, que la tropa había retornado a la ciudad y que sólo quedaba una pequeña partida custodiando el ingenio de Sánchez. Creyeron entonces los esclavos que había llegado el momento de reiniciar los ataques. Esta vez, los alzados se encaminaron hacia el ingenio Mainicú, de Juan Guillermo Bécquer, invadiendo el fundo el día 12 y destruyendo parte de las instalaciones y la maquinaria con pérdidas que se consideraron de mucha gravedad. Un grupo de siete esclavos se unió a la banda, tras una encarnizada lucha en que resultó muerto un soldado y cinco o seis por parte de los atacantes.

En relación con el número de esclavos que formaban la dotación de estos tres ingenios –alrededor de 500 en total– la incorporación al grupo de amotinados fue escasa. Incluso Crispín congo Armenteros, del potrero El Quemado, decía que las tres mujeres del Mainicú fueron incorporadas por sus carabelas, aunque no obligadas a ello, mientras Hilario gangá creía que éstas fueron "más bien por fuerza, no así los varones" que en número de cuatro se les unieron voluntariamente[136]. En cambio, varios cimarrones que, desde antes de la sublevación se hallaban en las lomas, se incorporaron de inmediato a la banda.

Quizás esta débil colaboración obligó a los alzados a reconsiderar las acciones futuras. Las batidas constantes que siguieron al ataque del ingenio Mainicú, aconsejaron la conveniencia de que los amotinados se dividieran en grupos más pequeños para eludir la persecución con mayores probabilidades de éxito. Baltasar gangá Armenteros quedó de capitán de uno de ellos. Pero, pese a que la difusión de la sublevación pudo ser contenida, ni la muerte, ni la presentación de algunos de los rebeldes, lo que debilitó el núcleo insurrecto inicial, logró no obstante liquidar totalmente la fuente de la insubordinación.

La preocupación en los vecinos crecía a medida que los esclavos detenidos o presentados a las autoridades declaraban acerca del origen y de los propósitos del movimiento.

Uno de los jefes, Hilario gangá, sin ningún temor declaró que el proyecto tenía el fin de "matar todos los blancos, excepto las hembras

---

[136] ANC, Miscelánea de Expedientes, 1196/A.

[...] destruir e incendiar los ingenios" y que, sin contar con otros auxilios que sus propias fuerzas y recursos, esperaban alcanzar la libertad[137]. José María congo, por su parte, reafirmaba el propósito de liberarse y añadía que para lograrlo atacarían la ciudad de Trinidad. Y el joven gangá José María Armenteros decía haber oído "a los negros viejos que se iban a reunir en el monte para guerrear con los blancos, matándolos a todos y ser libres como ellos"[138].

Declaraciones tan explícitas de un número más o menos amplio de implicados, el hecho de que la insubordinación comprendiese las dotaciones de varias fincas y las sospechas de que una concertación aún mayor entre los esclavos pudiese existir, mantenía a las autoridades en continua vigilancia. La circunstancia de que sólo Hilario gangá, de entre los jefes, había sido capturado infundía un justificado temor ante la probable reorganización de los alzados. Se sabía, por supuesto, que otro de ellos, Jorge, había muerto posiblemente en las lomas. José María congo, del Sitio de las Cuevas, relataba que, estando con el grupo capitaneado por Baltasar gangá en la Cueva del Cigarro, encontró herido al negro Jorge, quien portaba el machete del contramayoral asesinado y se lo entregó afirmando *ya yo no puedo llevarlo, tómalo tú para que te defiendas de los blancos*[139]. En cambio, Juan José y el mismo Baltasar continuaban prófugos.

Las batidas contra los amotinados dispersos prosiguieron en los meses siguientes. El 3 de mayo, el capitán del partido de Río de Ay informaba al gobernador militar de Trinidad acerca de un encuentro con varios cimarrones. Y a pesar de los esfuerzos conjuntos de los vecinos y de la tropa, algunos evadieron el cerco. Aunque el movimiento no se había sofocado por completo, el 14 de mayo se dio por concluida la causa condenando a siete esclavos a ser fusilados por la espalda, entre ellos a Baltasar y Juan José todavía en libertad, así como a penas de presidio para otros más[140]. Sin embargo, la rebelión no fue abatida. Todavía durante el proceso de captura de los amotinados y la sustanciación de la causa se descubrió otra conspiración aún más seria, pues sus jefes eran esclavos urbanos propiedad de algunas autoridades de la región, incluidos importantes regidores de la villa.

El 6 de abril, el pardo libre Tomás Iznaga se presentó al gobernador de Trinidad para delatar una conspiración de vastas proporciones

---

[137] Idem.
[138] ANC, Miscelánea de Expedientes, 1113/Ad.
[139] ANC, Miscelánea de Expedientes, 1196/A.
[140] Diez fueron condenados a prisión fuera de la isla por diez años y 9 esclavos a trabajar en sus plantaciones con grillete por 6 y 8 años.

que se desarrollaba ante las narices de las autoridades. Según Iznaga, el esclavo Alejandro gangá Roselló le había hablado para que se incorporase al plan. La rebelión debía estallar *el próximo viernes santo, a la hora de la procesión del santo entierro* y los negros de varios ingenios habían convenido en desertar la noche de ese día para reunirse con los de la ciudad, "sorprender el parque de artillería, el cuartel, los guardias del Señor Comandante General y de su Señoría para quitar sus generales a los blancos, matar e incendiar la ciudad por varios puntos"[141].

Ya detenido Alejandro gangá Roselló confirmó lo dicho por Iznaga, aclarando que dos meses antes Esteban criollo, esclavo del coronel Manuel Ussel de Guimbarda, le insistía para que tomara parte en la revolución. En ella también participarían los esclavos fugados del Manacas y otros ingenios de la revuelta de enero; entre éstos Ambrosio, "que es uno de los pocos que quedan de aquel levantamiento, ha venido muchas veces a esta ciudad a verse con Esteban [...] camina de noche y de noche entra teniendo una licencia con otro nombre y figurando otro amo para que no lo cojan las partidas si lo encuentran"[142].

A su vez, Esteban criollo atribuyó a Alejandro la iniciativa del reclutamiento aduciendo que continuamente le hablaba del alzamiento y de la posibilidad de que todos los esclavos de Trinidad fuesen libres pues ellos no son menos que los negros de Santo Domingo que quedaron con la tierra y echaron a los blancos. Esteban quedó encargado de concertar con los arrieros negros que, desde los ingenios, venían a diario a la ciudad para que preparasen a los esclavos de las fincas. Pero en éstas, las medidas de seguridad se habían reforzado desde el motín del Manacas-Armenteros; Sebastián gangá, arriero de este ingenio, aseguró a Esteban que era dudoso que su dotación concurriera al levantamiento proyectado, "porque su amo no les permitía salir ni a la taranquela (sic)" a causa del levantamiento previo allí ocurrido. Otro arriero, Manuel Antonio gangá Campos, del ingenio Ramón(a) Rabo de Zorra, aseguró que Esteban ya tenía involucrados en el plan a las dotaciones de casi todos los ingenios de la comarca menos el suyo, el de Aguas Hediondas y el Goatzalcualco. Días más tarde, Ildefonso ibó Echemendía, arriero de este último ingenio, entregó a Manuel Antonio gangá un papel de Esteban destinado a un negro de la finca – que no mencionó en su descargo – relacionado con el plan de sublevación. Capaz de leerlo declaró no haberlo hecho hasta el sábado 7 de abril y

---

[141] ANC, Comisión Militar Ejecutiva y Permanente, 18/9, 2da. pieza.
[142] Idem.

que impuesto de su contenido determinó entregarlo al señor don Vicente, administrador del ingenio Rabo de Zorra.

Alertados de que otro levantamiento se estaba organizando, las autoridades, y ante todo los propios hacendados, iniciaron las pesquisas con el empleo, como era habitual, de la intimidación y de los azotes. Entre el 10 y el 12 de abril, los amos organizaron procesos inquisitoriales en sus propias fincas; conducta que preludia los horrores de La Escalera. El terror se desató en el ingenio Ramón de María del Carmen Campos, el Manacas-Iznaga de Alejo Iznaga, el Destiladeros de Sebastián Palacios, el Goatzalcualco de Manuel de Echemendía, el Iguanojo de Rodrigo Valdés Bustos, el Magua y el Corojal, ambos de Pedro Iznaga, cuyas dotaciones suponían implicadas en el plan de rebelión. El número de esclavos de estas fincas en conjunto sobrepasaba la cifra de ochocientos.

De los testimonios recogidos se desprende que, en efecto, la conspiración estaba en marcha y pudo ser abortada sin otro incidente que la muerte del mayoral Turiño a manos de la dotación del potrero Sitio Adentro, propiedad de José Antonio Ponce. Pero parte de los comprometidos pudieron huir al monte y engrosar las bandas cimarrones que constituían un peligro permanente para las plantaciones.

El 12 de septiembre fueron condenados a fusilamiento por la espalda y mutilación de sus cabezas Esteban criollo Guimbarda, Alejandro gangá Roselló, Claudio gangá, Juan de la Cruz Iznaga y Manuel Santa Rosa. Otros treinta recibieron sentencias de diez años de presidio en Melilla[143].

Los sucesos de Trinidad constataban que, de manera creciente, se estaba produciendo la confluencia de los movimientos de los esclavos y de los negros libres. Este fenómeno era perceptible también en las confabulaciones y la actividad de la población de color en las ciudades donde la antipatía por la pervivencia del régimen esclavista ganaba terreno en la conciencia popular.

Dos grandes rebeliones ocurridas en marzo y noviembre de 1843 en el centro azucarero de Matanzas pusieron de manifiesto una vez más la capacidad de organización de los esclavos. El primero de ellos estalló en la noche del 26 de marzo en el ingenio Alcancía. Allí unos cien esclavos de ambos sexos, al son de sus tambores, armados de machetes y palos salieron al camino para dirigirse a los ingenios circundantes La

---

[143] Al delator, Tomás Iznaga, se le confirió el grado de subteniente de Urbanos Pardos de Trinidad, en premio a sus servicios. Idem.

Luisa, Trinidad, Las Nievas y el cafetal Moscú con el fin de engrosar sus filas. Fortalecidos así se encaminaron al pueblo de Bemba [Jovellanos] donde un contingente de esclavos trabajaba en el almacén del ferrocarril, una parte de los cuales se les unió. Las autoridades estimaron que 465 personas conformaron el grupo rebelde, aunque esa cifra oscila en dependencia del momento del alzamiento.

En el transcurso del levantamiento, sofocado el día 28, los esclavos ejecutaron a 7 hombres, incluso a los contramayorales Domingo y José María, congos ambos, y a Jacinto brícamo por oponer resistencia a la revuelta, e hirieron a seis más. No obstante, contrasta este número con las muertes en las filas de los rebeldes como consecuencia de la represión brutal del alzamiento: 8 fusilados y más de 120 masacrados durante la persecución[144].

Pero la crueldad de las autoridades y las partidas poco influían en el ánimo de los esclavos, empeñados en obtener su libertad. Pocos meses más tarde se repetía un movimiento similar. El domingo 5 de noviembre se alzaba la dotación del ingenio Triunvirato. Agrupados hombres y mujeres salieron al camino para visitar los ingenios vecinos Acana, San Miguel, La Concepción y San Lorenzo con el objetivo de incorporar nuevas fuerzas. Copados en el San Rafael fueron abatidos con el resultado de 56 muertos, 17 heridos y cerca de 70 prisioneros. El proceso condenó a ocho de los presos a la pena de fusilamiento, la esclava Fermina entre ellos una lucumí con larga trayectoria de cimarrona y a otros tres más que se mantenían prófugos. El tribunal obró con suma dureza, tal vez bajo los efectos de que se trataba de una segunda sublevación de gran magnitud en muy corto tiempo y en la misma región, pues amplió la represión para condenar, además, a que dos esclavos de las dotaciones del Acana, Concepción y San Miguel fuesen fusilados también para escarmiento y advertencia al resto de los siervos[145].

A diferencia de la rebelión de Alcancía, en ésta no se detectó la inquietante colaboración de negros ni mulatos libres, fenómeno que ya constituía una de las características permanentes de las grandes revueltas. Todavía a principios de diciembre de 1843 cuando Polonia, negra esclava del hacendado Esteban Santa Cruz de Oviedo, denunció otra conspiración para las venideras pascuas en varios ingenios con el "único y detestable objeto del incendio" de todas las propiedades y para ocasionar la muerte a sus dueños, provocando "el exterminio y desolación de

---
[144] ANC, Comisión Militar Ejecutiva y Permanente, 29/5, tercera pieza.
[145] Ibidem, 30/3.

todo el que se opusiese a tan bárbaro plan"[146], las autoridades no detectaron la participación de personas libres.

Sometidos a un juicio sumario el 21 de diciembre en el pueblo de Sabanilla del Encomendador, un nutrido grupo de esclavos, pertenecientes a diferentes plantaciones azucareras, fueron condenados: dieciséis de ellos a la pena de fusilamiento, otros a 10 años de presidio con ramal y grillete en la fortaleza de La Cabaña y el resto, hasta completar la cifra total de 35, a 4 años de presidio con ramal y grillete en las fincas de sus amos más cien azotes.

La denunciada conspiración abarcó una parte de los ingenios más importantes del emporio matancero: el Santísima Trinidad de Esteban Santa Cruz de Oviedo, el Jesús María de María Josefa de Oviedo, los dos ingenios de Domingo Aldama, Santa Rosa y Santo Domingo, el Majagua de Gonzalo Alfonso y La Trinidad de Francisco Hernández Morejón, quien tan brutal papel jugaría posteriormente durante los procesos inquisitoriales del año del cuero[147]. Pues es aquí, con la sustanciación de esta causa, que se inicia en realidad el proceso conocido como La Escalera.

La frecuencia de alzamientos y conspiraciones abortadas o realizadas durante los años de 1837 a 1843 avivaron el miedo a un desastre inminente que ninguna medida, ni la existencia de numerosas fuerzas armadas en el territorio, lograba debilitar. Es el temor más profundo el que nutre la brutalidad de la represión subsiguiente a la denuncia de Polonia. Sanciones muy severas para acusados sólo de conspirar, pues el movimiento fue desarticulado antes de nacer.

Los procedimientos expeditivos, al margen de la precaria justicia institucionalizada, darán la tónica de las investigaciones ulteriores que, como un reguero de pólvora, se vuelcan sobre las dotaciones de los ingenios en Matanzas, la sección oriental de La Habana y la occidental del departamento central de la isla. La brecha abierta por la denuncia de la esclava de Oviedo inicia una etapa dramática para la población de color de Cuba y su recuerdo constituirá un símbolo del horror inherente a la esclavitud y la dominación colonial, porque La Escalera es, ante todo, un reflejo magnificado de los mecanismos brutales operantes en todo sistema esclavista.

Las múltiples causas abiertas por la Comisión Militar y Ejecutiva Permanente suman miles de folios y describen, con particular minuciosidad, cada acto, cada pensamiento, cada palabra imprudente de los escla-

---

[146] Acta del consejo fechada a 21 de diciembre de 1843. ANC, Gobierno Superior Civil, 948/33527.
[147] Idem.

vos de las plantaciones y de los libres de color a ellos emparentados o vinculados por lazos de amistad. Más de 3000 personas, entre ellas 96 blancos, sufrieron prisión o condenas de fusilamiento a consecuencia de las pesquisas inquisitoriales y de su extremado rigor da cuenta el número de fallecidos como resultado del castigo físico y de las condiciones pésimas en las prisiones.

Un estimado de la época registra el resultado del proceso: 78 ejecutados, 328 condenados a presidio por diez años, 652 de uno a ocho años y otros 312 a prisión entre uno y seis meses. A no menos de 430 negros y mulatos libres se les envió al destierro por considerar peligrosa su residencia en la isla, aunque ninguna culpa se les comprobó[148].

El gobierno insular adujo para justificar la escalada de encarcelamientos, prisiones ilegales y bestiales castigos desatada desde el mes de diciembre de 1843 que disponía de datos fidedignos acerca de una vasta conspiración dirigida por negros y mulatos libres para eliminar a la población blanca, liberar a los esclavos y constituirse en poder. Contemporáneos a los sucesos y, posteriormente algunos historiadores han negado la veracidad de esta tesis, argumentando que la llamada *Conspiración de La Escalera* no fue otra cosa que una manipulación de las autoridades con el fin de frenar la ola de alzamientos de los esclavos y de liquidar a los elementos más activos y prominentes de la población libre de color.

Investigaciones recientes[149] han demostrado, por el contrario, que sí existían núcleos conspirativos en las ciudades y proyectos de alzamiento más o menos coordinados en una amplia zona del occidente de la isla. Todavía se desconoce si, como afirmaban las autoridades, las personas libres de color llegaron a constituir un centro director único de ambos movimientos, pero las evidencias documentales validan la existencia de varias redes conspirativas de esclavos y libres trabajando durante el mismo lapso de tiempo, con o sin conexiones entre ellas. Por otra parte, la actividad desplegada por unos y por otros en el período histórico anterior respalda la creencia de que estos sectores habían alcanzado un nivel organizativo, una experiencia de lucha y una conciencia clara de sus intereses y, en consecuencia, estaban en condiciones de plantearse objetivos

---

[148] Véase Vidal Morales y Morales, *Iniciadores y primeros mártires..., Opus cit.*, t. I, p. 327.
[149] El estudio más completo, hasta hoy, de La Escalera, es el de Robert Paquette, *Sugar is Made with Blood. The Conspiracy of La Escalera ant the Conflict between Empires over Slavery in Cuba*, Middletown, Wesleyan University Press, 1988. Vid, además, Rodolfo Sarracino, *Inglaterra, sus dos caras en la lucha cubana por la abolición*, La Habana, Editorial Letras Cubanas, 1989.

más ambiciosos. Desde este punto de vista, La Escalera sintetiza más de cincuenta años de ensayos, descalabros y victorias parciales en la lucha de los esclavos por su libertad y de la población libre de color por la igualdad civil tan fieramente anhelada.

No cabe duda, es preciso señalarlo, que la trama descubierta fue convenientemente manipulada por el Capitán General Leopoldo O´Donnell para desatar una sangrienta represión, desterrar a numerosos negros y mulatos y anular una parte de los derechos conquistados por los esclavos en décadas anteriores. De su correspondencia con los ministros del gobierno central se desprende que la política al respecto giraba hacia la extrema derecha. Sirva a guisa de ejemplo la revisión del reglamento elaborado durante el mando de su antecesor Jerónimo Valdés; ahora se ordenó la inmediata eliminación en el texto de los artículos que normaban el trato, la alimentación y la cuantía de los castigos tendencia que retrotraía la situación de los esclavos a la indefensión prevaleciente antes del proyectado Código Carolino.

Después de 1845 se produjo una natural paralización de la actividad contestataria hasta entonces creciente. Durante los años subsiguientes, nuevas condiciones políticas y sociales, tanto al interior de la isla como internacionales, favorecerían la articulación de un movimiento que conduciría, finalmente, a la guerra de 1868.

EL ESTADO-NACIÓN O LA "CUBANIDAD": LOS DILEMAS DE LOS PORTAVOCES DE LOS CRIOLLOS CUBANOS DE LA ÉPOCA ANTES DE LA ESCALERA.

Josef Opatrný
Universidad Carolina de Praga

Formulando el título de su famoso estudio Nación o plantación[1] Manuel Moreno Fraginals abrió hace más de medio siglo la discusión que continúa en diferentes formas hasta hoy día. Los especialistas en la historia cubana aprovechan la tesis de Moreno para presentar sus opiniones sobre la problemática del pensamiento político en Cuba en el siglo XIX y en la de la formación de la nación[2] aceptando en muchos casos el

---

[1] Trabajo realizado en el Proyecto PB2003-2687 (MCYT) Manuel Moreno Fraginals, "Nación o plantación (El dilema político cubano visto a través de José Antonio Saco)", *Homenaje a Silvio Zavala*, México, Colegio de México, 1953, pp. 243-272.
[2] Sobre la problemática "nacional" en el caso de Cuba véase esp. Rafael Soto Paz, *La falsa cubanidad de Saco, Luz y Del Monte*, La Habana, Editorial "Alfa", 1941; Elías Entralgo, *La liberación étnica cubana*, La Habana, Imprenta de la Universidad de la Habana, 1953; Jorge Castellanos, *Tierra y Nación,* Santiago de Cuba, Editorial Manigua, 1955; Carlos Chain Soler, *Formación de la nación cubana*, La Habana, Ediciones Granma, 1968; Sergio Aguirre, "Nacionalidad, nación y centenario", *Eco de caminos,* La Habana, Editorial de Ciencias Sociales, 1974, pp. 401-118; Jorge Ibarra, *Ideología mambisa*, La Habana, Instituto Cubano del Libro, 1967; Jorge Ibarra, *Nación y cultura nacional*, La Habana, Editorial Letras Cubanas, 1981; Josef Opatrný, *Antecedentes históricos de la formación de la nación cubana, Ibero-Americana Pragensia*, 3, 1986; Gerald E. Poyo, *"With All, and for the Good of All". The emergence of Popular Nationalism in Cuban Communities of the United States, 1848-1898,* Durham, N. C, 1989; *Identidad nacional y cultural de las Antillas hispanoparlantes, Ibero-Americana Pragensia*, 5, 1991; Miriam Fernández Sosa, "Construyendo la nación: Proyectos e ideologías en Cuba, 1899-1909", Consuelo Naranjo Orovio, Miguel Ángel Puig-Samper y Luis M. García Mora (eds.), *La nación soñada: Cuba, Puerto Rico y Filipinas ante el 98*, Madrid-Aranjuez, Ediciones Doce Calles, 1996, pp.123-129; Eduardo Torres Cuevas, "Patria, pueblo y revolución: conceptos base para la historia de la cultura en Cuba", *Nuestra común historia. Cultura y Sociedad,* La Habana, 1993, pp. 1-22; Jorge Ibarra, "Cultura e identidad nacional en el Caribe hispánico: el caso puertorriqueño y el cubano", Consuelo Naranjo Orovio, Miguel Ángel Puig-Samper y Luis M. García Mora (eds.), *La*

concepto de la nación estatal o su versión latinoamericana en la forma de Estado-nación, formulado recientemente de una manera precisa por Hans-Joachim König. Este especialista en la historia latinoamericana del siglo XIX señala que "la nueva historiografía latinoamericana está de acuerdo en la valoración de que el Estado precedió a la Nación". Sugiere que fueron los nuevos Estados independientes los que construyeron las naciones. Bajo esta visión, se afirma que las naciones modernas, como unidades políticas con fronteras culturales, no existieron antes de la consolidación de los Estados, es decir no antes de mediados del siglo XIX, e incluso más tarde. Esto rectifica opiniones anteriores que indicaban como una causa de las revoluciones de Independencia, de la formación de Estados, la toma previa de conciencia "nacional"; una conciencia, que se basaba en aspectos culturales y étnicos de la población autóctona"[3]. Sin tomar en cuenta que existe el concepto de la nación cultural[4], o recha-

---

nación soñada..., Opus cit., pp. 85-95; Michael Zeuske, "1898: Cuba y el problema de la "transición pactada". Prolegómeno a una historia de la cultura política en Cuba (1880-1920)", Consuelo Naranjo Orovio, Miguel Ángel Puig-Samper y Luis M. García Mora (eds.), *La nación soñada..., Opus cit.,* pp. 131-147; Luis M. García y Consuelo Naranjo Orovio, "Intelectualidad criolla y nación en Cuba, 1878-1898", *Studia Histórica. Historia Contemporánea,* vol. 15, 1997, pp. 115-134; Louis A. Perez, "Identidad y nacionalidad: Las raíces del separatismo cubano, 1868-1898", *OP. CIT. Revista del Centro de Investigaciones Históricas,* 9, 1997, pp. 185-195; Elena Hernández Sandoica, "La política colonial española y el despertar de los nacionalismos ultramarinos", Juan P. Fusi y Antonio Niño (eds.), *Vísperas del 98. Orígenes y antecedentes de la crisis del 98,* Madrid, 1997, pp. 115-132; Jorge Ibarra, "Los nacionalismos hispano-antillanos del siglo XIX", Juan P. Fusi y Antonio Niño (eds.), *Vísperas del 98..., Opus cit.,* pp. 133-150; Consuelo Naranjo Orovio, "Cuba, 1898: Reflexiones en torno a los imaginarios nacionales y a la continuidad", *Cuadernos de Historia Contemporánea,* núm. 20, 1998, pp. 221-234; Consuelo Naranjo Orovio, "Hispanización y defensa de la integridad nacional en Cuba, 1868-1898", *Tiempos de América,* 2, 1998, pp. 71-91; Consuelo Naranjo Orovio, "Immigration, Race and Nation in Cuba in the Second Half of the 19th Century", *Ibero-Amerikanisches Archiv,* 24, 3/4, 1998, pp. 303-326.
[3] Hans-Joachim König, "Nacionalismo y nación en la historia de Iberoamérica", *Estado-nación. Comunidad Indígena, Industria,* Cuadernos de Historia Latinoamericana, núm. 8, Amsterdam, AHILA, 2000, p. 31.
[4] Sobre el problema de la formación de las naciones véase Benedict Anderson, *Imagined Communities: Reflections on the Origin and Spread of Nationalism,* rev. ed. London, 1991; John A. Armstrong, *Nations before Nationalism,* Chapel Hill, 1982; Etienne Balibar and Immanuel Wallerstein, *Race, Nation, Class; Ambiguous Identitis,* London, 1991; John Breuilly, *Nationalism and State,* 2a ed.Chicago, 1994; Ernst Gellner, *Nation and Nationalism,* Oxford, 1983; Eric J. Hobsbawm, *Nations and Nationalism since 1780,* Cambridge, 1990; Miroslav Hroch, *Social Preconditions of National Revival in Europe. A Comparative Analysis of the Social Composition of Patriotic Groups among the Smaller European Nations,* Cambridge,1985; Anthony D. Smith, *The Etnic Origins of Nations,* Oxford, 1986; John Hutschinson, Anthony D. Smith (eds.), *Nationalism,* Oxford, 1994; Adrian Hastings, *The Construction of Nationhood. Etnicity, Religion and Nationalism,* Cambridge, 1997; Anthony

zándolo para el caso del continente americano, identifican el proceso de la formación de la nación con la construcción del Estado independiente[5], llegando en el caso de Cuba de principios del siglo XIX a la conclusión de que

> [...] la elite reformista cubana optó por negociar con la metrópoli un nuevo status quo de recíproca conveniencia: concesiones sobre el régimen de tenencia de la tierra, esclavitud y libertad de comercio a cambio de sustanciosos excedentes fiscales y de leal-

---

D. Smith, *Nationalism and Modernism. A critical survey of recent theories of nations and nationalism*, London, New York, 1998; J. A. Hall (ed.), *The State of th Nation. Ernest Gellner and the Theory of Nationalism*, Cambridge, 1998. Las obras clásicas de Carleton B. Hayes, *The Historical Evolution of Nationalism*, New York, R.R. Smith, 1931; Karl W. Deutsch, *Nationalism and Social Communication. An Inquiry into the Foundation of Nationality*, Cambridge Mass, 1953; Boyd C. Shafer, *Nationalism. Myth and Reality*, London, 1955 y Hans Kohn, *The Idea of Nationalism*, New York, MacMillan,1967, tienen siempre su importancia.

[5] Sobre el problema de la nación en América Latina, véase por ejemplo Gloria Grajales, *Nacionalismo incipiente en los historiadores coloniales. Estudio historiográfico*, México, UNAM, 1961; Arthur P. Whitaker, *The Nationalism in Latin America*, Gainesville, University of Florida Press, 1962; Gonzalo Vial Correa, "La formación de las nacionalidades hispanoamericanas como causa de la independencia", *Boletín de la Academia Chilena de Historia*, XXXIII, núm. 75, 1996, pp.110-144; Gerhard Masur, *Nationalism in Latin America. Diversity and Unity*, New York, London 1966; Arthur P. Whitaker, David C. Jordan, *Nationalism in Contemporary Latin America*, New York, Free Press, 1966; Felipe Herrera, *Nacionalismo Latinoamericano*, Santiago de Chile, Editorial Universitaria, 1967; Marcos Kaplan, *Formación del Estado nacional en América Latina*, Santiago de Chile, Editorial Universitaria, 1969; Ricaurte Soler, *Clase y nación en Hispanoamérica. Siglo XIX*, Panamá, Cervantes,1975; L. Monguio, "Palabras e ideas: "Patria" y "Nación" en el Virreinato del Perú", *Revista Iberoamericana*, núms. 104-105, 1978, pp. 451-470; Marco Palacios (comp.), *La unidad nacional en América Latina. Del regionalismo a la nacionalidad*, México, Centro de Estudios Internacionales, 1983; David A. Brading, *The First America. The Spanish Monarchy, Creoloe Patriots and the Liberal State, 1492-1867*, Cambridge, 1991; Antonio Annino, Luis Castro Leiva y François-Xavier Guerra (eds.), *De los Imperios a las Naciones: Iberoamérica*, Zaragoza, IberCaja, 1994; *Imaginar la Nación, Cuadernos de historia latinoamericana*, núm. 2, 1994; David A. Brading, "Nationalism and State-Building in Latin American History", *Ibero-Amerikanisches Archiv*, 20, 1/2, 1994, pp. 83-108; Manuel Ferrer Muñoz, *La formación de un Estado nacional en México (El Imperio y la República federal, 1821-1835)*, México, 1995; Hans-Joachim König, *En el camino hacia la nación. Nacionalismo en el proceso de formacion del estado y de la nación de la Nueva Granada*, Bogotá, Banco de la República, 1994, y *Nation Building in Nineteenth Century Latin America* (eds.), by Hans-Joachim König and Marianne Wiesebron, Leidenm, 1998, el mismo, "Nacionalismo y nación en la historia de Iberoamérica", *Estado-nación, Comunidad indígena, Industria*, Cuadernos de Historia Latinoamericana, AHILA, núm. 8, 2000, pp. 7-47; Alfonso Múnera, *El Fracaso de la Nación. Región, clase y raza en el Caribe colombiano (1717-1810)*, Bogotá, Ancora Editores,1998; Ulrich Mücke, "La desunión imaginada. Indios y nación en el Perú decimonómico", *Jahrbuch für Geschichte Lateinamerikas*, 36, 1999, pp. 219-232; Hilda Sábato (coord.), *Ciudadanía política y formación de las naciones. Perspectivas históricas de América Latina*, México, FCE, 1999.

tad política. Es patente que en la transacción quedó en el camino la nación cubana[6].

La sublevación de los esclavos en Saint Domingue y la destrucción total de las relaciones económicas y sociales de la colonia francesa tuvieron consecuencias importantísimas para la historia de Cuba del siglo XIX. Todas las autoridades clásicas y contemporáneas -Ramiro Guerra y Sánchez, Philip S. Foner o Paul Estrade-[7] en sus análisis sobre las razones del rechazo de las ideas independentistas por la mayoría de la sociedad criolla en Cuba, subrayan el temor que les provocaba una posible repetición de los acontecimiento conocidos de Haití en la isla, que podría ocurrir de producirse la sublevación contra el régimen colonial. Sería, sin embargo, una falta atribuir al ejemplo haitiano más importancia que la que de hecho tuvo. En este análisis deben tenerse en cuenta otros factores que también influyeron como las relaciones internacionales, las guerras por la independencia en el continente y el crecimiento de la dependencia de la economía cubana de la producción del

---

[6] José Antonio Piqueras Arenas, "Leales en época de insurrección. La elite criolla cubana entre 1810 y 1814", *Visiones y revisiones de la independencia americana,* Salamanca, Ediciones Universidad de Salamanca, 2003, p. 188.

[7] Ramiro Guerra y Sánchez, *Manual de Historia de Cuba (económica, social y política). Desde su descubrimiento hasta 1868,* y un Apéndice con la historia contemporánea, La Habana, Consejo Nacional de Cultura, 1962, pp. 197 y ss.; Philip S. Foner, *A History of Cuba and Its Relations with the United States,* I, New York, 1962, pp. 81 y ss.; Paul Estrade, "Observaciones sobre el carácter tardío y avanzado de la toma de conciencia nacional en las Antillas españolas", *Identidad nacional y cultural de las Antillas hispanoparlantes, Iberoamericana Pragensia,* Supplementum 5, 1991, pp. 21-49. El último resumió las causas del fracaso de los partidarios de la independencia cubana en esta época con las palabras siguientes: "Allí, al amparo de su flota, infinitamente superior a la se los insurrectos, España pudo acantonar un ejército considerable (30000 hombres) e instalar a miles de refugiados (40 000 quizás), repatriados de los territorios perdidos por ella, incluso por Francia. De esta forma, gran número de colonos de Santo Domingo se establecieron en la parte oriental de Cuba". Podemos imaginar fácilmente qué relatos hicieron de los horrores revolucionarios, y qué influencia conservadora e integrista habrán ejercido alrededor de ellos. Secundando este movimiento, en lo adelante se concentrará en las Antillas una cantidad constante de inmigrantes españoles que arribará en especial a Cuba en la segunda mitad del siglo. Pero una causa aún más irresistible que las anteriores ayudará durante un tiempo a mantener el estatus colonial. Una causa de orden económico: la notable prosperidad de los cultivadores de caña de azúcar, café y tabaco (en menor grado) durante la primera mitad del siglo XIX. La destrucción de las plantaciones de Santo Domingo durante la tormenta revolucionaria que afectó a la floreciente colonia francesa de 1791 a 1804, el debilitamiento de las colonias inglesas de las Antillas obligadas a renunciar a la esclavitud, la concesión por España la libertad comercial (1818) seguida por supresión del "estanco" sobre el tabaco, y por último, la apertura del mercado norteamericano, benefician durante varios decenios la economía cubana la cual disponía de buenas tierras, capitales y brazos abundantes. (pp. 28 y ss.)

azúcar, cuyo aumento estuvo vinculado estrechamente a los acontecimientos de la sublevada vecina colonia francesa. Recientemente analiza esta problemática José Antonio Piqueras resumiendo las razones de la lealtad de la elite criolla en cuatro puntos: Cuba era un baluarte militar del poder español con una guarnición poderosa. Las fuerzas armadas españolas aprovecharon la condición insular de la colonia, mientras que los partidarios de la independencia en el continente carecían de los medios para organizar una invasión de las costas cubanas; los refugiados de Haití y del continente sublevado reforzaron el grupo de los partidarios del colonialismo español en Cuba[8]; los plantadores criollos que gozaban de una reciente prosperidad temieron que la lucha armada en la isla destruyera la economía creciente, y que fuera aprovechada por los esclavos para llevar a cabo una rebelión que produciría la ruina y derrumbe del orden social; en estas circunstancias, indica que la elite criolla optó por la política de la continuación de las reformas borbónicas-administrativas de finales del siglo XVIII, y cuyo campo de experimentación había sido Cuba[9].

Por otra parte, éste y otros autores[10] mencionan la relación específica que estableció la elite criolla cubana, especialmente habanera, con la monarquía española desde los últimos años del siglo XVIII hasta los años treinta del siglo XIX; una alianza que se rompió con la política desarrollada por el Capitán General Miguel Tacón y la exclusión de las Cortes de los representantes de Cuba que evidenciaron para un grupo importante de criollos que no formaban parte de la nación española con los mismos deberes y derechos que los habitantes de España[11]. No es

---

[8] Piqueras escribe en este contexto textualmente: "La experiencia de Saint-Domingue retrajo las aspiraciones de libertad de la población blanca ante la perspectiva de que sucediera algo similar a lo ocurrido en la isla vecina, donde iniciada la protesta, la población libre de color había reclamado igualdad de derechos que los blancos y la revuelta acabó extendiéndose a los esclavos." José Antonio Piqueras Arenas, "Leales en época de insurrección ...", Opus cit., p. 185.
[9] Idem.
[10] Comp. p. ej. Michael Zeuske, Max Zeuske, *Kuba 1492-1902. Kolonialgeschichte, Unabhängigkeitskriege un erste Okkupation durch die USA*, Lipsia, Leipziger Univesrtätsverlag, 1998, pp. 207 y ss.
[11] Véase la opinión frecuentemente citada de Francisco Arango y Parreño: "Somos españoles, no de las perversas clases de que las demás naciones forman muchas de sus factorías mercantiles, que es a lo que redujeron y reducen sus establecimientos en Américas, sino parte sana de la honradísima España. Y esa ilustre sangre que corre por nuestras venas en nada ha desmerecido porque, a costa de tantas visas, probaciones y fatigas, haya logrado conquistar, establecer y fomentar tantas Españas nuevas, tantos reinos opulentos". Francisco Arango y Parreño, *Obras de Don Francisco de Arango y Parreño*, 2 ts., La Habana, Publicaciones de la Dirección de Cultura del Ministerio de Educación, 1952, t. II, p. 113.

casualidad que los criollos cubanos no utilizaran para definir su comunidad, en la primera mitad del siglo XIX, la noción de nación a pesar de que fue precisamente este período cuando en el continente aparecieron Estados soberanos e independientes cuyos representantes presentaron estos conjuntos como los Estados nacionales[12]. Aceptaron de tal manera el concepto de la nación política que prevaleció en la Europa occidental sin tomar en cuenta otro concepto nacido recientemente en Alemania, el concepto de la nación cultural que ganó más tarde mucha atención también en Cuba en la nueva generación de los criollos isleños, quienes en las primeras décadas optaron por los cambios, sin embargo no por cambios radicales. Los razones del auge del reformismo cubano en el primer tercio del siglo XIX hay que buscarlas en el conflicto provocado por el miedo de los criollos en Cuba de apoyar la idea de la lucha por la independencia y el anhelo de este grupo de la población a cambiar el sistema de la gobernación en la colonia.

Este hecho no significó que no existieran otras opiniones políticas en la solución de los problemas de Cuba. Una fue el independentismo, cuya formulación para este período es la presentada por Félix Varela; la otra, el anexionismo, defendido sobre todo desde afuera, por los políticos estadounidenses.

Para gran parte de los historiadores cubanos fue Félix Varela el más importante portavoz del independentismo cubano; incluso algunos dicen que fue el iniciador de esta ideología[13]. Sin embargo, también él tuvo sus precursores. En 1809 la administración española descubría la conspiración proyectada por las juntas clandestinas del continente para liberar a Cuba del sistema colonial. Al lado de Luis F. Basabe y Román de la Luz, considerados las cabezas de los independentistas, encontramos entre los acusados un abogado bayamés, Joaquín Infante. Este miembro de la logia masónica tuvo suerte al lograr escapar a Venezuela donde publicó en 1812 el *Proyecto de Constitución para la Isla de Cuba*. El documento es interesante no solamente por presentar la divi-

---

[12] Sobre esta problemática véase p. ej. la introducción del libro de Hans-Joachim König, *Auf dem Wege zur Nation. Nationalismus im Prozess der Staats-und Nationsbildung Neu-Granadas 1750 bis 1856*, Stuttgart, Steiener Verlag, 1988; Hans-Joachim König, Marianne Wiesebron (ed.), *Nation Building in Nineteenth Century and Latin America*, Leiden, Research School CNWS, 1998; *Estado-nación, Comunidad Indígena, Industria*, Cuadernos de Historia Latinoamericana, Amsterdam, núm. 8, 2000.
[13] Comp. Eduardo Torres-Cuevas y Oscar Loyola Vega, *Historia de Cuba 1492-1898. Formación y Liberación de la Nación*, La Habana, Editorial Pueblo y Educación, 2001, p.136. Sobre Varela véase la obra clásica de Antonio Hernández Travieso, *El Padre Varela*.

sión del poder en cuatro partes -legislativo, ejecutivo, judicial y militar- sino también porque el autor atribuye una posición excepcional en el estado independiente a los "Americanos blancos naturales"[14]. Asimismo, es interesante el cuarto artículo según el cual los Americanos blancos naturales, que "exercerán los otros Poderes. Los No-americanos de todas clases, establecidos ó naturalizados, tendrán juntamente con los Americanos de todas clases, naturales ó vecinos, la voz activa en las elecciones de su domicilio, y en él concurrirán los blancos á los empleos civiles, y ellos, y los de color libres á los militares de su respectiva clase"[15]. La constitución aseguraba a los ciudadanos de Cuba la igualdad

> civil ó de derecho. Así en el orden político se observará la distinción de clases que queda establecida, llevando los blancos la prelación en cuya posesión se hayan por origen y anterioridad de establecimiento, siguiendo los pardos, y ultimamente los morenos[16].

Otro de los artículos del texto de la ley básica de Cuba soberana establecía la división de la población en función de sus diferentes razas. A la clase blanca pertenecían "los indios, mestizos, y aquellos que descendiendo siempre de blancos por línea paterna, no interrumpiéndose por la materna el orden progresivo de color ni interviniendo esclavitud, se hallen ya en la quarta generación"[17]. Para evitar el peligro de la mala comprensión de este artículo importante del proyecto, Infante justificaba la esclavitud "mientras fuere precisa para la agricultura" y explicaba el proceso de mestizaje y "blanqueamiento". El hijo de blanco y negra libre fue un mulato, el hijo de blanco y mulata libre un quarterón, el hijo del blanco y quarterona un quinterón y el hijo de blanco y quinterona libre un blanco. Bajo esta clasificación, todos los colores entre mulato y quinterón pertenecían a la clase parda, y todos los colores bajo mulato hasta negro estaban integrados en la clase morena[18].

La explicación de las propuestas de algunos artículos está en las notas que acompañan al texto de la Constitución. En la segunda nota presenta Infante la razón de la exclusión de ciertos habitantes de la isla de

---

Biografía del forjador de la conciencia cubana, Miami, Ediciones Universal, 1984, 2a ed.
[14] Véase el texto del documento en Hortensia Pichardo, *Documentos para la historia de Cuba,* La Habana, Editorial de Ciencias Sociales, 1977, t. I, pp. 253-260.
[15] *Ibidem*, p. 255.
[16] *Ibidem*, p. 258.
[17] *Idem*.
[18] *Ibidem*, p. 259.

"la Supremacía". En el caso de "los de otro Hemisferio" escribe el autor de la Constitución sobre "la oposición de los intereses, de sentimientos y aún de pasiones que necesariamente ha de asistirles respecto a nuestra emancipación y sus consecuencias"[19]. Cuando habló Infante sobre el motivo de la exclusión de la gente de color a la Supremacía, empleos y militares de la clase blanca "mencionó lo que había llamado "las desgracias acaecidas" en las regiones con gran parte de su población de color, es decir, las costa e islas caribeñas no olvidando señalar "las Islas francesas". Después escribe textualmente:

> [...] y aun los movimientos con que ha sido amenazada la isla de Cuba, convencen que no es de esperarse una combinación permanente entre los blancos y la gente de color, mucho menos para dividirse el Gobierno sin disturbios[20].

Una atención particular dedicó el representante del independentismo "temprano" cubano a la explicación de la necesidad de la esclavitud. Infante encontraba la base de la riqueza de América, especialmente de sus islas, en la agricultura ligada a la mano de obra esclava. Infante utilizó la argumentación formulada frecuentemente en las sociedades esclavistas americanas. Los blancos no bastan y no son tan aptos como los negros. La abolición de la esclavitud significaría por eso un gran daño no solamente para los propietarios sino también para el Estado en la esfera económica y social. La abolición llevaría "afluencia de unos individuos cuya mayor parte desertaría de su destino y se entregaría a los vicios al verse sin superioridad económica"[21].Por otro lado, los bozales gozaron, gracias a la esclavitud, de las ventajas de la civilización que no conocieron en África, sin hablar de los esclavos criollos, "por que estos son tratados con tanta blandura que a veces degenera en laxitud, a pesar de la energía que debe emplearse incesantemente para que no resulte en daño del Estado lo contribuye a su fortuna"[22].

Infante rechazó también la crítica eventual de los que habían dudado de la posibilidad de la identificación de la esclavitud con la idea republicana. El utilizó no solamente un argumento histórico escribiendo sobre el caso de la Grecia y Roma clásica sino también el ejemplo de

---

[19] *Idem.*
[20] *Idem.*
[21] *Ibidem*, p. 260.
[22] *Idem.*

"nuestros hermanos del Norte que tienen un millón o más de esclavos, y no por eso dexan de ser Republicanos"[23].

Muchas opiniones de Infante, especialmente en lo que atañía a las relaciones entre las razas en Cuba, compartió el que fuera representante de la sociedad criolla en las Cortes españoles en 1822 y 1823, Félix Varela, en este tiempo sobre todo un portavoz del pensamiento moderno y partidario del autonomismo. Elegido en 1821, juntamente con el jurisconsulto Leonardo Santos Suárez y el comerciante de procedencia catalana Tomás Gener, presentó en las Cortes un plan de la autonomía política en Cuba y, en forma de una memoria, sobre la abolición de la esclavitud en la isla. Hortensia Pichardo, la editora de la memoria dice en este contexto:

> Debe recordarse al leer esta Memoria del padre Varela que solamente once años antes, el Ayuntamiento de la Habana por medio de su vocero, Francisco de Arango y Parreño, el Consulado y en general los organismos representativos de las clases poderosas de la Isla habían protestado en las Cortes españolas del proyecto de abolición de la esclavitud presentado en dichas Cortes por el diputado por México, Miguel Guridi y Alcocer[24].

Sin embargo, la opinión sobre la abolición no fue la única diferencia entre Arango y Varela. El primero perteneció a los partidarios de la Corona, el segundo ligaba el futuro de Cuba con el liberalismo español. Varela construyó en su memoria sobre la abolición la imagen de la isla feliz, con una posición geográficamente ventajosa, con los puertos seguros y sobre todo llena de fértiles terrenos serpenteados por muchos ríos. Historicamente habitaba la isla el pueblo indígena que gozaba los frutos del país hasta la llegada de los conquistadores españoles que destruyeron totalmente la población sencilla y pacífica que desapareció, en las palabra del presbítero criollo, "como el humo". "No recordaría unas ideas tan desagradables como ciertas si su memoria no fuera absolutamente necesaria para comprender la situación política de la Isla de

---

[23] *Idem.*
[24] Hortensia Pichardo, *Documentos...*, p. 269. El texto mencionado titulado "Representación de la Ciudad de la Habana a las Cortes, el 20 de julio de 1811" véase en: Francisco Arango y Parreño, *Obras,* 2ts. La Habana, Ministerio de Educación, 1952, t. II, pp. 145-187. Sobre la discusión sobre la esclavitud en las Cortes véase en: Marie Laure Rieu-Millan, *Los diputados americanos en las Cortes de Cadiz,* Madrid, Consejo Supedrior de Investigaciones Científicas, 1990. Prácticamente en el mismo tiempo defendió la esclavitud Joaquín Infante, véase arriba.

Cuba"[25]. El fin de la raza indígena significó según Varela el gran problema para la economía de la isla abastecida en los siglos siguientes por mano de obra africana. Los esclavos ofrecidos en los mercados por los comerciantes ingleses fueron considerados la solución segura ante la escasez de brazos en las plantaciones. A pesar de los acontecimientos en Saint Domingue siguió la introducción de los africanos, lo que tuvo graves consecuencias para la voluntad de la gente libre de trabajar en el campo o en el servicio doméstico. La trata dio origen a una capa nueva en la población de la isla, la clase de los mulatos, mucho de ellos libres, otros esclavos, con las mismas características que los bozales y formando con ellos en los principios de los años veinte del siglo XIX la mayoría de la población de Cuba[26]. Los esclavos trabajaron en la agricultura y en el servicio doméstico, los libres de color en talleres alcanzando, según la opinión de Varela, en su mayoría un grado sorprendente de instrucción.

> Resulta, pues, que la agricultura, y las demás artes de la Isla de Cuba, dependen absolutamente de los originarios de África, y si esta clase quisiera arruinarnos le bastaría suspender sus trabajos, a hacer una nueva resistencia.[27]

Varela mencionó textualmente el peligro de la lucha armada de los africanos en contra del sistema existente argumentando que el caso de Saint Domingue podría repetirse también en Cuba. Según él faltó solamente un impulso, la formación del núcleo del ejército por la invasión de dos buques del continente o de la isla vecina, de Haití. "Es preciso no perder de vista", siguió Varela en la presentación de sus temores,"que la población blanca de la Isla de Cuba se halla casi toda en las ciudades y pueblos principales, mas los campos puede decirse que son de los negros, pues el número de mayorales, y otras personas blancas que cuidan de ellos es tan corto, que puede computarse por nada"[28]. Paradojicamente aumentaban los temores de Varela hacia lo que llamó la rápida ilustración de los libertos instruidos por la prensa en el sistema representativo y sus derechos. "Y la situación entre los esclavos fue peor. Si fracasaran sus intentos de alcanzar la libertad por los medios pacíficos y por la aboli-

---

[25] "Memoria que demuestra la necesidad de extinguir la esclavitud de los negros en la Isla de Cuba, atendiendo á los intereses de sus propietarios, por el Presbítero don Félix Varela, Diputado á Cortes", Hortensia Pichardo, *Documentos..., Opus cit.*, p. 269
[26] Sobre esta problemática comp. p. ej. Josef Opatrný, *Antecedentes ...., Opus cit.*, pp. 141 y ss.
[27] "Memoria que demuestra la necesidad de extinguir...", Hortensia Pichardo,*Documentos ..., Opus cit.*, p. 272.
[28] *Ibidem*, p. 273.

ción, no les quedará otra solución que la fuerza. Bajo estas condiciones deben tomar los Cortes en cuenta todos los peligros y remover la causa de la amenaza fatal". Es decir abolir la esclavitud. Varela no olvidó en este momento los intereses de los hacendados pidiendo la liberación de los esclavos "de un modo que ni sus dueños pierdan los capitales que emplearon en su compra"[29]. A pesar de que Varela abogaba en su texto repetidamente el derecho de la gente de procedencia africana a gozar las mismas libertades que los otros habitantes de Cuba y España, no puede ocultar sus dudas sobre las capacidades mentales de la "raza africana"[30] y el temor del creciente número de los habitantes de procedencia africana en la Isla. Las mismas preocupaciones aparecieron en los textos del "otro" Varela, el portavoz de la independencia cubana.

El proceso del cambio de la opinión del criollo cubano sobre el futuro de la isla culminó en 1823. El ejército francés cumplió con la decisión de las potencias europeas organizadas en la Santa Alianza y cruzó la frontera española para aplastar la revolución de Riego, terminar con el régimen de la monarquía constitucional y restablecer el absolutismo de Fernando VII. Varela perteneció al grupo de los diputados de las Cortes que prepararon la ley sobre la incapacidad del monarca bajo la acusación de colaboración con el enemigo y traición a su propio reino. La victoria del ejército invasor no conllevó solamente la disolución de las Cortes sino también una cadena de procesos contra la gente ligada con esta asamblea y con el régimen constitucional. Riego y sus colaboradores fueron condenados a muerte y fusilados, otros tuvieron mejor suerte y escaparon. Varela, aunque condenado también a muerte, encontró asilo en los Estados Unidos donde vivió desde finales de 1823 hasta su muerte en los principios de los cincuenta.

El programa de la restauración del imperio colonial de Fernando VII tras la liquidación del régimen liberal convencieron definitivamente a Varela de que las esperanzas en el mejoramiento de las condiciones políticas en Cuba bajo el gobierno de Madrid no podían cumplirse. El único camino para los cambios fue entonces la independencia de la isla.

---

[29] *Ibidem*, p. 275.
[30] Varela menciona repetidamente las capacidades de la gente de la procedencia africana para decir por fin: "Hasta ahora se ha creído que su misma rusticidad les hace imposible de tal empresa (la lucha por sus derechos, nota del autor), pero ya vemos que no es tanta, y que, aún cuando lo fuera, serviría ella misma para hacerlos libres, pues el mejor soldado es el más bárbaro cuando tiene quien le dirija. Pero ¿faltarán directores? Los hubo en la Isla de Santo Domingo, y nuestros oficiales aseguraban haber visto en las filas de los negros los uniformes de una potencia enemiga, cuyos ingenieros dirigían perfectamente todo el plan de hostilidades". Varela, *Memoria*, Hortensia Pichardo, *Documentos ....., Opus cit.,,* p. 272.

E. G. Gay-Calbó describió el cambio de la opinión de Varela en lo referente al futuro de Cuba en dos sentencias. El criollo llegó a Madrid como partidario de la idea de Cuba como una provincia de una España grande y partió con las semillas del independentismo[31]. En 1824 Varela empezó a publicar en Filadelfia (y más tarde en Nueva York) el periódico *El Habanero*. *El Habanero* circulaba no solamente entre los cubanos de los Estados Unidos sino también clandestinamente en Cuba. Durante dos años editó Varela unicamente siete números del periódico[32] dedicados a la literaria y política. En la mayoría de los artículos políticos describió Varela las consecuencias fatales que tenía la continuación del gobierno español en Cuba para los destinos de la isla, ofreciendo como la mejor solución la soberanía del país. Frecuentemente mencionó en la introducción de sus textos las condiciones excelentes naturales[33] de la isla mostrando después las posibilidades económicas y políticas que se ofrecían a la sociedad criolla en el estado independiente.

El peso de la argumentación independentista, en el caso de Varela, recae en la economía. La explicación de este hecho lo encontramos en el primer número del *Habanero*, en el artículo "Consideraciones sobre el estado actual de la Isla de Cuba", en el que Varela escribió:

> Es preciso no perder de vista que en la isla de Cuba no hay opinión política, no hay otra opinión que la mercantil. En los muelles y almacenes se resuelven todas las cuestiones de Estado.¿Cuál es el precio de los frutos? ¿Qué derecho colectan las aduanas? ¿Alcanzan para pagar las tropas y empleados? He

---

[31] Enrique Gay-Calbó, "Varela y el Habanero", Félix Varela y Morales, *El Habanero*, La Habana, Editorial de la Universidad de la Habana, 1962, XXIII. Gay-Calbó escribió textualmente: "Varela había llegado a Madrid como diputado español de una provincia ultramarina. Al salir de España expulsado por una revolución reaccionaria contra los poderes legítimos de la Nación, que fueron combatidos por ejércitos extraños enviados de la Santa Alianza, el colonista llevaba ya seguramente en el ánima los fermentos que lo hicieron ser el primer separatista de nuestra historia".
[32] Uno de los números es conocido solamente por su índice publicado en la biografía de Félix Varela por José Ignacio Rodríguez, véase José Ignacio Rodriguez, *Vida del Presbítero don Félix Varela*, New York, Imprenta de "O Novo Mundo" 1878, pp. 231 y ss.
[33] Describiendo las condiciones favorables naturales de Cuba utiliza Varela en sus artículos en *El Habanero* las palabras de su *Memoria* sobre abolición de la esclavitud presentada en las cortes españolas donde dijo: "Su ventajosa situación, sus espaciosos y seguros puertos, sus fértiles terrenos serpentados por caudalosos y frecuentes ríos …", *Memoria.., Opus cit.*, Hortensia Pichardo, *Documentos..., Opus cit. p. 269*. Compárense estas palabras con la introducción del artículo "Consideraciones sobre el estado actual de la Isla de Cuba": "La isla de Cuba ha sido rica por su situación geográfica, sus excelentes puertos, sus fértiles terrenos, la naturaleza de sus frutos …", Felix Varela y Morales, *El Habanero.., Opus cit.*, p.17.

aquí las bases; lo demás queda para entretener las tertulias (cuando se podía hablar), pero no produce ni producirá un verdadero efecto político[34].

El único factor que podría cambiar según la opinión de Varela el sistema político en la isla era el ataque de las bolsas. Bajo estas palabras comprendió el portavoz del independentismo que la crisis económica cerraría casas comerciales y arruinaría el número grande de los hacendados. Solamente esta crisis podría cambiar las posturas y los sentimientos de la clase que no tuvo otros intereses que los relacionados con la riqueza materializada en los dos productos más importantes de la economía cubana, los mencionados por Varela en la conclusión de su artículo:

> En la isla de Cuba no hay amor a España, ni a Colombia ni a México, ni a nadie más que a las cajas de azúcar y a los sacos de café. Los naturales y los europeos radicados reducen su mundo a su isla, y los que sólo van por algún tiempo para buscar dinero no quieren perderlo[35].

Varela señaló en esta parte del artículo el hecho que parece indiscutible. La elite criolla en Cuba presentaba en los años finales del siglo XVIII y en gran parte del siglo XIX más interés hacia los problemas económicos que a la política. Esta constatación es validada por la figura del portavoz de este grupo en todo el período entre 1790 hasta 1830, Francisco Arango y Parreño, el gran defensor de las posiciones económicas de la sacarocracia cubana y objeto de discusión de los historiadores[36]. Unos lo consideran un partidario del ideario liberal, otros rechazan este concepto diciendo:

> [...] estamos ante un reformista del Antiguo Régimen, que en momentos de inestabilidad revolucionaria sostiene criterios ultra-doctrinarios en oposición al liberalismo constitucional y opta por

---

[34] Felix Varela, "Consideraciones sobre el estado actual de la Isla de Cuba", Felix Varela y Morales, *El Habanero...*, *Opus cit.*, p. 19.
[35] *Ibidem*, p. 21.
[36] Las opiniones clásicas sobre Francisco Arango y Parreño véase en la introducción de Ramiro Guerra y Sánchez a la edición de los texto de Arango y Parreño, Francisco Arango y Parreño, *Obras...*, *Opus cit.*, I, pp. 9-23 y Francisco Ponte Domínguez, *Arango y Parreño. El estadista colonial*, La Habana, Editorial Trópico, 1937. De las opiniones recientes véase sobre todo Mª Dolores González-Ripoll, "Vínculos y redes de poder entre Madrid y la Habana: Francisco Arango y Parreño (1765-1837), ideólogo y mediador", *Revista de Indias*, núm. 222, 2001, pp. 291-305.

el absolutismo como el mejor régimen posible para garantizar la conservación del orden social y lograr privilegios[37].

Sin embargo, es verdad que también en los textos independentistas cubanos de este período, es decir, en los textos de Varela, sobresalían los temas económicos. Rechazando la idea de la incorporación de Cuba a alguno de los Estados continentales Varela subrayó:

> Formando parte de cualquiera de las naciones continentales, debe la isla de Cuba contribuir, según las leyes del Estado, a las cargas generales y sin duda serán mucho más cuantiosas, aun en la parte que pueda tocarla, que las que tendría constituyéndose por sí sola; mejor dicho, pagar éstas y más, parte de aquéllas. Los productos de aduana deberán ser reputados como caudales de la nación, y por consiguiente el sobrante, después de cubrir los gastos que prescriba el gobierno general, deber ponerse a disposición de éste. Es fácil percibir que bajo el influjo de un gobierno libre, tardarán muy poco los hermanos puertos de la Isla en ser émulos de La Habana, Cuba y Matanzas, y en este caso yo dejo a la consideración de los hombres imparciales calcular a cuánto ascenderá la verdadera contribución de la isla de Cuba en favor del gobierno a quien se una. Estos inmensos caudales (porque sin duda serán inmensos), ¿no deberían emplearse mejor en el fomento de la misma isla, ya construyendo los caminos y canales que tanto necesita, ya sosteniendo una marina cual exige por su naturaleza, ya fomentando los establecimientos públicos, ya propagando la instrucción gratuita; en una palabra: empleando en casa lo que se produce en casa?[38].

Varela estaba convencido de que las concepciones políticas están basadas en los intereses económicos y repitió en sus artículos que Cuba difiere en este campo con los países continentales. La publicación de *El Habanero* no duró mucho en Filadelfia y después en Nueva York tuvo una vigencia de dos años, siendo cancelado en 1826. Varela, considerado ya en su tiempo un símbolo del pensamiento independentista cubano, desarrollaba sus actividades en la mitad de los años veinte en su exilio estadounidense en la época que Cuba siguió siendo objeto de creciente interés de las potencias europeas y algunos Estados america-

---
[37] José Antonio Piqueras, "Leales en época de insurrección …", *Opus cit.*, p.187.
[38] Felix Varela, "¿Necesita la isla de Cuba unirse a algunos de los gobiernos del continente americano para emanciparse de España?", Felix Varela y Morales, *El Habanero …*, *Opus cit.*, pp. 195 y sg.

nos, no solamente de EE. UU. sino también de México y de Colombia cuyos gobiernos siguieron con cierta inquietud los intentos españoles de convertir a Cuba en una base para la reconquista de las ex-colonias de la Monarquía pirenaica[39]. España observaba el interés de los políticos del continente sobre Cuba con una gran desconfianza. Para los diplomáticos españoles no fue ningún secreto que John Quincy Adams apoyó la idea de la incorporación de Cuba a los Estados Unidos. El secretario de Estado señaló en septiembre de 1822 la anexión de Cuba por los EE. UU. como el hecho "de la más importancia y de mayor significación de todo lo que ocurrió desde el alcance de nuestra independencia"[40]. Bajo estas condiciones no sorprende el rechazo de las autoridades españolas a aceptar la propuesta estadounidense de mandar a Cuba un cónsul para facilitar los contactos en un período de creciente intercambio comercial[41]. Un gran peligro para las relaciones entre los EE. UU. y España fueron en la primera mitad de los veinte los ataques de los piratas contra los buques estadounidenses. Diferentes aventureros aprovecharon la guerra en la región para sus actividades criminales y los diplomáticos de los Estados Unidos pidieron en Madrid repetidamente una acción decisiva contra la piratería; a principios de 1824 el Comité para las Relaciones Internacionales del Senado en Washington preparó el documento que animó al Presidente ordenar el bloqueo de las costas cubanas. Los radicales en la escena política propusieron el ataque de los buques de guerra contra algunos puertos en Cuba pero estas propuestas fueron por fin rechazadas. La razón principal fue el temor de la administración en Washington a que las potencias europeas pudieran entrometerse en el conflicto y ocupar una parte de la colonia española.

La intervención de Europa en Cuba significaba en este período una pesadilla para los políticos estadounidenses. Los rumores sobre el

---

[39] Sobre esta problemática véase p. ej. José Luciano Franco, *Política continental americana de España en Cuba, 1812-1830*, La Habana, Academía de Ciencias, 1962, o Harold Sims, *La reconquista de México. La historia de los atentados españoles, 1821-1830*, México, Fondo de Cultura Económica, 1984.
[40] *Memoires of John Quincy Adams* (ed.), Charles F. Adams, New York, Ams Edition, Vol. VI, 73. Sobre la política cubana de John Q. Adams véase M. W. M. Hargreaves, *The Presidency of John Quincy Adams*, University Press of Kansas, 1985, esp. pp. 135 y ss.
[41] Sobre la problemática de la oficina del consul véase p. ej. las cartas de A. H. Everett a H. Clay, Madrid, 25 de septiembre de 1825, *Diplomatic Correspondence of the United States concerning the independence of the Latin-American nations*, W. R. Manning, ed. New York, Oxford University Press 1925, vol. III., pp. 2059-62 y A. H. Everett a F. de Zea Bermúdez, Madrid, 10 de octubre de 1825, *Ibidem*, pp. 2063-5.

interés de Francia, Gran Bretaña o Rusia en apoderarse de la colonia española en el Caribe inspiraron las negociaciones del Embajador estadounidense en Madrid al mismo tiempo que los españoles expresaron sus preocupaciones sobre la intervención de los independentistas continentales en Cuba[42]. La correspondencia diplomática sobre los asuntos cubanos entre los interesados – España, Gran Bretaña, México, Colombia, Estados Unidos, Francia y hasta Rusia – y los contactos de los diplomáticos en Madrid, Bogotá, México, Londres, Washington y París mostraron la evidencia. Tomando en cuenta la amenaza que suponía una Cuba desestabilizada para la región y para los intereses de todos los participantes en las discusiones, llegaron todos por fin al acuerdo de que para salvaguardar el equilibrio en la región lo mejor era no cambiar nada en la situación de Cuba y la isla quedó, así, en poder de España.

La combinación de la complicada situación internacional y la victoria de la política conservadora en España tuvo sin embargo consecuencias serias para Cuba. El 28 de mayo de 1825 se publicó en Madrid la Real Orden que concedió facultades extraordinarias al Capitán General de Cuba para los casos que no daban espacio para las consultas. La historiografía cubana atribuye a esta orden una gran importancia subrayando el hecho de que el jefe militar obtuvo por este documento la posibilidad de manejar la isla según su propia voluntad sin tomar en cuenta el orden jurídico del país. La Corona entregó al Capitán General por la orden citada los derechos de los gobernadores de plazas sitiadas que incluían la separación de Cuba y el envío a España de todas las personas consideradas por él peligrosas para los interés españolas en la isla. El Capitán General tuvo el poder de suspender la ejecución de todas las providencias generales y órdenes expedidas para todas las ramas de la administración de la colonia. La última parte del documento obligó al representante de la Corona en la isla a doblar la vigilancia para cuidar el mantenimiento de los leyes y castigar inmediatamente a todos los que no cumplieran sus deberes. Los párrafos de la orden del 28 de mayo de 1825 se repitieron en las del 21 de marzo y del 26 de mayo de 1834 manteniendo a Cuba, prácticamente, en estado de sitio.

La Real Orden sobre los poderes extraordinarios fue una de las manifestaciones de la política colonial española que tuvo sus raíces en la historia del país. Por esta política tradicional optaron también algunos liberales españoles hecho que provocó el cambio de las opiniones

---

[42] Véase p. ej. la carta de A. H. Everett a H. Clay, Madrid, 1 de enero de 1826, *Diplomatic Correspondence...Opus cit,* vol. III., pp. 2073-5.

de esos criollos cubanos quienes a principios de los años veinte del siglo XIX esperaban el cumplimiento de sus sueños en la esfera política, económica y social en los marcos de la España liberal. Entre ellos destacaba Félix Varela, cuyas experiencias con las actividades de muchos representantes de la vida política española en el último período de la existencia del régimen de Riego fortalecieron sus viejas dudas sobre la capacidad de España para cambiar su política en América. Por eso empezó a publicar en los Estados Unidos el periódico independentista *El Habanero,* cancelándolo después de preparar seis números. Cuando llegó a los Estados Unidos su exdiscípulo, más tarde colaborador y por fin su sucesor como profesor de filosofía en el Seminario de San Carlos, José Antonio Saco, Varela colaboró con él en la preparación de otro periódico, *El Mensajero Semanal,* cuyo primer número apareció con fecha de 19 de agosto de 1828 y el último el 29 de enero de 1831. *El Mensajero* entró en la amplia escena política y cultural al lado de su maestro admirado, la persona que concedió al pensamiento político y económico de los criollos cubanos una importancia extraordinaria, más tarde convertidos en objeto de las discusiones controvertidas de la historiografía cubana[43]. José Antonio Saco López-Cisneros fue, por su papel del portavoz del reformismo cubano desde la década de los años treinta hasta los cincuenta, una de las personas más influyentes del siglo XIX. Formuló la idea de la cubanidad[44] y participó en las discusiones sobre el anexionismo que representaron una escuela política para la sociedad cubana de la mitad del siglo XIX. Entró en la escena cultural cubana a la edad de veinte años participando en las

---

[43] Sobre José A. Saco, véase Manuel Moreno Fraginals, *J. A. Saco. Estudio y bibliografía,* Santa Clara, 1960; Anita Arroyo, *José Antonio Saco: su influencia en la cultura y en las ideas políticas de Cuba,* Miami, Ediciones Universal, 1989; Fernando Ortiz, *José Antonio Saco y sus ideas cubanas,* La Habana, Imp. Y Lib. "El Universo, 1929; Francisco J. Ponte Domínguez, *La personalidad política de José Antonio Saco,* 2da ed., La Habana, 1932; Raúl Lorenzo, *Sentido nacionalista del pensamiento de Saco,* Habana, 1942; Eloy G. Merino Brito, *José Antonio Saco: Su influencia en la cultura y en las ideas politicas de Cuba,* Habana, Nacional, 1950; Raimundo Menocal, *Conflicto de orientaciones. Saco y Martí,* La Habana, 1950; Eduardo Torres-Cuevas, Arturo Sorhegui, *José Antonio Saco. Acerca de la esclavitud y su historia,* La Habana, 1982; Eduardo Torres-Cuevas, *José Antonio Saco. La polémica de la esclavitud,* La Habana, 1984.
[44] Gordon K. Lewis, *Main Currents in Caribbean Thought. The Historical Evolution of Caribbean Society in Its Ideological Aspects, 1492-1900,* Baltimore and London, 1983, pp. 144-47; 149-154; Josef Opatrný, *US Expansionism and Cuban Anexationism in the 1850s,* Prague, 1990, pp. 167-205; el mismo, "José Antonio Saco's Path Toward the Idea of Cubanidad", *Cuban Studies,* 24, 1994, pp. 39-56; Luis Navarro García, *La independencia de Cuba,* Madrid, Editorial MAPFRE 1992, pp.193-237; el mismo "Patriotismo y autonomismo en José Antonio Saco", *Anuario de Estudios Americanos,* LI-2, 1994, pp. 135-154; Max Zeuske y Michael Zeuske, *Kuba 1492-1902...,* Opus cit., pp. 245-252.

reuniones literarias de la época. Hijo primogénito, su padre fue un abogado santiaguero lo que aseguraba a José Antonio Saco y López no solamente la niñez feliz sino también la posibilidad de visitar la escuela del presbítero Mariano Acosta alcanzando grandes éxitos especialmente en el estudio del latín. Después de la muerte de sus padres, en 1811 el muchacho tuvo el deber de proteger los intereses de sus hermanos menores frente a las ambiciones de los familiares que pretendían enriquecerse a costa de la propiedad de los huérfanos. Saco fue obligado a interrumpir los estudios para defender bienes de la familia ante un tribunal. Después de la división de la herencia decidió el joven continuar sus estudios en Santiago de Cuba. Ya en este tiempo participó José Antonio Saco en la vida política durante la campaña electoral en el consejo de Bayamo. En 1814 cursó en el Colegio Seminario de San Basilio el Magno en Santiago filosofía y un año después derecho. Terminada la primera parte de su formación en Santiago decidió continuar el estudio de la filosofía en el Seminario de San Carlos de la Habana en las clases de Félix Varela. Parece que esta decisión fue fundamental para los destinos de Saco. Partiendo de Santiago, dejando atrás el horizonte limitado de la cultura local llegó a La Habana, al nivel más alto de la cultura criolla[45]. A pesar de que en Santiago se había fundado uno de los símbolos de la vida cultural y social criolla, la Sociedad Patriótica, ya en 1787, la sociedad del mismo nombre fundada seis años más tarde en la Habana, en 1793[46] superó rápidamente la importancia de la primera convirtiéndose en el centro de las actividades sociales y políticas de los criollos en toda la isla. Las actividades de la Sociedad influyeron en los cambios del Colegio de San Carlos donde el presbítero José Agustín Caballero abrió el camino para el estudio nuevo de filosofía rechazando la tradición de las dis-

---

[45] Larry R. Jensen, *Children of colonial despotism. Press, politics and culture in Cuba, 1790-1840*, Tampa, University Presses of Florida, 1988, Mª Dolores González-Ripoll Navarro, *Cuba, la isla de los ensayos. Cultura y sociedad (1790-1815)*, Madrid, Consejo Superior de Investigaciones Científicas, 1999.

[46] Sobre las Sociedades véase sobre todo Izaskun Álvarez Cuartero, *Memorias de la Ilustración: las Sociedades Económicas de Amigos del País en Cuba (1783-1832)*, Madrid, Departamento de Publicaciones Real Sociedad Bascongada de los Amigos del País 2000. El libro es el resultado de la larga investigación de la autora que publicaba en los últimos diez años una serie de los estudios en diferentes revistas. Comp. p. ej. "Introducción al estudio de las Sociedades Económicas de Amigos del País en Cuba", *Nuestra Común Historia: Cuba-España. Poblamiento y nacionalidad*, La Habana, Editora Ciencias Sociales-Instituto de Cooperación Iberoamericana 1993, pp. 79-86, o la misma, "Un antecedente de los estudios económicos en Cuba: la cátedra de economía política de la Sociedad Patriótica de la Habana (1818-1824)", *Ibero-Americana Pragensia*, XXX, 1996, pp. 77-86.

putas estériles de la dogmática aristotélica. La filosofía cartesiana entraba lentamente en las clases de Félix Varela abriendo a los estudiantes nuevos horizontes de pensamiento. Cuando Félix Varela se ausentó en 1821 de la cátedra, elegido diputado a Cortes, entregó el departamento a su discípulo que en ese momento no tenía más de 24 años quien mantuvo el mismo concepto del estudio que su maestro. Subrayó la importancia de la razón no solamente para el estudio de las ciencias naturales – una parte de la filosofía representada en el Colegio de San Carlos en la física, química y astronomía – sino también para el estudio de "humanidades". En 1824 visitó los Estados Unidos para conocer personalmente las condiciones del país que tenía tanta importancia económica para la isla. Regresó a la colonia durante dos años y en 1828 se trasladó una vez más a los EE. UU. Mantuvo desde ahí lazos firmes con los amigos de Cuba participando en las discusiones sobre la cultura y condiciones sociales y políticas en la isla por medio de sus artículos y preparando los textos premiados por la Sociedad Patriótica en la Habana.

En el año 1829 despertó gran interés su polémica con Ramón de la Sagra. Este egresado de la Universidad de Madrid llegó en 1823 a La Habana[47] para, a sus 25 años, dirigir el Jardín botánico y la Cátedra de la Botánica en la escuela de botánica agrícola de dicho Jardín. Fue sin duda no solamente capaz sino también ambicioso y, además, la administración colonial apoyaba sus proyectos de desarrollo de las ciencias naturales y aplicadas, especialmente la agricultura pero también la industria. Sin embargo, la Sagra no se interesó solamente por la botánica y otras ramas de las ciencias naturales[48] sino también por la economía y más tarde por la cultura colonial. A pesar de que compartió las opiniones de algunos criollos en lo que se refiere al futuro de Cuba, fue un partidario de la abolición y de la liquidación de la economía de monocultivo y pronto se enfrentó precisamente con esta gente en la cuestión del nivel de la cultura en la isla. Su crítica a la poesía de José María Heredia[49] en la revista *Anales de ciencias, agricultura, comercio y artes* (fundada por la Sagra en 1827) provocó la rigurosa respuesta de

---

[47] La imagen reciente de importancia de Ramón de la Sagra en Cuba véase en *Ramón de la Sagra y Cuba*, 2ts., Actas del Congreso celebrado en París. Enero 1992, A Coruña, Ediciós do Castro, 1992 ts.

[48] Ya en el 1823 publicó *Memoria de las observaciones meteorológicas y físicas hechas en la navegación de La Coruña a La Habana en 1823*, La Habana, 1823.

[49] José María Heredia vivió en este tiempo en el exilio en los EE. UU. Su poesía, publicada fuera de Cuba fue, sin embargo apreciada por toda la capa de criollos cultos.

José Antonio Saco considerada no solamente como una manifestación de las malas relaciones personales entre ambos hombres,[50] sino también de las tensiones entre peninsulares y criollos en Cuba. Saco, comenta en sus *Papeles sobre Cuba*[51] la controversia en los términos siguientes:

> Veintiocho años ha que me vi envuelto en esta desagradable controversia, y de seguro, que si se hubiese dirigido al señor La Sagra como individuo particular, yo no reimprimiría ahora ni un solo renglón de ella. Contrájeme entonces, no al hombre privado, sino al profesor público, pues que el señor Sagra lo ere entonces de historia natural en el jardín botánico de la Habana. Todavía esta consideración no sería bastante para que yo resucitase una polémica sepultada y en el olvido. Mis réplicas a los papeles del señor Sagra están sembradas de reflexiones políticas y morales; contienen la discusión de varios puntos científicos; y abundan de datos y noticias que pueden servir algún día para ilustrar la historia literaria de Cuba[52].

Según Saco la Sagra vino a La Habana convencido de que tenía la "misión de civilizar" a los habitantes de la isla. Lo expresó en su reseña de la poesía de Heredia escribiendo "Esperamos que este joven leerá con gusto y aprovechamiento el artículo que en su obsequio y el de su país hemos escrito"[53].

> ¿Y la opinión de la Sagra sobre los versos de Heredia?
> Por lo relativo a los defectos, hemos manifestado más bien la clase que el número, procurando siempre hallar el origen en cualidades fáciles de corregir, y que en este ligero resumen reduciremos en cuarto.-Primera: Poco conocimiento y uso de la lengua castellana. Segunda: Escasa lectura y pocas ideas aun para escribir.-Tercera: Mala elección en los modelos que se han propuesto

---

[50] Sobre el problema de la personificación de las tensiones entre los criollos y peninsulares en las personas de Saco y Sagra véase Paul Estrade, "Ramon de la Sagra frente a la sociedad criolla "Saquete" versus "Sagrita", *Ramón de la Sagra ..., Opus cit.*, vol.I, pp. 181-195.
[51] *Colección de papeles científicos, históricos, políticos y de otros ramos sobre la Isla de Cuba, ya publicados, ya inéditos* por Don José Antonio Saco, 3ts., Paris, Imprenta de D'Abusson y Kugelmann, 1858-1859. La edición moderna de *Colección..., Opus cit.*, La Habana, Editorial Nacional de Cuba, 1962. En este texto citamos de esta edición.
[52] Polémica entre Don Ramón de La Sagra y Don José Antonio Saco, *Colección ...Opus cit.*, I, p. 230
[53] Citado según J. A. Saco, "Polémica ...", *Opus cit.*, p. 232.

imitar, y en las fuentes donde ha bebido.-Cuarta: Sumo descuido en la corrección[54].

Sagra menospreció con estas palabras tanto el mundo espiritual y el nivel de la cultura de los criollos como sus capacidades para usar un castellano cultivado. No sorprende por ello la rigurosidad de la respuesta de Saco y la enemistad entre gran parte de los portavoces del criollismo cubano y la Sagra a pesar de que más tarde Saco apreciara el aporte de su adversario a la ciencia isleña sobre todo en la obra *Historia física, política y natural de la Isla de Cuba* diciendo, no obstante:

> Acaso pensarán algunos, que el lenguaje por mi empleado en esta controversia, fue dictado por la pasión; y para confirmarse en su juicio, tal vez dirán, que mis observaciones, cargos y acusaciones nunca han podido ser aplicables a un hombre que ha publicado la *Historia física, política y natural de la isla de Cuba*. La imparcialidad exige que yo haga aquí dos breves reflexiones. La primera, que mi polémica con el señor Sagra fue de 1829 a enero de 1830, y la obra de que se trata, no apareció sino mucho años después: de manera, que lo que el señor Sagra sea en el segundo período, nada prueba contra lo que hubiese sido en el primero[55].

La controversia sobre la poesía de Heredia, ya el título de la obra *Himno del Desterrado*, provocó el repudio no solamente de la Sagra sino de otros peninsulares que pronto degeneró en una cadena de insultos. De la Sagra atacaba no solamente la calidad de los versos de Heredia sino también las actividades de Saco y Varela. Saco contestaba con la comparación de las censuras positivas de la obra de Heredia por otros autores:

---

[54] *Idem.*
[55] *Ibidem*, pp. 230 y sg. La apreciación merecen también otras obras de Ramón de la Sagra. Especialmente *Historia económico-política y estadística de la isla de Cuba, o sea de sus progresos en la población, la agricultura, el comercio y las rentas*, Habana, Imp. de las viudas de Arazoza y Soler, 1831, y *Cuba en 1860, o sea Cuadro de sus adelantados en la población, la agricultura el comercio y las rentas públicas*, París, en la librería de L Hachette y Ca., 1862 frecuentemente citados por los especialistas en el siglo XIX cubano. Por otro lado la historiografía clásica cubana mantiene a de La Sagra la postura reservada. Com. p. ej. el juicio de Ramiro Guerra y Sánchez. "Joven, capaz, con un exagerado concepto de su talento y de su saber, ambicioso de renombe e indudablemente asiduo en el trabajo. Sagra no tardó en significarse por su variada labor intelectual, extendida a demasiados ramos para poder llegar a ser verdaderamente profunda.", Ramiro Guerra y Sánchez, *Manual de historia...* , *Opus cit.*, p. 327.

Los artículos de Lista y de los Oscios están concebidos con aquel candor e imparcialidad que caracteriza a los literatos: expresados con un lenguaje respetuoso y moderado; colman de elogios al poeta; le animan para que continúe en la senda del parnaso; y si alguna vez censuran sus defectos, es con tanta dulzura y delicadeza, que ni el poeta ni el lector pueden darse por ofendidos."¿Dónde se encuentran en esos artículos, aquellas cláusulas insolentes que Sagra en el número 21, y en las que después de ultrajar al poeta, toma el aire soberbio de maestro, y nos dice:' Esperamos que este joven leerá con gusto y aprovechamiento el artículo que en su obsequio y el de su país hemos escrito?' Que Lista censure Heredia, que le instruya y le corrija, Lista es un literato; pero que usurpe estos derechos un atrevido pedante, he aquí lo que es insufrible[56].

Saco no llama a Sagra solamente "pedante" sino también charlatán cuyos juicios no son una crítica sino una injusticia envenenada y un insulto contra el país. En su reacción se presenta como la víctima de la envidia de los "americanos" llamando a los sentimientos nacionales o como corrige Saco su expresión, "provinciales". Saco rechaza este concepto diciendo:

No, señor D. Ramón. En la Habana, en la isla de Cuba no existe esa vil pasión: allí se aprecia el mérito literario, se premian los desvelos de lo profesores, y se agradecen los servicios hechos en obsequio de la ilustración[57].

Saco menciona diferentes representantes de la ciencia y la cultura de La Habana de fines de los veinte, Juan Bautista Vermay, director de la Academia de Dibujo, Pedro Abad Villa-Real, catedrático de matemáticas en el Colegio de San Carlos o Francisco Alonso y Fernández, el catedrático de anatomía en el Real Hospital de San Ambrosio, todos nacidos fuera de la isla y apreciados por el público criollo que no toma en cuenta el lugar de su nacimiento sino los méritos y capacidades de especialistas renombrados. ¿Y los méritos y capacidades de la Sagra? Preguntó Saco. Él solo se considera un sabio, es catedrático de botánica

---

[56] J. A. Saco, "Polémica ...", *Colección...Opus cit.*, I, p. 250.
[57] *Ibidem*, p.251.

sin estudiantes, es un catedrático en geología que tampoco tiene estudiantes, al igual que la Sagra como mineralogista etc, etc. Para Saco, la Sagra no tenía ningún renombre en el mundo académico en la Península e insultaba a la gente culta en la isla llamándolos "los hombres oscuros y de mala fe". Entre estos hombres se encontraba también Félix Varela, considerado por Saco casi como un santo:

> Este hombre era el virtuosísimo, el santo sacerdote, el benemérito D. Félix Varela, quien en la época de las escenas que se acaban de leer, se hallaba en Madrid de Diputado a Cortes por la Habana[58].

Los defectos de la Sagra tuvieron según Saco su repercusión en las páginas de su revista, *Anales*

> El señor D. Ramón se equivoca, si cree que sus *Anales* contienen muchos artículos originales. Le digo de buena fe, que ojeo mensualmente muchos periódicos científicos, y que en ninguno de ellos encuentro tanta escasez de caudal propio como en los famosos *Anales*; pero no es esto lo peor, sino que la escasez se va aumentando cada día, de manera que me he llegado a creer, que a causa de tantas tareas y desvelos se le está secando el cerebro[59].

Para ambas partes del conflicto los artículos en *Anales de ciencias, agricultura, comercio y artes* por un lado y *Mensajero Semanal* por el otro ya no bastaron, por lo que presentaron sus opiniones en folletos. La Sagra publicó en La Habana *Contestación al número séptimo del Mensajero semanal de New-York* y Saco *Impugnación por Don José Antonio Saco a un folleto recién impreso en la Habana, e impropiamente intitulado "Contestación al número séptimo del Mensajero Semanal de New-York*[60]". Saco no solamente repitió en su texto los insultos publicados anteriormente acusando a la Sagra de la incapacidad en doce esferas, siguió con el trabajo del redactor, como especialista en agricultura hasta el trabajo de director del Jardín Botánico, también pidió un castigo, de razón política y moral, para la persona que injustamente dañó el honor

---

[58] *Ibidem*, p. 256 nota.
[59] *Ibidem*, p. 257.
[60] "Impugnación por Don José Antonio Saco a un folleto recién impreso en la Habana, e impropiamente intitulado Contestación al número séptimo del Mensajero Semanal de New-York", *Colección...*, Opus cit., I, pp. 274-347.

de los objetos de sus denuncias. Regresó después a las raíces de las malas relaciones entre la Sagra y los criollos como las vio el director del Jardín Botánico en la Habana. Él atribuyó el odio de Saco y de "muchos de sus amigos" al hecho de que en 1825 había rechazado en su texto "Una Página para la historia de la época actual" la publicación de "unos cuadernos subversivos" en "el Norte-América". Saco dedujo de las palabras de la Sagra una conclusión clara escribiendo:

> De sentir es que Sagra no hubiese sido más explícito; pero ya que no lo fue, no pondré en términos mas claros toda la sustancia de su párrafo: Saco es el enemigo de Sagra, porque aquel es independiente, y éste publicó en 1825 un papel anónimo contra la independencia: he aquí lo que Sagra quiso decir[61].

A pesar de que Saco buscó en ocho páginas los argumentos para demostrar la falsedad de la conclusión de Sagra, mencionando sobre todo el hecho que "Una Página" fue publicada sin firma y que el nombre Sagra no apareció en la discusión sobre los autores eventuales, sus deducciones no suenan convincentemente.

Ambos adversarios fueron sin dudas inteligentes, ambiciosos, cultos y convencidos de que defendían la verdad científica y el derecho de la crítica imparcial a la obra artística, en este caso la poesía de Heredia. Uno de los participantes vio sin embargo a priori en los versos la presentación de la cultura baja de la sociedad colonial, el otro consideró esta crítica un desprecio de esta cultura por el portador de la idea de la supremacía de la cultura metropolitana. La discusión sobre la poesía reflejó la tensión latente entre los criollos y peninsulares en Cuba y en realidad no tuvo nada común con el nivel artístico de la obra de José María Heredia[62]. En el caso de Cuba de los años veinte y treinta del siglo XIX apareció el fenómeno conocido de otros tiempos y en otras regiones. Bajo los regímenes que prohíben las discusiones políticas se ocultan los temas políticos en la forma de enfrentamientos en el campo cultural, científico etc. o aparece otro modo de discutir los problemas de la socie-

---

[61] *Ibidem,.,* p. 295

[62] Esta opinión aparece en historiografía clásica y moderna cubana, como p. ej. Ramiro Guerra dice en este contexto: " Saco, durante toda la polémica, evitó cuidadosamente caer en el lazo que imputaba a Sagra haberle tendido con las alusiones políticas. Abstúvose, a este fin, de hacer la más leve referencia a asuntos de dicha naturaleza, pero la cuestión política estaba latente en el fondo de toda la controversia, la cual, con el carácter de un encuentro personal entre Saco y Sagra, fue un choque entre criollos y peninsulares". Ramiro Guerra y Sánchez, *Manual ...,Opus cit.,* p. 329.

dad, hacerlo en el ejemplo de otra comunidad o estado lo que fue el caso de la información de José Antonio Saco sobre el libro de del presbítero inglés Robert Walsh dedicado al Brasil[63].

A pesar de que Saco hizo todo lo posible para no dar a la administración colonial la oportunidad de considerar su controversia con Sagra por una confrontación política, Martínez de Pinillos prohibió la circulación de la *Impugnación en la Isla*. El conflicto entre Saco y Sagra tuvo para Saco dos consecuencias: lo conocieron hacia el fin de los veinte sobre todo los discípulos del Colegio San Carlos y el círculo interesado en la cultura y ciencia en Cuba y se multiplicó el número de los criollos que empezaron a considerarlo por un portavoz de su capa, al menos de su parte liberal. La administración colonial registró esta cambio en la persona del portavoz de los criollos observándolo con creciente desconfianza. Martínez de Pinillos no ocultó su opinión crítica sobre Saco no solamente en su dimensión política sino también personal. Apoyaba a Sagra en todas sus actividades asegurándole los recursos financieros para sus proyectos y ayudándole con sus contactos en los círculos de los criollos y peninsulares en la isla. Consideraba los insultos a Sagra de parte de Saco como una ofensa a su persona y no disimuló su enemistad al vocero criollo.

En los fines de los veinte y principios de los treinta confirmaba, sin embargo, José Antonio Saco su posición en la sociedad criolla demostrando en dos textos extensos su capacidad de reflexionar sobre los problemas de la Cuba de la época. En 1829 y 1831 envió a la Sociedad Económica de Amigos del País dos trabajos con los títulos *Memoria sobre caminos en la isla de Cuba*[64] y *Memoria sobre la vagancia en la Isla de Cuba*[65] premiadas por su importancia extraordinaria. En el primer texto buscó Saco la solución de un problema serio de la economía isleña, en el segundo ahondó en a la discusión sobre los problemas sociales con gran repercusión en la esfera política y social. La expansión de las plantaciones de caña de azúcar en el interior de la isla dependía de la construcción de modernas comunicaciones. El transporte económico de gran

---

[63] José Antonio Saco, "Análisis por Don José Antonio Saco de una obra sobre el Brasil, intitulada, Notices of Brazil in 1828 and 1829 by Rev. R. Walsh author of a journey from Constantinople, etc.", *Colección ..., Opus cit.*, II, pp. 30-90.
[64] "Memoria sobre caminos en la isla de Cuba" por Don José Antonio Saco, texto veáse en: *Colección...Opus cit.,* I, pp. 61-150.
[65] "Memoria sobre la vagancia en la Isla de Cuba", escrita por Don José Antonio Saco en 1830, texto veáse en: *Colección ... , Opus cit.*, I, pp. 177-229.

cantidad de mercancía fue indispensable para todos los que buscaron la posibilidad de colocar su producto en el mercado mundial. El ferrocarril llevó la solución en los años treinta y los hacendados de la región de San Julián de los Güines, muy prometedora para el cultivo de la caña, pensaron en la construcción del canal que facilitara el transporte de mercancías de gran volumen entre Güines y La Habana. A fines del siglo XIX, los planes llegaron hasta el punto de comenzarse con las mediciones y delineación de la ruta. En el canal de 19 leguas de largo, con dos ramas, iban a construirse 40 compuertas que igualarían las diferencias de altura entre las dos ciudades. La importancia de la comunicación fue también mencionada por Humboldt cuando hablaba sobre el transporte de los productos agrícolas de la parte más fértil de la isla[66]. Sin embargo, la realización del proyecto terminó de la misma manera que el plan de mediados del siglo XVIII para construir un canal para el transporte de la madera para los astilleros de La Habana. El problema de los recursos, sobre todo, frenó la realización del proyecto hasta el momento en que "se trasformó en otro más ventajoso, cual fue el de construir el camino de hierro[67]". Saco no mencionó la historia del proyecto en la Memoria sino en la nota que acompañó la publicación de la obra del año 1830 a fines de los cincuenta. Durante la preparación del texto a fines de los años veinte no encontró Saco en el continente americano y en todo el mundo bastantes ejemplos de las ventajas del ferrocarril[68] subrayando por eso en su ensayo la necesidad de construir las carreteras modernas según el ejemplo de Gran Bretaña, los Estados Unidos, Holanda o Francia. Analizando las condiciones económicas y técnicas de la construcción de estas comunicaciones y su conservación Saco repetidamente mencionaba el beneficio que toda la sociedad extraía de los caminos, concediendo al Estado en esta empresa un papel especial.

> El gobierno como amigo y protector del pueblo debe proponer y acelerar todo proyecto que redunde en beneficio común. ¿Y cuál de más importancia se puede presentar en la isla de Cuba? Ciertamente que ninguno; y es de tal naturaleza, que aun cuando se considerasen distintos el interés del pueblo y el del gobierno, todavía este sacaría grandes ventajas. La prontitud y facilidad con

---

[66] Alejandro Humboldt, *Ensayo político sobre la Isla de Cuba*, Aranjuez-Madrid, Ediciones Doce Calles-Junta de Castilla-León 1998, pp. 275 y ss. Edición y estudio introductorio a cargo de Miguel Ángel Puig-Samper, Consuelo Naranjo Orovio, Armando García González.
[67] "Memoria sobre caminos en la Isla de Cuba", *Colección ..., Opus cit.*, I, p. 61.
[68] En 1829 existió la primera vía férrea en el continente americano solamente en los EE. UU., en Europa en la Gran Bretaña, Francia, Bavaria y Bélgica.

que puede circular sus órdenes, la rapidez con que puede mover sus tropas de un punto a otro, y la mayor renta que entrará en sus arcas con el impulso que se da a la agricultura y demás ramos industriales, son consideraciones tan claras que saltan al entendimiento aun del hombre más obcecado[69].

Interesándose en la *Memoria* sobre caminos en la técnica para el desarrollo del país, subrayó en *Memoria sobre la vagancia* los problemas sociales y morales. A pesar de su fe en la importancia del progreso técnico para el futuro de la sociedad isleña que apareció en diferentes formas en sus textos, dedicó la *Memoria sobre la vagancia* a criticar el abandono no solamente de la administración colonial sino también el de muchos de sus críticos criollos:

> En la Habana, los asesinatos eran frecuentes a la plena luz del día. Existían bien organizadas cuadrillas de criminales, destinadas a servir, a precios convencionales, a cualquiera que deseara deshacerse de un enemigo o realizar una venganza. La corrupción de la administración de justicia había llegado a tales extremos que los vecinos se negaban a declarar contra los peores criminales, por el temor de verse envueltos en interminables procesos, con ruina de sus intereses y de sus personas. El gobierno toleraba en la Habana más que cincuenta casas de juego, de las cuales obtenía fondo: para diversos fines. Diez mil personas, según cálculo prudencial, vivían del juego en la capital de Cuba. La administración municipal como la de justicia y todos los demás servicios públicos se hallaba viciada por la corrupción, el cohecho, el dolo, el perjurio y la inmoralidad más escandalosa[70].

La Sociedad Económica concedió a estos problemas mucha importancia y convocó un certamen sobre la vagancia cubana en 1829 pidiendo a los autores de las memorias proponer el remedio de los males y "enfermedades morales que padece la isla de Cuba"[71]. En la primera parte de su texto mandado a La Habana Saco definía el juego como un cáncer devorador difundido en todo el territorio de la isla.

> Las casas de juego son la guarida de nuestros hombres ociosos, la escuela de corrupción para la juventud, el sepulcro de la fortu-

---

[69] "Memoria sobre caminos....", *Colección ..., Opus cit.*, I, p. 129.
[70] Ramiro Guerra y Sánchez, *Manual..., Opus cit.*, p. 345.
[71] "Memoria sobre la vagancia...", *Colección ...*, I, p. 181.

na de las familias, y el origen funesto de la mayor parte de los delitos que infestan la sociedad en que vivimos[72].

Saco mencionó las pérdidas económicas del país causadas por el tiempo perdido durante el juego por una cantidad enorme de gente, sin olvidar su escaso nivel moral, como lo llama, enfermedad, para retomar por fin una vez más los asuntos económicos.

> No hay felicidad sin la paz y el contento del alma, no hay paz ni contento sin virtudes, sin virtudes no hay amor ni constancia del trabajo, y sin trabajo no hay riquezas verdaderas[73].

Para la salvación de estas riquezas demandó Saco cerrar las casas de juego subrayando, también, que había que liquidar la costumbre del juego durante diferentes fiestas, las fiestas religiosas incluidas y también el vicio del juego en las casas particulares que no solamente dañaba el interés de los adultos sino que significaba también un mal ejemplo para los hijos. Saco critica también la existencia de la lotería sin aceptar el argumento de que es una diversión honesta autorizada por el gobierno. Tomando en cuenta que en las casas de lotería pierden todos los que participan en el juego, el que gana el dinero deja de tener interés en el trabajo que tiene sus virtudes morales, y las personas que pierden su dinero están desprovistos de los medios necesarios para cubrir los gastos de la vida y de sus familias. Por eso se ofrece al gobierno una actitud gloriosa, prohibir estas escuelas de corrupción y de tentación seductora de la gente pobre cuyo dinero no basta para entrar en las casas de juego pero alcanza para buscar la suerte en la casa de la lotería abierta todo el día. La pérdida económica que ello ocasionaría ya que las casas de lotería pagan la contribución en las arcas públicas sería más que recompensada por el provecho social y moral.

Para el mejoramiento de la situación serviría según Saco una mayor educación popular. Hasta los sacerdotes deberían, según la propuesta de Saco, recomendar desde sus cátedras la importancia de la educación cumpliendo de esta manera con la misión espiritual de las iglesias, centros de las ideas en el campo cubano. Asimismo, concedió un papel importante a las Sociedades y diputaciones patrióticas en las que

---

[72] *Ibidem*, p. 182.
[73] *Idem*.

sería de desear que todas formasen una sección encargada del ramo de la educación primaria con la colaboración de los ayuntamientos que apoyarían con sus fondos y autoridad las escuelas. Precisamente los recursos representaron un problema en la formación de un sistema escolar más completo y eficiente.

> Cuando se reúnan los fondos necesarios, y la educación se difunda por toda la isla,¡cuán distinta no será la suerte de sus habitantes! Entonces, y sólo entonces podrán popularizarse muchos conocimientos, no menos útiles a la agricultura y a las artes, que al orden doméstico y moral de nuestra población rústica[74].

Con una mejor educación se abriría la puerta para la difusión de los consejos sobre economía doméstica, los progresos de agricultura, los métodos de aclimatar nuevas razas de animales y de plantación de nuevas plantas a través de la prensa orientada a las necesidades de la modernización de la sociedad isleña en la esfera moral y económica. Este periódico, repartido gratuitamente, debería ser un vehículo para difundir los conocimientos y mejorar las costumbres bajo los auspicios de las instituciones administrativas y educativas. En la difusión del periódico podrían ayudar también los curas rurales repartiéndolo los domingos después de las misas:

> Sería útil, que después de la misa se leyese fuera de la iglesia en voz alta, por una persona respetable, porque así se le daría más interés, sería el tema de las conversaciones, los más instruídos aclararían las dudas de los menos inteligentes, y absorbida la atención en tan recomendable objeto, muchos de nuestros campesinos no pasarían ya los domingos alrededor de una mesa de juego, o entregados a otras diversiones peligrosas[75].

En el texto de Saco sobre la vagancia apareció la idea atractiva para los reformistas de los sistemas educativos, no solamente en Cuba, de la necesidad de establecer en los colegios cátedras de las lenguas vivas. Lo que es sorprendente es que Saco escribió sobre este problema en el contexto sobre la educación de la población rural. Contemplando las condiciones de las instituciones literarias Saco encontró en ellas abundancia de "cátedras inútiles o de poco provecho". Por otro lado buscó en vano las

---

[74] *Ibidem*, p. 211.
[75] *Ibidem*, pp. 212 y ss.

útiles para la "verdadera instrucción". En todos los colegios que ofrecían a la juventud emplearse tres o cuatro años, los "más preciosos de su vida", en aprender una lengua muerta sin tener la posibilidad de adquirir una lengua viva. Saco no rechazó la enseñanza del latín, al contrario, pidió "que se enseñase mejor de lo que generalmente se practica"[76]. Por razones prácticas prefirió, sin embargo, las lenguas utilizadas en los negocios del mundo. Para la mayoría de los egresados de las escuelas el latín era más "un adorno que una necesidad", con excepciones de ciertas carreras que Saco no especificó, concluyendo: "las demás pueden pasar sin él; pero las lenguas vivas, y particularmente la francesa y la inglesa son de importancia vital"[77]. Y en este momento retomó Saco la vagancia en Cuba en forma de pregunta:

> Si su enseñanza se hubiera difundido ¿no es verdad que estarían empleados en el comercio, o en otras profesiones lucrativas, algunos de los que hoy viven en la vagancia?[78].

Por eso pidió Saco ampliar la enseñanza de estas lenguas de los colegios y academias particulares a otras instituciones. Lo mismo valían según el autor de la *Memoria* las cátedras del derecho civil y canónico, que las de filosofía y teología que no tenían provecho alguno para la agricultura, las artes o el comercio. Saco no dudo sobre la necesidad de su existencia en una cantidad razonable:

> Si a su número superabundante se hubieran sustituído las matemáticas, la química, y las demás ciencias que están enlazadas con la riqueza pública, nuestras instituciones literarias habrían ensanchando la esfera de los conocimientos, habrían presentando a los jóvenes nuevas carreras, y contribuido a disminuir el número de ociosos[79].

Estas nuevas carreras mejorarían las posibilidades de los egresados a incorporarse a la vida práctica y escapa del mundo de las cuestiones inútiles. Como la ciencia de gran importancia para Cuba señaló Saco a la náutica

---

[76] *Ibidem*, p. 213.
[77] *Idem*.
[78] *Idem*.
[79] *Ibidem*, p. 214.

pues su estudio hará, que muchos jóvenes se empleen en la marina mercante; y como Cuba está llamada por la naturaleza a ser un pueblo mercantil, es necesario que empecemos desde ahora a formar, no sólo pilotos, sino también marineros[80].

La fuerte marina mercantil ayudaría también a solucionar el problema social. A la profesión de marineros podrían destinarse los niños abandonados por sus padres o huérfanos educados a expensas de la sociedad y entregados después a los capitanes de los buques mercantiles. Ello significaría un servicio doble, ofrecería la "ocupación a muchos seres infelices, y brazos útiles a la patria[81]".

No sorprende que Saco repetidamente mencionara en su *Memoria sobre la vagancia* las dudas y temores a la gente de color. En Cuba no existió según él la capa de los artesanos blancos. Esta esfera fue totalmente controlada por los mulatos y negros y ningún blanco tuvo interés en buscar trabajo en la clase menospreciada por la sociedad de los criollos y peninsulares. Mucha gente pobre blanca rechazaba ganar dinero como artesano por el falso orgullo que los obligaba a vivir en la miseria, peligrosa para su moral y para la estabilidad de la sociedad:

> Únansen pues, los buenos padres, exhortemos a sus hijos, para que abracen, y otros para que respeten y estimen las artes, muestren este respeto y estimación con palabras y con hechos, contradigan, y si fuere necesario, censuren a los indiscretos que en las conversaciones o del otro modo se produzcan en términos ofensivos a profesiones tan honrosas, sean siempre sus valientes defensores, así por escrito, como de palabra, e intimidando con su conducto a unos, y dando aliento a otros, los padres de familia tendrán la gloria de contribuir a la verdadera felicidad de Cuba[82].

El mismo deber, defender la idea de la dignidad del trabajo físico tuvieron según Saco también los maestros. Si podían los blancos trabajar en los campos, si podían existir orquestas mixtas de blancos, pardos y morenos, ¿por qué no podrían elegir los blancos la profesión de los artesanos? Describiendo las razones de la vagancia ofreció en la segunda parte de la *Memoria* los medios como curarla en los casos concretos. Subrayando el peligro social que significaba la vagancia y los vagos, no

---

[80] *Ibidem*, p. 215.
[81] *Idem*.
[82] *Ibidem*, p. 219.

duda sobre el derecho de la sociedad a corregir este mal. La meta de toda la legislación orientada al provecho de la sociedad tenía según Saco el deber de prevenir los males antes de castigarlos y los males acometen a las personas sin bienes y ocupación: Para mantenerse deben robar, jugar y cometer otros delitos. Por eso tienen las autoridades el derecho de obligar a los vagos a tomar alguna ocupación y si la rechazan hay que entregarlos directamente a los lugares concretos para hacer allí algo útil. El rechazar esta oferta de la ocupación tendría una única consecuencia, la deportación del vago de la isla. A pesar de que Saco mencionó textualmente la necesidad de proteger la libertad individual recomendó para la liquidación de la vagancia medidas poco liberales.

> No es difícil averiguar quiénes son los vagos que existen entre nosotros, pues para esto basta tomar algunas medidas enérgicas confiando su cumplimiento a hombres íntegros, activos y dignos de la pública confianza. Ellos podrían formar una junta, que especialmente se encargase del descubrimiento de los vagos; y para lograrlo, convendría dividir todas las poblaciones en cuarteles, poniendo cada uno de estos al cuidad de uno de aquellos individuos para que hagan un censo en que se inscriba el nombre, la patria, edad, estado profesión, bienes, calle y número de la casa de cada uno de sus habitantes, exigiendo además, que los que digan que ejercen algún oficio o profesión fuera de la casa en que se hallan al tiempo de formar el censo, designen el edificio o paraje donde trabajan[83].

Cada dueño de la casa tendría el deber de avisar por escrito de cada persona que se mudase durante dos días; de esta manera obtuvieron las juntas un cuadro estadístico puntual sobre todos los vagos en la isla lo que abre el camino para obligarles o a trabajar o a deportarlos de Cuba. Concluyendo su *Memoria* Saco, sin embargo, repitió una vez más que la tarea más importante en la lucha contra la vagancia no es castigar a los vagos sino combatir las causas de este fenómeno. Cerrar las casa de juego, corregir los abusos de las loterías y billares, mejorar la educación pública, multiplicar la enseñanza de ciencias útiles y elevar el prestigio de la profesión de los artesanos. Sin estos cambios, advirtió Saco:

> [...] Cuba jamás podrá subir al rango a que la llaman los destinos. Sus campos se cubrirán de espigas y de flores, hermosas

---
[83] *Ibidem*, p. 228.

naves arribarán a sus puertas, una sombra de gloria y de fortuna recorrerá sus ciudades, pero a los ojos del observador imparcial, mi cara patria no presentará sino triste imagen de un hombre, que envuelto en un rico manto, oculta las profundas llagas que devoran sus entrañas[84].

En uno de los textos publicados en 1832 Saco vuelve al problema de la educación insistiendo una vez más sobre la necesidad de enseñar las lenguas vivas en las escuelas cubanas[85]. Saco no siguió preparando más este texto en los Estados Unidos, se repatrió y participó en las actividades de la Sociedad Económica de Amigos del País en la Habana. A pesar de que no tuvo la Sociedad en este período ya tanta importancia para la vida social, económica, cultural y política que en el tiempo de su constitución[86], siguió jugando el papel de una institución que inspiraba los cambios en el sistema de la educación y ayudaba en la difusión de informaciones sobre los progresos de la agricultura, industria y comercio en la colonia. La publicación del *Papel Periódico de la Havana* y más tarde de las *Memorias*[87] de la Sociedad tuvieron en este contexto un lugar extraordinario. Los resultados del trabajo de la Sociedad dependieron en muchos casos de la calidad de los miembro de las diferentes secciones formadas para promover los cambios en los campos respectivos. Entre las secciones que lograban éxitos indudables se encontraba precisamente la Sección de Educación cuyos "titánicos esfuerzos" relativos especialmente a la enseñanza primaria apreció la clásica historiografía cubana[88]. La sección nombraba los curadores para las escuelas en La Habana y fuera de la ciudad para inspeccionar el nivel de la enseñanza y preparó el sistema de premios que inspiraba los alumnos al estudio intensivo.

---

[84] *Ibidem*, p. 229.
[85] José Antonio Saco, "Observaciones sobre un Colegio de educación fundado en la ciudad de Puerto Príncipe, en la isla de Cuba", publicadas en la Habana en el número 60 de la *Revista Bimestre Cubana; Colección ..., Opus cit...*, II, pp.1-4.
[86] Julio Le Riverend la consideró por "una gran clearing house de las ideas reformistas económicas y científicas", veáse Julio Le Riverend, *Historia económica de Cuba*, La Habana, Instituto Cubano del Libro, 1974, p. 263. A pesar de la gran importancia de la Sociedad existen solamente unas monografías sobre le problema. Entre ellas destaca la obra de Izaskun Álvarez Cuartero, *Memorias de la Ilustración: las Sociedades Económicas de Amigos del País en Cuba (1783-1832)*, Madrid, Real Sociedad bascongada de los Amigos del País, 2000.
[87] Sobre la prensa cubana véase Joaquín Llaverías, *Contribución a la historia de la prensa periódica*, La Habana, Publicaciones del Archivo Nacional de Cuba, 1957.
[88] *Historia de la nación cubana*, 13 t.s., La Habana, Historia de la nación cubana, 1952, t. III, p. 38. La Sociedad en La Habana tuvo su sección de Educación. Sobre sus actividades véase Izaskun Álvarez Cuartero, *Memorias..., Opus cit...*, pp. 155 y ss., o el informe "Memoria sobre los trabajos de la clase de Educacion, leída en Juntas generales de la Real

También los maestros estuvieron interesados en el mejoramiento de su trabajo mediante diferentes becas y premios; el nivel creciente del sistema de las escuelas primarias en la isla durante las primeras décadas del siglo XIX hay que ligarlo con las actividades de la Sociedad.

En los años veinte creció la importancia de la Sociedad en otro campo, el de la Geografía e Historia. Los primeros intentos se orientaron a la publicación de un *Diccionario geográfico histórico de Cuba* aunque fracasaron por la escasez casi total de fuentes. La Sociedad preparó un listado de la gente interesada en ayudar a recoger el material para el Diccionario. La recogida de las informaciones, basada en gran medida en los curas de diferentes pueblos de la colonia duró muchos años y fue muy reducida para el objeto del interés de los informadores. Muchas de las informaciones estaban ligadas con el clima, aparecieron datos sobre las temperaturas, lluvias, etc. En 1828 aprobó la junta de la Sociedad la formación de una sección especial de Historia[89] y el Capitán General acompañó su acuerdo con la recomendación a todas las autoridades de la colonia de abrir sus archivos a los miembros de la comisión para recopilar documentos necesarios. Entre los dieciocho miembros bajo la presidencia de Tomás Agustín Cervantes en la comisión destacaron Domingo del Monte, egresado del Colegio de San Carlos y de la Universidad de La Habana, amigo de José María Heredia que había regresado recientemente de un largo viaje a Europa y a Estados Unidos y José Antonio Valdés cuya *Historia de la Isla de Cuba y en especial de la Habana del 1813*[90] pertenece sin duda a los más importantes intentos de presentar en las primeras décadas del siglo XIX la visión criolla de la historia de la isla. La comisión aprovechó el hecho de que las instituciones importantes de la administración colonial cumplieron con la recomendación del Capitán

---

Sociedad", Habana, 15 diciembre de 1829, *Acta de las Juntas generales que celebro la Real Sociedad Economica de Amigos del País de la Habana en los días 14, 15 y 16 de diciembre de 192 y empresa de acuerdo de la misma Sociedad,* Habana, Oficina de las La Sociedad en las viudas de Arazoza y Soler, 1830, pp. 19-32.

[89] A pesar de la gran importancia de la formación de esta sección de la Sociedad no existe ninguna monografía dedicada a este institución, para los mejores esbozos de la misma véase sobre todo los capítulos La escritura de la Historia y la Geografía en Izaskun Álvarez Cuartero, *Memorias ..., Opus cit.*, pp. 97-205 y "Los inicios de la historiografía documenista", Carmen Almodóvar Muñoz, *Antología crítica de la historiografía cubana (época colonial),* La Habana, Editora Pueblo y Educación, 1986, t.1, pp. 201-204. Sobre la historiografía cubana comp. también la obra clásica de José Manuel Peréz Cabrera, *Historiografía de Cuba,* México, Comisión de Historia del Instituto Panamericano de Geografía e Historia, 1962.

[90] José Antonio Valdés, *Historia de la Isla de Cuba y en especial de la Habana,* La Habana, Comisión Nacional Cubana de la UNESCO, 1964.

General y abrieron sus archivos de manera que los miembros de la comisión tuvieron acceso a los materiales en las oficinas del Tribunal de Cuentas, Contaduría Real de diezmos, etc. y publicaron los primeros resultados de su trabajo ya en 1830 en la forma de Memoria. La comisión consideraba estos materiales un primer paso para la preparación de una historia de Cuba escrita por un historiador "oficial" sin contestar, sin embargo, las cuestiones importantes.

> [...] se encontró con un problema crucial de plena actualidad:¿qué preguntamos a los documentos?, ¿qué a la Historia? El argumento dado por la sección de Historia fue simple: se quedaba a la espera de que las noticias que llegasen de los pueblos, península y extranjero fueran lo suficientemente cuantiosas para emprender tan magna obra[91].

Las dificultades ligadas con la preparación de la obra proyectada llevaron a los miembros de la comisión a la decisión de publicar una de las obras escritas en el siglo XVIII. El interés de presentar al menos la *Llave del Nuevo Mundo, antemural de las Indias Occidentales. La Habana descripta: noticias de su fundación, aumentos y estado* de José Martín Félix de Arrate de Perraltara[92] demuestra un cambio en el pensamiento de las portavoces de la sociedad isleña. Hasta fines de los años veinte prefirió la Sociedad en sus actividades la esfera económica sin descuidar la esfera científica, las ciencias naturales, atribuyendo gran importancia al sistema escolar como un medio de mejoramiento de la instrucción de las capas populares. El interés por la historia anunció una nueva fase de la conciencia de los criollos cubanos ligado con la búsqueda de la confirmación de las características de la comunidad no solamente a través del contexto económico contemporáneo sino también del pasado. A pesar de que la autora de la antología moderna de la historiografía cubana Carmen Almodóvar Muñoz[93] considera la obra de Arrate como una cierta manifestación de la nacionalidad cubana[94], el texto de

---
[91] Izaskun Alvarez Cuartero, *Memorias...*, *Opus cit.*, p. 202.
[92] José Martín Félix de Arrate y Acosta, *Llave del Nuevo Mundo, antemural de las Indias Occidentales. La Habana descripta: noticias de su fundación, aumentos y estado*, La Habana, Comisión Nacional Cubana de la UNESCO, 1964.
[93] Carmen Almodóvar Muñoz, *Antología crítica de la historiografía cubana (época colonial) I*, La Habana, Editoria Pueblo y Educación 1986, la misma, *Antología crítica de la historiografía cubana (Período neocolonial) II*, La Habana, Editoria Pueblo y Educación, 1989.
[94] *Ibidem*, t. I, p. 124, dice: "Los párrafos omitidos no menoscaban su principal mérito: que se le considere la primera expresión historiográfia de un sentimiento de la nacionalidad cubana."

este oficial colonial significaría más la expresión del convencimiento de la identidad de lo "cubano" y lo "español" en la historia de la isla hasta el momento de la terminación del manuscrito, probablemente a principios de los años sesenta del siglo XVIII. Arrate presenta Cuba como una colonia tranquila y contenta cuyos habitantes disfrutan el beneficio del gobierno español. La única señal de crítica que aparece en la descripción es la destrucción de la población nativa. La causa de esta postura no es ni la filantropía ni la idea presentada más tarde en *Las lecciones orales sobre la historia de Cuba de Pedro Santacilla*[95] de que los indios pudieran considerarse como antecesores de los criollos, para él significaba el fin de la posibilidad de aprovechar a los indios como esclavos. Arrate en este contexto escribió:

> Esta desgraciada situación, cuyas perjudiciales resultas quizás no se comprendieron en aquella edad, como se sienten ahora, abrió más ancha puerta a la introducción de los negros, que ya desde el año de 1508 habían principado los genoveses, haciéndose necesario suplir la falta de los indios, trayendo del África armazones numerosas de aquellos para el cultivo de las tierras y colección de los frutos; pero aunque de la expresada provincia se originó el beneficio de atraer al seno de nuestra sagrada religión una suma casi infinita de gentiles, que hubieran perecido en aquellas regiones entre las sombras del paganismo, probados de las luces de nuestra fe católica, única puerta de su eterna salud, no podemos negar que el remedio, aunque en lo espiritual dejó reparado el daño, no ha podido en lo temporal, político ni civil producir igual ni tan útil efecto[96].

El autor mencionó solamente una vez el nombre del cacique Hatuey, presentado en el texto de Pedro Santacilla repetidamente como un héroe de la lucha por la independencia de Cuba[97], llamándolo "adverso a la dominación de los castellanos"[98]. La desaparición de la población precolombina fue causada según Arrate por la ola de los suicidios de los indios

> que por no conocer nuevos encomenderos, se alzaban y huían a las montañas, donde es constante se quitaban la vida por no

---

[95] Pedro Santacilla, *Las lecciones orales sobre la historia de Cuba pronunciadas en el Ateneo democrático cubano de Nueva York*, Nueva Orleans, Imprenta de Luis Eduardo Cristo, 1859.
[96] José Martín Félix de Arrate, *Llave ..., Opus cit.*, p. 39.
[97] Pedro Santacilla, *Lecciones ..., Opus cit.*, pp. 4 y ss.
[98] José Martín Félix de Arrate, *Llave ..., Opus cit.*, p. 36.

experimentar el castigo o volver a la sujeción que, aunque fuese muy moderada y suave, la estimaría su preocupación o libertinaje como penosa y tiránica[99].

La comparación del texto de Arrate con la introducción a la edición de la obra en 1830 escrita por la comisión muestra la gran diferencia en el concepto de la historia en Cuba en la mitad del siglo XVIII y los años veinte del XIX. Según los autores de la introducción

> exigía, pues, el honor nacional abrir al público los archivos, y dar un testimonio del acierto con que ha sido gobernada, de las ventajas con que brinda su posición y suelo, de la aplicación de sus moradores y de los recursos con que ha contado y cuenta, de la fertilidad de sus terrenos, de la abundancia y comodidad de sus puertos, de sus ciudades y pueblos, en suma formar su historia política, militar, civil y económica para desvanecer cuanto por exceso o por mengua se han difundido con notable ofensa suya[100].

En los párrafos siguientes repiten los autores las palabras sobre la riqueza de la isla demostrando la importancia del argumento económico en su campaña por el poder político. La diferencia entre lo "español" y lo "cubano" no consistía según los portavoces de los criollos en 1830 en la cultura, tradición o la historia distintas sino en los diferentes intereses económicos[101]. La historia de Cuba fue para los miembros de la comisión, uno de ellos José Antonio Valdés que presentó su propia visión del pasado de la isla, una descripción de la vida política y económica en la colonia española cuyos habitantes eran herederos de las tradiciones de los conquistadores procedentes de la Península Ibérica. Las primeras historias no ofrecieron más que un registro de los acontecimientos políticos y la imagen de la economía de la isla escondida bajo las palabras sobre la riqueza, terrenos fértiles, ríos abundantes y puertos numerosos. A pesar de no contener la crítica de la política colonial española de parte de la sociedad criolla, la nueva generación de los historiadores o quizás mejor dicho cronistas de los años treinta tuvieron un cierto rasgo de pioneros en el concepto de la sociedad cubana. Estos autores criollos empezaron a buscar en su pasado a los héroes de entre sus filas, lo que según Boyd

---

[99] *Idem.*
[100] *Ibidem,* XIII.
[101] *Ibidem.,* XIII y ss.

Shafer[102] es uno de los factores que contribuyen a la formación de la conciencia de la identidad nacional. Su concepto confirman las palabras de uno de los criollos cubanos que escribió:

> Yo soy vueltabajero, soy guajiro, de este país bárbaro, sin recursos literarios. Aquí no hay bibliotecas, ni gacetas, ni imprentas; aquí no hay sino guajiros, tal vez, todos agrestes y montaraces. Cómo atreverse á resolver las edades pasadas y salvar del olvido los gloriosos hechos de nuestros mayores[103].

En este contexto no tuvo ninguna importancia que en este período fueran los héroes criollos los defensores de los intereses comunes de la colonia y la metrópoli. Los criollos de los siglos XVII y XVIII defendieron la costa en contra de los ataques de los piratas y en estos enfrentamientos buscaron sus nietos las hazañas heroicas comparadas por el autor con los grandes hechos de los participantes de las batallas de las guerras napoleónicas.

> Y estos hombres no tenían premio, ni sueldo, ni siquiera gloria, sino un desprendimiento noble de llenar un deber en defensa de la patria. Cuando en un caso semejante la guardia imperial de Napoleón corrió a la muerte en Waterloo, ¿cuán diferente era su heroísmo? Allí eran soldados veteranos, aleccionados en veinte batallas, aquí eran milicias colecticias: allí eran la flor de los ejércitos del Capitán del siglo, que esperaban grandes premios ó lo menos gloria inmarcesible: aquí eran pobres campesinos que iban á morir sin que ni siquiera se mencionara su nombre[104].

El otro campo donde puedan encontrar los buscadores de las hazañas heroicas de los criollos fue el de los conflictos entre los esclavos huidos y quienes los persiguieron. En una de las relaciones publicadas en las *Memorias*, "En las lomas de los Campanarios", Ramón Cordero veía la imposibilidad de subir á un palenque de cimarrones nada más que de uno a uno:

> iban marchando por el peligro y él adelantándose dijo: yo adelante que tengo menos familia que tú. Y se puso a la cabeza, y

---
[102] Boyd Shafer, *Nationalism. Myth and Reality*, London, 1955, pp.7-8.
[103] Vueltabajo. Correspondencia del Pinar de Río. Tradiciones cubanas, *Memorias de la Real Sociedad Patriótica de la Habana*, 82, XIV, 1842, p. 272.
[104] *Ibidem*, p. 273.

subió el primero donde sabía que los esperaba la muerte, y murió allí sin volver la cara atrás[105].

Comparando esta visión de los cimarrones con la que presentan sobre todo Entralgo[106] y José Luciano Franco[107], según ellos fueron los cimarrones los antecesores de los independentistas cubanos del siglo XIX o hasta los portavoces de la oposición de Cuba al gobierno español, registramos la profundidad de los cambios en la concepción de la posición de la gente de color en la sociedad cubana blanca. Si significó la gente de color en la primera mitad del siglo XIX el peligro o la capa que ofreció por sus actos enemistosos a los blancos la posibilidad de demostrar su valentía y la capacidad de presentarse como héroes, a fines del mismo siglo representó un socio en la lucha contra un enemigo común, el gobierno español[108]. Otros autores, ninguno de ellos un historiador profesional, sino aficionados de la historia regional, aprovecharon los fuentes locales para presentar las historias de algunas ciudades cubanas. Ese fue el caso de José María Callejas (Santiago de Cuba) en 1823, de Manuel José Estrada (Bayamo) en 1830 o de Tomás Pío de Betancourt (Puerto Príncipe).

Al mismo tiempo José Antonio Saco pidió la protección de las fuentes archivísticas de la isla subrayando su importancia para el conocimiento de la historia política y económica de Cuba. Una mayor atención dedicó, sin embargo, a la publicación de *Revista Bimestre Cubana*. En esta revista comentó en 1832 la oferta de las materias ofrecidas por el colegio de educación en Puerto Príncipe. Al lado de doctrina cristiana, lectura escritura, aritmética, gramática, teneduría de libros, geografía, historia antigua y moderna, matemáticas, filosofía moral, retórica, oratoria, latín, francés, griego, dibujo, música vocal y baile tuvieron los interesados la oportunidad de solicitar inglés, italiano y música instrumental. Saco apreció el abanico de la oferta expresando sin embargo sus dudas en dos sentidos. Teniendo en cuenta que el colegio tuvo solamente dos profesores, excatedrático del colegio imperial en Madrid y un pedagogo local, preguntó Saco, si la cantidad de las materias no causaría una menor

---

[105] Ramón Cordero, "En las lomas de los Campanarios", *Memorias de la Real Sociedad Patriótica de la Habana*, 82, XIV, 1842, p. 274.
[106] Elías Entralgo, *La liberación..., Opus cit.*
[107] José Luciano Franco, *Los palenques de los negros cimarrones*, La Habana, Editado por el Depto de Orientación Revolucionaria del Comité Central del Partido Comunista de Cuba, 1973.
[108] Comp. Enrique Gay-Calbó, *Formación de la sociedad cubana. Notas sobre la influencia de la economía y la composición étnica*, La Habana, P. Fernandez y Cia, 1948.

calidad en la enseñanza. Su otra duda se refería a la enseñanza del inglés, ofrecido como una materia optativa. Saco la compara con el griego escribiendo:

> ¿de qué provecho puede ser el estudio del griego a un joven de Puerto Príncipe? Quizás no sacará otro en todo el curso de su vida, que el de la lectura de algunos clásicos de la Grecia: pero en la marcha de los negocios de aquella ciudad no se le encontrará aplicación. El inglés por el contrario, es la lengua del comercio y de uno de los pueblos más grandes de la tierra; y aún cuando prescindiéramos de estas consideraciones, el estado particular de Puerto Príncipe debe inducir a sus habitantes a darle la preferencia, porque casi todo su comercio está en poder de los norteamericanos, cuyas relaciones se irán aumentando cada día[109].

El deber fundamental para todos los colegios en la isla era para Saco ofrecer la enseñanza conforme a las necesidades de los estudiantes y de la sociedad, o como lo escribió el autor textualmente "conforme a nuestras necesidades". ¿Qué pensarían las familias si sus hijos pasaran años en los colegios gastando mucho dinero cuando salgan traduciendo los autores clásicos griegos? Hay que terminar con la práctica tradicional en la forma de la dicotomía entre las ideas y hechos, concluyó Saco. Los estudiantes debían aprender en las escuelas a unir la teoría con la práctica.

En el mismo año publicó Saco, entre otros textos, su informe sobre el libro de Robert Walsh. Walsh pasó en Brasil dos años como capellán de la Embajada de Gran Bretaña y se presentó en su libro como buen observador ofreciendo en su texto muchas informaciones sobre economía y sociedad del Estado dependiente en la esfera económica de los frutos del trabajo de los esclavos que formaban más de la mitad de la población del país. La independencia del Imperio fortaleció la influencia de Gran Bretaña en Brasil lo que tuvo su repercusión no solamente en las relaciones económicas sino también en la presión de los diplomáticos británicos en la cuestión de la abolición de la trata[110]. No hay, por eso, ninguna sorpresa en que la descripción del Brasil de Walsh despertara la atención de Saco que consideró al Brasil como el rival de Cuba más for-

---
[109] José Antonio Saco, "Observaciones ...", *Colección ...*, *Opus cit.*, II, p. 3.
[110] Gran Bretaña y sus representantes en América Latina dedicaron en este período gran atención precisamente a la problemática de la esclavitud y de la abolición demostrado en el caso de Cuba por las actividades y el libro de David Turnbull, *Travels in the West: Cuba with Notices of Porto Rico and the Slave Trade*, London, Longman, 1840.

midable. Al lado de las informaciones económicas ofreció en su información sobre la obra de Walsh también un breve esbozo histórico subrayando los acontecimientos del año 1815. El decreto del 16 de diciembre significó formalmente el fin del estatuto colonial de Brasil transformando la colonia en la parte integral del Reino Unido de Portugal, los Algarves y el Brasil. Saco mencionó este hecho con el mismo agrado describiendo sin embargo con las misma simpatías la personalidad de Don Pedro que proclamó en 1821 la independencia del Imperio. Introduciendo en su texto el contenido del libro de Walsh mencionó repetidamente la situación en Cuba y en la última parte ya dedicó su atención solamente a la problemática de la colonia española.

Ofreciendo un esbozo de la historia de la esclavitud en Cuba pidió romper el silencio sobre el problema que podía cambiar en breve y de modo fatal toda la región. En todas las colonias de todas las naciones europeas y en Haití con la excepción de algunos islotes creció, según los datos estadísticos, la parte de los negros en la población, lo que consideró Saco como sumamente peligroso. Rechazó el argumento económico de los hacendados que hablaron sobre la necesidad de los brazos en las plantaciones de caña de azúcar ofreciendo la solución en la forma de jornaleros asalariados. *El Análisis* tuvo en el contexto de la situación de Cuba a principios de los años treinta un doble sentido, Saco abrió la discusión sobre el problema importante de la economía y política colonial y presentó su visión de la solución. En sus textos posteriores[111] precisó su argumentación acompañándola con los ejemplos de las colonias, sobre todo de las islas caribeñas británicas, manteniendo sin embargo su idea fundamental: la población africana en Cuba significaba el peligro para los criollos blancos, los partidarios del trabajo de los esclavo en las plantaciones cubanas se equivocaban en su opinión sobre las ventajas económicas del sistema y el futuro de la economía cubana había que buscarlo en el trabajo de los jornaleros asalariados. A pesar de la gran importancia de los problemas mencionados en el artículo de Saco el conflicto ligado con la Academia Cubana de Literatura atrajo la mayor atención del público cubano en la mitad de los treinta.

El enfrentamiento entre Saco y la administración colonial tuvo sus raíces en 1829 cuando la Sociedad Económica abrió los trámites ligados con la constitución de una nueva comisión, la Comisión de Literatura. Según Izaskun Álvarez Cuartero la comisión "fue, de algún

---

[111] Véase José Antonio Saco, *La supresión del tráfico de esclavos africanos en la isla de Cuba, examinada con relación a su agricultura y su seguridad,* París, 1845.

modo, el punto de inflexión hacia la decadencia de la Real Sociedad Económica de la Habana"[112].

Los interesados en la constitución de esta comisión la consideraron un medio de estudio de la bella literatura que estaba hasta el momento fuera del interés de la Sociedad y es por eso lógico que en las actividades preparativas se organizara una sección de la Educación de la Real Sociedad. El interés en la constitución de dicha comisión repercutió en la creciente importancia de la literatura para cierta parte de la sociedad en la isla que se manifestó en la publicación de nuevos periódicos y revistas que salieron a la luz a fines de los años veinte. Los títulos *Gaceta de Puerto Príncipe, Correo de Trinidad, Aurora de Matanzas* y sobre todo *La Moda ó Recreo Semanal del Bello Sexo, Puntero Literario y Nuevo Regañón* aparecieron en un momento de menores tensiones en la colonia. No se cumplieron los temores de la capa gobernante y la parte de los criollos, no se realizó la invasión de las tropas de los Estados independientes en el continente, las potencias perdieron su interés en anexionar Cuba y el régimen de Jean-Pierre Boyer en Haití no provocó la conflagración racial en los campos de la colonia española. En septiembre de 1828 publicó Félix Tanco con la ayuda financiera de la sección local de la Real Sociedad el primer número de *Aurora de Matanzas*. A pesar de que Tanco no nació en la isla pasó allí gran parte de su vida, estudiando en La Habana y perteneciendo al final del período liberal 1820-3 al círculo de los aficionados a la literatura encabezado por Domingo del Monte[113]. El permiso de publicar *Aurora* representó un símbolo visible de los cambios de la política del Capitán General en lo que tocó a la prensa. En 1829 apareció el título *La Moda* cuyos editores José J. Villarino y Domingo del Monte se propusieron informar a las mujeres cubanas no solamente sobre la moda sino también sobre la cultura en Europa y en los Estados Unidos. De tal manera aparecieron en las páginas de la revista las reseñas escritas por Domingo del Monte, la poesía del mismo autor y las impresiones de José María Heredia de los EE. UU. en forma de cartas. Antes de la publicación del primer número de la revista mencionaron los editores un hecho positivo, el público del mundo civilizado no tenía solamente interés en leer sino también en escribir, "manía de escribir y leer está difundiéndose por todas las capas de la sociedad"[114]. Domingo del Monte

---

[112] Izaskun Álvarez Cuartero, *Memorias ..., Opus cit.*, p. 223.
[113] Sobre una visión panorámica de la literatura cubana en este período véase sobre todo Mercedes Rivas, *Literatura y esclavitud en la novela cubana del siglo XIX*, Sevilla, Consejo Superior de Investigaciones Científicas, 1990.
[114] Llaverías, *Contribución..., Opus cit.*, II, p. 31.

participó también en la publicación de otro título *El Puntero Literario*. Juntamente con el joven Antonio Bachiller y Morales (él no tenía en este tiempo más de 18 años) y dos abogados, Anacleto Bermúdez y José Antonio Cintra, el último publicaba en el período liberal la revista *El Americano Libre*, preparó dos números de la revista conocida sobre todo por la publicación del manifiesto del romanticismo.

El estilo nuevo tuvo no solamente importancia literaria sino también un interés más amplio de abrir la puerta a la discusión entre los partidarios del viejo y moderno concepto de la creación literaria. Félix Tanco hablaba en una de sus cartas a Domingo del Monte de esta manera sobre el romanticismo:

> Una cosa me atrevo a aconsejarte y es, en cuanto por tu parte puedas influir para que en estudio de las bellas artes no haya espíritu de sistema, ó mejor dicho, de partido, harás un gran servicio á la juventud: ten presente lo que yo dije á la conclusión de mi artículo firmado por dos lógicos. Si es un mal, seamos clásicos por necesidad que luego seremos románticos por elección[115].

Larry R. Jensen subraya que el contexto político del romanticismo cubano habla sobre la falta de complacencia de los jóvenes criollos a aceptar la limitación de la imaginación creativa por el absolutismo político o por el monopolio de las instituciones existentes llamando textualmente la Sociedad patriótica[116]. Sin embargo, en el año 1830 colaboraron los jóvenes con los representantes de la Sociedad en un proyecto común, la constitución de la comisión literaria de la Sociedad. Al lado del presidente de la sección de educación Nicolás Cárdenas y Manzano jugó un gran papel en la constitución de sección literaria en 1830 precisamente el nombramiento de Domingo del Monte como secretario. El discurso inaugural lo leyó el 3 de marzo de 1830 Blas Ossés centrado en dos opiniones: La literatura tenía, según él, gran importancia para la sabiduría y para los costumbres del público carante del cumplimiento de esta tarea siendo en la isla la Real Sociedad patrocinada por el gobierno local e instituciones en la metrópoli. Ossés no habló sobre la creatividad o la imaginación literaria sino que su concepción se dirigió a este aspecto en clara contradicción con el concepto de la literatura de los jóvenes representantes del romanticismo[117].

---

[115] Félix Tanco a Domingo del Monte, Matanzas 7 de marzo de 1830, *Centón epistolario de Domingo del Monte*, La Habana Academia de la historia de Cuba 1957, VII, p. 46.
[116] Larry R. Jensen, *Children...* , *Opus cit.*, p.104.
[117] Sobre las metas de la comisión véase: "Exposición de las tareas de Comisión Permanente

El inconveniente más serio sobre la diferencia en el concepto de literatura apareció pronto en la revista de la comisión. Los miembros de este grupo, los tradicionalistas como los partidarios de nueva visión de la cultura compartieron la misma idea, publicar una revista dedicada puramente a la literatura. Suponía la publicación de textos literarios y las informaciones sobre literatura en Cuba y fuera de la colonia. La junta directiva de la Sociedad fue poco comprensiva con el proyecto y cuando publicó un miembro de la Sociedad, el pedagogo renombrado de la procedencia catalana Mariano Cubí y Soler en mayo del 1831 su *Revista y Repertorio Bimestre de la Isla de Cuba*, la comisión literaria inició negociaciones sobre una forma de colaboración con el editor del nuevo título. Pronto llegaron al acuerdo y la comisión asumió los deberes del editor del título que apareció más tarde bajo el nombre de *Revista Bimestre Cubana*. Colaborando con los representantes renombrados del pensamiento criollo, José de la Luz y Caballero, Francisco Ruiz y hasta Félix Varela, Domingo del Monte, editor de los primeros números de la revista a los lectores cubanos, ofreció las informaciones sobre los libros publicados por numerosas casas editoriales en América y Europa de diferente índole, no solamente poesía y literatura sino también de economía, política, etc. Los títulos reseñados incluyeron naturalmente la producción española, francesa, estadounidense y aparecieron también informaciones sobre los libros publicados en Alemania o hasta Rusia. La calidad de la revista y de la cultura cubana fue apreciada pronto por el profesor de literatura moderna en la Universidad de Harvard, George Ticknor. En una de sus cartas a Domingo del Monte escribió:

> Desde que empecé a leer la Revista Cubana sorprendíome el talento literario y la cultura de la Isla. Nada comparable se ha podido advertir en ninguna de las colonias españolas, nada parecido en la propia España. Nunca en Madrid se ha tratado de publicar una revista en la que se advierte el espíritu, la variedad y el vigor de ella[118].

---

de Literatura durante el año 1831. Leída por su secretario don Domingo del Monte, en la junta extraordinaria de la Sección de Educación del 13 de diciembre, y en la general de la Real Sociedad Económica del 15 del mismo", Domingo del Monte, *Escritos de Domingo del Monte*, Introducción y notas de José A. Fernández de Castro, La Habana, Cultural. S. A., T. 1, pp. 243-253.

[118] George Ticknor a Domingo del Monte, Boston 24 de abril de 1834, *Centón..., Opus cit., Anales de la Academia de la Historia*, tomo II, núm. 2, 1920, pp. 330-1 nota.

La orientación de la *Revista Bimestre Cubana* cambió sustancialmente a principios del año 1832 con el regreso de Saco de Estados Unidos. Saco tuvo gran interés en publicar en la revista su *Memoria sobre la vagancia* y por fin, en abril del mismo año, después de plena entrega de la revista bajo el control de la Comisión de parte de Cubí y Soler tomó Saco toda la responsabilidad en lo que tocó al contenido y a la financiación del título. A pesar de que las reseñas de las obras literarias no desaparecieron de las páginas de la revista del todo, prevaleció durante los siguientes meses la temática social con fuerte alcance político. La apreciación de la calidad de la revista bajo el nuevo editor coincidió con los temores de que el espíritu crítico podía por fin significar la liquidación administrativa del título.

A principios de 1834 sin embargo pareció que estos temores no llegarán a realizarse, muy al contrario. Los miembros de la comisión alcanzaron otro éxito. Ossés y Del Monte solicitaron en 1833 a la Corona la aprobación de una Academia de Literatura en La Habana con los estatutos inspirados en los de la Academia de Literatura en Sevilla. Esperaban el cambio de la comisión existente en la nueva institución esperando la independencia total de las decisiones de la junta directiva de la Sociedad representada por el director, Deán de la catedral, Juan Bernardo O'Gavan y secretario Antonio Zambrana. La solicitud fue enviada a Madrid directamente sin la presentación anterior ante la representación de la Sociedad, lo que fue un paso poco tradicional. Según las reglas la junta debía haber aprobado todos lo materiales antes de mandarlos a la metrópoli. La solicitud llegó a la capital en el momento ventajoso y en todo el proceso influyó paradójicamente la situación política en España. La muerte del Fernando VII abrió el conflicto entre los partidarios de dos pretendientes del trono español. El hermano menor de Fernando, Carlos fue apoyado por los conservadores, mientras que la viuda María Cristina defendiendo su posición de regente y los derechos de su hija Isabel buscaba el apoyo de los liberales. En este contexto la aprobación de la solicitud del grupito de los criollos cubanos a fines del año 1833 es considerada como la manifestación de la colaboración entre María Cristina y los liberales en la metrópoli[119].

El modo de presentación de la solicitud de la comisión y la firma de María Cristina del documento que aprobó la constitución de la Academia había despertado un gran descontento no solamente en el

---

[119] Larry R. Jensen, *Children...*, *Opus cit.*, p. 107, Ramiro Guerra y Sánchez, *Manual ...*, *Opus cit.*, p. 333.

director y el secretario de la Sociedad sino también en la mayoría de sus miembros conservadores que tuvieron el apoyo de parte de los funcionarios de la administración colonial, incluido el influyente intendente Pinillos. Este representante de los intereses económicos de la Corona llegó a ser objeto de crítica de José Antonio Saco a mediados de 1833, cuando La Habana sufrió una epidemia de cólera y Saco publicó inmediatamente en la *Revista Bimestre Cubana* un artículo[120] sobre la cuestión atribuyendo la responsabilidad al intendente que permitió el desembarque de la mercancía de los buques norteamericanos sin tener en cuenta la cuarentena. A pesar de que en la mayoría de los casos subrayaba Saco la importancia de los intereses económicos, en el caso concreto del cólera que causó la muerte de muchos habitantes de la capital, había preferido la salud antes de los intereses comerciales[121].

    Sin tener en cuenta esta postura nada amistosa de la dirección de la Sociedad y del gobierno de la colonia se declaró disuelta la comisión literaria y 26 miembros de la comisión y sus partidarios constituyeron el 6 de marzo de 1834 la Academia de Literatura. La mayoría de los miembros aparecieron en la vida pública en el Trienio Liberal, casi la mitad eran abogados, algunos de ellos ligados a la Universidad o al Colegio de San Carlos. Entre los miembros de la Academia destacaron Domingo del Monte como secretario, José de la Luz, José Antonio Saco, Francisco Ruiz y Manuel González del Valle. El secretario comunicó el establecimiento de la Academia al Capitán General y el *Diario de la Habana* publicó el 10 de abril la lista de los miembros, corresponsales en Madrid, entre ellos y en primer lugar uno de los símbolos del liberalismo español, el primer secretario de Estado Francisco Martínez de la Rosa. O´Gavan y Zambrana pidieron después cancelar las Actas de la Academia hasta el momento de su aprobación por la Real Sociedad. El Capitán General Mariano Ricafort aprobó la propuesta sin tener en cuenta la voz del secretario de la Academia que publicó la defensa de la nueva institución el 29 del abril en la *Aurora de Matanzas*. La solución de todo el asunto quedó sin embargo en manos del nuevo Capitán General, Miguel Tacón que tiene en la historiografía cubana muy mala fama por diferentes razones. Una de los más importantes es precisamente su relación con los portavoces del liberalismo criollo en las personas de los críticos del régimen colonial sobre todo

---

[120] "Carta sobre el cólera morbo asiático escrita por José Antonio Saco a un Amigo suyo residente en la Habana", *Colección ..., Opus cit.*
[121] No soprende mucho que las conclusiones de Saco fueron rechazadas por Ramón de La Sagra, el protegido del Intendente cuya polémica con Saco por la poesía despertaba tanta atención en La Habana poco antes.

José Antonio Saco. Paradójicamente, en España mantuvo Tacón contactos con los liberales[122] a pesar de que pasó una carrera política muy complicada. Nació en la familia de un oficial de la Armada, siguió en los noventa del siglo XVIII la tradición familiar y en 1809 fue nombrado Gobernador del Popayán. Participó personalmente en las luchas contra el independentismo local y fue muy apreciado por los representantes coloniales más altos en la región y por fin también por la Corona que le otorgó en 1819 el oficio del Capitán General en Puerto Rico. La muerte de su esposa le impidió aceptar el cargo y Tacón sirvió a principios de 1820 en Málaga, manteniendo en este tiempo buenas relaciones con los liberales españoles. Además de las relaciones políticas estuvo Tacón estrechamente ligado con los militares, participantes de las guerra de España en contra de los insurgentes en las colonias quienes después de su regreso a la Península ejercieron los altos cargos militares influyendo como partidarios de los liberales en muchos casos en la política de la capital. Estos contactos ayudaron en los treinta a que Tacón alcanzara el cargo de Capitán General de Andalucía y en marzo de 1834 obtuvo el nombramiento del Capitán General en La Habana. Al mismo tiempo otros miembros de la familia Tacón recibieron cargos muy importantes en lo que se refiere a la política española en Cuba, su hijo fue el primer secretario de la Embajada española en Londres y el hermano, Francisco Tacón, sirvió en Washington en el cargo de ministro. Ambas embajadas tuvieron una posición importantísima para la política española en Cuba, el personal de ambas oficinas frecuentemente negoció con los representantes de gobiernos locales sobre los asuntos ligados con los asuntos cubanos. El nuevo Capitán General llegó a La Habana el último día de mayo de 1834 con la fama de liberal y los criollos naturalmente esperaron la realización de la política liberal. Sin embargo, casi inmediatamente, aparecieron las tensiones entre Tacón y los portavoces de los criollos.

Uno de los primeros conflictos se refirió al asunto de la Academia Cubana de Literatura y tuvo su origen en la decisión del precursor de Tacón, General Ricafort. Él prohibió la discusión pública en la prensa[123] sobre la tensión entre los miembros de la Academia y la

---

[122] Sobre la relación de los liberales españoles con Cuba comp. Jean-René Aymes, "Ilustrados y liberales españoles frente al problema colonial (1750-1850)", *Ramón de la Sagra y Cuba ...*, *Opus cit.*, vol. I, pp. 17-36.
[123] José Antonio Saco publicó el texto del Capitán general del 23 de abril de 1834 en la *Colección...*, *Opus cit.*, III, p. 22: "Los redactores del *Diario* de esta ciudad no publicarán papel ninguno que tenga relación con el establecimiento de la Academia de Literatura, esto es por ahora y hasta que descienda la soberana determinación, sin admitir remitido ninguno de esta clase para no dividir las opiniones, con lo que se comprometerán objetos muy sagra-

junta directiva de la Sociedad hasta la solución oficial de todo el asunto en la forma de nuevas instrucciones llegadas de Madrid pero José Antonio Saco rechazó obedecer la prohibición escribiendo sobre ello más tarde:

> [...] pero mucho se equivocaron los enemigos de la Academia en figurarse, que yo, defensor de ella, me quedaría en silencio dejando inédito mi manuscrito. Existía en Matanzas una imprenta, perteneciente a Don Tiburcio Campe, cuyo nombre no es desconocido en las luchas políticas de España. Este señor, que ya murió, se hizo cargo de imprimir la *Defensa de la Academia,* y para cubrir su responsabilidad, supuso haberse hecho la impresión en Nueva Orleáns[124].

A principios de julio apareció a la luz el folletito *Justa defensa de la Academia de la literatura* fechado 25 de abril de 1834 que desencadenaba un proceso que acabó con su destierro de la isla. Saco en su texto[125] no criticó directamente el decreto sobre la censura de la prensa periódica en la isla pero sí a algunos representantes del grupo conservador de la Sociedad Real. En la introducción de la *Defensa* cuidadosamente advirtió que en ningún caso -sin identificar- hablando sobre la Sociedad, los beneméritos miembros de esta entidad, con el "cortísimo número de los miembros que se oponen a la existencia de la Academia". Él llama a estos miembros "una fracción insignificante respecto al total de socios" mencionando después repetidamente los nombres de este grupo siendo más destacados, Juan Bernardo O'Gavan y Antonio Zambrana. Fue el escrito, sobre todo la defensa de la Academia, de la acusación de constitución ilegal en que Saco dudó que O'Gavan, tomando en cuenta "que habiendo hecho estudios jurídicos .... y teniendo además una larga práctica forense"[126] pudiera apoyarse en los fundamentos que aparecieron en los ataques contra la Academia. En la última parte del texto contestó la crítica de los enemigos de la Academia quienes rechazaron esta institución por considerarla portavoz de los intereses políticos.

---

dos.-Ricafort".
[124] José Antonio Saco, "Fundación de una Academia en la Habana en 1834, y contienda deplorable que se suscitó entre ella y algunos miembros de la Sociedad Económica de La Habana", *Colección ..., Opus cit.,* III, pp. 22 y ss.
[125] José Antonio Saco, "Justa defensa de la Academia Cubana de literatura", *Colección..., Opus cit.,* III, pp. 25-65.
[126] *Ibidem,* p. 54.

> Ni es la religión la única arma formidable de que se han valido para asesinar a los académicos. Vibran también contra ellos el rayo de la política, pero de una política oscura a la que con énfasis malicioso se alude siempre que los perversos quieren desbaratar los planes de los buenos. Se habla de la influencia que la Academia puede tener directa o indirectamente en el orden político; y en verdad que la tiene de ambos modos, pues procediendo los males que afligen a la nación del largo reinado de la ignorancia, claro es que todas las instituciones que contribuyan a disipar las tinieblas y a esparcir la ilustración, deben ser de alta trascendencia política[127].

El hecho de que la constitución de la Academia inspiró a Blas Ossés "quien tiene dadas muchas pruebas de su acendrado españolismo" atestiguó según Saco la falsedad de la acusación de tendencias separatistas de la nueva institución. El resultado inmediato de la publicación del folleto fue la preparación de la expulsión de Saco de La Habana. Los rivales de Saco entre los criollos y peninsulares aprovecharon la oportunidad para convencer a el Capitán General de tomar medidas contra el crítico irreconciliable del régimen colonial en Cuba. A pesar de que los amigos de Saco buscaron remedio como enfrentar la presión del grupo de O´Gavan y José de la Luz Caballero, se preparó una justificación escrita de las actividades de Saco, firmada por él mismo, presentada en el palacio del Capitán General por Francisco Arango y Parreño, que demostró la influencia del ala conservadora de la Real Sociedad.

Saco publicó el texto de José de la Luz Caballero más tarde en la *Colección de Papeles*[128] acompañado por una breve nota en la que Saco apreció después de dos décadas algunas actividades de Tacón en la primera parte de su administración. Mencionó especialmente los castigos para malhechores y la persecución del juego, es decir la realización de las exigencias del mismo Saco presentadas en la *Memoria sobre vagancia*.

> Túvosele entonces por recto y justo; y mis amigos al extender la representación, y yo al firmarla, dimos pruebas de imparciales reconociendo en Tacón tan laudables cualidades. La época calamitosa vino después, y los desafueros y maldades que en el orden

---
[127] *Ibidem*, p. 59.
[128] Representación de Don José Antonio Saco al Exmo. Señor Gobernador y Capitán General Don Miguel Tacón, *Colección ..*, *Opus cit.*, III, pp. 68-87.

político cometió aquel General, borraron los nobles títulos que al principio había adquirido[129].

El texto escrito por José de la Luz Caballero resumió la historia del conflicto de Saco con la Sagra a causa de la poesía de Heredia, rechazando la acusación de que su defensa de "lo cubano" estaba basada en el pensamiento independentista.

> Si yo hubiera abrigado alguna vez el intento de predicar independencia a mis compatriotas, ¿por qué no aproveché la oportunidad con que me brindaba la morada en la nación más libre de la tierra para publicar mis ideas sin embozo? Y si se dice que no querría comprometerme publicando bajo mi nombre semejantes escritos subversivos, ¿por qué no lo hice escudado con el anónimo, en un país donde a la autoridad está vedado entablar especie alguna de pesquisa legal en materia de imprenta?[130].

Presentó la crítica de los males como una manifestación del profundo interés en el mejoramiento de las condiciones de la "madre-común" concluyendo la carta casi proféticamente:

> Evite V. E. Sobre todo, señor Excmo., que el pueblo entero establezca una terrible comparación entre lo que pasa actualmente en la península y lo que en tal caso pasaría entre nosotros. Allí en la actualidad se abren las puertas de par en par a todos los hijos de España, echando un denso velo sobre lo pasado; y si alguno tiene el infortunio de delinquir después de vuelto a incorporar en la gran familia nacional, entonces se le aplica la ley con todo su rigor. La ley, toda la ley y nada más que la ley: he aquí el lema del escudo con que nos defiende la madre universal de los españoles. Nunca brillará más refulgente la justicia de V.E., la justicia madre de la concordia y del poder, como cuando sus hijos de ambos mundos se convenzan por vuestros claros hechos de que son unas mismas las instituciones que rigen a España y a Cuba[131].

Los argumentos expuestos en la *Representación,* acompañada por algunos textos de Saco, no variaron la decisión de Miguel Tacón. El conflicto culminó con la firma del pasaporte para José Antonio Saco. Dicho documento, fechado el 17 de julio, significó la salida forzosa del

---
[129] *Ibidem*, p. 68.
[130] *Ibidem*, pp. 75 y ss.
[131] *Ibidem*, p. 87.

portavoz criollo a Trinidad. La decisión de Tacón, según explicó el Capitán General en una breve entrevista con Saco, estuvo motivada por una ofensa que este realizara a O´Gavan. Saco atribuyó que la posición de Tacón estuvo motivada por los deseos del Capitán General de satisfacer a Pinillos y por los cálculos erroneos en cuanto al nombramiento de un diputado de La Habana en las Cortes por el Ayuntamiento de la ciudad. Según opinión de Saco, Tacón pensó que O´Gavan sería elegido y quiso mantener la buena relación con el representante de Cuba en Madrid. Finalmente, sin embargo, el Ayuntamiento designó a Juan Montalvo y Castillo, fracasando la previsión de Tacón. No sin satisfacción añadió Saco en su nota en la *Colección* una mención sobre la relación entre Tacón y Pinillos: "Todos saben en Cuba que este señor y aquel General llegaron a ser enemigos, y que si a Tacón se quitó el mando de Cuba, fue por el influyo de Villanueva"[132].

Después del fracaso de José Antonio Saco y de su círculo de amigos en cambiar la decisión del Capitán General, Saco tuvo que abandonar La Habana y se dirigió, por voluntad propia, al exilio tras rechazar confinarse en Trinidad y obtener por la mediación de Francisco Arango un pasaporte que le permitió dejar la isla. El 13 de septiembre Saco abandonó a bordo del correo inglés *Pandora* el puerto de La Habana rumbo a Falmouth. "Tal fue el desenlace político de una cuestión que en su principio y en su naturaleza fue puramente literario"[133].

Las palabras de Saco se correspondían con la realidad, ya que la discusión en torno a la Academia de Literatura contenía gran importancia política. Una vez más se suscitó la polémica con ocasión de la elección de nueva junta directiva de la Real Sociedad, en el diciembre de 1834. En esa ocasión se fomaron dos bloques, uno representado por José de la Luz Caballero que propuso como candidato a Arango y Parreño, y el otro liderado por O´Gavan quien estaba apoyado por Tacón. Los isleños vencieron pero el candidato victorioso no llegó a ser el presidente de la Real Sociedad tras la intervención de Tacón y la alteración de los resultados de dichas elecciones:

> Esta intromisión política en los asuntos de la Sociedad marcó, a mi entender, su decadencia. Por primera vez las decisiones de los Amigos del País eran manipulados; la votación no fue respetada y quedó en entredicho la transparencia de la Sociedad[134].

---
[132] *Ibidem.*
[133] *Ibidem*, p. 89
[134] Izaskun Álvarez Cuartero, *Memorias ..., Opus cit.*, p. 227.

En el enero de 1835, poco después de la llegada de Saco a Madrid, retomó el conflicto suscitado en torno a la Academia, presentándolo a nivel más general. En la *Carta de un patriota*[135] denominó al régimen de Tacón como "un despotismo desconocido aun en sus épocas más aciagas", marcado por una fuerte censura que impedía hablar sobre los problemas graves de la sociedad como eran las contribuciones, la administración judicial, las facultades extraordinarias del Capitán General, el estado de la imprenta en la isla, y la inexistencia de una junta provincial encargada de los asuntos locales y de otros temas relacionados con la esclavitud, como la trata:

> Aun pudiéramos extender nuestros clamores alargando el catálogo de nuestros males; pero bástanos haber hecho un bosquejo imperfecto de los más graves que nos afligen. Por él conocerá España, cuál es la situación en que se hallan estos hijos ultramarinos; y no retardando el remedio que la justicia y la política urgente reclaman, los saque del abatimiento en que yacen, les devuelva los derechos que heredaron de la naturaleza y de sus padres, y convierta en risueña mansión de hombres libres, a esta isla privilegiada; a la isla que entre todas puede llamarse la perla de los mares[136].

Sin embargo, en este mismo período, coincidiendo con el destierro de Saco y con la manipulación de la votación de la Sociedad, Félix Tanco -el otro de los símbolos de la vida cultural de la colonia de los años treinta del siglo diecinueve- tuvo mejor fortuna como lo evidencia el hecho de no ser represaliado por su crítica a la censura.

La historiografía clásica cubana ha calificado a Miguel Tacón como uno de los peores Capitánes Generales; tildado de "tirano", es presentado como el enemigo decidido el liberalismo cubano y casi de todos los criollos[137]. Sin duda, a ello contribuyeron las malas relaciones mantenidas entre algunos portavoces de la generación joven y los representantes de los latifundistas criollos, que se evidenciaron ya en los primeros meses de la estancia de Tacón en la isla, como lo demuestra la relación y el debate suscitado con José Antonio Saco. Sin embargo, junto a este hecho, los desterrados políticos más renombrados del período anterior

---

[135] "Carta de un patriota o sea clamor de los cubanos dirigidos a sus procuradores a Cortes", *Colección ...*, *Opus cit.*, t. III, pp. 91-100.
[136] *Ibidem*, p. 100.
[137] Ramiro Guerra y Sánchez, *Manual...*, *Opus cit.*, pp. 355 y ss.

aprovecharon la llegada de Tacón para pedir amnistía y permiso para regresar, por lo que Tacón gozó de cierta aurea liberal durante toda su administración. Por ejemplo, José María Heredia tras enviar su famosa carta al Capitán General, en abril de 1836, regresaba a la isla, despertando una ola de entusiasmo entre los admiradores de su poesía y a la vez una crítica severa de los adversarios del régimen de Tacón. Del Monte escribió al respecto:

> José Ma. Heredia vino a la Habana solicitando antes el permiso de este señor general por medio de una carta ... que no me gustó ni ha gustado a ninguna persona de delicadeza; entre éstas cuento al mismo Blas, que desaprobó un acto de sumisión semejante. Yo no pude hablar con él, porque solamente lo vi un momento cuando se desembarcó: por la noche estuvo á verme dos veces y no me encontró: al dia siguiente se fué para para Matanzas, donde vive su madre, y no pudimos volvernos á encontrar, por que yo me fui al ingenio y cuando fui á Matanzas ya se habia marchado para la Habana para embarcarse, pues solo estuvo aqui dos meses. Perdió un prestigio inmenso poético-patriótico, tanto que la juventud esquivaba el verle y tratarle. El sin embargo dice y cree que no ha cometido acción villana que lo rebaje, y estraña que se le juzgue con tanta severidad !ojalá tuviera él razón! no perdiéramos esa ilusión mas en la vida política, tan llena de viles deserciones y amargos desengaños[138].

Tras unas semanas en La Habana en las que Heredia no tuvo problemas, regresó a México expresando la esperanza de regresar definitivamente con el cargo de cónsul de México en Matanzas. Tampoco fueron perseguidos otros liberales como Luz Caballero, Juan Montalvo, Del Monte, Gonzalo Aróstegui, José Antonio Echeverría, Anacleto Bermúdez, Blas Ossés, Anastasio Orozco, Nicolás Escobedo y tantos otros; "todos continuaron su vida normal; ganando dinero, tomando chocolate y hablando mal de Tacón"[139].

Uno de los casos especiales del grupo de los liberales repatriados en 1835 fue, Tomás Gener, representante, junto a otros dos criollos, de Cuba en las Cortes liberales a principios de la década de 1820. Gener,

---

[138] Domingo del Monte a José Luis Alfonso, *Centón ..., Opus cit.*, t. III, Anales de la Academia de la Historia, tomo IV, núm. 1, enero-junio, 1922, 239 nota.
[139] *Correspondencia reservada del Capitán General don Miguel Tacón con el Gobierno de Madrid 1834-1836*, ed. Juan Pérez de la Riva, La Habana, Consejo Nacional de Cultura, 1963, p. 34.

partidario de la doctrina liberal, fue condenado, como Varela, a muerte y, como Varela, escapó a los Estados Unidos. Vivió cierto tiempo en Nueva York y en Tejas, para regresar a finales de octubre de 1835 a Matanzas[140] acogiéndose a la amnistía decretada por Tacón. Desde allí mantuvo contactos con sus amigos en los Estados Unidos sin ocultar su postura crítica hacia la política española en la isla. Probablemente ambos hechos fueron la causa de lo ocurrido en el mes de abril de 1835. Una carta anónima informa en los siguientes términos a Tacón sobre las actividades subversivas de Gener:

> Los enemigos no duermen, sin embargo, de los desvelos de V.E.: trabajan de cuantas menaras están a su alcance para que esta preciosa isla, parte tan interesante de la nacion española, se emancipe de la madre Patria. El mayor número de los reboltosos aspira a que forme parte de los Est. Unidos del Norte, siendo el Agente principal Dn. Tomás Gener, vecino y residte en Matanzas, quien no pierde acasion en sus conversaciones de recomendar el gavinete de Washington para él el mas admirable del mundo. Para hacer mas proselitos emplea toda su fuerza de razones para desacreditar el gobno. De V. E., ponderando su rigidez y despotismo en medidas represivas de libertad de imprenta, vagos y juegos[141].

El texto de la denuncia no confirma la existencia del movimiento anexionista[142] en Matanzas en la mitad de los años treinta, pero es sin

---

[140] Sobre la importancia de Matanzas véase Laird W. Bergad, *Cuban Rural Society in the Nineteenth Century. The Social and Economic History of Monoculture in Matanzas*, Princeton, Princeton University Press, 1990.
[141] Anónimo al General Tacón, Habana 15 de abril de 1835, *Correspondencia reservada...*, Opus cit., p. 137.
[142] Sobre la problemática del anexionismo véase más sobre todo Herminio Portell Vilá, *Narciso López y su época*, La Habana, Cultural S.A., 1930-1958, Gordon K. Lewis, *Main Currents in Caribbean Thought. The Historical Evolution of Caribbean Society in Its Ideological Aspects, 1492-1900*, Baltimore and London, 1983, pp.144-47 y149-154; Josef Opatrný, *US Expansionism and Cuban Annexationism in the 1850s*, Prague, 1990, pp.167-205; el mismo, "José Antonio Saco's Path Toward the Idea of Cubanidad", *Cuban Studies*, 24, 1994, pp. 39-56; R. Sevillano Castillo, "Ideas de Jose Antonio Saco sobre la incorporación de Cuba en los Estados Unidos (Paris, 1848)", *Quinto Centenario*, 10, 1986, pp. 211-29; Candelaria Sáiz Pastor, "Narciso López y el anexionismo en Cuba: en torno a la ideología de los propietarios de esclavos", *Anuario de Estudios Americanos*, XLIII, 1986, pp. 441-468; Luis Navarro García, *La independencia de Cuba*, Madrid, 1992, pp. 193-237; el mismo "Patriotismo y autonomismo en José Antonio Saco", *Anuario de Estudios Americanos*, LI-2, 1994, pp. 135-154; Max Zeuske, Michael Zeuske, *Kuba 1492-1902. K...*, Opus cit., pp. 245-252, Louis A. Pérez, Jr., *Cuba and the United States. Ties of Singular Intimacy*, Athens and London, The University of Georgia Press, 1990, pp. 34 y ss.

embargo un testimonio importante. La idea de la anexión de Cuba, presentada ya a lo largo de la década de 1820 en Washington, sobrevivió en los proyectos de parte de un sector de la sociedad en Cuba. Para algunos significaba una amenaza, para otros una esperanza. Los Estados Unidos atrajeron la atención de los criollos cubanos por diferentes razónes. Mientras que unos admiraron el sistema político en el norte de la Unión, otros valoraron de forma muy positiva el sistema económico del país, sobre todo a partir de los lazos comerciales que mantenía con la isla, de reconocida importancia para los exportadores isleños; asimismo estos últimos admiraban la seguridad del sistema esclavista imperante en el sur del vecino norteño, ya que la política abolicionista de Gran Bretaña no amenazaba la esclavitud ni la trata en los Estados Unidos, como sí lo hacía en Brasil y en las islas caribeñas, entre las que se encontraba Cuba. Para todos estos grupos, de diferente dimensión, Estados Unidos significó ya en los años treinta una esperanza, a pesar de que el movimiento anexionista no apareció definitivamente y en la forma clásica hasta la década de 1840 tras la crisis de la confianza de los esclavistas cubanos en el gobierno español, como consecuencia de la Conspiración de La Escalera.

Como puede suponerse, cada carta anónima relativa a las actividades subversivas significaba en la colonia española un serio peligro para la persona nombrada por el autor de la denuncia. Sin embargo, en el caso de Tomás Gener el daño que podría haber causado la denuncia de sus ideas, en la primareva de 1835, no fue grave debido a sus contactos con políticos en España y círculos de la administración colonial. La muerte de Gener en el otoño de 1835 zanjó todo el asunto. Asimismo, a pesar de ser Gener la persona influyente en el comercio entre la colonia y Estados Unidos, su muerte no tuvo consecuencias negativas en estos lazos comerciales[143].

Pero el Capitán General era informado sobre las actividades de muchos de los criollos más destacados en el campo intelectual o económico, y no sólo sobre los pasos de Tomás Gener. La administración de Tacón vigiló de cerca las publicaciones de los críticos del sistema colonial. Controló los textos publicados en Cuba y los que salieron a la luz en España y en Estados Unidos, y que eran distribuidos en diferentes lugares de Cuba. En carta del 31 de agosto de 1836[144] resumió las informa-

---

[143] Sobre la problemática del comercio exterior de Cuba en este tiempo comp. Nadia Fernández de Pinedo Echevarría, *Comercio exterior y fiscalidad: Cuba (1794-1860)*, Bilbao, Universidad del País Vasco, 2002, o la visión del contemporáno en la forma de la obra de Ramón de la Sagra, *Historia económico-política ..., Opus cit.*
[144] Carta de Miguel Tacón al Secretario de Estado y del Despo de la Gobernación, La Habana

ciones que le habían ido suministrando sobre una "faccion anárquica y desorganizadora" que, según las palabras del Capitán General, tuvo por "objeto arrancar esta posesión de la Madre Patria". Cuando llegó esta "facción" a la conclusión de que el gobierno de Tacón no permitiría la realización de sus planes, empezó a denigrar a la primera autoridad de la isla en la prensa, aprovechando cualquier resquicio para ello, incluida la Corte y las imprentas de la Península, en las que publicaron sus textos diirigidos a los lectores cubanos, como lo atestigaron en su momento unos ejemplos que acompañaron el expediente de Tacón:

> Ellos contienen invectivas atroces contra mi autoridad atacan también al Gobierno Supremo, y el obgeto de estas producciones no es otro que inspirar desconfianzas, sembras de discordia, y ver si desde Madrid obtienen los disidentes por medio de la prensa anónima lo que no son capaces de obtener en esta Isla, mientras en ella ecsista una autoridad vigorosa[145].

Según el autor de la carta, los textos no podían causar ninguno daño en La Habana ya que "se estrellan contra la verdad, hablan en sentido contrario al convencimiento íntimo y con el ludibrio de la gente sensata"[146]. Sin embargo, "en las últimas estremidades de la Isla" la situación era diferente ya que allí la "gente sencilla" pueda ser influida por los textos.

Este hecho motivó la aceptación por parte del Capitán General de la sugerencia del Asesor General, José Ildefonso Suaréz, para que los administradores de correos requisaran los paquetes sospechosos de contener folletos peligrosos. Parece que los administradores cumplieron su tarea con afán y éxito extraordinarios. De estos folletos, Tacón mencionó en su expediente cuatro: dos de ellos los conocemos a partir de las reproducciones de la segunda mitad del siglo XIX -*Páginas Cubanas y Cuadro político de la Isla de Cuba*-; los otros dos -*Carta de un Patriota, ó sea clamor de los Cubanos* de José Antonio Saco y *La Isla de Cuba tal cual está*, de Domingo del Monte- incluían los nombre de sus autores, o sus editores. Para Tacón todos los textos tenían unos rasgos comúnes "todos ellos son un tejido de groseras calumnias, despreciables mentiras"[147], se imprimían clandestinamente con la colaboración tanto de quienes escribían como de quienes sufragaban los gastos, y su centro estaba

---
31 de agosto de 1836, *Correspondencia reservada ...*, *Opus cit.*, pp. 259 y ss.
[145] *Ibidem*, p. 259.
[146] *Idem*.
[147] *Ibidem*, p. 260.

la Corte misma, "donde existen muchos Habaneros desleales, al bárbaro fin de perder esta Isla para la España y para ella misma"[148].

Para Tacón, siempre vigilante de la integridad de la Monarquía y el honor nacional, la misión principal era descubrir el club de desleales. Una tarea que no consideraba difícil porque "los caracteres no son desconocidos", y por el hecho de que Tacón, a las pocas semanas de asumir su cargo, conoció a sus críticos, a todos aquellos que atacaron su política en la isla - sobre todo la base jurídica del gobierno, y los decretos que otorgaron al Capitán General facultades extraordinarias-.

La primera parte del ensayo de Domingo del Monte contiene una crítica a dicho sistema:

> [...] la Habana, ni ahora, ni nunca antes, está ni ha estado bajo el gobierno de que en España y en el mundo se conoce por gobierno de Cristina: que la esencia del gobierno de Cristina, y por el que ha merecido esta señora las justas bendiciones del pueblo español, se compone del Estatuto Real o Constitución representativa en Cortes nacionales, de un sistema racional de municipios y diputaciones de provincia, de división de independencia de los poderes del Estado, de libre discusión en punto a los intereses públicos por la tribuna parlamentaria y por la imprenta, y en fin, de otros elementos no menos preciosos y apetecibles:- nada de esto hemos visto en Cuba ... Así es que, en la isla de Cuba, por la arbitrariedad independiente con que ha sido en todos tiempos gobernada por sus capitanes generales, nada significaron de verdad los nombres de los soberanos que han regido la nación, cuando se trata de calificar el más o menos rigor de la administración provincial[149].

Asimismo, expresaba otro de los problemas más serios en Cuba de 1836 como era la libertad de la prensa:

> Entonces, como ahora, aquellos prostituidos y encadenados periódicos no eran más que ecos directos del gobierno absoluto de la provincia, e instrumentos con que se pretendía defender tantas iniquidades. Hoy, por disposición de otro gobernante absoluto se manda y exige a estos mismos periódicos que callen o mientan acerca de lo presente, pero que se expliquen con clari-

---
[148] *Idem.*
[149] Domingo del Monte, "La Isla de Cuba en 1836", *Escritos de Domingo del Monte*, 2 ts., Introducción y notas de José A. Fernández de Castro, La Habana, Cultural S.A., 1929, t. I., pp. 6 y ss.

> dad acerca de lo pasado, poniéndolos en apurada contradicción con ellos mismos: mañana, si se apodera del mando supremo de Cuba un bozal de Angola sucederá otro tanto; y sucederá esto siempre y en todas épocas y países en que no hay libertad de imprenta y en que domina absoluta la arbitrariedad, y no la ley[150].

Del Monte se lamentaba de que los cambios acaecidos en España tras la muerte del Fernando VII no hubieran tenido repercusión ni reflejo en Cuba

> Es decir, que por acá, hoy, todavía tenemos el mismo sistema absurdo que en España se llama despotismo neto o absoluto, que es por allá tan justmente aborrecido, pues no se consentiría que lo ejerciese ni a la misma magnánima Cristina;- porque estriba sólo tan bárbaro sistema en el veleidoso albedrío del imperante, sin sujeción a leyes ni principios racionales de buen gobierno[151].

La capacidad concedida al Capitán General para aplicar leyes fue otra de las grandes preocupaciones de Domingo del Monte. Como máxima autoridad, con facultades omnímodas, el Capitán General tenía la capacidad de encarcelar, desterrar o deportar "a los que él, por instigaciones de sus amigos, califica de malos, ni se les forma proceso, ni se oye a los pacientes, ni se consulta a los asesores; cuando más, se escucha al auditor de guerra, avieso letrado, que nunca opina sino lo que ya tiene de antemano decidido el consultante"[152]. La jurisprudencia quedaba sujeta a la decisión de una única persona, a su capricho o voluntad, o a la de sus amigos. En este estado de las cosas encontraba Domingo del Monte la fuente de

> la inseguridad, la alarma general en que viven hoy todos los habitantes más honrados de la Habana, hasta los de más ajustada y ejemplar conducta. Exceptúanse de padecer esta congoja aquellos pocos que, unidos por intereses o por estrech amistad o parentesco con S. E., o alguno de su camarilla, cuentan con tan poderosa fianza para vivir tranquilos. Los demás vecinos no temen

---

[150] *Ibidem*, p. 11.
[151] *Ibidem*, p.14.
[152] *Ibidem*, p. 16. Del Monte dedicó a la problemática de las garantías del sistema judicial la gran parte de su carta a Salustiano de Olózaga, diputado a Cortes, en la que apreció el sistema judicial y las garantías de las libertades individuales en los Estados Unidos y en Gran Bretaña, véase la carta de Domingo del Monte a Salustiano de Olózaga, Madrid 5 de marzo de 1836, *Escritos de Domingo del Monte...*, *Opus cit.*, t. I, pp. 31-35.

ahora, por cierto, el puñal del facineroso; pero sí una orden de prisión fácilmente conseguida del gobierno o de cualquier corchete, por un enemigo astuto...[153].

En su argumentación contra la tiranía a la que estaba sometida Cuba, Del Monte enumeraba algunos crímenes sociales para concluir que éstos no eran tan graves como los que cometía la administración colonial encarcelando, desterrando o deportando a todos aquellos que de alguna manera se opusieran al gobierno colonial.

En este contexto hay que mencionar las conclusiones a las que llegó la investigación realizada por Juan Peréz de la Riva sobre el número de expulsados y condenados durante el gobierno de Tacón. Según éste, la cantidad de desterrados no difiere prácticamente de los registrados en los períodos de gobierno de otros Capitanes Generales y que sin embargo pasaron a los anales con mucha mejor fama que Miguel Tacón. Sin negar la existencia de presos políticos utilizados como mano de obra en las obras públicas, que representaron una "verdadera pasión" del Capitán General Tacón, Juan Peréz de la Riva señala que durante la etapa de Tacón el grueso mayor de presidiarios y desterrados estaba constituido por carlistas. Pérez de la Riva afirma:

> [...] lo que nosotros queremos subrayar es que los cubanos fueron una ínfima minoría; el grueso de las víctimas de Tacón lo formaron los carlistas, algunos progresistas demasiado exaltados y notorios picapleitos"[154]. Sobre los presidiarios concluyó: "Es cierto que durante su mando, aumentó el número de presidiarios, pero hay que reconocer que esto se debe principalmente a que después de la Convención Elliot, el gobierno de Madrid en lugar de fusilar a los prisioneros carlistas, los condenaba a trabajos forzados y los mandaba a Cuba. Tacón puso en libertad a muchos de ellos, a los que disponían de lagunos recursos, lo que valió en más de una ocasión, ser tildado de carlista embozado[155].

Otro tema abordado por Del Monte fueron los problemas económicos, una materia que revelaba como ninguna otra la política injusta de la metrópoli. Y tras comentar las cualidades geográficas y climáticas de Cuba, Del Monte se preguntaba cuál sería el destino de la isla

---
[153] Domingo del Monte, "La Isla de Cuba en 1836", *Escritos...*, *Opus cit.*, t. I, p. 18.
[154] *Correspondencia reservada...*, *Opus cit.*, p. 29.
[155] *Ibidem*, pp. 29 y ss.

bajo un sistema económico liberal, aludiendo para ello a Canadá en donde la combinación entre riqueza y libertad había llevado al país a un gran desarrollo económico:

> Su posición geográfica, su fertilísimo terreno, sus abrigados e innumerables puertos, su blando clima, todo esto ha contribuido a que, apenas se abrió ella misma las puertas del comercio libre contra el torrente de los mercaderes gaditanos, contra la voluntad de la metrópoli, y hasta contra la opinión de los hombres más ilustrados de España, cuando empezó naturalmente a crecer, a medrar y robustecerse. Pero crecía entre tantas trabas y cadenas administrativas, como creció, a pesar de su calabozo y de la obscuridad en que lo sumergieron desde que nació, el célebre Gaspar Háuser[156].

El régimen económico, comercial y fiscal impedía el crecimiento y la prosperidad de la isla y de sus habitantes blancos, que a pesar de ser una minoría y tener una procedencia española, siendo, señala -españoles en "costumbres, religión y naturaleza" lo mismo "como sus hermanos de la Península, de garantías individuales- no se le ha considerado capaz de ser representado en Madrid por sus legítimos procuradores, sino que por fuerza ha de serlo, de hecho, por su capitán general"[157].

En su ideario reformista, del Monte a pesar de apreciar la seguridad de las calles de La Habana, indicando algunas de las medidas que habían hecho de la capital un lugar de paz y orden como fueron la prohibición de las casas de juego o la construcción de vías de comunicación, puntualizaba que Cuba, lejos de las Cortes, dependía de la voluntad arbitraria de los empleados coloniales, por lo que clamaba por obtener más derechos similares a los de la metrópoli y "por reformas en la constitución del estado, por reformas en su administración civil y económica, por reformas en el sistema judicial, por reformas, en fin, en todas y cada una de las partes que constituyen la grande y complicada máquina social"[158].

El texto de Domingo del Monte, fechado en marzo de 1836, refleja el sentir de los sectores más liberales de Cuba, evidenciaron que, al menos, algunos representantes del gobierno compartían las opiniones de los portavoces de los criollos liberales, e indicaron el rumbo que allí y aquí tomaban los acontecimientos. Los hechos ocurridos en el Departamento Oriental tras los sucesos de España así lo demostraron. El

---
[156] Domingo del Monte, "La Isla de Cuba,...", *Escritos...*, *Opus cit.*, pp. 23 y ss.
[157] *Ibidem*, p. 26.
[158] *Ibidem*, p. 30.

29 de septiembre de 1836 llegó al puerto de Santiago el bergantín Guadalupe; su capitán entregó al Gobernador de Santiago, el general Manuel Lorenzo, prensa española e información sobre el motín de La Granja, ocurrido el 12 de agosto, y la proclamación de la Constitución de 1812 por la reina María Cristina. Estos hechos provocaron la dimisión del Gabinete Istúriz, el asesinato del General Quesada en Madrid y la subida al poder de José María Calatrava Peinado. Las noticias sobre la posición de los progresistas en el nuevo régimen y los consejos del "comandante de Marina D. José Ruiz de Apodaca, D. Francisco Muñoz del Monte, D. Porfirio Valiente y el coronel de Milicias D. Juan Kindelan"[159] inspiraron al Gobernador de Oriente -partidario del liberalismo radical- a proclamar la misma constitución en el Departamento Oriental, a pesar de no haber tenido orden alguna para ello.

Como en cualquier acto oficial y solemne, la proclamación de la constitución se realizó en un ambiente festivo. Antes del acto en la Sala Capitular, las calles de Santiago celebraron la nueva constitución con bandas de músicos, que interpretaron, entre otras canciones e himnos, La Marsellesa. En el evento en Sala Capitular participaron todos los representantes de la administración colonial local encabezada por Manuel Lorenzo, alcaldes, miembros del Ayuntamiento, oficiales de la flota, representantes de las tropas españolas destacadas en esta parte de la isla y miembros del Regimiento de León y Batallón de Cataluña. Un solemne *Te Deum* en catedral puso fin al acto. Posteriormente, el Gobernador ordenó que se sustituyera la estatua de Fernando VII y en su lugar se colocara una columna en la que se grabara "Viva la Constitución de la Monarquía Española".

La dicha no duró mucho. Aunque las fiestas continuaron en los días siguientes, en octubre de ese mismo año Tacón envió al Gobernador de Oriente la copia del Real Décreto, del 20 de agosto de 1836, en que el gobierno de José María Calatrava Peinado textualmente prohibía la aplicación de la Constitución de 1812 en la isla. Ante tal noticia, el Gobernador trató de buscar una solución mediadora, enviando a Madrid dos emisarios con una memoria dirigida a la reina en la que aclaraba su comportamiento. El texto de la memoria es un testimonio de las relaciones en el ejercito español, además de reflejar las tensiones entre Miguel Tacón y Manuel Lorenzo -a pesar de su coincidencia en apostar por el liberalismo-. Los reproches al gobierno del Capitán General son de tal

---

[159] "Epoca Constitucional. El Gobernador D. Manuel Lorenzo. Diario inédito de un testigo ocular anónimo, 1836", Emilio Bacardí y Moreau, *Crónicas de Santiago de Cuba recopiladas por.*, Santiago de Cuba, Tipografia Arroyo Hermanos, 1925, t. II, p. 477.

calibre que en algunos párafos se asemeja a los textos de los críticos habaneros más feroces al gobierno de Tacón, como Saco y Del Monte:

> El general Tacón, que fué mandado expresamente a esta Isla por los desacertados consejeros que en estos tres años pasados han dado tan repetidas pruebas de su poco tacto en el manejo de los negocios públicos, y han conducido, paso a paso, la nación a un estado convulsivo y peligroso de que sólo han podido sacarla aventuradas y excusables crisis; el general Tacón, que, siguiendo el espíritu y rumbo del gabinete de quien recibiera las facultades más extra legales y arrisgadas, no ha hecho más, desde su ingreso al mando, que duplicar las trabas y apretar las ligaduras que de tiempo atrás oprimían esta hermosa Isla; el general Tacón, que parece haber creído que administrar bien un país, se limita a purgarlo de malhechores y adornar las calles y edificios de la capital sin cuidar de conciliarse el efecto de los pueblos, la concordia de los ánimos, la seguridad de no ser molestado si causa legítima, la de tener el perenne y habitual convencimiento de amanecer en su lecho cada uno de los súbditos, sin ser violentamente arrancado por frívolos pretextos y fanáticos terrores; en suma, esa persuación íntima de que la prisión y los castigos sólo serían la consecuencia de hechos previstos por la ley caracterizados de crímenes por la misma, y no el resultado de tenebrosos anónimos, vindicativas dilaciones y temores influídos por motivos personales e inspiraciones independientes de la saludo pública[160].

En su memorial, Lorenzo destacaba los logros de Tacón en su lucha contra el crimen en las calles de La Habana y las construciones en la ciudad, a la vez de denostar el haber "convertido en una inmensa prisión o en vastísimo monasterio, en que todos han que pensar y obrar del mismo modo; en que todas las palabras se pesan y miden en la balanza de una política suspicaz y recelosa"[161]. Asimismo, el Gobernador en Santiago no olvidaba en su cadena de acusaciones el caso de la Academia de Literatura, para lo cual no tuvo ni que mencionar el nombre de la institución: "las instituciones acordadas por V. M. en la Madre Patria se miran como actos revolucionarios y se ocultan severemente al público, a guisa de anárquicas y peligrosas innovaciones"[162]. La tiranía de Tacón se

---
[160] Carta de Miguel Lorenzo a Maria Cristina, Santiago de Cuba, 23 de Octubre de 1836, "Epoca Constitucional...", *Opus cit.,* pp. 484 y sg.
[161] *Ibidem,* p. 485.
[162] *Idem.*

vía más cruel y patente en la censura de la prensa, que sólo podía tratar sobre "el Santo del día", y la persecuión, condena y extradición de los "más distinguidos hijos" de Cuba. Sus palabras sobre Tacón son muy elocuentes, "el general Tacón, que equivocando su siglo, falseando su posición y volviéndose un anacronismo en la presente época, ha tiranizado la Isla de Cuba"[163].

Lorenzo justificaba su actitud ante los acontecimientos como un intento de impedir que la situación en la isla empeorase bajo el mando de Tacón, definiéndose como el "antiguo y fiel servidor ... que ha derramado su sangre el primero en los campos de Navarra para asegurar la corona en las sienes de vuestra hija, de la Hija de cien Reyes"[164].

Pero en la memoria mencionada el Gobernador fue más allá de la defensa de su actitud, proponiendo algunos cambios que debía acometer España en Cuba que equipararan a la isla y a sus habitantes con los de la metrópoli. Los anhelos de los criollos se habían hecho en parte realidad con la proclamación de la constitución en Santiago de Cuba, un acto lleno de significado para la sociedad local, que se vio equiparada a la española al "disfrutar de los mismos beneficios de la Madre Patria". Su proclamación además acallaba las voces de quienes pensaban que la concesión de libertades conducirían al desorden, y muy al contrario, el Departamento Oriental demostró a ser "modelo de paz y de quietud".

Sin embargo, la defensa de su actitud y de los acontecimientos de Santiago no ayudaron a su Gobernador. A pesar de la esperanza del general y de sus partiadarios santiagueros, los jefes militares de otras partes de la isla no secundaron su ejemplo y Tacón en La Habana acordó enviar sus tropas a Santiago, no sin antes intentar resolver la situación mediante medios pacíficos ante el temor de que un enfrentamiento con las tropas de Manuel Lorenzo podría empeorar su posición en Madrid. Así, aprovechando viejos miedos de los políticos madrileños ante una intervención de Cuba por potencias extranjeras, presentó sus objetivos, en el otoño de 1836, como una defensa de la soberanía española en la isla. Su posición le permitió utilizar como mediadores en el conflicto a los cónsules de Francia, Gran Bretaña y Estados Unidos, en La Habana y en Santiago, así como a Willian Jones -capitán de la fragata británica Vestal envíada a Cuba desde Jamaica por el comodoro Peyton-, quien a finales de noviembre visitó Santiago y La Habana.

---

[163] *Ibidem.*
[164] *Ibidem,* pp. 486 y sg.

A principios de diciembre, conocida la noticia sobre las preparaciones de las tropas en la capital cubana listas para salir a Oriente, causó tensión y que una parte de los partidarios de Lorenzo se separarse del Gobernador. La desmoralización en el campo de los participantes del pronunciamiento alcanzó su cumbre el 3 de diciembre cuando llegó al puerto de Santiago el correo de La Habana cuyo capitán portaba los decretos del Capitán General. Tacón nombró en su lugar de Gobernador de Cuba al brigadier Juan de Moya y Morejón, que rechazó comunicarse con Lorenzo bajo el pretexto de la enfermedad. Al día siguiente, el coronel Joaquín de Miranda Madariaga fue el encargado de notificar a Manuel Lorenzo que debía entregar su cargo a Juan de Moya. Ese mismo día Tacón dirigió una proclama a los soldados de la columna destinada a la pacificación de los sublevados acusando "al excomandante general Manuel Lorenzo" de haber cometido un acto criminal al negarse a cumplir las órdenes de la reina:

> El general Lorenzo asociado de un corto número de conocidos enemigos de España, parece que ha propuesto provarla de esta rica parte de sus dominios, causando, a la vez, la ruina del país. Sus pacificos y leales habitantes y tropas de la provincia de Cuba, me repiten sus instancias por el envío del apoyo que necesitan para sacudir la insolencia en que se les tiene y evitar toda sospecha de desleatad que se les pudiera atribuir hasta por nosotros mismos[165].

La negociación en Santigo entre Lorenzo y los partidarios de Tacón duró muy poco tiempo. El 6 de diciembre ancló en el puerto la fragata del capitán Jones quien preparó la reunión de los cónsules de Gran Bretaña, Francia y Estados Unidos con Manuel Lorenzo, en la casa del cónsul francés, durante la cual le ofrecieron sacarle de la isla en la fragata de W. Jones. Sin embargo, la solución no fue inmediata. Lorenzo vaciló aceptar esta oferta verbal, mientras que una parte de los representantes de Santiago firmaron en los días siguientes diferentes documentos en los que expresaban sus temores por las consecuencias del pronunciamiento constitucional que habían ratificado. Unos días después, el 17 de diciembre, algunos oficiales manifestaron que no participarían en el derramamiento de "sangre española", a la vez que muchos sargentos de Cataluña se presentaron al General para manifestarle su apoyo incondi-

---
[165] La proclama de Miguel Tacón, 4 de diciembre de 1836, "Epoca Constitucional....", *Opus cit.,* p. 489.

cional a él y a la Constitución con lemas como, "Adelante siempre, atrás nunca"[166]. Por otra parte, algunos periódicos publicados en Santiago destacaron la necesidad de apoyar la Constitución, mientras que otros no mencionaron el tema o lo hicieron en un contexto casi ridículo. Uno de ellos decía

> El Cubano Oriental, con más moderación, disculpa su silencio manifestando que su falta de conocimiento y experiencia y la persuación de que en estas circunstancias lo mejor es callar, se determina a ello[167].

El 20 de diciembre salieron de Santiago hacia La Habana los comisionados de Lorenzo, encargados de entregar a Tacón un documento de diez puntos. En éste, Lorenzo reconocía la autoridad del Capitán General, ofrecía suspender la Constitución en el Departamento Oriental hasta el veredicto de la reina y pedía la "absoluta indemnidad de clases e individuos comprometidos en el pronunciamiento constitucional, cualquicra que fuese la clase o categoría de los sujetos, a les cuales se les asegura la inviolabilidad de sus personas, bienes y destinos"[168]. Esta garantía y otras seguridades las solicitaron los que firmaron el documento, el gobernador, Francisco Muñoz del Monte y José María Morote. Es sintomático que la comisión obtuviera plenos derechos para negociar todos los puntos del documento, excepto el de la amnistía.

Después de tres días de incesantes rumores sobre las entrevistas clandesinas mantenidas por oficiales de las tropas regulares, el coronel Santiago Fortún presentó durante la junta de los jefes militares, convocada por Lorenzo, la Orden de Tacón por la que le confería el mando del Departamento Oriental. Lorenzo reconoció su derrota y el 23 de diciembre embarcó en la fragata Vestal del capitán Jones con sus colaboradores más cercanos, Juan Kindelán, Francisco Muñoz del Monte, Pedro Zarraga y otros más. Ese mismo día Santiago Fortún se dirige a los habitantes de la provincia con un manifiesto, cuya introducción reproducimos:

> Al anunciaros el restablecimiento del Gobierno de S. M: la Reina Dª Isabel II, del mismo modo y forma que tenía antes del

---
[166] "Epoca Constitucional…", *Opus cit.*, p. 497.
[167] "Epoca Constitucional….", *Opus cit.*, pp. 497 y sg.
[168] Instrucciones, Cuba 19 de diciembre de 1836, "Epoca Constitucional….", *Opus cit.*, p. 498.

29 de Septiembre último, debo deciros que el Excmo. Srov. Capitán General de la Isla, al conferirme interinamente este Gobierno y Comandancia General, me ha dado instrucciones precisas de obrar de tal suerte, que ni las personas de los presentes ni los bienes de los que lleguen a ausentarse experimenten la menor violencia ni se les falte en lo más mínimo a la justa protección que dispensan las leyes[169].

En el último párrafo, el nuevo Gobernador expresaba su esperanza de que las Cortes comunicasen al gobierno sus disposiciones en lo que concerniera a Cuba.

Así concluía un experimento constitucional cuyo fracaso ayudó a mejorar durante un tiempo breve las relaciones entre el Capitán General y una parte de los criollos. El Ayuntamiento de La Habana felicitaba, como otras instituciones de este tipo, a Tacón por salvar la unidad de la isla. Más tarde, durante el juicio de residencia apareció la afirmación que Tacón no había salvado solamente la unidad de la isla sino también la integridad nacional:

Entre tanto no se abandonaba el proyecto de desmoralizar la tropa en la ciudad de Cuba, y de acabar con la subordinación militar. Esto era indispensable para llevar á efecto los planes que se habian proyectado, y que iban dirigidos á lo que con mucha exactitud manifestó el asesor general de aquella division, en dictámen de 9 de Agosto, y con presencia de la informacion sumaria, á saber; que existía en Cuba un numeroso partido, enemigo de la tranquilidad de la isla y de la Metrópoli, y que no era otro el objeto de los que se fingian entusiastas de la Constitución del año de 1812, que plantear cualquier sistema que abriese ancho campo á las pasiones políticas, y encendiese una lucha encarnizada, aunque de ella resultase que Cuba se conviertese en una segunda isla de Hayti. Por fortuna nuestra todos aquellos proyectos se estrellaron en la firmeza y sábias combinaciones del General Tacon, que celoso de la integridad nacional y de su buen nombre, pudo aprontar una respetable division de todas armas que operase sobre Cuba, dando al mismo tiempo direccion pacífica al espíritu público[170].

---

[169] "Habitantes de la provincia", 23 de diciembre de 1836, "Epoca Constitucional....", *Opus cit.*, p. 501.
[170] *Juicio de la Residencia del escelentísimo señor don Miguel Tacón,* Filadelfia, Imprenta de A. Walker, 1839, pp. 74 y sg.

Estos hechos, así como el cumplimiento de la promesa de no perseguir a los participantes del pronunciamiento, o bien darles la posibilidad de salir de Cuba, no variaron la opinión de los críticos más severos del Capitán General. En Madrid, la liquidación del pronunciamiento constitucional fue muy valorado, por lo que se le otrogaron a Tacón los títulos de Vizconde del Bayamo y Marqués de la Unión de Cuba. Las preparaciones para la celebración de la entrega de estos títulos, organizada en la primavera de 1837, por los jefes militares en La Habana era comentada de la manera siguiente por José de la Luz Caballero en su carta a José Antonio Saco:

> Entre tanto, aquí se prepara un gran baile (y tan grande que va a ser en el teatro principal y la cena en la Alameda de Paula, para lo qual se está ya techando una parte de ellla, y se van a levantar los arcos triunfantes en la calle) para festejar al Vizconde de Bayamo y Marqués de la Unión de la Cuba. Esta función es dada por el ejército: dicen que después seguirá el comercio, y yo añado que tras él irán los hacendados y todo viviente, y será a guisa de las exposiciones. Si no fuera porque lo que voy a decir le cerraría a usted para siempre las puertas de la cara patria, le aconsejaría que diese un manifiesto en español, inglés y francés, publicado por supuesto en un país extranjero, en que se revelase al mundo sin embozo el infame manejo que con nosotros se observa[171].

Este grupo compuesto por los liberales jóvenes criollos opuestos a Tacón representaba sólo una parte de la sociedad criolla. Casi la misma tensión caracterizó la relación entre Tacón y los hacendados; un ejemplo de ello es el conflicto personal entre uno de los criollos más influyentes en la colonia el Intendante de Hacienda en La Habana, Martínez de Pinillos, conde de Villanueva, y el Capitán General. Las relaciones de Martínez de Pinillos con la corte de Madrid le confirieron una situación privilegiada en la isla por lo que algunos Capitanes Generales de finales de los años veinte y principios de los treinta, como Vives y Ricafort, tuvieron en cuenta este hecho e intentaron, exitosamente, evitar enfrentamientos con él. También Tacón en los primeras semanas de su gobierno trató de establecer una relación no conflictiva, pero en 1835 la situa-

---

[171] José de la Luz Caballero a José Antonio Saco, Puentes Grandes, 2 de mayo de 1837, en José Antonio Fernández de Castro, *Medio siglo de historia colonial de Cuba. Cartas a José Antonio Saco ordenadas y comentadas (de 1823 a 1879)*, La Habana, Ricardo Veloso, 1923, p. 62.

ción estalló. En la carta del 1 de mayo de 1835 Tacón se quejaba de la actitud del Intendente al negarse a reconocer las facultades del Capitán General en los temas relacionados con Hacienda y declarar que él sólo dependía del Ministerio de Hacienda de Madrid. Analizando las bases legislativas de la soberanía de los poderes del Capitán General y Gobernador Civil sobre el Intendente destacó la necesidad de la centralización del poder en las manos de una persona para el mejor funciamiento de la administración en la Isla[172].

En esta carta Tacón menciona el conflicto surgido a raíz de la construccción del ferrocarril, que retrasó la obra que tanta importancia tenía para el crecimiento económico de Cuba[173]:

> ¿podría dejar de ser contrario a estos principios el que sin un conocimiento interior se haya resuelto la construcción de un camino de hierro que todavía ignoro su dirección y hasta donde haya de estenderse sin que llegase a mi otra noticia oficial que la de pedirseme el pasaporte para que salgan a levantar los planos sobre el terreno los Ingenieros Anglo americanos que en efecto han sido contratados?[174].

El conflicto entre ambos paralizó, en ciertos momentos, la administración colonial. Tacón y Pinillos dedicaron parte de su tiempo en buscar aliados en la colonia y en la metrópoli y en denunciarse uno al otro. Para sus campañas de desprestigio utilizaron diferentes periódicos, a los que pagaron, y publicaron folletos que denigraban los personajes de adversarios o hasta enemigos; todo ello sirvió a los críticos del sistema español en sus argumentos sobe la corrupción, etc. En algunos casos, los ataques de los partidarios de los rivales guardaban relación con las quejas de los protavoces de los criollos, en otros se sacaban a la luz las actividades ilegales o hasta criminales de los representanets de la corona española en la colonia. El Intendente y su partidarios acusaron a Tacón

---
[172] La Habana, 1 de mayo de 1835, *Correspondencia reservada ..., Opus cit.*, pp. 148-151.
[173] Sobre la problemática del ferrocarril en Cuba véase Berta Alfonso Ballol, Mercedes Herrera Sorzano, Eduardo Moyano, Jesús Sanz Fernández, Martín Socarrás Matos, *El camino de hierro de la Habana a Güines. Primer ferrocarril de Iberoamérica*, Madrid, 1987; Oscar Zanetti, Alejandro García, *Caminos para el Azúcar*, La Habana 1987, (la traducción inglesa *Sugar & Railroads. A Cuban History, 1837-1959*, Chapel Hill and London 1998); Eduardo. L. Moyano Bazzani, *La nueva frontera del azúcar y la economía cubana del siglo XIX*, Madrid 1991. Antonio Santamaría García, "El ferrocarril en las Antillas españolas (Cuba, Puerto Rico y la República Dominicana), 1830-1995", *Historia de los ferrocarriles de iberoamérica (1837-1995)*, Jesús Sanz Fernández (coord.), Madrid, Ministerio de Fomento, 1998, pp. 289-334.
[174] *Ibidem*, p.150.

de despotismo y de favorecer la trata clandestina[175], siendo el punto más débil el apoyo al contrabando con Estados Unidos y la constitución de diferentes monopolios.

A pesar de que Tacón y Pinillos repetidamente anuciaron en Madrid su decisión de renunicar si no obtenían el apoyo en su lucha contra su rival, no lo hizo ninguno. El Intendente fue quien rompió este frágil equilibrio tras alcanzar una posición mejor en Madrid, lo que significó el fin de Tacón al frente de la Capitanía General.

La marcha de Tacón fue acogida con satisfacción por parte de la oligarquía latifundista que se sentía "vejada, humillada y apartada de toda influencia en los asuntos públicos"[176] desde que éste llegó a la isla. Tacón consideraba a los hacendados partidarios del conservadurismo, mientras que ellos lo consideraban el portavoz de las ideas peligrosas para la estabilidad de la sociedad. La carta de José de Castillo, escrita en el ingenio Asunción en 1838, refleja esta situación:

> Nuestra unión á España no depende presicamente de la voluntad, ni de la fuerza de aquella. Depende sí, del interés y de la voluntad, de la parte mas influyente de nuestra poblacion, del amor de nuestra aristocracia (llamese titular, nobilitaria ó pecuniaria), á su propio interes, á su existencia física y moral[177].

Interesándose en la relación entre Cuba y la "Madre Patria", José de Castillo no omitió mencionar las relaciones entre la colonia y metrópoli en el caso de Gran Bretaña repitiendo la vieja argumentación de Arango y Parreño[178]: "El que quiere buscar modelos en las colonias inglesas y francesas, para mejorar nuestra situacion, aventura acierto. Aquellas fueron formadas como factorías de sus metrópolis; nosotros lo fuimos para ser, y somos estados, de España, Españas en miniatura, formadas con sus mismos elementos políticos, bien distintos y pronunciados"[179].

---

[175] Sobre la problemática de la trata clandestina durante la gobernación de Tacón escribió unos de los contemporáneos, abolicionista inglés Richard R. Madden, *La Isla de Cuba: sus recursos, progresos y perspectiva*, La Habana, Consejo Nacional de Cultura, 1964.
[176] *Correspondencia reservada,...*, Opus cit., p. 50.
[177] José del Castillo a Andrés de Arango y Núñez del Castillo, Ingenio Asunción, mayo de 1838, *Centón epistolario ...*, Opus cit., t. III; *Anales de la Academia de la Historia*, dir. Domingo Figarola-Caneda, t. VI, enero-diciembre, 1924, p. 194.
[178] Véase la nota 11.
[179] José del Castillo a Andrés de Arango y Núñez del Castillo, Ingenio Asunción, mayo de 1838, *Centón epistolario ...*, Opus cit., t. III; *Anales de la Academia de la Historia*, Opus cit., t. VI, p. 194.

Su visión sobre las relaciones entre Cuba y España aparece en la última parte de esta carta que extraemos a continuación:

> El espíritu democrático, en donde hay esclavitud es sumamente peligroso; porque es a la par enemigo de la alta clase y de la ínfima, con la que es cruel é injusto á la par. Esta última, que se compone aquí de gente de color, es casi tan numerosa como lo era en España; pero no tan temible como allí; 1° porque nuestras leyes y costumbres son muy humanas y liberales respecto de ella; 2° porque nuestras antiguas familias patricias no temen que aquellas se eleven á su altura, hallandose tan distantes la una de la otra, así por la línea que demarca entre ellas la ley como por el color[180].

Solicitando que la elite criolla estuviera representada "cerca del trono": "Cada una de las dos grandes Secciones en que se divide esta isla, debe tener dos delegados cerca del tron, con la facultad de tomar la palabra en ambas cámaras del Congreso, siempre que lo requieran, en sentir de ellos, los intereses que representan. Estos delegados deben tratar con los ministros de la corona todas resoluciones de esta relativa á la isla. En las cuestiones que se susciten entre los ministros de la coronoa y esta isla, podrán estos recurrir al albitramento de las Cortes"[181].

Para él, Tacón y su política suponían una seria amenaza para la elite criolla cuyo programa reformista tuvo dos ambiciones, mantener su posición en la esfera económica, mejorarla y formalizarla en la esfera política. La enemistad se reflejó en las quejas de ambas partes del conflicto permanente en Madrid ligadas en algunos casos con los asuntos marginales en los que Tacón y sus críticos lucharon solamente para mostar su poder. Uno de los casos se suscitó con la construcción de las Casillas del Mercado de la Plaza de Fernando, obra pública criticada por Juan Montalvo O´Farrill, Juan Montalvo y Castillo, José Suárez Argudín y Gabriel de Cárdenas. En medio del litigio Tacón escribía: "Pero hay en esta Isla cierta clase de personas, que quisieran conservar siempre á la vista monumentos eternos de abandono y ruina, para tener alguna cosa que echar en la cara al Gobierno; dando pábulo al espíritu inquito y perturbador, que tan rápidamente se ha desarrollado en la Américas"[182]. Para añadir,

---

[180] *Ibidem*, p.196.
[181] *Ibidem*, p. 197.
[182] Miguel Tacón al Ministro de Ultramar, La Habana 30 de Abril de 1835, *Correspondencia reservada...*, *Opus cit.*, p. 143.

el caso concreto del conflicto. "La Plaza de Fernando 7°., la Pescadería, eran lugares que por su posición en lo mas principal de esta Ciudad, tenían constantemente, sobre sí los ojos de nacionales y estrangeros. Unos y otros manifestaban estrañeza de que se consintiesen en tales sitios unas casillas y tarimas arruinadas, que eran un foco de fetidez insoportable; y los mal intencionados sacaban un gran partido de este mimo abandono. Pero vinieron abajo aquellas ruinas; se levantaron en su lugar hermosas y aseadas fábricas de mampostería; sucedió la elegancia al desaliño, la limpieza y aseo á la sórdida inmudicia, y los estrangeros que en gran número frecuentan este Puerto, se hallaban no solo sorprendidos de la vaciación de la escena, sino favorablemente dispuestos hacia la benéfica influencia de S. M. La Reyna Gobernadora, que se ha hecho sentir aun del lado acá del Atlántico. [...]

Los que no abrigan intenciones puras, no pueden jamás perdonarme el que sea el instrumento de tantas mejoras, y el que hay hecho desaparecer esos trister recuerdos de desidia, que refluían con gran placer suyo en mengua del Gobierno de la Metrópoli; y ya que no puedan por otros medios impedir la ejecucion de mis planes, beneficios para todo el vecindario, procuran rebajarles de su valor, emitiendo quejas, y representando contra la utilidad de tales obras[183].

Durante el gobierno de Miguel Tacón se construyeron especialmente en La Habana una gran cantidad de edificios, monumentos, paseos etc. que si bien contribuyeron a cambiar la imagen de la ciudad, también sirvieron de dardo a los rivales del Capitán General, ya que, para llevar a cabo esta política, y ante la carencia frecuente de recursos para ello, Tacón recurrió a buscar financiamiento de diferentes maneras, muchas de las cuales motivaron desconteto de distintas capas sociales.

Su política suscitó resquemor tanto entre las capas bajas que contemplaban cómo se anteponía a sus necesidades diarias los nuevos edificios, las construcciones de mercados, o el pavimento de las calles, como entre los miembros de la elite que reclamaban incesantemente reformas en la isla. Conscientes de la necesidad de contar con representastes en Madrid, parte de sus esfuerzos se encaminaron en las elecciones de los delegados de Cuba para Procuradores en Madrid, cuya tarea principal era la preparación de la Constitución. La isla tuvo en los Estamentos tres

---

[183] *Idem.*

diputados, dos de la parte occidental y uno de la parte oriental, elegidos por los regidores y por los contribuyentes de mayor renta.

En la elección del diputado de La Habana al Estamento una vez más se mostró el conflicto entre Tacón y de la elite criolla en el Ayuntamiento. La búsqueda del mejor candidato en el occidente despertó una discusión apasionada en La Habana en el sector más crítico. Los partidarios del liberalismo, encabezados por José de la Luz y Caballero, optaron en la primera fase de la elección por José Antonio Saco, aunque más tarde llegarían a la conclusión de que Saco no tenía posibilidades de ganar, y en colaboración con los liberales orientales encontraron una solución mejor. Ésta era, presentar la candidatura de José Antonio Saco en Santiago de Cuba aprovechando el hecho que el candidato nació en la región lo que tuvo también su importancia. Los partidarios del grupo del Capitán General empezaron una campaña difamatoria sin alcanzar, sin embargo, su meta. Juan Bautista Sagarra y Blez tuvo en sus actividades mayor éxito. Oriundo de Santiago, discípulo de Luz y Caballero en el Seminario de San Carlos y abogado en Puerto Príncipe aprovechó sus contactos en la región para ganar los votos para José Antonio Saco. Las elecciones se acabaron con la victoria de Saco en Santiago de Cuba y el mismo resultado alcanzaron los candidatos de los reformistas en la parte occidental, Andrés de Arango y Juan Montalvo y del Castillo.

La alegría de los vencedores no duró mucho tiempo. El nuevo Presidente del Consejo en el cargo del ministro de Estado, Francisco Javier Istúriz Montero, disolvió las Cortes convocando inmediatamente nuevas elecciones. Los cuerpos respectivos elijieron de nuevo en Cuba, en julio de 1836, los mismo diputados. Una semanas después de estas elecciones la sublevación de los sargentos en La Granja acabó con la existencia en nuevos Estamentos y la Real Orden del 23 agosto abrió la puerta a la tercera elección en Cortes en el mismo año. También en este caso venció en Santiago de Cuba José Antonio Saco y tampoco en este caso tuvo la oportunidad de ejercer sus facultades en las Cortes Constituyentes reunidas en el 17 de octubre de 1836.

Durante la primera semana, después de la inauguración de las sesiones, los diputados formaron diferentes comisiones, entre ellas la de Ultramar[184]. Los miembros más activos de esta comisión fueron algunos de los políticos más influyentes en España en este período como Agustín Argüelles y Vicente Sancho, el gran crítico de la esclavitud y partidario

---

[184] Sobre las actividades de esta Comisión véase recientemente J. Alvarado, *Constitucionalismo y codificación en las provincias de Ultramar*, Madrid, Centro de Estudios Políticos y Constitucionales, 2001.

de la idea de que la existencia de la esclavitud excluía la representación de las provincias "esclavistas" en la Asamblea legislativa del Estado liberal. De forma paralela, aparecieron otras opiniones, pero la mayoría de los miembros de los Cortes constituyentes mantuvo la postura reservada sobre la idea de la representación de las islas caribeñas y las Filipinas[185]. Algunos diputados mencionaron paradójicamente los acontecimientos ligados con el levantamiento liberal de Manuel Lorenzo. A su vez, el Intendente Pinillos participó en una acción de los propietarios ricos de la isla, firmantes de un manifiesto en el que rechazaron la idea de la participación de los diputados de Cuba en la Asamblea y de la implantación de la Constitución liberal en la isla. Además jugaron un cierto papel los planes de las potencias europeas para apoderarse de la colonia española más importante en el Caribe. Hermino Portell Vilá consideró, en este contexto, que la política de las Cortes liberales era - como primer paso - vender la colonia a Gran Bretaña[186]. Según el otro autor, la causa verdadera de la expulsión de los diputados cubanos residía en el sentimiento, casi unánime, que abrigaban los políticos españoles de que la libertad de América era sinónimo de independencia[187].

Saco describió más tarde la situación de todo el año 1836 en la introducción a sus textos protestando contra la exclusión de los diputados cubanos de la Asamblea: "En 1836 fui nombrado tres veces diputado a Cortes por la provincia de Cuba; pero en ninguna pude

---

[185] Este debate ha tenido una gran repercusión en la historiografía. Uno de los últimos ejemplos véase en *Historia de Cuba. La colonia. Evolución socioeconómica y formación nacional de los orígenes hasta 1867*, Grupo de redacción María del Carmen Barcía, Gloria García y Eduardo Torres-Cuevas, La Habana, Editora Política, 1994, pp. 350 y sg. Ramiro Guerra y Sánchez mencionó en su obra clásica no una sino algunas causas de la exclusión de los representantes de las colonias: "La verdad era que los directores del "progresismo" creían que la concesión de libertades a las colonias en 1810 había sido causa de la pérdida de las mismas y que, si se concedían a Cuba en 1837, conducirían al mismo resultado, pero pretendían ocultar con razones más o menos espaciosas, la ontradicción de defender un régimen liberal para España y otro de opresión para Cuba. Había otras dos razones fundamentales que se trataba de mantener en reserva: a) el Tesoro español recibía de Cuba sumas considerables, de enorme valor en el momento, que se perderían al establecerse el régimen constitucional en la Isla, b) los elementos de espíritu más conservador y adicto a España en Cuba, poseedores de la gran riqueza territorial comercial agrícola desconfiaban, por una parte, de los regimenes liberales aplicados a la Isla como perturbadores de la quietud interior; y por la otra, una fuerte mayoría entre ellos, los consideraba en radical contradicción con la organización económica de la sociedad a base del trabajo esclavo, por entender que, a la larga, constitucionalismo y abolicionismo venían a ser términos "sinónimos". Ramiro Guerra y Sánchez, *Manual...*, Opus cit., p. 386.
[186] Herminio Portell Vilá, *Historia de Cuba en sus relaciones con los Estados Unidos y España*, La Habana, Jesús Montero, 1938, t. I, pp. 313-4.
[187] *Correspondencia reservada...*, Opus cit., p. 67.

tomar asiento en ellas: no en la primera, que fue en mayo, porque cuando mis poderes llegaron a España, el ministerio del señor Isturiz ya había disuelto las Cortes: no en la segunda, que fue en julio, porque sobrevino la revolución de La Granja; y no en la tercera, que fue en octubre, porque las Cortes constituyentes que entonces se juntaron, resolvieron privar para siempre de representación nacional a Cuba, Puerto Rico y Filipinas"[188]. Atribuyó después la mayor responsabilidad en la decisión de las Cortes de excluir a los representantes de la islas a Agustín Argüelles, un miembro influyente no solamente en las Cortes de la segunda mitad de los años treinta sino también en la Asamblea de principios de la segunda década del siglo.

> El autor principal de la resolución que tomaron las Cortes contra Cuba, el genio maléfico que la inspiró, fue el diputado Don Agustín Argüelles. Este hombre tan destituido de conocimientos sobre las cosas de América, como preocupado contra sus hijos, con un españolismo quijotesco muy impropio de su siglo, sin comprender las causas que produjeron la emancipación de las colonias, y atribuyéndola erróneamente a los derechos políticos que ellas alcanzaron en 1810, este hombre, digo, fue en todos tiempos el enemigo más encarnizado de la libertad americana[189].

Las palabras de Saco cuando preparaba la edición de sus *Papeles* carecieron ya de la indignación que sintieron los diputados de la isla en los primeros meses de 1837 encontrándose en sus intentos de tomar sus lugares en la Asamblea con la desconfianza y creciente resistencia de la comisión de poderes de las Cortes a aceptar los documentos de los diputados cubanos. Saco publicó por eso ya en los principios de 1837 *Reclamación del Diputado a Cortes por la provincia de Cuba*[190] en la que resumió la génesis de su elección comparándola con la de los diputados de Puerto Rico cuyos poderes fueron aprobados sin dificultades. Por otro lado mencionó problemas con los poderes de Francisco Armas concluyendo:

---

[188] José Antonio Saco, "Papeles concernientes a la exclusión de Diputados a Cortes por las provincias de ultramar, en 1836, y breve narración de aquellos sucesos", *Colección ..., Opus cit.*, t. III, p. 101.
[189] José Antonio Saco, "Votación del Congreso excluyendo de él a los Diputados de Ultramar, y causas que la motivaron", *Colección ..., Opus cit.*, t. III, pp. 157 y ss.
[190] José Antonio Saco, "Reclamación del Diputado a Cortes por la provincia de Cuba acerca de la aprobación o desaprobación de sus poderes. Madrid, año de 1837, Imprenta de D. E. F. de Angulo, Calle de Preciados, núm. 44, *Colección ..., Opus cit.*, t. III, pp. 102-3.

> De todo esto lo que se infiere es, que se trata de dejar a la isla Cuba sin representación; y de parte integrante de la monarquía, reducirla a la condición de colonia, pero colonia esclavizada[191].

En 16 de enero se dirigió también por medio de un oficio al presidente de dicha comisión y al no recibir respuesta escribió directamente a la representación de las Cortes.

> Penetrado del más profundo respeto, un ciudadano español se atreve a dirigir su débil voz al Congreso augusto de la nación, para reclamar justicia a nombre del país que le dio el ser[192].

Cuatro días antes de la entrega de la carta de Saco celebraron las Cortes una sesión secreta tratando la aceptación o exclusión de los diputados elegidos en Ultramar. Las Cortes no llegaron durante la discusión a ninguna conclusión formando una comisión especial para resolver el asunto. En 10 de febrero presentó la comisión ante las Cortes su informe[193] recomendando no admitir en la Asamblea legislativa de la monarquía a los representantes de los territorios ultramarinos y administrar Cuba, Puerto Rico y Filipinas por leyes especiales. Los miembros de la comisión especial tomaron en cuenta la opinión de la comisión para la preparación de la nueva Constitución y formularon una serie de argumentos apoyando su propuesta.

> Habiéndolo con efecto verificado, y sabido que la enunciada Comisión pensaba proponer en su proyecto que las provincias de Ultramar fuesen gobernadas pro leyes especiales; la Comisión extraordinaria no ha podido menos de deferir y adherir a este dictamen, fundado en razones de tal peso y solidez, que de no seguirle no sólo no parece posible regir y gobernar aquellas provincias con la inteligencia y vigilancia que reclama su situación, sino lo que es más, conservarlas unidas con la metrópoli. Porque ya sea que se reflexione la distancia a que se encuentran de nosotros; en el primer caso hallaremos, que si fundada nuestra representación nacional en la base o principio de población, ya no puede haber uniformidad por decirlo así de representantes en donde los representantes y sus intereses son tan varios; en el

---
[191] *Ibidem*, p. 103.
[192] José Antonio Saco, "Representación a las Cortes generales de la nación", Madrid, 20 de enero de 1837, *Colección..., Opus cit.*, t. III, p. 104.
[193] El texto del "Informe de la comisión especial" del 10 de febrero de 1837 véase en *Colección..., Opus cit.*, t. III, pp. 112-119.

> segundo veremos, que es imposible que tanto la renovación periódica, como la accidental de los representados o sea Diputados de aquellas provincias, se haga en los mismos períodos y con la misma oportunidad, que el de las provincias de la Península e Islas adyacentes[194].

Es sintomático que la Comisión aprovechara el caso de Cuba para demostrar las cualidades del gobierno existente. Los autores del Informe subrayan "el aumento extraordinario de riqueza y población en los últimos 60 años" en Cuba considerándolo como "un insigne testimonio del cuidadoso progreso con que ha sido gobernada". Añadieron, sin embargo, que Cuba gozaba de la ventaja "de no haber participado del sistema fatal que en todo sentido agobiaba a las provincias y pueblos de la Península". Llegaron hasta la conclusión de que al aumento de población "difícilmente ha tenido igual en ningún tiempo y en ninguna nación, ya sea continental o bien ultramarina"[195]. Este crecimiento tuvo sin embargo una sombra ya que la mayor parte de la población representada por los libres de color y los esclavos se hallaran "excluidos en dicha isla del derecho a representar y ser representados"[196]. Por eso sería necesario aceptar diferentes leyes para la Península y para la Isla

> distinguir en la misma Isla cómo han de representar y ser representados los españoles de distinto color: cuya indicación basta, para que la prudente previsión de las Cortes se anticipe a cortar de una vez para siempre lo que pudiera originar grandes males, y para que al mismo tiempo conozcan que no es posible, que una ley homogénea dirija los elementos tan heterogéneos[197].

Los autores del texto mencionaron después diferentes casos especiales donde podrían la distancia o las circunstancias causar problemas insuperables y concluyeron:

> Penetradas, pues, las Comisiones, por cuanto queda expuesto y más que pudiera añadirse de que nuestras posesiones de América y Asia, ni por la distancia a que se encuentran de la Península, ni por la naturaleza de su población, ni por la diversidad de sus intereses materiales, pueden ser regidas por unas

---

[194] *Ibidem*, pp.112 y ss.
[195] *Ibidem*, p.113.
[196] *Ibidem*, p. 114.
[197] *Idem*.

mismas leyes, han convenido de común acuerdo en proponer a las Cortes, que desde luego declaren en sesión pública que: "No siendo posible aplicar la Constitución que se adopte en la Península e Islas adyacentes, a las provincias ultramarinas de América y de Asia, serán éstas regidas y administradas por leyes especiales y análogas a su respectiva situación y circunstancias, y propias para hacer su felicidad, y que en su consecuencia no tomarán asiento en las cortes actuales Diputados por las expresadas provincias[198].

Saco preparó una protesta firmada por todos los diputados de Cuba que fue enviada no solamente a las Cortes sino también a los Ayuntamientos de La Habana, Puerto Príncipe y Santiago de Cuba. El texto fue publicado el 22 de febrero por el periódico *El Mundo*, uno de los títulos más leídos en este tiempo en el país. Saco subrayó en la protesta el derecho de la provincias ultramarinas a participar en el trabajo de las Cortes por medio de sus diputados:

> Porque siendo las Cortes, según el artículo 27 del código de Cádiz, la reunión de todos los diputados de la nación, y formando Cuba parte de ella, es claro, que excluyéndola de la representación nacional, se quebranta la ley que todavía nos rige[199].

La participación de las provincias de Ultramar en la negociación de las Cortes era, según Saco indispensable porque tenían "necesidades particulares absolutamente desconocidas de los diputados de la Península"[200] y sus representantes debían de gozar el derecho a exponer estas necesidades y "clamar al mismo tiempo contra los abusos que se cometen"[201]. En estos argumentos basó Saco su protesta concluyendo:

> Tales son los principales motivos en que nos fundamos para extender la protesta que sometemos respetuosos a la alta consideración de las Cortes. A ellas corresponde examinar el mérito que puedan tener; y si después de haberlos pesado en su balanza imparcial, todavía pronunciaran un fallo terrible condenando a Cuba a la triste condición de colonia española, sus diputados se

---

[198] *Ibidem*, p. 119.
[199] "Protesta de los Diputados electos por la isla de Cuba a las Cortes generales de la nación, Madrid, 21 de febrero de 1837", *Colección....*, *Opus cit.*, t. III, p. 109.
[200] *Idem*.
[201] *Idem*.

consolarán con el testimonio de su recto proceder, y con el recuerdo indeleble de haber defendido los derechos de su patria[202].

La protesta no tuvo, sin embargo, ningún efecto. Las comisiones de reforma de la Constitución y especial del Ultramar discutieron el texto de Saco presentado el 6 de marzo de 1837 con un resultado:

> [...] después de haber bien meditado el asunto, han convenido y son de opinión que no hay motivo para variar el dictamen que en el expresado día 10 presentaron a las Cortes sobre el mismo, y está sometido a su deliberación[203].

Los catorce miembros de las comisiones que firmaron el texto, en primer lugar Agustín Argüelles, entregaron la decisión final a las Cortes, esperando sin dudas la confirmación de su propuesta. Fue Saco quien analizó el material de la Comisión publicando su crítica en forma de folleto en el *Examen analítico del Informe de la Comisión especial*[204]. En dos partes y siete puntos rechazó todos los argumentos de la Comisión utilizando en el primer párrafo el tropo[205] que abrió su reseña del libro sobre la esclavitud en Brasil, es decir, pidió un debate sobre lo más importante acaecido a la sociedad isleña:

> Por fin, llegó el momento de romper el silencio que hasta aquí he guardado sobre las cuestiones políticas de mi patria, y dando al desprecio las voces con que la maledicencia pudiera insultarme, no temo que algunos crean que al son de los intereses cuba-

---

[202] *Ibidem*, p. 110.
[203] Informe, 5 de marzo de 1837, *Colección ..., Opus cit*, t. III, p. 111.
[204] José Antonio Saco, "Examen analítico del Informe de la Comisión especial nombrada por las Cortes sobre la exclusión de los actuales y futuros Diputados de Ultramar y sobre la necesidad de regir aquellos países por leyes especiales", *Colección...*, III, *Opus cit.*, pp. 112-154.
[205] Véase arriba p. 34 y el texto de Saco donde pidió romper el silencio sobre el problema que puede cambiarse en breve en una causa fatal para toda la región: " ¡Qué imprudentes habéis sido, así gritarán muchos, qué imprudentes, en haber tomado la pluma para escribir sobre un asunto que siempre debe estar sepultado en el más profundo silencio! Ved aquí la acusación que generalmente se hace a todo el que se atreve a tocar esta materia. Por desgracia se ha formado entre nosotros una opinión funesta que llamaremos el silencio. Todos sienten los males, todos conocen los peligros, todos quieren evitarlos; pero si alguno trata de aplicarles el remedio, mil gritos confusos se lanzan a un tiempo, y no se oye otra voz que la de callad, callad. Tal conducta se perece a la de ciertas personas tímidas, que atacando por una enfermedad, la ocultan y corren a la muerte, por no oir de la boca de los médicos la relación de sus males, ni el medio de curarlos" José Antonio Saco, "Análisis por Don José Antonio Saco de una obra sobre el Brasil ....", *Colección..., Opus cit.*, t. II, p. 89.

nos, yo solamente escribo por defender un asiento en las Cortes Nacionales[206].

Saco dedicó gran atención a la problemática de las libertades civiles y políticas en Cuba en el contexto de la existencia de la masa esclava en la isla mencionado el caso de las colonias de Gran Bretaña en el Caribe como ejemplo de las sociedades donde la población libre gozaba de los mismos derechos que la población de la metrópoli.

> Regidas están por un gobierno liberal, y en casi todas se congrega anualmente una asamblea legislativa nombrada por el pueblo, sin que la gente de color haya tomado nunca parte en su formación. La prensa no está sujeta a trabas ni censura; y no sólo es libre como en Inglaterra, sino que está exenta de ciertas cargas que sufre en la metrópoli[207].

Mencionó también el caso de Santo Domingo que representaba para su sector de población y para él personalmente una lección contenida en muchos textos de este portavoz de la sociedad criolla blanca. En *Examen analítico*, sorprendentemente, ofreció otro matiz de los acontecimientos en la colonia francesa y de su opinión sobre los hechos:

> A todas horas se nos cita, y a la cabeza de los citadores el señor Sancho, el formidable ejemplo de Santo Domingo. No participo yo de este terror, así como tampoco participan de él muchos de los mismos que afectan tenerle; pues tanto ellos como yo estamos íntimamente persuadidos a que un gobierno liberal en Cuba, lejos de poder renovar las calamidades de Santo Domingo, será el medio más seguro para preservarla de semejante catástrofe. No basta decir que en la Isla española hubo una revolución de negros; no basta proclamar que esta revolución envolvió la ruina de los blancos y la de tan preciosa Antilla: preciso se subir a las causas que la produjeron y a las circunstancias que la facilitaron; y cuando éstas y aquéllas se mediten, al punto se conocerá lo mucho que difiere Santo Domingo de Cuba. Hagamos pues un paralelo entre una y otra isla, o mejor dicho, entre Cuba y la parte francesa de Santo Domingo, porque ésta fue la única que sirvió de teatro a las escenas sangrientas que allí se representaron[208].

---

[206] José Antonio Saco, "Examen analítico ....", *Colección ...,Opus cit.*, t. III, p.119.
[207] *Ibidem*, p. 139.
[208] *Ibidem*, pp.142 y sg.

Saco comparó no solamente la cantidad de los esclavos en la colonia francesa y en Cuba sino también las relaciones numéricas entre la población blanca y la gente de color en ambos países. Mencionó también las regiones de origen de los esclavos en Saint Domingue y en Cuba subrayando el carácter feroz de los esclavos de la colonia francesa. Atribuyó gran importancia a la existencia de dos tipos de gente de color en Francia ya que en París vivía mucha gente libre de origen africano, alguna "recibiendo una brillante educación; mientras que la condición de los residentes en Santo Domingo era demasiado humillante"[209]. La gente de color en Cuba, por un lado, no viajaba y, por otro, no fue tan maltratada como en la colonia francesa. Pero existió también otra diferencia importante:

> En Francia reinaban entonces fuertes preocupaciones contra los blancos de las islas francesas. Por tener esclavos, se les miró como enemigos de la libertad y partidarios del despotismo; y para destruirle en todos los puntos de la nación francesa, trabajose por extender la revolución hasta los puntos remotos de las colonias[210].

Jugaron un gran papel las actividades de la Sociedad de los Amigos de los negros; sus miembros, en muchos casos, eran personas de gran renombre y colaboraron estrechamente con la gente de color libre en la colonia, organizaron las campañas en la prensa contra los blancos en Saint Domingue pidiendo los mismos derechos para los negros y blancos y la inmediata abolición de la esclavitud. Finalmente, inspiraron a los republicanos a la lucha armada.

> La isla estaba minada por los revolucionarios de la misma Francia; y los blancos divididos entre sí, y haciéndose la guerra con las armas en la mano, ya no era posible que resistiesen al inmenso número de negros acaudillados y sostenidos por los republicanos franceses, y aun quizá por los sordos manejos de alguna potencia extranjera[211].

Saco después pregunta si la situación en Cuba en los treinta se asemeja con la de Saint Domingue a principios de los noventa del siglo XVIII y contesta:

---

[209] *Ibidem*, p. 143.
[210] *Idem*.
[211] *Ibidem*, p. 144.

> Desengañémonos, y convengamos en que las circunstancias de Cuba y Santo Domingo son muy diferentes, y que la pérdida de desta isla fue ocasionada, no por el espíritu revolucionario de los negros, sino por los esfuerzos de los blancos, que excitándolos a la rebelión, los armaron y convirtieron en instrumento de sus proyectos[212].

Para confirmar la justicia de su juicio sobre los acontecimientos en Saint Domingue mencionó el caso de la otra colonia francesa, la isla de Mauricio. Las informaciones sobre la revolución en París provocaron elecciones, el cambio de autoridades y luchas de diferentes grupos entre los seis mil habitantes blancos de la isla. Los más de cincuenta mil negros no participaron, sin embargo, en el conflicto, "Si Santo Domingo da una lección de dolor, la isla Mauritio nos da otra de consuelo. Los que estudian aquélla, también es menester que aprendan ésta"[213].

Y ¿qué aprendió Saco de los acontecimientos en las colonias francesas caribeñas a fines del siglo XVIII?

> A los blancos pues, a los blancos es a quienes yo temo y debe temer todo hombre que contempla la marcha política que se sigue en los negocios de Cuba. La Comisión y el Gobierno se han colocado en una posición muy falsa. Dicen que por temor a los negros es menester esclavizar a los blancos; pero no reparan que éstos son los menos dispuestos a soportar el yugo que se le impone; y que para sacudirlo, no sólo apelarán a los grandes recursos que tienen entre sus manos, sino que en caso necesario buscarán auxiliares, que a la menor señal vendrán a darles apoyo. Si por ambas partes se tropieza con dificultades, dificultades que solo existen en la imaginación de los ilusos y en la mente de los opresores, la prudencia aconseja que se tome el rumbo menos incierto; pero cerrar los ojos, y lanzarse a la ventura por la senda más fragosa, es correr a un precipicio inevitable[214].

Saco también nos ofrece, su opinión sobre el valor de la libertad a los ojos de los habitantes de diferentes países de los que viven en los Estados donde hay esclavos y los que no tienen ninguna experiencia con la esclavitud.

---

[212] *Ibidem*.
[213] *Ibidem*, pp. 144 y sg.
[214] *Ibidem*, p.145.

> Cuando son libres todos los individuos de un Estado, la libertad no es para ellos más que un derecho; pero cuando la sociedad se compone de esclavos y de amos, la libertad es para éstos no solo un derecho, sino un rango, un privilegio, y si se quiere hasta un título de vanidad. Júzganse elevados a una esfera muy superior, y mirando con orgulloso desdén a los seres esclavizados, aman la libertad como el noble distintivo que los aleja de tan humillante condición. Por esto es, que tanto en las Antillas, como en otros países donde hay esclavos, los blancos forman una sola clase, cuyos miembros todos se consideran iguales entre sí; y este sentimiento que está profundamente grabado en su pecho, es el garante más firme de su amor a la libertad[215].

A pesar de que una parte de los diputados, entre ellos también algunos progresistas, rechazaron en la discusión de marzo y abril de 1837 la idea de la exclusión de los representantes de Ultramar de las Cortes Constituyentes, prevaleció la opinión de los partidarios de Argüelles y Sancho. El 16 de abril se cerró el debate y los diputados votaron sobre dos propuestas. Una dedicada a la cuestión del sistema de gobierno en las provincias ultramarinas, en la que los autores propusieron gobernar estas provincias por leyes especiales y la otra que excluía a los diputados elegidos en Ultramar de las Cortes. En el primer caso solamente dos diputados no votaron en favor de la propuesta. La segunda votación fue más equilibrada. La exclusión fue apoyada por 90 diputados, 65 representantes mantuvieron la opinión de que los diputados cubanos, filipinos y puertorriqueños tenían el derecho de participar en la preparación de la nueva Constitución. Las votaciones terminaron con la esperanza de los "españoles ultramarinos" y señalaron el resultado del trabajo de la Asamblea Constituyente. Sus diputados incorporaron en el texto de ley fundamental del Estado español el dictamen de la Comisión en una versión abreviada que apareció más tarde en otros documentos de este carácter:

> La Constitución española de 1837 significó en Cuba el inicio de una larga etapa en historia de sus relaciones con España, marcada por la búsqueda de un modelo de administración y gobierno que diera respuesta al mandato constitucional incluido en su artículo adicional segundo: Las provincias de Ultramar serán gobernados por leyes especiales[216].

---
[215] *Ibidem.*
[216] Mª Paz Alonso Romero, *Cuba en la España liberal (1837-1898). Génesis y desarrollo del régimen autonómico*, Madrid, Centro de Estudios Políticos y Constitucionales, 2002, p. 17.

La búsqueda mencionada fue, no obstante, por parte del gobierno en Madrid poco intensiva[217] y las instituciones españolas correspondientes no manifestaron ningún interés en la discusión sobre el problema. Por otro lado, los criollos ofrecieron, con la persona de José Antonio Saco, una solución en el folleto *Paralelo entre la isla de Cuba y algunas colonias inglesas*[218.] Manuel Moreno Fraginals llama a esta obra "primer gran escrito reformista"[219] del portavoz de la sociedad criolla. En la introducción al texto del *Paralelo*, Saco mencionó la razón de su publicación diciendo:

> Cansado de oir ponderar has ventajas de que goza Cuba bajo el gobierno de España; cansado de oir que entre todas las colonias que las naciones europeas poseen del otro lado del Atlántico, ninguna es tan feliz como Cuba; y cansado tambien de sufrir la impudencia de plumas mercenarias y la pedantería de algunos diputados arengadores, tomo la pluma pare trazar un corto paralelo entre esa isla que se dice tan verturosa, y algunas de las colonias inglesas[220].

A pesar de que rechazó considerar el sistema colonial inglés por perfecto, había llegado -comparando las diferentes áreas de la vida de Cuba, Canadá, Jamaica y otras colonias inglesas- siempre a la misma conclusión. El sistema inglés es mejor que el español. Saco comparó la situación en Cuba y en las colonias inglesas en diez aspectos: la forma del gobierno, ministerio de guerra, tribunales, libertad de imprenta, milicia, marina, educación pública, comunicaciones, colonización blanca y finanzas..., aprovechando en algunos casos las estadísticas oficiales y en los otros su experiencia como una persona de variadas actividades en la vida pública de la colonia.

Tomados en cuenta los intereses de Saco en la política práctica conducentes al parlamentarismo, en la educación pública y en la econo-

---

[217] Para el análisis de la política colonial de España en este período véase C. Sáiz Pastor, "El colonialismo español en el Caribe durante el siglo XIX: el caso cubano, 1833-1868", Consuelo Naranjo Orovio y Tomás Mallo (eds.), *Cuba, la perla de las Antillas*, Madrid-Aranjuez, Ediciones Doce Calles-CSIC, 1994, pp. 213-222.
[218] José Antonio Saco, *Paralelo entre la Isla de Cuba y algunas colonias inglesas*, Madrid, Oficina de Don Tomás Jordán, impresor de Cámara de S. M., 1837.
[219] Manuel Moreno Fraginals, *José Antonio Saco. Estudio y bibliografía*, Las Villas, Universidad Central de Las Villas, 1960, p. 70.
[220] José Antonio Saco, *Paralelo ..., Opus cit.*, p. 3.

mía, no sorprende que dedicara en su folleto atención especial a esta cuestión. Saco comprendió bien que todas las diferencias entre el sistema colonial inglés y español tenían una raíz importantísima, la forma del gobierno, o para decirlo con otras palabras, la participación de los ciudadanos en la vida pública y sus posibilidades de influir por medio de sus diputados electos en el gobierno. Por eso abrió la comparación precisamente en esta área diciendo, "Un gobernador o capitán general, un consejo legislativo, y una asamblea legislativa, son las rueda principales que juegan en la máquina política del Canadá y de otras colonias anglo-americanas"[221].

Saco no mencionó el hecho que este sistema tuvo su origen en el sistema político inglés en la metrópoli y que ya las primeras cartas coloniales incluyeron los artículos que aseguraban a los colonos los mismos derechos que gozaron los súbditos del soberano inglés. Las instituciones coloniales representativas disfrutaban en algunos casos de plena autonomía y de facultades más amplias que las de la metrópoli. Los colonos defendieron sus libertades en contra de los intentos de la Corona y del parlamento en Londres de reducirlas y, finalmente, fue precisamente un intento del parlamento inglés de privar a las asambleas coloniales del derecho a decidir en los asuntos financieros e imponer los impuestos "sin la representación", lo que causó una crisis entre las colonias y la metrópoli que culminó en la guerra por la independencia.

Saco dedicó una especial atención a la posición del gobernador en el sistema inglés subrayando que no se hallaba revestido de facultades extraordinarias y que debía respetar en todas sus actividades las leyes del país. Lo que recalcó Saco en el sistema del gobierno inglés de manera específica fue la asamblea legislativa. Era, según él,

> la corporación más importante, pues representa el pueblo de quien recibe su misión. La facultades que tiene, el número de miembros que la componen, y la manera de elegirlos, son sin disputa la parte más hermosa de la constitución anglo-colonial[222].

Saco enumeró los derechos de las asambleas sin atribuir importancia al examen de las cuentas, el establecimiento de los impuestos internos y la formulación y aprobación de las leyes. La misma atención

---

[221] *Idem.*
[222] *Ibidem*, pp. 3 y ss.

dedicó a las leyes electorales que ofrecían a los habitanes la posibilidad de participar en las elecciones subrayando el hecho de que en algunas colonias tuvieran el derecho activo electoral relativamente más personas que en los países europeos con sus censos electorales de propiedad más altas. Otra imagen ofrecida en el texto de Saco se refería a Cuba, donde el Capitán General reunió en su persona todos los poderes que deberían estar separados. Saco llamó a este sitema tiránico y lo mencionó especialmente en el contexto de la Real Orden del 28 de mayo de 1825. El portavoz del reformismo criollo cubano no olvidó comparar la situación en el ámbito del poder judicial. Los tribunales en las colonias inglesas fueron independientes y tomaron en sus sentencias en cuenta solamente el texto de los leyes. En Cuba, al contrario, "los tribunales carecen la independencia, porque todos se hallan bajo la espada del jefe que manda: el jurado no existe, y una comisión militar armada de terribles facultades dispone de los bienes, de la vida, y aun del honor de los cubanos"[223].

En lo que se refería al problema de la liberad de imprenta, Saco aprovechó sobre todo su experiencia de la actividad en la Socidedad Patriótica de los Amigos de País donde, no solamente en el caso del conflicto ligado con la Academia de Literatura, tuvo la oportunidad de conocer las consecuencias de la censura. El estado de la plena libertad de la imprenta en las colonias inglesas despertó por eso su envidia, lo que tuvo su repercusión en el texto de *Paralelo:*

> Sin previa censura ni restricciones gozan de ella (la liberatd de la imprenta, nota del autor) las colonias inglesas, ora tengan, ora carezcan de esclavos: y tan difundido está en el Canadá este elemento poderoso de la ilustración, que de diez y siete periódicos que había en 1827, su número pasó a cincuenta en 1835, publicándose en sola la ciudad de Montreal nada menos que doce. Bajo de ciertas consideraciones, bien puede afirmarse que la imprenta es allí más libre que en la misma Inglaterra, pues está exenta de las contribuciones que pagan el papel, los periódicos, y los avisos que en ellos se publican. Disfrútase también de la misma libertad en Jamaica y otras islas del archipiélago, pues a los ojos de la Gran Bretaña, esclavitud de imprenta y esclavitud política son dos ideas inseparables[224].

---

[223] *Ibidem*, p. 6.
[224] *Ibidem*, p. 7.

Tomando en cuenta el interés permanete de Saco en la educación no sorprende que en *Paralelo* compare también la situación de la educación pública en las colonias inglesas y en Cuba. Analizó la situación en dos ramas principales de la educación, es decir, en la secundaria (según Saco incluyendo colegios y universidades) y primaria. En la primera subrayó la importancia de las ciencias naturales y en la segunda el número de habitantes por alumno. En este área no utilizó solamente las estadísticas de las colonias inglesas sino también de los países europeos todo ello para demostrar el estado lamentable de la educación primaria en Cuba bajo el régimen colonial. A pesar de que precisamente en este campo alcanzaron los reformadores en la Real Sociedad ciertos éxitos.

Como un ejemplo digno a seguir, consideró Saco la política inglesa en la construcción de las comunicaciones (de los caminos, canales, puentes, etc.). Saco concluyó en el *Paralelo* sus opiniones aparecidas ya antes en su *Memoria sobre caminos en la Isla de Cuba* mencionando sobre todo los recursos destinados en las colonias británicas a la construcción de caminos para esbozar después la situación lamentable en la colonia española. La atención que Saco dedicó al problema de los impuestos y aranceles, o como los llama Saco, las contribuciones, dividieron el folleto en tres partes: "1. El derecho de imponerlas, 2. La suma a que ascienden, 3. La inversión que se les dá"[225].

Saco ligó una vez más esta cuestión con el poder de las representaciones políticas de las colonias inglesas donde

> sus asambleas respectivas tienen exclusivamente la facultad de establecer todas las contribuciones internas, no pudiendo el parlamento británico imponer otras que las necesarias para el arreglo del comercio marítimo, pero aun en este caso, todo su producto se ha de invertir en beneficio particular de la colonia en que se cobran[226].

Saco pasa a analizar las cifras concretas de los aranceles llegando a la conclusión de que en Canadá representan un promedio del quince por ciento del valor de la exportación y en las colonias británicas caribeñas solamente el seis por ciento lo que representa la quinta y la doceava parte, respectivamente, de los aranceles en Cuba, sin hablar de otros impuestos no incorporados en los informes oficiales. No sorprende mucho que Saco mencione el comercio clandestino con los

---

[225] *Ibidem*, p. 17.
[226] *Idem*.

esclavos y el dinero pagado por los criollos a consecuencia de "el vicio de la legislación, la falta de independencia judicial, y otras causas lamentables"[227].

Según los cálculos de Saco la suma de los impuestos representa el 140 por ciento del valor de las exportaciones de Cuba[228]. El mismo cuadro ofrece Saco en los cálculos del peso de los impuestos por cabeza, donde pagan los cubanos diez veces más que en Canadá, incluyendo en estos números los esclavos lo que significó, en realidad, una desventaja más para los cubanos blancos.

También despertó una gran indignación en Saco la utilización del dinero pagado por los habitantes de las colonias en forma de impuestos. En las colonias inglesas se invertía la mayor parte del dinero "en la educación pública, en la construcción de los caminos, puentes y canales, y en otras obras útiles á las mismas colonias"[229] gastando el gobierno de la metrópoli otra parte de estos recursos para pagar la administración, el ejército etc., en las colonias lo que no fue el caso de los recursos recogidos por el fisco en Cuba. Examinados los aranceles, no olvidó Saco atacar la política comercial de España. La libertad de la admisión de los buques extranjeros en los puertos cubanos no fue, según Saco, fruto de la "generosidad" del gobierno en Madrid:

> [...] esta libertad no se debe ni a los desvelos paternales ni a la generosidad del gobierno, sino á los esfuerzos de algunas corporaciones de la Habana, que combatiendo y desbaratando las maquinaciones del egoísmo y del interés, pudieron recabar al cabo de una larga y empeñada lucha que al negociante extranjero se le permitiese arribar á las playas cubanas y vender en ellas sus preciosas mercaderías. En vano se alegrará como un favor lo que no es sino efecto de las más urgente necesidad. Empleando Cuba anualmente mas de 600,000 toneladas en sus importaciones y exportaciones, ¿cómo podría España sin fábricas y sin buques proveer aquel vasto mercado, ni menos llevar los frutos de la isla a los países donde se consumen? Ciérrense las puertas al extranjero, y desde ese día Cuba quedará condenada a una ruina inevitable[230].

---

[227] *Ibidem*, p. 20.
[228] Compara estas conclusiones con los resultados de la investigación de Nadia Fernández de Pinedo Echevarría, *Comercio exterior....*, *Opus cit.*
[229] José Antonio Saco, *Paralelo ...*, *Opus cit.*, p. 21.
[230] *Ibidem*, p. 22.

Saco admitió que Gran Bretaña había protegido su comercio en sus colonias favoreciendo sus buques y su mercancía añadiendo:

> Y en el caso de ser así, ¿no sucede lo mismo y aun mucho mas respecto del tráfico español? ¿No están bárbaramente gravados algunos artículos extranjeros tan solo por proteger á los nacionales?[231].

Al final de esta parte del folleto Saco repitió una vez más y en forma de conclusión lo que ya había mencionado en diferentes lugares de su texto:

> Pero en hora buena que este subsista, todavía las colonias inglesas tienen el consuelo de saber, que sus contribuciones, ora pesadas, ora leves, ora justas, ora injustas, siempre se invierten en su propio provecho. Mas Cuba no goza de esta ventaja, y mientras que paga mas que todas ellas, pasa por el dolor de ver que las enormes cantidades que se le arrancan, no se consumen en fecundar su suelo, ni en mejorar las condiciones social de sus hijos, sino en gastos improductivos, en atenciones ajenas, y aun en territorios estraños[232].

Escribiendo el texto, Saco mencionó cierta preocupación por la consideración que mereciera a algunos lectores la confirmación del pensamiento probritánico por parte del portavoz de los criollos cubanos y por la manifestación de "los deseos de que Cuba empiece á girar entre los satelites de aquel planeta"[233]. Rechazando esta conclusión presentó su visión del porvenir de Cuba en caso de la ruptura de las relaciones entre la isla y España. En este momento prefería Saco según sus palabras "una existencia propia, una existencia independiente, y si posible fuera tan aislada en lo político como lo está en la naturaleza"[234]. Ofreció, sin embargo para Cuba también la otra solución,

> arrastrada por las circunstancias, tuviera que arrojarse en brazos extraños, en ningunos podría caer con más honor ni con más gloria que en los de la gran Confederación Norte-Americana[235].

---
[231] *Ibidem*, pp. 22 y sg.
[232] *Ibidem*, p. 23.
[233] *Idem*.
[234] *Idem*.
[235] *Idem*.

En estas conclusiones del *Paralelo* apareció la profunda convicción personal del portavoz más importante del reformismo cubano del segundo tercio del siglo XIX. Saco soñaba en una Cuba libre e independiente. No obstante, fue consciente de que Cuba no podía alcanzar la independencia sin la lucha armada en contra del colonialismo español. Y cada guerra en la isla significaba para él la amenaza de la repetición de los acontecimientos en la isla vecina, una sublevación de los esclavos y gente de color libre que conduciría al fin de la población blanca:

> No hay país sobre tierra, donde un movimiento revolucionario sea más peligroso que en Cuba. En otras partes aun con solo la posibilidad de triunfar, se pueden correr los azares de una revolución, pues por grandes sean los padecimientos, siempre queda el mismo pueblo; pero en Cuba, donde no hay otra alternativa que la vida o muerte, nunca debe intentarse una revolución, sino cuando su triunfo sea tan cierto, como una demostración matemática[236].

Ésta es, sin ninguna duda, la razón de la postura reservada de Saco al independentismo en la sociedad isleña que no se puede identificar con el rechazo de la idea de la independencia de Cuba y en ningun caso significaba la tolerancia del régimen colonial. Su representante supremo en La Habana, el Capitán General Miguel Tacón no tuvo mas que palabras de condena para el folleto de Saco. A fines de julio dirigió un *memorandum* al Ministro de la Gobernación de Ultramar señalando en la introducción a los "habaneros desleales"[237] y ocupándose precisamente del *Paralelo:*

> El folleto contiene un tejido de imposturas; y es un dolo, que así como existen hombres pérfidos é incansables en estraviar la opinión, no haya también verdaderos españoles que se propongan refutar é imponer silencio á los malvados[238].

El Capitán General defendió en *su memorandum* la idea de la censura, rechazada repetidamente por los liberales criollos porque lo

---

[236] José Antonio Saco, *Ideas sobre la incorporación de Cuba en los Estados Unidos,* Paris, 1848, p. 7.
[237] Miguel Tacón al Ministro de la Gobernación de Ultramar, Habana 31 de julio de 1837, *Correspondencia reservada ..., Opus cit.,* p. 278.
[238] *Ibidem,* p. 176.

demanda la seguridad de esta posesión, cuya existencia política es tan delicada. Sin embargo de que aquí se cumplen las disposiciones soberanas, nada deja de publicarse de cuanto conduzca á la instrucción y bien del país. Los dos periódicos diarios de esta capital, el que se publica mensualmente bajo el nombre de "Memorias de la sociedad patriótica" y los demás de la isla, desmienten las calumnias del atrevido folletista[239].

Otro punto que despertó la indignación de Miguel Tacón fue el que dedicó Saco al problema de las contribuciones. El Capitán General señaló las comparaciones entre las contribuciones en las colonias inglesas y en Cuba "tan maliciosas como inexactas"[240] y concluyó que en realidad los hacendados habían pagado en la colonia española las menores contribuciones existentes en el mundo diciendo textualmente:

y puede asegurarse que no hay país sobre la tierra que en la proporción á sus inmensas riquezas, que es como debe hacerse el avalúo y no como lo hace el folletista, pague menos contribuciones ni disfrute de mayor suma de felicidad que la isla de Cuba[241].

Tacón expresó su opinión de que el folleto estaba lleno de semejantes "inexactitudes" y las ideas sediciosas que contenía juntamente con las alusiones subversivas no tienen otra meta que "sublevar el país y separarle de la dependencia de la España"[242]. Tacón mencionó la sola existencia del *Paralelo* como un crimen quejándose de que había un testimonio sobre las simpatías de uno de los oficiales de secretaría con el contenido del folleto y pidió su eliminación inmediata para "el bien de la nación y la integridad de la monarquía"[243]. No sorprende que el Capitán General prohibiera la difusión de la obra de José Antonio Saco en la colonia, sin tener los medios para hacer cumplir su orden.

El texto del folleto, de hecho el esbozo del programa reformista, tiene, sin embargo al menos dos problemas. No hay duda de que José Antonio Saco con su pensamiento penetrante utilizó para su argumentación crítica en lo referente al colonialismo español en Cuba el ejemplo del "buen" colonialismo inglés. No tuvo, sin embargo, en cuenta que fue-

---

[239] *Ibidem*, pp. 278 y ss.
[240] *Ibidem*, p.179.
[241] *Idem*.
[242] *Idem*.
[243] *Ibidem*, p.280.

ron precisamente los habitantes de las trece colonias inglesas en el continente americano las que derrocaron ya en los años ochenta del siglo XVIII el "buen" gobierno de la metrópoli dando ejemplo a los habitantes de otras colonias en el continente. Precisamente en julio de 1837, un grupo de partidarios de la reforma y hasta de la independencia presentaron su manifiesto y cuando la administración colonial rechazó cumplir las exigencias de la Declaración se sublevaron en Montreal los partidarios de la independencia. Las tropas regulares inglesas liquidaron pronto la resistencia de los insurrectos cuyos representantes fueron condenados a muerte y muchos participantes menos señalados fueron deportados.

Los acontecimientos en Canadá demostraron la validez de las palabras introductorias de Saco del *Paralelo*. Saco, una persona racional y sin ilusiones, escribió:

> Un sistema colonial es un sistema de restricciones políticas y mercantiles, pero restricciones que segun su tendencia y naturaleca, á veces constituyen un despotistno insoportable, y a veces solamente forman una lijera cadena compuesta de dorados eslabones que la hacen mas llevadera á los pueblos que la arrastran[244].

Sin embargo, a pesar de esta incredulidad, comparando la situación en Canadá y en Cuba concluyó:

> De cualquier modo que sea, no es por cierto envidiable la condición de colonia; pero cuando vuelvo los ojos a Cuba, y contemplo el. mísero estado en que yace, juro á fuer de cubano, qua trocaría la suerte de mi patria por la de las posesiones del Canadá[245].

Un serio problema para la comparación de las colonias de Gran Bretaña y de España era la forma de comparar Canadá y Cuba en las esferas económica y social. La mejor posibilidad la ofrecieron naturalmente las islas caribeñas de Jamaica, Barbados o Trinidad, aunque la política de Londres en las islas vecinas no daba a Saco, sin embargo, tantas posibilidades de demostrar los males del sistema colonial de España especialmente respecto a la política poblacionista[246]. Las islas caribeñas de Gran

---

[244] José Antonio Saco, *Paralelo ..., Opus cit.*, p. 3.
[245] Idem.
[246] Este hecho fue severamente criticado por Manuel Moreno Fraginals en "Nación o plantación...", *Opus cit.*, p. 268, diciendo: "Por eso su gran escrito reformista, *el Paralelo entre la isla de Cuba y algunas colonias inglesas*, se halla totalmente desvinculado de la realidad, por-

Bretaña tenían el porcentaje más elevado de población de color, hecho que no influyó en el proceso de cambio del trabajo esclavo por el trabajo de mano de obra libre en las islas azucareras británicas de Barbados, Trinidad y otras[247].

A pesar de que las colonias británicas aparecieron como ejemplo del "buen gobierno" no solamente en el *Paralelo* de Saco y de otros reformistas de su tiempo sino también en los textos de la generación de los sesenta[248], el gobierno en Madrid y la administración colonial en La

---

que como punto de comparación se toma principalmente a el Canadá, con el cual Cuba no tenía posible relación, y se soslaya en gran parte la situación trágica de las Antillas azucareras británicas -verdaderas plantaciones- donde la población blanca no llegaba nunca al 15 por ciento. Así, los contrarios a Saco, pueden hacerle el paralelo a la inversa y demostrar, sin lugar a dudas, que Cuba es más ilustrada, más rica y más progresista que las colonias inglesas, francesas y holandesas".

[247] El ejemplo de estas islas es aprovechado por Saco en otro de sus textos importantes: *La supresión del tráfico de esclavos africanos en la isla de Cuba examinada en relación a su agricultura y a su seguridad*, París, 1845. Por un lado escribió sobre la disminución del número de los esclavos en las islas caribeñas inglesas en el primer tercio del siglo XIX mencionando sobre todo el caso de Jamaica, Antigua y Tobago. Según su información disminuyó el número de esclavos en todas las colonias caribeñas inglesas desde el número 720,360 en la segunda mitad de la segunda década del siglo XIX hasta 684,652 en los principios de la década cuarta. Al mismo tiempo, no obstante, creció la exportación del azúcar de estas colonias. Si las islas exportaban en el último período de la trata – entre los años 1801-1806 1 138 390,736 kilogramos, alcanzaron las exportaciones en los tres sexenios siguientes las cantidades crecientes: entre 1817 y 1822 1,141,197,628 kilogramos, entre 1823 y 1828 1,171,831,526 kilogramos y por fin entre 1829 y 1834 1,190,990,566 kilogramos. La supresión de la trata no tenía, según la opinión de Saco ningunas consecuencias negativas para la economía azucarera cubana lo que dijo el autor ya en el título de la primera parte del texto por las palabras elocuentes: "La abolición del tráfico de negros no puede arruinar ni atrasar la agricultura cubana". Véase José Antonio Saco, "La supresión ...", *Colección ..., Opus cit.*, t. II, p. 119).
Hubo que tomar, sin embargo, la lección de la experiencia inglesa en el cultivo y cosecha de la caña y en la producción del azúcar. La "producción del azúcar en pequeño" no significó la liquidación de las plantaciónes o como lo dice textualmente Saco: "Cuando abogo por la producción del azúcar en pequeño, no es porque yo tema que sin esclavos no se haga en grande. Creo, por el contrario, que habrá propietarios que a ella se dedicarán, bien sea pagando jornales, bien limitándose a construir las fábricas y máquinas necesarias para su elaboración, y dejando a los colonos el cuidado de cultivar la caña de su cuenta. Este último sistema se sigue en varios países, y casos habrá en que sea entre nosotros preferible el primero; proque dividida la tierra en pequeñas suertes, la cultura será más perfecta: si el año es malo, ahorrará el hacendado los jornales, que de otra manera pagaría; y como el interés del colono no está limitado por un salario fijo, se empeñará en cultivar mejor para que la caña rinda más, pues que este rendimiento será la medida de su ganancia." (Saco, "La supresión ...", *Colección ..., Opus cit.*, t. II, p. 115) Mencionado las regiones que ya aceptaron o estuvieron en el proceso de aceptación de este modo de la producción del azúcar Saco dijo: "Finalmente, en las Antillas inglesas empieza ya a introducirse este sistema; y en Santa Lucía está ya establecido. Una de las ventajas que produce, es el ahorro de capitales en la elaboración del azúcar." (Saco, "La supresión ...", *Colección ..., Opus cit.*, t. II, p. 116).
[248] Comp. la opinión de J. M. Lemus que pidió en la primera mitad de los sesenta categorica-

Habana rechazaron las exigencias de los portavoces de los criollos liberales cubanos siguiendo la política colonial española representada por el Decreto de 1825. Uno de sus símbolos más criticados no solamente por los contemporáneos sino también por la historiografía cubana fue precisamente Tacón cuya era en Cuba concluyó en 1838. El 16 de abril 1838 aceptó el gobierno de Narciso de Herrera y Begines de los Ríos la abdicación indirecta de este Capitán General, fruto de las tensiones crecientes con el Intendente, nombrando como su sucesor a Joaquín Ezpeleta y Enrile, hijo del gobernador de Cuba en los años ochenta del siglo XVIII José de Ezpeleta, ligado estrechamente con la aristocracia isleña[249]. En el otoño del mismo año se promulgó el real decreto de 24 de octubre de la Junta Consultiva paro los negocios de Gobernación de Ultramar, la institución especial para la asesoría de problemas ultramarinos previa a la publicación de leyes especiales para las provincias de Ultramar. A pesar de que estas leyes no aparecieron, el gobierno había suprimido en 1840 la Junta en los marcos del proyecto más amplio de eliminar este tipo de juntas del sistema político español. El mismo destino tuvo ya antes la Junta de Notables formada en 1837 en La Habana. La mayoría de sus dieciséis miembros integrados en cuatro secciones tuvieron una tarea importante, asesorar el Gobierno en la preparación de las leyes especiales. Sin embargo, la junta quedó disuelta en enero de 1838 sin cumplir su programa[250]. Hasta la mitad de los años cuarenta no existió en España o en Cuba otra institución "que debía ser oída en todos los asuntos relativos a las provincias ultramarinas y su régimen especial"[251].

En estas condiciones quedaba firme la posición del Capitán General fortalecida en 1842 por la facultad, no solamente de publicar en la isla los decretos y leyes enviados desde la metrópoli sino también de decretar su suspensión o empezar el procesamiento en contra de su aplicación en cada caso cuando lo exigiera el criterio sobre la situación de Cuba. El Capitán General siguió jugando, de este modo, un papel excepcional en la vida política de la isla[252] y su relación con los representantes

---
mente: "El sistema colonial inglés, la organización análoga a la canadiense".

[249] Más sobre esta familia véase Juan Bosco Amores Carredano, *Cuba en la época de Ezpeleta (1785-1790)*, Pamplona, Ediciones Universidad de Navarra, S.A., 2000.

[250] Sobre esta institución véase Antonio Elorza y Elena Hernández Sandoica, *La Guerra de Cuba (1895-1898): historia política de una derrota colonial*, Madrid, Alianza Editorial 1998, p. 31.

[251] Mª Paz Alonso Romero, *Cuba ..., Opus cit.*, p. 24.

[252] Los decretos reales en los cincuenta durante la amenaza anexionista incorporaron a los cargos del Capitán General también la superintendencia en la esfera de la Hacienda.

de las diferentes capas de la población fue clave para sus posibilidades de influir en la situación política en los marcos de la colonia.

A pesar de su origen cubano -la madre de Joaquín Ezpeleta fue una aristócrata isleña- no cumplió el seguidor de Tacón con las esperanzas de los liberales criollos y tampoco se cumplieron los sueños del sector de los hacendados ricos. Con Ezpeleta los miembros de la aristocracia azucarera empezaron de nuevo a participar en los eventos celebrados en el palacio de los capitanes generales aunque no fueron capaces de alcanzar la influencia que tuvo su clase en las primera décadas del siglo XIX. Los herederos de la doctrina de Tacón no estuvieron prestos a entregar una parte del poder político en ninguna forma a los criollos ricos considerando el estado frágil y peligroso de la colonia para la soberanía de España. El autor anónimo del folleto *Estado actual de la Isla de Cuba y medios que deben adoptarse para fomentar su prosperidad con utilidad de Madre Patria*[253] escribió en este contexto:

> Pocas cuestiones podrán ofrecerse á la consideración pública que envuelvan tantos intereses y gravedad como la de formar leyes para el gobierno de las provincias de ultramar. Las Cortes constituyentes, amaestrados por la dura lección de la experiencia, conocieron que el régimen de las colonias exigía reglas distintas de las que dictaban para la metrópoli: conocieron que la posesión de tan lejanos países no podía conservarse con una legislación común á los españoles de los dos mundos: conocieron hasta qué punto los errores legislativos de 1810 y 1820 fomentaron la discordia que, nacida de diferentes causas, vino á fortificarse en el código de Cádiz, y terminó por arrancarnos vastos imperios, recursos inmensos, y hasta las esperanzas de interesantes relaciones a que nos daban derecho beneficios innumerables, y la comunidad de origen, religión e idioma: conocieron, en fin, que el asunto de tanta gravedad se requería más calma y más detenido examen del que permiten las pasiones siempre exaltadas mientras dura el vértigo de una revolución. No por otra razón establecieron en el articulo 2.º adicional de la Constitución de 8 de junio de 1837 que las provincia de ultramar serian gobernadas por leyes especiales[254].

El autor, sin embargo, no se quedó con esta conclusión. Propuso la mejor defensa de Cuba española en contra de los planes de los independentistas:

---
[253] *Estado actual de la Isla de Cuba y medios que deben adoptarse para fomentar su prosperidad con utilidad de Madre Patria,* Madrid, Imprenta de la Compañía General de Impresores y Libreros, 1838.
[254] *Ibidem*, p. 1.

> Un país que existe á tan remota distancia de la metrópoli exige para su gobierno un centro común; un punto que reuniendo en sí mismo todo cuanto comprende la isla en los diferentes ramos de administración, sea el único el contacto inmediato con el supremo gobierno de quien depende; en una palabra, un jefe superior en quien residan todas la facultades, y a quien vengan á parar todos los diversos conductos del poder[255].

El anónimo pidió para esta persona todos los poderes civiles y militares para poder cumplir con sus deberes y evitar cada manifestación de la "anarquía" en la colonia. Este sistema no llevaría ningún cambio de los poderes especiales del Capitán General lo que comprendieron bien los críticos de Tacón y Ezpeleta. Bajo las condiciones dadas por los artículos de la Constitución y por la falta de complacencia de los políticos en la Península en la preparación de las leyes especiales en las que otorgaría la metrópoli una parte del poder político en la isla a la elite criolla, los hacendados criollos aceptaron las nuevas realidades y regresaron a sus plantaciones. Si vale para el período entre 1810-1814 la conclusión de José Antonio Piqueras sobre la opción de la elite criolla por negociar con la metrópoli las condiciones del mantenimiento de *statu quo* en la Isla, ventajosa en el alcance político y estratégico para España y en el económico para la elite criolla, la parte de esta negociación fue sobre todo la esclavitud, libertad del comercio y las reglas del régimen de tenencia de los terrenos[256], vale todavía más para la mayoría de esta elite después del fracaso de las ambiciones políticas en 1837 ligado con la exclusión definitiva de los criollos cubanos de las Cortes en Madrid. La sacarocracía aprovechaba las ventajas ofrecidas por los progresos técnicos de la producción del azúcar y su transporte al mercado mundial. El crecimiento económico tuvo sin embargo sus consecuencias sociales al producirse un auge del porcentaje de la población del orígen africano en la población de la isla lo que despertaba diferentes miedos en parte de los criollos blancos. Los representantes de la cultura naciente cubana presentaron sus temores de "barbarización" o "africanización" como lo demuestran sobre todo los ejemplos de Domingo del Monte y Félix Tanco. Tanco es el autor de la carta citada por todos los especialistas en este aspecto.

> Quién no ve en los movimientos de nuestros mozos y muchachas deseando bailar contradanzas y valses una imitación

---
[255] *Ibidem*, p. 13.
[256] José Antonio Piqueras, "Leales....", *Opus cit.*, p. 188.

de los negros en sus cabildos? Quién no sabe que los bajos de los dancistas del país son el eco del tambor de los tangos? Todo es africano, y los inocentes y pobres negros, sin pretenderlo, y sin otra fuerza que la que nace en la relación en que están ellos con nosotros, se vengan de nuestro cruel tratamiento inficionándonos con los usos y maneras inocentes, propias de los salvajes de Africa[257].

Una parte de los hacendados que optaron en las primeras décadas del XIX por "la plantación" siguieron bajo nuevas condiciones en los cuarenta su opción, cambiando sin embargo su opinión sobre el garante de la existencia del sistema. La amenaza de la liquidación de la trata ligado con los acontecimientos de La Escalera, considerada como confirmación de los temores del peligro de la sublevación esclava que podía significar el fin de los criollos en Cuba como medio siglo antes había ocurrido en Haití, les llevó a las banderas del anexionismo. Este movimiento tuvo después una importancia extraordinaria para la discusión política en la isla. La confrontación entre los partidarios del anexionismo y sus críticos abrió un amplio debate sobre el problema de la nación cubana en el que los portavoces de la sociedad criolla repensaron una vez más la cuestión formulada de manera unívoca hasta en el título del estudio de Manuel Moreno Fraginals: Nación o plantación, optando en este caso por su primera parte. Llegaron sin duda a la conclusión -teniendo en cuenta todas las amenazas, reales o imaginarias- que optar por la plantación podría significar no mantener ni la plantación ni alcanzar la nación o, para decirlo en otras palabras: La Escalera despertó en los criollos cubanos un miedo tal que sin el mantenimiento de la influencia en la política podrían perder sus posiciones económicas basadas en las plantaciones y en la mano de obra esclava. Esta amenaza influyó en las actividades y el pensamiento de los criollos cubanos de la segunda mitad del siglo XIX abriendo la puerta a los cambios dramáticos en las posturas y actividades de este grupo a fines de la década de 1860.

---

[257] Felix Tanco a D. Del Monte, 1837, *Centón epistolario ...*, *Opus cit.*, t.VII, pp.86 y sg. Sobre este tema véase Jorge Castellanos e Isabel Castellanos, *Cultura afrocubana 1. El Negro en Cuba, 1492-1844*, Miami, Ediciones Universal, 1988, esp. pp. 275 y ss.

Bibliografía citada

ABBOT, Abiel, *Cartas,* La Habana, Consejo Nacional de Cultura, 1965.
Acta de las Juntas generales que celebro la Real Sociedad Económica de Amigos del País de la Habana en los días 14, 15 y 16 de diciembre de 1792 y empresa de acuerdo de la misma Sociedad, Habana, Viudas de Arazoza y Soler, 1830.
AGUIRRE, Sergio, «Nacionalidad, nación y centenario», *Eco de caminos,* La Habana, Editorial de Ciencias Sociales, 1974, pp. 401-118.
AIMES, Hubert H. S., *The History of Slavery in Cuba (1511-1868),* New York, Octagnon Books, 1967.
ALFONSO BALLOL, Berta, Herrera Sorzano, Mercedes, Moyano, Eduardo, Sanz Fernández, Jesús, y Socarras Matos, Martín, *El camino de hierro de la Habana a Güines. Primer ferrocarril de Iberoamérica,* Madrid, Fundación de Ferrocarriles Españoles, 1987.
ALMODÓVAR MUÑOZ, Carmen, *Antología crítica de la historiografía cubana,* 2 ts., La Habana, Editorial Pueblo y Educación, 1986 y 1989.
ALONSO ROMERO, Mª. Paz, *Cuba en la España liberal (1837-1898). Génesis y desarrollo del régimen autonómico,* Madrid, Centro de Estudios Políticos y Constitucionales, 2002.
ALVARADO, J., *Constitucionalismo y codificación en las provincias de Ultramar,* Madrid, Centro de Estudios Políticos y Constitucionales, 2001.
ÁLVAREZ CUARTERO, Izaskun, «Introducción al estudio de las Sociedades Económicas de Amigos del País en Cuba», *Nuestra Común Historia: Cuba-España. Poblamiento y nacionalidad,* La Habana, Editorial Ciencias Sociales-Instituto de Cooperación Iberoamericana, 1993, pp. 79-86.
—«Un antecedente de los estudios económicos en Cuba: la cátedra de economía política de la Sociedad Patriótica de la Habana (1818-1824)», *Ibero-Americana Pragensia,* XXX, 1996, pp. 77-86.
—*Memorias de la Ilustración: las Sociedades Económicos de Amigos del*

País en Cuba (1783-1832), Madrid, Departamento de Publicaciones Real Sociedad Bascongada de los Amigos del País, 2000.

AMORES CARREDANO, Juan Bosco, *Cuba en la época de Ezpeleta (1785-1790),* Pamplona, Ediciones Universidad de Navarra, S.A., 2000.

ANDERSON, Benedict, *Imagined Communities: Reflections on the Origin and Spread of Nationalism,* London, Verso, 1991 [México, Fondo de Cultura Económica, 1993].

ANNINO, Antonio, Castro Leiva, Luis y Guerra, François-Xavier (eds.), *De los Imperios a las Naciones: Iberoamérica,* Zaragoza, IberCaja, 1994.

ANTILLÓN, Isidoro de, *Disertación sobre el origen de la esclavitud de los negros, motivos que la han perpetuado, ventajas que se le atribuyen y medios que podían adaptarse para hacer prosperar sin ella nuestras colonias,* Valencia, Imprenta de Domingo y Mompié, 1820.

APPADURAI, Arjun, *Modernity at Large: Cultural Dimensions of Globalization,* Minneapolis, University of Minnesota Press, 1996.

APTHEKER, Herbert, *American Negro Slave Revolts,* New York, Columbia University Press, 1943.

ARANGO Y PARREÑO, Francisco de, *Obras del Excmo. Sr. D. Francisco de Arango y Parreño,* Habana, Imp. De Howson y Heinen, 1888 [2 ts., La Habana, Publicaciones de la Dirección de Cultura del Ministerio de Educación, 1952].

— *De la factoria a la colonia,* La Habana, 1936.

ARISTIDE, Jean-Bertrand, *Aristide: an autobiography,* New York, Orbis Book, 1993.

— y Wargny, Christophe, *Tout homme est un homme,* Madrid, IEPALA, 1994.

ARMSTRONG, John A., *Nations before Nationalism,* Chapel Hill, University of North Carolina Press,1982.

ARRATE ACOSTA, José Martín Félix de, *Llave del Nuevo Mundo, ante mural de las Indias Occidentales. La Habana descripta: noticias de su fundación, aumentos y estado,* La Habana, Comisión Nacional Cubana de la UNESCO, 1964.

ARREGUI, Salvador, *El Real Consulado de La Habana, 1794-1834*, Murcia, Universidad de Murcia, Facultad de Geografía e Historia, Secretaría de Publicaciones e Intercambio Científico, 1992.

ARROYO, Anita, *José Antonio Saco: su influencia en la cultura y en las ideas políticas de Cuba,* Miami, Ediciones Universal, 1989.

BACARDÍ Y MOREAU, Emilio, *Crónicas de Santiago de Cuba recopiladas por..,* Santiago de Cuba, Tipografia Arroyo Hermanos, 1925.

BACHILLER Y MORALES, Antonio, *Apuntes para la historia de las*

letras y de la instrucción pública en la Isla de Cuba, 3 ts., La Habana, 1859,
— «Don Francisco Arango y Parreño y sus censores», *Revista de Cuba,* 14, La Habana, 1883, pp. 385-391.
BALIBAR, Etienne and Wallerstein, Immanuel, *Race, Nation, Class: Ambiguous Identitis,* London, 1991.
BARCIA, Manuel, *Con el látigo de la ira. Legislación, represión y control en las plantaciones cubanas, 1790-1870,* La Habana, Editorial de Ciencias Sociales, 2000.
BENÍTEZ ROJO, Antonio, *La isla que se repite: El Caribe y la perspectiva posmoderna,* Hanover, N.H., Ediciones del Norte, 1989.
— *El Mar de las Lentejas,* Barcelona, Editorial Casiopea,1998.
— *Paso de los vientos,* Barcelona, Editorial Casiopea, 2000.
BERGAD, Laird W., *Cuban Rural Society in the Nineteenth Century. The Social and Economic History of Monoculture in Matanzas*, Princeton, Princeton University Press, 1990.
— Iglesias García, Fe y Barcia, María del Carmen, *The Cuban Slave Market, 1790-1880,* Cambridge, Cambridge University Press, 1995.
BERNABÉU ALBERT, Salvador, *Trillar los Mares. La expedición descubridora de Bruno de Hezeta al Noroeste de América. 1775,* Madrid, Fundación Bilbao-Vizcaya-CSIC, 1995.
— *La aventura de lo imposible. Expediciones marítimas españolas,* Madrid-Barcelona, Lunwerg, 2001.
BERNECKER, Walther L., «La inclusión de un estado caribeño en la doctrina de la 'western hemisphere': el caso de Haití», Bernecker, Walther L. (ed.), *1898: su significado para Centroamérica y el Caribe. ¿Cesura, cambio, continuidad?,* Frankfurt am Main, Madrid, Vervuert Iberoamericana, 1998, pp. 247-268.
BERRUEZO, Mª Teresa, *La participación americana en las Cortes de Cádiz (1810-1814),* Madrid, Centro de Estudios Constitucionales, 1986.
[BETANCOURT CISNEROS, Gaspar], *Ideas sobre la Incorporación de Cuba en los Estados Unidos en contraposición a las que ha publicado Don José Antonio Saco,* [Nueva York], Imprenta de la Verdad, 1849.
BLANCPAIN, François, *Haïti et les Etats-Unis 1915-1934: histoire d'une occupation,* Paris, L'Harmattan, 1999.
BODEI, Remo, *Una geometría de las pasiones: miedo, esperanza y felicidad. Filosofía y uso político,* Barcelona, Muchnik Editores SA, 1995.
BOLSTER, Jeffrey, *Black Jacks: African American Seamen in the Age of Sail*, Cambridge, Harvard University Press, 1997.
BRADING, David A., *The First America. The Spanish Monarchy,*

Creoloe Patriots and the Liberal State, 1492-1867, Cambridge, 1991.
— «Nationalism and State-Building in Latin American History», *Ibero-Amerikanisches Archiv*, 20, 1/2, 1994, pp. 83-108.
BREUILLY, John, *Nationalism and State*, 2a ed., Chicago, 1994.
BRYAN, P. E., *The Haitian Revolution and its Effects*, Kingston, Heinemann Educational Books, 1984.
BUCK-MORSS, Susan, «Hegel and Haiti», *Critical Inquiry*, Vol 26, Chicago, 2000, pp. pp. 821-867.
CABALLERO, José Agustín, *Escritos varios*, La Habana, 1954.
CALCAGNO, Francisco, *Diccionario biográfico cubano*, New York, 1878.
CALVO, Nicolás, «Discurso de Nicolás Calvo promoviendo el establecimiento de una escuela de Química y Botánica», *Memorias de la Sociedad Patriótica de la Habana*, La Habana, 1793, T. I.
CAMEJO, Mary Jane, *Haitians in the Dominican Republic*, New York, Americas Watch, National Coalition for Haitian Refugees, 1992.
CANNY, Nicholas y Padgen, Anthony (eds.) *Colonial Identity in the Atlantic World, 1500-1800*, Princeton, Princeton University Press, 1987.
CARO, José A., *Don Ignacio Agustín Emparán y Orbe y el Código Negro Carolino*, Santo Domingo, Museo del Hombre Dominicano, 1974.
CARRILLO Y ARANGO, Anastasio, *Elogio histórico del Excmo. Sr. D. Francisco de Arango y Parreño*, Madrid, Imprenta de Manuel Galiano, 1862.
CASTELLANOS, Jorge, *Tierra y Nación*, Santiago de Cuba, Editorial Manigua, 1955.
— y Castellanos, Isabel, *Cultura afrocubana I, El negro en Cuba, 1492-1844*, Miami, Ediciones Universal, 1988.
CASTOR, Suzy, *Migraciones y relaciones internacionales: El caso haitiano-dominicano*, México, Universidad Nacional Autónoma de México, 1983.
CASTRO, Josefina, *Crisis del sistema de dominación colonial en Haití*, La Habana, Ed. Ciencias Sociales, 1994.
Catálogo de los fondos del Real Consulado de Agricultura, Industria y Comercio y de la Junta de Fomento, Habana, Archivo Nacional de Cuba, 1943.
CATANESE, Anthony V., *Haitians: migration and diaspora*, Boulder, Colo., Westwiew Press, 1999.
CAYUELA, José Gregorio, *Bahía de Ultramar: España y Cuba en el siglo XIX. El control de las relaciones coloniales*, Madrid, Siglo XXI editores, 1993.
Centón epistolario de Domingo del Monte, ed. Manuel I. Mesa Rodríguez,

La Habana, 1957.
CHAIN SOLER, Carlos, *Formación de la nación cubana*, La Habana, Ediciones Granma, 1968.
CHARLEVOIX'S, Pierre-Francois-Xavier de, *Histoire de l'Isle Espagnole ou de Sainte Domingue Écrite particulièrement sur des mémoires manuscrits du P. Jean-Baptiste Le Pers, jésuite, missionnaire à Saint Domingue, & sur les pièces originales, qui se conservent au Dépôt de la marine*, Paris, F. Didot, 1730-1731.
CHATTERJEE, Partha, *Nationalist Thought and the Colonial World: A Derivative Discourse?*, Minneapolis, University of Minnesota Press, (1986), 1993.
CHILDS, Matt, *The Aponte Rebellion of 1812 and the Transformation of Cuban Society: Race, Slavery and Freedom in the Atlantic World*, Tesis doctoral, University of Texas, 2001.
— «A Black French General Arrived to Conquer the Island': Images of the Haitian Revolution in Cuba's 1812 Aponte Rebellion», Geggus, David Geggus (coord.), *The Impact of the Haitian Revolution in the Atlantic World,* Columbia, University of South Carolina Press, 2001, pp. 135-56.
CORDERO, M.E., *La Revolución haitiana y Santo Domingo*, Santo Domingo, Universidad de Santo Domingo, 1989.
Correspondencia reservada del Capitán General D. Miguel Tacón, 1834-1836, Introducción, notas y bibliografía por Juan Pérez de la Riva, La Habana, Consejo Nacional de Cultura, 1963.
CRATON, Michael, *Testing the Chains: Resistance to Slavery in the British West Indies*, Ithaca, Cornell University Press, 1982.
Cuba Ilustrada. La Real Comisión de Guantánamo 1796-1802, 2 ts., Madrid-Barcelona, Lunwerg Ed., 1991.
CURTIN, Phillip,*The Atlantic Slave Trade: A Census,* Madison, Milwaukee, London, University of Wisconsin, 1969.
DAVIS, David Brion, *The Problem of Slavery in the Age of Revolution, 1770-1823,* Ithaca, Cornell University Press, 1975.
— «Impact of the French and Haitian Revolutions», Geggus, David B. (ed.), *The Impact of the Haitian Revolution in the Atlantic World, Columbia,* University of South Carolina Press, 2001, pp. 3-9.
DEBIEN, Gabriel, *L'Esprit d'Independance chez les colons de Saint Domingue au XVIII siècle,* Notes d'Histoire coloniale, XIII, 1947.
— *Les colons de Saint-Domingue et la revolution: Essai sur le Club Massiac (Aóut 1789-Aóut 1792)*, Paris, Librairie Armand Colin, 1953.
— «Les colons de Saint-Domingue réfugiès à Cuba (1973-1815)», *Revista de Indias,* núm. 54, Madrid, 1953, pp. 559-605.

— «La nourriture des esclaves sur les plantations des Antilles Francaises aux XVIIIe siecles», *Caribbean Studies,* 4, 2, July 1964, pp. 3-27.

DEIVE, Carlos Esteban, *Las emigraciones dominicanas a Cuba (1795-1808),* Santo Domingo, Fundación Cultural Dominicana, 1989.

DESCHAMPS CHAPEAUX, *Pedro, Los Batallones de Pardos y Morenos Libres*, La Habana, Dirección Política de las FAR, 1976.

DEUTSCH, Karl W., *Nationalism and Social Communication. An Inquiry into the Foundation of Nationality,* Cambridge Mass, 1953.

DI TELLA, Torcuato S., *La rebelión de esclavos de Haití,* Buenos Aires, Ediciones del Ides, 1984.

Diccionario de la Lengua Española, 2 vols., Madrid, Real Academia Española, 1992.

Diplomatic Correspondence of the United States concerning the independence of the Latin-American nations, ed. W. R. Manning, New York, Oxford University Press, 1925.

DUARTE JIMÉNEZ, Rafael, *El negro en la sociedad colonial,* Santiago de Cuba, Editorial Oriente, 1988.

ELORZA, Antonio y Hernández Sandoica, Elena, *La Guerra de Cuba (1895-1898): historia política de una derrota colonial,* Madrid, Alianza Editorial, 1998.

ELTIS, David, Behrendt, Stephen D., Richardson, David, Klein, Herbert S. (eds.) *The Transatlantic Slave Trade: 1562-1867: A Database,* Cambridge, Cambridge University Press, 1999.

ENTRALGO, Elías, *La liberación étnica cubana,* La Habana, 1953.

Escritos de Domingo del Monte, 2 ts., La Habana, Cultural S.A., 1929, introducción y notas de José A. Fernández de Castro.

Estado actual de la Isla de Cuba y medios que deben adoptarse para fomentar su prosperidad con utilidad de Madre Patria, Madrid, Imprenta de la Compañía General de Impresores y Libreros, 1838.

ESTRADE, Paul, «Observaciones sobre el carácter tardío y avanzado de la toma de conciencia nacional en las Antillas españolas», *Identidad nacional y cultural de las Antillas hispanoparlantes, Ibero-Americana Pragensia*, Supplementum 5, 1991, pp. 21-49.

— «Ramón de la Sagra frente a la sociedad criolla: «Saquete» versus «Sagrita», *Ramón de la Sagra,* 2 vols., Sada - A Coruña, Ediciós do Castro, 1992, vol.1, pp. 181-195

Félix Varela: ética y anticipación del pensamiento de la emancipación cubana, La Habana, Imagen Contemporánea, 1999.

FERNÁNDEZ DE CASTRO, José Antonio, *Medio siglo de historia colonial de Cuba. Cartas a José Antonio Saco ordenadas y comenta-*

das (de 1823a 1879), La Habana, Ricardo Veloso, 1923.
FERNÁNDEZ DE PINEDO ECHEVARRÍA, Nadia, *Comercio exterior y fiscalidad: Cuba (1794-1860)*, Bilbao, Universidad del País Vasco, 2002.
FERNÁNDEZ PRIETO, Leida, «La política agraria de España en Cuba y la institucionalización de la enseñanza superior, 1880-1892», *De Súbditos del Rey a Ciudadanos de la Nación*, Castellón de la Plana, Publicaciones de la Universitat Jaume I, 2000, pp. 115-128.
— «La ciencia ilustrada en el pensamiento agrícola en Cuba a finales del siglo XVIII», *Expediciones, exploraciones y viajeros en el Caribe*, La Habana, Sociedad Cubana de Historia de la Ciencia y de la Tecnología, 2003, pp. 30-38.
— «Ciencia y reforma en la agricultura cañera en Cuba a finales del siglo XIX», *Revista de Indias*, núm. 231, 2004, pp. 529-548.
FERNÁNDEZ SOSA, Miriam, «Construyendo la nación: Proyectos e ideologías en Cuba, 1899-1909», Naranjo, Consuelo, Puig-Samper, Miguel Ángel y García Mora, Luis M. (eds.), *La nación soñada: Cuba, Puerto Rico y Filipinas ante el 98*, Madrid-Aranjuez, Ediciones Doce Calles, 1996, pp. 123-130.
FERRER, Ada, «La société esclavagiste cubaine et la révolution haïtienne», *Annales*, vol. 58, n° 2, 2003, pp. 333-356 (dossier «Revolutions dans l'aire caraibe»).
— «Noticias de Haití en Cuba, 1791-1804», *Revista de Indias*, núm. 229, Madrid, CSIC, 2003, pp. 675-694.
FERRER MUÑOZ, Manuel, *La formación de un Estado nacional en México (El Imperio y la República federal, 1821-1835)*, México, 1995.
FIGUEROA ARENCIBIA, C. Vicente y Ourdy, Pierre Jean, «Contacto lingüístico español-kreyol en Santiago de Cuba», Guicharnaud-Tollis, Michèle (ed.), *Caraïbes. Éléments pour une histoire des ports*, Paris, L'Harmattan, 2003, pp. 235-256.
FINLAY, Carlos J., «Informe acerca de la memoria Aclimatación e higiene de los europeos a Cuba, presentada con opción a uno de los premios de la Real Academia», *Anales de la Real Academia de Ciencias Médicas, Físicas y Naturales de la Habana*, la Habana, 1875, t. 2, pp. 66-84.
— «Apología del clima de Cuba», *Gaceta Médica de la Habana*, año I, núm. 2, la Habana, 1878, pp. 1-3.
FISCHER, Sibylle, *Modernity Disavowed: Haiti and the Cultures of Slavery in the Age of Revolution*, Durham, Duke University Press, 2004.

FONER, Philip S., *A History of Cuba and Its Relations with the United States,* I, New York, 1962.
— *La guerra hispano-cubano-americana y el nacimiento del imperialismo norteamericano: 1895-1902,* Madrid, Akal, D.L., 1975.
FORNET, Ambrosio, *El libro en Cuba,* La Habana, Editorial Letras Cubanas, 1994.
FOUCHARD, Jean, «La trata de negros y el poblamiento de Santo Domingo», *La Trata negrera del siglo XV al XIX. Documentos de trabajo e informe de la Reunión de expertos organizada por la Unesco en Puerto Príncipe,* Haití, del 31 de enero al 4 de febrero de 1978, París, Unesco, 1981, pp. 316-323.
FRANCO, José Luciano, *Documentos sobre la Historia de Haití en el Archivo Nacional,* La Habana, Publicaciones del Archivo Nacional de Cuba, 1947.
— *Política continental americana de España en Cuba, 1812-1830,* La Habana, Academia de Ciencias, 1962.
— *La Conspiración de Aponte,* La Habana, Publicaciones del Archivo Nacional, LVII, 1963.
— *Revoluciones y conflictos internacionales en el Caribe, 1789-1854, 3* ts., La Habana, Instituto de Historia, Academia de Ciencias Sociales, 1965.
— *Los palenques de los negros cimarrones,* La Habana, Departamento de Orientación Revolucionaria del Comité Central del Partido Comunista de Cuba, 1973.
— *Ensayos históricos,* La Habana, Editorial de Ciencias Sociales, 1974.
— *Las minas de Santiago del Prado y la rebelión de los cobreros, 1530-1800,* La Habana, Editorial de Ciencias Sociales, 1975.
— *Las conspiraciones de 1810 y 1812,* Habana, Ciencias Sociales, 1977.
— *Apuntes para una historia de la legislación y administración colonial de Cuba 1511-1800,* La Habana, Editorial de Ciencias Sociales, 1985.
FRÍAS Y JACOTT, Francisco, *Reformismo Agrario,* Cuadernos de Cultura, Cuarta Serie, núm. 1, La Habana, Publicaciones de la Secretaría de Hacienda, 1937.
FRIEDLAENDER, Heinrich, *Historia económica de Cuba,* 2 vols., La Habana, Editorial Ciencias Sociales, 1978.
FUENTE, Alejandro de la, «¿Decadencia o crecimiento? Población y economía en Cuba, 1530-1700», *Arbor,* monográfico, Naranjo Orovio, Consuelo y Puig-Samper, Miguel Ángel (comps.), *Las raíces históricas del pueblo cubano (I),* tomo CXXXIX, núms. 547-548, 1991, pp. 11-35.
FUNES, Reinaldo, «Conocimiento y explotación de los bosques cubanos por la Marina Real española en el último tercio del siglo XVIII», *Expediciones, exploraciones y viajeros en el Caribe,* La Habana,

Sociedad Cubana de Historia de la Ciencia y de la Tecnología, 2003, pp. 39-51.
— *De Bosque a Sabana. Azúcar, deforestación y medio ambiente en Cuba, 1492-1926*, México DF, Siglo XXI Editores, 2004.
FUSI, Juan P. y Niño, Antonio (eds.), *Vísperas del 98. Orígenes y antecedentes de la crisis del 98*, Biblioteca Nueva, Madrid, 1997.
GALA, Ignacio, (ed. lit.), *Memorias de la colonia francesa de Santo Domingo, con algunas reflexiones relativas a la isla de Cuba, por un viajero español*, Madrid, Oficina de Hilario Santos Alonso, 1787.
GÁLVEZ, Gisela y Novoa, José, *1812, conspiración antiesclavista*, Holguín, Ediciones Holguín, 1993.
GARCÍA ÁLVAREZ, Alejandro y García Mora, Luis Miguel (comps.) *Textos clásicos de la historia de Cuba*, Colecc. Clásicos Tavera, Iberoamérica en la Historia, serie I, vol. 9, Madrid, 1999.
GARCÍA GONZÁLEZ, Armando, *Actas y resúmenes de Actas en la Sociedad Antropológica de la Isla de Cuba en publicaciones del siglo XIX*, La Habana, 1988.
— «En torno a la Antropología y el Racismo en Cuba en el siglo XIX», Naranjo, Consuelo y Mallo, Tomás (eds.), *Cuba, la perla de las Antillas*, Madrid-Aranjuez, Ediciones Doce Calles-CSIC, 1994, pp. 45-64.
— y Naranjo, Consuelo, «Antropología, racismo e inmigración en la Sociedad Económica de Amigos del País de la Habana», *Asclepio*, vol. XLIII, fasc. 2, Madrid, CSIC, 1991, pp. 139-163.
GARCÍA MORA, Luis M. y Naranjo Orovio, Consuelo, «Intelectualidad criolla y nación en Cuba, 1878-1898», *Studia Histórica. Historia Contemporánea*, vol. 15, 1997, pp.115-134.
GARCÍA RODRÍGUEZ, Gloria, «Conflictos laborales y esclavitud», *Memoria del II Taller científico internacional Movimiento Obrero y 1 de Mayo*, México, Universidad de Chapingo, 1999.
— *La esclavitud desde la esclavitud*, México, Centro de Investigación Científica Ing. Jorge L. Tamayo, 1996 [La Habana, Editorial de Ciencias Sociales, 2003].
— *Conspiraciones y revueltas,* Santiago, Editorial Oriente, 2003.
— «Tradición y modernidad en Arango y Parreño», *Introducción de Obras de Francisco Arango y Parreño,* 3 vols., Biblioteca de Clásicos Cubanos, Casa de Altos Estudios Don Fernando Ortiz - Universidad de La Habana, Fundación Mapfre Tavera, (en prensa).
GARCÍA RODRÍGUEZ, Mercedes, «Ingenios habaneros del siglo XVIII», *Arbor*, monográfico, Naranjo Orovio, Consuelo y Puig-Samper, Miguel

Ángel, (comps.) *Las raíces históricas del pueblo cubano (I), Arbor,* núm. 547-548, tomo CXXXIX, 1991 pp. 113-138.
— «Ingenios, finanzas y créditos en Cuba: 1700-1792», *Debates Americanos,* núm. 9, 2000, pp. 27-43.
— *Misticismo y capitales. La Compañía de Jesús en la economía habanera del siglo XVIII,* La Habana, Editorial de Ciencias Sociales, 2000.
GARRIGÓ, Roque E., *Historia documentada de la conspiración de Soles y Rayos de Bolívar,* 2 ts., La Habana, Academia de la Historia, 1929.
GASPAR, David B. y Geggus, David P. (eds.) *A Turbulent Time. The French Revolution and the Greater Caribbean,* Bloomington, Indiana University Press,1997.
GAY-CALBÓ, Enrique, *Formación de la sociedad cubana. Notas sobre la influencia de la economía y la composición étnica,* La Habana, P. Fernandez y Cia, 1948.
GEGGUS, David P., *Slavery, War and Revolution. The British Occupation of Saint Domingue 1793-1798,* Oxford, Clarendon Press, 1982.
— «Haitian Voodoo in the Eighteenth Century: Languaje, Culture and Resistance», *Jahrbuch für Geschichte von Staat, Wirtschaft und Gesellschaft Lateinamerikas,* 28, 1991, pp. 21-51.
— «Slavery, War, and Revolution in the Greater Caribbean», *A Turbulent Time: The French Revolution and the Greater Caribbean,* Bloomington, Indiana University Press, 1997, pp.1-50.
— (coord.), *The Impact of the Haitian Revolution in the Atlantic World,* Columbia, University of South Carolina Press, 2001.
— *Haitian Revolutionary Studies,* Bloomington, Indiana University Press, 2002.
GELLNER, Ernst, *Nation and Nationalism,* Oxford, 1983.
GENOVESE, Eugene D., *Roll, Jordan, Roll; The World the Slave Made,* New York, Vintage Books, 1976.
From Rebellion to Revolution: Afro-American Slave Revolts in the Making of the Modern World, Baton Rouge, Louisiana State University Press, 1979.
GIL NOVALES, Alberto *et al., Diccionario biográfico del Trienio Liberal,* Madrid, El Museo Universal, 1991.
GIROD, François, *La vie cotidiene de la societé creole (Saint Domingue au 18º siècle),* Paris, Hachette, 1972.
GÓMEZ, Michael, *Exchanging our Country Marks: The Transformation of African Identities in the Colonial and Antebellum South,* Chapel Hill, University of North Carolina Press, 1998.

GÓMEZ DE AVELLANEDA, Gertrudis, *Autobiografía y epistolarios de amor*, ed. Alexander Roselló-Selimov, Newark, DE, Juan de la Cuesta, 1999.

GOMIS, Alberto y Pelayo, Francisco, «Baltasar M. Boldo y la Real Comisión de Guantánamo del Conde de Mopox», San Pío, Mª Pilar y Puig-Samper, Miguel Ángel (coords.), *Las flores del paraíso. La expedición botánica de Cuba en los siglos XVIII y XIX*, Madrid-Barcelona, Caja Madrid-Lunwerg Editores, 1999, pp. 75-92.

GONZÁLEZ, Raymundo, Baud, Michiel, San Miguel, Pedro y Cassá, Roberto (eds.), *Política, identidad y pensamiento social en la República Dominicana. Siglos XIX y XX*, Aranjuez, Ed. Doce Calles-Academia de Ciencias de Dominicana, 1999.

GONZÁLEZ-RIPOLL NAVARRO, Mª Dolores, «Una aproximación a la expedición «secreta» de Ventura Barcaiztegui (1790-1793) y los reconocimientos de la parte oriental de Cuba», *Asclepio* (Monográfico: *Ciencia y Sociedad en Cuba)*, vol. XLIII, fascículo 2, 1991, pp. 165-180.

— «Voces de gobierno: los bandos del Capitán General Luis de Las Casas, 1790-1796», Naranjo, Consuelo y Mallo, Tomás (eds.), *Cuba, la perla de las Antillas*, Aranjuez, Ed. Doce Calles-CSIC, 1994, pp. 149-162.

— «Azúcar y política en el Real Consulado de Agricultura y Comercio de La Habana», Guicharnaud-Tollis, Michèle (ed.), *Le Sucre dans l'espace Caraïbe Hispanophone. XIXe et XXe siècles,* Paris, L'Harmattan ed., 1998, pp. 31-50.

— *Cuba, la isla de los ensayos. Sociedad y Cultura (1790-1815),* Colección «Tierra Nueva e Cielo Nuevo», CSIC, Madrid, 1999.

— «Vínculos y redes de poder entre Madrid y la Habana: Francisco Arango y Parreño (1765-1837), ideólogo y mediador», *Revista de Indias,* núm. 222, Madrid, 2001, pp. 291-305.

— «Dos viajes, una intención: Francisco Arango y Alejandro Oliván en Europa y las Antillas azucareras (1794 y 1829)», *Revista de Indias,* vol. LXII, núm. 224, Madrid, 2002, pp. 85-102.

— «Familia y poder en las dos orillas: los Beltrán de Santa Cruz, de Canarias a La Habana (1492-1900)», Opatrný, Josef (ed.), *Cambios y revoluciones en el Caribe hispano de los siglos XIX y XX,* Praga, Universidad Carolina de Praga, 2003, pp. 137-150.

— «Entre la adhesión y el exilio: trayectoria de dos cubanos en una España segmentada», Piqueras, José A. (comp.), *Las Antillas en la Era de las Luces y la Revolución (1790-1837),* Madrid, Siglo XXI ed., 2005 (en prensa).

GRAFENSTEIN GAREIS, Johanna von, *Nueva España en el Circuncaribe, 1779-1808. Revolución, competencia imperial y vínculos intercontinentales*, México, UNAM, 1997.
GRAJALES, Gloria, *Nacionalismo incipiente en los historiadores coloniales. Estudio historiográfico*, México, UNAM, 1961.
GUERRA, Francisco, *Bibliographie medicale des Antilles Francaises*, Alcalá de Henares, Universidad de Alcalá de Henares, 1994.
GUERRA Y SÁNCHEZ, Ramiro (dir.), *Historia de la nación cubana*, 10 ts., La Habana, Editorial Historia de la Nación Cubana, 1952.
— *Manual de Historia de Cuba (económica, social y política). Desde su descubrimiento hasta 1868, y un Apéndice con la historia contemporánea*, La Habana, Consejo Nacional de Cultura, 1962.
Guide to Latin American and Caribbean Census Material: A Bibliography and Union List, London, British Library, 1990.
GUTMAN, Herbert G.,T*he Black Family in Slavery and Freedom, 1750-1925*, New York, Pantheon Books, 1976.
HALL, J. A., (ed.), *The State of th Nation. Ernest Gellner and the Theory of Nationalism*, Cambridge, 1998.
HARDOY, Jorge Enrique, *Cartografía urbana colonial de América Latina y el Caribe,* Buenos Aires, Instituto Internacional de Medio Ambiente y Desarrollo-IIED-América Latina Grupo Editor Latinoamericano, 1991.
HARGREAVES, M. W. M., *The Presidency of John Quincy Adams*, Kansas, University Press of Kansas, 1985.
HART, Richard, *Esclavos que abolieron la esclavitud,* La Habana, Casa de las Américas, 1984.
HASTINGS, Adrian, *The Construcction of Nationhood. Etnicity, Religion and Nationalism*, Cambridge, 1997.
HAYES, Carleton B., *The Historical Evolution of Nationalism*, New York, R.R. Smith, 1931.
HERNÁNDEZ GONZÁLEZ, Manuel, «El liberalismo exaltado en el trienio liberal cubano», *Ibero-Americana Pragensia*. Supplementum 7, Monográfico *Cuba: Algunos problemas de su historia*, Praga, Universidad Carolina, 1995, pp. 67-79.
— «Frente a la expansión de la sacarocracia: el campesinado guajiro en la región de La Habana en el tránsito de los siglos XVIII al XIX», Opatrný, Josef (ed.), *Cambios y revoluciones en el Caribe hispano de los siglos XIX y XX*, Praga, Editorial Karolinum, 2004, pp. 65-75.
HERNÁNDEZ GUERRERO, Dolores, *La revolución haitiana y el fin de un sueño colonial (1791-1803)*, México, UNAM, 1997.
HERNÁNDEZ SANDOICA, Elena, «La política colonial española y el

despertar de los nacionalismos ultramarinos», Fusi, Juan P. y Niño, Antonio (eds.), *Vísperas del 98. Orígenes y antecedentes de la crisis del 98,* Madrid, Biblioteca Nueva, 1997, pp.115-132.

HERNÁNDEZ TRAVIESO, Antonio, *El Padre Varela. Biografía del forjador de la conciencia cubana,* Miami, Ediciones Universal, 1984, 2a ed.

HERNANDO, Agustín, *Perfil de un geógrafo: Isidoro de Antillón 1778-1814,* Zaragoza, Institución Fernando el Católico, Diputación de Zaragoza, 1999.

HERRERA, Felipe, *Nacionalismo Latinoamericano,* Santiago de Chile, Editorial Universitaria, 1967.

Historia de Cuba. La colonia. Evolución socioeconómica y formación nacional de los orígenes hasta 1867, La Habana, Editora Política, 1994.

HOBSBAWM, Eric J., *Nations and Nationalism since 1780,* Cambridge, 1990.

— y Ranger, Terence (eds.) *La invención de la tradición,* Barcelona, Crítica s.l, 2002.

HROCH, Miroslav, *Social Preconditions of National Revival in Europe. A Comparative Analysis of the Social Composition of Patriotic Groups among the Smaller European Nations,* Cambridge, 1985.

HUMBOLDT, Alejandro de, *Ensayo político sobre la isla de Cuba,* Madrid-Aranjuez, Ediciones Doce Calles-Junta de Castilla-León, 1998, estudio introductorio y edición a cargo de Puig-Samper, Miguel Ángel, Naranjo, Consuelo y García, Armando.

HUNT, Alfred, *Haiti's Influence on Antebellum America: Slumbering Volcano in the Caribbean,* Baton Rouge, Louisiana University Press, 1988.

HURBON, Laënnec, *El bárbaro imaginario,* México, Fondo de Cultura Económica, 1993.

HUTSCHINSON, John and Smith, Anthony D. (eds.), *Nationalism,* Oxford, 1994.

IBARRA, Jorge, *Ideología mambisa,* La Habana, Instituto Cubano del Libro, 1967.

— *Nación y cultura nacional,* La Habana, Editorial Letras Cubanas, 1981.

— «Cultura e identidad nacional en el Caribe hispánico: el caso puertorriqueño y el cubano», Naranjo Orovio, Consuelo, Puig-Samper, Miguel Ángel y García Mora, Luis M. (eds.), *La nación soñada: Cuba, Puerto Rico y Filipinas ante el 98,* Madrid-Aranjuez, Ediciones Doce Calles, 1996, pp. 85-95.

— «Los nacionalismos hispano-antillanos del siglo XIX», Fusi, Juan P. y Niño, Antonio (eds.), *Vísperas del 98. Orígenes y antecedentes de la crisis del 98*, Madrid, Biblioteca Nueva, 1997, pp. 133-150.

IDUATE, Juan, "Noticias sobre sublevaciones y conspiraciones de esclavos: Cafetal Salvador, 1833", *Revista de la Biblioteca Nacional José Martí*, núms. 1-2, enero-agosto de 1982, pp. pp. 117-153.

Images de la Révolution aux Antilles, Catalogue de l'exposition organisée dans le cadre de la commémoration du bicentenaire de la Révolution, Basse-Terre, Société d'Histoire de la Guadaloupe, 1989.

Imaginar la Nación, Cuadernos de Historia Latinoamericana, AHILA, núm. 2, Frankfurt am Maim-Madrid, Vervuert, 1994.

INCHAÚSTEGUI CABRAL, J. Marino (comp.) *Marco de la época y problemas del Tratado de Basilea de 1795, en la parte española de Santo Domingo. Documentos para su estudio,* (Santo Domingo, Academia Dominicana de la Historia), Buenos Aires, Artes Gráficas Bartolomé, 1957.

Instituto de Historia de Cuba, *La Neocolonia. Organización y crisis desde 1899 hasta 1940*, La Habana, Editora Política, 1998.

JAMES, C.L.R., *Los jacobinos negros: Toussaint L'Ouverture y la Revolución de Haití*, Madrid-México, Turner-Fondo de Cultura Económica, 2003.

JENSEN, Larry R., *Children of colonial despotism. Press, politics and culture in Cuba, 1790-1840*, Tampa, University Presses of Florida,1988.

JOHNSON, Sherry, «The Rise and Fall of Creole Participation in the Cuban Slave Trade, 1789-1796», *Cuban Studies*, núm. 30, 1999, pp. 52-75.

— *The Social Transformation of Eighteenth-Century Cuba*, Gainesville, University Press of Florida, 2001.

Juicio de la Residencia del excelentísimo señor don Miguel Tacón, Filadelfia, Imprenta de A. Walker, 1839.

KAPLAN, Marcos, *Formación del Estado nacional en América Latina*, Santiago de Chile, Editorial Universitaria, 1969.

KAPUSCINSKI, Ryszard, *Ébano*, Barcelona, Ed. Anagrama S.A., 2000.

KLEIN, Herbert, «The Atlantic Slave Trade: Recent Research & Findings», Horst Pietschmann (ed.), *Atlantic history: history of the Atlantic system, 1580-1830*, Göttingen, Vandenhoeck and Ruprecht, 2002, pp. 301-320.

— «The Coloured Militia of Cuba, 1568-1868», *Caribbean Studies*, 4, 1966, pp. 17-27.

KOHN, Hans, *The Idea of Nationalism,* New York, MacMillan, 1967.

KÖNIG, Hans-Joachim, *En el camino hacia la nación. Nacionalismo en el proceso de formación del estado y de la nación de la Nueva*

Granada 1750-1856, Bogota, Banco de la República, 1994.
— «Nacionalismo y nación en la historia de Iberoamérica», *Estado-nación, Comunidad indígena, Industria,* Cuadernos de Historia Latinoamericana, núm. 8, Amsterdam, AHILA, 2000, pp. 7-47.
— and Wiesebron, Marianne (eds.), *Nation Building in Nineteenth Century Latin America,* Leiden, 1998.
— Platt, Tristan y Lewin, Collin (coords.), *Estado-nación, Comunidad Indígena, Industria.* Cuadernos de Historia Latinoamericana, Asociación de Historiadores Latinoamericanistas Europeos, núm. 8, Amsterdam, 2000.
KUETHE, Allan J., «The development of the Cuban Military as a socio political Elite, 1763-83», *Hispanic American Historical Review,* 61, 1981, pp. 695-704.
— *Cuba,1753-1815. Crown, Military and Society*, Knoxville, University of Tennessee Press, 1986.
LA ROSA CORZO, Gabino, «Los palenques en Cuba: elementos para su construcción histórica», *La esclavitud en Cuba,* La Habana, Academia de Ciencias de Cuba-Editorial Academia, 1986, pp. 86-123.
— *Los cimarrones de Cuba,* La Habana, Editorial de Ciencias Sociales, 1988.
— *Los palenques del oriente de Cuba. Resistencia y acoso,* La Habana, Editorial Academia, 1991.
LARA, Oruno D., *De l'oubli à l'histoire: espace et identité caraïbes Guadeloupe,* Guyane, Haïti, Martinique, Paris, Maisonneuve Larose, 1998.
LAVALLÉ, Bernard, Naranjo, Consuelo y Santamaría, Antonio, *La América española II (1763-1898). Economía,* Madrid, Editorial Síntesis, 2002.
LAWLESS, Robert, *Haiti's bad press: origins, development, and consequences*, Rochester, Schenkman Books, 1992.
LE RIVEREND, Julio, *Historia económica de Cuba,* La Habana, Instituto Cubano del Libro, 1974.
LEVI, Giovanni, *La herencia inmaterial. La historia de un exorcista piamontés del siglo XVII,* Madrid, Ed. Nerea, 1990.
LEWIS, Gordon K., *Main Currents in Caribbean Thought. The Historical Evolution of Caribbean Society in Its Ideological Aspects, 1492-1900,* Baltimore and London, 1983.
LINEBAUGH, Peter and Rediker, Marcus, *The Many-Headed Hydra: The Hidden History of the Revolutionary Atlantic,* Boston, Beacon Press, 2001.

LLANES MIQUELI, Rita, *Víctimas del año del cuero*, La Habana, Editorial de Ciencias Sociales, 1984.

LLAVERÍAS, Joaquín, *Contribución a la historia de la prensa periódica*, La Habana, Publicaciones del Archivo Nacional de Cuba, 1957.

LOHMANN VILLENA, Guillermo, *Los americanos en las órdenes nobiliarias*, 2 ts., Madrid, CSIC, 1993.

LORENZO, Raúl, *Sentido nacionalista del pensamiento de Saco*, Habana, 1942.

LUCENA SALMORAL, Manuel, *Los Códigos Negros de la América española*, Alcalá de Henares, Ediciones UNESCO/Universidad de Alcalá, 1996.

— *La esclavitud en la América española,* Varsovia, Centro de Estudios Latinoamericanos, 2002.

LUX, William R., «French Colonization in Cuba, 1791-1809», *The Americas,* vol. 29, July 1972, pp. 57-61.

MADDEN, Richard R., *La Isla de Cuba: sus recursos, progresos y perspectiva,* La Habana, Consejo Nacional de Cultura, 1964.

MAESTRI, Raúl, *Arango y Parreño, el estadista sin estado*, La Habana, 1937.

MALAGÓN BARCELÓ, Javier, *Código Negro Carolino (1784). Código de legislación para el gobierno moral, político y económico de los negros de la isla Española*, Santo Domingo, Ed. Taller, 1974.

MARLÉS, J. Lacroix de, *Histoire descriptive et pittoresque de Saint Domingue (Haïti),* Tours, Ad. Mame et Cie., Imprimeurs-Libraires, 1845.

MARTIN, Michel L. y Yacou, Alain (dirs.) *Mourir pour les Antilles: indépendance nègre ou esclavage, 1802-1804*, Paris, Editions Caribéennes, 1991.

MARTÍN-MERÁS, Mª Luisa, «La cartografía de la Comisión del marqués de Mopox», *Cuba Ilustrada. La Real Comisión de Guantánamo 1796-1802,* 2 ts., Madrid-Barcelona, Lunwerg Ed., 1991, t.1, pp. 77-91.

MARTÍNEZ-FORTÚN Y FOYO, José A., *El Diario de la Habana en la mano. Índices y sumarios (años de 1812 a 1848)*, La Habana, 1955.

MARRERO, Leví, *Cuba: economía y sociedad*, 15 ts., Madrid, Editorial Playor, 1983.

MARX, Carlos, *La revolución española. Artículos y crónicas, 1854-1873,* Moscú, Ediciones en Lenguas Extranjeras, s.a.

MASUR, Gerhard, *Nationalism in Latin America. Diversity and Unity*, New York, London, 1966.

McCLELLAN, James E., *Colonialism and Science. Saint Domingue in the Old Regime,* Baltimore and London, The John Hopkins University Press, 1992.

Memoirs of John Quincy Adams, ed. Charles F. Adams, New York, Ams Edition, 1976.
MÉNDEZ RODRÍGUEZ, Manuel Isidro, *Relaciones de Francisco Arango y Parreño con Gaspar Melchor de Jovellanos y con Alejandro Ramírez,* La Habana, Imp. El Siglo XX, 1943.
MENOCAL, Raimundo, *Conflicto de orientaciones. Saco y Martí*, La Habana, 1950.
MERINO BRITO, Eloy G., *José Antonio Saco, Su influencia en la cultura y en las ideas políticas de Cuba,* Habana, 1950.
MERLE, Marcel y Mesa, Roberto (selecc.) *El anticolonialismo europeo. Desde Las Casas a Marx,* Madrid, Alianza Editorial, 1972.
MISAS, Rolando, *Diversificación y tecnificación agrícola en la Sociedad de Amigos de País de La Habana (1793-1866),* (manuscrito inédito).
— *El trigo en Cuba en la primera mitad del siglo XIX*, La Habana, 1994.
— «La Real Sociedad Patriótica de La Habana y las investigaciones científicas aplicadas a la agricultura (Esfuerzos de institucionalización: 1793-1864)», Naranjo, Consuelo y Mallo, Tomás (eds.), *Cuba, la perla de las Antillas*, Madrid-Aranjuez, Doce Calles-CSIC, 1994, pp. 75-84.
MONGUIO, L., «Palabras e ideas: «Patria» y «Nación» en el Virreinato del Perú», *Revista Iberoamericana*, núms. 104-105, 1978, pp. 451-470.
MONTE Y TEJADA, Antonio, *Historia de Santo Domingo*, 4 vols., Santo Domingo, Impr. García, 1890-1892.
MORALES CARRIÓN, Arturo, "La revolución haitiana y el movimiento antiesclavista en Puerto Rico", *Boletín de la Academia Puertorriqueña de la Historia,* vol. VIII, núm. 30, 1983, pp. 139-156.
MORALES Y MORALES, Vidal, *Iniciadores y Primeros Mártires de la Revolución Cubana,* 3ts., La Habana, Consejo Nacional de Cultura, 1963.
MORALES PADRÓN, Francisco (ed.) *Los decenios (Autobiografía de un sevillano de la Ilustración). Francisco Saavedra*, Sevilla, Ayuntamiento de Sevilla, 1995.
MOREAU DE SAINT-MERY, Médéric-Luis-Elie, *Loix et constitutions des colonies françaises de l'Amerique sous le vent, de 1550 a 1785,* 6 vols., Paris, 1784-1790.
— *Description topographique et politique de la partie espagnole de l'isle Saint-Domingue*, Philadelphie, 1796 (edición en español: Santo Domingo, Editora de Santo Domingo, 1976).
— *Description physique, civile, politique et historique de la partie française de Saint Domingue*, 2 vols., Philadelphie, 1797-1798.

— *De la danse*, Parme, Bodoni, 1801.
— *Voyage aux Etats Unis de l'Amerique 1793-98*. Introd. de Stewart L. Mims, New Haven, Yale University Press, 1913.
— «Nación o plantación (El dilema político cubano visto a través de José Antonio Saco)», *Homenaje a Silvio Zavala*, México, Colegio de México, 1953, pp. 243-272.

MORENO FRAGINALS, Manuel, *J. A. Saco. Estudio y bibliografía*, Santa Clara, 1960.
— *El Ingenio. Complejo económico social cubano del azúcar*, 3 ts., La Habana, Editorial Ciencias Sociales, 1978.

MOYANO BAZZANI, Eduardo L., *La nueva frontera del azúcar y la economía cubana del siglo XIX*, Madrid, CSIC, 1991.

MÜCKE, Ulrich, «La desunión imaginada. Indios y nación en el Perú decimonómico», *Jahrbuch für Geschichte Lateinamerikas*, 36, 1999, pp. 219-232.

MULLIN, Michael, *Africa in America: Slave Acculturation and Resistance in the American South and the British Caribbean*, Urbana, University of Illinois Press, 1992.

MÚNERA, Alfonso, *El Fracaso de la Nación. Región, clase y raza en el Caribe colombiano (1717-1810)*, Bogotá, Banco de la República, Ancora Editores, 1998.

NARANJO OROVIO, Consuelo, «Fomento y organización del territorio: un proyecto perdurable del marqués de Mopox y Jaruco», *Cuba Ilustrada. La Real Comisión de Guantánamo 1796-1802*, 2 ts. Madrid-Barcelona, Lunwerg Ed., 1991, t.1, pp. 53-75.
— «Trabajo libre e inmigración española en Cuba, 1880-1930», *Revista de Indias*, vol. 52, núms. 195-196, 1992, pp. 749-794.
— «Immigration, Race and Nation in Cuba in the Second Half of the 19th Century», *Ibero-Amerikanisches Archiv*, 24, 3/4, 1998, pp. 303-326.
«Cuba, 1898: Reflexiones en torno a los imaginarios nacionales y a la continuidad», *Cuadernos de Historia Contemporánea*, núm. 20, 1998, pp. 221-234.
— «Hispanización y defensa de la integridad nacional en Cuba, 1868-1898», *Tiempos de América*, 2, 1998, pp. 71-91.
— «Humboldt y la isla de Cuba en el siglo XIX», San Pío, Mª Pilar y Puig-Samper, Miguel Ángel (coords.), *Las flores del paraíso. La expedición botánica de Cuba en los siglos XVIII y XIX*, Madrid-Barcelona, Caja Madrid-Lunwerg Editores, 1999, pp. 121-138.
— «Creando imágenes, fabricando historia: Cuba en los inicios del siglo XX», *Historia Mexicana*, núm. 53, 2003, pp. 511-540.
— «La historia se forja en el campo: nación y cultura cubana en el siglo

XX», Ansaldi, Waldo (coord.), *Calidoscopio latinoamericano: imágenes históricas para un debate vigente,* Buenos Aires, Ariel, 2004, pp. 367-393.

— y Valero Mercedes, «Trabajo libre y diversificación agrícola en Cuba: una alternativa a la plantación (1815-1840)», *Anuario de Estudios Americanos,* t. LI, núm. 2, Sevilla 1994, pp. 113-133.

— y Mallo, Tomás (eds.), *Cuba, la perla de las Antillas,* Madrid-Aranjuez, Ediciones Doce Calles-CSIC, 1994.

— y Puig-Samper, Miguel Ángel, «Les Bordelais colons-fundateurs de Cienfuegos à Cuba (1819-1842)», Lavallé, Bernard (coord.), *L'Emigration Aquitaine en Amerique Latine Au XIXe siècle,* Bordeaux, Maison des Pays Iberiques, 1995, pp. 75-96.

— Puig-Samper, Miguel Ángel y García Mora, Luis M. (eds.), *La nación soñada: Cuba, Puerto Rico y Filipinas ante el 98,* Madrid-Aranjuez, Ediciones Doce Calles, 1996.

— y García, Armando, *Racismo e inmigración en Cuba, siglo XIX,* Madrid-Aranjuez, Ediciones Doce Calles-FIM, 1996.

— y Serrano, Carlos (eds.) *Imágenes e imaginarios nacionales en el Ultramar español,* Madrid, Consejo Superior de Investigaciones Científicas-Casa Velázquez, 1999.

— y Fernández, Leida, «Diversificación y reformas en el agro cubano: inmigración blanca y ciencia aplicada, 1878-1906», Opatrný, Josef (ed.), *Cambios y revoluciones en el Caribe hispano de los siglos XIX y XX,* Praga, Universidad Carolina de Praga, 2003, pp. 163-178.

NAVARRO GARCÍA, Luis, *La independencia de Cuba,* Madrid, MAPFRE, 1992.

— «Patriotismo y autonomismo en José Antonio Saco», *Anuario de Estudios Americanos,* LI-2, 1994, pp.135-154.

NORA, Pierre, «Entre Mémoire et Histoire. La problématique des lieux», *Les Lieux de mémoire,* 1, *La République,* Paris, Gallimard, 1984, pp. XIV-XLII.

O'GAVAN, Juan Bernardo, *Observaciones sobre la suerte de los negros del África, considerados en su propia patria y trasladados a las Antillas españolas: y reclamación contra el tratado firmado con los ingleses en el año de 1817,* Madrid, Imprenta del Universal, 1821.

OPATRNÝ, Josef, *Antecedentes históricos de la formación de la nación cubana,* Praga, *Ibero-Americana Pragensia,* Supplementum, 3, 1986.

— *US Expansionism and Cuban Annexationism in the 1850s,* Praga, Universidad Carolina de Praga, 1990.

— «Algunos aspectos del estudio de la formación de la nación cubana»,

Naranjo, Consuelo y Mallo, Tomás (eds.), *Cuba, la perla de las Antillas,* Madrid-Aranjuez, Ediciones Doce Calles-CSIC, 1994, pp. 249-259.

— «José Antonio Saco's Path Toward the Idea of Cubanidad», *Cuban Studies,* 24, 1994, pp. 39-56.

— «La conciencia común en Cuba, siglo XIX», König, Hans-Joachim and Wiesebron, Marianne (eds.), *Nation Building in Nineteenth Century Latin America. Dilemmas and Conflicts*, Leiden, Research School CNWS, 1998, pp. 335-347.

— (ed.), *Cambios y revoluciones en el Caribe hispano de los siglos XIX y XX,* Praga, Universidad Carolina de Praga, 2003.

OQUENDO, Leyda, «Las rebeldías de los esclavos en Cuba, 1790-1830», *Temas acerca de la esclavitud*, La Habana, Editorial de Ciencias Sociales, pp. 49-70.

Orígenes del pensamiento cubano I, Biblioteca Digital de Clásicos Cubanos, Madrid-La Habana, Fundación Mapfre Tavera-Casa de Altos Estudios Fernando Ortiz, 2002.

ORTIZ, Fernando, *José Antonio Saco y sus ideas cubanas,* La Habana, 1929.

— *Recopilación para la historia de la Sociedad Económica habanera*, 5 vols., La Habana, Molina, 1938.

— *Los negros esclavos*, La Habana, Editorial de Ciencias Sociales, 1975 [1987].

PALACIOS, Marco (comp.), *La unidad nacional en América Latina. Del regionalismo a la nacionalidad,* México, Colegio de México, 1983.

PALMIÉ, Stephan, *Wizards and Scientists: Explorations in Afro-Cuban Modernity and Tradition*, Durham, Duke University Press, 2002.

PAQUETE, Robert, *Sugar is Made with Blood. The Conspiracy of La Escalera and the Conflict between Empires over Slavery in Cuba*, Middletown, Wesleyan University Press, 1988.

PARRA MÁRQUEZ, Héctor, *Haití, símbolo de unidad y de desinterés en América,* Caracas, Impr. Nacional, 1954.

PAZ SÁNCHEZ, Manuel de, «El Lugareño contra la esclavocracia: las cartas de Gaspar Betancourt y Cisneros (1803-1866)», *Revista de Indias*, num. 214, Madrid, 1998, pp. 617-636.

— y Hernández González, Manuel, *La esclavitud blanca. Contribución a la historia del inmigrante canario en América. Siglo XIX,* «Taller de Historia», Santa Cruz de Tenerife, CCPC, 1993.

PÉREZ, Louis A. Jr., *Cuba and the United States. Ties of Singular Intimacy*, Athens and London, The University of Georgia Press, 1990.

— «Identidad y nacionalidad: Las raíces del separatismo cubano, 1868-1898», *OP. CIT. Revista del Centro de Investigaciones Históricas*, 9, 1997, pp. 185-195.

PERÉZ CABRERA, José Manuel, *Historiografía de Cuba*, México, Comisión de Historia del Instituto Panamericano de Geografía e Historia, 1962.

PÉREZ DE LA RIVA, Juan, *El barracón y otros ensayos*, La Habana, Ed. Ciencias Sociales, 1975.

— «Antonio del Valle Hernández: ¿el primer demógrafo cubano?», *Sucinta noticia de la situación presente de esta colonia. 1800*, Habana, Editorial de Ciencias Sociales, 1977.

— «Presentación de un censo ignorado: El padrón general de 1778», *Revista de la Biblioteca Nacional José Martí*, 19, Septiembre-Diciembre 1977, pp. 5-16.

— *El monto de la inmigración forzada en el siglo XIX*, La Habana, Editorial de Ciencias Sociales, 1979.

— et al., *La República Neocolonial*, 2 vols., La Habana, Ed. Ciencias Sociales, 1979.

PEROTIN, Anne, «Los planes económicos de los grandes hacendados habaneros. Antecedentes para una conferencia de Arango y Parreño (1769-1839)», *Revista de la Biblioteca Nacional José Martí*, 68, 2, La Habana, 1977, pp. 5-50.

PESET, José Luis, *Ciencia y marginación. Sobre negros, locos y criminales*, Barcelona, Editorial Crítica, 1983.

PEZUELA, Jacobo de la, *Diccionario geográfico, estadístico, histórico de la Isla de Cuba*, 4 vols., Madrid, Impr. del Establecimiento de Mellado, 1863-1866.

PICHARDO, Esteban, *Diccionario provincial casi razonado de voces y frases cubanas [1836]*, La Habana, Editorial de Ciencias Sociales, 1976.

PICHARDO VIÑALS, Hortensia, *Documentos para la historia de Cuba (época colonial)*, La Habana, Editora del Consejo Nacional de Universidades, 1965 [La Habana, Editorial de Ciencias Sociales, 1977].

PIERSON JR., William W., «Francisco de Arango y Parreño», *HAHR*, 16, 4, 1936, pp. 451-478.

PIQUERAS ARENAS, José Antonio, «Leales en época de insurrección. La elite criolla cubana entre 1810 y 1814», *Visiones y revisiones de la independencia americana*, Salamanca, Ediciones Universidad de Salamanca, s.a., 2003, pp. 183-206.

PLUCHON, Pierre, *Vadou: sorciers empoisonneurs: de Saint Domingue à Haïti*, París, Editions Karthala, 1987.

PONTE DOMÍNGUEZ, Francisco, J., *La personalidad política de José Antonio Saco,* 2da ed. La Habana, 1932.

— *Arango Parreño. El estadista colonial,* La Habana, Ed. Trópico, 1937.

— «Francisco Arango y Parreño artífice del progreso colonial en Cuba», *Revista Cubana*, vol. XXIV, La Habana, 1949, pp. 284-328.

Matanzas (Biografía de una provincia), La Habana, Academia de la Historia de Cuba, 1959.

PORTELL VILÁ, Herminio, *Historia de Cuba en sus relaciones con los Estados Unidos y España,* 4 ts., La Habana, Jesús Montero editor, 1938-1941.

— *Narciso López y su época*, La Habana, Cultural S.A., 1930-1958.

PORTUONDO, Fernando, *Historia de Cuba hasta 1898,* La Habana, Editorial Nacional de Cuba, 1965.

PORTUONDO ZÚÑIGA, Olga, «La inmigración negra de Saint-Domingue en la jurisdicción de Cuba (1798-1809)», *Espace Caraïbe*, 2, 1994, pp. 169-198.

POSNER, Michael H., *The Haitians in Miami: current immigration practices in the United States*, s.l., Posner, 1978.

POYO, Gerald E., *«With All, and for the Good of All». The emergence of Popular Nationalism in Cuban Communities of the United States, 1848-1898,* Durham, N. C., 1989.

PUIG-SAMPER MULERO, Miguel Ángel, *Crónica de una expedición romántica al Nuevo Mundo,* Madrid, CSIC, 1988.

— *Las expediciones científicas en el siglo XVIII,* Madrid, Ed. Akal, 1991.

— «La exploración científica de Cuba en el siglo XVIII», *Arbor,* núms. 547-548, 1991, pp. 55-82.

— «La botánica y los botánicos en la Comisión del Conde de Mopox», *Cuba Ilustrada. La Real Comisión de Guantánamo* 1796-1802, 2 ts., Madrid-Barcelona, Lunwerg Ed., 1991, t. 2, pp. 9-22.

— «Ramón de la Sagra, director del Jardín Botánico de La Habana», *Ramón de la Sagra y Cuba,* 2 vols., Sada-A Coruña, Ediciós do Castro, 1992, vol. 1, pp. 61-80.

— «Las primeras instituciones científicas en Cuba: el Jardín Botánico de La Habana», *Cuba, la perla de las Antillas*, Madrid-Aranjuez, Ed. Doce Calles-CSIC, 1994, pp. 19-34.

— y Valero, Mercedes, *El Jardín Botánico de La Habana*, Madrid, Ediciones Doce Calles, 2000.

RIBERA, Nicolás Joseph, *Descripción de la Isla de Cuba,* La Habana,

Editorial de Ciencias Sociales, 1986, compilación e introducción a cargo de Olga Portuondo.

RIEU-MILLAN, Marie Laure, *Los diputados americanos en las Cortes de Cádiz,* Madrid, Consejo Superior de Investigaciones Científicas, 1990.

RISCO, Antonio, *La Real Academia de Santa Bárbara de Madrid (1730-1808). Naissance et formation d'une elite dans l'Espagne du XVIIIème siècle,* 2 vols., Toulousse, Univ. de Toulousse-Le Mirail, 1979.

RIVAS, Mercedes, *Literatura y esclavitud en la novela cubana del siglo XIX,* Sevilla, CSIC, 1990.

RODRÍGUEZ, José Ignacio, *Vida del Presbítero don Félix Varela*, New York, Imprenta de «O Novo Mundo», 1878.

RODRÍGUEZ DEMORIZI, Emilio (ed.), *Invasiones haitianas de 1801, 1805 y 1822,* 2 vols., Ciudad Trujillo, Editora del Caribe, 1955.

Cesión de Santo Domingo a Francia. Correspondencia de Godoy, García, Roume, Hedouville, Louverture, Rigaud y otros, 1795-1802, Ciudad Trujillo, Impresora Dominicana, 1958.

ROLDÁN DE MONTAUD, Inés, *La Banca de emisión en Cuba (1856-1898),* Estudios de Historia Económica, núm. 44, Madrid, Banco de España, 2004.

ROMAY, Tomás, *Obras completas,* 2 ts., La Habana, Museo Histórico de las Ciencias Médicas Carlos J. Finlay, Academia de Ciencias de Cuba, 1965.

SÁBATO, Hilda (coord.), *Ciudadanía política y formación de las naciones. Perspectivas históricas de América Latina,* México, FCE, 1999.

SACO, José Antonio, *Ideas sobre la incorporación de Cuba en los Estados Unidos,* Paris, 1848.

— *Ideario reformista,* Cuadernos de Cultura, núm.5, La Habana, Publicaciones de la Secretaría de Educación, Dirección de Cultura, 1935.

— *Colección de Papeles Científicos, Históricos, Políticos y de otros ramos sobre la Isla de Cuba, ya publicados, ya inéditos,* 3 tomos, La Habana, Editora del Consejo Nacional de Cultura, 1962 *[Colección de papeles científicos, históricos, políticos y de otros ramos sobre la Isla de Cuba, ya publicados, ya inéditos por Don José Antonio Saco,* Paris, Imprenta de D'Abusson y Kugelmann, 1859].

— *Contra la anexión,* La Habana, Editorial de Ciencias Sociales, 1974, compilado por Fernando Ortiz.

SAGRA, Ramón de la, *Memoria sobre la necesidad de ensanchar la esfera agrícola cubana, con nuevos cultivos de vegetales, así indíge-*

nas como exóticos, La Habana, Instituto Agronómico de La Habana, 1827.

— *Historia económica-política y estadística de la Isla de Cuba, o sea de sus verdaderos progresos en la población, la agricultura, el comercio y las rentas,* La Habana, Imprenta de las Viudas de Arazoza y Soler, 1831.

— *Historia física, política y natural de la Isla de Cuba* (Introducción), 2ts., París, 1845.

— *Cuba: 1860. Selección de artículos sobre agricultura cubana,* La Habana, Comisión Nacional Cubana de la UNESCO, 1963.

SÁIZ PASTOR, Candelaria, «Narciso López y el anexionismo en Cuba: en torno a la ideología de los propietarios de esclavos», *Anuario de Estudios Americanos,* XLIII, 1986, pp. 441-468.

— *Liberales y esclavistas. El dominio colonial español en Cuba, 1833-1868,* Alicante, Univ. de Alicante, 1990.

— «El colonialismo español en el Caribe durante el siglo XIX: el caso cubano, 1833-1868», Naranjo Orovio, Consuelo y Mallo Tomás (eds.),
— *Cuba, la perla de las Antillas,* Madrid-Aranjuez, CSIC-Doce Calles, 1994, pp. 213-222.

SAN PÍO, Mª Pilar y Puig-Samper, Miguel Ángel (coords.), *Las flores del paraíso. La expedición botánica de Cuba en los siglos XVIII y XIX,* Madrid-Barcelona, Caja Madrid-Lunwerg Editores, 1999.

SÁNCHEZ VALVERDE, Antonio, *Idea del valor de la Isla Española,* Madrid, 1785 [Ciudad Trujillo,1947].

SANTACILLA, Pedro, *Las lecciones orales sobre la historia de Cuba pronunciadas en el Ateneo democrátice cubano de Nueva York,* Nueva Orleans, Imprenta de Luis Eduardo del Cristo,1859.

SANTAMARÍA GARCÍA, Antonio, «El ferrocarril en las Antillas españolas (Cuba, Puerto Rico y la República Dominicana), 1830-1995», Sanz Fernández, Jesús (coord.), *Historia de los ferrocarriles de iberoamérica (1837-1995),* Madrid, Ministerio de Fomento 1998, pp. 289-334.

— y García Álvarez, Alejandro, *Economía y colonia. La economía cubana y la relación con España, 1765-1902,* Madrid, CSIC, 2004.

SARRACINO, Rodolfo, *Los que volvieron a África,* La Habana, Editorial de Ciencias Sociales, 1988.

— *Inglaterra, sus dos caras en la lucha cubana por la abolición,* La Habana, Editorial de Ciencias Sociales, 1989.

SCHÜLLER, Karin, «From Liberalism to Racism: German Historians, Journalists, and the Haitian Revolution from the Late Eighteenth

Century to the Early Twentieth Centuries», Geggus, David (coord.), *The Impact of the Haitian Revolution in the Atlantic World*, Columbia, University of South Carolina Press, 2001, pp. 23-43.

SCOTT, Julius, *The Common Wind: Currents of Afro-American Communication in the Age of the Haitian Revolution,* Tesis doctoral, Duke University, 1986.

SELLA, Orlando, *El catecismo político de Jean Bertrand Aristide,* San José de Costa Rica, EDIL, 1984.

SERRANO, Carlos, *El nacimiento de Carmen. Símbolos, mitos y nación,* Madrid, Grupo Santillana de Ediciones S. A.,1999.

SEVILLA SOLER, Rosario, *Santo Domingo, tierra de frontera (1750-1800)*, Sevilla, Escuela de Estudios Hispanoamericanos, 1980.

— *Las Antillas y la independencia de la América española (1808-1826)*, Sevilla, Escuela de Estudios Hispanoaméricanos, 1986.

SEVILLANO CASTILLO, Rosa, «Ideas de José Antonio Saco sobre la incorporación de Cuba en los Estados Unidos (Paris, 1848)», *Quinto Centenario*, núm. 10, 1986, pp. 211-29.

SHAFER, Boyd C., *Nationalism. Myth and Reality*, London 1955.

SHEPHERD, Verene A. and McD. Beckles, Hilary (eds.), *Caribbean Slavery in the Atlantic World,* Princeton, Markus Wiener, 2000.

SIMPSON, Renate, «Francisco Arango y Parreño, sus esfuerzos en pro de la educación científica y técnica en Cuba», *Revista de la Biblioteca Nacional José Martí*, 3, La Habana, 1976, pp. 13-51.

SIMS, Harold, *La reconquista de México. La historia de los atentados españoles, 1821-1830*, México, FCE,1984.

SMITH, Anthony D., *The Etnic Origins of Nations*, Oxford, 1986.

— *Nationalism and Modernism. A critical survey of recent theories of nations and nationalism,* London, New York, 1998.

SOLANO, Francisco de, *Normas y leyes de la ciudad hispanoamericana/* estudio preliminar y edición de Francisco de Solano, Madrid, Centro de Estudios Históricos, CSIC, 1995.

SOLER, Ricaurte, *Clase y nación en Hispanoamérica. Siglo XIX*, Panamá, Cervantes, 1975.

SORHEGUI, Arturo, «El surgimiento de una aristocracia colonial en el occidente de Cuba durante el siglo XVI», *Santiago*, 37, 1980, pp. 147-209.

— «Elite, oligarquía y aristocracia en La Habana entre los siglos XVI y XVII», Shröter, Bernd y Büschges, Christian (eds.), *Beneméritos, aristócratas y empresarios. Identidades y estructuras sociales de las capas altas urbanas en América Hispana,* Madrid-Frankfurt am Main, Iberoamericana-Vervuert, 1999, pp. 201-213.

SOTO ARANGO, Diana, Puig-Samper, Miguel Ángel y Arboleda, Luis Carlos (eds.), *La Ilustración en América Colonial,* Madrid-Aranjuez, Ediciones Doce Calles-COLSCIENCIAS-CSIC, 1995.

SOTO PAZ, Rafael, *La falsa cubanidad de Saco, Luz y Del Monte*, La Habana, Editorial "Alfa" 1941.

THÉSÉE, Françoise, *Négociants bordelais et colons de Saint-Domingue. Liasons d'habitations. La maison Henry Romberg, Bapst et Cie, 1783-1793,* París, Université de París, Lettres et Sciences Humaines, 1972.

THURNBULL, David, *Travels in the West: Cuba with Notices of Porto Rico and the Slave Trade*, London, Longman 1840.

TOMICH, Dale W., «The Wealth of Empire: Francisco Arango y Parreño, Political Economy and Slavery in Cuba», *Comparative Studies in Society and History,* 45, 1, 2003, pp. 4-28.

TORRE, Mildred de la, *El temprano independentismo en Cuba (1800-1926).* Mss, 1977.

— «Posiciones y actitudes en torno a la esclavitud en Cuba, 1790-1830», *Temas acerca de la esclavitud*, La Habana, Editorial Ciencias Sociales, 1988, pp. 71-95.

TORRENTE, Mariano, *Cuestión importante sobre la esclavitud,* Madrid, Imprenta de la Viuda de Jordán e Hijos, 1841.

TORRES CUEVAS, Eduardo, «Patria, pueblo y revolución: conceptos base para la historia de la cultura en Cuba», *Nuestra común historia. Cultura y Sociedad,* La Habana 1993, pp. 1-22.

— (introd.) *Obispo Espada. Ilustración, reforma y antiesclavismo,* La Habana, Ed. Ciencias Sociales, 1990.

— y Sorhegui, Arturo, *José Antonio Saco. Acerca de la esclavitud y su historia,* La Habana, Editorial Ciencias Sociales, 1982.

— y Reyes, Eusebio, *Esclavitud y Sociedad. Notas y documentos para la historia de la esclavitud en Cuba*, La Habana, Editorial de Ciencias Sociales, 1986.

— Ibarra, Jorge y García, Mercedes (comps.). *Obras de Felix Varela,* La Habana, Instituto de Historia de Cuba, Editora Política, 1991.

— y Loyola Vega, Oscar, *Historia de Cuba 1492-1898. Formación y Liberación de la Nación,* La Habana, Editorial Pueblo y Educación 2001.

TRAVIESO, J., «El pensamiento económico de Arango y Parreño», *Economía y Desarrollo,* La Habana, 4, 1970, pp. 130-150.

URRUTIA Y MATOS, Bernardo Joseph de, *Cuba, fomento de la isla, 1749,* Introducción por Leví Marrerro, San Juan de Puerto Rico, Ediciones Capiro, 1993.

VALDÉS, José Antonio, *Historia de la Isla de Cuba y en especial de la Habana,* La Habana, Comisión Nacional Cubana de la UNESCO, 1964.

VALERO, Mercedes, «El Jardín Botánico de La Habana en el siglo XIX», *Anuario,* núm. 1, La Habana, Centro de Estudios de Historia y Organización de la Ciencia, 1988, pp. 248-271.

— «La Institución Agrónoma de La Habana», *De la ciencia ilustrada a la ciencia romántica,* Madrid-Aranjuez, Ediciones Doce Calles, 1995, pp. 441-450.

— «La Comisión de Guantánamo: escenario para un análisis de los intereses españoles y criollos», *Expediciones, exploraciones y viajeros en el Caribe,* La Habana, Sociedad Cubana de Historia de la Ciencia y de la Tecnología, 2003, pp. 69-79.

VALLE HERNÁNDEZ, Antonio, «Nota sobre la población de la Isla de Cuba», *Documentos de que hasta ahora se compone el expediente que principiaron las cortes extraordinarias sobre el tráfico y esclavitud de negros,* Madrid, Repulles, 1814, pp. 127-51.

— *Sucinta noticia de la situación presente de esta colonia. 1800,* La Habana, Editorial de Ciencias Sociales, 1977.

VALLELLANO, Conde de., *Nobiliario Cubano. Las grandes familias isleñas,* 2 ts., Madrid, F. Beltrán, s. a.

VARELA Y MORALES, Félix, *El Habanero,* La Habana, Editorial de la Universidad de la Habana, 1962.

VÁZQUEZ QUEIPO, Vicente, *Informe Fiscal sobre fomento de la población blanca en la isla de Cuba y emancipación progresiva de la esclava,* Madrid, 1845.

VENEGAS, Carlos, «La fundación de la ciudad de Nueva Paz, señorío del conde de Jaruco y Mopox», *Expediciones, exploraciones y viajeros en el Caribe,* La Habana, Sociedad Cubana de Historia de la Ciencia y de la Tecnología, 2003, pp. 127-134.

VIAL CORREA, Gonzalo, «La formación de las nacionalidades hispanoamericanas como causa de la indepenencia», *Boletín de la Academia Chilena de Historia,* XXXIII, núm. 75, 1996, pp.110-144.

VILA VILAR, Enriqueta, *Los abolicionistas españoles. Siglo XIX,* Madrid, AECI, Ed. Cultura Hispánica, 1996.

— (comp.) *Afroamérica. Textos históricos,* Madrid, Fundación Histórica Tavera, Publicaciones Digitales Digibis, 1999.

VITIER, Cintio, et al., *La literatura en el Papel Periódico de la Havana, 1790-1805,* La Habana, Editorial Letras Cubanas, 1990.

VITIER, Medardo, *Las ideas en Cuba,* 2 ts., La Habana, Editorial Trópico, 1938.

— *Las ideas y la filosofía en Cuba*, La Habana, Editorial de Ciencias Sociales, 1970.
WARD HOWE, Julia, *A Trip to Cuba,* Boston, Ticknor and Fields, 1860.
WHITAKER, Arthur P., *The Nationalism in Latin America,* Gainesville, University of Florida Press, 1962.
— y Jordan, David, *Nationalism in Contemporary Latin America,* New York, Free Press, 1966.
WIMPFFEN'S, Baron de (François Alexandre Stanislaus), *A Voyage to Saint Domingo, In the Years 1788, 1789, and 1790,* London, T. Cadell jr. y W. Davies, 1797.
YACOU, Alain, «La présence francaise dans la partie occidentale de l'île de Cuba au lendemain de la Révolution de Saint-Domingue», *Revue Francaise d'Histoire d'Outre-Mer,* vol. 84, 1987, pp. 149-88.
— «La insurgencia negra en la isla de Cuba en la primera mitad del siglo XIX», *Revista de Indias*, núm. 197, Madrid, 1993, pp. 23-51.
— «Emigres et refugies français dans les «quatre villes» de Cuba au temps de la Révolution et de L'Empire», *Espace Caraïbe*, 2, 1994, pp.131-168.
ZANETTI, Oscar García y Alejandro, *Caminos para el Azúcar*, La Habana, 1987 *[Sugar & Railroads. A Cuban History, 1837-1959,* Chapel Hill and London, University of North Carolina Press, 1998].
ZEUSKE, Michael, «1898: Cuba y el problema de la «transición pactada». Prolegómeno a una historia de la cultura política en Cuba (1880-1920)», Naranjo Orovio, Consuelo, Puig-Samper, Miguel Ángel y García Mora, Luis M. (eds.), *La nación soñada: Cuba, Puerto Rico y Filipinas ante el 98,* Madrid-Aranjuez, Ediciones Doce Calles, 1996, pp.131-147.
— y Zeuske, Max, *Kuba 1492-1902. Kolonialgeschichte, Unabhängigkeitskriege un erste Okkupation durch die USA*, Lipsia, Leipziger Univesrtätsverlag, 1998.

ÍNDICE

A

ABAD VILLA-REAL, Pedro: 342
ABBOT, Abiel: 255n, 256
Academia Cubana de Literatura: 361, 365, 366, 367, 367n, 368, 368n, 369, 371, 382, 405
Academia de Dibujo: 342
Academia de Jurisprudencia de Santa Bárbara (ver Real Academia de Jurisprudencia de Santa Bárbara de Madrid)
Academia de Literatura de la Habana (ver Academia Cubana de Literatura)
Academia Nacional de la Historia: 15n
Academia de Nuestra Señora de los Dolores: 305
ACOSTA, Mariano: 338
ADAMS, John: 32, 335, 335n
África: 20, 32n, 41, 53, 58, 72n, 79, 91, 158, 169, 206, 208, 215, 221n, 241, 251, 304, 328, 330, 356, 416
Afroamérica: 71n
AGRAMONTE, Ignacio Francisco: 144n
AGRAMONTE, Manuel Nazario: 279
Aguacate: 309
AGÜERO, Frasquito: 161
AGÜERO, Gaspar de: 279
AGUILAR, Estanislao: 291, 292n, 294
AGUIRRE, Sergio: 321n
AIMES, Hubert H.S.: 15n
Alacranes: 135
Alameda de Paula: 387
ALANJE (ver Negrete, José Antonio)
ALCÁNTARA DE ACOSTA, Pedro: 108n
Alcudia Carolina: 113n, 117, 118, 123, 124
ALDAMA, Domingo: 318
Alemania: 364
ALFONSO, Esteban: 221, 222, 285
ALFONSO, José Luis: 155n, 373
ALFONSO BALLOL, Berta: 388n
Algarves: 361
ALJOVÍN, Judas Tadeo de: 286n
ALLWOOD, Felipe: 45, 45n, 46n

ALMODÓVAR MUÑOZ, Carmen: 354n, 355n
ALONSO Y FERNÁNDEZ, Francisco: 342
ALONSO ORTIZ, José: 42n
ALONSO ROMERO, M.ª Paz: 402, 413
ALVARADO, Ignacio: 294
ALVARADO, Juan: 392
ÁLVAREZ CUARTERO, Izaskun: 26n, 27, 338n, 353n, 354n, 361, 362, 371
AMBROSIO (esclavo): 315
América: 11, 15n, 20n, 30n, 36, 67, 77, 88, 89, 111n, 114, 116, 126, 127, 196, 204, 221n, 268, 291, 297, 298, 328, 337, 364, 390, 393, 394, 396, 397
América Central: 181n
América del Sur: 181n
América española: 16n, 39n, 46n, 73n, 99n, 110n, 128n, 136n
América hispana (ver América española)
América, islas de: 15n,
América Latina: 95n, 128n, 134n, 205n, 323n, 360n
América Septentrional: 49
American Philosophical Society: 26, 32
Amigos de los Negros de París (ver Sociedad de Amigos de los Negros de París)
Amis des Noirs Paris (ver Sociedad de Amigos de los Negros de París)
AMORES CARREDANO, Juan Bosco: 413n
Anales de la Academia de Ciencias Médicas, Físicas y Naturales de la Habana: 156n, 339n, 343
Andalucía: 34
ANDERSON, Benedict: 10, 10n, 214n, 322n
Angola: 378
ANNINO, Antonio: 328n
Annobón: 53n
ANSALDI, Waldo: 14n
Antigua: 86, 412n
Antillas: 10, 10n, 12, 13n, 16, 17, 29n, 35n, 52, 53n, 56, 59, 67, 68, 70, 73n, 149, 151, 197, 213, 402, 412n

Antillas españolas: 14, 388n
Antillas francesas: 21n, 28, 28n, 34, 255n
Antillas hispanas (ver Antillas españolas)
Antillas inglesas: 412n
Antilles (ver Antillas)
ANTILLÓN, Isidoro de: 70, 71n, 75, 75n
APONTE, Joaquín: 262, 293
APONTE, José Antonio: 185, 185n, 194, 224, 225, 225n, 226, 226n, 227, 227n, 228, 229, 229n, 230, 230n, 262, 270n, 291, 292, 293, 293n, 294, 294n, 298, 306
APONTE, Nicolás: 26, 29, 41, 261, 294
APPADURAI, Arjun: 215n
APTHEKER, Herbert: 222, 222n
ARAGORRI, Simón de: 43, 43n
ARANGO, Ciriaco: 40, 40n
ARANGO, familia: 34, 35n, 39, 40
ARANGO, Manuel Enrique: 40
ARANGO Y MEIRELES, Miguel Ciriaco: 34, 34n, 37n, 40n, 41
ARANGO Y MONROY, Pedro: 30n, 34
ARANGO Y NÚÑEZ DEL CASTILLO, Anastasio: 34n, 121, 134, 144
ARANGO Y NÚÑEZ DEL CASTILLO, Andrés: 34n, 389n, 392
ARANGO Y NÚÑEZ DEL CASTILLO, familia: 34, 34n, 35n
ARANGO Y NÚÑEZ DEL CASTILLO, José: 34n, 74n, 79
ARANGO Y NÚÑEZ DEL CASTILLO, Rafael: 34n
ARANGO Y PARREÑO, Ciriaco: 35
ARANGO Y PARREÑO, Francisco de: 9, 17, 17n, 18, 18n, 24, 24n, 29, 30, 30n, 33, 34, 34n, 35, 36, 37, 37n, 38, 38n, 40n, 41, 41n, 42, 42n, 43, 44, 44n, 45, 45n, 46, 46n, 47, 47n, 48, 48n, 49, 50, 51, 52, 52n, 53, 53n, 54, 55, 55n, 56, 57, 57n, 58, 60, 61n, 62, 63, 63n, 64, 64n, 65, 65n, 66, 66n, 67, 68, 69, 70, 70n, 71, 72, 72n, 73, 74, 74n, 75, 75n, 76, 76n, 77, 77n, 78, 79, 79n, 80, 80n, 81, 81n, 94, 94n, 102, 103, 110, 110n, 166n, 167, 167n, 178, 180, 180n, 187, 205, 208, 208n, 209, 209n, 220, 263, 263n, 325, 329, 329n, 333, 333n, 369, 371, 389
ARANGO Y PARREÑO, Mariano: 35
ARBOLEDA, Juan Carlos: 111n
Arcana: 255n
ARCOS Y CORRAL, marqués de: 168, 255
Argel: 36
ARGÜELLES, Agustín de: 74, 74n, 75, 76, 93, 268, 392, 394, 398, 402
ARISTIDE, Jean-Bertrand: 11, 11n,
ARISTIZÁBAL, Gabriel de: 60
ARMAS, Francisco: 394
ARMENTEROS, Juan Bautista: 311, 312
ARMONA, Matías de: 190, 192
ARMSTRONG, John A.: 322n
ARÓSTEGUI, Gonzalo: 373
ARRATE Y ACOSTA, José Martín Félix de: 41, 41n, 355, 355n, 356, 356n
ARREDONDO, Francisco: 217n
ARREDONDO, Gaspar de: 188, 189, 189n
ARROYO, Anita: 337
ARTEAGA Y AGRAMONTE, Luis de: 144n
Artemisa: 135
ARTHAUD, Charles: 26, 26n, 28
Artibonita: 11
ARZOBISPO de Sevilla: 37n
Asamblea Constituyente de Martinica, L 31
Asociación de Estados del Caribe: 13
Ateneo democrático de Nueva York: 356
Atlántico: 17, 59, 71, 92, 93, 196, 215, 391
Atlántico, islas del: 15n
Audiencia de México: 37n
Audiencia de Santo Domingo: 37n, 44
Aurora de Matanzas: 362
Avis divers et Petites Afiches americaines (ver *La Gazette de Saint Domingue*)
Aviso de la Habana: 78n
AYANZ DE URETA, Juan Antonio: 262n
AYLLÓN, Cecilio: 296, 297
AYMES, Jean-René: 367n
Ayuntamiento de la Habana: 75n, 94, 96, 148, 161, 208n, 371, 381, 386, 392
AZCÁRATE, Gabriel Raimundo: 265n
AZOR: 309

B

BACARDÍ Y MOREAU, Emilio: 381n
BACHILLER Y MORALES, Antonio: 18n, 152n, 363
Báez: 135
Bagá: 144, 145
Bahamas: 303
Baker & Dawson: 45, 45n, 55
BALIBAR, Etienne: 322n
Baños de San Diego (ver San Diego de los Baños)
Baracoa: 67, 93n, 109n, 116, 124, 134, 182, 185, 195n, 210, 210n
BARBA, Antonio: 191n, 192n
Barbados: 55, 411, 412
BARBIER, Juan: 291, 293, 293n, 294
BARCAÍZTEGUI, Ventura: 112, 112n,113n, 120
BARCIA, Manuel: 274n
BARCIA, María del Carmen: 39n, 78n, 220n, 393
BARON DE WIMPFFEN (ver Stanislaus, François Alexandre)
Barranca de la Culebra: 199
BARRETO, conde de: 227
Barriada del Santo Cristo: 250
Barrio de Jesús María: 305, 306
BASSAVE, Luis: 270, 326
Batabanó: 47n, 111, 131
BAUD, Michiel: 16n
Bauta: 281
Bavaria: 346n
Bayajá: 62, 186, 190, 193, 198, 198n, 229n

Bayamo: 146, 192, 203, 210, 210n, 223, 223n, 224, 225n, 249, 271, 287, 288, 288n, 290, 294, 338, 359
BAYLLY: 108
BÉCQUER, Juan Guillermo: 313
BEHRENT, Stephen D.: 15n
Bejucal: 69
Bélgica: 346n
BELTRÁN DE SANTA CRUZ, familia: 38n, 118n
BELTRÁN DE SANTA CRUZ Y CÁRDENAS, Joaquín: 35, 36, 38, 38n, 55n, 69, 112, 112n, 113n, 118, 119, 120, 120n, 121, 125, 126, 134, 135, 135n, 141, 179n, 193, 212, 212n, 213, 213n
BENÍTEZ ROJO, Antonio: 9
BENITO (esclavo): 238
BERGAD, Laird W.: 220n, 374n
Berlín: 84, 87
BERMÚDEZ, Anacleto: 363, 373
BERNABÉU ALBERT, Salvador: 111n
BERNARDO (esclavo): 221
BERNECKER, Walther L.: 13n
BERNOQUI, Antonio: 299, 300
BERRUEZO, María Teresa: 73n
BERROA, Gollo: 187
BETANCOURT CISNEROS, Gaspar: 155, 163, 163n, 176, 177n, 178
BETANCOURT, Tomás Pío de: 359
BIASSOU, Jorge: 186, 189, 193
BLANCO, Juan Tomás: 288n
BLANCO WHITE, José: 75n
BLANCPAIN, François: 13n
BLONDO Y ZABALA, Agustín: 120, 125, 125n, 126, 126, 129
BODEI, Remo: 14n
Bogotá (ver Santafé de Bogotá)
Bois Caimán: 196, 196n
BOLDO, Baltasar M.: 113n
BOLÍVAR, Simón: 299
BOLSTER, W. Jeffrey: 228n
BONAPARTE, Napoleón: 29, 33, 62, 66, 199, 358
BONPLAND, Aimé: 69
BORBÓN, Leandro: 37n
BORREGO, Pilar : 305, 306
Boston: 364
BOYER, Jean-Pierre: 362
BRAAM HOUCKGEEST, A.E. van: 33n
BRADING, David, A.: 323n
Brasil: 46, 55, 168, 345, 345n, 360, 361, 375, 398, 398n
Brest: 199, 200
BREUILLY, John: 322n
BRÍCAMO, Jacinto: 317
BRISSOT, Jacques-Pierre: 32n
BRYAN, P.E.: 29n
BUCK-MORSS, Susan: 196n
BUENAVISTA, conde de (ver Calvo de la Puerta, Francisco)
Burdeos: 23n,

BÜSCHGES, Christian: 39n
BUSTAMANTE, Anastasio: 299

C

CABALLERO, Bruno: 111
CABALLERO, José Agustín: 49n, 51, 69
Cabañas: 114, 115, 134, 135, 142
CABELLO, Domingo: 45n, 89, 90
Cabezas: 135
Cabildo de la Habana: 206, 207n
CÁCERES, Alonso: 258, 260
Cádiz: 414
Cafetal Arcadia: 301
Cafetal Angerona: 256
Cafetal Brillante: 245
Cafetal de Marqueti: 256
Cafetal Manuela: 79
Cafetal Perseverancia: 243
Cafetal Salvador: 302n
Cafetal Tentativa: 79
Caibarién: 135
CALATRAVA PEINADO, José María: 381
CALCAGNO, Francisco: 193n, 262n
CALDERÓN, Domingo: 229n
CALLEJAS, José María: 359
CALUNGA, Pedro: 287, 288, 288n
CALVO DE LA PUERTA, familia: 36, 39
CALVO DE LA PUERTA, Francisco: 45
CALVO DE LA PUERTA Y O'FARRILL, Nicolás: 49, 49n, 50, 69, 151, 151n, 193, 276
CALVO DE LA PUERTA Y O'FARRILL, Sebastián: 45, 62, 62, 193
CALVO, José María: 152
Calzada de Guadalupe: 291
Camagüey: 100, 189n, 217n
Cámara de los Lores: 75n
Cámara Legislativa de Virginia: 81, 81n
CAMEJO, Mary Jane: 12n
CAMPE, Tiburcio: 368
CAMPILLO Y COSSÍO, José: 42
CAMPO FLORIDO, marqués de: 252
Campo de Marte (Haití): 11
CAMPOMANES (ver Rodríguez de Campomanes, Pedro):
CAMPOS, María del Carmen: 316
CAMPUZANO, Joaquín Bernardo: 140
Canadá: 173, 380, 403, 404, 405, 406, 407, 411, 412n
Canarias: 38n, 118n, 122
Canasí: 281
Candelaria: 135
CANNY, Nicholas: 22n
Cantabria: 189
Caños de Toa: 117
Caonao, río: 130
Cap Français (ver Le Cap Français)
CARABALI, Ambrosio: 286
CARABALÍ, Cristóbal: 242
CARABALÍ, Juan Bautista: 291

CARABALÍ, Pedro: 222
Caracas: 11n, 46, 47, 88, 89, 183, 210n
Cárdenas: 253
CÁRDENAS, Gabriel de: 390
CÁRDENAS Y MANZANO, Nicolás: 363
Caribe: 9, 13, 13n, 16, 17n, 30, 54n, 58, 84, 85, 86, 87n, 88, 95, 107, 112, 112n, 128n, 152n, 181n, 196n, 205n, 215n, 266n, 303n, 305, 336, 403
Caribe español (ver Caribe hispano)
Caribe hispano: 38n, 42, 55n, 118n
Caribe inglés: 198, 221n
CARLOS III: 34, 41, 45, 103
CARLOS IV: 38n, 44, 45
CARLOS (hermano de Fernando VII): 365
CARO, Ignacio: 63
CARO, José A.: 43
CARPENTIER, Alejo: 13n
CARRILLO Y ARANGO, Anastasio: 17n, 47n, 76
Cartagena: 108
Casa de las Américas: 12, 12n
CASA CALVO, marqués de (ver Calvo de la Puerta y O'Farril, Sebastián)
CASA MONTALVO, conde de (ver Montalvo y Ambulodi, Ignacio)
CASA PEÑALVER, marqués de: 103
CASSÁ, Roberto: 16n
CASTELLANOS, Isabel: 416n
CASTELLANOS, Jorge: 321n, 416n
Castilla la Nueva: 35n
Castillo de Nuestra Señora de los Ángeles: 131
Castillo de San Severino: 300n
CASTILLO, José del: 389, 389n
CASTOR, Suzy: 12n,
CASTRO, Josefina: 29n
CASTRO LEIVA, Luis: 323n
CATALINA, Luis: 187
Cataluña: 122, 381, 384
CATANESE, Anthony V.: 12n
Cayajabos: 257, 281
Cayos (los): 25
CAYUELA, José Gregorio: 162n
Centroamérica: 13n
Cercle des Philadephes (ver Círculo de Philadelphes)
CERVANTES, Tomás Agustín: 354
CEVALLOS, Pedro: 85, 85n, 86n, 92, 107n, 201n
CHACÓN, Clemente: 226, 227n, 229, 229n, 292, 293, 293n, 294, 294n
CHACÓN, familia: 39
CHAIN SOLER, Carlos: 321n
Chapalas: 142
Charleston: 46, 293n
CHARLEVOIX, Pierre-Francois-Xavier: 49n
CHATTERJE, Patha: 215n
Chicago: 12
CHILDS, Matt: 185n, 224, 224n, 229n, 230n, 262n, 283n
Chile: 35n
China: 33n
CHRISTOPHE (ver Christophe, Henri)

CHRISTOPHE, Henri: : 194, 199, 201, 227, 228, 229, 230293n
Cibao: 92
Cienfuegos: 133, 134, 134n, 134, 140, 143, 147,
CIENFUEGOS, José: 133, 138, 139, 142, 143n, 144, 144n, 151, 273, 294
Cifuentes: 135
Cimarrones: 238, 239
Círculo de Philadelphes: 26, 26n, 27, 28, 32,
Círculo de Saint Domingue (ver Círculo de Philadelphes)
Circuncaribe: 29n, 71n
CINTRA, Antonio: 363
CISNEROS, Agustín de: 143
CLAY, H.: 335, 336n
Clerveaux: 201
CLOUET, Luis de: 133, 140
Club Massiac: 21n, 31, 32, 32n
COIMBRA, Manuel: 37n
Coliseo: 296
Colombia: 162, 300, 333, 335, 336
COLÓN, Cristóbal: 10, 83
Colón (pueblo): 135
Comisión Científica del Pacífico: 110
Comisión Permanente de Población Blanca: 78n, 101, 159n, 168, 170, 176n
Comisión Real de Guantánamo: 104, 112n, 113, 119, 120, 120n, 123, 134, 145, 212, 212n
Comité Colonial: 32
Compañía de Comercio de la Habana: 40
Compañía de Jesús: 41, 41n
CONGO, Mariano: 221, 284
CONGO, Joaquín: 283, 284, 284n
CONGO ALFONSO, Mariano: 283, 285, 285n, 286
CONGO ARMENTEROS, José María: 311, 313, 314, 317
Congreso de Viena: 77, 77n
Consejo de Indias: 54n, 90
Consejo de La Habana: 196
Consejo de Le Cap: 31
Consulado de la Habana (Ver Real Consulado de Agricultura, Industria y Comercio de la Habana)
Convención Elliot: 379
Convento de Santo Domingo: 37
Coralillo: 135
CORDERO, Ramón: 358, 359n
Correo de Trinidad: 362
Cortes de Cádiz: 93, 94n, 102, 397, 398
Costa Firme: 300
Courier de la France et des Colonies: 33n
CRAMER, Agustín: 112, 112n
CRATON, Michael: 221n
CRIOLLO, Guillermo: 285
CRIOLLO, José: 242
CRIOLLO, Pedro: 247, 249
CRIOLLO, Vicente: 250
CRIOLLO GUIMBARDA, Esteban: 316
CRISTÓBAL (esclavo): 270
Cruces, cabo de: 114, 115

CRUZ, Domingo: 317
CRUZ IZNAGA, Juan de la: 316
Cuba: *passim*
CUBÍ Y SOLER, Mariano: 364, 365
Cueva del Cigarro: 314
Cupey: 287
Curazao: 280
CURAZAO, José María (esclavo): 280
CURRO, Pedro el: 270
CURTIN, Phillip: 15n,
Cusco (ver Cuzco)
Cuzco: 255n, 274

D

DAERES, Contra Almirante: 93
D'ARGENVILLE, Jean Cosme: 26,
Darién: 115
DAU, José María: 164
DAVIDSON, Jorge : 304
DAVIS, David Brion: 179, 179n
DEBIEN, Gabriel: 16n, 21, 21n, 23n, 186n, 255n
DEIVE, Carlos Esteban: 186n, 187n
DELGADO Y ESPAÑA, Clemente: 146
Demajagua, península de: 130
Departamento Oriental (ver Oriente)
DESCHAMPS CHAPEAUX, Pedro: 263n
DESOMBRAGE, Mr.: 183
DESSALINES, Jean-Jacques: 11, 92, 194, 197, 201
DEUTSCH, Karl W. : 323n
Diario Cívico: 74n
Diario Constitucional de la Habana: 78n
Diario de la Habana: 78, 78n, 366
Diario de Gobierno de la Habana: 78n
Diario del Gobierno de la Habana: 78n
Diario del Gobierno Constitucional de la Habana: 78n, 79
DÍAZ, Clemente: 242
DÍAZ DE ESPADA Y LANDA, Juan José: 18, 18n, 19n, 72, 72n, 73, 73n, 137, 137n, 146
Diputación de Policía: 295
Diputación Provincial: 75n, 272
Diputación Provincial de Cuba: 144
DI TELLA, Torcuato S.: 22n, 30n, 31n,
Dominica: 46, 86, 195n
DONATIEN DE VIMEUR, Jean Baptiste: 63, 64, 68, 85, 105, 199
DUARTE, Francisco: 145
DUARTE JIMÉNEZ, Rafael: 89n
DUBOURG, Alexandre: 26
DUFAU, Pedro A.: 167

E

ECHEGOYEN, José Ignacio: 264n
ECHEMENDÍA, Manuel de: 316
ECHEVERRÍA, José Antonio: 373
El Americano Libre: 363
El Aviso: 78n
El Cuero: 142

ELENA (niña). 292
EL FEO, Antonio: 292
El Mensajero Semanal: 337, 343
El Mundo: 397
ELORZA, Antonio: 413n
El Revisor Político y Literario: 80n
ELTIS, David: 15n
Embajada de Haití (en Cuba): 12n
EMPARÁN Y ORBE, Agustín Ignacio: 42, 42n, 43, 43n, 44, 44n
ENOUE, Eligio: 282
ENRIQUE I de Haití: 226
ENTRALGO, Elías: 321n, 359, 359n
ERICE, Pedro Juan de: 58
ESCOBEDO, Antonio M.ª: 168
ESCOBEDO, Nicolás: 373
España: 10, 24n, 29, 34, 35n, 37, 41, 44, 53, 59, 62n, 63, 69, 72, 73, 74, 76, 77, 77n, 136, 138, 145, 152n, 158n, 159, 162n, 165, 165n, 166, 166n, 167, 170, 174, 175, 176, 180, 186, 189, 191, 192, 193, 196, 198, 217, 229n, 268, 270, 306, 332, 332n, 336, 357, 364, 367, 368, 370, 372, 375, 377, 380, 382, 383, 384, 389, 390, 391, 392, 393n, 394, 396, 397, 402, 402n, 403, 407, 408, 410, 411, 413, 414, 414n, 415
Esperanza: 135
Estados Unidos: 11, 11n, 12n, 13, 13n, 32, 32n, 38, 44, 67, 71, 76, 77, 84, 85, 85n, 86, 87, 88, 91, 93, 95, 96, 107, 110, 114, 119, 150, 154, 163, 166, 173, 177n, 196, 197, 239, 247, 255, 260, 304, 331, 332, 335, 336, 337, 339, 346, 353, 354, 362, 365, 374, 374n, 375, 378n, 383, 384, 393, 408
Estancia de Guanabaní: 287
ESTANISLAO: 221, 222, 285, 285n, 286
ESTEBAN (esclavo): 316
Estero de los Güiros: 145
ESTÉVEZ, Pablo: 223, 284, 287
ESTRADA, Gabriel José: 289
ESTRADA, Manuel José: 289, 359
ESTRADE, Paul: 324, 324n, 340n
Etiopía: 195n
Europa: 14, 15n, 20, 23, 29, 30, 38, 50, 53n, 56, 122, 164, 196, 197, 201, 335, 354, 362, 364
EZPELETA Y ENRILE, Joaquín: 413, 413n, 414, 415

F

FAGET, Juan Bautista: 185n
Falmouth: 371
Faro Industrial: 169n
FÉLIX (esclavo): 310
FELLOWES, Anastasio: 282, 283, 283n
FERMINIA (esclava): 317
FERNÁNDEZ, Antonio: 283n
FERNÁNDEZ DE CASTRO, Felipe: 210n
FERNÁNDEZ DE CASTRO, José Antonio: 164n, 364n, 377, 387
FERNÁNDEZ DE LEÓN, Esteban: 75n

FERNÁNDEZ DE PINEDO Echeverría, Nadia: 375n, 407n
FERNÁNDEZ PRIETO Leida: 112n, 147n, 152n
FERNÁNDEZ RETAMAR, Roberto: 12
FERNÁNDEZ SOSA, Miriam: 321n
FERNANDINA, conde de: 168, 237
Fernandina de Jagua (ver Cienfuegos)
Fernando Poo: 53
FERNANDO VII: 331, 365, 378, 381
FERRER, Ada: 17n, 51, 51n, 62n, 88n, 179
FERRER MUÑOZ, Manuel: 323n
FIGUEROA ARENCIBIA, Vicente C.60n
Filadelfia, 31, 32, 84, 85, 85n, 107n
FILANGERI, Gaetano: 42
Filipinas: 35, 44n, 204, 393, 394, 395
FILOMENO, Francisco: 270
FINLAY, Carlos J.: 156n
FISCHER, Subylle: 225n
FLORIDABLANCA, conde de: 52n
FONER, Phillip S.: 13n
FORNET, Ambrosio: 197n
FORONDA, Valentín de: 84, 85, 85n, 86, 86n
Fort Dauphin (ver Bayajá)
Fort Royal: 30,
FORTÚN, Santiago: 385
FOUCHARD, Jean: 19n
Francia: 11, 14, 21, 21n, 23, 23n, 29, 30n, 31, 48, 59, 60n, 63, 64, 66, 84, 87, 95, 96n, 103, 154, 158, 184, 187, 189, 190, 194, 196, 198, 199, 200, 201, 229n, 266, 297n, 336, 346, 346n, 383, 384, 400
FRANCISCO (esclavo): 283
FRANCISQUILLO (esclavo): 239
FRANCO, José Luciano: 17n, 29n, 42n, 68n, 84n, 87n, 88n, 103n, 142, 197n, 225n, 229n, 257, 257n, 266n, 281n, 290n, 294n, 297n, 303n, 305n, 335n, 359, 359n
FRANCO NOLLEND, Michel: 56n
FRANKLIN, Benjamín: 27
FRANSUA, Juan: 291
FREGENT, Peter: 181n
FRÍAS Y JACOTT, Francisco de: 156, 157n, 175
FRIEDLAENDER, Heinrich: 87n, 146n, 175n
FRIOL, Roberto: 78n
FUENTE, Alejandro de la: 34n, 39n
Fuerte Delfín (ver Bayajá)
Fuerte de la Saetia: 127
FUERTES, Francisco: 221, 223, 283, 284, 284n, 285, 286
FUNES, Reinaldo: 112n, 152n
FUSI, Juan Pablo: 94n

G

GABRIEL (moreno): 227n
Gaceta de la Habana: 78n
Gaceta de Madrid: 51, 192n, 197, 198, 198n, 199n, 203
Gaceta de Puerto Príncipe: 362
Gaceta Médica de la Habana: 156n

GALA, Ignacio: 23n, 24, 24n, 49n, 50, 51, 64n
Galicia: 122
GÁLVEZ, familia: 36
GÁLVEZ, José de: 27, 36
GÁLVEZ, Miguel: 37, 37n
GAMBOA, Francisco Javier de: 37n
GANGÁ, Alejo: 256
GANGÁ, Claudio: 316
GANGÁ, Clemente: 311
GANGÁ, Dionisio: 243
GANGÁ, Jorge: 270
GANGÁ, José María: 250
GANGÁ, María del Rosario: 222, 247, 286
GANGÁ, Pablo: 270
GANGÁ, Sebastián: 315
GANGÁ ARMENTEROS, Baltasar: 313, 314
GANGÁ ARMENTEROS Evangelista: 311
GANGÁ ARMENTEROS, Hilario: 311, 312, 313, 314
GANGÁ ARMENTEROS, José María: 311, 314
GANGÁ ARMENTEROS, Baltasar: 311, 313, 314
GANGÁ CAMPOS, Manuel Antonio: 315
GANGÁ ROSELLÓ Alejandro: 315, 316
GARCÍA, Alejandro: 35n, 159n, 388n
GARCÍA, Gloria: 18n, 39n, 41, 42n, 61n, 72n, 73n, 74n, 78n, 88n, 176m, 225n, 233, 235, 235n, 278, 296n, 303, 393n
GARCÍA GONZÁLEZ, Armando: 14n, 69n, 98n, 101n, 140n, 147n, 156n, 161n, 162n, 164n
GARCÍA, Joaquín: 60n, 62n, 64n, 84, 183, 187, 191n
GARCÍA-MARRUZ, Fina: 78n
GARCÍA MORA, Luis Miguel: 35n
GARCÍA RODRÍGUEZ, Mercedes: 19n, 39n, 40n, 41n
GARDOQUI, Diego: 38n, 52n
GASPAR, David G.: 17n, 29n
GAY-GALBÓ, Enrique: 359n
GEGGUS, David P.: 17n, 28n, 29n, 179, 192n, 196n, 215n
GELLNER, Ernst: 322n
GENER, Tomás: 329, 373, 374, 375
GENOVESE, Eugene: 221n, 222n, 229, 239, 239n, 255n
GENOVESI: 42
Geremías (ver Jeremie)
Gibara: 125
Gibraltar: 111
GIROD, François: 25, 25n
GODOY, Manuel: 38n, 43n, 60n, 103, 119, 134
GÓMEZ DE AVELLANEDA, Gertrudis: 217, 217n
GÓMEZ, Michael: 221n
GÓMEZ ROUBAUD, Rafael: 74
GOMIS, Alberto: 113n
Gonaives: 11, 186, 191, 191n
GONZÁLEZ, Pedro: 237, 238, 238n
GONZÁLEZ, María Caridad: 312
GONZÁLEZ, Raymundo: 16n
GONZÁLEZ Y CARRASCO, Francisco: 187n
GONZÁLEZ DEL VALLE, Manuel: 366

GONZÁLEZ-RIPOLL, Mª Dolores: 9, 18n, 20n, 22n, 33n, 35n, 38n, 53n, 101, 110n, 113n, 118n, 333n, 338n
GRAFENSTEIN GAREIS, Johanna von: 29n, 71n
GRAJALES, Gloria: 323n
Granada: 86, 87
Gran Bretaña: 18, 29, 55, 58, 76, 77, 77n, 84, 87, 91, 93, 154, 158, 158n, 163, 167, 175, 184, 198, 319, 346, 346n, 360, 360n, 375, 378n, 383, 384, 389, 393, 405, 408, 411, 412
GRASSE, conde de: 37n
Grecia: 328, 360
GRIÑÁN: 289
Guacaibón: 115
Guadalupe: 13n, 85, 86, 87
Guamacaro: 135, 256, 295
Guanabacoa: 69, 79, 218, 262, 270, 284
Guantánamo: 38n, 111, 114, 115, 116, 120, 121, 121n, 122, 123, 124, 129, 135, 140, 141, 213, 307, 309
Guantánamo, bahía de: 113n, 116, 124
Guantánamo, río: 117, 121, 141, 142
Guara: 220n, 281, 283
Guarabanao: 288
Guarico: *passim*
Guastalia: 33
Guatao: 281
Guatemala: 36
Guayabal: 281
GUERRA, Francisco: 28n
GUERRA, François-Xavier: 323n
GUERRA SÁNCHEZ, Ramiro: 297n, 324, 324n, 333n, 341n, 344n, 347n, 365n, 372n, 393n
GUEVARA VASCONCELOS, Manuel: 210n
GUIBOVICH, Pedro: 218n
GUICHARNAUD-TOLLIS, Michèle: 55n,
GUILLACUHUY, Louis: 56
Guincho: 143, 145, 145n
Guinea: 58
Guinea, golfo de: 53n
Güines: 69, 81, 120, 135, 151, 218, 218n, 220, 220n, 221, 222, 225, 230, 276, 388n
Güira de Melena: 304
Güiros: 144
GURIDI ALCOCER, José Miguel: 74, 74n, 75, 93, 268
GUTMAN, Herbert G.: 247, 247n

H

Habana (La): 9, 18n, 20, 26, 30, 33, 35, 35n, 36, 37n, 38, 38n, 39, 39n, 40, 40n, 41, 41n, 44n, 44, 44n, 46, 47, 47n, 48, 49, 49n, 50, 52, 52n, 55, 56n, 58, 60, 61, 61n, 62, 62n, 68, 72, 73, 79, 79n, 80, 81, 87, 88, 89, 90n, 95, 101, 104, 105, 106, 108, 109n, 111, 115, 118n, 126, 129, 131, 134, 135, 137, 138, 149, 150, 161, 163, 169n, 170, 175, 176, 183, 184, 185, 186, 187, 189, 190, 192, 193, 193n, 194, 195, 195n, 197, 202, 203, 206, 210n, 211, 212, 213, 220, 224, 226, 227, 228, 229, 230, 235, 262, 266, 269, 270, 271, 283, 289, 290, 292, 297, 299, 299n, 306, 307, 318, 329, 333, 338, 339, 339n, 340, 342, 343, 346, 347, 353, 354, 354n, 366n, 367, 369, 371, 373, 376, 377, 378, 382, 383, 384, 385, 387, 388n, 391, 387, 409, 413
Hacienda Cabreras: 144
Hacienda Caños: 122
Hacienda Ciego de Juan Sánchez: 144
Hacienda Concepción: 144
Hacienda Concordia: 223
Hacienda Cuatro Compañeros: 277
Hacienda Descada: 144
Hacienda Dumañueco: 144
Hacienda Gracias: 144
Hacienda Matabajos: 122
Hacienda Nueva Holanda: 276
Hacienda Nuevas de Jalay: 144
Hacienda Puerto Rico: 144
Hacienda de San Gregorio de Mallari: 126
Hacienda de Santa Ana: 43n, 292
Hacienda de Santa Catalina: 124
Hacienda de Santo Domingo: 141
HALL, J.A.: 323n
Hanábana: 281
Haití: *passim*
Haitian American Grassroots Coalition: 12n
HARDOY, Jorge Enrique: 128n
HARGREAVES, M.W.M.; 335n
HASTING, Adrián: 322n
Hatillo de la Seiba: 43n
Hato de Cunueira: 142
Hato de Guantánamo: 142
Hato de Santa Catalina: 141
HATUEY: 352
HÁUSER, Gaspar: 380
HAYES, Carleton B.: 323n
HECHAVARRÍA, Caridad: 225, 225n
HEDOUVILLE: 60n
HEGEL, Georg Wilhem Friedrich: 196
HENRY ROMBERG, Bapst et Cie (ver Romberg, Henry)
HEREDIA, José María: 339, 339n, 340, 341, 342, 344, 354, 362, 370, 373
HERNÁNDEZ GONZÁLEZ, Manuel: 40n, 80n, 163n
HERNÁNDEZ MOREJÓN, Francisco: 318
HERNÁNDEZ SANDOICA, Elena: 94n, 322n, 413n
HERNÁNDEZ TRAVIESO, Antonio: 326n
HERNANDO, Agustín: 71n
HERRERA, Felipe: 323n
HERRERA, Narciso: 413
HERRERA SORZANO, Mercedes: 388n
HEZETA, Bruno de: 111n
HIGUERAS, María Dolores: 38n
Hincha: 192, 223n
Hispanoamérica (ver América española)

HOBSBAWN, Eric J.: 10, 10n
Holanda: 346
Holguín: 67, 109n, 209, 224, 271, 288
Honda, bahía: 134
HORCH, Miroslav: 322n
Horno: 287
HOWE, Julia Ward: 254, 254n
HUMBOLDT, Alejandro de: 69, 69n, 70, 70n, 161, 161n, 206n
HUGUET, Juan: 300
HUNT, Alfred: 17n, 29n, 196n
HURBON, Laënnec: 15n
HUTSCHINSON, John : 322n

I

IBARRA, Jorge: 19n
IBÓ ECHEMENDÍA, Ildefonso: 315
IDUATE, Juan: 301n
Iberoamérica: 388n
IGLESIAS GARCÍA, Fe: 220n
ILINCHETA, José: 74, 107, 108, 108n
INCHÁUSTEGUI Cabral, J. Marino: 43n
Indias: 44, 44n, 68
Indias Occidentales: 41, 355, 355n
Indies Orientales Hollandaises: 33n
INFANTA, duque de: 181n
INFANTE, Joaquín: 326, 328, 329n
Ingenio Alcancía: 250, 316, 317
Ingenio Asunción: 389, 389n
Ingenio Buenavista: 280
Ingenio Concordia: 283, 284n
Ingenio de Aguas Hediondas: 315
Ingenio de Bocanigua (ver Ingenio de Santa María del Rosario)
Ingenio de Garzón: 223, 284
Ingenio de Jesús María: 318
Ingenio de Gutiérrez y Casal: 249
Ingenio de Manacas: 315, 316
Ingenio de Peñas Altas: 291, 294
Ingenio de Sánchez: 313
Ingenio de Santa Ana: 291
Ingenio de Santa Rosa: 318
Ingenio de Santo Domingo: 315, 318
Ingenio de Sebastián de Peñalver: 276
Ingenio Destiladeros: 316
Ingenio El Corojal: 316
Ingenio El Goatzalcualco: 315, 316
Ingenio El Navío: 223, 284, 285
Ingenio El Retiro: 41n
Ingenio La Luisa: 317
Ingenio La Merced: 256
Ingenio La Ninfa: 57, 57n
Ingenio La Santísima Trinidad: 291, 291n
Ingenio La Trinidad: 250, 294, 317
Ingenio Las Nievas, 317
Ingenio Loreto: 242
Ingenio Magua: 316
Ingenio Mainicú: 250, 313
Ingenio Mayagua: 318

Ingenio Nuestra Señora de Regla: 41
Ingenio Quevedo: 238
Ingenio Ramón: 316
Ingenio Ramona Rabo de Zorra: 315, 316
Ingenio San Isidro de Manacas: 311
Ingenio San Juan Nepomuceno: 40
Ingenio Santa Isabel: 312, 313
Ingenio Santa María del Rosario de Andioazen: 43n
Ingenio Soledad de Cimarrones: 239
Ingenio Tío Vivo: 291
Ingenio Viejo de Yuca: 43n
Inglaterra (ver Gran Bretaña)
Instituto de Historia: 9
Instituto de Historia de Cuba: 13n
IRANDA, marqués de (ver Aragorri, Simón de)
ISABEL II: 385
ISTURIZ MORENO, Francisco Javier: 381, 392, 394
IZNAGA, Alejo: 316
IZNAGA, José: 250
IZNAGA, Pedro: 316
IZNAGA, Tomás: 315, 316n

J

Jagua: 111, 131
Jagua, bahía de: 111n, 129, 131n
Jaimanita: 134
Jamaica: 36, 41, 46, 55, 70, 83, 83n, 85, 86, 87, 104, 105, 106n, 115, 119, 127, 161, 163, 183, 199, 212, 213, 255, 272, 280, 310, 383, 403, 405, 411, 412n
JAMES, C.R.L.: 29n
Jardín Botánico de la Habana: 26, 26n, 101, 152, 152n, 153, 153n, 154
Jaruco: 163, 281
JARUCO, conde de (ver Beltrán de Santa Cruz, Joaquín)
JARUCO, condesa de: 45n
JAÚREGUI, Andrés de: 58, 74, 75, 101, 139, 140, 187, 269, 269n
JEAN FRANÇOIS: 293, 293n
JENSEN, Larry R.: 363, 363n, 365n
Jeremías (ver Jeremie)
Jeremie: 25, 85, 183, 184
JERÓNIMO (esclavo): 311
Jiguabo: 142
Jiguaní: 210, 288
JOAQUÍN (esclavo): 227n
Jobito: 142
JOHNSON, Sherry: 22n, 34n, 38n, 46n, 53n, 193n
JONES, William: 383, 384
JORDAN, David C.: 323n
JORGE (esclavo): 270, 311, 312, 314
JORRONTEGUI, Manuel José de (ver Torrontegui, José Manuel de)
JOSÉ ANTONIO: 223n
JOSÉ MARÍA (niño): 292

Journal de Medicine, Chirurgie, Pharmacie: 28,
JOVELLANOS, Gaspar Melchor de: 42, 42n
JUAN (esclavo): 227n
JUAN BAUTISTA: 223n, 287
JUAN FRANCISCO: 60, 62n, 96, 105, 186, 189, 193, 194, 203, 223n, 226, 229n, 230
JUAN JOSÉ (esclavo): 314
JULIO (esclavo) 311
Juan Vicente, río: 127
Junta Central Suprema: 75
Junta Consultiva para los Negocios de Ultramar: 413
Junta de Agricultura y Comercio de la Habana: 38n
Junta de Fomento (ver Real Junta de Fomento de la Habana)
Junta de Notables: 413
Junta de Población Blanca: 78n, 102, 133, 148, 173, 174
Junta de Policía: 273, 276
Junta de Vigilancia: 73
Junta Protectora de la Agricultura: 54, 57
Junta Superior de Gobierno: 74n
Junta Suprema de Estado: 46, 52, 52n
JÚSTIZ DE SANTA ANA, marqués de: 37n, 45

K

KAPLAN, Marcos: 323n
KAPUSCINSKY, Ryszard: 72n
KINDELÁN, Juan: 381, 385
KINDELÁN, Sebastián: 84, 106, 107, 184, 184n, 210, 210n, 211, 211n
Kingston: 202
KLEIN, Herbert S.: 15n, 54n, 71n
KOHN, Hans: 323n
KÖNIG, Hans-Joachim: 95n, 322, 32n, 323n, 326n
KUETHE, Allan J.: 22n, 53n, 262, 262n

L

LABORDE, Ángel: 162
La Cabaña: 284, 293
LACROIX DE MARLES, J.: 48
La Española: 24n, 31n, 43, 49n, 86, 87, 88, 89, 92, 93n, 94, 95, 103, 105, 107, 119, 123, 124, 125, 126, 134, 142, 160, 172, 181, 187, 188, 188n, 190, 192, 192n, 199n, 201, 209, 209n, 213, 216, 217, 225, 226, 229, 289, 399, 400, 401
La Gazette du Jour: 25,
La Gazette de Santo Domingue: 24, 25
La Moda o Recreo Semanal del Bello Sexo: 362
La Paz (Cuba): 121, 123, 124
LARA, Oruno D.: 13n
LA ROSA CORZO, Gabino: 61n, 89n, 274n, 281n, 295
LARRUA, Antonio de: 168
LAS CASAS Y ARAGORRI, Luis de: 20, 20n, 22n, 32n, 36, 43, 46, 54, 54n, 57, 59, 59n, 63, 84, 103, 107, 193, 194, 195n, 197n, 220, 278
LAS CASAS, familia: 36
LAS CASAS, Rosa de: 36
La Chorrera: 261
La Chumba: 291
La Granja: 381, 392, 394
LAMADRID, Francisco Javier de: 297
La Salud: 135
Las Villas: 100
LAVALETTE, general: 184
LAVALLE, Bernard: 16n, 99n, 110n, 134n, 136, 159n
LAVASTIDA, José de: 63
LAWLES, Robert: 15n
Le Cap (ver La Cap Français)
Le Cap Français: 24, 25, 26, 26n, 30, 31, 37n, 182, 199, 227, 278
LECLERC, general: 66, 198, 199, 200
LEMAUR, Félix: 129, 130, 131, 131n, 141
LEMAUR, Francisco: 129, 130, 131, 131n
LEMUS, J.M.: 412n
LE PERS, Jean-Baptiste: 50n
LE RIVEREND, Julio: 87n, 135n, 353n
LEVI, Giovani: 34, 34n
LEWIS, Gordon K.: 237n, 374n
LEWIS, James A.: 37n
LEYTE VIDAL, Ignacio: 195n
Limonar: 79, 301
Limones: 142
LINEBAUGH, Peter: 228n
Lisboa: 55
LISUNDIA, Juan Bautista: 291, 292, 292n, 293, 293n, 294
LLAGUNO, Eugenio de: 212n
LLANES MIQUELI, Rita: 17n, 176n
LLAVERÍAS, Joaquín: 362
LLEONART, Juan: 191, 191n, 192, 192n
LOHMANN VILLENA, Guillermo: 34n
Loma del Indio: 262
Lomas de los Campanarios: 358, 359
Lomas de Melchor: 115
Londres: 75, 75n, 197, 198, 367, 411
LÓPEZ GÓMEZ, Antonio: 121, 122, 122n
LÓPEZ, Jorge: 299, 300, 300n
LÓPEZ, Narciso: 374n
LORENZO, Manuel: 381, 381n, 382, 382n, 383, 384, 385, 393
LORENZO, Raúl: 337n
Los Caños, río: 121
LOSA Y APARICIO, Josefa de: 30n
LOUVERTURE, Toussaint (François Dominique): 12, 12n, 17n, 51, 60n, 62, 64n, 65, 85n, 86, 95, 106n, 184, 186, 189, 191, 192, 192n, 194, 198, 198n, 199, 200, 200n, 211, 216, 223n
LOYNAZ, Martín: 279
LOYOLA, Oscar; 326n
LUCENA SALMORAL, Manuel: 42n, 43, 43n, 44, 44n, 46, 46n, 53n, 59n, 61n, 71n, 75n,

77n, 88n, 90n
LUCUMÍ, Andrés: 243
LUCUMÍ, Cayetano: 238n
LUCUMÍ, Francisco: 256
LUCUMÍ, José Antonio: 238n
LUCUMÍ, Luis: 238n
LUCUMÍ, Rosa: 245n
Luisiana: 42, 89, 261
LUZ, Cipriano: 40
LUZ, Hermenegildo de la: 262
Luz, muelle de: 270
LUZ, Román de la: 270, 326
LUZ Y CABALLERO, José de la: 73, 80, 321, 364, 366, 369, 370, 371, 373, 387, 387n, 392

M

MACD. BECKLES, Hilary: 16n
Macurijes: 251, 281
MADDEN, Richard R.: 163, 389
Madrid: 18n, 34, 34n, 35n, 37n, 42, 43, 47, 51, 54, 72, 77, 77n, 128, 134, 158, 166, 170, 183, 193n, 197, 201, 207, 212, 227, 331, 332, 333n, 335, 336, 339, 343, 359, 364, 365, 366, 371, 372, 373n, 376, 379, 381, 383, 387, 389, 390, 391, 403, 407, 412, 415
MADRID, familia: 39
Madruga: 135
MAESTRI, Raúl: 18n
Málaga: 367
MALAGÓN BARCELÓ, Javier: 42n
Malares: 142
MALLO, Tomás: 54n, 95n, 148n, 152n
Managua: 69, 242
MANDINGA, Fernando: 269
MANDINGA, José María (ver Curazao, José María)
MANDINGA, Joseph: 222
MANDINGA, Luis: 270, 290
MANDINGA, Ramón: 248
Mangle: 142
Manguito: 135
Manicaragua: 135
MANUEL (esclavo): 285
Manzanillo: 135
Maracaibo: 300
MARCELINO (esclavo): 283
MARÍA (morena): 291
MARÍA CRISTINA (Reina): 365, 377, 378, 381, 382n
Mariel: 120, 129, 129n, 134, 135, 276
Mariquita: 187
Marmelade: 186, 190
MARRERO, Leví: 38n, 87n, 111, 111n, 147, 147n, 148, 148n, 163n, 166, 175n, 220n
MARTÍ, José: 337n
Martí (pueblo): 135
MARTIN, Michel L.: 29n
MARTÍN-MERAS, Luisa: 120
MARTÍNEZ, José: 121, 123, 124

MARTÍNEZ DE LA ROSA, Francisco: 366
MARTÍNEZ DE PINILLOS, Claudio: 80, 167, 178, 268, 345, 366, 371, 387, 388, 389, 393
Martinica: 30, 31, 86, 87
Mauricio (isla): 108, 401
MARX, Karl: 32n, 268
MAS, José Antonio: 229n
MASUR, Gerhard: 323n
Matanzas: 47, 79, 120, 134, 143, 174, 175, 292n, 296, 299, 299n, 301, 304, 316, 318, 363n, 368, 373, 374, 374n
MATEO (esclavo): 285
MAYORGA, Pablo: 249
McCLELLAN, James: 19, 19n, 20n, 24n, 27, 27n
MEDINA, Manuel: 262
MEDRANO, Pedro: 144
Melena: 223, 284
Melilla: 316
Memorias de la Sociedad Patriótica de la Habana: 26, 27, 124, 145n, 151n, 162n, 205n, 206n, 209n, 353, 353n, 358, 358n, 359n
MÉNDEZ, Miguel: 60n
MÉNDEZ RODRÍGUEZ, Manuel Isidro: 42n
MENOCAL, Raimundo: 337n
MERINO BRITO, Eloy G.: 337n
MERLE, Marcel: 32n, 75n
MESA, Roberto: 32n, 75n
México: 12, 27, 185, 298, 299, 329, 333, 335, 336, 373
Miami: 12, 12n
MIGUEL (negro): 223n
MIGUEL, Pedro S.: 16n
MIMS, Stewart L.: 32n
MINA, Dámaso: 227n
MINA, Pancho: 257
Ministerio de Asuntos Exteriores de Francia: 32n
Ministerio de Hacienda (Madrid): 388
Ministerio de Indias: 35n
Ministerio de Marina, Comercio y Gobernación: 33, 167
MIRALLA, José Antonio: 209n
MIRANDA, Vicente: 312
MIRANDA MADARIAGA, Joaquín: 384
Mirebalais: 186, 190
MISAS JIMÉNEZ, Rolando: 151, 152n
MONCAYO, marqués de (ver Quesada y Arango, Vicente)
MONGUIO, L.: 323n
Moniteur Colonial (ver *La Gazette du Jour*)
MONTALVO Y AMBULODI, Ignacio: 54, 55n, 56, 56n
MONTALVO Y CASTILLO, José: 252
MONTALVO Y CASTILLO, Juan: 371, 373, 390, 392
MONTALVO Y O'FARRILL, Juan: 101, 139, 140, 390
MONTE, Domingo del: 73, 163, 164, 165, 165n, 178, 188, 321n, 354, 363m 363n, 364, 364n, 365, 366, 373, 373n, 376, 377, 377n, 378,

378n, 379, 379n, 380, 380n, 382, 415, 416n
MONTE, Leonardo del: 188n
MONTE Y TEJADA, Antonio del: 188, 188n, 191n
Montecristi: 93
MONTESQUIEU, barón de (Charles-Louis Secondat): 42
Montreal: 12, 405
MOORE, Mr.: 81n
MORALES, Nicolás: 288, 288n, 289, 289n, 290, 290n
MORALES CARRIÓN, Arturo: 29n
MORALES Y MORALES, Vidal: 276, 319
MORALES PADRÓN, Francisco: 36n
MOREAU DE SAINT-MERY, Bertrand Médéric: 30n
MOREAU DE SAINT-MERY, Marie Rose: 30n
MOREAU DE SAINT-MERY, Médéric-Luis-Elie: 20, 20n, 26, 28, 29, 30, 30n, 31, 31n, 32, 32n, 33, 34
MOREJÓN, Antonio: 103
MORENO FRAGINALS, Manuel: 22n, 41n, 52, 52n, 57n, 87n, 91n, 193, 220n, 236, 236n, 240n, 403, 403n, 411n, 416
MOROTE, José María: 385
MORRILLAS, Pedro José: 163
Morro, el: 106, 301
MOYA Y MOREJÓN, Juan de: 384
MOYANO BAZZANÍ, Eduardo: 388n
MÜCKE, Ulrich: 323n
Muescas: 84
MULLIN, Michael: 221n
MUÑERA, Alfonso: 323
MUÑOZ DEL MONTE, Francisco: 381, 385
MUÑOZ DE SAN CLEMENTE, Fernando: 284n
MURILLO, Joseph: 185n

N

NAPOLEÓN (ver Bonaparte, Napoleón)
NARANJO OROVIO, Consuelo: 14n, 16n, 34n, 39n, 54n, 69n, 70n, 78n, 81n, 83, 95n, 98n, 101, 110n, 118n, 134n, 136n, 140n, 143n, 147n, 148n, 151n, 152n, 156n, 159n, 161n, 162n, 164n, 204n, 321n, 322n
Navarra: 34
NAVARRO, Francisco: 79
NAVARRO GARCÍA, Luis: 337n
NEGRETE, José Antonio, conde de Campo Alanje: 289
NEVOT, Anacleto: 300
New Providence: 46
NIÑO, Antonio: 94n, 322n
Nipe: 111, 120, 125, 126, 126n, 127, 129, 134
Nipe, bahía de: 114
NORA, Pierre: 10, 10n
Nueva España: 64
Nueva Filipina: 274
Nueva Gerona: 146
Nueva Granada: 69, 89

Nueva Orleans: 304
Nueva Palencia: 115
Nueva Paz: 135, 135n
Nueva York: 12, 85n, 197, 304, 332, 334, 343
Nuevitas: 47n, 130, 140, 143, 144, 145
Nuevo Mundo: 27, 30n, 41n, 43n, 71, 110n, 355, 355n
Nuevo Regañón: 362

O

OBANDO [Ovando], Juan José: 294
OBISPO ESPADA (ver Díaz de Espada y Landa, Juan José)
O'DONNELL, Leopoldo: 175, 320
Oficina del Historiador de La Habana: 12n
O'FARRILL, Gonzalo: 84, 87
O'FARRILL, José Ricardo: 101, 102, 139, 140, 265n
O'FARRILL [José Ricardo?]: 217n
O'FARRILL, Juan Manuel: 151
O'GAVAN [O'Gaban], Juan Bernardo: 73, 74, 158, 158n, 178, 365, 368, 371
O'REILLY, conde de: 108n
OGE, Vicente: 195n
Ojo del Agua: 142
OLIVÁN, Alejandro: 53n
OLÓZAGA, Salustiano: 378n
OPATRNY, Josef: 14n, 40n, 73n, 95n, 109n, 152n, 154, 321, 321n, 330n, 337n, 374n
OQUENDO, Leyda: 61n
O'REILLY, Alejandro: 35, 36, 36n, 53, 112, 112n
O'REILLY, familia: 36: 36
O'REILLY, Pedro Pablo: 69
Oriente (Cuba): 105, 106, 141, 211, 277, 380, 381, 384, 385
OROZCO, Anastasio: 373
OROZCO, Juan de: 63
ORTIZ, Fernando: 27n, 44, 44n, 89n, 155n, 309, 337n
OSSÉS, Blas: 363, 365, 369, 373
OURDY, Pierre Jean: 60n
OVIEDO, María Josefa de : 318
OYARZÁBAL, Juan Bautista: 43

P

PACHECO, Francisco Javier: 230
PACHECO, Francisco José: 294
PADGEN, Anthony: 22n
PADRÓN, Juan José: 265n
Palacio Nacional (Haití): 11
PALACIOS, Marco: 323n
PALACIOS, Sebastián: 316
Palma: 142
Palma Soriano: 135
PALMIÉ, Stephan: 225n, 229n
PANTALEÓN, José Francisco de Jesús Nazareno (ver Fuertes, Francisco)
Papel Periódico de la Havana: 51, 57, 78, 78n,

196, 197n, 353
PAQUETE, Robert: 319n
PARCERO TORRE, Celia María: 35n
París: 22, 30, 31, 31n, 69, 81, 197, 198, 336, 400
PARMA, duque de: 33
Parque de la Fraternidad (Habana): 12n, 13n
PARRA MÁRQUEZ, Héctor: 15n
PARREÑO, Juliana: 34n
Partido de Santa Catalina: 141, 142, 309, 310
PASTOR, Manuel: 141, 141n
PATIÑO, Joseph: 111
PAULINO (esclavo): 311
PAZ SÁNCHEZ, Manuel de: 163n
Pedro Betancourt: 135
PEDROSO, familia: 39
PELAYO, Francisco: 113n
PEÑALVER, conde de: 58, 227
PEÑALVER, José del Carmen: 294
PEÑALVER, Nicolás de: 291n
PEÑALVER, Sebastián de: 276
Pensacola: 36
PÉREZ CABRERA, José Manuel: 354n
PÉREZ DE LA RIVA, Juan: 13n, 15n, 16n, 91, 162n, 204n, 207, 207n, 208, 208n, 240n, 373n, 379
PÉREZ GARVEY, José Nicolás: 211n
PÉREZ, Louis, A. : 322n, 374n
PÉREZ, mayoral : 313
PÉREZ ROQUE, Felipe: 13n
PEROTIN, Anne: 18n
Perú: 69
PESET, José Luis: 89n
Petit Riviere: 186, 190
PEYTON, comodoro: 383
PEZUELA, Jacobo de la: 35
Piacenza: 33
PICHARDO, Esteban: 244n
PICHARDO VIÑALS, Hortensia: 260n, 327n, 329, 329n, 331n, 332n
PIERSON, William W. (Jr.): 18n
PIETSCHMANN, Horst: 15n,
PIQUERAS, José Antonio: 35n, 94n, 269n, 272, 324n, 325, 325n, 334n, 415, 415n
Pinar del Río: 235
Pinos, isla de: 145, 145n
PIRINGO YGUANU, Chauchau: 148, 149
PLÁCIDO: 300n
Plaza de Armas (Haití): 11
PLUCHON, Pierre: 28n
POEY, Felipe: 148
Poitou: 30n
POLONIA (esclava): 317, 318
PONCE, José Antonio: 316
PONCE DE LEÓN, Antonio: 276
PONTE DOMÍNGUEZ, Francisco J.: 17n, 37n, 42n, 52, 52n, 56, 33n, 337n
PONTÓN, Cayetano: 34n
Popayán: 367
PORLIER, Antonio: 44, 90, 90n
Port-au-Prince (ver Puerto Príncipe, Haití)

PORTELL VILÁ, Herminio: 374n, 393, 393n
Portugal: 55, 361
PORTUONDO ZÚÑIGA, Olga: 107n, 206n, 289n
POSNER, Michael H.: 12n
Potrero El Quemado: 311, 313
Potrero Sitio Adentro: 316
POYO, Gerard E.: 321n
PRÍNCIPE DE LA PAZ (Ver Godoy, Manuel)
PRADO AMENO, marqués de: 291
PRO DE LA CRUZ, Juan: 141, 141n, 142
Providencia (isla): 127, 262, 294
Pueblo Viejo: 145,145n
PUENTE, Miguel de la: 103
Puentes Grandes: 261, 387n
Puerto de Guantánamo: 122n
Puerto de la Mulata: 136
Puerto Escondido: 114, 115
Puerto Príncipe (Cuba): 143, 144, 144n, 145, 148, 156, 161, 188, 189, 197n, 215n, 216, 216n, 224, 271, 277, 278, 279, 280, 294, 353, 359, 360, 392, 397
Puerto Príncipe (Haití): 11, 19n, 24, 25, 26, 63, 65, 68, 111, 113n, 230, 230n, 285
Puerto Rico: 29n, 46, 47n, 61, 70, 84, 103, 136, 137, 138, 160, 163, 183, 210n, 306, 360n, 367, 388n, 394, 395, 397
PUGET, marqués de: 27n
PUIG-SAMPER, Miguel Ángel: 26, 26n, 27n, 34n, 38n, 39n, 69n, 70n, 81n, 101, 110n, 112n, 134n, 143n, 152n, 153n, 154, 161n
Punta Maisí: 114
Puntero Literario: 362

Q

QUESADA, familia: 35n
QUESADA, general: 381
QUESADA, Rita: 34
QUESADA Y ARANGO, Vicente: 35n
QUESADA Y VIAL, Dolores: 35n
QUESNAY, François: 42
QUINTANA, Juan Nepomuceno: 84, 104, 104n, 212n
Quito: 69, 89

R

RAFAEL (esclavo): 222
RAMÍREZ, Alejandro: 42n, 79, 124, 137, 138, 139, 144n, 146, 147
Rancho Veloz: 135
RANGER, Terence: 10n,
RAYNAL, Guillaume-Thomas: 42
Real Academia de Jurisprudencia de Santa Bárbara de Madrid: 24n, 37, 37n, 70
Real Academia Matritense: 71n
Real Audiencia de Puerto Príncipe: 140, 250, 307, 308
Real Audiencia de Santo Domingo: 42

Real Audiencia Pretorial de la Habana, 307
Real Compañía de Comercio de la Habana: 39
Real Consulado de Agricultura, Industria y Comercio de la Habana: 37n, 52n, 54n, 55n, 57, 57n, 58, 58n, 59, 60, 61, 61n, 63, 68, 72n, 75n, 94, 101, 102, 103, 113n, 137, 206, 206n, 207, 208n, 211, 211n, 255, 263, 264n, 265, 268, 276, 281
Real Factoría de Tabaco: 40, 135
Real Hacienda de la Habana: 40, 111, 149
Real Intendencia de la Habana: 154n
Real Junta de Fomento de la Habana: 101, 148, 149, 164, 168, 169, 169n, 170, 171, 172, 173, 175, 206n
Real Sociedad de Ciencias y Artes (ver Círculo de Philadelphes)
Real Sociedad Económica de la Habana (ver Sociedad Patriótica de la Habana)
Reales Minas de Río Tinto: 37n
RECIO DE MORALES, Miguel: 37
REDIKER, Marcus: 228n
Regla: 69
REGUIFEROS, Juan: 227n
Reina Amalia: 140, 145, 147
Remedios: 224, 226, 294
Repertorio Bimestre de la Isla de Cuba: 364
República Centroafricana: 11n,
República de Haití: *passim*
República Dominicana: 12n, 14, 388n
Revista Bimestre Cubana: 359, 364, 365, 366
Revista Cubana: 17n
Revista de Cuba: 18n
REYES, Eusebio: 260n
RIBERA, Nicolás José de: 41, 41n, 205, 206n, 289n
RICAFORT, Mariano: 366, 367, 368n, 387
RICHARDSON, David: 15n,
RICLA, conde de (ver O'Reilly, Alejandro)
RIEGO, Rafael de: 331, 337
RIEU-MILLAN, Marie Laure: 73n, 94n, 329n
RIGAUD, André: 60n, 106n, 184, 194, 198, 198n
Río de Ay : 314
RÍOS, Begines de los: 413
RISCO, Antonio: 24n, 37n
ROBESPIERRE, Maximiliano: 32
ROCHEMBEAU, conde de (ver Donatien de Vimeur, Jean Baptiste)
RODRÍGUEZ, Armando: 30n
RODRÍGUEZ, Fernando: 215, 216
RODRÍGUEZ, José: 288n
RODRÍGUEZ, José Ignacio: 332n
RODRÍGUEZ CUÉLLAR, José: 312
RODRÍGUEZ DE CAMPOMANES, Pedro: 42
RODRÍGUEZ DEMORIZI, Emilio: 16n, 60n, 62n, 187n
ROJAS, familia: 39
ROLDAN DE MONTAUD, Inés: 40n
Roma: 328
ROMAY, Tomás: 79, 101, 138, 147n, 156n
ROMBERG, Henry: 21n, 23,

ROMUALDO (esclavo): 277
ROQUE, Jacinto: 250
ROUME, general: 60n
RUIZ, Francisco: 364
RUIZ DE APODACA, José: 381
Rusia: 336, 364

S

SAAVEDRA Y SANGRONIS, Francisco: 35, 36, 36n, 37, 37n, 38, 38n, 44n, 52, 52n, 75n, 179, 213n
SÁBATO, Hilda: 323n
SACO, José Antonio: 56, 73, 80, 94, 155, 155n, 156, 156n, 163, 165, 175, 176, 177n, 178, 337, 337n, 338, 340, 340n, 341, 342, 342n, 343, 343n, 344, 344n, 345, 345n, 346, 347, 348, 349, 350, 351, 352, 353, 353n, 359, 360, 360n, 361, 365, 366, 366n, 367, 367n, 368, 368n, 369, 369n, 370, 371, 372, 374n, 376, 382, 387, 387n, 392, 394, 394n, 395, 395n, 397, 398, 398n, 399, 399n, 400, 401, 403, 403n, 404, 405, 406, 407, 407n, 408, 409, 409n, 410, 411, 411n, 412, 412n
Sabanilla del Conquistador: 318
SAGARRA Y BÁEZ, Juan Bautista: 392
SAGRA, Ramón de la: 152, 153, 153n, 154n, 156, 157, 164, 164n, 174, 175, 175n, 339, 339n, 340, 340n, 341, 341n, 342, 343, 344, 344n, 345, 366, 367n, 370, 375
Saint-Domingue: *passim*
Saint-Marc: 23n, 25
Saint Thomas: 160
SÁIZ PASTOR, Candelaria: 137n, 374n, 403n
SALAZAR, conde de: 162n
San Andrés: 142
San Antonio (cabo): 274
San Antonio Abad (ver San Antonio de los Baños)
San Antonio de los Baños: 282, 282n, 283
SANCHO, Vicente: 392, 399, 402
San José de las Lajas: 281
San Luis Gonzaga: 262
San Miguel: 192
San Miguel del Padrón: 285, 286
SAN PÍO, Mª Pilar: 81n, 113n, 161n
San Rafael: 192
SÁNCHEZ, Alonso: 310n
SÁNCHEZ, Esteban: 292, 292n, 293
SÁNCHEZ RAMIREZ, Juan: 229
SÁNCHEZ VALVERDE, Antonio: 31n
Sancti Spíritus (Cuba): 100
San Diego de los Baños: 136, 237
San Fernando de Nuevitas (ver Nuevitas)
San José de Costa Rica: 11n
San José de las Lajas: 135
Santa Alianza: 331, 332n
SANTACILIA, Pedro: 356, 356n
Santa Clara: 100, 141, 151
SANTA CLARA, conde de:217n

SANTA CLARA, marqués de: 84
Santa Cruz: 276
SANTA CRUZ, familia: 39
Santa Cruz del Sur: 278
SANTA CRUZ DE OVIEDO, Esteban: 318
Santafé de Bogotá: 47n, 336
Santa Lucía: 86, 412n
SANTAMARÍA, Antonio: 16n, 99n, 110n, 136n, 159n, 388n
SANTA MARÍA, Juan de: 282, 283, 285n
Santa Rosa: 142
SANTA ROSA, Manuel: 316
SANTIAGO, Luis: 144n
Santiago de Cuba: 41, 45n, 46n, 60n, 67, 74, 84, 84n, 86n, 87, 92, 101, 104n, 106, 106n, 107, 108n, 109n, 115, 121, 124, 125, 141, 141n, 143, 143n, 146, 183, 184, 184n, 185, 189, 194, 195n, 209, 210, 210n, 211, 211n, 266, 288, 289, 307, 309, 310, 338, 359, 381, 381n, 382, 383, 384, 385, 386, 393, 397
Santiago de las Vegas: 282
Santiago del Prado: 290n
Santo Domingo (Cuba): 135, 140
Santo Domingo (ver Santo Domingo español)
Santo Domingo español: 12n, 14, 16, 16n, 29n, 30, 30n, 31n, 37n, 42, 42n, 43, 43n, 44, 44n, 46, 47n, 59, 60n, 63, 65n, 84, 103, 181n, 183, 186n, 188, 191n, 227
Santo Domingo, isla de (ver La Española)
SANTOS SUÁREZ, Leonardo: 329
SANZ FERNÁNDEZ, Jesús: 388n
SARRACINO, Rodolfo: 304n, 319n
SCHÜLLER, Karin: 196n
SCOTT, Julius: 228, 228n
Seco, río: 142
Secretaría de Estado: 167
Secretaría de Indias: 36, 46
SELLA, Orlando: 11n,
Seminario de San Carlos y San Ambrosio de la Habana: 19n, 73, 337, 338, 339, 342, 345, 354, 366, 392
SENDIGA, José: 293
SERRANO, Carlos: 10, 10n, 14n
Sevilla: 170
SEVILLA SOLER, Rosario: 44n, 73n
SEVILLÁN, Bernardo: 299, 299n, 300
SEVILLANO CASTILLO, R.: 374n
SHAFER, Boyd C.: 323, 323n, 357, 358, 358n
SHEPERD, Verene A.: 16n
SHRÖTER, Bernd: 39n
SIMPSON, Renate: 18n
SIMS, Harold: 335n
SMITH, Adam: 42, 42n
SMITH, Anthony: 322n, 323n
SOCARRÁS MATOS, Martín: 388n
Sociedad de Amigos de los Negros de París: 31, 32n, 400
Sociedad de Habitantes de la Luna: 305
Sociedad Dinamarquesa: 305
Sociedad Económica de Amigos del País (ver Sociedad Patriótica de la Habana)
Sociedad Patriótica de la Habana: 26, 26n, 27, 27n, 38, 57, 57n, 75n, 101, 102, 137, 139, 148, 151, 151n, 152n, 153, 157, 205, 206, 208n, 339, 345, 347, 353, 354, 354n, 361, 362, 363, 364, 365, 366, 368, 368n, 369, 372, 405, 406
Sociedad Patriótica de Santiago: 338
SOLA, Cristóbal de: 291, 292
SOLANO, Francisco de: 128n
SOLEDAD, Antonio de la: 294
SOLER, Miguel Cayetano: 62n, 63n, 68n
SOLER, Ricaurte: 323n
SOMERUELOS, marqués de: 62, 62n, 63, 63n, 64n, 68, 68n, 84, 86, 86n, 93, 93n, 102, 105, 106, 106n, 107, 107n, 185n, 187, 188, 188n, 197, 197n, 199, 201, 201n, 202, 211n, 227, 283n, 286
SORHEGUI, Arturo: 39, 155n
SORIA Y QUIÑÓNEZ, Francisco Ignacio: 126
SOSA, Enrique: 246n
SOTO, Diana: 110n
SOTOLONGO, familia: 39
SUÁREZ, José Ildefonso: 376
SUÁREZ ARGUDÍN, José: 176, 390
Sugar Islands: 55
Sumidero: 248
SURÍ, Pedro José: 283
SURIANO, Martín: 292
STANISLAUS, François Alexandre: 50n

T

TACÓN, Francisco: 367
TACÓN Y ROSIQUE, Miguel: 145, 162, 162n, 163n, 167, 178, 266, 276, 325, 366, 367, 369, 369n, 370, 371, 372, 373, 373n, 374, 374n, 375, 375n, 376, 379, 381, 382, 383, 384, 384n, 385, 386, 386n, 387, 388, 389, 389n, 390, 390n, 391, 392, 409, 409n, 410, 413, 414, 415
TADEO (esclavo): 291n
TANCO, Félix: 362, 363, 363n, 372, 415, 416n
TANTETE, Joseph: 111
TAVARES, José: 92
TAVARES, N.: 63
TÉLLES, Juan: 249
TERNERO, Salvador: 226n, 292, 293, 294
THESEE, Françoise: 21n, 23n
THOMAS SANZ, Francisco: 37n
THOMPSON, James: 303
TIBURCIO (esclavo): 291, 291n
TICKNOR, George: 364, 364n
Tierra Firme: 115
Tiguabos: 309, 310, 310n
TIRRY Y LACY, Juan: 145, 145n
Tobago: 86, 412n
TOMÁS (niño): 292
TOMICH, Dale W.: 18n
TOREAU, Fernando: 310

TORIBIO (esclavo): 283, 284
TORRE, marqués de la: 107, 262
TORRENTE, Mariano: 158, 159, 159n, 178
TORRES, Juan Teodoro: 79
TORRES-CUEVAS, Eduardo: 19n, 39n, 73, 73n, 137n, 155n, 260n, 321n, 326n, 337n, 393n
TORRES RAMÍREZ, Bibiano: 36n
TORRONTEGUI, José Manuel de: 60, 61n, 195n
TOUSSAINT, Polo: 187
TOUSSAINT-LOUVERTURE (ver Louverture, Toussaint)
Tratado de Basilea: 95
TRAVIESO, J.: 18n
Trece Colonias (ver Estados Unidos)
Trinidad (Cuba): 47n, 69, 143, 146, 216, 216n, 280, 307, 310, 312, 314, 315, 316, 371
Trinidad (isla de): 46, 86, 103, 213, 411, 412
Trujillo: 115
TURIÑO, mayoral: 316
TURNBULL, David: 158, 360n
TUSEN (ver Louverture, Toussaint)

U

Ultramar: 108n, 162n, 392, 394n, 395, 397, 402, 409
Unión de Cuba, marqués de la (ver Tacón, Miguel)
UNESCO: 19n,
Universidad de La Habana: 37n, 354, 366
URIZAR, José A. 43n
URQUIJO, Mariano Luis de: 105, 106n
URRUTIA Y MATOS, Bernardo Joseph: 111, 111n
USSEL DE GUIMBARDA, Manuel: 315
USTÁRIZ, Jerónimo de: 42

V

VAILLANT, Juan Bautista: 84
VALDÉS, Antonio: 46
VALDÉS, Antonio José: 306
VALDÉS, Gerónimo (ver Valdés Jerónimo)
VALDÉS, Jerónimo: 165, 166, 166n, 167, 252, 255, 320
VALDÉS, José Antonio: 354, 354n, 357
VALDÉS, María del Carmen: 292
VALDES, Pablo José: 270, 291
VALDÉS BUSTOS, Rodrigo: 316
VALERO, Mercedes: 26, 26n, 27n 38n, 113n, 151, 152n, 153n
VALERIA, Francisca: 187n
VALIENTE, José Pablo: 57
VALIENTE, Porfirio: 381
VALLE HERNÁNDEZ, Antonio del: 38, 62, 62n, 69, 74n, 101, 102, 102n, 110, 207, 207n, 208, 208n
VALLELLANO, conde de: 55n
VARELA, Félix: 18, 18n, 19n, 73, 80, 80n, 364, 374
VÁZQUEZ, Antonio: 145
VÁZQUEZ QUEIPO, Vicente: 170, 170n, 171, 172, 173, 174, 174n, 178
VENEGAS, Carlos: 135
Venezuela: 69, 231
VENTURA BOCARRO, José: 142, 144, 144n
VERBOOM, Jorge Próspero de, marqués de: 111
VERMAY, Juan Bautista: 342
VIAL CORREA, Gonzalo: 323n
VIANA, Alfonso de: 215n, 278
VIAÑA, Francisco: 46
VICENTE, administrador: 316
Viejo Continente: 16, 24
VIGURI, Luis de: 62
Villa Clara (ver Santa Clara)
VILLARINO, José J.: 362
VITIER, Cintio: 78n, 197n
VITIER, Medardo: 42n, 157
VIVES, Francisco Dionisio: 83, 160, 162, 162n, 178, 297n, 298n, 387
VIZCONDE DE BAYAMO (ver Tacón, Miguel)
VOLTAIRE (Arouet, François-Marie): 42
Vuelta Abajo: 25, 81, 294, 297, 358n

W

Wajay: 41, 69
WALLESTEIN, Immanuel: 322n
WALSH, Robert: 345, 345n, 360, 361
WARGNY, Christophe: 11n
Washington: 303, 335, 336, 367, 374, 375
WASHINGTON, George: 293
Waterloo: 358
WIESEBRON, Marianne: 95n, 323n, 326n

X

XAVIEL (ver Gabriel, moreno)
XIMÉNEZ, Juan Justo: 107

Y

YACOU, Alain: 17, 29n, 60n, 79, 79n, 89n, 107n
YANTI, contramayoral : 310
Yorktown: 37n

Z

ZAMBRANA, Antonio: 365, 366, 368
ZANETTI, Oscar: 388
ZAPOTIER, Mariano: 283
ZARRAGA, Pedro: 385
ZAYAS, Esteban de: 272
ZEA BERMÚDEZ, Francisco: 335n
ZEUSKE, Max: 337n, 374
ZEUSKE, Michael: 322n, 325n, 337n, 374n